elemente chemie

Kursstufe

für die Gymnasien
in Baden-Württemberg

Neubearbeitung von
Paul Gietz
Werner Schierle
Rainer Stein-Bastuck
Michael Sternberg

Ernst Klett Verlag
Stuttgart · Leipzig

Hinweise zu den Versuchen
Vor der Durchführung eines Versuchs müssen mögliche Gefahrenquellen besprochen werden. Die geltenden Richtlinien zur Vermeidung von Unfällen beim Experimentieren sind zu beachten.
Da Experimentieren grundsätzlich umsichtig erfolgen muss, wird auf die üblichen Verhaltensregeln und die Regeln für Sicherheit und Gesundheitsschutz beim Umgang mit Gefahrstoffen im Unterricht nicht bei jedem Versuch gesondert hingewiesen.
Beim Experimentieren muss immer eine Schutzbrille getragen werden.

1. Auflage   1 5 4 3 2 1 | 2014 13 12 11 10

Alle Drucke dieser Auflage sind unverändert und können im Unterricht nebeneinander verwendet werden. Die letzte Zahl bezeichnet das Jahr des Druckes.
Das Werk und seine Teile sind urheberrechtlich geschützt. Jede Nutzung in anderen als den gesetzlich zugelassenen Fällen bedarf der vorherigen schriftlichen Einwilligung des Verlages. Hinweis zu § 52a UrhG: Weder das Werk noch seine Teile dürfen ohne eine solche Einwilligung eingescannt und in ein Netzwerk eingestellt werden. Dies gilt auch für Intranets von Schulen und sonstigen Bildungseinrichtungen.
Fotomechanische Wiedergabe nur mit Genehmigung des Verlages.
Auf verschiedenen Seiten dieses Bandes befinden sich Verweise (Links) auf Internet-Adressen. Haftungshinweis: Trotz sorgfältiger inhaltlicher Kontrolle wird die Haftung für die Inhalte der externen Seiten ausgeschlossen. Für den Inhalt dieser externen Seiten sind ausschließlich die Betreiber verantwortlich. Sollten Sie daher auf kostenpflichtige, illegale oder anstößige Inhalte treffen, so bedauern wir dies ausdrücklich und bitten Sie, uns umgehend per E-Mail davon in Kenntnis zu setzen, damit beim Nachdruck der Verweis gelöscht wird.

© Ernst Klett Verlag GmbH, Stuttgart 2010. Alle Rechte vorbehalten. www.klett.de

Autoren: Paul Gietz, Prof. Dr. Werner Schierle, Dr. Rainer Stein-Bastuck, Michael Sternberg
Regionale Beratung: Heike Maier
Bei der Erstellung des vorliegenden Unterrichtswerkes wurde auf Teile der Werke **Elemente Chemie II**, **Elemente Chemie 11 Bayern**, **Elemente Chemie 12 Bayern**, **Elemente Chemie Niedersachsen 11/12** und **Prisma Chemie** zurückgegriffen.

Redaktion: Dr. Thomas Bitter, Bettina Sommer, Alfred Tompert
DTP/Satz: Elfriede König
Umschlaggestaltung: Susanne Hamatzek, Martin Raubenheimer

Grafiken: Alfred Marzell, Schwäbisch Gmünd; Karin Mall, Berlin; normaldesign, Schwäbisch Gmünd; Otto Nehren, Achern; Prof. Jürgen Wirth, Visuelle Kommunikation, Dreieich
Grundkonzeption des Layouts: KomaAmok, Stuttgart
Reproduktion: Meyle + Müller, Medien-Management, Pforzheim
Druck: Firmengruppe APPL, aprinta druck, Wemding

Printed in Germany
ISBN: 978-3-12-756820-2

Hinweise zur Benutzung

elemente chemie ist ein Lern- und Arbeitsbuch. Es dient sowohl der unterrichtlichen Arbeit als auch dem Nachbereiten und Wiederholen von Lerneinheiten. Das Buch kann jedoch den Unterricht nicht ersetzen. Das Erleben von Experimenten und die eigene Auseinandersetzung mit deren Ergebnissen sind unerlässlich. Wissen muss erarbeitet werden.

Eine geeignete Aufbereitung soll den Umgang mit dem Buch erleichtern. Zu diesem Zwecke sind verschiedene Symbole und Kennzeichnungen verwendet worden, die überall im Buch die gleiche Bedeutung haben:

Rückblick. Alle Inhalte der Sekundarstufe I werden auf diesen Seiten in komprimierter Form wiederholt.

Praktikum. Ausführlich beschriebene, leicht durchführbare Schülerexperimente, welche die Schüler in Chemieübungen eigenständig durchführen können.

Exkurs. Zu den Themen des Lehrplans passende, aber teilweise darüber hinausgehende, interessante Inhalte.

Impulse. Fächerverbindende Inhalte, Vorschläge für besondere Unterrichtsmethoden, Einüben von Fachmethoden.

Durchblick Zusammenfassung und Übung. Zusammenfassung, inhaltliche Vertiefungen und Aufgaben unterschiedlicher Schwierigkeit zur Überprüfung des Gelernten eines Kapitels.

Abi-Aufgabe und Lösung Aufgabe im Stil einer gekürzten Abituraufgabe und deren Lösung mit skizziertem Lösungsweg zur Selbstkontrolle

Arbeitsteil (Aufgaben und Versuche). Einige Substanzen, mit denen im Chemieunterricht umgegangen wird, sind als Gefahrstoffe eingestuft. Die Bedeutung der Gefahrensymbole ist im Anhang dargestellt. Das Tragen einer Schutzbrille beim Experimentieren ist unerlässlich, weitere notwendige Schutzmaßnahmen sind beim Versuch vermerkt. Die Versuchsanleitungen sind nach Schüler- und Lehrerversuch unterschieden und enthalten in besonderen Fällen Hinweise auf mögliche Gefahren.

V1 Schülerversuch. Die allgemeinen Hinweise zur Vermeidung von Unfällen beim Experimentieren müssen bekannt sein. Insbesondere ist immer eine **Schutzbrille** zu tragen. Auch Schülerversuche sind nur auf Anweisung des Lehrers auszuführen.

V1 Lehrerversuch

⚠ **Gefahrensymbol**. Bei Versuchen, die mit diesem Zeichen versehen sind, müssen vom Lehrer besondere Vorsichtsmaßnahmen getroffen werden.

A1 Problem oder Arbeitsaufgabe

[ ]   Verweis auf Bild, Versuch oder Aufgabe innerhalb eines Unterkapitels.
Die Nummerierung der Aufgaben, Versuche und Bilder erfolgt unterkapitelweise.

Fettdruck (schwarz) im Text – wichtiger neuer Begriff

Texthinterlegung – Ergebnis vorangegangener Überlegungen, Definition, kurz: **Merksatz**

Online-Link
756820-0000

Online-Links führen Sie zu ergänzenden Materialien im Internet.
Einfach auf die Webseite **www.klett.de** gehen und die entsprechende Nummer in das Feld „Suche" (oben auf der Seite) eingeben.
Ein Beispiel: Wenn Sie die Ziffern **756820-0000** in die „Suche" eingeben, wird eine Übersicht aller Materialien zu diesem Buch angezeigt.

Online-Links finden Sie immer auf den Seiten des Kapiteleinstiegs.

Inhaltsverzeichnis

Hinweise zur Benutzung 3

Rückblick 6
Chemische Bindungen und Eigenschaften 6
Elektronenübergänge – Redoxreaktionen 8
Protonenübergänge 9
Chemie und Bedeutung der Kohlenwasserstoffe 10
Sauerstoffhaltige organische Verbindungen 12
Größen und Größengleichungen 14
Aufgaben 16

1 Chemische Energetik 17
1.1 Chemische Reaktionen und Wärme 18
1.2 **Praktikum** Bestimmung einer Reaktionswärme 20
1.3 Innere Energie und Enthalpie 21
1.4 Enthalpie und Aggregatzustände 23
1.5 Verbrennungsenthalpien 24
1.6 **Praktikum** Bestimmung von Enthalpien 25
1.7 Bildungsenthalpien und Reaktionsenthalpien 26
1.8 **Praktikum** Reaktionsenthalpien 30
1.9 Die Richtung spontaner Vorgänge 32
1.10 Entropie 34
1.11 **Exkurs** Wahrscheinlichkeit 36
1.12 Freie Enthalpie 37
1.13 **Durchblick** Zusammenfassung und Übung 40

2 Reaktionsgeschwindigkeit und chemisches Gleichgewicht 43
2.1 Die Geschwindigkeit von Reaktionen 44
2.2 **Praktikum** Geschwindigkeit von Reaktionen 46
2.3 Konzentration und Reaktionsgeschwindigkeit 47
2.4 Das Kollisionsmodell 49
2.5 Reaktionsgeschwindigkeit und Zerteilungsgrad 50
2.6 Energieverlauf beim Wechseln eines Bindungspartners 51
2.7 Reaktionsgeschwindigkeit und Temperatur 52
2.8 Katalyse 54
2.9 **Exkurs** Bedeutung von Enzymen 57
2.10 Chemische Reaktion und Gleichgewichtseinstellung 58
2.11 **Praktikum** Umkehrbarkeit und Gleichgewicht 60
2.12 **Praktikum** Gleichgewichtseinstellung im Modell 61
2.13 Das Massenwirkungsgesetz 62
2.14 **Impulse** Berechnungen zum Massenwirkungsgesetz 64
2.15 Beeinflussung des chemischen Gleichgewichts 66
2.16 **Exkurs** Fließgleichgewichte 71
2.17 **Impulse** Das MWG im www 72
2.18 Die Ammoniaksynthese 73
2.19 **Exkurs** Fritz Haber 76
2.20 **Exkurs** Lösungsgleichgewichte 77
2.21 **Exkurs** Aggregatzustände und Gleichgewichte 78
2.22 **Durchblick** Zusammenfassung und Übung 80

3 Säure-Base-Gleichgewichte 83
3.1 **Exkurs** Die Entwicklung des Säure-Base-Begriffs 84
3.2 Die Säure-Base-Theorie nach BRØNSTED 85
3.3 Autoprotolyse des Wassers und pH-Wert 88
3.4 Die Stärke von Säuren und Basen 91
3.5 pH-Werte wässriger Lösungen 94
3.6 Puffersysteme 98
3.7 **Impulse** Bedeutung von Puffern 101
3.8 Säure-Base-Titrationen 102
3.9 Titration und Indikator 104
3.10 **Exkurs** Halbtitration 105
3.11 **Impulse** Titration – theoretisch und praktisch 106
3.12 **Praktikum** Säuren und Basen in Produkten des Alltags 108
3.13 **Durchblick** Zusammenfassung und Übung 110

4 Naturstoffe 113
4.1 Chiralität als Voraussetzung für Spiegelbildisomerie 114
4.2 **Exkurs** Bedeutung chiraler Moleküle in der Medizin 117
4.3 Optische Aktivität 118
4.4 Fischer-Projektionsformeln 122
4.5 **Exkurs** Weitere Regeln zur Fischer-Projektion 124
4.6 Kohlenhydrate im Überblick 125
4.7 Monosaccharide 126
4.8 **Exkurs** Die Familie der D-Aldosen 131
4.9 Disaccharide 132
4.10 Gewinnung von Rübenzucker 135
4.11 **Impulse** Modelle – Projektionen – Formeln 136
4.12 Polysaccharide 138
4.13 Stärke und Cellulose als nachwachsende Rohstoffe 140
4.14 Ökobilanzen 142
4.15 **Praktikum** Kohlenhydrate 144
4.16 **Exkurs** Zuckerersatzstoffe 146
4.17 **Impulse** Kammrätsel: Enantiomerie und Kohlenhydrate 147
4.18 Strukturen der Aminosäuren 148
4.19 Der isoelektrische Punkt 150
4.20 Trennung von Aminosäuren 151
4.21 Peptide und Proteine 152
4.22 Eigenschaften und Nachweis von Proteinen 153
4.23 Struktur der Proteine 154
4.24 Denaturierung 157
4.25 Bedeutung von Proteinen 158
4.26 **Impulse** Aminosäuren im Alltag 159
4.27 Enzyme – Bau und Wirkungsweise 160
4.28 Beeinflussung der Enzymaktivität 162
4.29 **Impulse** Kohlenhydrate und Proteine in der Küche 164
4.30 **Exkurs** Fasern 166
4.31 Nucleinsäuren – vom Gen zum Protein 168
4.32 **Durchblick** Zusammenfassung und Übung 172

5	**Aromaten**	**177**	
5.1	Erforschung des Benzols	178	
5.2	Bindungsverhältnisse im Benzolmolekül	180	
5.3	Mesomerie und Aromatizität	182	
5.4	**Exkurs** Delokalisierung und Stabilisierung	184	
5.5	Halogenierung von Benzol	185	
5.6	**Exkurs** Reaktionsmechanismen im Vergleich	186	
5.7	Wichtige Benzolderivate	188	
5.8	**Exkurs** Acidität von Phenol und Basizität von Anilin	190	
5.9	**Exkurs** ASS – ein Jahrhundertarzneimittel	192	
5.10	**Impulse** Aromaten im Alltag	194	
5.11	**Durchblick** Zusammenfassung und Übung	195	

6	**Kunststoffe**	**197**	
6.1	Eigenschaften und Struktur der Kunststoffe	198	
6.2	Kunststoffe durch Polymerisation	200	
6.3	Copolymere	203	
6.4	Kunststoffe durch Polykondensation	204	
6.5	Kunststoffe durch Polyaddition	206	
6.6	Verarbeitung von Kunststoffen	208	
6.7	Kunststoffe im Alltag	210	
6.8	Verwertung von Kunststoffabfall	214	
6.9	**Exkurs** Silikone	216	
6.10	**Exkurs** Carbonfasern	218	
6.11	**Impulse** Biologisch abbaubare Kunststoffe	219	
6.12	**Praktikum** Herstellung von Kunststoffen	220	
6.13	**Durchblick** Zusammenfassung und Übung	221	

7	**Redoxreaktionen und Elektrochemie**	**225**	
7.1	Oxidation und Reduktion	226	
7.2	Oxidationszahlen und Redoxgleichungen	228	
7.3	**Praktikum** Redoxtitrationen	230	
7.4	Die Redoxreihe	232	
7.5	Galvanische Elemente	233	
7.6	Die elektrochemische Spannungsreihe	236	
7.7	Die Nernst-Gleichung	240	
7.8	**Impulse** Aufstellen einer Redoxgleichung	244	
7.9	**Impulse** Berechnen einer Potentialdifferenz	245	
7.10	**Exkurs** Leitfähigkeitstitration	246	
7.11	Elektrolysen in wässrigen Lösungen	248	
7.12	**Exkurs** Quantitative Betrachtung der Elektrolyse	252	
7.13	Elektrochemische Stromerzeugung	254	
7.14	**Praktikum** Spannungsquellen	260	
7.15	**Impulse** Brennstoffzellentechnik	262	
7.16	**Exkurs** Korrosion und Korrosionsschutz	263	
7.17	**Praktikum** Korrosion und Korrosionsschutz	266	
7.18	**Durchblick** Zusammenfassung und Übung	269	

► Erweiterung

8	**Fette und Tenside**	**271**	
8.1	Aufbau und Eigenschaften der Fette	272	
8.2	Bedeutung der Fette als Nahrungsmittel	274	
8.3	Margarine und Fetthärtung	276	
8.4	**Impulse** Butter oder Margarine?	277	
8.5	Fette als Energieträger und nachwachsende Rohstoffe	278	
8.6	**Impulse** Biotreibstoff – pro und contra	280	
8.7	**Exkurs** Das Auto von morgen	281	
8.8	Verseifung von Fetten	282	
8.9	Amphiphile Eigenschaften von Seife	283	
8.10	Seife, ein Tensid	284	
8.11	Nachteile von Seifen	287	
8.12	Tenside als waschaktive Substanzen	288	
8.13	Inhaltsstoffe von Waschmitteln	290	
8.14	**Praktikum** Geheimtinten	294	
8.15	**Durchblick** Zusammenfassung und Übung	295	

9	**Struktur und Eigenschaften von Farbstoffen**	**297**	
9.1	Licht und Farbe	298	
9.2	Struktur und Farbe	300	
9.3	**Exkurs** Farbe entsteht im Kopf	302	
9.4	Farbstoffklassen	303	
9.5	Lebensmittelfarbstoffe	306	
9.6	Färbeverfahren	308	
9.7	**Praktikum** Farbstoffe und Färben	310	
9.8	**Durchblick** Zusammenfassung und Übung	314	

10	**Instrumentelle Analytik**	**315**	
10.1	Gaschromatografie	316	
10.2	Massenspektrometrie	318	
10.3	Kolorimetrie und Fotometrie	320	
10.4	Infrarotspektroskopie	324	
10.5	NMR-Spektroskopie	326	
10.6	Röntgenstrukturanalyse	328	
10.7	**Durchblick** Zusammenfassung und Übung	330	

Basiskonzepte	**333**	
Stoff-Teilchen-Konzept	334	
Struktur-Eigenschafts-Konzept	336	
Donator-Akzeptor-Konzept	338	
Energiekonzept	340	
Gleichgewichtskonzept	342	

Das Chemie-Abitur	**344**	

Anhang	**352**	
Der Umgang mit Chemikalien	352	
Potenzen und Logarithmen	354	
Formeln, Reaktionsgleichungen, funktionelle Gruppen	356	
Isomeriearten – eine Übersicht	358	
Tabellen	359	
Stichwortverzeichnis	362	
Bildquellenverzeichnis	368	

Rückblick Chemische Bindungen und Eigenschaften

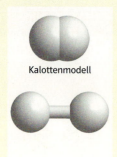

B1 Molekülmodelle des Wasserstoffmoleküls

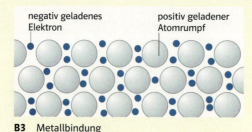

B3 Metallbindung

Metallbindung
Die Atome der Metalle geben ihre Valenzelektronen (Elektronen der äußeren Schale) ab. Die dadurch entstandenen positiv geladenen Atomrümpfe werden durch delokalisierte Elektronen (Elektronengas), die sich zwischen diesen Atomrümpfen frei bewegen, zusammengehalten [B3].

Eigenschaften der Metalle
Die elektrische Leitfähigkeit der Metalle beruht auf der leichten Beweglichkeit der Elektronen zwischen den Atomrümpfen. Die gute Wärmeleitfähigkeit ist ebenfalls auf die Beweglichkeit der Elektronen, aber auch der Atomrümpfe zurückzuführen. Sie können durch Wärmeenergie in Schwingungen versetzt werden und ihre Energie auf benachbarte Teilchen übertragen. Die Verformbarkeit kann durch das Verschieben der Atomrümpfe erklärt werden, die aber weiterhin durch die Valenzelektronen zusammengehalten werden.

Ionenbindung
Bei der Bildung von Salzen geben Metallatome Elektronen ab, es entstehen Kationen. Die Nichtmetallatome nehmen Elektronen auf, es bilden sich Anionen. Salze sind Ionenverbindungen.

B2 Modell eines Ionengitters

Die Kationen und Anionen sind regelmäßig im Ionengitter [B2] angeordnet und werden durch elektrostatische Kräfte zusammengehalten.

Atombindung
Atome gleicher oder verschiedener Elemente können Moleküle bilden. Dabei durchdringen sich die Elektronenwolken der einzelnen Atome. Es kommt zur Bindung (bindendes Elektronenpaar).

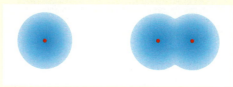

B4 Wasserstoffatom und Wasserstoffmolekül

Elektronenpaarabstoßungsmodell (EPA)
Der räumliche Bau von Molekülen lässt sich durch das EPA-Modell erklären [B5]. Man verwendet folgende Regeln:

1. Elektronenpaare stoßen sich gegenseitig ab und bilden daher untereinander den größtmöglichen Winkel.
2. Nicht bindende Elektronenpaare benötigen mehr Platz als bindende.
3. Mehrfachbindungen werden in ihrer abstoßenden Wirkung wie Einfachbindungen behandelt.

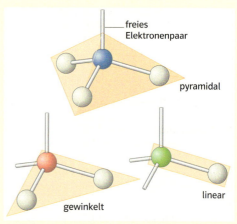

B5 Modelle zum räumlichen Bau des Ammoniak-, Wasser- und Fluorwasserstoffmoleküls

Rückblick **Chemische Bindungen und Eigenschaften**

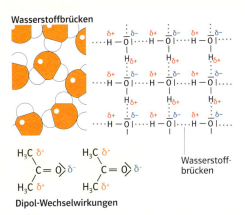

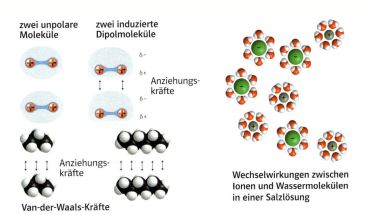

B6 Zwischenmolekulare Kräfte

Elektronegativität
Fähigkeit eines Atoms, in einer chemischen Bindung die Bindungselektronen an sich zu ziehen. Fluor ist das Element mit dem höchsten Elektronegativitätswert von $EN = 4$.

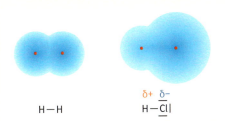

B7 Wasserstoff- und Chlorwasserstoffmolekül

Polare Atombindung
Eine Bindung zwischen zwei Atomen unterschiedlicher Elektronegativität führt zur polaren Atombindung. Die Ladungsverteilung zwischen den verbundenen Atomkernen ist unsymmetrisch. Das eine Atom des Moleküls trägt eine positive ($\delta+$), das andere eine negative Teilladung ($\delta-$).

Dipolmoleküle
Moleküle, die jeweils einen Pol mit einer positiven und einen Pol mit einer negativen Teilladung aufweisen, bezeichnet man als Dipole. Dipole haben mindestens eine polare Bindung. Außerdem darf der Schwerpunkt der negativen Teilladungen nicht mit dem Schwerpunkt der positiven Teilladungen zusammenfallen [B8].

Zwischenmolekulare Kräfte
Zwischen einzelnen Teilchen eines Stoffes können Wechselwirkungen auftreten. Beruhen diese auf induzierten Dipolen, spricht man von *Van-der-Waals-Kräften*. Bei kleinen Molekülen sind diese schwach ausgeprägt. Ist ein Molekül ein permanenter Dipol, so sind die zwischenmolekularen Kräfte [B6] meist stärker (*Dipol-Dipol-Kräfte*). Noch stärkere zwischenmolekulare Kräfte sind die *Ionen-Dipol-Kräfte*, die auftreten, wenn ein Salz in Wasser gelöst wird. Außerdem gibt es noch *Wasserstoffbrücken*, die meist stärker als Van-der-Waals-Kräfte sind. In Abhängigkeit von der Stärke der zwischenmolekularen Kräfte ergeben sich Stoffeigenschaften wie Siedetemperaturen oder Löslichkeiten.

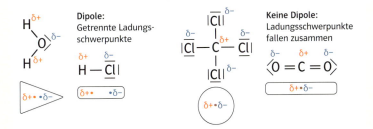

B8 Ladungsverteilung in Molekülen. Nur bei unsymmetrischen Molekülen ergibt sich aus der Ladungsverteilung ein Dipol (links)

Rückblick **7**

Rückblick Elektronenübergänge – Redoxreaktionen

Oxidation, Reduktion und Redoxreaktion
Die Begriffe Oxidation und Reduktion haben im Verlauf der Entwicklung der Chemie einen Bedeutungswandel erfahren. Ursprünglich wurde die Reaktion eines Stoffes mit Sauerstoff Oxidation genannt. Die Reduktion war die Zurückführung eines Metalloxids zum Metall. Die Kenntnisse über die Veränderungen in den Elektronenhüllen der Teilchen bei Reaktionen von Metallen mit Nichtmetallen haben zu einer erweiterten Fassung der Begriffe geführt.

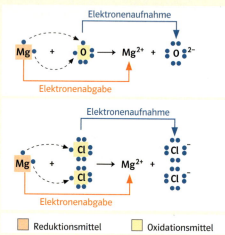

B2 Elektronenübergänge von Metallatomen zu Nichtmetallatomen führen zur Bildung von Ionen

Oxidation ist die Abgabe von Elektronen. Reduktion ist die Aufnahme von Elektronen. Oxidation und Reduktion laufen gleichzeitig ab, es liegt eine *Redoxreaktion* vor. Bei einer Redoxreaktion findet ein Elektronenübergang statt, also eine *Donator-Akzeptor-Reaktion*. Teilchen, die Elektronen abgeben, werden oxidiert, sie selbst sind Reduktionsmittel. Teilchen, die Elektronen aufnehmen, werden reduziert und sind selbst Oxidationsmittel.

Redoxreaktionen in Lösungen
Ein Eisennagel überzieht sich in einer Kupfersalzlösung mit einer Kupferschicht. Zwischen den Eisenatomen und den Kupferionen findet eine Redoxreaktion statt:

Reduktion: $Cu^{2+} + 2\,e^- \longrightarrow Cu$
Oxidation: $Fe \longrightarrow Fe^{2+} + 2e^-$
Redoxreaktion: $Fe + Cu^{2+} \longrightarrow Fe^{2+} + Cu$

Führt man entsprechende Versuche mit weiteren Metallen und Metallsalzlösungen durch, erhält man eine Reihe, in der links unedle und rechts edle Metalle mit ihren Ionen stehen [B3]. Jedes Metall dieser Reihe kann an ein rechts von ihm stehendes Metallion Elektronen abgeben. Links stehen Metallatome, die starke Reduktionsmittel sind; rechts angeordnete Metallionen sind starke Oxidationsmittel.

Elektrolyse
Die Elektrolyse ist eine endotherme Redoxreaktion, die durch Zufuhr elektrischer Energie beim Anlegen elektrischer Spannung hervorgerufen wird.

An der Anode findet die Oxidation statt:
$X^- \longrightarrow X + e^-$
An der Kathode findet die Reduktion statt:
$M^+ + e^- \longrightarrow M$

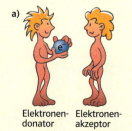

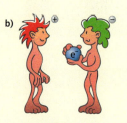

B1 Elektronenübergang – Cartoon

Fähigkeit zur Elektronenaufnahme nimmt nach rechts zu →							
Ca^{2+}	Mg^{2+}	Al^{3+}	Zn^{2+}	Fe^{2+}	Cu^{2+}	Ag^+	Au^{3+}
Ca	Mg	Al	Zn	Fe	Cu	Ag	Au
← Fähigkeit zur Elektronenabgabe nimmt nach links zu							

B3 Reihe der Metallionen und Metallatome

Rückblick Protonenübergänge

Säuren und Basen

Brønstedsäuren sind Protonendonatoren, Brønstedbasen sind Protonenakzeptoren. Die charakteristischen Ionen saurer Lösungen (pH < 7) sind die Oxoniumionen (H_3O^+), die Eigenschaften alkalischer Lösungen (pH > 7) werden durch die Hydroxidionen (OH^-) bestimmt.

B1 Charakteristische Ionen

Bei einer Säure-Base-Reaktion wird ein Proton von einem Protonendonator auf einen Protonenakzeptor übertragen [B2].

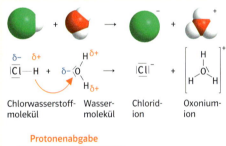

B2 Reaktion der Chlorwasserstoffmoleküle mit Wassermolekülen

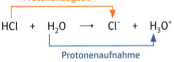

Indikator	sauer	neutral	alkalisch
Bromthymolblau	gelb	grün	blau
Phenolphthalein	farblos	farblos	rotviolett
Universalindikator	rot	gelb	blau

B3 Indikatoren, die häufig eingesetzt werden

Indikatoren

Farbstoffe, deren Farbe davon abhängt, ob sie sich in saurer, neutraler oder alkalischer Lösung befinden [B3].

Neutralisation

Die Oxoniumionen einer sauren Lösung reagieren mit den Hydroxidionen einer alkalischen Lösung, einer Lauge, zu Wassermolekülen [B4]:

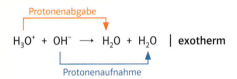

B4 Neutralisation

Säure bzw. Lauge	Formel	Säurerest-anion bzw. Basenkation	Name des Anions bzw. Kations
Salpetersäure	$HNO_3(aq)$	NO_3^-	Nitration
Salzsäure	$HCl(aq)$	Cl^-	Chloridion
Schwefelsäure	$H_2SO_4(aq)$	HSO_4^-	Hydrogensulfation
		SO_4^{2-}	Sulfation
Schweflige Säure	$H_2SO_3(aq)$	HSO_3^-	Hydrogensulfition
		SO_3^{2-}	Sulfition
Schwefelwasserstoffsäure	$H_2S(aq)$	HS^-	Hydrogensulfidion
		S^{2-}	Sulfidion
Kohlensäure	$H_2CO_3(aq)$	HCO_3^-	Hydrogencarbonation
		CO_3^{2-}	Carbonation
Natronlauge	$NaOH(aq)$	Na^+	Natriumion
Kalilauge	$KOH(aq)$	K^+	Kaliumion
Kalkwasser	$Ca(OH)_2$	Ca^{2+}	Calciumion
Ammoniakwasser	$NH_3(aq)$	NH_4^+	Ammoniumion

B5 Wichtige Säuren und Laugen

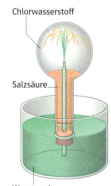

B6 Salzsäurespringbrunnen

Rückblick Chemie und Bedeutung der Kohlenwasserstoffe

Organische Chemie
Die organische Chemie beschäftigt sich mit den Kohlenstoffverbindungen mit Ausnahme der Kohlenstoffoxide und der Carbonate. Wichtige Teilbereiche innerhalb der organischen Chemie sind die Kohlenwasserstoffe [B1].

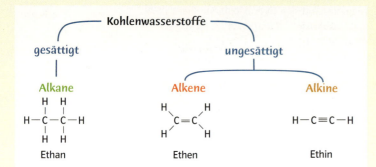

B1 Gesättigte und ungesättigte Kohlenwasserstoffe

Bindungsverhältnisse und räumlicher Bau
Alkane sind gesättigte Kohlenwasserstoffe, da jedes C-Atom vier Einfachbindungen ausbildet. Das Elektronenpaarabstoßungsmodell zeigt eine tetraedrische Anordnung der Atome mit einem Bindungswinkel von 109,5°. Die ungesättigten Kohlenwasserstoffverbindungen besitzen Mehrfachbindungen. Alkene haben eine Doppelbindung, die beteiligten Atome sind in einem Bindungswinkel von 120° angeordnet. In den Alkinen ist eine Dreifachbindung enthalten, daher resultiert ein Bindungswinkel von 180°. In B3 sind weitere Details zum Thema Einfach- und Mehrfachbindungen zwischen Kohlenstoffatomen dargestellt.

Name des Alkans	Summenformel
Methan	CH_4
Ethan	C_2H_6
Propan	C_3H_8
Butan	C_4H_{10}
Pentan	C_5H_{12}
Hexan	C_6H_{14}
Heptan	C_7H_{16}
Octan	C_8H_{18}
Nonan	C_9H_{20}
Decan	$C_{10}H_{22}$
Undecan	$C_{11}H_{24}$

B2 Homologe Reihe der Alkane

B3 Bindungen zwischen C-Atomen

Isomerie
Haben verschiedene Moleküle die gleiche Summenformel, aber eine unterschiedliche Verknüpfung der Atome oder einen anderen räumlichen Bau, so spricht man von isomeren Verbindungen.
Moleküle, die die gleiche Summenformel, aber eine unterschiedliche Atomverknüpfung haben, bezeichnet man als Konstitutionsisomere. Von *cis-trans*-Isomerie spricht man bei Molekülen mit Doppelbindungen, wenn an beiden Kohlenstoffatomen der Doppelbindung jeweils verschiedene Substituenten sitzen.

Reaktionsverhalten
Alle Kohlenwasserstoffe können verbrannt (oxidiert) werden, dabei entstehen Kohlenstoffdioxid und Wasser. Die für die Alkane typische Reaktion ist die *Substitution*.

Wasserstoffatome der Alkanmoleküle werden durch andere Atome oder Atomgruppen ersetzt. Alkenmoleküle können aufgrund der Doppelbindung in einer *Additionsreaktion* andere Atome oder Atomgruppen binden. Reagiert ein Alken mit Wasserstoff, liegt eine *Hydrierung* vor. Bei der Hydrierung entsteht aus einem ungesättigten Kohlenwasserstoff ein gesättigter Kohlenwasserstoff, ein Alkan.

Die Umkehrung der Hydrierung ist die *Dehydrierung*. Die Dehydrierung gehört zu den Eliminierungsreaktionen.

Nomenklatur

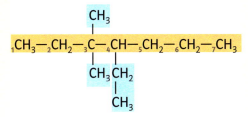

1. **Längste Kette aus Kohlenstoffatomen**
   ermitteln und benennen. Aus der Zahl der Kohlenstoffatome ergibt sich der Name der Hauptkette.

2. **Seitenketten**
   benennen und alphabetisch ordnen. Seitenketten erhalten ebenfalls ihren Namen nach der Zahl der Kohlenstoffatome. Anstelle der Endung „an" erhalten die Seitenketten die Endung „yl". Der Name der Seitenkette wird dem Namen der Hauptkette vorangestellt.

3. **Anzahl der gleichen Seitenketten**
   ermitteln und durch das entsprechende griechische Zahlwort (di-, tri-, tetra-, …) kennzeichnen.

4. **Verknüpfungsstellen zwischen Haupt- und Seitenketten**
   ermitteln, dabei Hauptketten so durchnummerieren, dass die Verknüpfungsstellen kleinstmögliche Zahlen erhalten.

4-Ethyl-3,3-dimethylheptan

B4 Benennung eines Alkans. Die Länge der Hauptkette bestimmt den Grundnamen der Verbindung

Physikalische Eigenschaften

Je länger die Moleküle einer homologen Reihe sind, desto größer sind die zwischenmolekularen Kräfte und desto höher sind folglich die Schmelz- und Siedetemperaturen. Alkanmoleküle sind unpolar, daher lösen sie sich nur in anderen aus unpolaren Molekülen aufgebauten – also lipophilen – Stoffen.

Erneuerbare Energiequellen

Fossile Brennstoffe (Erdöl und Erdgas) sind endlich, daher benötigt man in der Zukunft neue Energiequellen, die zudem die Kohlenstoffdioxidemissionen senken sollen [B5].

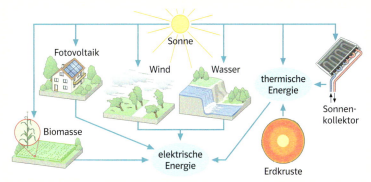

B5 Nutzung regenerativer Energiequellen

Kohlenstoffkreislauf

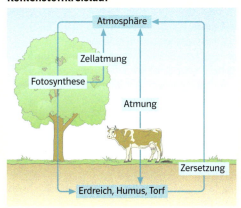

B6 Der biologische Kohlenstoffkreislauf

Kunststoffe

Aus Monomeren (Einzelmolekülen) können durch Polymerisation Polymere (Makromoleküle) gebildet werden. Z. B. kann aus Ethen Polyethen [B7] hergestellt werden.

Name	Polyethen (PE)	Polyvinylchlorid (PVC)
Monomer	Ethen	Vinylchlorid (Chlorethen)
	H₂C=CH₂	H₂C=CHCl
Verwendungsbeispiele	Tragetaschen, Eimer, Mülltonnen	Bodenbeläge, Rohre, Schläuche, Schallplatten

B7 Kunststoffe

Rückblick Sauerstoffhaltige organische Verbindungen

Stoffklasse	Alkohole	Aldehyde	Ketone	Carbonsäuren	Ester
allgemeine Formel	R'—O—H	R—C(=O)—H	R'—C(=O)—R''	R—C(=O)—O—H	R—C(=O)—O—R'
Endung	-ol	-al	-on	-säure	-ester
funktionelle Gruppe	—O—H Hydroxylgruppe	C=O Carbonylgruppe		—C(=O)—O—H Carboxylgruppe	—C(=O)—O—R' Estergruppe

R: organischer Rest oder H
R', R'' organischer Rest (z. B. Methyl-, Ethyl-, Propyl-), nicht H

B3 Sauerstoffhaltige organische Verbindungen im Vergleich

Alkohole

Enthalten Alkoholmoleküle eine *Hydroxylgruppe*, bezeichnet man sie als einwertig. Je nach Lage der Hydroxylgruppe im Molekül unterscheiden sich Alkoholmoleküle in ihrem Reaktionsverhalten.
Die Oxidation eines tertiären Alkoholmoleküls, wie z. B. 2-Methylpropan-2-ol, ist ohne Zerstörung des Kohlenstoffatomgerüsts nicht möglich.

Aldehyde und Ketone

Aldehyde können im Gegensatz zu Ketonen weiter oxidiert werden. Die *Aldehydgruppe* besitzt also eine *Reduktionswirkung*.

Daher können Verbindungen der beiden Stoffklassen durch geeignete Reaktionen wie die Fehling'sche Probe unterschieden werden [B2].

Glucose – Alkohol und Aldehyd

Glucose (Traubenzucker) ist ein Naturstoff, der durch Fotosynthese aus Kohlenstoffdioxid und Wasser von Pflanzen hergestellt wird. Glucosemoleküle können sowohl in Ketten- als auch in der *Ringform* vorkommen. Vorherrschend ist die Ringform. Die Moleküle weisen fünf Hydroxylgruppen und in der *Kettenform* eine Aldehydgruppe auf.

B1 Partielle Oxidation von Alkoholen

B2 Fehling'sche Probe

(Schutzbrille!) Man gibt je 2 ml der Lösungen Fehling I und II in ein Reagenzglas, schüttelt und verdünnt mit Wasser. Anschließend gibt man ein Aldehyd in eines der Reagenzgläser und erwärmt im Wasserbad.
Durch den ziegelroten Niederschlag aus Kupfer(I)-oxid Cu_2O wird der Aldehyd nachgewiesen.

B4 Glucosemolekül, Strukturformeln von Ketten- und Ringform

Rückblick Sauerstoffhaltige organische Verbindungen

Carbonsäuren

Carbonsäuremoleküle sind *Protonendonatoren*. Das Proton wird von der stark polaren OH-Gruppe der Carboxylgruppe abgespalten:

$$H-\overset{\overset{\displaystyle H}{|}}{\underset{\underset{\displaystyle H}{|}}{C}}-C\overset{\overline{\underline{O}}|}{\underset{\underline{O}-H}{}} + H_2O \longrightarrow H-\overset{\overset{\displaystyle H}{|}}{\underset{\underset{\displaystyle H}{|}}{C}}-C\overset{\overline{\underline{O}}|}{\underset{\underline{O}|^-}{}} + H_3O^+$$

Carboxylation

Allerdings liegen z. B. in verdünnter Essigsäure überwiegend Essigsäuremoleküle, aber nur wenige Oxonium- und Acetationen vor.

Ester

Reagiert eine *Carbonsäure* mit einem *Alkohol*, erhält man als Produkte einen *Ester* und Wasser. Bei dieser Reaktion vereinigen sich zwei Moleküle unter Abspaltung eines kleineren Moleküls (hier: Wasser). Derartige Reaktionen nennt man *Kondensationsreaktionen* [B6].
Zur Benennung eines Esters verwendet man den Namen der Säure, den Namen des Alkylrestes des Alkohols und die Endung „-ester" (Bsp. Essigsäureethylester).

Eigenschaften

Im Allgemeinen gilt, dass die Siedetemperatur mit der Zunahme der Anzahl der CH_2-Gruppen der Alkylgruppen im Molekül steigt (Zunahme der Van-der-Waals-Kräfte). Je mehr Hydroxylgruppen die Alkoholmoleküle aufweisen, desto höher ist die Siedetemperatur (Van-der-Waals-Kräfte und Wasserstoffbrücken). Aldehyde und Ketone haben höhere Siedetemperaturen als Alkane von vergleichbarer Größe, aber niedrigere als die der entsprechenden Alkohole. Zwischen den Molekülen der Aldehyde und der Ketone wirken Van-der-Waals-Kräfte und Dipol-Dipol-Kräfte. Die Carbonsäuren haben die höchsten Siedetemperaturen, auch weil zwei Moleküle miteinander Carbonsäuredimere bilden [B7].

Je größer der Anteil der Hydroxylgruppen im Molekül ist, desto besser ist die Wasserlöslichkeit. Wassermoleküle können mit der Carbonylgruppe Wasserstoffbrücken ausbilden [B8],

deshalb sind die ersten Glieder der homologen Reihen der Aldehyde und Ketone in Wasser löslich. Die ersten vier Carbonsäuren sind in jedem Verhältnis in Wasser löslich.

Name	Löslichkeit in Wasser	Löslichkeit in Benzin
Methanol		
Ethanol		
Propan-1-ol		
Butan-1-ol		
Pentan-1-ol		
Hexan-1-ol		
Dodecan-1-ol		
Hexadecan-1-ol		

B5 Die homologe Reihe der Alkanole. Zusammenhang zwischen Struktur und Eigenschaften

Verwendung

Alkohole können als Lösungsmittel (z. B. Methanol) oder Frostschutzmittel (Glycerin) verwendet werden. Viele Aldehyde kommen als Aromastoffe in Pflanzen vor, sie können auch zur Herstellung von Kunststoffen genutzt werden (z. B. Formaldehyd für die Herstellung von Bakelit). Carbonsäuren mit langkettigen Molekülen heißen auch Fettsäuren, welche zur Herstellung von Kerzen und in der Seifenindustrie genutzt werden. Esterverbindungen dienen als Aromastoffe oder Lösungsmittel. Ein bekannter Ester, die Acetylsalicylsäure, wird aus der Essigsäure und der Salicylsäure hergestellt. Ester von langkettigen Carbonsäuren und Alkoholen sind Wachse. Aus Diolen und Dicarbonsäuren können Polyester gewonnen werden. Diese werden zur Herstellung von Textilfasern verwendet.

B7 Essigsäuredimer

Carbonylgruppe

B8 Wasserstoffbrücken bei Carbonylverbindungen mit Wassermolekülen

$$\overset{\displaystyle H_2C-CH_2}{\underset{\displaystyle |\quad\;\; |}{\underset{\displaystyle OH\;\; OH}{}}}$$

Ethandiol

$$\overset{\displaystyle H_2C-CH-CH_2}{\underset{\displaystyle |\quad\; |\quad\; |}{\underset{\displaystyle OH\;\; OH\;\; OH}{}}}$$

Propantriol

B9 Alkohole mit mehreren OH-Gruppen pro Molekül

$$R-C\overset{\overline{\underline{O}}|}{\underset{\underline{O}-H}{}} + R'-\overline{\underline{O}}-H \underset{\text{Hydrolyse}}{\overset{\text{Kondensation}}{\rightleftharpoons}} R-C\overset{\overline{\underline{O}}|}{\underset{\underline{O}-R'}{}} + H_2O$$

Carbonsäure + Alkohol → Ester + Wasser

B6 Die Veresterung als Beispiel für eine Gleichgewichtsreaktion

Rückblick **13**

Rückblick Größen und Größengleichungen

$\varrho = \frac{m}{V}$
$\Rightarrow m = \varrho \cdot V$
$\Rightarrow V = \frac{m}{\varrho}$

Ein Goldbarren der Masse $m = 100\,g$ hat das Volumen:

$V = \frac{100\,g}{19{,}32\,g/cm^3}$
$= 5{,}18\,cm^3$

Ein Goldnugget mit dem Volumen $V = 100\,cm^3$ hat die Masse:

$m = \frac{19{,}32\,g}{cm^3} \cdot 100\,cm^3$
$= 1932\,g$
$= 1{,}932\,kg$

B1 Umgang mit den Größen Masse, Volumen und Dichte

$m_t(Na) = m_t(Na^+)$
$m_t(A) = m_t(A^{z+})$
$m_t(Cl) = m_t(Cl^-)$
$m_t(B) = m_t(B^{z-})$

B2 Die Massen der Atomionen entsprechen denen der Atommassen

Masse, Volumen und Dichte

Zur Beschreibung des Umfangs einer Stoffportion werden häufig die Masse und das Volumen genutzt. Die Dichte kann zur Kennzeichnung eines Stoffes herangezogen werden. Mithilfe der Dichte kann das Volumen einer Stoffportion bei bekannter Masse oder die Masse bei bekanntem Volumen berechnet werden [B1]. Bei Berechnungen dürfen die Einheiten nicht vergessen werden.

Teilchenmasse und Stoffmenge

Die Masse von Atomen (m_t) ist sehr klein, sie wird deshalb in u (von engl. unit, Einheit) angegeben.

Es gilt: $1\,u = 1{,}66054 \cdot 10^{-24}\,g$
bzw. $1\,g = 6{,}02214 \cdot 10^{23}\,u$

Die Masse eines Moleküls oder einer Elementargruppe für Ionenverbindungen ergibt sich durch Addition der Atommassen. Die Massen von Atomionen entsprechen den Atommassen, da man die sehr kleine Differenz, die sich aus der Aufnahme oder Abgabe der Elektronen ergibt, nicht berücksichtigt [B2].

Die Anzahl der Atome, Moleküle oder Ionen ist selbst in sehr kleinen Stoffportionen riesig groß, deshalb fasst man eine sehr große Anzahl zu einer neuen Einheit zusammen. Meist wird für die Teilchenanzahl die Einheit Mol verwendet.

Eine Stoffportion, die $6{,}022 \cdot 10^{23}$ Teilchen enthält, hat die Stoffmenge $n = 1\,mol$.

Die Stoffmenge ist nur ein anderer Name für die Teilchenanzahl und wird bevorzugt dann benutzt, wenn die Teilchenanzahl in Mol angegeben wird. Die Stoffmenge hat den Vorteil, dass mit kleinen Zahlen gerechnet werden kann.

Für die Umrechnung von beliebigen Teilchenanzahlen in die Stoffmenge verwendet man die Avogadro-Konstante $N_A = 6{,}022 \cdot 10^{23}\,mol^{-1}$.

$n = \frac{N}{N_A}$

Die molare Masse

Den Quotienten aus der Masse m einer Stoffportion und deren Stoffmenge n nennt man molare Masse M.

$M = \frac{m}{n}$ Übliche Einheit: g/mol

Die molare Masse ist identisch mit der Teilchenmasse, denn wird die Masse der Stoffportion durch die Teilchenanzahl dividiert, erhält man die Masse des einzelnen Teilchens.

Das molare Volumen

In gleichen Volumina verschiedener Gase sind gleich viele Teilchen, wenn gleicher Druck und gleiche Temperatur vorliegen. Gasportionen mit gleichen Teilchenanzahlen besitzen demnach auch gleiche Volumina. Da das Volumen von *Druck* und *Temperatur* abhängt, müssen beide jeweils angegeben werden. Den Quotienten aus dem Volumen V und der Stoffmenge n einer Stoffportion nennt man molares Volumen V_m.

$V_m = \frac{V}{n}$ Übliche Einheit: l/mol

Stoffportion	Teilchen (bzw. Elementargruppe)	Teilchenmasse m_t bzw. molare Masse M m_t / M	Teilchenanzahl N bzw. Stoffmenge n N / n
12 g Kohlenstoff	C	12 u / 12 g/mol	$6{,}022 \cdot 10^{23}$ / 1 mol
5,6 g Stickstoff	N_2	28 u / 28 g/mol	$1{,}2044 \cdot 10^{23}$ / 0,2 mol
18 g Wasser	H_2O	18 u / 18 g/mol	$6{,}022 \cdot 10^{23}$ / 1 mol
1,1 g Kohlenstoffdioxid	CO_2	44 u / 44 g/mol	$1{,}5055 \cdot 10^{22}$ / 0,025 mol
585 g Natriumchlorid	NaCl	58,5 u / 58,5 g/mol	$6{,}022 \cdot 10^{24}$ / 10 mol

B3 Stoffportion und Teilchenanzahl

Molares Volumen von Gasen bei
Normbedingungen: V_m = 22,4 l/mol
Zimmertemperatur und Normdruck:
V_m ≈ 24 l/mol

Der Massenanteil

Eine Kochsalzlösung mit dem *Massenanteil*
w = 0,9 % enthält 0,9 g Natriumchlorid in 100 g
Kochsalzlösung.
Der *Massenanteil* w eines Bestandteils A ist
der Quotient aus der *Masse* des Bestandteils
m(Bestandteil A) dividiert durch die *Gesamtmasse* des Gemischs m(Gemisch).

$$w(\text{Bestandteil A}) = \frac{m(\text{Bestandteil A})}{m(\text{Gemisch})}$$

Soll der Massenanteil in % angegeben werden,
muss dieser mit 100 % (= 1) multipliziert
werden.

Die Massenkonzentration

Der Gehalt an Kationen und Anionen in einem
Mineralwasser wird meist in Milligramm
pro Liter Mineralwasser (mg/l), angegeben.
Es handelt sich um die Angabe der *Massenkonzentration* β. Diese ist der Quotient aus der
Masse eines Bestandteils A m(Bestandteil A)
und dem *Volumen* der Lösung V(Lösung).

$$\beta(\text{Bestandteil A}) = \frac{m(\text{Bestandteil A})}{V(\text{Lösung})}$$

Mögliche Einheiten: mg/l, g/l, g/m³

Die Stoffmengenkonzentration

Bei einer Neutralisation benötigt man häufig
die Anzahl oder Stoffmenge der in der Lösung
vorhandenen Teilchen. Der Quotient aus der
Stoffmenge des gelösten Bestandteils
n(Teilchen A) und dem Volumen der Lösung
V(Lösung) ist die Stoffmengenkonzentration c.

$$c(\text{Teilchen A}) = \frac{n(\text{Teilchen A})}{V(\text{Lösung})}$$

Übliche Einheit: mol/l

$$\Leftrightarrow \quad n(\text{Teilchen A}) = c(\text{Teilchen A}) \cdot V(\text{Lösung})$$

Beispiel:

Bekannt: Masse eines Bestandteils A,
Volumen der Lösung

Gesucht: Stoffmengenkonzentration
der Teilchen des Stoffes A

$$n(\text{Teilchen A}) = \frac{m(\text{Bestandteil A})}{M(\text{Teilchen A})} \qquad (1)$$

$$c(\text{Teilchen A}) = \frac{n(\text{Teilchen A})}{V(\text{Lösung})} \qquad (2)$$

Einsetzen von Gleichung (1) in (2):

$$c(\text{Teilchen A}) = \frac{m(\text{Bestandteil A})}{M(\text{Teilchen A}) \cdot V(\text{Lösung})}$$

Beziehung zwischen Massen- und Stoffmengenkonzentration

$$\beta(\text{Bestandteil A}) = \frac{m(\text{Bestandteil A})}{V(\text{Lösung})} \Leftrightarrow$$

$$V(\text{Lösung}) = \frac{m(\text{Bestandteil A})}{\beta(\text{Bestandteil A})} \qquad (3)$$

$$c(\text{Teilchen A}) = \frac{n(\text{Teilchen A})}{V(\text{Lösung})} \Leftrightarrow V(\text{Lösung}) = \frac{n(\text{Teilchen A})}{c(\text{Teilchen A})} \qquad (4)$$

Gleichsetzen von Gleichung (3) und (4):

$$\frac{m(\text{Bestandteil A})}{\beta(\text{Bestandteil A})} = \frac{n(\text{Teilchen A})}{c(\text{Teilchen A})} \Leftrightarrow \frac{m(\text{Bestandteil A})}{n(\text{Teilchen A})} = \frac{\beta(\text{Bestandteil A})}{c(\text{Teilchen A})}$$

$$\beta(\text{Bestandteil A}) = M(\text{Teilchen A}) \cdot c(\text{Teilchen A}) \text{ oder}$$

$$c(\text{Teilchen A}) = \frac{\beta(\text{Bestandteil A})}{M(\text{Teilchen A})}$$

Konzentrationen sind auf
das Volumen bezogene Größen

Normbedingungen
ϑ = 0 °C,
Normdruck p = 1013 hPa

Größensymbole
n: Stoffmenge
M: molare Masse
c: Stoffmengenkonzentration

Tipp
Anhand der Einheiten
kann überprüft werden,
ob beim Hantieren mit
den Größengleichungen
nicht doch ein Fehler
unterlaufen ist.

Rückblick **15**

Rückblick Aufgaben

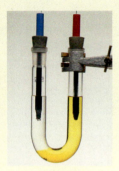

B1 Beobachtungen bei der Elektrolyse einer Zinkiodidlösung

A1 Ein Pkw verbraucht 7 l Superbenzin auf 100 km. Für die Zusammensetzung des Benzins wird vereinfacht von Heptan ausgegangen.
a) Stellen Sie die Reaktionsgleichung für die Verbrennung des Heptans auf.
b) Berechnen Sie die Masse des Kohlenstoffdioxids, das dieser Pkw bezogen auf 1 km ausstößt.
c) Benennen Sie Maßnahmen zur Verringerung des Kohlenstoffdioxidausstoßes durch den Pkw-Verkehr.

A2 In einer Chemieanlage fallen pro Tag 10 m^3 Salzsäure der Stoffmengenkonzentration $c(HCl) = 0,8$ mol/l an. Berechnen Sie das Volumen der Natronlauge der Konzentration $c(NaOH) = 4$ mol/l, die täglich für die Neutralisation der Salzsäure benötigt wird.

A3 Erstellen Sie eine Versuchsanleitung zur Bestimmung der Konzentration von Essigsäure in Essig mit Natronlauge als Maßlösung [B2].

A4 Beschreiben sie den Aufbau eines Ammoniakmoleküls. Nutzen Sie dazu die Begriffe Elektronegativität, polare Bindung und Dipol.

A5 Rotes Eisenoxid reagiert mit Magnesium nach folgender Reaktionsgleichung:
$Fe_2O_3 + 3\ Mg \longrightarrow 3\ MgO + 2\ Fe$
a) Schreiben Sie diese Redoxgleichung mit Ionenladungen auf.
b) Formulieren Sie die Gleichung für die Oxidation und die Reduktion getrennt. Kennzeichnen Sie die Elektronenabgabe und Elektronenaufnahme.
c) Nennen Sie das Teilchen, das als Elektronendonator bzw. -akzeptor wirkt.

A6 a) Formulieren Sie die Reaktionsgleichungen für die Bildung der Reaktionsprodukte, die bei der Elektrolyse einer Zinkiodidlösung [B1] entstehen.
b) An welcher Elektrode findet die Oxidation bzw. die Reduktion statt?

A7 Ammoniak reagiert mit Chlorwasserstoff (Hydrogenchlorid) zu Ammoniumchlorid.
a) Formulieren Sie die Reaktionsgleichung mit Strukturformeln. b) Kennzeichnen Sie den Protonenübergang. c) Erklären Sie, über welche Voraussetzungen ein Teilchen verfügen muss, damit es als Protonendonator bzw. -akzeptor fungieren kann.

A8 Benennen Sie die folgenden Verbindungen:

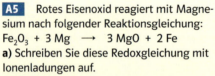

A9 Stellen Sie für die folgenden Verbindungen die Strukturformeln auf:
a) 2-Methylpropan-2-ol b) Propanon,
c) Butansäure, d) Propansäureethylester.

A10 a) Formulieren Sie für die Hydrierung von Propen die Reaktionsgleichung.
b) Benennen Sie den Reaktionstyp.

A11 Aus 1,2-Dichlorethan kann Ethen gewonnen werden. Formulieren Sie die Reaktionsgleichung und benennen Sie den Reaktionstyp.

A12 Recherchieren Sie die Eigenschaften und Verwendung der Verbindungen:
a) Ethanol, b) Methanol, c) Propanon (Aceton), d) Methansäure (Ameisensäure), e) Ethansäurebutylester, f) Propantriol (Glycerin).

A13 a) Ethanol und Ethansäure sind in jedem Verhältnis in Wasser löslich, dagegen ist Essigsäureethylester nur wenig in Wasser löslich. Erklären Sie diesen Befund.
b) Ethanol ist Bestandteil alkoholischer Getränke, aber es wird auch dem Benzin zugesetzt. Erklären Sie, warum Ethanol sowohl in Wasser als auch in Benzin löslich ist.
c) Erläutern Sie die Begriffe hydrophil, hydrophob, lipophil und lipophob.

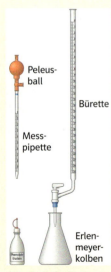

B2 Zu Aufgabe 3

16 Rückblick

1 Chemische Energetik

Mit chemischen Reaktionen sind nicht nur stoffliche Veränderungen verbunden, sondern auch Energieumsätze. Je nachdem, welche Reaktion abläuft, wird Energie abgegeben oder aufgenommen.

■ Bei vielen Reaktionen wird Energie in Form von Licht oder Wärme freigesetzt. Andere Reaktionen laufen nur ab, wenn Energie zugeführt wird. Die Bildung von Stickstoffoxiden aus Stickstoff und Sauerstoff findet bei hohen Temperaturen unter Energiezufuhr statt, z. B. in Blitzen. Es gibt aber auch Reaktionen, die bei Zimmertemperatur der Umgebung Wärme entziehen.

■ Der Energieumsatz einer chemischen Reaktion kann auch zu Bewegungsenergie führen, z. B. bei der Zündung des Benzin-Luft-Gemisches im Verbrennungsmotor oder bei der Verbrennung von Wasserstoff im Raketentriebwerk.

■ Eine chemische Reaktion läuft ab, wenn der Endzustand wahrscheinlicher, d. h. weniger geordnet ist als der Anfangszustand. Hier gelten im Prinzip die gleichen Gesetzmäßigkeiten wie für die Häufigkeit von Zahl und Wappen beim Münzenwerfen.

Online-Link
756820-0100

1.1 Chemische Reaktionen und Wärme

B1 Systeme der chemischen Energetik

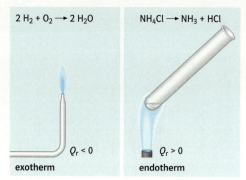

B2 Exotherme und endotherme Reaktion

Vorzeichen der Reaktionswärme Die vom System *abgegebene* Wärme bekommt ein *negatives* Vorzeichen, die vom System *aufgenommene* Wärme bekommt ein *positives* Vorzeichen

Bei chemischen Reaktionen findet nicht nur eine Stoffumwandlung statt, sondern auch ein Energieumsatz. Die Energie kann dabei in verschiedenen Formen auftreten. So liefert z. B. eine Flamme nicht nur Wärme, sondern auch Licht. Durch chemische Reaktionen in einer Batterie entsteht elektrische Energie, Sprengstoffe können mechanische Arbeit verrichten.

System und Umgebung. Will man Energieumsätze bei chemischen Reaktionen bestimmen, so muss man sich zunächst darüber im Klaren sein, welchen räumlichen Bereich man untersuchen will. Einen solchen begrenzten Ausschnitt des Raums nennt man *System*, den Rest nennt man *Umgebung*.
Ein System kann der Inhalt eines Reagenzglases, eine Destillationsapparatur oder eine ganze Raffinerie sein. Beim **isolierten System** ist jeglicher Stoff- und Energieaustausch mit der Umgebung unterbunden. Ein **geschlossenes System** kann mit der Umgebung Energie austauschen, aber es werden keine Stoffe zugeführt oder entnommen. Ein **offenes System** kann mit der Umgebung Energie und Stoffe austauschen.
Dies kann man an einem einfachen Beispiel zeigen [B1]: Der Inhalt einer gut gekühlten und verschlossenen Limonadenflasche, die in eine dicke Styroporverpackung eingebettet ist, ist ein *isoliertes System*. Entfernt man die Verpackung, so besitzt man ein *geschlossenes System*: Es kann aus der wärmeren Umgebungsluft Wärme aufnehmen. Durch Öffnen des Verschlusses erhält man ein *offenes System*: Es gibt langsam Kohlenstoffdioxid ab.

Für die Gesamtheit eines Systems mit seiner Umgebung gilt der **Energieerhaltungssatz**: Bei Energieaustausch oder Energieumwandlungen innerhalb des Systems oder zwischen System und Umgebung ist die Summe der Energien konstant.

Die Gesamtenergie eines Systems und seiner Umgebung kann weder zu- noch abnehmen.

Reaktionswärme. Bei fast allen chemischen Reaktionen wird Wärme abgegeben oder aufgenommen. Man bezeichnet sie als *Reaktionswärme* Q_r. Bei *exothermen Reaktionen* wird Wärme an die Umgebung abgegeben, bei *endothermen Reaktionen* wird aus der Umgebung Wärme zugeführt [B2].

Bei exothermen Reaktionen ist $Q_r < 0$, bei endothermen Reaktionen ist $Q_r > 0$.

Je nach Art der Reaktion benennt man Reaktionswärmen z. B. als *Verbrennungswärme* oder *Neutralisationswärme*. Die *Bildungswärme* ist die Reaktionswärme, die bei der Bildung einer Verbindung aus elementaren Stoffen auftritt.

Bei vielen Reaktionen sind vor allem die Reaktionsprodukte wichtig. Bei anderen Reaktionen ist jedoch auch die Reaktionswärme bedeutsam, z. B. bei der Verbrennung von Holz, Kohle, Heizöl oder Wasserstoff. Die Messung von Reaktionswärmen liefert überdies grundlegende Erkenntnisse über die Eigenschaften und das Reaktionsverhalten von Stoffen.

Chemische Reaktionen und Wärme

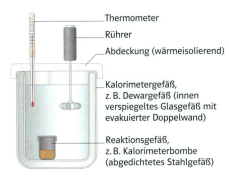

B3 Prinzipieller Aufbau eines Kalorimeters

Bestimmung einer Reaktionswärme. Findet in einem offenen oder geschlossenen System eine exotherme Reaktion statt, erhöht sich zunächst die Temperatur des Systems. Das System gibt dann Wärme an die Umgebung ab, bis die entstandene Temperaturdifferenz wieder ausgeglichen ist. Wenn die Umgebung sehr groß ist, ändert sich ihre Temperatur dadurch nicht.

Um die Reaktionswärme Q_r zu bestimmen, begrenzt man deshalb die Umgebung künstlich auf einen kleinen Bereich, der die gesamte Reaktionswärme aufnimmt. Einen solchen begrenzten Bereich bezeichnet man als **Kalorimeter** [B3]. Es besteht i. d. R. aus einem wärmeisolierten Gefäß mit Rührer und Thermometer, darin befindet sich Wasser als **Kalorimeterflüssigkeit**. Man vernachlässigt den kleinen Teil der Reaktionswärme, der im geschlossenen System bleibt, und Wärmeverluste des Kalorimeters. Man nimmt also an, dass die gesamte Reaktionswärme Q_r vom Kalorimeter und vom Wasser aufgenommen wird, d. h. $Q = -Q_r$. Die aufgenommene Wärme ist proportional zur Temperaturdifferenz $\Delta \vartheta$:

$$Q = -Q_r = C \cdot \Delta \vartheta \quad \Leftrightarrow \quad Q_r = -C \cdot \Delta \vartheta$$

Der Proportionalitätsfaktor ist die **Wärmekapazität** C der gesamten Anordnung. Sie ist die Summe aus der Wärmekapazität des Kalorimeters C_K und der Wärmekapazität der Wasserportion C_W. Die *Wärmekapazität des Kalorimeters* wird experimentell bestimmt. Die *Wärmekapazität der Wasserportion* lässt sich aus der spezifischen Wärmekapazität und der Masse berechnen: $C_W = c_W \cdot m_W$
Die Reaktionswärme Q_r ist folglich:

$$Q_r = -(C_K + C_W) \cdot \Delta \vartheta = -(C_K + c_W \cdot m_W) \cdot \Delta \vartheta$$

Bestimmung der Wärmekapazität eines Kalorimeters. Gießt man 100 g Wasser von 60 °C in ein mit 100 g Wasser von 20 °C gefülltes Kalorimeter, so erhält man nicht 200 g Wasser von 40 °C, sondern von einer etwas niedrigeren Temperatur. Das warme Wasser erwärmt nicht nur das kalte Wasser, sondern auch das Kalorimeter.
Dies kann man nutzen, um die Wärmekapazität eines Kalorimeters C_K zu bestimmen: Man füllt kaltes Wasser der Masse $m_{W,1}$ ein und misst die gemeinsame Temperatur ϑ_1 des Wassers und des Kalorimeters. Danach gibt man warmes Wasser der Masse $m_{W,2}$ und der Temperatur ϑ_2 dazu und misst die Mischungstemperatur ϑ_{misch}.
– Das warme Wasser gibt die Wärme Q_2 ab (Q_2 ist negativ): $Q_2 = c_W \cdot m_{W,2} \cdot (\vartheta_{misch} - \vartheta_2)$
– Das Kalorimeter mit kaltem Wasser nimmt Wärme auf: $Q_1 = (C_K + c_W \cdot m_{W,1}) \cdot (\vartheta_{misch} - \vartheta_1)$
Mit $Q_1 + Q_2 = 0$ (Energieerhaltung) ergibt sich:

$$C_K = c_W \cdot \left(m_{W,2} \cdot \frac{\vartheta_2 - \vartheta_{misch}}{\vartheta_{misch} - \vartheta_1} - m_{W,1} \right)$$

Größen

C: Wärmekapazität

C_K: Wärmekapazität eines Kalorimeters

c_W: spezifische Wärmekapazität des Wassers
$c_W = 4{,}1868\ J/(g \cdot K)$
(Temperaturdifferenzen in den Einheiten Kelvin (K) und Grad Celsius (°C) haben den gleichen Zahlenwert.)

m_W: Masse einer Wasserportion

C_W: Wärmekapazität einer Wasserportion $C_W = c_W \cdot m_W$

Q: Wärme

Q_r: Reaktionswärme

ϑ: Temperatur

$\Delta \vartheta$: Temperaturdifferenz zwischen Endtemperatur ϑ_2 und Anfangstemperatur ϑ_1
$\Delta \vartheta = \vartheta_2 - \vartheta_1$

Exkurs Wärmeübergang von einem System auf ein anderes

Wenn zwischen zwei offenen Systemen eine Temperaturdifferenz besteht, wird Energie in Form von Wärme übertragen. (Auch eine künstlich begrenzte Umgebung wie ein Kalorimeter kann man als System betrachten.) Höhere Temperatur bedeutet höhere mittlere Teilchengeschwindigkeit. Gibt z. B. das System A Wärme an das System B ab, wird die mittlere Teilchengeschwindigkeit im System A kleiner und im System B größer. Der Endzustand ist erreicht, wenn die mittlere kinetische Energie in beiden Systemen gleich ist.

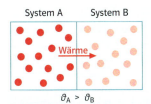

$\vartheta_A > \vartheta_B$

Anfangszustand:
Die mittlere kinetische Energie der Teilchen im System A ist größer als im System B

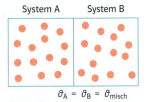

$\vartheta_A = \vartheta_B = \vartheta_{misch}$

Endzustand:
Die mittlere kinetische Energie der Teilchen ist in beiden Systemen gleich

Chemische Energetik 19

1.2 Praktikum Bestimmung einer Reaktionswärme

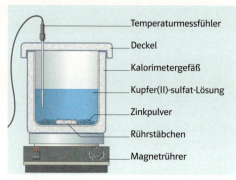

B1 Versuchsaufbau

In diesem Praktikum bestimmen Sie die Reaktionswärme der exothermen Reaktion, die im Daniell-Element abläuft (Kap. 7.4):

$$Zn(s) + Cu^{2+}(aq) \longrightarrow Zn^{2+}(aq) + Cu(s)$$

Die Reaktion findet in wässriger Lösung statt; das Lösungsmittel Wasser dient gleichzeitig als Kalorimeterflüssigkeit [B1].
Da sich durch die Reaktionswärme nicht nur das Wasser erwärmt, sondern auch das Kalorimeter, müssen Sie vor der eigentlichen Messung die Wärmekapazität des Kalorimeters bestimmen (Kap. 1.1).

Geräte und Chemikalien:
Kalorimetergefäß mit Deckel (oder Thermosflasche), Temperaturmessfühler und -messgerät, Magnetrührer und Rührstäbchen, Gerät zum Erhitzen des Wassers; Zinkpulver, Kupfer(II)-sulfat-Lösungen (c = 0,1 mol/l und c = 0,01 mol/l).

V1 Bestimmung der Wärmekapazität des Kalorimeters

Füllen Sie genau 50 g (gewogen) kaltes Wasser (ca. 20 °C) in das Kalorimeter. Schalten sie den Rührer ein und messen Sie nach ca. 1 Minute die Temperatur. Geben Sie genau 50 g warmes Wasser (40 bis 50 °C) dazu, dessen Temperatur Sie vorher gemessen haben. Messen Sie nach kurzem Rühren die Mischungstemperatur.

Aufgabe:
Berechnen Sie die Wärmekapazität C_K des Kalorimeters. *Hinweis:* Die Formel zur Berechnung finden Sie in Kap. 1.1.

V2 Bestimmung der Reaktionswärme der Reaktion von Zink mit Kupfer(II)-Ionen

Ersetzen Sie das Wasser im Kalorimeter [V1] durch 100 ml Kupfer(II)-sulfat-Lösung (c = 0,1 mol/l). Messen Sie die Temperatur der Lösung im Kalorimeter. Geben Sie Zinkpulver im Überschuss dazu (ca. 2 g). Rühren Sie die Mischung, bis sich ihre Temperatur nicht mehr ändert. Notieren Sie diese Temperatur. Führen Sie den Versuch noch einmal in gleicher Weise mit Kupfer(II)-sulfat-Lösung der Konzentration c = 0,01 mol/l durch.

Aufgaben:
– Berechnen Sie für beide Reaktionen Q_r.
Hinweis: Die Formel zur Berechnung finden Sie in Kap. 1.1. Die Wärmekapazitäten der reagierenden Stoffe werden vernachlässigt, d.h., man rechnet mit 100 g Wasser als Kalorimeterflüssigkeit. Werte von Temperaturdifferenzen sind in °C und K gleich.
– Berechnen Sie aus beiden Reaktionswärmen die Reaktionswärme der Reaktion von 1 mol Zink mit 1 mol Kupfer(II)-Ionen. Vergleichen Sie die Ergebnisse.

V1 1. Wasserportion: $m_{W,1}$ = 50 g; ϑ_1 = 21,5 °C
2. Wasserportion: $m_{W,2}$ = 50 g; ϑ_2 = 37,0 °C
Mischungstemperatur: ϑ_{misch} = 28,3 °C

$$C_K = c_W \cdot \left(m_{W,2} \cdot \frac{\vartheta_2 - \vartheta_{misch}}{\vartheta_{misch} - \vartheta_1} - m_{W,1} \right)$$

$$C_K = 4,19 \, \frac{J}{g \cdot K} \cdot \left(50 \, g \cdot \frac{(37,0 - 28,3) \, K}{(28,3 - 21,5) \, K} - 50 \, g \right)$$

$$= 58,5 \, \frac{J}{K}$$

V2 Ausgangstemperatur: ϑ_1 = 22,1 °C
Höchste Temperatur nach 150 s: ϑ_2 = 26,7 °C
Temperaturdifferenz: $\Delta\vartheta = \vartheta_2 - \vartheta_1$ = 4,6 K

$$Q_r = -(C_K + c_W \cdot m_W) \, \Delta\vartheta$$

$$= -\left(58,5 \, \frac{J}{K} + 4,19 \, \frac{J}{g \cdot K} \cdot 100 \, g \right) \cdot 4,6 \, K$$

$$\approx -2200 \, J = -2,2 \, kJ$$

Reaktionswärme für die Stoffmenge 1 mol:
$n(CuSO_4)$ = 0,1 mol/l · 0,1 l = 0,01 mol

$$Q_r(1 \, mol) \approx -2,2 \, kJ \cdot \frac{1 \, mol}{0,01 \, mol} \approx -220 \, kJ$$

B2 Beispielrechnung zur Auswertung

1.3 Innere Energie und Enthalpie

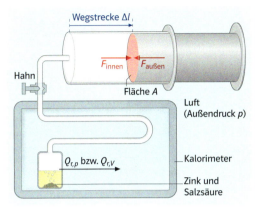

Berechnung der Volumenarbeit:

Wird der Kolben um die Wegstrecke Δl verschoben, so ist die Arbeit:

$W = F_{innen} \cdot \Delta l$

Der Außendruck p übt auf den Kolben die Kraft $F_{außen} = p \cdot A$ aus. Um den Kolben gegen den Außendruck zu bewegen, genügt eine gleich große entgegengesetzte Kraft $F_{innen} = -F_{außen}$. Die Arbeit ist also:

$W = F_{innen} \cdot \Delta l = -F_{außen} \cdot \Delta l = -p \cdot A \cdot \Delta l$

Mit $A \cdot \Delta l = \Delta V$ ergibt sich daraus: $W = -p \cdot \Delta V$

Bei $\Delta V > 0$ verrichtet das System Arbeit an der Umgebung: $W < 0$

Bei $\Delta V < 0$ verrichtet die Umgebung Arbeit am System: $W > 0$

B1 Reaktion von Zink mit Salzsäure bei konstantem Druck (Hahn geöffnet) bzw. bei konstantem Volumen (Hahn geschlossen). Die Abbildung zeigt keinen realen Versuchsaufbau

Bei einer exothermen Reaktion wird Wärme an die Umgebung abgegeben. Diese Wärme entsteht während der Reaktion aus anderen Energieformen, die in den Ausgangsstoffen „gespeichert" sind. Dabei bilden sich Produkte mit einem geringeren Energieinhalt.

Innere Energie und Reaktionsenergie. Am Energieinhalt einer Stoffportion sind mehrere Energieformen beteiligt. Dazu gehören z. B. die potentiellen Energien der Atome, Ionen und Moleküle in den Teilchenverbänden, Schwingungsenergien und Rotationsenergien. Die Summe aller Energien, über die ein System in seinem Inneren verfügt, bezeichnet man als **innere Energie** U.
Der *Absolutwert* einer inneren Energie kann nicht direkt gemessen werden. Die *Änderung* der inneren Energie ΔU eines Systems ist jedoch messbar. Handelt es sich um eine chemische Reaktion, bezeichnet man sie als **Reaktionsenergie** $\Delta_r U$. Sie ist wie folgt definiert:

$\Delta_r U = U_2 - U_1$ \hfill (1)

U_1 ist die innere Energie des Systems vor der Reaktion, U_2 nach der Reaktion. Wird bei einer Reaktion Energie abgegeben, so ist $\Delta_r U$ negativ.

Reaktionswärme und Reaktionsenergie. Gibt man 1 mol Zink in verdünnte Salzsäure, so bildet sich in einer exothermen Reaktion 1 mol gasförmiger Wasserstoff und eine Zinkchloridlösung. Die Reaktionswärme hängt allerdings davon ab, ob die Reaktion bei konstantem Volumen oder konstantem Druck abläuft [B1].
– *Konstantes Volumen:* Die Reaktion erfolgt in einer geschlossenen Apparatur (Hahn geschlossen). Durch die Wasserstoffentwicklung erhöht sich der Druck. $Q_{r,V} = -156,5$ kJ
– *Konstanter Druck:* Die Reaktion erfolgt in einer offenen Apparatur (Hahn geöffnet). Das Gasvolumen wird größer. $Q_{r,p} = -154,0$ kJ

Obwohl die Reaktionsenergie in beiden Fällen gleich ist, wird bei konstantem Druck weniger Wärme abgegeben. Dies liegt daran, dass die Reaktionsenergie nicht nur in Wärme, sondern auch in *Arbeit W* umgewandelt wird [B1]. Der entstehende Wasserstoff drückt den Kolben gegen den Luftdruck nach außen und verrichtet dadurch **Volumenarbeit** an der Umgebung. Auch wenn man den Kolben entfernt und das Gas einfach ausströmen lässt, wird die gleiche Arbeit verrichtet. Die Reaktionsenergie wird also nur bei konstantem Volumen vollständig in Wärme umgewandelt.

Läuft eine Reaktion bei konstantem Volumen ab, ist die Reaktionswärme gleich der Reaktionsenergie: $Q_{r,V} = \Delta_r U$

Volumenarbeit bei Gasreaktionen Bei Standardbedingungen ($\vartheta = 25$ °C und $p = 1013$ hPa) hat 1 mol Gas ein Volumen von ca. 24,5 l. Entsteht bei einer Reaktion 1 mol Gas, ist folglich $\Delta V \approx 24,5$ l. Die Volumenarbeit ist dann:
$W = -p \cdot \Delta V$
≈ -1013 hPa $\cdot 24,5$ l
≈ -101300 N/m² $\cdot 0,0245$ m³
≈ -2500 Nm $= -2,5$ kJ

Größen

Δl: Wegstrecke
p: Druck
V: Volumen
ΔV: Volumendifferenz
W: Arbeit
$Q_{r,V}$: Reaktionswärme bei konstantem Volumen
$Q_{r,p}$: Reaktionswärme bei konstantem Druck
U: innere Energie
$\Delta_r U$: Reaktionsenergie
Index 1: vor der Reaktion
Index 2: nach der Reaktion

Chemische Energetik 21

Innere Energie und Enthalpie

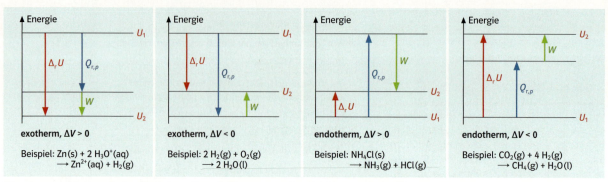

B2 Zusammenhang zwischen Reaktionswärme bei konstantem Druck, Volumenarbeit und innerer Energie

Enthalpie von griech. en, in und thalpein, erhitzen. Das Symbol H kommt von engl. heat content

Reaktionswärme und Volumenarbeit. Läuft die Reaktion von Zink mit Salzsäure bei konstantem Druck ab, gibt das System nicht nur die Reaktionswärme $Q_{r,p}$ ab, sondern verrichtet außerdem die Volumenarbeit $W = -p \cdot \Delta V$ an der Umgebung [B1]. Die Reaktionsenergie $\Delta_r U$ ist die Summe aus Wärme und Arbeit:

$$\Delta_r U = Q_{r,p} + W = Q_{r,p} - p \cdot \Delta V \qquad (2)$$

Nimmt bei der Reaktion das Volumen zu ($\Delta V > 0$), hat die Volumenarbeit einen negativen Wert; das System verrichtet Arbeit an der Umgebung. Bei einer Reaktion mit Volumenabnahme verrichtet die Umgebung Arbeit am System. B2 zeigt die unterschiedlichen Kombinationsmöglichkeiten von $Q_{r,p}$ und W.

Bei Reaktionen, an denen keine Gase beteiligt sind, ist die Volumenarbeit vernachlässigbar. Die Gleichung $\Delta_r U = Q_{r,p} + W$ gilt aber auch für andere Formen der Arbeit, z. B. elektrische Arbeit bei einem galvanischen Element.

Enthalpie. Chemische Reaktionen laufen häufig in offenen Systemen bei konstantem Druck ab. Für viele Anwendungen ist deshalb $Q_{r,p}$ wichtiger als $\Delta_r U$. Löst man Gleichung (2) nach $Q_{r,p}$ auf, erhält man:

$$\Delta_r U = Q_{r,p} - p \cdot \Delta V \quad \Leftrightarrow \quad Q_{r,p} = \Delta_r U + p \cdot \Delta V$$

$$\begin{aligned} Q_{r,p} &= U_2 - U_1 + p \cdot (V_2 - V_1) \\ &= (U_2 + p \cdot V_2) - (U_1 + p \cdot V_1) \end{aligned} \qquad (3)$$

Um die beiden eingeklammerten Terme abzukürzen, hat man die **Enthalpie** H definiert:

$$H = U + p \cdot V \qquad (4)$$

Aus Gleichung (3) wird damit:

$$\begin{aligned} Q_{r,p} &= (U_2 + p \cdot V_2) - (U_1 + p \cdot V_1) \\ &= H_2 - H_1 = \Delta_r H \end{aligned} \qquad (5)$$

Läuft eine Reaktion bei konstantem Druck ab, ist die Reaktionswärme gleich der Reaktionsenthalpie: $Q_{r,p} = \Delta_r H$

Größen

p: Druck
V: Volumen
ΔV: Volumendifferenz
W: Arbeit
$Q_{r,V}$: Reaktionswärme bei konstantem Volumen
$Q_{r,p}$: Reaktionswärme bei konstantem Druck
U: innere Energie
$\Delta_r U$: Reaktionsenergie
H: Enthalpie
$\Delta_r H$: Reaktionsenthalpie
Index 1: vor der Reaktion
Index 2: nach der Reaktion

B3 Innere Energie und Enthalpie einer exothermen Reaktion mit Volumenzunahme

A1 Zeichnen Sie ein B3 entsprechendes Diagramm für den Zusammenhang zwischen den Änderungen der inneren Energie, der Enthalpie und der Volumenarbeit für die Verbrennung von Kohlenstoffmonooxid.

A2 Nennen Sie Beispiele für Reaktionen, bei denen **a)** das System Volumenarbeit verrichtet und **b)** am System Volumenarbeit verrichtet wird.

22 Chemische Energetik

1.4 Enthalpie und Aggregatzustände

Bei jeder Änderung des Aggregatzustands einer Stoffportion wird entweder Wärme an die Umgebung abgegeben, oder es wird von ihr Wärme aufgenommen.

Schmelzenthalpie. Wird ein fester Reinstoff geschmolzen, benötigt man Wärme zur Umwandlung des geordneten Teilchenverbands in den Zustand der ungeordneten Teilchenbewegung der Flüssigkeit. Bestimmt man diese Wärme bei konstantem Druck, so erhält man die die *Schmelzenthalpie* $\Delta_S H$. Erstarrt die Flüssigkeit bei konstantem Druck, so gibt dieselbe Stoffportion die *Erstarrungsenthalpie* an die Umgebung ab. Erfolgen beide Vorgänge bei gleichem Druck und gleicher Temperatur, so hat die Erstarrungsenthalpie den gleichen Betrag wie die Schmelzenthalpie.

Verdampfungsenthalpie. Um einen flüssigen Reinstoff zu verdampfen, benötigt man ebenfalls Wärme zur Überwindung der Anziehungskräfte zwischen den Teilchen. Bei konstantem Druck ist diese Wärme die *Verdampfungsenthalpie* $\Delta_V H$. Umgekehrt wird bei der Kondensation die gleiche Wärmemenge als *Kondensationsenthalpie* an die Umgebung abgegeben.

A1 a) Berechnen Sie die Wärmemenge, die bei der Bildung einer durchschnittlich 10 cm dicken Eisschicht auf dem Bodensee entsteht. (Fläche des Sees: 539 km², Dichte von Eis: $\varrho = 0{,}916\,\text{g}/\text{cm}^3$)
b) Berechnen Sie die Wärmemenge, die von der Sonnenstrahlung aufgebracht wird, um eine 1 mm dicke Wasserschicht des Bodensees verdunsten zu lassen. (Bei 25 °C ist $\Delta_V H_m = 44\,\text{kJ}/\text{mol}$.)
c) Das Klima im Bodenseegebiet ist mild, d. h., der Winter ist relativ warm und der Sommer relativ kühl. Erläutern Sie die Gründe dafür.

A2 Vergleichen Sie die molaren Schmelzenthalpien [B1] der folgenden Stoffe und erklären Sie die Unterschiede: Aluminium, Silicium, Wasser, Schwefelwasserstoff.

Vergleich von Schmelz- und Verdampfungsenthalpien. Die Schmelzenthalpie und die Verdampfungsenthalpie sind der Stoffmenge einer Stoffportion proportional. Um sie vergleichen zu können, gibt man in Tabellen *molare* Schmelz- bzw. Verdampfungsenthalpien in der Einheit kJ/mol an. Man erhält sie, indem man die für eine bestimmte Stoffportion ermittelte Enthalpie durch die Stoffmenge n dividiert:

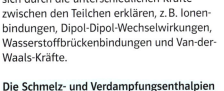

$$\Delta_V H_m = \frac{\Delta_V H}{n} \qquad \Delta_S H_m = \frac{\Delta_S H}{n}$$

Ein Vergleich der molaren Schmelz- und Verdampfungsenthalpien verschiedener Stoffe zeigt große Unterschiede [B1]. Diese lassen sich durch die unterschiedlichen Kräfte zwischen den Teilchen erklären, z. B. Ionenbindungen, Dipol-Dipol-Wechselwirkungen, Wasserstoffbrückenbindungen und Van-der-Waals-Kräfte.

Die Schmelz- und Verdampfungsenthalpien sind ein Maß für den Zusammenhalt der Teilchen.

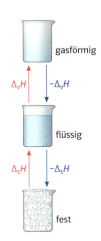

B2 Enthalpien bei Änderungen des Aggregatzustands

Schmelz- und Siedetemperatur haben die Symbole ϑ_{sm} bzw. ϑ_{sd}

Stoff	ϑ_{Sm} in °C	$\Delta_S H_m$ in kJ/mol	ϑ_{Sd} in °C	$\Delta_V H_m$ in kJ/mol
Natrium	98	2,6	883	97
Magnesium	649	8,9	1107	127,4
Aluminium	660	10,7	2467	294
Silicium	1410	50,2	2355	384,5
Phosphor (weiß)	44	0,66	280	63,7
Schwefel (rhomb.)	113	1,7	444	53,3
Chlor	−101	6,4	−35	20,4
Wasserstoff	−259	0,12	−253	0,92
Wasser	0	6	100	40,7
Schwefelwasserstoff	−86	2,4	−60	18,7
Chlorwasserstoff	−114	2	−85	16,1
Natriumchlorid	800	28,1	1460	207
Magnesiumchlorid	712	43,1	1418	198

B1 Molare Schmelz- und Verdampfungsenthalpien (bei 1013 hPa und der jeweiligen Schmelz- bzw. Siedetemperatur)

Chemische Energetik

1.5 Verbrennungsenthalpien

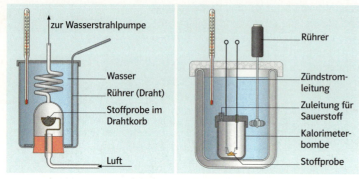

B1 Verbrennungskalorimeter (links) und Bombenkalorimeter (rechts)

In einem **Verbrennungskalorimeter** [B1, links] ermittelt man die Verbrennungsenthalpie eines Stoffes, der im Luftstrom verbrennt. Die heißen, gasförmigen Verbrennungsprodukte werden durch eine Kühlspirale geleitet und geben dabei Wärme an das Wasser des Kalorimeters ab. Die Messung ist nicht sehr genau, da ein Teil der Verbrennungsgase beim Einbringen des brennenden Stoffes in das Kalorimeter nicht erfasst wird und die Verbrennungsgase möglicherweise nicht vollständig abgekühlt die Apparatur verlassen.

Viele Reaktionen werden ausschließlich zur Nutzung der Reaktionswärme durchgeführt. Große Mengen von Stoffen werden verbrannt, um unseren Energiebedarf zu decken.

In einem **Bombenkalorimeter** [B1, rechts] lässt sich die Verbrennungswärme vollständig erfassen. Die Probe wird unter hohem Sauerstoffdruck verbrannt. Die abgegebene Wärme wird vom Druckgefäß und vom Kalorimeter aufgenommen. Da hier das Volumen konstant bleibt, ermittelt man auf diese Weise zunächst die Verbrennungsenergie $\Delta_c U$, aus der man die Verbrennungsenthalpie $\Delta_c H$ und ggf. auch die molare Verbrennungsenthalpie $\Delta_c H_m$ berechnet (Kap. 1.3 und 1.4).

Größen

H: Enthalpie

$\Delta_c H$: Verbrennungsenthalpie (Index c von engl. combustion, Verbrennung)

$\Delta_c H_m$: molare Verbrennungsenthalpie

$\Delta_c H_{spez}$: spezifische Verbrennungsenthalpie

$\Delta_c H_{vol}$: volumenbezogene Verbrennungsenthalpie

Bestimmung von Verbrennungsenthalpien. Die Verbrennungsenthalpie $\Delta_c H$ ist die Reaktionsenthalpie der Verbrennung eines Stoffes mit Sauerstoff. Kennt man die Enthalpien der Edukte und Produkte, kann man die Verbrennungsenthapie berechnen:

$$\Delta_c H = H_{Produkte} - H_{Edukte}$$

Viele Verbrennungen sind exotherme Reaktionen. Die Enthalpie der Produkte ist kleiner als die Enthalpie der Edukte, die Differenz $\Delta_c H$ hat folglich einen negativen Wert.

Brennstoffe. Die meisten Brennstoffe sind organische Stoffe. Bei ihrer Verbrennung entstehen hauptsächlich die energiearmen Produkte Wasser und Kohlenstoffdioxid. Auch der Abbau von Kohlenhydraten und Fetten in pflanzlichen und tierischen Zellen führt zu diesen Produkten. Zunehmend an Bedeutung gewinnt die Reaktion von Wasserstoff mit Sauerstoff in Brennstoffzellen (Kap. 7.12). Da die meisten Brennstoffe keine Reinstoffe sind, gibt man nicht die molare Verbrennungsenthalpie an, sondern den Brennwert, bezogen auf die Masse (bei festen und flüssigen Brennstoffen) bzw. auf das Volumen (bei gasförmigen Brennstoffen). Dies ist der *Betrag* der Verbrennungsenthalpie [B2] (d. h. ein positiver Wert) bei Standardbedingungen. Das bei der Verbrennung entstandene Wasser liegt also flüssig vor. Um diese Wärmemenge zu gewinnen, lässt man das Wasser im Abgas kondensieren (Brennwerttechnik). Der **Heizwert** ist die Wärmemenge, die man erhält, wenn das entstandene Wasser als Wasserdampf im Abgas enthalten ist. Der Heizwert also meistens kleiner als der Brennwert.

Energieträger	$\Delta_c H_{spez}$ in MJ/kg	Energieträger	$\Delta_c H_{vol}$ in MJ/m³
Benzin	−43,5	Butan	−124
Heizöl	−41,4	Propan	−93
Fette	ca. −39	Ethin	−57
Ethanol	−29,7	Methan	−36
Steinkohle	−29,3	Erdgas	−32
Holzkohle	−26,0	Kohlenstoffmonooxid	−13
Braunkohle	−20,1	Wassergas (Gemisch aus Kohlenstoffmonooxid und Wasserstoff)	−12
Methanol	−19,0		
Traubenzucker	−15,6		
Holz	ca. −15	Wasserstoff	−11

B2 Verbrennungsenthalpien (bei 25 °C und 1013 hPa)

24 Chemische Energetik

1.6 Praktikum Bestimmung von Enthalpien

In diesem Praktikum bestimmen Sie eine molare Schmelzenthalpie (Kap. 1.4), eine spezifische Verbrennungsenthalpie (Kap. 1.5) und eine molare Bildungsenthalpie (Kap. 1.7).

V1 Bestimmung der molaren Schmelzenthalpie von Eis (Wasser)

Geräte und Chemikalien: Kalorimeter [B1 links], Stoppuhr; Eis, Wasser.

Durchführung: a) Ermitteln Sie die Wärmekapazität C_K des Kalorimeters (Kap. 1.2).
b) Wiegen Sie das Kalorimeter genau. Füllen Sie das Kalorimeter etwa bis zur Hälfte mit Wasser, wiegen Sie wieder das Kalorimeter und messen Sie die Wassertemperatur ϑ_2. Geben Sie zum Wasser einige abgetrocknete Stücke von schmelzendem Eis ($\vartheta_1 = 0\,°C$). Messen Sie den zeitlichen Temperaturverlauf und ermitteln Sie grafisch die Mischungstemperatur ϑ_{misch} (Kap. 1.8). Wiegen Sie nochmals das Kalorimeter. Die Massen des Eises $m_{W,1}$ und des flüssigen Wassers $m_{W,2}$ ergeben sich aus den Differenzen der Wägungen.

Auswertung: Das Eis nimmt beim Schmelzen und bei der weiteren Erwärmung des gebildeten Wassers Wärme auf:
$Q_1 = \Delta_S H + c_W \cdot m_{W,1} \cdot (\vartheta_{misch} - \vartheta_1)$
Das Wasser und das Kalorimeter geben Wärme ab:
$Q_2 = (c_W \cdot m_{W,2} + C_K) \cdot (\vartheta_{misch} - \vartheta_2)$
Berechnen Sie mit $Q_1 + Q_2 = 0$ (Energieerhaltung) und $\Delta_S H_m = \Delta_S H \cdot M(H_2O) : m_{W,1}$ die molare Schmelzenthalpie.

V2 Bestimmung der spezifischen Verbrennungsenthalpie von Holzkohle

Geräte und Chemikalien: Verbrennungskalorimeter (Kap. 1.5, B1 links), Stoppuhr; Holzkohle.

Durchführung: a) Ermitteln Sie die Wärmekapazität C_K des Kalorimeters.
b) Füllen Sie das Kalorimeter mit einer abgewogenen Wasserportion der Masse m_W und messen Sie die Temperatur ϑ_1 nach dem Temperaturausgleich. Erhitzen Sie ein Stück Holzkohle von etwa 0,5 g (genau abgewogen) zum Glühen und legen Sie die glühende Holzkohle rasch in die vorgesehene Halterung. Regulieren Sie den Luftstrom der Wasserstrahlpumpe so, dass die Holzkohle ruhig abbrennt. Messen Sie den zeitlichen Temperaturverlauf und ermitteln Sie daraus die Endtemperatur ϑ_2 (Kap. 1.8).

Auswertung: Berechnen Sie die spezifische Verbrennungsenthalpie von Holzkohle:

$\Delta_c H_{spez} = -(c_W \cdot m_W + C_K) \cdot (\vartheta_2 - \vartheta_1) \cdot \dfrac{1}{m(\text{Holzkohle})}$

V3 Bestimmung der molaren Bildungsenthalpie von Eisensulfid

Geräte und Chemikalien: Kalorimeter, Metallhülse mit passendem Reagenzglas [B1 rechts], Stoppuhr, Stahldraht (z. B. Fahrradspeiche), Reibschale mit Pistill, Gasbrenner; Eisenpulver (ferrum reductum), Schwefelpulver.

Durchführung: (*Schutzbrille!*)
a) Ermitteln Sie die gesamte Wärmekapazität C_K des Kalorimeters mit Metallrohr und Reagenzglas.
b) Mischen Sie in einer Reibschale Schwefel- und Eisenpulver im Stoffmengenverhältnis 1:1 (z. B. 3,2 g Schwefel und 5,6 g Eisen). Geben Sie von diesem Gemisch etwa 4 g (genau gewogen) in das Reagenzglas. Füllen Sie das Kalorimeter mit einer genau abgewogenen Wasserportion (m_W). Messen Sie die Anfangstemperatur ϑ_1. Zünden Sie das Gemisch mit dem glühenden Draht. Messen Sie den zeitlichen Temperaturverlauf und ermitteln Sie grafisch die Endtemperatur ϑ_2 (Kap. 1.8).

Auswertung: Berechnen Sie die molare Bildungsenthalpie von Eisensulfid:

$\Delta_f H_m = -(c_W \cdot m_W + C_K) \cdot (\vartheta_2 - \vartheta_1) \cdot \dfrac{M(FeS)}{m(\text{Gemisch})}$

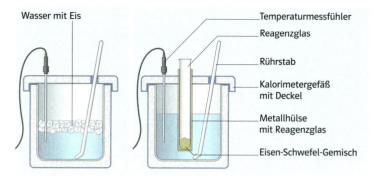

B1 Kalorimeter zur Bestimmung der Schmelzenthalpie (links); Kalorimeter zur Bestimmung der Bildungsenthalpie (rechts)

Chemische Energetik 25

1.7 Bildungsenthalpien und Reaktionsenthalpien

(I)	CuO 1 mol	→	Cu 1 mol	+ ½ O₂ 0,5 mol	$\Delta_r H(I) = +156\,kJ$
(II)	Zn + ½ O₂ 1 mol 0,5 mol	→	ZnO 1 mol		$\Delta_r H(II) = -350\,kJ$
(III)	CuO + Zn 1 mol 1 mol	→	Cu 1 mol	+ ZnO 1 mol	$\Delta_r H(III) = \Delta H_I + \Delta H_{II} = -194\,kJ$

B1 Formale Zerlegung einer Reaktion in Teilschritte

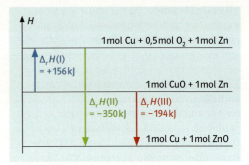

B3 Die gesamte Enthalpieänderung hängt nur vom Ausgangs- und Endzustand ab

Thermodynamik ist der allgemeine Begriff für Wärmelehre und chemische Energetik

Bei vielen Reaktionen ist es hilfreich, sie zur energetischen Betrachtung in Teilschritte zu zerlegen. Diese Zerlegung ist nur *formal*, d. h. unabhängig vom Reaktionsablauf.
B1 zeigt eine solche Zerlegung der Reaktion von Kupfer(II)-oxid mit Zink. Die Addition der Reaktionsgleichungen für die Teilschritte ergibt die Reaktionsgleichung für die Gesamtreaktion. Die Reaktion lässt sich also auch so formulieren, dass von einem Ausgangszustand auf zwei verschiedenen Wegen der gleiche Endzustand erreicht wird [B2].

Satz von Hess. Zu den beiden Teilschritten der Reaktion von Kupfer(II)-oxid mit Zink kann man die Werte der Reaktionsenthalpien bestimmen. Es zeigt sich, dass ihre Summe gleich der Reaktionsenthalpie der Gesamtreaktion ist. Die Änderung der Enthalpie hängt also nur vom Ausgangs- und Endzustand ab. Dass dies für alle chemischen Reaktionen gilt, wurde bereits 1840 von dem Chemiker GERMAIN HENRI HESS erkannt.

Satz von Hess: Die Enthalpieänderung zwischen zwei Zuständen ist unabhängig vom Reaktionsweg.

Das Enthalpiediagramm B3 veranschaulicht den Satz von Hess für die Reaktion von Kupfer(II)-oxid mit Zink.
HERMANN VON HELMHOLTZ verallgemeinerte den Satz von Hess für alle Energieänderungen in einem isolierten System:

Die Summe aller Energieformen in einem isolierten System ist konstant.

Dies ist eine Formulierung des **Energieerhaltungssatzes**; man bezeichnet ihn auch als **Ersten Hauptsatz der Thermodynamik**. Aus dem Energieerhaltungssatz ergibt sich, dass die Summe aller Energieänderungen gleich null ist, d. h., wenn eine Reaktionsfolge von einem Anfangszustand über Zwischenzustände zurück zum Anfangszustand führt [B4]. Eine solche Reaktionsfolge bezeichnet man als **Kreisprozess**. Wäre die Summe der Energieänderungen nicht null, könnte man ohne eine sonstige Änderung (z. B. Verbrennung) Energie gewinnen oder vernichten.

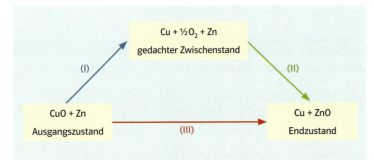

B2 Zwei verschiedene Reaktionswege einer Reaktion

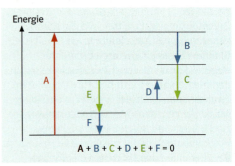

B4 Beispiel für einen Kreisprozess

Chemische Energetik

Bildungsenthalpie. Mithilfe des Satzes von Hess lassen sich Reaktionsenthalpien berechnen, die experimentell schwer zugänglich sind. Dafür müssen jedoch die Reaktionsenthalpien der gedachten Teilschritte bekannt sein. Besonders geeignete Teilschritte bestehen darin, dass man die Ausgangsstoffe (gedacht) in elementare Stoffe zerlegt und aus den elementaren Stoffen die Produkte bildet.

Da für chemische Reaktionen nur die Enthalpie-*differenzen* wichtig sind und absolute Werte nicht benötigt werden, kann man einen beliebigen Zustand als Bezugsniveau wählen und diesem den Enthalpiewert null zuordnen. Wählt man z. B. in B3 die Enthalpie des gedachten Zwischenzustandes (1 mol Cu + 0,5 mol O_2 + 1 mol Zn) als Bezugsniveau, so ordnet man der Summe der Enthalpien der verwendeten Portionen von Kupfer, Sauerstoff und Zink den Wert null zu.
Der Wert null ergibt sich, wenn man allen drei elementaren Stoffen den Enthalpiewert null zuordnet. Dies ist auch für andere Reaktionen zweckmäßig. Als Bezugszustand wird der Zustand der elementaren Stoffe gewählt, bei dem sie sich bei Standardbedingungen (ϑ = 25 °C, p = 1013 hPa) in der energieärmsten Form befinden. (*Beispiel:* Graphit ist die energieärmste Kohlenstoffmodifikation und damit Bezugszustand für Kohlenstoff.) Diesem Zustand wird für jeden elementaren Stoff die **Standardenthalpie** H^0 = 0 zugeordnet.

Durch die Festsetzung der Standardenthalpien für elementare Stoffe kann man die Bildungsenthalpie einer Verbindung definieren. Die **molare Standardbildungsenthalpie** $\Delta_f H_m^0$ ist die auf die Stoffmenge bezogene Enthalpieänderung, die sich bei der Bildung der Verbindung aus den elementaren Stoffen bei Standardbedingungen ergibt.
Beispiel: Für die Bildung von 2 mol Wasser aus den elementaren Stoffen (2 H_2 + $O_2 \longrightarrow$ 2 H_2O) ermittelt man z. B. $\Delta_r H^0$ = −572 kJ. Die molare Standardbildungsenthalpie beträgt daher:

$\Delta_f H_m^0(H_2O)$ = −572 kJ : (2 mol) = −286 kJ/mol

B5 zeigt eine Auswahl molarer Standardbildungsenthalpien.

Berechnung von Bildungsenthalpien aus Reaktionsenthalpien. Manche Bildungsenthalpien lassen sich nicht direkt bestimmen. So kann man die Standardbildungsenthalpie für Kohlenstoffmonooxid nicht aus einer gemessenen Reaktionsenthalpie erhalten, da bei der Reaktion von Graphit mit Sauerstoff immer auch Kohlenstoffdioxid entsteht.
Da aber Graphit und auch Kohlenstoffmonooxid vollständig zu Kohlenstoffdioxid verbrennen, kann man die folgenden beiden Reaktionsenthalpien experimentell bestimmen:

(I) $C + O_2 \longrightarrow CO_2$ | $\Delta_r H^0(I)$ = −393 kJ
(II) $CO + ½ O_2 \longrightarrow CO_2$ | $\Delta_r H^0(II)$ = −282 kJ

Zur Berechnung von $\Delta_f H^0(CO)$ stellt man sich vor, dass zuerst die Reaktion (I) abläuft und dann die Reaktion (II) in umgekehrter Richtung. Die Bildung von CO_2 ist gedachter Zwischenschritt:

$C + O_2 \longrightarrow CO_2 \longrightarrow CO + ½ O_2$ | $\Delta_r H^0$ = ?

$\Delta_r H^0$ und damit auch $\Delta_f H_m^0(CO)$ kann somit aus $\Delta_r H^0(I)$ und $\Delta_r H^0(II)$ berechnet werden. $\Delta_r H^0(II)$ wird mit umgekehrtem Vorzeichen addiert, da der Wert für die umgekehrte Reaktion gilt:

$\Delta_r H^0 = \Delta_r H^0(I) + (-\Delta_r H^0(II))$

$\quad$ = −393 kJ + 282 kJ $\quad$ = −111 kJ

$\Delta_f H_m^0(CO)$ = −111 kJ : (1 mol) = −111 kJ/mol

Formel	$\Delta_f H_m^0$ in kJ/mol	Formel	$\Delta_f H_m^0$ in kJ/mol	Formel	$\Delta_f H_m^0$ in kJ/mol
HF (g)	−273	NH_4Cl (s)	−315	SO_2 (g)	−297
HCl (g)	− 92	$CO(NH_2)_2$ (s)	−333	Al_2O_3 (s)	−1676
HI (g)	+26	CO (g)	−111	CuO (s)	−156
H_2O (l)	−286	CO_2 (g)	−393	FeS (s)	−102
H_2O (g)	−242	CH_4 (g)	−75	Fe_2O_3 (s)	−824
NH_3 (g)	−46	C_2H_6 (g)	−85	MgO (s)	−601
NO (g)	+90	C_2H_4 (g)	+53	NaCl (s)	−411
NO_2 (g)	+33	CH_3OH (l)	−239	ZnO (s)	−350
N_2O_4 (g)	+9	C_2H_5OH (l)	−277	C (Diamant)	+2

B5 Molare Standardbildungsenthalpien einiger Verbindungen
(Für die jeweils energieärmste Form elementarer Stoffe gilt: $\Delta_f H^0$ = 0)

Größen

H^0: Standardenthalpie

$\Delta_r H^0$: Reaktionsenthalpie bei Standardbedingungen

$\Delta_f H_m^0$: molare Standardbildungsenthalpie

Hochgestellte 0: bei Standardbedingungen

Index f: von engl. formation

Index m: molar

Chemische Energetik **27**

Bildungsenthalpien und Reaktionsenthalpien

Berechnung von Reaktionsenthalpien aus Bildungsenthalpien. Die Reaktionsenthalpie einer beliebigen Reaktion lässt sich nach dem Satz von HESS berechnen, wenn alle molaren Standardbildungsenthalpien der Reaktionspartner bekannt sind. Diese sind für viele Stoffe tabelliert [B5].

Bei der Berechnung denkt man sich eine Zwischenstufe mit ausschließlich elementaren Stoffen. Dabei ergibt sich immer der folgende Zusammenhang:

$$\Delta_r H^0 = \sum_i \Delta n_i \cdot \Delta_f H^0_{m,i}$$

In Worten bedeutet diese Formel:

Die Reaktionsenthalpie ist die Summe der Produkte aus Stoffmengenänderung und molarer Bildungsenthalpie der Reaktionsteilnehmer.

B6 zeigt die Anwendung der Formel am Beispiel der Reduktion von Eisen(III)-oxid mit Kohlenstoffmonooxid.
Eisen(III)-oxid und Kohlenstoffmonooxid *verschwinden* bei der Reaktion. Also sind ihre Stoffmengenänderungen *negativ*:

$\Delta n(Fe_2O_3) = -1\,mol$ und $\Delta n(CO) = -3\,mol$

Eisen und Kohlenstoffdioxid *entstehen* bei der Reaktion, ihre Stoffmengenänderungen sind *positiv*:

$\Delta n(Fe) = +2\,mol$ und $\Delta n(CO_2) = +3\,mol$

A1 Berechnen Sie die Standardreaktionsenthalpie für die Reduktion von 2,5 g Kupfer(II)-oxid mit Wasserstoff. Führen Sie die Berechnung für gasförmiges und flüssiges Wasser als Produkt durch.

A2 Berechnen Sie die Standardreaktionsenthalpie für die Verbrennung von 1 mol Methanol. Veranschaulichen Sie wie in B6 den Zusammenhang von Reaktionsenthalpie und Bildungsenthalpie.

A3 Formulieren Sie die Reaktionsgleichung für die Verbrennung von Ethan bzw. Ethanol mit Sauerstoff. Berechnen Sie die Standardreaktionsenthalpie $\Delta_r H^0$ für jeweils 1 mol Ethan bzw. Ethanol. Erklären Sie den Unterschied zwischen Ihren berechneten Werten.

A4 Hydrazin (N_2H_4) wird als Flüssigtreibstoff in Raketen mit Sauerstoff oder Distickstofftetraoxid (N_2O_4) zu Stickstoff und Wasserdampf verbrannt. Formulieren Sie für beide Reaktionen die Reaktionsgleichungen und berechnen Sie die Standardreaktionsenthalpien. ($\Delta_f H^0(N_2H_4, l) = +50\,kJ/mol$)

A5 Zur Herstellung von Wassergas (Gemisch aus Kohlenstoffmonooxid und Wasserstoff) leitet man Wasserdampf über glühenden Koks. **a)** Formulieren Sie die Reaktionsgleichung und entscheiden Sie, ob die Reaktion unter Standardbedingungen exotherm oder endotherm ist. **b)** Wassergas dient als Brennstoff für Industrieanlagen. Berechnen Sie die Reaktionswärme, wenn eine Stoffportion Wassergas verbrannt wird, die aus 1 mol Graphit gewonnen wurde.

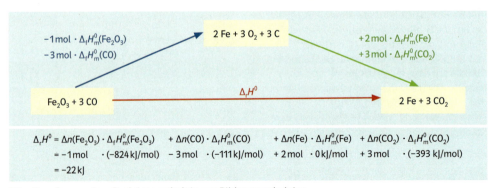

B6 Berechnung einer Reaktionsenthalpie aus Bildungsenthalpien

28   Chemische Energetik

Bildungsenthalpien und Reaktionsenthalpien

Temperaturabhängigkeit von Reaktions-enthalpien. Die meisten Reaktionen werden nicht unter Standardbedingungen durchgeführt, vor allem ist die Temperatur häufig höher als 25 °C. Zur Berechnung einer Reaktionsenthalpie bei einer beliebigen Temperatur benötigt man eigentlich die Bildungsenthalpien der Stoffe bei dieser Temperatur. Die Unterschiede sind jedoch nicht sehr groß, wenn die beteiligten Stoffe im gleichen Aggregatzustand wie bei Standardbedingungen vorliegen. So beträgt z. B. bei 627 °C die molare Bildungsenthalpie für Kohlenstoffdioxid −393 kJ/mol; sie unterscheidet sich praktisch nicht von der Standardbildungsenthalpie [B5]. Man kann also näherungsweise mit Standardbildungsenthalpien rechnen. Liegen andere Aggregatzustände vor, muss man dies durch Einrechnen der Schmelz- bzw. Verdampfungsenthalpien berücksichtigen.

Bindungsenthalpien. Eine Reaktionsenergie ist im Wesentlichen die Differenz zwischen der Energie, die zur Bindungsspaltung der Edukte aufgebracht werden muss und der Energie, die bei der Bindungsbildung der Produkte freigesetzt wird. Es besteht daher ein enger Zusammenhang zwischen Reaktionsenergien und Bindungsenergien. Durch diesen Zusammenhang ist es möglich, aus energetischen Daten wie Reaktionsenergien und bereits bekannten Bindungsenergien unbekannte Bindungsenergien zu bestimmen.

In Tabellen findet man man i. d. R. Bindungs-*enthalpien* [B7]. Die **molare Standardbindungs-enthalpie** $\Delta_b H_m^0$ *zweiatomiger* Moleküle ist die molare Standardreaktionsenthalpie ihrer Bildung aus Atomen. Diese Definition ist auf *mehratomige* Moleküle übertragbar, wenn man die Standardreaktionsenthalpie durch die Anzahl der Bindungen dividiert.
Das folgende Beispiel zeigt die Berechnung der molaren Standardbindungsenthalpie der O—H-Bindung im Wassermolekül:

$2\,H_2 + O_2$	$\longrightarrow$	$2\,H_2O$	$\Delta_r H^0 = -484\,kJ$
$4\,H$	$\longrightarrow$	$2\,H_2$	$\Delta_r H^0 = -872\,kJ$
$2\,O$	$\longrightarrow$	O_2	$\Delta_r H^0 = -498\,kJ$
$4\,H + 2\,O$	$\longrightarrow$	$2\,H_2O$	$\Delta_r H^0 = -1854\,kJ$

	−H	−C	=C	≡C	−N	=N	≡N	−O	=O
C	413	348	614	839	305	615	891	358	745
N	391	305	615	891	163	418	945	201	607
O	464	358	745*		201	607		146	498
F	567	489		278				193	
Cl	431	339		192				208	
Br	366	285						234	
I	298	218						234	
P	323	264						335	
S	367	272	536						
Si	318	285						451	

* in CO_2: 803

B7 Beträge der durchschnittlichen molaren Standardbindungsenthalpien in kJ/mol

Die gesuchte molare Bindungsenthalpie erhält man, indem man die berechnete Reaktionsenthalpie durch die Stoffmenge des gebildeten Moleküls (hier 2 mol) und durch die Anzahl der Bindungen (hier 2) teilt:

$$\Delta_b H_m^0 (O-H) = \frac{-1854\,kJ}{2\,mol \cdot 2} \approx -464\,kJ/mol$$

Bindungsenthalpien haben immer negative Werte, da bei der Bildung einer Verbindung aus Atomen immer Energie frei wird. Zur Trennung der Atome muss die (positive) Bindungs*spaltungs*enthalpie aufgewendet werden, die den gleichen Betrag wie die Bindungsenthalpie hat

A6 Erläutern Sie die Unterschiede zwischen den molaren Bindungsenthalpien der folgenden Bindungen [B7]:
a) C—C, C=C, C≡C
b) N—N, N=N, N≡N
c) C—C, C—O, C—F
d) H—C, H—O, H—F
e) H—F, H—Cl, H—Br, H—I

A7 Ethen verbrennt zu Kohlenstoffdioxid und gasförmigem Wasser.
a) Formulieren Sie die Reaktionsgleichung.
b) Berechnen Sie die ungefähre Reaktionsenthalpie durch Aufstellen einer Enthalpiebilanz von allen zu spaltenden und zu knüpfenden Bindungen.
c) Berechnen Sie die Reaktionsenthalpie aus den Standardbildungsenthalpien [B5]. Vergleichen Sie das Ergebnis mit dem in Aufgabe (b) berechneten Wert.

Chemische Energetik

1.8 Praktikum Reaktionsenthalpien

Das Thermometer sollte möglichst genau sein. Statt eines Thermometers kann jeweils auch ein Temperaturmessfühler mit Temperaturmessgerät oder PC-Schnittstelle verwendet werden

Vor der Durchführung der Versuche 2 bis 5 muss jeweils die Wärmekapazität des verwendeten Kalorimeters bekannt sein oder bestimmt werden [V1].

V1 Bestimmung der Wärmekapazität von Kalorimetern

Grundlagen: Zur Bestimmung der Wärmekapazität wird dem Kalorimeter und dessen Wasserfüllung Wärme zugeführt und die Temperaturerhöhung gemessen. Die Wärme wird durch eine Stoffportion bekannter Masse, Temperatur und spezifischer Wärmekapazität übertragen. Die Stoffportion kann z. B. eine Wasserportion (a, b) oder ein Metallkörper (c) sein. Die Gesamtmasse der Wasserfüllung muss so gewählt werden, dass sie der Wasserfüllung bei der späteren Bestimmung einer Reaktionsenthalpie entspricht.

Geräte und Materialien: Verschiedene Kalorimeter mit Rührer und Thermometer, Aluminiumkörper, Becherglas, Waage, Brenner, Dreifuß, Keramik-Drahtnetz.

Durchführung:

a) Füllen Sie die Hälfte der Wasserportion, deren Masse genau bestimmt wird, in das Kalorimeter (bei Zimmertemperatur). Messen Sie die Ausgangstemperatur. Erwärmen Sie die zweite Hälfte der Wasserportion auf 40–50 °C, messen Sie die genaue Temperatur und gießen Sie die Wasserportion in das Kalorimeter. Messen Sie die Mischungstemperatur.

b) Ändern Sie die Versuchsdurchführung, indem Sie zuerst das warme Wasser in das Kalorimeter füllen und anschließend Wasser mit Zimmertemperatur zugeben.

c) Durchführung wie bei (a). Verwenden Sie jedoch anstelle des warmen Wassers einen Aluminiumkörper bekannter Masse, der zuvor in siedendem Wasser dessen Temperatur angenommen hat. (Vorsicht: Bei Kalorimetern aus Glas muss der Aluminiumkörper vorsichtig in das Gefäß eingetaucht werden, z. B. mithilfe eines Bindfadens.)

Auswertung: Berechnen Sie die Wärmekapazität des Kalorimeters. Verwenden Sie dazu Informationen aus Kap. 1.1 und 1.2. Die spezifische Wärmekapazität von Aluminium ist $c_{Al} = 0{,}897\,J/(g \cdot K)$.

Aufgabe: Vergleichen Sie die Ergebnisse der verschiedenen Versuchsvarianten und geben Sie mögliche Fehlerquellen an.

V2 Neutralisationsenthalpie

Geräte und Chemikalien: Kalorimeter mit Rührer und Thermometer, 2 Messzylinder (100 ml), Natronlauge und Salzsäure (jeweils $c = 1\,mol/l$).

Durchführung: Geben Sie in das Kalorimeter mit bekannter Wärmekapazität 100 ml Natronlauge und dann unter Rühren rasch 100 ml Salzsäure. Achten Sie darauf, dass das Kalorimeter und beide Lösungen vor dem Mischen die gleiche Temperatur besitzen. Messen Sie die Temperatur nach dem Mischen.

Auswertung: Berechnen Sie die Neutralisationsenthalpie für die Bildung von 1 mol Wasser. Die spezifische Wärmekapazität der entstandenen Kochsalzlösung kann derjenigen von Wasser gleichgesetzt werden.

Aufgabe: Berechnen Sie mithilfe von Tabellenwerten die Neutralisationsenthalpie für die Bildung von 1 mol Wasser und vergleichen Sie diese mit dem Versuchsergebnis.

V3 Reaktionsenthalpie einer Redoxreaktion

Geräte und Chemikalien: Kalorimeter mit ebenem Boden (250 ml), Magnetrührer, Thermometer, Stoppuhr, Messzylinder (100 ml), Waage, Spatel, Silbernitratlösung ($c = 0{,}2\,mol/l$), Kupferpulver (frisch reduziert).

Durchführung: Geben Sie 100 ml Silbernitratlösung in das Kalorimeter bekannter Wärmekapazität und messen Sie die Anfangstemperatur. Fügen Sie 2 g Kupferpulver hinzu und

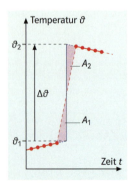

B1 Grafische Ermittlung einer Temperaturdifferenz

Während eines Versuchs wird immer auch Wärme zwischen dem Kalorimeter und der Umgebung ausgetauscht, vor allem bei langsam ablaufenden Reaktionen. Im nebenstehenden Diagramm ist die Temperatur der Kalorimeterflüssigkeit vor der Reaktion niedriger als die Umgebungstemperatur, danach höher. Die Temperatur steigt deshalb vor der Reaktion langsam an und fällt danach ab. Zur Ermittlung der Temperaturdifferenz $\Delta\vartheta$ extrapoliert man die beiden Kurvenäste im Diagramm so, dass die Flächen A_1 und A_2 etwa gleich groß sind.

Praktikum Reaktionsenthalpien

verfolgen Sie unter ständigem Rühren den Temperaturverlauf. Messen Sie die Temperatur in Abständen von einer halben Minute. Nehmen Sie nach dem Temperaturmaximum noch einige Werte auf.
Auswertung: Zeichnen Sie ein Temperatur-Zeit-Diagramm und ermitteln Sie die Temperaturdifferenz [B1]. Formulieren Sie die Reaktionsgleichung in der Ionenschreibweise und berechnen Sie die Reaktionsenthalpie aus den experimentellen Daten und aus Tabellenwerten.

V4 Bestimmung einer Verbrennungswärme

Geräte und Chemikalien: Verbrennungskalorimeter oder Getränkedose mit Rührer und Thermometer, Stoppuhr, Verbrennungslämpchen, Stativmaterial, Wasserstrahlpumpe, Waage, flüssiger Brennstoff (z. B. Ethanol).
Durchführung: Füllen Sie eine kleine Portion des Brennstoffs in das Lämpchen und bestimmen Sie dessen Gesamtmasse sowie die Masse und die Temperatur der Wasserfüllung des Kalorimeters.
a) Verbrennungskalorimeter: Saugen Sie mit der Wasserstrahlpumpe einen schwachen Luftstrom durch die Apparatur, entzünden Sie das Lämpchen und geben Sie es rasch in den Verbrennungsraum. (Evtl. muss der Luftstrom nachreguliert werden, damit der Brennstoff gleichmäßig brennt.) Erstellen Sie eine Wertetabelle für den zeitlichen Temperaturverlauf. Löschen Sie das Lämpchen nach drei Minuten, danach nehmen Sie noch zwei Minuten weitere Temperaturwerte auf. Bestimmen Sie die Masse des verbrauchten Brennstoffs.

b) Getränkedose: Entzünden Sie das Lämpchen. Stellen Sie es so unter die Dose, dass der Abstand zwischen Flammenspitze und Dosenboden etwa 1 cm beträgt. Erstellen Sie eine Tabelle für den zeitlichen Temperaturverlauf und verfahren Sie weiter wie in (a).
Auswertung: Zeichnen Sie ein Temperatur-Zeit-Diagramm und ermitteln Sie die Temperaturdifferenz [B1]. Formulieren Sie die Reaktionsgleichung und berechnen Sie die Reaktionsenthalpie. Berechnen Sie die spezifische Verbrennungsenthalpie des Brennstoffs und vergleichen Sie diese mit dem Tabellenwert (Kap. 1.5, B2).

V5 Bestimmung von Lösungsenthalpien

Geräte und Chemikalien: Kleines Kalorimeter mit ebenem Boden, Magnetrührer, Thermometer, Waage, Messzylinder (50 ml), Spatel, wasserfreies Kupfer(II)-sulfat, Kaliumnitrat.
Durchführung:
a) Geben Sie 50 ml Wasser in das Kalorimeter bekannter Wärmekapazität und messen Sie die Ausgangstemperatur. Geben Sie 1 g wasserfreies Kupfer(II)-sulfat hinzu und verfolgen Sie unter Rühren den Temperaturverlauf. Bestimmen Sie die Endtemperatur, wenn sich das gesamte Salz gelöst hat.
b) Führen Sie den Versuch mit 5 g Kaliumnitrat durch.
Auswertung: Berechnen Sie jeweils die Lösungsenthalpie für die eingesetzte Stoffportion sowie die Lösungsenthalpie für 1 mol des Salzes. Berechnen Sie die Lösungsenthalpien aus tabellierten Bildungsenthalpien und vergleichen Sie diese mit Ihrem experimentellen Ergebnis.

Lösungsenthalpie Änderung der Enthalpie beim Lösen eines Stoffes. Je nach Stoff und Lösungsmittel können Lösungsvorgänge exotherm oder endotherm sein, folglich kann die Lösungsenthalpie negative oder positive Werte annehmen. Zur Berechnung der Lösungsenthalpien in V5 benötigen Sie die folgenden Werte:

Formel	$\Delta_f H^0_m$ in kJ/mol
$CuSO_4(s)$	−771
$Cu^{2+}(aq)$	+66
$SO_4^{2-}(aq)$	−909
$KNO_3(s)$	−495
$K^+(aq)$	−252
$NO_3^-(aq)$	−205

B2 Verschiedene Kalorimeter und Versuchsanordnungen zur Bestimmung von Reaktionsenthalpien

Chemische Energetik

1.9 Die Richtung spontaner Vorgänge

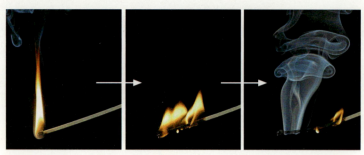

B1 Spontaner Vorgang Verbrennung: Von rechts nach links wäre die Bildfolge unmöglich

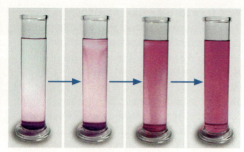

B2 Spontaner Vorgang Diffusion: Eine Kaliumpermanganatlösung verdünnt sich von selbst

Aus dem Alltag sind uns viele Vorgänge vertraut, die nur in einer Richtung ablaufen: Ein Streichholz brennt ab [B1], ein heißes Getränk kühlt sich ab, ein Glas zerbricht, ein Lebewesen altert.

Uns sind auch Vorgänge bekannt, die in entgegengesetzten Richtungen verlaufen können: Eis kann schmelzen, das Wasser kann wieder erstarren. Durch Erwärmen von Silberoxid entstehen Silber und Sauerstoff, die wieder zu Silberoxid reagieren können. Bei dem jeweiligen endothermen Vorgang nimmt das System Wärme von der Umgebung auf, die bei der Umkehrung wieder abgegeben wird.

Spontane Reaktionen. Chemische Reaktionen, die energetisch betrachtet bei einer gegebenen Temperatur ohne äußere Einwirkung ablaufen können, nennt man **spontan**. Dabei spielt die Geschwindigkeit keine Rolle. Eine spontane Reaktion kann so langsam ablaufen, dass eine Veränderung nicht beobachtet werden kann. Entscheidend ist, dass eine Tendenz zu reagieren besteht.

Viele Reaktionen verlaufen bei Zimmertemperatur spontan unter Wärmeabgabe (exotherm). Für endotherme Reaktionen benötigt man in vielen Fällen hohe Temperaturen. Das ist allerdings nicht immer so, wie V1 und V2 zeigen. Auch endotherme Reaktionen können bei Zimmertemperatur spontan ablaufen.

Teilchen bei spontanen Vorgängen. Liegt ein wasserlöslicher Feststoff auf dem Boden eines mit Wasser gefüllten Gefäßes, bildet sich zunächst in der Umgebung des Feststoffs eine konzentrierte Lösung, die sich bis zum vollständigen Konzentrationsausgleich verdünnt [B2]. Aus der konzentrierten Lösung wandern pro Zeiteinheit mehr Teilchen in Bereiche mit kleinerer Konzentration als umgekehrt.

Auch die Ausdehnung und die Durchmischung von Gasen sind spontane Vorgänge [B3]. Denkt man sich in den skizzierten Versuchen die Trennwände weggeklappt, so dehnt sich das Gas im oberen Beispiel sofort ins Vakuum aus, im unteren Beispiel durchmischen sich zwei unterschiedliche Gase vollständig.

V1 Lösen Sie Portionen von Kaliumchlorid und Ammoniumnitrat jeweils in etwas Wasser. Messen Sie die Temperatur vorher und nachher.

V2 a) Mischen Sie in einem Reagenzglas jeweils 2 g Bariumhydroxid-Octahydrat und Ammoniumthiocyanat. Stellen Sie die Temperaturänderung fest, prüfen Sie den Gasraum mit feuchtem Indikatorpapier.
b) (*Abzug!*) Geben Sie etwas Pentan auf einen Wattebausch, in den Sie ein Thermometer gesteckt haben.
c) Geben Sie in ein Reagenzglas je ca. 1 cm hoch Natriumcarbonat-Decahydrat und Citronensäure. Vermischen Sie die Feststoffe und beobachten Sie die Temperaturänderung.

A1 Ein Produkt der Reaktion von V2a ist Bariumthiocyanat (Ba(SCN)$_2$). Formulieren Sie die Reaktionsgleichung. Vergleichen Sie den Ausgangs- und Endzustand bezüglich der Ordnung im System.

32 Chemische Energetik

Die Richtung spontaner Vorgänge

Die Ordnung in Systemen. Befinden sich Teilchen in einem begrenzten Bereich an bestimmten Plätzen, bezeichnet man diesen Zustand als geordnet. Die Ordnung wird geringer, wenn für die Teilchen der Raum und die Anzahl der möglichen Plätze größer werden. Bei der *Diffusion*, beim *Lösen*, beim *Schmelzen* und beim *Verdampfen* entstehen folglich Zustände geringerer Ordnung. Auch bei Vorgängen, bei denen sich die Anordnung der Teilchen nicht wesentlich ändert, kann ein Zustand geringerer Ordnung entstehen. Wenn ein System einen heißen und einen kalten Körper enthält, findet spontan ein Temperaturausgleich statt. Der umgekehrte Vorgang wurde noch nie beobachtet. Die Abnahme der Ordnung beruht auf der Ausbreitung der Energie.

Die Ordnung in einem System nimmt bei folgenden Vorgängen ab:
- **Der Raum für die Teilchen wird größer.**
- **Die mittlere Geschwindigkeit der Teilchen nimmt zu (d. h., die Temperatur nimmt zu).**
- **Unterschiedliche Teilchen vermischen sich.**
- **Die Anzahl der Teilchen nimmt zu.**
- **Temperaturen, Konzentrationen oder Drücke gleichen sich aus.**

Ordnung in System und Umgebung. Die Kondensation eines Gases oder die Bildung eines Feststoffs führt spontan zu einem höheren Ordnungszustand des Systems. Beurteilt man die Veränderung des Ordnungszustands, muss man jedoch auch die Umgebung berücksichtigen. Eine Kristallisation erhöht die Ordnung im System, andererseits wird die Umgebung durch die Kristallisationsenthalpie erwärmt, sodass in der Umgebung die Ordnung abnimmt. Insgesamt führt eine spontane Kristallisation also zu einer Abnahme der Ordnung.

Ordnung bei chemischen Reaktionen. Auch bei chemischen Reaktionen ändert sich der Ordnungszustand. Werden z. B. aus Feststoffen oder Flüssigkeiten Gase gebildet oder nimmt die Teilchenzahl zu, wird die Ordnung geringer. Die Ordnung nimmt zu, wenn z. B. Hydrathüllen oder Ionengitter gebildet werden.

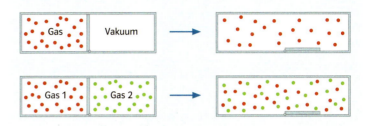

B3 Spontane Vorgänge bei Gasen: Ausdehnung ins Vakuum (oben) und Durchmischung (unten)

Nimmt bei chemischen Reaktionen die Ordnung im System zu, sind die Reaktionen *immer* exotherm. Wenn z. B. die Gase Chlorwasserstoff und Ammoniak zum Feststoff Ammoniumchlorid reagieren, wird die Umgebung erwärmt, dadurch nimmt die Ordnung in der Umgebung ab.

Bei endothermen Reaktionen nimmt die Ordnung in der Umgebung durch Wärmeabgabe zu, dafür nimmt die Ordnung im System *immer* ab. So entsteht beim Erhitzen von Silberoxid gasförmiger Sauerstoff, beim Erhitzen von Carbonaten wird gasförmiges Kohlenstoffdioxid gebildet.
Endotherme Reaktionen können bei sehr unterschiedlichen Temperaturen ablaufen. Zur Spaltung von Kupfer(I)-oxid (Cu_2O) in elementare Stoffe ist z. B. eine viel höhere Temperatur notwendig als für Silberoxid (Ag_2O), obwohl die Ordnung im System in beiden Fällen in ähnlicher Weise abnimmt. Ursache ist die höhere *Stabilität* von Kupfer(I)-oxid. Endotherme Reaktionen, bei denen die Ordnung im System sehr stark abnimmt, laufen sogar bei Zimmertemperatur ab. So entstehen bei der Reaktion von Natriumcarbonat-Decahydrat mit Citronensäure [V2c] sowohl gasförmiges Kohlenstoffdioxid als auch flüssiges Wasser, das vorher im Feststoff gebunden war.

Bei allen spontanen Vorgängen nimmt die Ordnung ab, wenn man System und Umgebung zusammen betrachtet.
Nimmt im System die Ordnung zu, überwiegt die Abnahme der Ordnung in der Umgebung und umgekehrt.

> **Hohe Stabilität** ist in der chemischen Energetik gleichbedeutend mit einem *niedrigen* Energiegehalt.
> Beispiel:
> $\Delta_f H_m^0(Ag_2O) = -31 kJ/mol$
> $\Delta_f H_m^0(Cu_2O) = -171 kJ/mol$
> Kupfer(I)-oxid hat also eine höhere Stabilität als Silberoxid.
> Zu seiner Spaltung in die elementaren Stoffe muss mehr Wärme zugeführt werden, dadurch nimmt die Ordnung in der Umgebung stärker zu

Chemische Energetik

1.10 Entropie

Entropie von griech. en, in und trope, Umwandlung

Kelvin-Temperaturskala
Der absolute Nullpunkt (die tiefstmögliche Temperatur) ist auf der Celsius-Skala $\vartheta = -273{,}15\,°C$. Bei dieser Temperatur liegt der Nullpunkt der Kelvin-Skala $T = 0\,K$. Sie ist also um $-273{,}15\,°C$ gegen die Celsius-Skala versetzt. Temperaturdifferenzen in den Einheiten Kelvin (K) und Grad Celsius (°C) haben den gleichen Zahlenwert.

$$\frac{T}{K} = \frac{\vartheta}{°C} + 273{,}15$$

Beispiel:
$\vartheta = 25\,°C \Rightarrow T = 298{,}15\,K$

Die Erkenntnis, dass spontane Vorgänge nur in einer Richtung ablaufen, führte zur Einführung einer neuen Größe der chemischen Energetik, der **Entropie** S. Bereits im Jahr 1854 führte RUDOLF CLAUSIUS die Entropie ein, um die Vorgänge in Wärme-Kraft-Maschinen zu beschreiben. LUDWIG BOLTZMANN erkannte später den Zusammenhang zur Ordnung in Systemen; man kann die Entropie als „Maß für die Unordnung" betrachten.

Entropieänderung bei spontanen Vorgängen.
Jeder physikalische und chemische Vorgang ist mit einer Entropieänderung $\Delta S = S_2 - S_1$ verbunden. Die Änderung der Gesamtentropie setzt sich zusammen aus den Änderungen der Entropie des Systems und der Entropie der Umgebung:

$$\Delta S_{Gesamt} = \Delta S_{System} + \Delta S_{Umgebung}$$

Spontane Vorgänge sind mit einer *Abnahme* der Gesamtordnung im System und in der Umgebung verbunden (Kap. 1.9). Entsprechend ist eine *Zunahme* der Gesamtentropie das Kennzeichen eines spontanen Vorgangs. Nur wenn das System mit seiner Umgebung im selben Zustand bleibt, bleibt die Entropie gleich.

$$\Delta S_{Gesamt} \geq 0$$

Die Gesamtentropie eines Systems und seiner Umgebung kann nicht abnehmen. Sie bleibt entweder gleich oder nimmt zu.

Dies ist eine Formulierung für den **Zweiten Hauptsatz der Thermodynamik**.

B2 zeigt die möglichen Kombinationen von Entropieänderungen bei spontanen Vorgängen. Ein exothermer Vorgang erhöht durch Wärmeabgabe die Entropie der Umgebung. Wenn auch die Entropie im System zunimmt, läuft er auf jeden Fall spontan ab [B2a]. Der umgekehrte Vorgang kann nur erzwungen werden, wenn man das System mit einem weiteren System koppelt, dessen Entropie zunimmt *(Beispiel:* Elektrolysezelle mit Spannungsquelle). Alle anderen Vorgänge laufen nur dann spontan ab, wenn die Entropie insgesamt zunimmt [B2b, c].

Änderung der Entropie durch Wärmezufuhr.
Wird einem System Wärme zugeführt, so erhöht sich seine Entropie. Sie erhöht sich auch beim Schmelzen und Sieden, also bei Vorgängen, bei denen die Temperatur konstant bleibt [B1]. Führt man einem System bei der Temperatur T die Wärme Q zu, so erhöht sich die Entropie des Systems um:

$$\Delta S = \frac{Q}{T}$$

Die Zufuhr einer bestimmten Wärme Q führt also bei hoher Temperatur zu einer kleineren Entropiezunahme des Systems als bei niedriger Temperatur, und folglich zu einer kleineren Enropieabnahme der Umgebung. Viele endotherme Vorgänge laufen deshalb nur bei hohen Temperaturen ab.

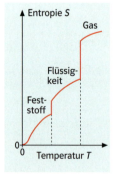

B1 Temperatur und Entropie eines Stoffes

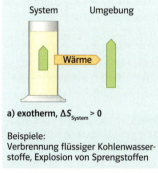

a) exotherm, $\Delta S_{System} > 0$
Beispiele:
Verbrennung flüssiger Kohlenwasserstoffe, Explosion von Sprengstoffen

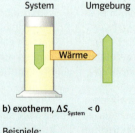

b) exotherm, $\Delta S_{System} < 0$
Beispiele:
Verbrennung unedler Metalle, Kristallisation, Kondensation

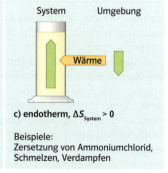

c) endotherm, $\Delta S_{System} > 0$
Beispiele:
Zersetzung von Ammoniumchlorid, Schmelzen, Verdampfen

B2 Die Gesamtentropie nimmt bei spontanen Vorgängen immer zu. (Richtung und Länge der grünen Pfeile stehen für Vorzeichen und Betrag der Entropieänderungen)

Gibt ein System Wärme ab, verringert sich seine Entropie. Denkt man sich einen idealen Kristall eines Reinstoffs bei der Temperatur $\vartheta = -273{,}15\,°C$ ($T = 0\,K$; absoluter Nullpunkt), so gibt es keinen Vorgang, der die Entropie dieses Systems weiter verringern könnte. Aus diesem Grund ist die Entropie eines solchen Systems null.

Am absoluten Nullpunkt ($T = 0\,K$) ist die Entropie eines ideal kristallisierten Reinstoffs null.

Dies bezeichnet man auch als **Dritten Hauptsatz der Thermodynamik.**

Reaktionsentropie. Jeder Stoff hat eine molare Standardentropie S_m^0, die bei Standardbedingungen gilt und für viele Stoffe tabelliert ist [B3]. Kennt man die molaren Standardentropien der Edukte und Produkte, kann man analog zur Reaktionsenthalpie (Kap. 1.7) die Standardreaktionsentropie $\Delta_r S^0$ berechnen:

$$\Delta_r S^0 = \sum_i \Delta n_i \cdot S_{m,i}^0$$

Die Stoffmengenänderung Δn hat für die Edukte jeweils ein negatives, für die Produkte ein positives Vorzeichen.

Wie für alle Vorgänge gilt auch für chemische Reaktionen:

Bei spontanen Reaktionen nimmt die Gesamtentropie des reagierenden Systems und der Umgebung zu.

Beispiel [B4]: Die Bildung von Wasser aus den elementaren Stoffen ist eine spontane Reaktion, bei der die Entropie des reagierenden Systems abnimmt: $\Delta S_{System}^0 = -327\,J/K$. Durch eine spontane Reaktion muss jedoch die Gesamtentropie zunehmen. Diese Bedingung ist erfüllt, wenn man auch die Umgebung betrachtet. Die negative Standardreaktionsenthalpie ist genau die Wärmemenge, die von der Umgebung aufgenommen wird: $Q_{Umgebung} = -\Delta_r H^0 = +572\,kJ$. Daraus ergibt sich eine Entropiezunahme der Umgebung von $\Delta S_{Umgebung}^0 = +1919\,J/K$. Die Gesamtentropie des Vorgangs nimmt folglich zu.

Exkurs Entropie und Wahrscheinlichkeit

Zur anschaulichen Deutung der Entropie sei ein Bücherregal betrachtet, in dem die Bücher in alphabetischer Anordnung stehen. Dafür gibt es *nur eine* Möglichkeit. Unachtsame Leser, die die Bücher nach Entnahme *irgendwie* zurückstellen, verwirklichen damit weitere Anordnungsmöglichkeiten. Nicht alphabetische Anordnungen gibt es sehr viele. Nach einiger Zeit achtloser Benutzung wird man mit sehr hoher Wahrscheinlichkeit einen ungeordneten Zustand antreffen, aber nur mit sehr kleiner Wahrscheinlichkeit den geordneten Zustand, für den es *nur eine* Realisierungsmöglichkeit gibt.

LUDWIG BOLTZMANN entdeckte 1877 den Zusammenhang der Entropie S mit der Anzahl Ω der Realisierungsmöglichkeiten eines Zustandes (Kap. 1.11):

$$S = k \cdot \ln \Omega$$

(Boltzmann-Konstante: $k = 1{,}38 \cdot 10^{-23}\,J/K$; ln ist der natürliche Logarithmus)

Formel	S_m^0 in $J/(K \cdot mol)$	Formel	S_m^0 in $J/(K \cdot mol)$	Formel	S_m^0 in $J/(K \cdot mol)$
$H_2(g)$	131	$NH_3(g)$	193	$C_2H_4(g)$	219
$O_2(g)$	205	$NH_3(aq)$	111	$C_2H_5OH(g)$	283
$N_2(g)$	192	$NH_4Cl(s)$	95	$C_2H_5OH(l)$	161
$F_2(g)$	203	$NH_4Cl(aq)$	170	$SO_2(g)$	248
$Cl_2(g)$	223	$NO(g)$	211	$Al(s)$	28
$Br_2(g)$	245	$NO_2(g)$	240	$Cu(s)$	33
$Br_2(l)$	152	$N_2O_4(g)$	304	$Fe(s)$	27
$I_2(s)$	116	$C(Graphit)$	6	$Mg(s)$	33
$HCl(g)$	187	$C(Diamant)$	2	$Al_2O_3(s)$	51
$HCl(aq)$	57	$CO(g)$	198	$CuO(s)$	43
$HI(g)$	207	$CO_2(g)$	214	$Fe_2O_3(s)$	87
$H_2O(g)$	189	$CH_4(g)$	186	$MgO(s)$	27
$H_2O(l)$	70	$C_2H_6(g)$	230	$NaCl(s)$	72

B3 Molare Standardentropien einiger Stoffe

Reaktion: $2\,H_2(g) + O_2(g) \longrightarrow 2\,H_2O(l)$ bei $T = 298\,K$ ($\vartheta = 25\,°C$)

$\Delta S_{System}^0 = \Delta_r S^0 = -2\,mol \cdot S_m^0(H_2) \quad -1\,mol \cdot S_m^0(O_2) \quad +2\,mol \cdot S_m^0(H_2O)$
$= -2\,mol \cdot 131\,J/(K \cdot mol) - 1\,mol \cdot 205\,J/(K \cdot mol) + 2\,mol \cdot 70\,J/(K \cdot mol)$
$= -327\,J/K$

$\Delta_r H^0 = -2\,mol \cdot H_m^0(H_2) \quad -1\,mol \cdot H_m^0(O_2) \quad +2\,mol \cdot H_m^0(H_2O)$
$= -2\,mol \cdot 0\,kJ/mol \quad -1\,mol \cdot 0\,kJ/mol \quad +2\,mol \cdot (-286\,kJ/mol) = -572\,kJ/mol$

$\Rightarrow \Delta S_{Umgebung} = \dfrac{Q_{Umgebung}}{T} = \dfrac{-\Delta_r H^0}{T} = \dfrac{+572\,kJ}{298\,K} = +1{,}919\,kJ/K = +1919\,J/K$

$\Delta S_{Gesamt}^0 = S_{System}^0 + \Delta S_{Umgebung}^0 = -327\,J/K + 1919\,J/K = +1592\,J/K$

B4 Standardreaktionsentropie und Gesamtentropie der Knallgasreaktion

Chemische Energetik **35**

1.11 Exkurs Wahrscheinlichkeit

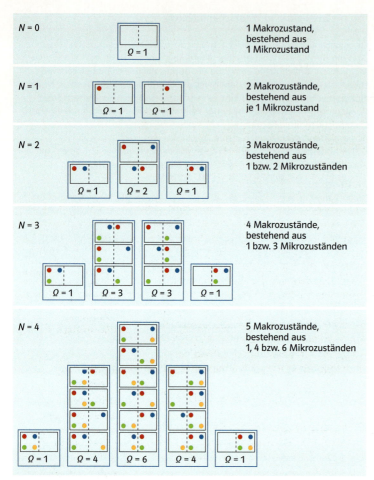

B1 Realisierungsmöglichkeiten von Makrozuständen (blau umrandet) durch Mikrozustände (schwarze Kästen)

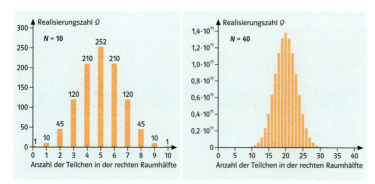

B2 Die Gleichverteilung wird mit zunehmender Teilchenanzahl N immer wahrscheinlicher

Die Entropie ist ein Maß für die Unordnung in einem System. Die Unordnung kann man quantitativ durch die Anzahl der Realisierungsmöglichkeiten (Realisierungsanzahl) eines Zustandes beschreiben und daraus die Entropie berechnen (Kap. 1.10, Exkurs). Die Ermittlung der Realisierungsanzahl wird im Folgenden für ein einfaches System gezeigt.

Mikrozustände und Makrozustände. Das System sei ein Gas, das aus N gleichen Teilchen besteht. Die Teilchen können sich in der rechten oder in der linken Hälfte eines Kastens aufhalten. Die Teilchen werden durch verschiedenfarbige Kugeln symbolisiert, sind aber eigentlich nicht unterscheidbar. B1 zeigt alle Möglichkeiten bis $N = 4$ Teilchen. Die Einzelzustände (z. B. „rotes Teilchen links, blaues Teilchen rechts") nennt man **Mikrozustände**. Da die Teilchen nicht unterscheidbar sein sollen, fasst man alle Mikrozustände mit jeweils derselben Anzahl von Teilchen in einer Raumhälfte zu einem **Makrozustand** zusammen. Die Anzahl der Realisierungsmöglichkeiten eines Makrozustandes durch Mikrozustände ist die **Realisierungszahl** Ω. Je größer Ω, desto größer ist die *Wahrscheinlichkeit* eines Makrozustandes.

Die Wahrscheinlichkeit eines Makrozustands nimmt mit der Anzahl seiner Realisierungsmöglichkeiten (Mikrozustände) zu.

Jeder Mikrozustand ist gleich wahrscheinlich, die Makrozustände jedoch nicht. Für $N = 2$ lässt sich z. B. der Makrozustand „1 Teilchen in der rechten Raumhälfte" durch zwei Mikrozustände realisieren ($\Omega = 2$). Dieser Makrozustand ist folglich doppelt so wahrscheinlich wie die anderen Makrozustände ($\Omega = 1$). Am wahrscheinlichsten sind ungeordnete Makrozustände, bei denen die Teilchen etwa gleichmäßig auf beide Raumhälften verteilt sind. Wenig wahrscheinlich sind die Makrozustände, bei denen sich die meisten Teilchen in einer Raumhälfte befinden. Mit zunehmender Teilchenanzahl N nehmen die Realisierungszahlen sehr stark zu. Dabei wird der Makrozustand mit gleich vielen Teilchen in beiden Raumhälften immer wahrscheinlicher [B2].

36 Chemische Energetik

1.12 Freie Enthalpie

Bei allen spontanen Vorgängen nimmt die Gesamtentropie des Systems und seiner Umgebung zu (Kap. 1.10). Will man beurteilen, ob eine chemische Reaktion abläuft oder nicht, muss man die Gesamtentropie betrachten.

Die Gibbs-Helmholtz-Gleichung. Der Chemiker Josiah W. Gibbs [B1] führte eine Größe ein, die den Ablauf spontaner Vorgänge beschreibt: die **freie Enthalpie** G (auch Gibbs-Energie). Sie wird aus der Enthalpie H, der Entropie S und der Temperatur T berechnet:

$$G = H - T \cdot S$$

Ein Vorgang läuft bei der Temperatur T spontan ab, wenn die freie Enthalpie G abnimmt.

Für die *Änderung* der freien Enthalpie eines Systems bei konstantem Druck und konstanter Temperatur gilt die *Gibbs-Helmholtz-Gleichung*:

$$\Delta G = \Delta H - T \cdot \Delta S$$

Freie Reaktionsenthalpie. Die Anwendung der Gibbs-Helmholtz-Gleichung auf chemische Reaktionen ergibt die *freie Reaktionsenthalpie*:

$$\Delta_r G = \Delta_r H - T \cdot \Delta_r S$$

Der erste Summand ($\Delta_r H$) ist die Reaktionswärme Q_r bei konstantem Druck, also der negative Wert der Wärmemenge, die von der Umgebung aufgenommen bzw. abgegeben wird. Folglich ist die Entropieänderung der Umgebung (Kap. 1.10):

$$\Delta S_{Umgebung} = \frac{-Q_r}{T} = \frac{-\Delta_r H}{T}$$

$$\Leftrightarrow \quad \Delta_r H = -T \cdot \Delta S_{Umgebung}$$

Ein negativer Wert der Reaktionsenthalpie erhöht also die Entropie der Umgebung und umgekehrt.

Der zweite Summand ($-T \cdot \Delta_r S$) ist die Entropieänderung des Systems multipliziert mit der Temperatur:

$$-T \cdot \Delta_r S = -T \cdot \Delta S_{System}$$

B1 Josiah W. Gibbs (1839–1903) (links), Hermann von Helmholtz (1821–1894) (rechts)

Die freie Reaktionsenthalpie $\Delta_r G$ erlaubt damit eine Abschätzung, ob eine chemische Reaktion ablaufen kann. Je stärker die Enthalpie der Umgebung zunimmt (*erster Summand*) und je stärker die Entropie des Systems zunimmt (*zweiter Summand*), desto stärker ist die Abnahme der freien Enthalpie.

Berechnung der freien Reaktionsenthalpie. Für Standardbedingungen ($p = 1013\,hPa$, $T \approx 298\,K$) kann man die freie Reaktionsenthalpie aus $\Delta_r H^0$ und $\Delta_r S^0$ berechnen [B2]:

$$\Delta_r G^0 = \Delta_r H^0 - T \cdot \Delta_r S^0 = \Delta_r H^0 - 298\,K \cdot \Delta_r S^0$$

Eine zweite Möglichkeit ist die Berechnung analog zur Reaktionsenthalpie (Kap. 1.7) aus den molaren freien Standardbildungsenthalpien $\Delta_f G_m^0$ [B2, B4]:

$$\Delta_r G^0 = \sum_i \Delta n_i \cdot \Delta_f G_{m,i}^0$$

Näherungsweise kann man die Tabellenwerte auch für andere Temperaturen einsetzen.

Kelvin-Temperaturskala siehe Kap. 1.10

Einheiten Die Enthalpie und die freie Enthalpie werden meistens in der Einheit kJ angegeben, die Entropie meistens in J/K. Zur Berechnung der freien Enthalpie muss man umrechnen:
$1\,J/K = 0{,}001\,kJ/K$

Größen
H: Enthalpie
S: Entropie
G: freie Enthalpie
T: Temperatur in der Kelvin-Temperaturskala
Δ: -differenz
Index r: Reaktions-
Index f: Bildungs-
Index m: molar
Hochgestellte 0: bei Standardbedingungen

Reaktion: $H_2(g) + Cl_2(g) \longrightarrow 2\,HCl(g)$

$\Delta_r S^0 = -1\,mol \cdot S_m^0(H_2) \quad -1\,mol \cdot S_m^0(Cl_2) \quad +2\,mol \cdot S_m^0(HCl)$
$\quad\quad = -1\,mol \cdot 131\,J/(K \cdot mol) - 1\,mol \cdot 223\,J/(K \cdot mol) + 2\,mol \cdot 187\,J/(K \cdot mol) = 20\,J/K$

$\Delta_r H^0 = -1\,mol \cdot \Delta_f H_m^0(H_2) - 1\,mol \cdot \Delta_f H_m^0(Cl_2) + 2\,mol \cdot \Delta_f H_m^0(HCl)$
$\quad\quad = -1\,mol \cdot 0\,kJ/mol - 1\,mol \cdot 0\,kJ/mol + 2\,mol \cdot (-92\,kJ/mol) = -184\,kJ$

$\Delta_r G^0 = \Delta_r H^0 - 298\,K \cdot \Delta_r S^0 = -184\,kJ - 298\,K \cdot 0{,}020\,kJ/K = -184\,kJ - 6\,kJ = -190\,kJ$

Berechnung aus den Tabellenwerten von $\Delta_f G^0$ [B4]:

$\Delta_r G^0 = -1\,mol \cdot \Delta_f G_m^0(H_2) - 1\,mol \cdot \Delta_f G_m^0(Cl_2) + 2\,mol \cdot \Delta_f G_m^0(HCl) = -190\,kJ$

B2 Berechnung einer freien Standardreaktionsenthalpie

Chemische Energetik

Freie Enthalpie

Exergonische und endergonische Reaktionen.
Eine Reaktion, deren Reaktionsenthalpie negativ ist ($\Delta_r G < 0$), bezeichnet man als **exergonisch**. Man sagt auch, diese Reaktion läuft *freiwillig* ab. Ist die Reaktionsenthalpie positiv ($\Delta_r G > 0$), bezeichnet man die Reaktion als **endergonisch**. Sie kann durch Energiezufuhr von außen *erzwungen* werden, z. B. bei einer Elektrolyse.

Ob eine Reaktion exergonisch oder endergonisch ist, hängt von der Temperatur ab. So ergibt die Berechnung der freien Reaktionsenthalpie für die Bildung von Stickstoffdioxid (NO_2) aus Distickstofftetraoxid (N_2O_4) bei 25 °C (298 K) einen negativen, bei −100 °C (173 K) einen positiven Wert [A2].

Unvollständig ablaufende Reaktionen. Eine Reaktion läuft spontan ab, solange die Gesamtentropie des Reaktionsgemisches und der Umgebung zunimmt. Im Allgemeinen erreicht diese Gesamtentropie einen Maximalwert, bevor der Umsatz vollständig ist. Der Grund dafür ist die Vermischung von Edukten mit Produkten, die die Entropie des reagierenden Systems erhöht.
Wenn der Maximalwert der Gesamtentropie erreicht ist, läuft die Reaktion nicht mehr spontan weiter. Dies bedeutet aber, dass sie *unvollständig* abläuft. Im Prinzip laufen alle chemischen Reaktionen in geschlossenen Systemen unvollständig ab.

Bei großen Beträgen von $\Delta_r G$ kann man dies vernachlässigen. Stark exergonische Reaktionen laufen fast vollständig ab, stark endergonische Reaktionen laufen so gut wie gar nicht ab. So lässt sich nach Ablauf einer Reaktion von Wasserstoff und Sauerstoff zu Wasser bei Zimmertemperatur praktisch keines der Edukte mehr nachweisen, wenn die Gase im Verhältnis 2:1 gemischt wurden.
Bei kleineren Beträgen von $\Delta_r G$ finden jedoch sowohl exergonische als auch endergonische Reaktionen statt. Sie verlaufen aber unvollständig.

Für praktische Zwecke kann man drei Fälle unterscheiden [B3]:
1. $\Delta_r G \leq -30$ kJ: Die Reaktion läuft fast vollständig ab (Ausbeute ca. 100 %). Nach der Reaktion liegen nur sehr geringe Mengen an Edukten im Reaktionsgemisch vor.
2. $\Delta_r G \geq +30$ kJ: Die Reaktion läuft so gut wie gar nicht ab (Ausbeute ca. 0 %). Im Reaktionsgemisch liegen fast keine Produkte vor, ganz gleich, wie lange man wartet.
3. -30 kJ $< \Delta_r G < +30$ kJ: Solche Reaktionen bezeichnet man als *Gleichgewichtsreaktionen* (Kap. 2). Ist $\Delta_r G < 0$, findet man nach der Reaktion überwiegend Produkte im Reaktionsgemisch. Ist $\Delta_r G \approx 0$, findet man etwa gleich große Stoffmengen an Edukten und Produkten (Ausbeute ca. 50 %). Ist $\Delta_r G > 0$, überwiegen auch nach der Reaktion die Edukte.

Exkurs Chemisches Gleichgewicht

Läuft eine chemische Reaktion unvollständig ab, liegt ein *chemisches Gleichgewicht* vor (Kap. 2). Nach dem Massenwirkungsgesetz (Kap. 2.13) ist die Gleichgewichtskonstante der Reaktion
a A + b B $\rightleftharpoons$ c C + d D definiert als:

$$K_c = \frac{c^c(C) \cdot c^d(D)}{c^a(A) \cdot c^b(B)}$$

Der Zahlenwert der Gleichgewichtskonstanten $\{K_c\}$ hängt mit der freien Reaktionsenthalpie $\Delta_r G$ zusammen. Bei $\vartheta = 25$ °C ($T = 298{,}15$ K) gilt:

$$\Delta_r G^0 = -5{,}70 \text{ kJ} \cdot \lg\{K_c\}$$

Spezialfall: Wenn $\Delta_r G = 0$ ist, dann ist $\{K_c\} = 1$. Die Ausbeute der Produkte ist dann 50 % [B3].

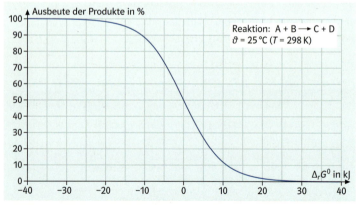

B3 Wenn der Betrag der freien Reaktionsenthalpie relativ klein ist, laufen sowohl exergonische als auch endergonische Reaktionen unvollständig ab

Freie Enthalpie

Beispiel: Für die Bildung von Iodwasserstoff aus den elementaren Stoffen nach der Reaktionsgleichung

$$H_2 + I_2 \longrightarrow 2\,HI$$

ist die freie Standardreaktionsenthalpie:

$$\Delta_r G^0 = \Delta_r H^0 \quad - 298\,K \cdot \Delta_r S^0$$
$$= +52\,kJ - 298\,K \cdot 0{,}167\,J/K$$
$$= +2\,kJ$$

(Berechnung nach B4 ergibt $\Delta_r G^0 = +3{,}2\,kJ$; die Differenz kommt von Rundungsfehlern)

Unter Standardbedingungen überwiegen die Edukte im Gleichgewicht geringfügig. Bei $T = 700\,K$ liegt überwiegend das Produkt Iodwasserstoff vor. Da in den Term $-T \cdot \Delta_r S$ die Temperatur $T = 700\,K$ statt $T = 298\,K$ eingesetzt wird, ist bei dieser Temperatur $\Delta_r G < 0$.

Elektrochemische Reaktionen. Für die Bildung von Wasser nach der Reaktionsgleichung

$$2\,H_2(g) + O_2(g) \longrightarrow 2\,H_2O(l)$$

ist die freie Standardreaktionsenthalpie $\Delta_r G^0 = -474\,kJ$. Läuft die Bildung des Wassers in einer Brennstoffzelle ab, verrichtet diese elektrische Arbeit. Dabei entspricht die maximal mögliche elektrische Arbeit W_{el} dem Betrag der freien Reaktionsenthalpie.
Bei der Elektrolyse von Wasser wird durch eine äußere Spannungsquelle Energie zugeführt, dadurch wird die Reaktion des Wassers zu Wasserstoff und Sauerstoff erzwungen. Die freiwillig ablaufende Reaktion kann also durch Energiezufuhr umgekehrt werden.

Metastabile Systeme. Manche Reaktionen, sind exergonisch, laufen aber dennoch nicht mit erkennbarer Geschwindigkeit ab, z. B. die Bildung von Wasser aus Wasserstoff und Sauerstoff. Erst ein Katalysator oder ein Zündfunke lässt die Reaktion ablaufen. Wasserstoff und Sauerstoff befinden sich als Knallgas in einem *metastabilen Zustand*. Die exergonische Reaktion ist zwar energetisch möglich, erfolgt aber bei Zimmertemperatur nicht. Um metastabile Systeme zur Reaktion zu bringen, benötigt man *Aktivierungsenergie*.

A1 1 mol flüssiger Ethanol wird zu Kohlenstoffdioxid und Wasser verbrannt.
a) Formulieren Sie die Reaktionsgleichung.
b) Berechnen Sie die Änderungen der Enthalpie, Entropie und der freien Enthalpie bei Standardbedingungen ($\Delta_r H^0$, $\Delta_r S^0$, $\Delta_r G^0$).

A2 Berechnen Sie die freie Reaktionsenthalpie für die Bildung von 2 mol Stickstoffdioxid aus 1 mol Distickstofftetraoxid bei 298 K und bei 173 K.

A3 Beurteilen Sie, ob bei den folgenden Reaktionen die Edukte oder die Produkte überwiegen:
$$C(\text{Graphit}) + 2\,H_2 \longrightarrow CH_4$$
$$C(\text{Graphit}) + H_2O(g) \longrightarrow CO + H_2$$
a) bei Standardbedingungen, **b)** bei 1000 K. Gehen Sie bei Ihrer Rechnung davon aus, dass sich die $\Delta_r H$- und die $\Delta_r S$-Werte nicht wesentlich von den $\Delta_r H^0$- und $\Delta_r S^0$-Werten unterscheiden.

A4 Chlorwasserstoff reagiert mit Ammoniak zu festem Ammoniumchlorid (NH_4Cl).
a) Berechnen Sie $\Delta_r G$ für diese Reaktion bei Standardbedingungen ($T = 298\,K$), für $T = 350\,K$ und für $T = 200\,K$. Beurteilen Sie das Ergebnis. **b)** Die Mindesttemperatur zur Umkehrung der Reaktion ist ungefähr die Temperatur, bei der $\Delta_r G = 0$ ist. Berechnen Sie diese Temperatur.

Größen

H: Enthalpie
S: Entropie
G: freie Enthalpie
T: Temperatur in der Kelvin-Temperaturskala
Δ: -differenz
Index r: Reaktions-
Index f: Bildungs-
Index m: molar
Hochgestellte 0: bei Standardbedingungen

Formel	$\Delta_f G^0_m$ in kJ/mol	Formel	$\Delta_f G^0_m$ in kJ/mol	Formel	$\Delta_f G^0_m$ in kJ/mol
HF(g)	−275	NH_4Cl(s)	−203	SO_2(g)	−300
HCl(g)	−95	$CO(NH_2)_2$(s)	−197	Al_2O_3(s)	−1582
HI(g)	+1,6	CO(g)	−137	CuO(s)	−128
H_2O(l)	−237	CO_2(g)	−394	FeS(s)	−102
H_2O(g)	−229	CH_4(g)	−51	Fe_2O_3(s)	−742
NH_3(g)	−16	C_2H_6(g)	−33	MgO(s)	−569
NO(g)	+87	C_2H_4(g)	+68	NaCl(s)	−384
NO_2(g)	+51	CH_3OH(l)	−166	ZnO(s)	−320
N_2O_4(g)	+98	C_2H_5OH(l)	−175	C(Diamant)	+3

B4 Molare freie Standardbildungsenthalpien einiger Verbindungen (Für die jeweils energieärmste Form elementarer Stoffe gilt: $\Delta_f G^0 = 0$)

Chemische Energetik

1.13 Durchblick Zusammenfassung und Übung

Isoliertes System

Geschlossenes System

Offenes System

B1 Systeme der chemischen Energetik

System und Umgebung
Ein **isoliertes System** kann weder Stoffe noch Energie mit der Umgebung austauschen.
Ein **geschlossenes System** kann nur Energie mit der Umgebung austauschen.
Ein **offenes System** kann Stoffe und Energie mit der Umgebung austauschen.

Wärme und Wärmekapazität
Wird einer Stoffportion Wärme zugeführt, erhöht sich deren Temperatur, solange kein Schmelz- oder Siedevorgang stattfindet. Die Wärmemenge Q und Temperaturerhöhung $\Delta\vartheta$ sind proportional zueinander: $Q = C \cdot \Delta\vartheta$
Die Proportionalitätskonstante C ist die Wärmekapazität, sie ist abhängig von der Masse und der Art des erwärmten Stoffes.

Innere Energie
Die innere Energie U eines Systems ist die Summe aller Energien der Teilchen, die diesem System angehören. Dazu gehören z. B. die potentiellen Energien der Atome, Ionen und Moleküle in den Teilchenverbänden, Schwingungsenergien und Rotationsenergien.

Enthalpie
Die Enthalpie H ist die Summe aus der inneren Energie U und dem Produkt aus dem Druck p und dem Volumen V, also: $H = U + p \cdot V$

Reaktionsenergie
Bei Reaktionen, die bei *konstantem Volumen* ablaufen, ist die Änderung der inneren Energie des Systems gleich der Reaktionswärme $Q_{r,V}$. Die Änderung der inneren Energie nennt man Reaktionsenergie: $\Delta_r U = U_2 - U_1 = Q_{r,V}$

Reaktionsenthalpie
Bei Reaktionen, die bei *konstantem Druck* ablaufen, ist die Änderung der Enthalpie des Systems gleich der Reaktionswärme $Q_{r,p}$. Die Änderung der Enthalpie nennt man Reaktionsenthalpie: $\Delta_r H = H_2 - H_1 = Q_{r,p}$

Satz von Hess
Die Enthalpieänderung eines Systems ist unabhängig vom Reaktionsweg, auf dem das System vom Anfangs- in den Endzustand gelangt.

Energieerhaltungssatz
(Erster Hauptsatz der Thermodynamik)
Die Summe aller Energieformen in einem isolierten System ist konstant.

Bildungsenthalpie
Die molare Standardbildungsenthalpie $\Delta_f H_m^0$ einer Verbindung ist die auf die Stoffmenge bezogene Enthalpieänderung, die sich unter Standardbedingungen ($\vartheta = 25\,°C$, $p = 1013\,hPa$) bei der Bildung einer Verbindung aus den elementaren Stoffen ergibt. Die Bildungsenthalpien der elementaren Stoffe sind null. Gibt es zu einem Element mehrere elementare Stoffe, gilt dies für den stabilsten.
Die **Reaktionsenthalpie** kann daraus berechnet werden: Sie ist die Summe der Produkte aus Stoffmengenänderung und molarer Bildungsenthalpie der Reaktionsteilnehmer.

Bindungsenthalpie
Die molare Standardbindungsenthalpie $\Delta_b H_m^0$ zweiatomiger Moleküle ist die auf die Stoffmenge der Moleküle bezogene Standardreaktionsenthalpie der Bildung aus Atomen.

Entropie
Die Entropie S kann man als Maß für die Unordnung in einem System verstehen. Die Gesamtentropie eines Sytems mit seiner Umgebung kann nur gleich bleiben oder zunehmen (**Zweiter Hauptsatz der Thermodynamik**). Bei spontanen Vorgängen nimmt die Gesamtentropie zu. Die **Reaktionsentropie** $\Delta_r S = S_2 - S_1$ kann man analog zur Reaktionsenthalpie aus molaren Entropien berechnen.

Freie Enthalpie
Die Freie Enthalpie ist: $G = H - T \cdot S$
Die **freie Reaktionsenthalpie** kann man analog zur Reaktionsenthalpie aus molaren freien Bildungsenthalpien berechnen, oder nach der Gibbs-Helmholtz-Gleichung: $\Delta_r G = \Delta_r H - T \cdot \Delta_r S$
Reaktionen kann man einteilen in **exergonische Reaktionen** ($\Delta_r G < 0$) und **endergonische Reaktionen** ($\Delta_r G > 0$). Stark exergonische Reaktionen laufen praktisch vollständig ab, stark endergonische so gut wie gar nicht. Schwach exergonische *und* endergonische Reaktionen laufen unvollständig ab.

40 Chemische Energetik

Durchblick Zusammenfassung und Übung

A1 Die Reaktion von Zink mit Salzsäure verläuft exotherm und kann entweder bei konstantem Druck oder konstantem Volumen durchgeführt werden. Beurteilen Sie, bei welcher Variante mehr Wärme an die Umgebung abgegeben wird, wenn jeweils gleiche Stoffmengen eingesetzt werden.

A2 Fester Harnstoff ($(NH_2)_2CO$) verbrennt zu Stickstoff, Kohlenstoffdioxid und flüssigem Wasser, das anschließend kondensiert. Die Verbrennung von 1 mol Harnstoff ergibt eine Verbrennungsenthalpie von $\Delta_r H^0 = -632\,kJ$.
a) Formulieren Sie die Reaktionsgleichung.
b) Kombinieren Sie die Reaktionsgleichungen für die Bildung von Kohlenstoffdioxid und Wasser aus den elementaren Stoffen, sodass die Bildungsgleichung für Harnstoff resultiert.
c) Berechnen Sie die molare Standardbildungsenthalpie von Harnstoff.

A3 Ethanol verbrennt zu Kohlenstoffdioxid und gasförmigem Wasser. Die Reaktionsenthalpie für die Verbrennung von 1 mol Ethanol beträgt $\Delta_r H^0 = -1235\,kJ$.
a) Formulieren Sie die Reaktionsgleichung.
b) Berechnen Sie die molare Standardbildungsenthalpie von Ethanol.

A4 In manchen Ländern, z. B. Brasilien, wird neben Benzin auch Ethanol als Treibstoff für Kraftfahrzeuge verwendet. Außer dem Preis, der Eignung für Motoren, wirtschaftlichen und ökologischen Aspekten spielt für die Anwendung eines Treibstoffes auch die Frage eine Rolle, welche Masse oder welches Volumen des Treibstoffes für eine bestimmte Energieumwandlung notwendig ist. Zur Beurteilung eines Treibstoffes in dieser Hinsicht werden die spezifische Enthalpie (Quotient aus der Verbrennungsenthalpie und der Masse) bzw. die Enthalpiedichte (Quotient aus der Verbrennungsenthalpie und dem Volumen der eingesetzten Treibstoffportion) verwendet.
a) Berechnen Sie für Octan (stellvertretend für Benzin) und für Ethanol jeweils die Verbrennungsenthalpie für die Verbrennung von 1 mol dieser Stoffe. ($\Delta_f H^0_m$(Octan) $= -250\,kJ/mol$; $\Delta_f H^0_m$(Ethanol) $= -277\,kJ/mol$)

b) Berechnen Sie jeweils die spezifische Enthalpie und die Enthalpiedichte. (ϱ(Octan) $= 0{,}70\,g/cm^3$; ϱ(Ethanol) $= 0{,}79\,g/cm^3$)

A5 Neutralisiert man jeweils gleiche Volumina von verdünnter Salzsäure und Salpetersäure mit Natronlauge bzw. Kalilauge, so erhält man jedesmal ungefähr die gleiche Temperaturerhöhung, sofern die Säuren und die Hydroxidlösungen in gleichen Konzentrationen vorliegen und jedesmal dasselbe Kalorimeter verwendet wird. Erklären Sie diesen experimentellen Befund.

A6 **a)** Berechnen Sie die Änderung der Entropie, wenn eine Wasserportion von 100 g bei 25 °C und 1013 hPa verdunstet.
b) Die molare Verdampfungsenthalpie des Wassers beträgt 40,7 kJ/mol bei 1013 hPa und 100 °C. Berechnen Sie die Änderung der Entropie, wenn eine Wasserportion von 100 g bei 100 °C verdampft.

A7 Distickstoffpentaoxid, N_2O_5(s), ist instabil und zerfällt bei Zimmertemperatur endotherm in Stickstoffdioxid und Sauerstoff. Formulieren Sie die Reaktionsgleichung und berechnen Sie die Reaktionsentropie. ($S^0_m(N_2O_5(s)) = 113\,J/(K \cdot mol)$)

A8 Für die Bildung von 2 mol flüssigem Wasser aus den elementaren Stoffen beträgt die Standardreaktionsenthalpie $\Delta_r H^0 = -572\,kJ$. Entsteht unter Standardbedingungen die gleiche Wasserportion in einer Brennstoffzelle, liefert diese dem Betrage nach maximal die elektrische Arbeit $W_{el} = 475\,kJ$. Der Differenzbetrag kann nur als Wärme abgegeben werden. Berechnen Sie die freie Standardreaktionsenthalpie und die Reaktionsentropie für die Bildung von flüssigem Wasser aus den elementaren Stoffen.

A9 Formulieren Sie die Gibbs-Helmholtz-Gleichung für die Synthese von Ammoniak (NH_3) aus den elementaren Stoffen. Beurteilen Sie, ob durch Temperaturerhöhung die Ausbeute des Produkts größer oder kleiner wird.

Chemische Energetik **41**

Durchblick Zusammenfassung und Übung

A10 Wird Nickelcarbonat ($NiCO_3$) stark erhitzt, entweicht Kohlenstoffdioxid und es entsteht Nickeloxid (NiO). Der Vorgang ist endotherm und läuft erst oberhalb einer bestimmten Temperatur merklich ab. Berechnen Sie die Reaktionsenthalpie und die Reaktionsentropie für diese Reaktion. Ermitteln Sie mithilfe der Gibbs-Helmholtz-Gleichung die Temperatur, die mindestens

notwendig ist, damit die Zersetzung in merklichem Umfang abläuft. (Die Zersetzung beginnt beim Übergang vom endergonischen zum exergonischen Bereich, also bei $\Delta_r G = 0$.)

$\Delta_f H_m^0(NiCO_3) = -681\,kJ/mol$

$\Delta_f H_m^0(NiO) = -240\,kJ/mol$

$S_m^0(NiCO_3) = 118\,J/(K\cdot mol)$

$S_m^0(NiO) = 38\,J/(K\cdot mol)$

Abi-Aufgabe und Lösung

A11 Mit Umweltschutzargumenten wird zum Kauf von Fahrzeugen geraten, die mit Erdgas betrieben werden. Als Kaufargument wird unter anderem die Energieeffizienz des Erdgases gegenüber flüssigen Kohlenwasserstoffen als Treibstoff genannt.

11.1 Stellen Sie die Reaktionsgleichungen für die Verbrennung von Methan als Hauptbestandteil des Erdgases und die Verbrennung von Heptan als einem Bestandteil des Benzins auf.

11.2 Berechnen Sie aus den molaren Standard-bildungsenthalpien die molaren Verbrennungs-enthalpien $\Delta_c H_m$ von *gasförmigem* Methan und

flüssigem Heptan mit *gasförmigem* Kohlenstoff-dioxid und Wasser*dampf* als Reaktionsprodukt.
Molare Standardbildungsenthalpien:

$\Delta_f H_m^0(C_7H_{16},\ g) = -188\,kJ/mol$

$\Delta_f H_m^0(CH_4,\ g) = -75\,kJ/mol$

$\Delta_f H_m^0(H_2O,\ l) = -286\,kJ/mol$

$\Delta_f H_m^0(CO_2,\ g) = -393\,kJ/mol$

Molare Standardverdampfungsenthalpien:

$\Delta_v H_m^0(H_2O) = 44\,kJ/mol$

$\Delta_v H_m^0(C_7H_{16}) = 37\,kJ/mol$

11.3 Nehmen Sie Stellung zu der Werbeaussage. Beziehen Sie die Verbrennungsenthalpien dazu auch auf die Massen der Brennstoffe und auf die Stoffmengen des erzeugten Kohlenstoffdioxids.

Lösung

11.1 Reaktion (a): $CH_4 + 2\,O_2 \longrightarrow CO_2 + 2\,H_2O$

Reaktion (b): $C_7H_{16} + 11\,O_2 \longrightarrow 7\,CO_2 + 8\,H_2O$

Ein Teil der gegebenen Bildungsenthalpien wird zunächst durch Addition bzw. Subtraktion der Verdampfungsenthalpien in die gegebenen Aggregat-zustände umgerechnet:

$\Delta_f H_m^0(H_2O,\ g) = \Delta_f H_m^0(H_2O,\ l) + \Delta_v H_m^0(H_2O,\ g)$
$= -242\,kJ/mol$

$\Delta_f H_m^0(C_7H_{16},\ l) = \Delta_f H_m^0(C_7H_{16},\ g) - \Delta_v H_m^0(C_7H_{16})$
$= -225\,kJ/mol$

11.2 Berechnung der Reaktionsenthalpien:

$\Delta_r H(a) = -1\,mol \cdot (-75\,kJ/mol) - 2\,mol \cdot 0\,kJ/mol$
$+ 1\,mol \cdot (-393\,kJ/mol) + 2\,mol \cdot (-242\,kJ/mol)$
$= -802\,kJ$

$\Delta_r H(b) = -1\,mol \cdot (-225\,kJ/mol) - 11\,mol \cdot 0\,kJ/mol$
$+ 7\,mol \cdot (-393\,kJ/mol) + 8\,mol \cdot (-242\,kJ/mol)$
$= -4462\,kJ$

Da beide Reaktionsenthalpien für 1 mol Brennstoff berechnet sind, gilt:

$\Delta_c H_m(CH_4,\ g) = \Delta_r H(a) : 1\,mol = -802\,kJ/mol$

$\Delta_c H_m(C_7H_{16},\ l) = \Delta_r H(b) : 1\,mol = -4462\,kJ/mol$

11.3 1 mol Heptan liefert mehr Energie als 1 mol Methan. So betrachtet stimmt die Werbeaussage also nicht.

Die massenbezogenen spezifischen Verbrennungs-enthalpien erhält man durch Division der molaren Verbrennungsenthalpien durch die molaren Massen:

$\Delta_c H_{spez}(CH_4,\ g) = -802\,kJ/mol : 16\,g/mol \approx -50\,kJ/g$

$\Delta_c H_{spez}(C_7H_{16},\ l) = -4462\,kJ/mol : 100\,g/mol \approx -45\,kJ/g$

Hier schneidet Erdgas besser ab als Benzin.

Wenn man die Energiemenge auf die Stoffmenge des gebildeten Kohlenstoffdioxids bezieht, dessen Entstehung man möglichst gering halten möchte, ergibt sich:

Methan: $-802\,kJ : (1\,mol\ CO_2) = -802\,kJ/(mol\ CO_2)$

Heptan: $-4462\,kJ : (7\,mol\ CO_2) \approx -637\,kJ/(mol\ CO_2)$

Auch hier stimmt die Werbeaussage.

42 Chemische Energetik

2 Reaktionsgeschwindigkeit und chemisches Gleichgewicht

Chemische Reaktionen können unterschiedlich schnell ablaufen. Die Verdauung der Nahrung im Körper verläuft langsam, eine Explosion sehr schnell.
Viele chemische Reaktionen laufen nicht vollständig ab. Alle an solchen Reaktionen beteiligten Stoffe liegen nebeneinander in einem stabilen Zustand vor.

▬ Ein Airbag muss sich innerhalb von 100 Millisekunden füllen. Das Rosten von Eisen hingegen ist ein langsamer Prozess.

▬ Katalysatoren verringern die Aktivierungsenergie einer chemischen Reaktion und erhöhen damit die Reaktionsgeschwindigkeit. Enzyme sind Katalysatoren, die den Stoffwechsel der Lebewesen ermöglichen.

▬ In der Chemie gibt es sehr viele umkehrbare Reaktionen, die einen Gleichgewichtszustand erreichen. Die Konzentrationen der beteiligten Stoffe im chemischen Gleichgewicht sind temperaturabhängig.

▬ Die Bildung von Ammoniak aus Stickstoff und Wasserstoff ist eine Gleichgewichtsreaktion. Die Beherrschung dieses Gleichgewichts nach einem Verfahren von 1913 ermöglicht bis heute die Herstellung von Düngemitteln. Dies ist ein wichtiger Beitrag zur Sicherung der Ernteerträge.

43

2.1 Die Geschwindigkeit von Reaktionen

Reaktion	Temp. in °C	Halbwertszeit
(1) $H^+ + OH^- \longrightarrow H_2O$	25	$6{,}7 \cdot 10^{-11}$ s
(2) $2\,I \longrightarrow I_2$	23	$1{,}4 \cdot 10^{-9}$ s
(3) $2\,N_2O \longrightarrow 2\,N_2 + O_2$	727	0,9 s
(4) $2\,NO_2 \longrightarrow 2\,NO + O_2$	300	18,5 s
(5) $CH_3COOC_2H_5 + OH^- \longrightarrow CH_3COO^- + C_2H_5OH$	20	9,2 min
(6) Cyclopropan $\longrightarrow$ Propen	500	16,6 min
(7) $2\,N_2O_5 \longrightarrow 4\,NO_2 + O_2$	25	6,1 h
(8) $CH_3Br + OH^- \longrightarrow CH_3OH + Br^-$	25	9,9 h
(9) $C_{12}H_{22}O_{11} + H_2O \longrightarrow 2\,C_6H_{12}O_6$	17	3,7 h
(10) $H_2 + I_2 \longrightarrow 2\,HI$	227	269 d
	327	6,3 h
	427	2,6 min
	527	3,8 s

B1 Halbwertszeiten einiger chemischer Reaktionen (Anfangskonzentration $c_0 = 0{,}1$ mol/l)

Chemische Reaktionen können unterschiedlich schnell verlaufen. Während sich die Geschwindigkeit eines bewegten Körpers aus Weg und Zeit bestimmen lässt, müssen bei chemischen Reaktionen neben der Zeit andere Größen herangezogen werden.

Schnelle und langsame Reaktionen. Die Reaktion von Carbonat- mit Calciumionen verläuft so schnell, dass man die Zeit zwischen Beginn und Ende der Reaktion mit einfachen Mitteln nicht messen kann [V1a]. Die Reaktion von Phenolphthalein mit Natronlauge verläuft dagegen langsam [V1b]. Mit dem Zeitpunkt der mit dem Auge beobachtbaren Entfärbung ist die Reaktion noch nicht vollständig abgelaufen. Um die Geschwindigkeit langsamer Reaktionen erfassen zu können, ist es zweckmäßig, die Zeit bis zur Bildung einer bestimmbaren Stoffportion heranzuziehen. Zum Vergleich von Reaktionen wird dazu häufig die Zeit genommen, in der die Hälfte der Stoffportionen reagiert hat, die **Halbwertszeit von Reaktionen** [B1].

Der zeitliche Verlauf einer Reaktion. Reagiert verdünnte Salzsäure mit Zinkpulver [V2, B2], lässt sich der Reaktionsfortschritt am Volumen des entstehenden Wasserstoffs verfolgen. In B3 ist das Volumen des gebildeten Wasserstoffs in Abhängigkeit von der Reaktionszeit dargestellt. Die zunächst starke Volumenzunahme wird im Verlauf der Reaktion immer geringer, d.h., für gleiche Zeitintervalle Δt wird die zugehörige Volumenzunahme ΔV immer kleiner. Der Quotient aus ΔV und Δt kann zur Beschreibung der Reaktionsgeschwindigkeit herangezogen werden. Da bei dieser Reaktion der Volumenzunahme des Wasserstoffs eine Abnahme der Oxoniumionenkonzentration $c(H_3O^+)$ entspricht, kann auch deren zeitliche Veränderung zur Erfassung der Reaktionsgeschwindigkeit dienen [B3]. Sowohl $c(H_3O^+)$ als auch die Konzentrationsabnahme Δc lassen sich aus den Versuchsdaten berechnen [B4]. Da bei diesem Beispiel die Konzentration der Oxoniumionen im Verlauf der Reaktion abnimmt, besitzt $\Delta c = c(t_2) - c(t_1)$ ein negatives Vorzeichen. Anstelle der Abnahme der Oxoniumionenkonzentration kann man auch die Zunahme der Zinkionenkonzentration verfolgen. Allgemein wird man bei einer Reaktion dasjenige Edukt oder Produkt zur Messung heranziehen, das sich am einfachsten quantitativ bestimmen lässt.

Reaktionsgeschwindigkeit. Verfolgt man z. B. die Konzentration eines sich bildenden Stoffes [B4], so kann man die *mittlere Reaktionsgeschwindigkeit* $\overline{v}$ im Zeitintervall $\Delta t = t_2 - t_1$ angeben durch:

$$\overline{v} = \frac{c(t_2) - c(t_1)}{t_2 - t_1} = \frac{\Delta c}{\Delta t}$$

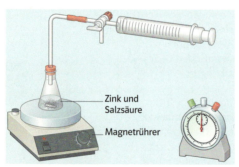

B2 Reaktion von Zink mit Salzsäure, Versuchsaufbau

44 Reaktionsgeschwindigkeit und chemisches Gleichgewicht

Die auf diese Weise ermittelte Reaktionsgeschwindigkeit ist ein Mittelwert, dessen Größe von der gewählten Zeitspanne Δt abhängt. Wird die Konzentrationsabnahme eines reagierenden Stoffes bestimmt, so ist Δc negativ. Damit die Geschwindigkeit einen positiven Wert annimmt, wird in diesem Fall definiert:

$$\bar{v} = -\frac{\Delta c}{\Delta t}$$

Häufig interessiert nicht die über eine bestimmte Zeitspanne gemittelte Reaktionsgeschwindigkeit, sondern die *momentane Geschwindigkeit* zu einem bestimmten Zeitpunkt der Reaktion. Dazu müsste das Zeitintervall Δt beliebig klein gewählt werden, was mathematisch durch die Gleichung

$$v = \lim_{\Delta t \to 0} \frac{\Delta c}{\Delta t} = \frac{dc}{dt}$$

ausgedrückt wird. Grafisch bedeutet dies den Übergang von der Steigung der Sekante zwischen zwei Kurvenpunkten zu der Steigung der Tangente in einem Punkt der Kurve [B5]. Auf diese Art kann zu jedem Zeitpunkt t eine Geschwindigkeit $v(t)$ angegeben werden, die nicht von der willkürlichen Größe eines gewählten Zeitintervalls abhängt.

V1 a) Geben Sie zu einer Lösung von Natriumcarbonat einige Tropfen Calciumchloridlösung.
b) Geben Sie zu Natronlauge ($c = 1$ mol/l) einige Tropfen Phenolphthaleinlösung.

V2 Geben Sie in eine Apparatur nach B2 bei offenem Dreiwegehahn 5 ml Salzsäure ($c = 2$ mol/l). Starten Sie den Magnetrührer und geben Sie 2 g Zinkpulver zu, verschließen Sie schnell den Kolben, verbinden Sie ihn über den Dreiwegehahn mit dem Kolbenprober und starten Sie die Uhr. Bestimmen Sie das Wasserstoffvolumen in Abhängigkeit von der Zeit. Berechnen Sie daraus $c(H_3O^+)$ und $c(Zn^{2+})$ zu den jeweiligen Zeitpunkten [B4] und zeichnen Sie die drei Größen in ein Schaubild.

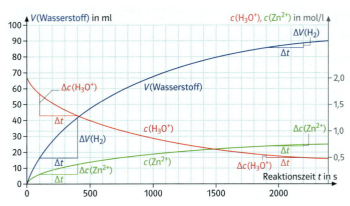

B3 Volumen- bzw. Konzentrations-Zeit-Diagramm der Reaktion von Zink mit Salzsäure

Für die Reaktion von Zink mit Salzsäure $Zn + 2\,H_3O^+ \longrightarrow Zn^{2+} + 2\,H_2O + H_2$

ergibt sich: $\Delta n(H_3O^+) = -2\,\Delta n(H_2) = -2\,\dfrac{\Delta V(\text{Wasserstoff})}{V_m(H_2)}$

und damit folgende Konzentrationsänderung $\Delta c(H_3O^+)$:

$$\Delta c(H_3O^+) = \frac{\Delta n(H_3O^+)}{V(\text{Salzsäure})} = -2\,\frac{\Delta V(\text{Wasserstoff})}{V_m(H_2) \cdot V(\text{Salzsäure})}$$

Die Konzentration $c_t(H_3O^+)$ zu einem bestimmten Zeitpunkt t lässt sich mithilfe der Ausgangskonzentration $c_0(H_3O^+)$ berechnen:

$$c_t(H_3O^+) = c_0(H_3O^+) + \Delta c(H_3O^+)$$

Aus $\Delta n(Zn^{2+}) = \Delta n(H_2)$ erhält man: $c_t(Zn^{2+}) = \dfrac{V_t(\text{Wasserstoff})}{V_m(H_2) \cdot V(\text{Salzsäure})}$

B4 Berechnung von $c(H_3O^+)$ und $c(Zn^{2+})$ aus $V(\text{Wasserstoff})$ bei der Reaktion von Zink mit Salzsäure

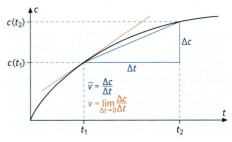

B5 Mittlere Geschwindigkeit $\bar{v}$ im Zeitabschnitt Δt und momentane Geschwindigkeit v im Zeitpunkt t_0

Reaktionsgeschwindigkeit und chemisches Gleichgewicht

2.2 Praktikum Geschwindigkeit von Reaktionen

Um die Geschwindigkeiten von Reaktionen zu vergleichen, kann man z. B. die Zeit messen, bis sich eine bestimmte Portion eines Stoffes umgesetzt hat. Verfolgt man den zeitlichen Verlauf der Messwerte einer Größe, so lässt sich die Veränderung der Reaktionsgeschwindigkeit berechnen. Geeignete Größen sind das *Volumen* [V1], die *elektrische Leitfähigkeit*, die *Farbintensität* und der *pH-Wert* [V2].

$$2\ H_2O_2 \longrightarrow 2\ H_2O + O_2$$

B1 Zersetzung von Wasserstoffperoxid

V1 **Zersetzung von Wasserstoffperoxid**

Grundlagen: In einer wässrigen, bei Zimmertemperatur beständigen Lösung des Wasserstoffperoxids zersetzt sich dieses bei höherer Temperatur langsam [B1]. Schon durch Spuren von Verunreinigungen unterschiedlichster Art kommt es dazu. Versetzt man verdünnte Wasserstoffperoxidlösung mit Kaliumiodid, lässt sich der Zerfall durch Messung des zunehmenden Sauerstoffvolumens in einer geeigneten Zeitspanne untersuchen.

Geräte und Chemikalien: Erlenmeyerkolben (100 ml), Gummistopfen mit Loch, Glasrohr, Schlauchstück, Kolbenprober mit Dreiwegehahn, Messzylinder (25 ml), Pipette (10 ml), Pipettierhilfe, Magnetrührer, Stoppuhr, Wasserstoffperoxidlösung (w = 3 %), Kaliumiodidlösung (gesättigt), dest. Wasser.

Durchführung: Bauen Sie die Apparatur wie in Kap. 2.1, B2 zusammen. Geben Sie mit der Pipette 8 ml Wasserstoffperoxidlösung in den Messzylinder, verdünnen Sie mit Wasser auf 24 ml und gießen Sie die Lösung in den Kolben. Fügen Sie 1 ml Kaliumiodidlösung zu und verschließen Sie den Kolben bei zunächst nach außen geöffnetem Dreiwegehahn. Starten Sie den Magnetrührer. Lassen Sie das entstehende Gas durch Drehen des Hahns in den Kolbenprober strömen und starten Sie gleichzeitig die Stoppuhr. Lesen Sie im Abstand von 15 s das Volumen ab. Wiederholen Sie den Versuch mit der halben Anfangskonzentration der Wasserstoffperoxidlösung.

Auswertung: a) Berechnen Sie für jeden Messwert die Wasserstoffperoxidkonzentration und die mittleren Reaktionsgeschwindigkeiten in den jeweiligen Zeitabschnitten [B2].

b) Zeichnen Sie jeweils den Verlauf der H_2O_2-Konzentration und der mittleren Reaktionsgeschwindigkeit als Funktion der Zeit.

c) Ermitteln Sie die mittleren Konzentrationen in den jeweiligen Zeitintervallen und zeichnen Sie in ein Diagramm die mittleren Reaktionsgeschwindigkeiten (Ordinate) und die zugehörenden mittleren Konzentrationen (Abszisse). Zeichnen Sie eine Ausgleichskurve.

V2 **Magnesium mit Salzsäure**

Grundlagen: Die Reaktion von unedlen Metallen mit sauren Lösungen lässt sich durch Messung des sich ändernden Wasserstoffvolumens verfolgen (Kap. 2.1, V2). Einfacher ist es, den pH-Wert abhängig von der Zeit zu messen und aus den Messwerten die Konzentrationen der Oxoniumionen zu berechnen.

Geräte und Chemikalien: Becherglas (100 ml), Messzylinder, Magnetrührer, Uhr, Einstabmesskette oder pH-Elektrode, pH-Meter oder Computer mit Messwerterfassungssystem, Magnesiumband, Salzsäure (c = 0,01 mol/l).

Durchführung: Geben Sie in das Becherglas ca. 200 mg blanke Magnesiumbandstücke (2 bis 3 cm lang) und fügen Sie ca. 40 ml Salzsäure zu. Verfolgen Sie unter Rühren den pH-Wert. Beginnen Sie mit der Erfassung der Messwerte bei pH = 2 und beenden Sie den Versuch, wenn pH = 3 erreicht ist.

Auswertung: Erstellen Sie ein Diagramm, das den zeitlichen Verlauf des pH-Wertes ab pH = 2 (t = 0) zeigt, und zeichnen Sie eine Ausgleichskurve. Entnehmen Sie aus dieser die pH-Werte für Abstände von 30 Sekunden und berechnen Sie die jeweiligen Oxoniumionenkonzentrationen. Zeichnen Sie deren zeitlichen Verlauf in ein Diagramm (Ordinate von c = 1 · 10^{-3} mol/l bis 10 · 10^{-3} mol/l).

Für den Zerfall des Wasserstoffperoxids folgt aus der Reaktionsgleichung

$$2\ H_2O_2 \longrightarrow 2\ H_2O + O_2$$

$$\Delta n(H_2O_2) = -2\ \Delta n(O_2) = -2\ \frac{\Delta V(\text{Sauerstoff})}{V_m(O_2)}$$

$$\Delta c(H_2O_2) = -2\ \frac{\Delta V(\text{Sauerstoff})}{V_m(O_2) \cdot V(\text{Lösung})}$$

Für die mittlere Reaktionsgeschwindigkeit $\bar{v} = \frac{\Delta c(H_2O_2)}{\Delta t}$ im Zeitintervall Δt gilt demnach: $\bar{v} = -2\ \frac{\Delta V(\text{Sauerstoff})}{V_m(O_2) \cdot V(\text{Lösung}) \cdot \Delta t}$

B2 Zerfall von Wasserstoffperoxid. Berechnung der Konzentrationen und der mittleren Reaktionsgeschwindigkeiten

Tipp: $pH = -\lg \dfrac{c(H_3O^+)}{\text{mol/l}}$ $c(H_3O^+) = 10^{-pH}\ \dfrac{\text{mol}}{\text{l}}$

Reaktionsgeschwindigkeit und chemisches Gleichgewicht

2.3 Konzentration und Reaktionsgeschwindigkeit

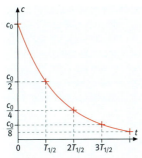
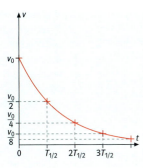
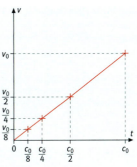

a) Konzentrations-Zeit-Diagramm:
Die Konzentration fällt exponentiell ab

b) Reaktionsgeschwindigkeits-Zeit-Diagramm

c) Reaktionsgeschwindigkeits-Konzentrations-Diagramm

B1 Reaktionen mit konstanten Halbwertszeiten

V1 Geben Sie in drei Reagenzgläser jeweils 5 ml Salzsäure der Konzentrationen 1 mol/l, 0,5 mol/l und 0,1 mol/l. Geben Sie zu jeder Säureportion gleichzeitig jeweils ein 1 cm langes Magnesiumband. Vergleichen Sie die Zeiten bis zur vollständigen Umsetzung des Magnesiums. Schütteln Sie die Reagenzgläser während des Versuchs.

V2 Stellen Sie eine wässrige Lösung von Malachitgrün (M = 365 g/mol) der Konzentration $c = 10^{-4}$ mol/l her. Geben Sie zu einem bestimmten Volumen der Lösung das gleiche Volumen Wasser. Bestimmen Sie mit einem Spektralfotometer bei der Wellenlänge 590 nm die Extinktion E_0 (Kap. 10.3). Geben Sie zu Malachitgrünlösung das gleiche Volumen Natronlauge der Konzentration $c = 2 \cdot 10^{-2}$ mol/l. Zur Ermittlung der Extinktion werden die Transmissionswerte im Abstand von einer halben Minute sechs Minuten lang abgelesen. Berechnen Sie die Extinktionen und mit $c = c_0 \cdot E/E_0$ die Konzentrationen. Geben Sie die mittleren Reaktionsgeschwindigkeiten in den jeweiligen Zeitabschnitten an und ermitteln Sie die Konzentrationen nach 0,25; 0,75; 1,25; ... Minuten. Zeichnen Sie ein Diagramm, das die Abhängigkeit der Reaktionsgeschwindigkeit von der Konzentration zeigt.

Bei der Reaktion von Zink mit Salzsäure (Kap. 2.1) verändert sich während der Reaktion mit der Konzentration auch die Reaktionsgeschwindigkeit. Im Folgenden soll die Abhängigkeit der Reaktionsgeschwindigkeit von der Konzentration der beteiligten Stoffe betrachtet werden.

Ausgangskonzentration und Reaktionsdauer. Lässt man gleiche Magnesiumportionen mit Salzsäure verschiedener Konzentration bei gleicher Temperatur reagieren, so stellt man fest, dass die Reaktionsdauer mit zunehmender Ausgangskonzentration abnimmt [V1]. Dieser Zusammenhang lässt sich bei den meisten chemischen Reaktionen feststellen. Die aus der Reaktionsdauer und einer Ausgangskonzentration berechenbare mittlere Reaktionsgeschwindigkeit ist z. B. von Bedeutung, wenn eine gewünschte Portion eines Reaktionsprodukts in einer bestimmten Zeit entstehen soll. Da sich jedoch während einer Reaktion die Konzentrationen der beteiligten Stoffe verändern, ändert sich auch die Reaktionsgeschwindigkeit ständig.

Abhängigkeit der Reaktionsgeschwindigkeit von der Konzentration eines Reaktionspartners. Verfolgt man bei der Entfärbung von Malachitgrün mit Natronlauge [V2] die zeitliche Veränderung der Konzentration des Malachitgrüns, so erhält man einen Zusammenhang, wie ihn [B1] zeigt. Nach der Halbwertszeit $T_{1/2}$ ist die Konzentration auf die Hälfte der Ausgangskonzentration zurückgegangen. Auffällig ist, dass sich wiederum nach der Zeit $T_{1/2}$ die Konzentration halbiert hat. Diese Gesetzmäßigkeit setzt sich fort. Bei vielen chemischen Reaktionen treten solche *konstanten Halbwertszeiten* auf.

Reaktionsgeschwindigkeit und chemisches Gleichgewicht 47

Konzentration und Reaktionsgeschwindigkeit

Exkurs Modellversuch zur Reaktionsgeschwindigkeit

Mit einem einfachen Modellversuch lässt sich das Geschwindigkeitsgesetz $v = k \cdot c$ simulieren. In einen Messzylinder (V = 100 ml) wird ein Glasrohr (Innendurchmesser 10 mm) gestellt. Dann wird eine farbige Lösung eingefüllt, bis der Flüssigkeitsstand h = 20,0 cm beträgt. Das Glasrohr wird oben zugehalten und die im Glasrohr enthaltene Flüssigkeit wird in ein Reagenzglas übertragen. Vor Entnahme der nächsten Portion wird die Höhe des Flüssigkeitsstands im Messzylinder gemessen. Nacheinander werden insgesamt neun Portionen entnommen.

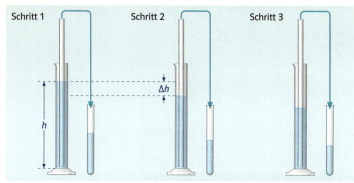

Da bei jeder Entnahme im Messzylinder und damit auch im Glasrohr der Flüssigkeitsstand abnimmt, wird Schritt für Schritt weniger Flüssigkeit in die Reagenzgläser übertragen. Dies wird anschaulich, wenn man die Reagenzgläser nebeneinander in einen Reagenzglasständer stellt.

Zur weiteren Auswertung berechnet man für jeden Schritt die Höhendifferenz Δh. Trägt man sie gegen den Flüssigkeitsstand h auf, erhält man ein zu B1(c) analoges Diagramm. Der Flüssigkeitsstand h entspricht der Konzentration c, die Höhendifferenz Δh entspricht der Reaktionsgeschwindigkeit v.

Schritt Nr.	1	2	3	4	5	6	7	8	9
h in cm	20,0	16,8	14,1	11,8	9,9	8,3	7,0	5,9	5,0	4,2
Δh in cm		3,2	2,7	2,3	1,9	1,6	1,3	1,1	0,9	0,8

h: Höhe des Flüssigkeitsstands im Messzylinder
Δh: Höhendifferenz zwischen zwei Schritten

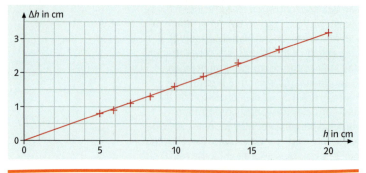

In diesen Fällen nimmt die Reaktionsgeschwindigkeit ($-dc/dt = v$) in gleicher Weise wie die Konzentration mit der Zeit ab [B1a, b]. Trägt man die Reaktionsgeschwindigkeit gegen die Konzentration auf, lässt sich eine Proportionalität zwischen der Reaktionsgeschwindigkeit und der Konzentration erkennen [B1c]. Es gilt:

$v \sim c$ oder $v = k \cdot c$

Die Konstante k wird als *Geschwindigkeitskonstante* bezeichnet. Sie hängt von der Art der Reaktionspartner ab. Der Zusammenhang zwischen Reaktionsgeschwindigkeit und Konzentration wird als *Geschwindigkeitsgesetz* bezeichnet. In diesem Fall ist die Reaktionsgeschwindigkeit proportional zur Konzentration nur eines Reaktionspartners. Mit einem Modellversuch lässt sich dieser einfache Zusammenhang plausibel machen [Exkurs]. Es gibt aber auch viele Reaktionen, deren Geschwindigkeit von zwei Konzentrationen abhängt.

Zwei Reaktionspartner. Bei der Verseifung von Estern mit Natronlauge reagieren Estermoleküle mit Hydroxidionen:

$RCOOR' + OH^- \longrightarrow RCOO^- + R'OH$

Die Reaktionsgeschwindigkeit der Verseifung ist meistens zu den Konzentrationen beider Reaktionspartner proportional:

$v \sim c(RCOOR')$ und $v \sim c(OH^-)$

Damit gilt folgendes Geschwindigkeitsgesetz:

$v = k \cdot c(RCOOR') \cdot c(OH^-)$

Für beliebige Reaktionspartner A und B lautet das Geschwindigkeitsgesetz allgemein:

$v = k \cdot c(A) \cdot c(B)$

Die Reaktionsgeschwindigkeit ist hier proportional zu den Konzentrationen zweier Reaktionspartner. Dieses Geschwindigkeitsgesetz gilt auch für viele weitere Reaktionen.

2.4 Das Kollisionsmodell

Die Geschwindigkeit einer Reaktion ist umso größer, je mehr Zusammenstöße in einer bestimmten Zeiteinheit in einem bestimmten Volumen stattfinden. Bei der Erhöhung der Anzahl jeder Teilchenart A und B erfolgt eine proportionale Zunahme der Anzahl der Zusammenstöße [B1]. Diese ist für eine Reaktion zwischen den Teilchenarten A und B proportional zum Produkt aus den Konzentrationen dieser Teilchen. Mit der Annahme, dass die Reaktionsgeschwindigkeit zur Anzahl der Zusammenstöße proportional ist, ergibt sich:

$v = k \cdot c(A) \cdot c(B)$

Aus dem Kollisionsmodell erhält man also das gleiche Geschwindigkeitsgesetz wie bei der Verseifung von Estern mit Natronlauge.

A1 Bei der in wässriger Lösung verlaufenden Reaktion mit Peroxodisulfationen
$S_2O_8^{2-} + 2\,I^- \longrightarrow 2\,SO_4^{2-} + I_2$
wurde die Geschwindigkeit der Iodbildung in Abhängigkeit von den Konzentrationen der Edukte bestimmt:

$c(S_2O_8^{2-})$ in mol/l	$c(I^-)$ in mol/l	v in mol/(l · min)
0,0001	0,010	$0{,}65 \cdot 10^{-6}$
0,0002	0,010	$1{,}30 \cdot 10^{-6}$
0,0002	0,005	$0{,}65 \cdot 10^{-6}$
0,0002	0,015	$1{,}95 \cdot 10^{-6}$

Ermitteln Sie aus der Tabelle den Zusammenhang zwischen den Konzentrationen der Edukte und der Reaktionsgeschwindigkeit.
Formulieren Sie das Geschwindigkeitsgesetz für die Reaktion und berechnen Sie die Geschwindigkeitskonstante k.

Erfolgt in einem gegebenen Volumen durchschnittlich ein Zusammenstoß zwischen je einem Teilchen A und B in der Zeit Δt, so …

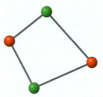

… sind es in der gleichen Zeit 4 Kollisionen bei der doppelten Anzahl der Teilchen A und der doppelten Anzahl der Teilchen B.

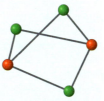

… sind es in der gleichen Zeit 6 Kollisionen bei der doppelten Anzahl der Teilchen A und dreifachen Anzahl der Teilchen B.

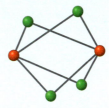

… sind es in der gleichen Zeit 8 Kollisionen bei der doppelten Anzahl der Teilchen A und vierfachen Anzahl der Teilchen B.

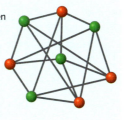

… sind es in der gleichen Zeit 16 Kollisionen bei der vierfachen Anzahl der Teilchen A und der vierfachen Anzahl der Teilchen B.

B1 Kollisionsmodell. Die Anzahl der Zusammenstöße ist proportional zum Produkt der Teilchenanzahlen

2.5 Reaktionsgeschwindigkeit und Zerteilungsgrad

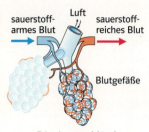

B1 Lungenbläschen. Die gesamte Innenfläche der Lunge beträgt ca. 90 m²

Bei Reaktionen zwischen Stoffen in verschiedenen Phasen können nur die Teilchen reagieren, die an der Grenzfläche miteinander zusammenstoßen. Je größer diese ist, desto mehr Zusammenstöße können erfolgen. Mit der Zerteilung einer festen oder flüssigen Stoffportion wächst ihre Oberfläche. Daher nimmt auch die Reaktionsgeschwindigkeit mit dem Zerteilungsgrad zu [V1].

Die Bedeutung vergrößerter Oberflächen.
Das Prinzip, durch eine Vergrößerung der Oberfläche eine Steigerung der Reaktionsgeschwindigkeit herbeizuführen, ist in der Technik, in lebenden Systemen und auch im Alltag häufig verwirklicht.

Bei Kohlefeuerungsanlagen konnten sowohl die Wirtschaftlichkeit als auch die Schadstoffreduzierung durch Vergrößerung der Oberfläche der eingesetzten Komponenten erhöht werden. So werden in der **Wirbelschichtfeuerung** Kohle und Kalkstein (Calciumcarbonat) staubfein gemahlen und durch starke Luftströme dem Brennraum zugeführt. In einer schwebenden Wirbelschicht aus Kohle und Kalk verbrennt die Kohle zu 99 %. Der Schadstoff Schwefeldioxid reagiert mit dem aus dem Calciumcarbonat gebildeten Calciumoxid und Sauerstoff zu Calciumsulfat („Gips"), das mit der Asche abgezogen wird [B2].

Die Natur zeigt eindrucksvoll und in vielfältigen Formen, wie chemische Reaktionen zwischen verschiedenen Phasen in Organismen an sehr großen Phasengrenzflächen vollzogen werden. Die bei Lebewesen unterschiedlichster Art anzutreffenden filigranen Strukturen, die sich durch feine Verästelungen ergeben, gehen mit großen Oberflächen des betreffenden Organs einher. So wird die atmungsfähige Gesamtoberfläche der Lunge eines erwachsenen Menschen auf 100 bis 200 m² geschätzt [B1].

Bei Lösungsvorgängen erfolgt ein Übertritt von Teilchen aus der einen in die andere Phase. Wenn man z. B. Zucker in Wasser löst, stellt man fest, dass der Zerteilungsgrad die Geschwindigkeit des Vorgangs beeinflusst. Viele kleine Kristalle lösen sich wesentlich schneller als ein großer Kristall mit derselben Masse. Auch hier liegt die Ursache für unterschiedliche Geschwindigkeiten in der unterschiedlich großen Oberfläche.

V1 Versuchsaufbau wie bei Kap. 2.1, V1. Bringen Sie jeweils 0,5 g Magnesiumpulver, Magnesiumspäne und Magnesiumband mit verdünnter Salzsäure (c = 0,5 mol/l) zur Reaktion. Bestimmen Sie das Volumen des entstehenden Wasserstoffs in Abhängigkeit von der Zeit und stellen Sie die Ergebnisse grafisch dar.

A1 Vor dem Übergießen mit heißem Wasser werden Kaffeebohnen gemahlen; zur Entzündung eines Holzstoßes werden zunächst einige Holzspäne angebrannt; um auslaufendes Öl zu adsorbieren, benutzt man Kohlenstaub. Nennen Sie weitere Beispiele für Prozesse, bei denen eine Geschwindigkeitserhöhung durch Vergrößerung der Phasengrenzfläche bewirkt wird.

A2 Bei speziellen Löscheinsätzen der Feuerwehr wird Wasser durch Sprengstoff oder mithilfe von Turbinen in feinste Tröpfchen zerteilt. Welchen Vorteil besitzt dieses Verfahren gegenüber dem Löschen mit einem Wasserstrahl?

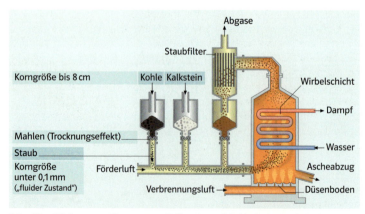

B2 Oberflächenvergrößerung von Kalkstein und Kohle beim Wirbelschichtverfahren

2.6 Energieverlauf beim Wechseln eines Bindungspartners

Ein Zusammenstoß von Teilchen führt nur dann zu einer chemischen Reaktion, d.h. einer Umgruppierung der Atome, wenn die Teilchen mit ausreichender kinetischer Energie zusammenstoßen.

Bei der folgenden einfachen Reaktion zwischen einem Iodwasserstoffmolekül und und einem Chloratom wechselt das Wasserstoffatom den Bindungspartner:

I—H + Cl → I + H—Cl

Diese Reaktion kann durch einen Zusammenstoß so erfolgen, dass zwischendurch ein dreiatomiger *Übergangszustand* entsteht, der instabil ist. Er stellt kein mögliches stabiles Molekül dar und geht daher in eine stabilere Gruppierung über.

Diesen Reaktionsverlauf zwischen den (hier) drei beteiligten Atomen kann man in einem Energiediagramm dastellen [B1]. Darin wird die potentielle Energie der drei Atome in Abhängigkeit von ihrer Anordnung aufgetragen. Während der Reaktion ändert sich die Anordnung der Atome, deshalb nennt man diese Beschreibung der Anordnung auch Reaktionskoordinate.

Die Reaktionskoordinate beschreibt die Anordnung der Atome vor, während und nach der Reaktion der Teilchen.

Bei der hier betrachteten Reaktion trennen sich das H-Atom und das I-Atom des Eduktmoleküls, und der I—H-Abstand wächst entlang der Reaktionskoordinate. Die potentielle Energie verläuft über einen Berg. Zu seiner Überwindung müssen die Teilchen beim Zusammenstoß die Aktivierungsenergie aufbringen.

Die Aktivierungsenergie ist der Unterschied der (potentiellen) Energie des Übergangszustands und der (potentiellen) Energie der Teilchen vor der Reaktion.

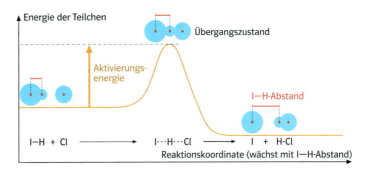

B1 Energie eines Ensembles von drei Atomen in Abhängigkeit von ihrer Anordnung

Die Begriffe „Reaktionskoordinate" und „Aktivierungsenergie" sind Begriffe der *Teilchenebene*. Wie z.B. auch der Begriff „Bindungslänge" haben sie keine Entsprechung auf der Stoffebene.

Eine reagierende Stoffportion *als ganze* muss folglich *nicht* über einen Energieberg gebracht werden. Vielmehr genügt zum *Auslösen* einer Reaktion oft ein winziger Funke, der nur einem kleinen Teil der reaktionsfähigen Moleküle gerade so viel Energie zuführt, dass sie eine Reaktion ausführen können. Die dabei freigesetzte Energie kann weitere Teilchen aktivieren, so dass schließlich die ganze Stoffportion aufgrund des einen Funkens durchreagiert.

Diese Verhältnisse können durch ein Modell veranschaulicht werden. Wenn man eine Reihe hintereinander aufgestellter **Dominosteine** [B2] zum Umfallen bringen möchte, so genügt es, einen einzigen Stein umzustoßen. Dazu ist wenig Energie, die „Aktivierungsenergie" nötig. Beim Umfallen setzt der Stein etwas mehr Energie frei, als ihm selbst zugeführt wurde. Daher kann er den nächsten Stein umwerfen, ohne dass nochmals von außen Energie zugeführt werden müsste. Die ganze Reihe der Steine fällt nach und nach um.

B2 Dominosteine

2.7 Reaktionsgeschwindigkeit und Temperatur

Es ist eine alltägliche Erfahrung, dass die Geschwindigkeit von Vorgängen, an denen chemische Reaktionen beteiligt sind, von der Temperatur abhängt. Nahrungsmittel verderben bei Kühlung viel langsamer, Metalle werden bei hoher Temperatur bedeutend schneller oxidiert. Eine höhere Temperatur bedeutet höhere mittlere Geschwindigkeit der Teilchen. Der genannte Einfluss der Temperatur auf die Reaktionsgeschwindigkeit wird also mit der Geschwindigkeit bzw. der kinetischen Energie der Teilchen zusammenhängen.

Mindestgeschwindigkeit und Aktivierungsenergie. Der schnelle Ablauf der Neutralisationsreaktion gibt eine ungefähre Vorstellung davon, wie oft Teilchen in einer bestimmten Zeit zusammenstoßen. Hatte man jeweils 1 l Lösung der Konzentration 1 mol/l, so sind sich – wenn die Durchmischung der Lösungen rasch erfolgt – in wenigen Sekunden je etwa $6 \cdot 10^{23}$ Oxonium- und Hydroxidionen begegnet. Dabei sind die Zusammenstöße dieser Ionen mit Lösungsmittelmolekülen nicht mitgerechnet. Führt, wie bei der Neutralisation, jeder Zusammenstoß zweier Eduktteilchen zu einer Reaktion, so ist die Geschwindigkeitskonstante sehr groß. Bei den meisten Reaktionen ist sie viel kleiner. In solchen Fällen führt nicht jeder Zusammenstoß zu einer Reaktion. Die Anzahl der Zusammenstöße, die zu einem Produkt führen, ist von der Art der Reaktionspartner und von der Temperatur abhängig [V1].

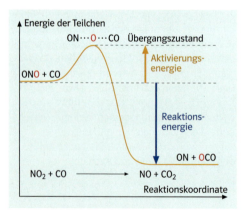

B1 Energiediagramm der Reaktion
$NO_2 + CO \longrightarrow NO + CO_2$

Um zur Reaktion zu gelangen, muss ein Teil der Eduktteilchen einen bestimmten Mindestbetrag an kinetischer Energie besitzen. Dieser ist zur Überwindung der *Aktivierungsenergie* erforderlich. Erst wenn diese erreicht oder überschritten ist, kann der Zusammenstoß zu einem Produktteilchen führen. Die Geschwindigkeit, die dieser *kinetischen Energie* entspricht, ist die Mindestgeschwindigkeit v_A der Teilchen [B2].

Die Tatsache, dass bei der Reaktion von zwei Teilchen eine Energiebarriere zu überwinden ist, kann auch an der Reaktion von Stickstoffdioxid mit Kohlenstoffmonooxid veranschaulicht werden [B1]. Für die Übertragung des Sauerstoffatoms vom NO_2- auf das CO-Molekül muss zunächst Energie zur Lockerung der N—O-Bindung aufgewandt werden. Dabei wird ein energiereicher Übergangszustand durchlaufen, in dem sich das zu übertragende Sauerstoffatom im Anziehungsbereich beider Moleküle befindet.

Das Beispiel der Reaktion von NO_2 mit CO zeigt außerdem, dass für einen erfolgreichen Zusammenstoß die richtige *Orientierung* dieser Teilchen zueinander gegeben sein muss. Das CO-Molekül muss mit dem Kohlenstoffatom auf das Sauerstoffatom des NO_2-Moleküls treffen. Ein erfolgreicher Zusammenstoß setzt eine Mindestenergie und die richtige Orientierung der Teilchen zueinander voraus.

Die Geschwindigkeit von Teilchen. Hätten alle Teilchen bei einer bestimmten Temperatur die gleiche Geschwindigkeit, so würde bei einer niedrigen Temperatur kein Teilchen die Mindestgeschwindigkeit besitzen und damit auch nicht die Aktivierungsenergie erreichen. Alle Zusammenstöße wären unwirksam, die Reaktion dürfte nicht stattfinden. Bei Temperaturerhöhung müssten alle Teilchen gleichzeitig die Mindestenergie für einen wirksamen Zusammenstoß erreichen, die Reaktion müsste schlagartig ablaufen. Messreihen zeigen jedoch, dass bei den meisten chemischen Reaktionen die Reaktionsgeschwindigkeit mit steigender Temperatur exponentiell ansteigt. Dies lässt vermuten, dass die Teilchen einer Stoffportion *unterschiedliche* Geschwindigkeiten besitzen.

Geschwindigkeitsverteilung von Teilchen.
Die Veranschaulichung der unterschiedlichen Teilchengeschwindigkeiten kann in einem Modellversuch erfolgen [B3]. Kleine Stahlkugeln werden in heftige Bewegung versetzt, wodurch ein ähnlicher Zustand entsteht, wie er von Molekülen eines Gases eingenommen wird. Die durch eine seitliche Öffnung austretenden Kugeln zeigen durch ihre Flugweite an, welche Geschwindigkeit sie innerhalb des Modell-Gasraumes hatten. Durch die Unterteilung des Auffangbehälters wird der gesamte Geschwindigkeitsbereich in Intervalle der Größe Δv zerlegt. Die Anzahl ΔN der Kugeln, die jeweils in ein Intervall Δv fallen, hängt stark von der Geschwindigkeit v ab.

JAMES CLERK MAXWELL und LUDWIG BOLTZMANN haben diese *Geschwindigkeitsverteilung* für Gasmoleküle theoretisch hergeleitet [B2]. Je höher die Temperatur, desto größer ist die durchschnittliche Geschwindigkeit der Teilchen. Mit steigender Temperatur wächst auch die Anzahl der Teilchen, die eine bestimmte *Mindestgeschwindigkeit* überschreiten.

Eine chemische Reaktion verläuft langsam, wenn nur ein geringer Anteil der Teilchen die Mindestgeschwindigkeit aufweist, die für einen erfolgreichen Zusammenstoß notwendig ist. Mit steigender Temperatur nimmt der Anteil dieser Teilchen und damit auch die Reaktionsgeschwindigkeit zu.

Bei Zimmertemperatur besitzt z. B. nur ein sehr geringer Anteil der Teilchen eines Wasserstoff-Sauerstoff-Gemischs die erforderliche Mindestgeschwindigkeit bzw. Mindestenergie, sodass die Reaktion auch in einem großen Zeitraum ohne erkennbaren Stoffumsatz verläuft. Energiezufuhr bewirkt über die Erhöhung der Anzahl erfolgreicher Zusammenstöße eine größere Reaktionsgeschwindigkeit. Durch die Freisetzung von Reaktionsenergie werden weitere Teilchen aktiviert. Damit steigt die Reaktionsgeschwindigkeit so an, dass es zu einer Explosion kommt.

Aus der Erfahrung ergibt sich die **R**eaktionsgeschwindigkeits-**T**emperatur-Regel, kurz **RGT-Regel**: Bei vielen Reaktionen bewirkt eine Temperaturerhöhung um 10 °C etwa eine Verdoppelung der Reaktionsgeschwindigkeit.

Die RGT-Regel besagt, dass sich bei einer Temperaturerhöhung um 10 °C die Reaktionsgeschwindigkeit einer chemischen Reaktion etwa verdoppelt.

V1 Natriumthiosulfat ($Na_2S_2O_3$) bildet mit Salzsäure Thioschwefelsäure. Diese zerfällt in folgender Reaktion: $H_2S_2O_3 \longrightarrow SO_2 + H_2O + S$
Lösung I: 10 ml konz. Salzsäure in 50 ml Wasser; **Lösung II:** 1 g Natriumthiosulfat-Pentahydrat in 50 ml Wasser.
(Abzug!) Geben Sie in je ein Reagenzglas 2 ml Lösung I bzw. 10 ml Lösung II. Geben Sie Lösung I zu Lösung II, schütteln Sie kurz und messen Sie die Zeit, bis vor einem schwarzen Hintergrund eine schwache gelbliche Trübung sichtbar wird. Messen Sie bei Versuchsende die Temperatur der Flüssigkeit. Führen Sie den Versuch mit Lösungen von Zimmertemperatur, mit im Kühlschrank oder in Eiswasser gekühlten Lösungen und mit im Wasserbad auf ca. 40 °C erwärmten Lösungen durch.

A1 Die Temperatur eines Reaktionsgemisches wird von 10 °C auf 100 °C erhöht. Berechnen Sie mit der RGT-Regel den Faktor, um den die Reaktionsgeschwindigkeit größer wird.

B3 Modellversuch zur Geschwindigkeitsverteilung in einem Gas

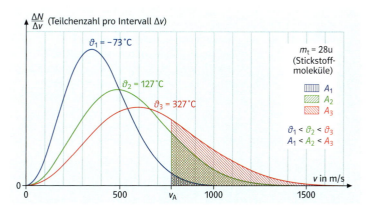

B2 Maxwell-Boltzmann-Verteilung bei drei Temperaturen. Je höher die Temperatur, desto mehr Teilchen überschreiten eine gegebene Geschwindigkeit v_A

2.8 Katalyse

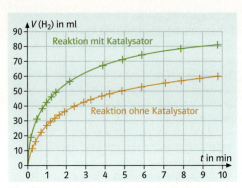

B1 Wasserstoffentwicklung bei der Reaktion von Zink mit Salzsäure ohne und mit Katalysator (ϑ = 20 °C)

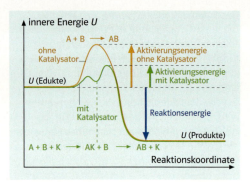

B2 Energiediagramm einer Reaktion ohne und mit Katalysator

Die Geschwindigkeit von Reaktionen kann außer durch Erhöhung von Konzentration und Temperatur auch durch Zusatz von Katalysatoren vergrößert werden.

Bedeutung der Katalyse. Katalysatoren sind von großer Bedeutung im Alltag, in der Technik und in der Industrie. Bei der Herstellung der wichtigsten Grundchemikalien wie z. B. Schwefelsäure, Ammoniak, Salpetersäure, Ethen und Methanol spielen Katalysatoren eine wichtige Rolle. Große Bereiche der Umwelttechnik beruhen auf katalytischen Verfahren. In Kraftfahrzeugen wird durch den Abgaskatalysator die Schadstoffemission vermindert. Katalysatoren sind auch entscheidend bei chemischen Reaktionen, die in Organismen ablaufen.

Katalysatoren lassen sich zur Beschleunigung von Reaktionen einsetzen, die z. B. nicht bei hohen Temperaturen durchgeführt werden können. In Stoffgemischen können Katalysatoren bei einer Vielzahl von möglichen Reaktionen *eine spezielle Reaktion* beschleunigen, sodass hauptsächlich die gewünschte Reaktion abläuft. Durch Temperaturerhöhung wäre eine solche selektive Begünstigung nicht möglich.

Da Katalysatoren bei einer Reaktion nicht verbraucht werden, genügt bereits eine kleine Portion, um die Umsetzung großer Portionen der reagierenden Stoffe zu beeinflussen.

So wird z. B. die Reaktion von Zink mit verdünnter Salzsäure durch eine winzige Kupferportion stark beschleunigt, was an der Wasserstoffentwicklung deutlich zu sehen ist [B1].

Die Wirkungsweise eines Katalysators.
Bei der Annäherung von Eduktteilchen und zur Lockerung oder Spaltung vorhandener Bindungen muss die Aktivierungsenergie aufgewendet werden. Sie ist häufig so groß, dass keine oder nur wenige Teilchen diese Energiebarriere überwinden können. Man bezeichnet ein Eduktgemisch aus solchen Teilchen, die bei den gegebenen Bedingungen nicht reagieren, als **metastabil**. So können z. B. Wasserstoff und Sauerstoff gemischt vorliegen, ohne zu reagieren. Metastabil sind Benzin-Luft-Gemische, ein Stickstoff-Wasserstoff-Gemisch und auch ein Holzstoß an der Luft.

Die Wirkung eines Katalysators beruht meist darauf, dass er mit einem der Edukte eine oder mehrere Zwischenverbindungen bildet, sodass damit ein neuer Reaktionsweg mit einer niedrigeren Aktivierungsenergie ermöglicht wird [B2].

Bei der Bildung des Produkts aus den Zwischenverbindungen wird der Katalysator wieder freigesetzt. Er geht also in die Gesamtbilanz der Reaktion, wie sie in der Bruttoreaktionsgleichung dargestellt wird, nicht ein.

Katalyse

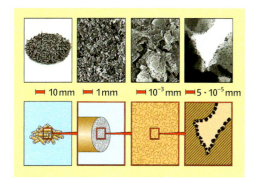

B3 Aufbau eines Trägerkatalysators. Mikroskopische Aufnahmen (oben) und Modell (unten)

Aufgrund der herabgesetzten Aktivierungsenergie überschreiten bei gegebener Temperatur mehr Teilchen die Mindestenergie für einen erfolgreichen Zusammenstoß, und die Reaktionsgeschwindigkeit steigt.

Die Reaktion A + B ⟶ AB kann z. B. mit einem Katalysator K über zwei Stufen laufen:

A + K ⟶ AK   und   AK + B ⟶ AB + K

Jede Stufe für sich hat eine kleinere Aktivierungsenergie als die nicht katalysierte Reaktion. Damit besitzt bei beiden Teilschritten eine größere Anzahl von Teilchen die erforderliche Mindestenergie. Beide Teilreaktionen und auch die Gesamtreaktion verlaufen schneller.

Katalysatoren verringern die Aktivierungsenergie einer chemischen Reaktion und erhöhen damit die Geschwindigkeit der Reaktion.

Heterogene Katalyse. Liegen der Katalysator und die reagierenden Stoffe in verschiedenen Phasen vor, die sich gegenseitig berühren, so spricht man von *heterogener Katalyse*. Ein Beispiel ist die Reaktion von Wasserstoff mit Sauerstoff an einer Platinoberfläche. Die Wirkungsweisen von Katalysatoren bei der heterogenen Katalyse sind je nach Reaktion und Katalysator sehr unterschiedlich und vielfach noch nicht im Detail geklärt.

Metalle, z. B. Eisen, Nickel und vor allem die Edelmetalle Platin und Palladium, katalysieren Reaktionen, an denen Gase beteiligt sind. Die Metalle liegen dabei in fein verteilter Form vor, meist auf einem Trägermaterial [B3]. Die Gase werden an der Oberfläche der Metalle adsorbiert und in einen reaktionsbereiten Zustand versetzt. Die Gase reagieren dann mit größerer Reaktionsgeschwindigkeit als im gewöhnlichen, nicht aktivierten Zustand.

Man geht davon aus, dass die Katalysatoren an ihrer Oberfläche Stellen aufweisen, in welchen ein Elektronenüberschuss oder Elektronenmangel vorherrscht. Dadurch werden die Bindungen der adsorbierten N_2-, H_2-, O_2- und anderer Moleküle gelockert. Außerdem erhalten die Moleküle eine für die Reaktion günstige räumliche Orientierung.

An Metallen adsorbierter Wasserstoff liegt in atomarer Form vor und ist daher besonders reaktionsfähig. So nimmt man bei der Ammoniaksynthese (Kap. 2.18) den in B4 dargestellten Ablauf an.

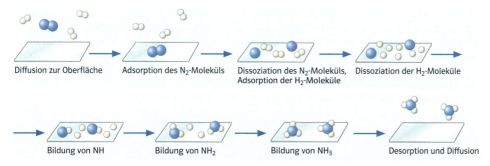

B4 Synthese von Ammoniak an einer Katalysatoroberfläche (heterogene Katalyse) nach der Reaktionsgleichung $3\ H_2(g) + N_2(g) \longrightarrow 2\ NH_3(g)$

Reaktionsgeschwindigkeit und chemisches Gleichgewicht

Katalyse

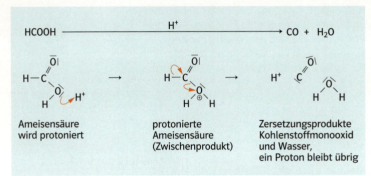

B5 Katalytische Zersetzung von Ameisensäure (homogene Katalyse)

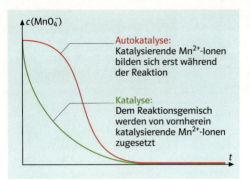

B6 Oxidation von Oxalsäure mit Kaliumpermanganat

Homogene Katalyse. Bei der *homogenen Katalyse* liegen die Edukte und der Katalysator in *einer* Phase vor. Für viele homogene Katalysen lassen sich reaktive Zwischenverbindungen formulieren und zum Teil auch nachweisen.

So wird bei einer „säurekatalysierten Reaktion" ein Proton an ein freies Elektronenpaar eines Eduktteilchens gebunden. Ein Beispiel hierfür ist die katalytische Zersetzung der Ameisensäure [B5]. Durch die Protonierung verläuft die Reaktion nach einem Mechanismus mit einer Zwischenstufe, zu deren Bildung eine geringere Aktivierungsenergie erforderlich ist als zur nicht katalysierten Reaktion.

Autokatalyse. Ein besonderes Beispiel zur homogenen Katalyse ist die Oxidation von Oxalsäure durch Kaliumpermanganat in saurer Lösung, wobei die Permanganationen (violette Lösung) zu Mangan(II)-Ionen (farblose Lösung) reduziert werden [V1]:

$$2\ MnO_4^- + 16\ H_3O^+ + 5\ C_2O_4^{2-} \longrightarrow 2\ Mn^{2+} + 24\ H_2O + 10\ CO_2$$

Gibt man zur Oxalsäurelösung ein wenig Permanganatlösung, so wird diese nur langsam verbraucht. Eine anschließend zugegebene, gleich große Portion wird dagegen in viel kürzerer Zeit reduziert, obwohl dabei die Konzentrationen aller Edukte kleiner sind als am Anfang. Diese Erhöhung der Geschwindigkeit im Laufe der Reaktion steht scheinbar im Widerspruch zu früher erhaltenen Ergebnissen.

Das Problem lässt sich durch ein Experiment klären. Dabei wird dem Reaktionsgemisch von vornherein etwas Mangan(II)-sulfat zugesetzt. Die dadurch sehr rasch ablaufende Reaktion zeigt, dass Mangan(II)-Ionen katalytisch wirken. Da diese Ionen bei der ersten Durchführungsart im Laufe der Reaktion gebildet werden, spricht man von *Autokatalyse*. Verfolgt man die Abnahme der Permanganationen-Konzentration in einem Fotometer (Kap. 10.3), so erhält man ein Diagramm, wie es B6 zeigt.

Die Katalyse einer Reaktion durch ein Reaktionsprodukt bezeichnet man als Autokatalyse.

> **V1** Benötigt werden folgende wässrige Lösungen: Verdünnte Schwefelsäure (Gemisch aus 25 ml konzentrierter Schwefelsäure mit 75 ml dest. Wasser), 100 ml Oxalsäurelösung (w = 6 %) sowie eine Kaliumpermanganatlösung (w = 0,6 %). Geben Sie in einem großen Reagenzglas zu 25 ml verdünnter Schwefelsäure 12,5 ml der Oxalsäurelösung und 20 ml Wasser. Setzen Sie 5 ml Permanganatlösung zu und stoppen Sie die Zeit bis zur Entfärbung. Setzen Sie dann erneut 5 ml Permanganatlösung zu und messen Sie die Reaktionszeit. Wiederholen Sie diesen Vorgang so lange, bis keine Entfärbung mehr eintritt. Setzen Sie den Versuch erneut an, fügen aber gleich zu Beginn etwas Mangan(II)-sulfat hinzu.

Reaktionsgeschwindigkeit und chemisches Gleichgewicht

2.9 Exkurs Bedeutung von Enzymen

Fast alle Stoffwechselprozesse beruhen auf der Aktivität und Zusammenarbeit von verschiedenen Enzymen. Als hochspezifische „**Biokatalysatoren**" ermöglichen sie die Umsetzung von Substraten (Edukte) in die entsprechenden Produkte, die bei den Temperaturen in der Zelle nicht oder nur sehr langsam ablaufen würde.

Viele Enzymmoleküle setzen pro Minute 1000 bis 10 000 Substratmoleküle um. Diese Umsetzungen stellen immer Gleichgewichtsreaktionen dar. Die Enzyme bewirken dabei, dass der Gleichgewichtszustand der jeweiligen Reaktion schneller erreicht wird. Die Lage des Gleichgewichts wird dabei nicht verändert. Erst die Koppelung mehrerer enzymatisch gesteuerter Reaktionen führt zum vollständigen Abbau organischer Betriebsstoffe bis zu einfachen anorganischen Endstoffen wie etwa Wasser und Kohlenstoffdioxid.

Die Stoffe, die von Enzymen umgesetzt werden, nennt man Substrate.

Enzyme werden auch als *Fermente* bezeichnet. Sie können gleichfalls außerhalb von lebenden Zellen wirken und werden z. B. bei der Bierproduktion (Spaltung der Maltose) oder in manchen Waschmitteln (Kap. 8.13) zum Abbau von Fett oder Eiweiß eingesetzt.

Typische Nachweisreaktionen (Kap. 4.22) für Eiweiße fallen mit Enzymlösungen positiv aus. Enzyme müssen daher Proteine sein.

Enzyme besitzen folgende Eigenschaften:
– Jede enzymatisch katalysierte Reaktion beginnt mit der Bindung des Substrats an das Enzym.
– Enzyme sind spezifisch, d.h., sie binden nur bestimmte Substrate.
– Enzyme beschleunigen die Gleichgewichtseinstellung durch Herabsetzen der Aktivierungsenergie der jeweiligen chemischen Reaktion [B1].
– Der Definition des Katalysators entsprechend, gehen Enzyme unverändert aus der Reaktion hervor.

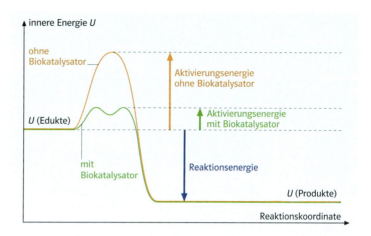

B1 Energiediagramm für eine enzymatisch katalysierte und eine nichtkatalysierte Reaktion

– Enzyme katalysieren sowohl die Hin- wie auch die Rückreaktion.
– Die Aktivität vieler Enzyme kann reguliert werden.

Enzyme sind Proteine, die biochemische Reaktionen durch Herabsetzen der Aktivierungsenergie katalysieren bzw. beschleunigen können.

Enzyme finden heute in der Medizin, der Wissenschaft und auch in unserem ganz normalen Alltag verbreitet Anwendung. Ein Beispiel ist die biotechnische Herstellung von Fructose, die eine wesentlich höhere Süßkraft als Rohrzucker besitzt: Hierzu werden in einem ersten Schritt aus Stärke mithilfe bakterienproduzierter α-Amylase Dextrine, Bruchstücke von Stärke, hergestellt. Danach spaltet die Amyloglucosidase (aus einem Schimmelpilz) Dextrine in Glucose, die in einem dritten Schritt mithilfe von Glucoseisomerase in Fructose umgewandelt wird. Dabei leitet sich der Name eines Enzyms in der Regel von seinem Substrat und seiner Wirkung ab. Oft kennzeichnet man Enzyme auch mit der Endsilbe „-ase". Daneben sind für manche Enzyme auch Trivialnamen wie Trypsin, ein eiweißspaltendes Enzym, gebräuchlich.

Enzym von griech. zymen, Hefe, Sauerteig. Ein Enzym ist ein Katalysator für biochemische Reaktionen

Katalysatoren erhöhen die Geschwindigkeit chemischer Reaktionen und gehen unverändert aus ihnen hervor. Ein Katalysator beschleunigt die Hin- und die Rückreaktion gleichermaßen

Ferment von lat. fermentum, Gärung

B2 Fermentationstanks in einer Brauerei

Reaktionsgeschwindigkeit und chemisches Gleichgewicht

2.10 Chemische Reaktion und Gleichgewichtseinstellung

Verbindung	CH₃COOH	C₂H₅OH	CH₃COOC₂H₅	H₂O
Stoffmenge zu Beginn der Veresterung in mol	1	1	0	0
Stoffmenge am Ende der Veresterung in mol	0,33	0,33	0,67	0,67
Stoffmenge zu Beginn der Esterhydrolyse in mol	0	0	1	1
Stoffmenge am Ende der Esterhydrolyse in mol	0,33	0,33	0,67	0,67

B1 Ausbeuten bei der Bildung bzw. Hydrolyse von Essigsäureethylester

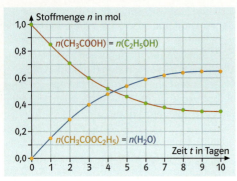

B2 Zeitlicher Verlauf der Veresterung

Eine umkehrbare Reaktion. Essigsäure und Ethanol reagieren bei Zimmertemperatur zu Essigsäureethylester und Wasser (Veresterung):

CH₃COOH + C₂H₅OH ⟶ CH₃COOC₂H₅ + H₂O

Essigsäureethylester und Wasser werden andererseits bei Zimmertemperatur in Essigsäure und Ethanol gespalten (Esterhydrolyse):

CH₃COOC₂H₅ + H₂O ⟶ CH₃COOH + C₂H₅OH

Die Veresterung und die Esterhydrolyse sind *umkehrbare Reaktionen*.

Chemisches Gleichgewicht. Wenn man 1 mol Essigsäure und 1 mol Ethanol zur Reaktion bringt, so erhält man nicht 1 mol Essigsäureethylester und 1 mol Wasser, sondern bei Zimmertemperatur nur jeweils 0,67 mol.
Auch bei der Esterhydrolyse erhält man nicht 100 % Produktausbeute. Geht man hier von 1 mol Essigsäureethylester und 1 mol Wasser aus, so bilden sich nur 0,33 mol Ethanol und 0,33 mol Essigsäure [B1].
Gleichgültig, ob man von der Veresterung oder von der Hydrolyse ausgeht, nach einiger Zeit liegen alle an der Reaktion beteiligten Stoffe als Gemisch vor. Wenn die Temperatur konstant bleibt, ändern sich die Stoffmengen im Gemisch nicht mehr. Die Veresterung und die Esterhydrolyse bilden ein *chemisches Gleichgewicht*. Die Hin- und Rückreaktion wird durch einen **Gleichgewichtspfeil** zusammengefasst:

CH₃COOH + C₂H₅OH ⇌ CH₃COOC₂H₅ + H₂O

V1 (Schutzbrille! Abzug!)
a) Vermischen Sie in einem Erlenmeyerkolben 0,5 mol Essigsäure (30 g bzw. 29 ml) und 0,5 mol Ethanol (23 g bzw. 28 ml). In einem zweiten Erlenmeyerkolben vereinigen Sie 0,5 mol Essigsäureethylester (44 g bzw. 49 ml) und 0,5 mol Wasser (9 g bzw. 9 ml). Geben Sie noch in jeden Kolben 0,2 ml konz. Schwefelsäure und schütteln Sie. Lassen Sie die Kolben verschlossen mindestens 10 Tage stehen.
b) Entnehmen Sie nach 10 Tagen jedem Kolben genau 5 ml Flüssigkeit und pipettieren Sie diese in je einen Kolben mit 150 ml kaltem Wasser und 4 Tropfen Phenolphthaleinlösung. Bestimmen Sie die Konzentration der Essigsäure durch Titration mit Natronlauge (c(NaOH) = 1 mol/l). Der Endpunkt der Titration ist erreicht, wenn die gesamte Flüssigkeit zum ersten Mal rot gefärbt ist. Es muss zügig titriert werden. Berechnen Sie die Stoffmenge der Essigsäure. (Gehen Sie dazu von 57,5 ml Flüssigkeit in jedem Erlenmeyerkolben aus.)

A1 **a)** Berechnen Sie die Anfangskonzentration der Essigsäure von V1. **b)** Bereits nach 5 Tagen wird dem ersten Kolben eine Probe von 5 ml entnommen. Bei der Titration zur Bestimmung der Essigsäure werden 18 ml Natronlauge (c(NaOH) = 1 mol/l) verbraucht. Berechnen Sie die Konzentration und die Stoffmenge der Essigsäure. Beurteilen Sie durch Vergleich mit B1, ob das chemische Gleichgewicht schon erreicht ist. (Beachten Sie dabei, dass in B1 von der doppelten Stoffmenge ausgegangen wird.)

Reaktionsgeschwindigkeit und chemisches Gleichgewicht

Chemische Reaktion und Gleichgewichtseinstellung

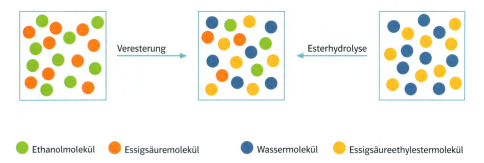

● Ethanolmolekül   ● Essigsäuremolekül   ● Wassermolekül   ● Essigsäureethylestermolekül

B3 Bildung und Hydrolyse von Essigsäureethylester. Betrachtung auf der Teilchenebene

Einstellung des chemischen Gleichgewichts.
Zu Beginn einer Veresterung liegen im Reaktionsgefäß nur Säure- und Alkoholmoleküle vor [B3, links]. Wenn ein Säure- und ein Alkoholmolekül aufeinandertreffen, können sie zu einem Ester- und einem Wassermolekül reagieren. Diese verteilen sich aufgrund der Diffusion gleichmäßig in der Lösung. Mit dem Fortschreiten der Veresterung wird also die Anzahl der Moleküle der Ausgangsstoffe abnehmen und die Anzahl der Moleküle des Esters und des Wassers zunehmen. Die Konzentration der Ausgangsstoffe nimmt also ab und die Konzentration der Reaktionsprodukte nimmt zu. Dies führt dazu, dass immer seltener ein Säuremolekül auf ein Alkoholmolekül trifft, die Veresterung verlangsamt sich.

Gleichzeitig treffen immer häufiger Estermoleküle auf Wassermoleküle, sodass die Hydrolyse voranschreitet. Im Reaktionsverlauf wird schließlich ein Zustand erreicht, ab dem z. B. pro Minute genau so viele Estermoleküle gebildet wie gespalten werden. Es ist der Gleichgewichtszustand erreicht [B3, Mitte]. Äußerlich ist keine Stoffmengenänderung eines der beteiligten Stoffes mehr beobachtbar. Die Reaktion ist abgeschlossen, obwohl noch Ausgangsstoffe vorhanden sind.

Im chemischen Gleichgewicht werden pro Zeiteinheit genauso viele Estermoleküle gebildet wie gespalten. Daher ist keine Änderung der Stoffmengen der beteiligten Stoffe zu beobachten.

$$\text{Alkohol + Carbonsäure} \underset{\text{Hydrolyse}}{\overset{\text{Veresterung}}{\rightleftharpoons}} \text{Ester + Wasser}$$

B4 Reaktionsschema einer Gleichgewichtsreaktion

Gleichgewichtsreaktionen. Alle Veresterungen und viele weitere Reaktionen sind *Gleichgewichtsreaktionen*, d. h., auch die Rückreaktion läuft in messbarem Umfang ab. In der Reaktionsgleichung kann man dies mit einem Gleichgewichtspfeil darstellen [B4].
Einige umkehrbare Reaktionen zeigen bei Zimmertemperatur fast keine Rückreaktion, z. B. die Reaktion von Wasserstoff mit Sauerstoff (Knallgasreaktion). Bei höheren Temperaturen ist jedoch auch die Knallgasreaktion eine Gleichgewichtsreaktion.
Üblicherweise schreibt man die exotherme Reaktion von links nach rechts als *Hinreaktion*. Die endotherme *Rückreaktion* liest man von rechts nach links. Da die beiden Reaktionen ständig ablaufen, spricht man auch von einem **dynamischen Gleichgewicht**.

Das chemische Gleichgewicht ist ein dynamisches Gleichgewicht.

> **Edukte und Produkte**
> Bei Gleichgewichtsreaktionen kann man eigentlich nicht von Edukten (Ausgangsstoffen) und Produkten sprechen, da Produkte gleichermaßen Edukte sind und umgekehrt. Häufig werden aber die links vom Gleichgewichtspfeil stehenden Stoffe als Edukte und die rechts vom Pfeil stehenden als Produkte bezeichnet.

A2 a) Beschreiben und erklären Sie die Einstellung des Gleichgewichts am Beispiel der Reaktion von Essigsäure mit Ethanol und der Hydrolyse von Essigsäureethylester.
b) Nennen Sie Merkmale des Gleichgewichtszustands.

2.11 Praktikum Umkehrbarkeit und Gleichgewicht

Die folgenden Versuche beschäftigen sich mit umkehrbaren Reaktionen. Die Veresterung von Methansäure mit Methanol ist bei Zimmertemperatur eine Gleichgewichtsreaktion:

$$HCOOH + CH_3OH \underset{}{\overset{H_3O^+}{\rightleftharpoons}} HCOOCH_3 + H_2O$$

Auch die umkehrbare Bildung von Ammoniumchlorid aus Ammoniak und Chlorwasserstoff ist eine Gleichgewichtsreaktion:

$$NH_3 + HCl \rightleftharpoons NH_4Cl$$

Bei Zimmertemperatur ist allerdings keine Rückreaktion zu beobachten. Bei höheren Temperaturen stehen die Edukte und Produkte im Gleichgewicht und ab ca. 340 °C spielt die Hinreaktion praktisch keine Rolle mehr.

V1 Bildung und Spaltung eines Esters

Geräte, Materialien, Chemikalien: 2 Erlenmeyerkolben (50 ml), 4 Erlenmeyerkolben (100 ml), Bürette, Stativ, Bürettenklammer, Messzylinder (25 ml), Messzylinder (100 ml), 2 Kunststoffspritzen (1 ml), Stoppuhr, kaltes dest. Wasser, Schutzbrille, Schutzhandschuhe, Methansäure (Ameisensäure), Methanol, konz. Schwefelsäure, dest. Wasser, Methansäuremethylester, Natronlauge ($c(NaOH) = 1$ mol/l), Phenolphthaleinlösung.

Durchführung: a) Vermischen Sie in einem 50-ml-Erlenmeyerkolben schnell (in der folgenden Reihenfolge) 0,25 mol Methanol (8 g bzw. 10 ml), 0,25 mol Methansäure (11,5 g bzw. 9,4 ml) und 0,2 ml konz. Schwefelsäure.
b) Entnehmen Sie sofort und dann nach 5, 10, 15, 20, 25, 30, 40, 50 Minuten mit der Kunststoffspritze 1-ml-Proben. Spritzen Sie die jeweilige Probe sofort in einem 100-ml-Erlenmeyerkolben in 50 ml kaltes Wasser, das mit 3 Tropfen Phenolphthaleinlösung versetzt worden ist. Titrieren Sie zügig den Kolbeninhalt unter ständigem Schütteln mit Natronlauge bis zur ersten sich in der gesamten Flüssigkeit zeigenden Rotfärbung [B1].
c) Vermischen Sie schnell (in der folgenden Reihenfolge) 0,25 mol Methansäuremethylester (15 g bzw. 15,5 ml), 0,25 mol dest. Wasser (4,5 g bzw. 4,5 ml) und 0,2 ml konz. Schwefelsäure.
d) Gehen Sie weiter vor wie in (b).
e) Geben Sie 0,2 ml konz. Schwefelsäure in 19,8 ml dest. Wasser, schütteln Sie kräftig um. Titrieren Sie eine 1-ml-Probe wie in (b).

Auswertung: a) Erfassen Sie den Natronlaugeverbrauch tabellarisch. Subtrahieren Sie jeweils den zur Neutralisation der Schwefelsäure notwendigen Natronlaugeverbrauch.
b) Berechnen Sie die Methansäurekonzentrationen zu den verschiedenen Zeitpunkten und stellen Sie die Methansäurekonzentration in Abhängigkeit von der Zeit grafisch dar. Interpretieren Sie das Diagramm.

V2 Bildung und Zersetzung von Ammoniumchlorid

Geräte, Materialien, Chemikalien: Spatel, 2 Wattestäbchen, kurzes Glasrohr, Stativ, Doppelmuffe, Stativklemme, 2 Bechergläser (25 ml), Reagenzglas, Gasbrenner, Universalindikatorpapier, Glaswolle oder Watte, konz. Salzsäure, konz. Ammoniaklösung, Ammoniumchlorid.

Durchführung: (Abzug!) **a)** Befestigen Sie das Glasrohr waagerecht am Stativ und geben Sie konz. Salzsäure und und konz. Ammoniaklösung in je ein Becherglas. Tauchen Sie je ein Wattestäbchen mit dem Ende in die Reagenzien. Stecken Sie die benetzten Enden der Wattestäbchen in die beiden Enden des Glasrohrs [B3].
b) Erhitzen Sie mit der nicht leuchtenden Brennerflamme fächelnd eine sehr kleine Ammoniumchloridportion in einem Reagenzglas, an dessen Wandung zwei feuchte Stücke Universalindikatorpapier, getrennt durch einen Glaswolle- oder Wattebausch, liegen [B2]. Unterbrechen Sie ab und zu das Erhitzen und schauen Sie genau auf das Indikatorpapier.

Auswertung: Beschreiben und erklären Sie Ihre Beobachtungen.

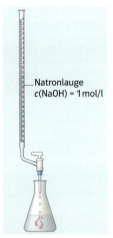

B1 Titration zu Versuch 1

B2 Zu Versuch 2(b)

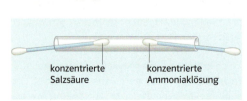

B3 Zu Versuch 2(a)

2.12 Praktikum Gleichgewichtseinstellung im Modell

V1 Das Kugelspiel

Materialien: 10 blaue Kugeln, 10 gelbe Kugeln, 10 rote Kugeln, 10 grüne Kugeln, Beutel oder Karton. Die Kugeln sollten etwa gleich groß sein. Anstelle der Kugeln können z.B. auch farbige Schokolinsen eingesetzt werden.

Durchführung: a) Geben Sie die 10 blauen und die 10 gelben Kugeln in den Beutel (bzw. Karton).
b) Greifen Sie in den Beutel und entnehmen Sie zwei Kugeln. Haben Sie die Kombination blau/gelb gezogen, so ersetzen Sie die beiden Kugeln durch eine rote und eine grüne Kugel. Haben Sie zwei Kugeln gleicher Farbe erwischt, so legen Sie diese zurück in den Beutel.
c) Ab dem Zug, bei dem auch rote und grüne Kugeln im Beutel sind, gehen Sie prinzipiell wie in (b) beschrieben vor. Allerdings müssen Sie bei Ziehung der Kombination rot/grün statt dieser beiden Kugeln eine blaue und eine gelbe Kugel in den Beutel geben.

Auswertung: a) Erstellen Sie in Ihrem Heft eine Tabelle wie B2.
b) Werten Sie die Tabelle grafisch aus, indem Sie die Anzahl der blauen bzw. gelben Kugeln und die Anzahl N der roten bzw. grünen Kugeln über der Nummer der Ziehung auftragen. Interpretieren Sie die Tabelle und das Diagramm. Übertragen Sie das Ergebnis auf die Gleichgewichtsreaktion

 +   +

V2 Der Stechheberversuch

Geräte und Materialien: 2 Messzylinder (100 ml), 2 Glasrohre mit deutlich unterschiedlichem Durchmesser, Methylorangelösung. Die Glasrohre werden vor dem Versuch mit einem wasserfesten Folienschreiber skaliert, Ablesegenauigkeit 0,5 ml.

Durchführung: a) Erstellen Sie in Ihrem Heft eine Tabelle wie B2.
b) Geben Sie in einen Messzylinder 5 Tropfen Methylorangelösung und anschließend 90 ml Wasser.
c) Stellen Sie das dickere Glasrohr in den Messzylinder A und das dünnere in Messzylinder B. (Die Glasrohe müssen jeweils den Boden berühren [B3]!)
d) Verschließen Sie die Öffnung der Glasrohre jeweils mit einem Daumen und ziehen Sie die Glasrohre aus den Zylindern heraus. Lesen Sie das Volumen in jedem Glasrohr ab und tragen Sie den Wert in die Tabelle ein.
e) Übertragen Sie nun das in den Glasrohren enthaltene Wasser gleichzeitig in den jeweils anderen Zylinder. Lesen Sie die Volumina des Wassers in den Messzylindern ab und tragen Sie diese in die Tabelle ein. (Beim Ablesen dürfen sich die Glasrohre nicht in den Messzylindern befinden! Achten Sie darauf, dass jedes Glasrohr wieder in den gleichen Messzylinder gestellt wird!)
f) Wiederholen Sie die Schritte (c) bis (e) ca. 25-mal.

Auswertung: a) Werten Sie die Tabelle grafisch aus, indem Sie jeweils über der Nummer des Übertragungsvorgangs
– die Wasservolumina in den Rohren A und B,
– in ein zweites Diagramm die Wasservolumina in den Messzylindern A und B auftragen.
b) Interpretieren Sie die Tabelle und die Diagramme.
c) Beschreiben Sie, wie die Diagramme aussehen würden, wenn die zwei Glasrohre den gleichen Innendurchmesser hätten.

Ziehung Nr.	N (blau)	N (gelb)	N (rot)	N (grün)
0	10	10	0	0
1				
2				
…				

B1 Tabelle zu Versuch 1

| Übertragungsvorgang Nr. | V(Wasser) in ml ||||
| | im Glasrohr || im Messzylinder ||
	A	B	A	B
0	–	–	90	0
1		0		
…				

B2 Tabelle zu Versuch 2

B3 Versuchsaufbau zu Versuch 2

Reaktionsgeschwindigkeit und chemisches Gleichgewicht **61**

2.13 Das Massenwirkungsgesetz

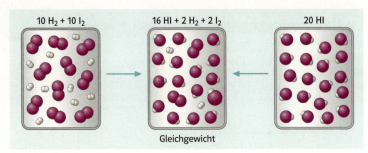

B1 Gleichgewichtseinstellung

Ein sehr gründlich untersuchtes chemisches Gleichgewicht ist die Bildung und der Zerfall von Iodwasserstoff (Hydrogeniodid):

$$H_2(g) + I_2(g) \rightleftharpoons 2\,HI(g)$$

Auch bei dieser Reaktion zeigt sich, wie bei der Veresterung und Esterhydrolyse, dass ein Zustand eintritt, in dem sich die Konzentrationen der Stoffe nicht mehr ändern.
Dabei ist es gleichgültig, ob man z.B. von 1 mol Iod und 1 mol Wasserstoff oder 2 mol Iodwasserstoff ausgeht. Bei einem Volumen von 1 l und einer Temperatur von 448 °C, bei der die Reaktion genügend schnell abläuft, findet man nach Einstellung des Gleichgewichts $c(I_2) = c(H_2) \approx 0{,}22\,mol/l$ und $c(HI) \approx 1{,}56\,mol/l$. Die Konzentration des Iodwasserstoffs ist wesentlich größer als die des Iods und des Wasserstoffs. Das Gleichgewicht liegt also auf der Seite des Iodwasserstoffs.

Gleichgewichtskonstante. Die Lage eines Gleichgewichts lässt sich quantitativ beschreiben. Ein chemisches Gleichgewicht ist durch gleiche Geschwindigkeiten der Hin- und Rückreaktion charakterisiert [B4]. Die Reaktionsgeschwindigkeiten der Bildung und des Zerfalls von Iodwasserstoff sind:

$$v_{hin} = k_{hin} \cdot c(H_2) \cdot c(I_2)$$

$$v_{rück} = k_{rück} \cdot c^2(HI)$$

Im chemischen Gleichgewicht gilt:

$$v_{hin} = v_{rück}$$

$$k_{hin} \cdot c(H_2) \cdot c(I_2) = k_{rück} \cdot c^2(HI)$$

Umstellen der Gleichung ergibt:

$$\frac{k_{hin}}{k_{rück}} = \frac{c^2(HI)}{c(H_2) \cdot c(I_2)}$$

Der Quotient der beiden Geschwindigkeitskonstanten kann zu einer neuen Konstante K_c zusammengefasst werden, man bezeichnet sie als *Gleichgewichtskonstante*:

$$K_c = \frac{c^2(HI)}{c(H_2) \cdot c(I_2)}$$

Diese Gleichung zeigt also wie das Experiment, dass der Quotient der Konzentrationen im Gleichgewicht unabhängig von den Ausgangskonzentrationen ist.

Der Chemiker MAX BODENSTEIN konnte für diese Reaktion 1893 durch verschiedene Messungen zeigen, dass bei 448 °C die Gleichgewichtskonstante $K_c \approx 51$ ist [B3]. Für andere Temperaturen ergeben sich andere Werte [B2].
Die Gleichgewichtskonstante K_c ist also *abhängig* von der Temperatur und *unabhängig* von den Konzentrationen der beteiligten Stoffe. Gleichgültig, welche Stoffmengen an Wasserstoff, Iod oder Iodwasserstoff zu Beginn gewählt werden: Immer stellt sich das Gleichgewicht bei 448 °C so ein, dass der Quotient der Konzentrationen den Wert 51 annimmt.

Temperatur in °C	K_c
356	67
393	60
448	51
508	40

B2 Gleichgewichtskonstanten der Gleichgewichtsreaktion $H_2 + I_2 \rightleftharpoons 2\,HI$ bei unterschiedlichen Temperaturen

$c(H_2)$ in 10^{-3} mol/l	$c(I_2)$ in 10^{-3} mol/l	$c(HI)$ in 10^{-3} mol/l	K_c bei 448 °C
18,14	0,41	19,38	50,5
10,94	1,89	32,61	51,4
4,57	8,69	46,28	53,9
2,23	23,95	51,30	49,3
0,86	67,90	53,40	48,8
0,65	87,29	52,92	49,4
		Mittelwert:	$K_c = 50{,}6$

B3 Experimentell ermittelte Ergebnisse zur Gleichgewichtsreaktion $H_2 + I_2 \rightleftharpoons 2\,HI$

Das Massenwirkungsgesetz

Massenwirkungsgesetz. Die Überlegungen zum Gleichgewicht zwischen Iod, Wasserstoff und Iodwasserstoff gelten auch für andere Reaktionen, bei denen die Edukte und Produkte alle gasförmig im selben Behälter vorliegen oder alle im selben Lösungsmittel gelöst sind, d. h. in einem *homogenen System*. Stehen in einer Reaktionsgleichung von einer Teilchenart zwei Teilchen, wie z. B. 2 HI, so ist das Produkt von zwei gleichen Konzentrationen, also das Quadrat $c^2(HI)$, einzusetzen. Allgemein werden die Konzentrationen der Teilchen mit den zugehörigen *Koeffizienten* der Reaktionsgleichung *potenziert*.

Für eine allgemeine Reaktion

$$aA + bB \rightleftharpoons cC + dD$$

in einem homogenen System gilt:

$$K_c = \frac{c^c(C) \cdot c^d(D)}{c^a(A) \cdot c^b(B)}$$

Diese quantitative Beschreibung eines **homogenen Gleichgewichts** bezeichnet man als *Massenwirkungsgesetz* (MWG).

**Im chemischen Gleichgewicht bei konstanter Temperatur ist das Produkt aus den Konzentrationen der rechts in der Reaktionsgleichung stehenden Teilchen dividiert durch das Produkt aus den Konzentrationen der links stehenden Teilchen konstant.
Die Koeffizienten der Reaktionsgleichung treten als Exponenten der Konzentrationen auf.**

A1 Erklären Sie, warum sich im Gleichgewicht die Konzentrationen der Reaktionsteilnehmer nicht ändern, obwohl die Hin- und Rückreaktion weiter ablaufen.

A2 8,300 mol Wasserstoff und 2,940 mol Iod werden in einem Gefäß (V = 2000 ml) auf 508 °C erhitzt. Nach der Einstellung des Gleichgewichts ist $n(HI)$ = 5,596 mol. Berechnen Sie die Gleichgewichtskonstante K_c. (*Kleine Hilfe*: 5,596 mol Iodwasserstoff werden aus 2,798 mol Wasserstoff und 2,798 mol Iod gebildet.)

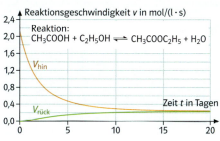

B4 Verlauf einer Gleichgewichtseinstellung

Die *Einheit* der Gleichgewichtskonstante K_c ist abhängig von den Koeffizienten in der Reaktionsgleichung. K_c kann z. B. die Einheit l/mol haben (Kap. 2.15). Beim Rechenbeispiel in B5 hat K_c die Einheit 1 (Eins).

Das Massenwirkungsgesetz kann auch unabhängig von der Reaktionsgeschwindigkeit aus der chemischen Energetik hergeleitet werden. Es gilt folglich auch dann, wenn die Reaktionsgeschwindigkeiten nicht in so einfacher Weise von den Konzentrationen abhängen wie beim $H_2/I_2/HI$-Gleichgewicht.

Essigsäure und Ethanol werden in Aceton gelöst. Vor der Reaktion sind die Konzentrationen $c_0(CH_3COOH)$ = 0,90 mol/l und $c_0(C_2H_5OH)$ = 0,90 mol/l. Nach Eintreten des Gleichgewichtszustands ist bei Zimmertemperatur $c(CH_3COOH)$ = 0,30 mol/l und $c(C_2H_5OH)$ = 0,30 mol/l.
a) Ermitteln Sie die Gleichgewichtskonstante K_c.
b) Berechnen Sie die Esterausbeute.

Lösungsweg:

	CH_3COOH + C_2H_5OH $\rightleftharpoons$ $CH_3COOC_2H_5$ + H_2O
Ausgangskonzentrationen c_0 in mol/l	0,90 0,90 0 0
Gleichgewichtskonzentrationen c in mol/l	0,30 0,30 0,90 – 0,30 0,90 – 0,30

a) MWG: $K_c = \dfrac{c(CH_3COOC_2H_5) \cdot c(H_2O)}{c(CH_3COOH) \cdot c(C_2H_5OH)} = \dfrac{0{,}60\,mol/l \cdot 0{,}60\,mol/l}{0{,}30\,mol/l \cdot 0{,}30\,mol/l} = 4{,}0$

b) Ausbeute (Ester) = $\dfrac{\text{Konzentration des Esters im Gleichgewicht}}{\text{Konzentration des Esters bei vollständiger Umsetzung}}$

$= \dfrac{0{,}60\,mol/l}{0{,}90\,mol/l} \approx 0{,}67 = 67\,\%$

B5 Rechenbeispiel zur Gleichgewichtskonstante und Ausbeute

Massenwirkungsgesetz
Der Name stammt von der alten Bezeichnung „aktive Masse" für die Massenkonzentration. Das Massenwirkungsgesetz wurde 1867 von den Norwegern Cato Maximilian Guldberg und Peter Waage formuliert.

MWG Häufig verwendete Abkürzung für Massenwirkungsgesetz

2.14 Impulse Berechnungen zum Massenwirkungsgesetz

Berechnungen zum Massenwirkungsgesetz sind eigentlich nicht schwer, wenn man ein paar Grundregeln beachtet [B1].

Ermittlung von Gleichgewichtskonstanten

Beispiel 1:
In einem Stahlzylinder mit 10,0 Liter Volumen werden Wasserstoff und Stickstoff miteinander zur Reaktion gebracht. Bei einer Temperatur von 727 °C liegen im Gleichgewicht 15,0 mol Wasserstoff, 11,3 mol Stickstoff und 0,95 mol Ammoniak vor. Die Gleichgewichtskonstante K_c soll berechnet werden.

1. Reaktionsgleichung:

$$3\,H_2 + N_2 \;\rightleftharpoons\; 2\,NH_3$$

2. Massenwirkungsgesetz:

$$K_c = \frac{c^2(NH_3)}{c^3(H_2) \cdot c(N_2)}$$

3. Aus den Stoffmengen *im Gleichgewicht* werden zunächst die Stoffmengenkonzentrationen $c = n/V$ berechnet:

$$c(H_2) \;\; = 15,0\,mol/(10,0\,l) \;= 1,50\,mol/l$$
$$c(N_2) \;\; = 11,3\,mol/(10,0\,l) \;= 1,13\,mol/l$$
$$c(NH_3) = 0,95\,mol/(10,0\,l) = 0,095\,mol/l$$

4. Stoffmengenkonzentrationen ins Massenwirkungsgesetz einsetzen:

$$K_c = \frac{(0,095\,mol/l)^2}{(1,50\,mol/l)^3 \cdot 1,13\,mol/l} \approx 0,0024\,l^2/mol^2$$

---

1. Erstellen der Reaktionsgleichung (falls nicht schon gegeben)
2. Formulieren des Massenwirkungsgesetzes der Reaktion
3. Ermitteln der gegebenen und der gesuchten Größen. Dabei beachten:
  – Unterscheiden zwischen Größen *bei Reaktionsbeginn* (c_0, n_0) und Größen *im Gleichgewicht* (c, n)
  – Einbeziehen der Reaktionsgleichung in die Überlegungen zu unbekannten Konzentrationen (z. B.: pro Eduktmolekül A werden zwei Produktmoleküle D gebildet)
  – Gleichgewichtskonzentrationen ggf. berechnen
4. Einsetzen aller gegebenen und gesuchten Größen in das Massenwirkungsgesetz, ggf. Auflösen nach der gesuchten Größe

B1 Anleitung zu Berechnungen mit dem Massenwirkungsgesetz

Beispiel 2:
In eine Stahlflasche mit einem Volumen von 2500 cm^3 werden 8,300 mol Wasserstoff und 2,940 mol Iod eingeschlossen. Nach Erreichen des Gleichgewichts bei einer Temperatur von 448 °C liegt in dem Gefäß das Produkt Iodwasserstoff (Hydrogeniodid) in einer Konzentration von 2,260 mol/l vor. Die Gleichgewichtskonstante K_c soll berechnet werden.

1. Reaktionsgleichung:

$$H_2 + I_2 \;\rightleftharpoons\; 2\,HI$$

2. Massenwirkungsgesetz:

$$K_c = \frac{c^2(HI)}{c(H_2) \cdot c(I_2)}$$

3. Aus den Stoffmengen *bei Reaktionsbeginn* werden zunächst die Stoffmengenkonzentrationen $c_0 = n_0/V$ berechnet:

$$c_0(H_2) = 8,300\,mol/(2,500\,l) = 3,320\,mol/l$$
$$c_0(I_2) = 2,940\,mol/(2,500\,l) = 1,176\,mol/l$$

Aus der Reaktionsgleichung ist ersichtlich, dass je *zwei* HI-Moleküle aus *einem* H_2-Molekül und *einem* I_2-Molekül gebildet werden. Bei der Reaktion werden also halb so viele H_2- und I_2-Moleküle verbraucht, wie HI-Moleküle gebildet werden. Die Stoffmengenkonzentrationen der Edukte im Gleichgewicht sind entsprechend kleiner:

$$c(H_2) = c_0(H_2) - 0,5 \cdot c(HI)$$
$$= 3,320\,mol/l - 0,5 \cdot 2,260\,mol/l$$
$$= 3,320\,mol/l - 1,130\,mol/l = 2,190\,mol/l$$

$$c(I_2) = c_0(I_2) - 0,5 \cdot c(HI)$$
$$= 1,176\,mol/l - 0,5 \cdot 2,260\,mol/l$$
$$= 1,176\,mol/l - 1,130\,mol/l = 0,046\,mol/l$$

4. Stoffmengenkonzentrationen ins Massenwirkungsgesetz einsetzen:

$$K_c = \frac{(2,260\,mol/l)^2}{2,190\,mol/l \cdot 0,046\,mol/l} \approx 51$$

Reaktionsgeschwindigkeit und chemisches Gleichgewicht

Impulse Berechnungen zum Massenwirkungsgesetz

Ermittlung von Gleichgewichtskonzentrationen

Beispiel 3:
Für die Bildung von Iodwasserstoff (Hydrogen-iodid) aus Iod und Wasserstoff hat bei 393 °C die Gleichgewichtskonstante K_c einen Wert von 60. In einem Gefäß mit 1000 cm³ Volumen werden bei der genannten Temperatur 1,000 mol Iod und 2,000 mol Wasserstoff zur Reaktion gebracht. Die Gleichgewichtskonzentrationen aller Reaktionspartner sollen berechnet werden.

1. Reaktionsgleichung:

$$H_2 + I_2 \;\rightleftharpoons\; 2\,HI$$

2. Massenwirkungsgesetz:

$$K_c = \frac{c^2(HI)}{c(H_2) \cdot c(I_2)}$$

3. Aus den Stoffmengen bei Reaktionsbeginn werden zunächst die Stoffmengenkonzentrationen $c_0 = n_0/V$ berechnet:

$$c_0(H_2) = 2,000\,mol/(1,000\,l) = 2,000\,mol/l$$
$$c_0(I_2) = 1,000\,mol/(1,000\,l) = 1,000\,mol/l$$

Bei der Reaktion werden halb so viele H_2- und I_2-Moleküle verbraucht, wie HI-Moleküle gebildet werden [Beispiel 2]. Wegen der besseren Übersichtlichkeit rechnet man mit den *Zahlenwerten* der Stoffmengenkonzentrationen $\{c\}$ ohne die Nullen nach dem Komma:

	HI	H₂	I₂
$\{c_0\}$	0	2	1
$\{c\}$	x	$2-0,5x$	$1-0,5x$

4. Wert der Gleichgewichtskonstanten und Zahlenwerte der Stoffmengenkonzentrationen ins Massenwirkungsgesetz einsetzen:

$$60 = \frac{x^2}{(2-0,5x)\cdot(1-0,5x)}$$

$$= \frac{x^2}{2 - x - 0,5x + 0,25x^2}$$

$$= \frac{x^2}{2 - 1,5x + 0,25x^2}$$

Mit dem Nenner multiplizieren:

$$60 \cdot (2 - 1,5x + 0,25x^2) = x^2$$

$$120 - 90x + 15x^2 = x^2$$

Weiter umstellen:

$$120 - 90x + 15x^2 - x^2 = 0$$

$$14x^2 - 90x + 120 = 0$$

Eine quadratische Gleichung vom Typ

$$ax^2 + bx + c = 0$$

hat die Lösungen

$$x_{1,2} = \frac{-b \pm \sqrt{b^2 - 4ac}}{2a}$$

Wenn man in diese Formel die Werte $a = 14$, $b = -90$ und $c = 120$ einsetzt, dann erhält man für x zwei Lösungen:

$$x_1 \approx 4,541$$
$$x_2 \approx 1,888$$

Die erste Lösung x_1 kann aus „chemischer Sicht" nicht richtig sein, denn 1 mol Iod bzw. 2 mol Wasserstoff reicht nicht zur Bildung von 4,541 mol Hydrogeniodid aus.
Mit der zweiten Lösung x_2 lassen sich dann alle Gleichgewichtskonzentrationen berechnen (vgl. Tabelle in der linken Spalte). Die in der Rechnung weggelassene Einheit mol/l wird wieder eingefügt:

$$c(HI) = x_2\,mol/l \approx 1,888\,mol/l$$
$$c(H_2) = (2 - 0,5x_2)\,mol/l \approx 1,056\,mol/l$$
$$c(I_2) = (1 - 0,5x_2)\,mol/l \approx 0,056\,mol/l$$

Zur Probe kann man noch die Gleichgewichtskonzentrationen ins Massenwirkungsgesetz einsetzen:

$$\frac{(1,888\,mol/l)^2}{1,056\,mol/l \cdot 0,056\,mol/l} \approx 60 = K_c$$

Zahlenwert
Der Zahlenwert der Stoffmengenkonzentration ist:
$\{c\} = c/(mol/l)$
Umgekehrt gilt:
$c = \{c\}\,mol/l$

Reaktionsgeschwindigkeit und chemisches Gleichgewicht **65**

2.15 Beeinflussung des chemischen Gleichgewichts

Viele chemische Reaktionen, die in der Natur ablaufen oder in einem Industriebetrieb zur Gewinnung von Produkten eingesetzt werden, sind Gleichgewichtsreaktionen. Trotzdem kann man die Zusammensetzung eines Reaktionsgemisches im Gleichgewicht beeinflussen und dadurch z. B. die Ausbeute eines gewünschten Stoffes erhöhen. Im Folgenden soll gezeigt werden, wie man chemische Gleichgewichte beeinflussen kann.

Konzentrationsänderung. Thiocyanationen (SCN⁻) lagern sich in einer Gleichgewichtsreaktion an Eisen(III)-Ionen an und bilden eine blutrote Verbindung [V1]:

$$Fe^{3+}(aq) + SCN^-(aq) \rightleftharpoons [Fe(SCN)]^{2+}(aq)$$
gelb   farblos   blutrot

Anhand der Farbe der Lösung kann man abschätzen, ob die Konzentration der $[Fe(SCN)]^{2+}$-Ionen hoch oder niedrig ist.

Gibt man zu dem im Gleichgewicht befindlichen Gemisch farbloses Kaliumthiocyanat, so vertieft sich die Farbe der Lösung. Die Konzentration der $[Fe(SCN)]^{2+}$-Ionen ist also gestiegen. Auch die Zugabe von Eisen(III)-Ionen bewirkt eine Erhöhung der Konzentration des Reaktionsproduktes [B1]. Dies lässt sich mit dem Massenwirkungsgesetz erklären:

$$K_c = \frac{c([Fe(SCN)]^{2+})}{c(Fe^{3+}) \cdot c(SCN^-)}$$

B1 Zugabe von Eisen(III)-chlorid-Lösung zu verdünnter Eisen(III)-chlorid-Kaliumthiocyanat-Lösung

Erhöht man die Konzentration der Thiocyanationen durch Zugabe von Kaliumthiocyanat, wird der Nenner des MWG größer. Das Gleichgewicht stellt sich dadurch wieder ein, dass ein Teil der zugeführten Thiocyanationen mit Eisen(III)-Ionen zu $[Fe(SCN)]^{2+}$-Ionen reagiert. Der Zähler des MWG wird also auch größer, bis der gesamte Bruch wieder den Wert von K_c erreicht.

Gibt man zu der Lösung Natriumhydroxid, so wird die ihre Farbe deutlich heller. Eisen(III)-Ionen bilden mit den Hydroxidionen einen schwer löslichen Niederschlag:

$$Fe^{3+}(aq) + 3\ OH^-(aq) \rightleftharpoons Fe(OH)_3(s)$$

Die Entfernung von Eisen(III)-Ionen führt zu einer Verkleinerung des Nenners des MWG. Durch Zerfall von $[Fe(SCN)]^{2+}$-Ionen werden daraufhin Eisen(III)-Ionen und Thiocyanationen gebildet, sodass auch der Zähler des MWG kleiner wird, bis K_c wieder erreicht ist.

Die Zugabe des Kaliumthiocyanats hat zwar zu einer Erhöhung der Konzentration der Thiocyanationen geführt, durch die erneute Gleichgewichtseinstellung fällt diese *Konzentrationserhöhung* aber kleiner aus.
Die Entfernung von Eisenionen hat zwar zu einer Erniedrigung ihrer Konzentration geführt, durch die erneute Gleichgewichtseinstellung fällt diese *Konzentrationserniedrigung* kleiner aus.

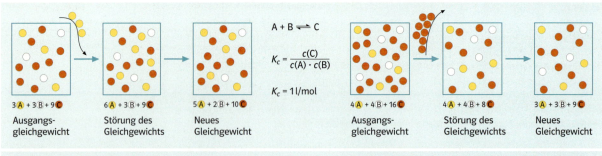

Zufuhr eines Reaktionspartners (hier: Ⓐ) verschiebt das Gleichgewicht in die Richtung, die einen Teil dieser Komponente verbraucht.

Wegnahme eines Reaktionspartners (hier: Ⓒ) verschiebt das Gleichgewicht in die Richtung, die einen Teil dieser Komponente entstehen lässt.

B2 Beeinflussung eines chemischen Gleichgewichts durch Stoffmengen- und Konzentrationsänderung

Beeinflussung des chemischen Gleichgewichts

Die Neueinstellung des Gleichgewichts nach der Zugabe oder Wegnahme eines Reaktionspartners bezeichnet man als **Gleichgewichtsverschiebung**. Erhöht man die Konzentration eines Reaktionspartners, verschiebt sich das Gleichgewicht in die Richtung, dass er zum Teil verbraucht wird. Erniedrigt man die Konzentration eines Reaktionspartners, verschiebt sich das Gleichgewicht in die Richtung, dass er zum Teil nachgebildet wird.
Die Gleichgewichtsverschiebung vermindert also die Auswirkung der Stoffzugabe bzw. -wegnahme auf die Konzentration.

Die Erhöhung der Konzentration eines Reaktionspartners verschiebt ein Gleichgewicht in die Richtung, die einen Teil dieser Komponente verbraucht.
Die Erniedrigung der Konzentration eines Reaktionspartners verschiebt ein Gleichgewicht in die Richtung, die einen Teil dieser Komponente entstehen lässt.

Soll eine Gleichgewichtsreaktion vollständig zugunsten eines Produktes ablaufen, muss dieses bzw. ein anderer Reaktionspartner der Produktseite aus dem Reaktionsgemisch entfernt werden. Dadurch wird die Rückreaktion unterbunden. Beispielsweise kann in einem Estergleichgewicht
Carbonsäure + Alkohol ⇌ Ester + Wasser
die Produktausbeute an Ester durch Entfernen des Esters oder des Wassers erhöht werden. Eine weitere Möglichkeit ist die Zugabe eines preiswerten Ausgangsstoffes (Säure oder Alkohol).

Temperaturänderung. Das braune Gas Stickstoffdioxid (NO_2) steht mit dem farblosen Gas Distickstofftetraoxid (N_2O_4) im Gleichgewicht:

$$2\,NO_2(g) \underset{endotherm}{\overset{exotherm}{\rightleftharpoons}} N_2O_4(g)$$
braun — farblos

Bei der Temperatur von 27 °C besteht das Gemisch zu φ = 20 % aus Stickstoffdioxid und zu φ = 80 % aus Distickstofftetraoxid. Die Bildung des farblosen Distickstofftetraoxids ist exotherm, seine Spaltung ist endotherm.

Kühlt man das im Gleichgewicht befindliche Gemisch der beiden Gase ab, so nimmt der Anteil des energieärmeren Distickstofftetraoxids im Gemisch zu [B3, oben]. Die Abkühlung, der Wärmeentzug, begünstigt also die wärmeliefernde (exotherme) Hinreaktion.
Die dabei frei werdende Wärme bewirkt, dass sich die Temperatur des Gasgemisches nicht so stark erniedrigt, wie dies bei gleichem Wärmeentzug ohne Gleichgewichtsverschiebung eintreten würde.
Erwärmt man das sich im Gleichgewicht befindliche Gemisch, so steigt der Anteil des Stickstoffdioxids [B3, unten]. Die Temperaturerhöhung, die Wärmezufuhr, begünstigt die wärmeverbrauchende (endotherme) Rückreaktion. Bei 100 °C beträgt der Volumenanteil des Distickstofftetraoxids nur noch 11 %. Die Zunahme des Anteils des Stoffes mit der höheren Energie bewirkt, dass die Temperatur sich nicht so stark erhöht, wie dies bei gleicher Wärmezufuhr ohne Gleichgewichtsverschiebung erfolgen würde.

Eine Gleichgewichtsverschiebung durch Temperaturänderung tritt bei allen Gleichgewichtsreaktionen auf. (Eine Ausnahme sind Reaktionen, die weder exotherm noch endotherm sind, d. h. $\Delta_r H$ = 0.)

Temperaturerniedrigung begünstigt die exotherme Reaktion. Temperaturerhöhung begünstigt die endotherme Reaktion.

V1 Mischen Sie 2 ml verd. Eisen(III)-chlorid-Lösung mit 2 ml verd. Kaliumthiocyanat-Lösung. Verdünnen Sie die blutrote Lösung so weit, dass sie nur noch rosa erscheint. Verteilen Sie diese Lösung auf drei Reagenzgläser und geben Sie in das erste festes Eisen(III)-chlorid, in das zweite festes Kaliumthiocyanat und in das dritte ein Natriumhydroxid-Plätzchen.

V2 Halten Sie einen mit einem Stickstoffdioxid-Distickstofftetraoxid-Gemisch gefüllten und gut verschlossenen Kolben in heißes Wasser und anschließend in kaltes Wasser.

B3 Einfluss der Temperatur auf die Gleichgewichtsreaktion
$2\,NO_2 \rightleftharpoons N_2O_4$

φ Symbol für Volumenanteil

Reaktionsgeschwindigkeit und chemisches Gleichgewicht

Beeinflussung des chemischen Gleichgewichts

Temperatur und Gleichgewichtskonstante.
Für die Gleichgewichtsreaktion

$$2\,NO_2(g) \rightleftharpoons N_2O_4(g) \quad |\text{ exotherm}$$

lautet das Massenwirkungsgesetz $K_c = \dfrac{c(N_2O_4)}{c^2(NO_2)}$

Bei Temperaturerhöhung steigt die Konzentration des Stickstoffdioxids im Gasgemisch. Die Konzentration des Distickstofftetraoxids sinkt. Wird der Nenner des MWG größer, der Zähler aber kleiner, muss K_c kleiner werden. Bei Temperaturerniedrigung wird K_c größer [B4].

Es hängt von der Formulierung der Gleichgewichtsreaktion ab, ob die Konzentration eines Reaktionspartners im Nenner oder im Zähler des MWG steht. Je nach Formulierung wird bei einer Temperaturerhöhung K_c größer oder kleiner. Im obigen Beispiel ist die Gleichgewichtsreaktion so formuliert worden, dass sie von links nach rechts exotherm verläuft. Dies wird häufig, wenn auch nicht immer, so gehandhabt. Zur eindeutigen Zuordnung von K_c gehört immer die Gleichgewichtsreaktion bzw. die Formulierung des MWG.

Gleichgewicht und Katalysator. Eine Temperaturänderung bewirkt eine Änderung der Gleichgewichtszusammensetzung. Ein Katalysator führt wie eine Temperaturerhöhung zu einer schnelleren Einstellung des Gleichgewichts, aber er beeinflusst nicht die Gleichgewichtszusammensetzung [B5]. Durch einen Katalysator kann die Gleichgewichtskonstante grundsätzlich nicht verändert werden.

Volumenanteil und Stoffmengenkonzentration
Der Volumenanteil φ eines Gases lässt sich bei gegebenem molarem Volumen V_m in die Stoffmengenkonzentration c umrechnen:

$c = \dfrac{\varphi}{V_m}$

Dabei nimmt man näherungsweise an, dass das V_m für alle enthaltenen Gase gleich ist

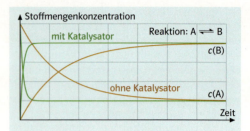

B5 Gleichgewichtseinstellung mit und ohne Katalysator

Druckänderung. Füllt man in einen Kolbenprober Wasser und Kohlenstoffdioxid, so löst sich ein wenig Kohlenstoffdioxid im Wasser [V4]. Ein Teil des gelösten Kohlenstoffdioxids reagiert mit Wasser zu Oxonium- und Hydrogencarbonationen weiter. Es stellen sich zwei Gleichgewichte ein:

$$CO_2(g) \rightleftharpoons CO_2(aq)$$
$$CO_2(aq) + 2\,H_2O(l) \rightleftharpoons H_3O^+(aq) + HCO_3^-(aq)$$

Drückt man den Kolben in den Zylinder und erhöht dadurch den Druck, so löst sich ein Teil des gasförmigen Kohlenstoffdioxids in der Flüssigkeit. Ein Teil dieses gelösten Kohlenstoffdioxids reagiert wiederum mit dem Wasser. Durch das Lösen des Kohlenstoffdioxids sinkt die Anzahl der Moleküle im Gasraum. Die von außen bewirkte Druckerhöhung wird also durch das Gleichgewichtssystem teilweise kompensiert.

Entsprechendes ist bei dem System
$2\,NO_2 \rightleftharpoons N_2O_4$ zu beobachten [B6, V5]. Erhöht man schnell den Druck und verringert dadurch das Volumen, so vertieft sich zunächst die braune Farbe infolge der Konzentrationserhöhung des eingeschlossenen Stickstoffdioxids. Anschließend hellt sich das Gasgemisch aber wieder etwas auf, weil sich das Gleichgewicht zugunsten des farblosen Distickstofftetraoxids verschiebt. Damit verringert das System die von außen erzeugte Druckerhöhung, indem es das Gleichgewicht zu der Seite verschiebt, die die geringere Teilchenanzahl aufweist. Bei einer Druckerniedrigung verschiebt sich das Gleichgewicht zu der Seite mit der größeren Teilchenanzahl.

Temperatur	27 °C	100 °C
$\varphi(NO_2)$	0,20 oder 20 %	0,89 oder 89 %
$\varphi(N_2O_4)$	0,80 oder 80 %	0,11 oder 11 %
V_m (bei 1013 hPa)	24,6 l/mol	30,6 l/mol
$c(NO_2)$	$\dfrac{1}{24{,}6\,l/mol} \cdot 0{,}20 \approx 0{,}0081\,mol/l$	$\dfrac{1}{30{,}6\,l/mol} \cdot 0{,}89 \approx 0{,}029\,mol/l$
$c(N_2O_4)$	$\dfrac{1}{24{,}6\,l/mol} \cdot 0{,}80 \approx 0{,}033\,mol/l$	$\dfrac{1}{30{,}6\,l/mol} \cdot 0{,}11 \approx 0{,}0036\,mol/l$
$K_c = \dfrac{c(N_2O_4)}{c^2(NO_2)}$	$\dfrac{0{,}033\,mol/l}{(0{,}0081\,mol/l)^2} \approx 500\,l/mol$	$\dfrac{0{,}0036\,mol/l}{(0{,}029\,mol/l)^2} \approx 4{,}3\,l/mol$

B4 Temperaturabhängigkeit einer Gleichgewichtskonstante

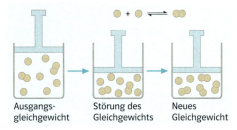

B6 Beeinflussung des chemischen Gleichgewichts einer Gasreaktion durch Druckerhöhung

Dies lässt sich auch mit dem Massenwirkungsgesetz zeigen: Eine *Verringerung* des Volumens bedeutet eine *Erhöhung* der Konzentration beider Gase. Dies wirkt sich allerdings im Nenner des MWG stärker aus, da die Konzentration von Stickstoffdioxid im Quadrat steht. Folglich bildet sich Distickstofftetraoxid, bis der Bruch wieder den Wert von K_c erreicht hat. Eine Druckänderung beeinflusst also chemische Gleichgewichte immer dann, wenn sich die Teilchenanzahl gasförmiger Stoffe durch eine Gleichgewichtsverschiebung ändert.

**Eine Druckerhöhung verschiebt ein Gleichgewicht, an dem gasförmige Stoffe beteiligt sind, zu der Seite mit der kleineren Teilchenanzahl.
Eine Druckerniedrigung verschiebt ein Gleichgewicht, an dem gasförmige Stoffe beteiligt sind, zu der Seite mit der größeren Teilchenanzahl.
Die Gleichgewichtskonstante ändert sich bei Druckänderung nicht.**

Chemische Gleichgewichte ohne Beteiligung von Gasen werden durch eine Druckänderung kaum beeinflusst. Auch Gleichgewichtsreaktionen, bei denen gasförmige Stoffe auftreten, werden nur dann beeinflusst, wenn sich die Teilchenanzahl in der Gasphase durch eine Gleichgewichtsverschiebung ändert. So ist z. B. durch eine Druckänderung des Systems $H_2 + I_2 \rightleftharpoons 2\,HI$ keine Erhöhung der Ausbeute an Iodwasserstoff zu erzielen, da sich die Teilchenanzahl nicht ändert. Auf der linken Seite des Gleichgewichtspfeils steht die gleiche Teilchenanzahl gasförmiger Stoffe wie auf der rechten Seite des Gleichgewichtspfeils.

V3 Lassen Sie in einen Kolbenprober mit Hahn 80 ml Kohlenstoffdioxid strömen. Saugen Sie anschließend 20 ml kaltes Leitungswasser ein, das mit Universalindikator versetzt worden ist, und schließen Sie den Hahn.
a) Schütteln Sie den Kolbenprober gut durch. **b)** Pressen Sie das Gasvolumen kräftig zusammen und halten Sie den Stempel einige Minuten fest. **c)** Lassen Sie den Stempel wieder los. **d)** Ziehen Sie den Stempel ein wenig heraus und halten Sie ihn einige Minuten fest.

V4 (Abzug!) Ein sehr dicht schließender Kolbenprober mit Hahn wird mit Stickstoffdioxid / Distickstofftetraoxid gefüllt. Man verringert rasch das Gasvolumen des Kolbens durch kräftiges Hineindrücken des Stempels und wartet zwei bis drei Minuten. Anschließend zieht man den Stempel schnell heraus und wartet wieder zwei bis drei Minuten.

Exkurs Kohlenstoffdioxid in Getränken

Wird eine Coladose oder Mineralwasserflasche geöffnet, bildet sich über der Öffnung ein feiner, weißer Nebel, gleichzeitig bilden sich Gasblasen. Woher rühren diese Phänomene?

Beim Hersteller wurde das Getränk bei einem Kohlenstoffdioxid-Druck von 2000 bis 3000 hPa abgefüllt. In der Dose oder Flasche stellte sich ein Gleichgewicht zwischen dem gelösten und dem gasförmigen Kohlenstoffdioxid ein:

$$CO_2(g) \rightleftharpoons CO_2(aq)$$

Wird der Verschluss geöffnet, fällt der Druck schlagartig auf den Atmosphärendruck ab (ca. 1013 hPa), und das Gas dehnt sich aus, da ihm jetzt ein größerer Raum zur Verfügung steht. Durch die Ausdehnung sinkt die Temperatur sehr stark. Wasserdampf kondensiert und bildet den feinen Nebel. Das Entweichen des Kohlenstoffdioxids aus der Flasche führt dazu, dass sich das Gleichgewicht zugunsten des ungelösten Kohlenstoffdioxids verschiebt. In der Lösung bilden viele Kohlenstoffdioxidmoleküle Mikrobläschen. Diese vereinigen sich zu größeren Blasen, die nach oben steigen. Wird die Flasche oder Dose wieder verschlossen, stellt sich erneut ein Gleichgewicht zwischen gelöstem und gasförmigem Kohlenstoffdioxid ein.

Beeinflussung des chemischen Gleichgewichts

Das Prinzip von Le Chatelier und Braun. In den Jahren 1887 und 1888 formulierten Henry Le Chatelier und Ferdinand Braun ein Prinzip, das die Gesetzmäßigkeiten der Gleichgewichtsverschiebung zusammenfasste:

Übt man auf ein im Gleichgewicht befindliches chemisches System Zwang durch eine Änderung der Temperatur, des Druckes oder der Konzentration aus, so verschiebt sich das Gleichgewicht in die Richtung, in der die zunächst erfolgte Änderung verringert wird.

Mit diesem „Prinzip vom kleinsten Zwang" lässt sich also die *Richtung* der Gleichgewichtsverschiebung bei einer Beeinflussung des Gleichgewichts angeben. Das Massenwirkungsgesetz beschreibt Gleichgewichte und Gleichgewichtsverschiebungen *quantitativ*.

A1 Chromat- und Dichromationen stehen in wässriger Lösung im Gleichgewicht:
$2\,CrO_4^{2-} + 2\,H_3O^+ \rightleftharpoons Cr_2O_7^{2-} + 3\,H_2O$
Erklären Sie, wie sich das Gleichgewicht bei Zugabe einer Säure bzw. Lauge verschiebt.

A2 Entscheiden Sie bei folgenden Reaktionen, in welche Richtung das System bei Druckerhöhung bzw. Druckerniedrigung ausweicht.
a) $2\,NO(g) + O_2(g) \rightleftharpoons 2\,NO_2(g)$
b) $C(s) + CO_2(g) \rightleftharpoons 2\,CO(g)$
c) $CO(g) + NO_2(g) \rightleftharpoons CO_2(g) + NO(g)$
d) $CaCO_3(s) \rightleftharpoons CaO(s) + CO_2(g)$

A3 Formulieren Sie für die folgende Reaktion das Massenwirkungsgesetz:
$H_2 + Cl_2 \rightleftharpoons 2\,HCl$ | exotherm
Wie verändert sich K_c bei einer Temperaturerhöhung bzw. -erniedrigung?

Exkurs Ein Modell zum Prinzip von Le Chatelier und Braun

Eine Gleichgewichtsreaktion kann mit der in B7 gezeigten Anordnung verglichen werden.
– Die *Füllhöhe im Hauptgefäß* steht für eine der folgenden Eigenschaften des Systems: Konzentration, Temperatur oder Druck.
– Das *Öffnen des Hahns* steht für die Neueinstellung des Gleichgewichts.
– Das *Nebengefäß* steht für die „Antwortmöglichkeit" der Gleichgewichtsreaktion auf eine „Störung".

(Achtung: Die beiden Gefäße stehen *nicht* für die Edukte und Produkte der Gleichgewichtsreaktion!)

Die Tabelle zeigt, wie das System auf eine „Störung", d.h. auf eine Veränderung einer der Eigenschaften, reagiert. Durch die Gleichgewichtsreaktion fällt die Konzentrations-, Temperatur- oder Druckänderung kleiner aus als ohne Neueinstellung des Gleichgewichts.

B7 Modell zur Gleichgewichtsreaktion

	a)	b)	c)
Modell	Im Haupt- und Nebengefäß steht das Wasser gleich hoch.	In das Hauptgefäß wird bei geschlossenem Hahn Wasser gefüllt. Die Wasserhöhe steigt proportional zum Volumen des zugegebenen Wassers an.	Der Hahn wird geöffnet. Die Wasserhöhe im Hauptgefäß sinkt.
Übertragung auf das chemische Gleichgewicht	Das System befindet sich im Gleichgewichtszustand.	Die Konzentration eines Stoffes *oder* die Temperatur *oder* der Druck wird erhöht.	Das Gleichgewicht stellt sich neu ein. Das System vermindert die Erhöhung der Konzentration, der Temperatur oder des Drucks.

2.16 Exkurs Fließgleichgewichte

Die meisten chemischen Reaktionen in lebenden Systemen sind Gleichgewichtsreaktionen. Meist sind mehrere Reaktionen miteinander gekoppelt, sodass die Produkte einer Gleichgewichtsreaktion als Ausgangsstoffe in die nächste Gleichgewichtsreaktion eingehen. Die Gleichgewichtszustände der Einzelreaktionen werden nie erreicht; die Reaktionen laufen insgesamt nur in eine Richtung ab. Dennoch ergeben sich relativ konstante Konzentrationen, da die Reaktionspartner etwa gleich schnell gebildet und verbraucht werden.

Fließgleichgewicht. In Gefäßen, denen Wasser von oben zufließt und die durch eine Öffnung ständig Wasser abgeben, stellen sich nach einiger Zeit konstante Wasserhöhen ein. Man bezeichnet dies als *stationären Zustand* eines *offenen Systems* [B1].
Analog zu den Wassergefäßen spricht man von einem *Fließgleichgewicht*, wenn die Konzentrationen der Reaktionspartner in einem offenen System vom „Zufluss" bzw. „Abfluss" der Stoffe abhängen. Die Konzentrationen in einem Fließgleichgewicht lassen sich also nicht durch das Massenwirkungsgesetz beschreiben.

Fließgleichgewicht beim Abbau von Alkohol. In der menschlichen Leber wird Ethanol mithilfe der Enzyme Alkoholdehydrogenase (ADH) und Aldehyddehydrogenase (ALDH) in zwei Schritten zu Ethansäure oxidiert [B2]. Während des Ethanolabbaus ist die Stoffmenge des Zwischenprodukts Ethanal nahezu konstant. Ethanal ist ein Zellgift. Es ist vermutlich eine der Ursachen des „Katers" nach übermäßigem Alkoholgenuss.

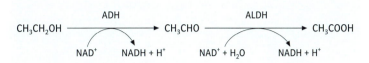

B2 Fließgleichgewicht beim Abbau von Ethanol in der Leber

Fließgleichgewicht in Höhlen. Bei der Entstehung vom Tropfsteinhöhlen in Gebirgen aus Calciumcarbonat (Kalkstein) spielt Kohlenstoffdioxid eine wichtige Rolle. Regenwasser nimmt aus der Luft Kohlenstoffdioxid auf und kommt dadurch mit einem pH-Wert von etwa 5,7 am Boden an. Im Boden löst sich weiteres Kohlenstoffdioxid aus dem Abbau organischen Materials. Kommt dieses saure Wasser mit dem Kalkstein in Berührung, reagiert das schwer lösliche Calciumcarbonat zu hydratisierten Calcium- und Hydrogencarbonationen [B3a].
Erreicht ein Tropfen Sickerwasser die Decke einer Höhle, entweicht etwas Kohlenstoffdioxid aus der Lösung heraus in die Luft. Dadurch verschiebt sich das Gleichgewicht; schwer lösliches Calciumcarbonat lagert sich ab [B3b]. Nach und nach bildet sich ein Stalaktit. Fällt ein Tropfen auf den Höhlenboden, läuft diese Gleichgewichtsverschiebung am Boden ab, es bildet sich ein Stalagmit. Die Stalaktiten und Stalagmiten bilden sich also in einem Fließgleichgewicht, dem ständig Edukte zugeführt und Produkte entnommen werden. Die Tropfsteine wachsen im Jahr um etwa 0,2 mm. Spuren von Metallionen, meistens Eisen(III)-Ionen, bilden ebenfalls schwer lösliche Carbonate und verleihen den Stalaktiten und Stalagmiten Farbigkeit.

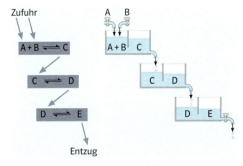

B1 Fließgleichgewicht im Modell

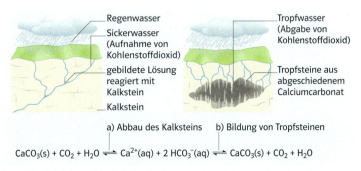

a) Abbau des Kalksteins b) Bildung von Tropfsteinen

$$CaCO_3(s) + CO_2 + H_2O \rightleftharpoons Ca^{2+}(aq) + 2\ HCO_3^-(aq) \rightleftharpoons CaCO_3(s) + CO_2 + H_2O$$

B3 Fließgleichgewicht bei der Bildung von Stalaktiten und Stalagmiten

Reaktionsgeschwindigkeit und chemisches Gleichgewicht

2.17 Impulse Das MWG im www

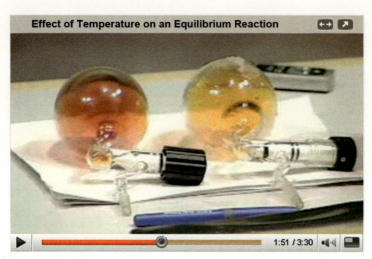

B1 Video zum Gleichgewicht von Stickstoffdioxid mit Distickstofftetraoxid

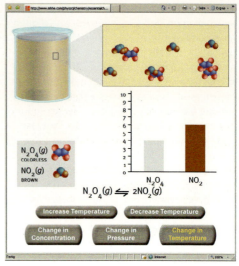

B2 Interaktive Animation einer Gleichgewichtsreaktion

Im Internet findet man zu praktisch allen Gebieten der Chemie Wissenswertes und Unterhaltsames. So auch zum Thema „Chemisches Gleichgewicht und Massenwirkungsgesetz".

Videos. Gibt man in die Suchmaske eines Video-Portals den Begriff „chemical equilibrium" ein, dann findet man eine Vielzahl kurzer Videosequenzen, die sich mit Gleichgewichtsreaktionen beschäftigen. Das Angebot reicht von gespielten Erklärungen bis zu ausgeklügelten Experimenten. Besonders beliebt ist dabei das temperatur- und druckabhängige Gleichgewicht von Stickstoffdioxid mit Distickstofftetraoxid [B1]. Zu leichtfertigen Experimenten mit nitrosen Gasen sollte man sich allerdings von den Filmen nicht verleiten lassen! Stickstoffdioxid ist ein giftiges, die Atemwege reizendes Gas, das mit Wasser und Sauerstoff zu Salpetersäure reagiert.

Computersimulationen. Völlig ungefährlich ist hingegen der Umgang mit Stickstoffdioxid bei virtuellen Experimenten und Computersimulationen. Wenn man mit einer Suchmaschine nach „chemical equilibrium animation" sucht, dann erhält man eine große Anzahl von Treffern. Viele davon verweisen auf Seiten, die sich mit dem Gleichgewicht von Stickstoffdioxid mit Distickstofftetraoxid beschäftigen. Einige der Links führen auch zu interaktiven Animationen, die es erlauben, Reaktionsbedingungen zu verändern und so die Lage des Gleichgewichts zu beeinflussen [B2].

A1 Erstellen Sie eine Liste von Internet-Links zum Thema „Simulation des chemischen Gleichgewichts". Bewerten Sie die Videos, Animationen und Texte nach ihrer Anschaulichkeit (★ bis ★★★★★).
Tipp: Viele Animationen lassen sich herunterladen und dann offline betrachten. Man klickt dazu mit der rechten Maustaste auf den Link und wählt in dem nun geöffnetem Menü mit der linken Maustaste „Ziel speichern unter …".

A2 Suchen Sie im Internet Videos und Computersimulationen, die zeigen, wie sich eine Abkühlung bzw. eine Druckerhöhung auf die Reaktion $2\,NO_2 \rightleftharpoons N_2O_4$ auswirkt.

A3 Erläutern Sie anhand von B1 das Prinzip von LE CHATELIER und BRAUN. (Der rechte Kolben lag kurz vorher in einer Schüssel mit Eis.)

2.18 Die Ammoniaksynthese

Ammoniak ist neben der Schwefelsäure eine der bedeutendsten anorganischen Grundchemikalien [B2]. Die jährliche Produktion von Ammoniak beträgt weltweit ca. 120 Millionen Tonnen. Etwa 80 % der Produktion werden zur Herstellung von Düngemitteln verwendet. Pflanzen nehmen das Element Stickstoff z. B. in Form von Ammoniumionen oder Nitrationen auf. Aus Ammoniak kann man diese Verbindungen gewinnen. Daneben stellt man aus Ammoniak viele weitere Stickstoffverbindungen her, z. B. Salpetersäure, Kunststoffe, Farb- und Sprengstoffe, Pflanzenschutzmittel und Medikamente.

Reaktionsbedingungen für die Ammoniaksynthese. Der Synthese von Ammoniak aus elementaren Stoffen liegt die folgende Gleichgewichtsreaktion zugrunde:

$$3\,H_2(g) + N_2(g) \rightleftharpoons 2\,NH_3(g) \quad |\text{ exotherm}$$

In einem geschlossenen System stellt sich ein chemisches Gleichgewicht ein, das stark temperatur- und druckabhängig ist. Nach dem Prinzip von Le Chatelier und Braun müsste sich umso mehr Ammoniak bilden, je niedriger die Temperatur und je höher der Druck ist [B1]. Bei Zimmertemperatur ist jedoch keine Umsetzung zwischen Wasserstoff und Stickstoff zu beobachten, da die Reaktionsgeschwindigkeit sehr gering und damit die Zeit bis zur Einstellung des Gleichgewichts viel zu groß ist. Eine Temperaturerhöhung führt zwar zu einer schnelleren Einstellung des Gleichgewichts, jedoch verschiebt sich dadurch die Gleichgewichtslage zu den Ausgangsstoffen hin.

Die Reaktionsgeschwindigkeit kann mithilfe eines Katalysators erhöht werden (Kap. 2.8). Die Reaktionstemperatur wird dann durch den Temperaturbereich bestimmt, in dem der Katalysator aktiv ist, d. h. ab 450 °C. Auch mithilfe eines Katalysators entstehen deshalb bei Atmosphärendruck (ca. 0,1 MPa) nur geringe Mengen Ammoniak. Durch Druckerhöhung kann der Anteil von Ammoniak im Reaktionsgemisch jedoch erheblich gesteigert werden.

**Eine niedrige Temperatur und ein hoher Druck verschieben das Gleichgewicht zugunsten der Ammoniakbildung.
Stickstoff und Wasserstoff reagieren aber erst ab ca. 450 °C unter Einfluss eines Katalysators miteinander.**

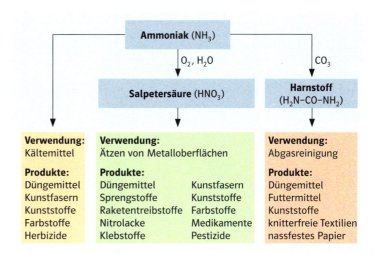

B2 Verwendung von Ammoniak, einem der wichtigsten Ausgangsstoffe der chemischen Industrie

Ammoniak (NH$_3$)
Summenformel: NH$_3$
Eigenschaften:
stechend riechendes, giftiges Gas
702 l Ammoniak lösen sich bei 20 °C und 1013 hPa in 1 l Wasser
$M(NH_3) = 17{,}03$ g/mol
$\vartheta_{sm} = -77{,}7$ °C ($p = 1013$ hPa)
$\vartheta_{sd} = -33{,}4$ °C ($p = 1013$ hPa)
$\varrho = 0{,}771$ g/l
($p = 1013$ hPa und $\vartheta = 0$ °C)

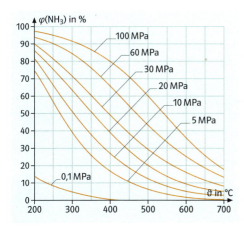

B1 Ammoniakausbeute in Abhängigkeit von Druck und Temperatur

A1 Nennen Sie anhand von B2 den Volumenanteil an Ammoniak im Gleichgewicht bei:
a) 400 °C, 20 MPa; b) 400 °C, 60 MPa;
c) 300 °C, 30 MPa; d) 500 °C, 30 MPa

Reaktionsgeschwindigkeit und chemisches Gleichgewicht 73

Die Ammoniaksynthese

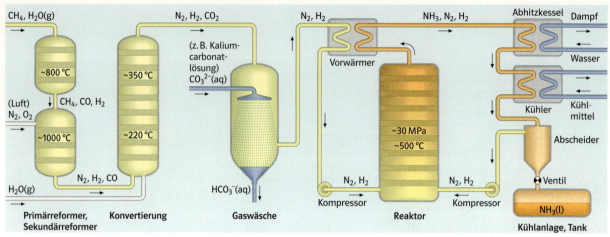

B3 Schema der technischen Ammoniakherstellung nach dem Haber-Bosch-Verfahren

B4 Fritz Haber
(1868 – 1934)

B5 Carl Bosch
(1874 – 1940)

Die großtechnische Ammoniaksynthese.
Der Chemiker Fritz Haber [B4] erforschte in den Jahren 1904 bis 1908 die Grundlagen der Ammoniaksynthese. Die Übertragung dieser Reaktion in den großtechnischen Maßstab war wegen der neuen Technologie eine weitere herausragende Leistung, vollbracht von Carl Bosch [B5].
1913 konnte die BASF (Badische Anilin- & und Soda-Fabrik) in Ludwigshafen die erste großtechnische Ammoniaksynthese nach dem Haber-Bosch-Verfahren mit einer Tagesleistung von 30 Tonnen Ammoniak in Betrieb nehmen. Heutige Anlagen produzieren über 1500 Tonnen Ammoniak pro Tag, einige sogar über 2000 Tonnen.

Erzeugung des Synthesegemisches. Für die Synthese steht Stickstoff aus der Luft in praktisch unbegrenzter Menge zur Verfügung, während Wasserstoff in einem der Synthese vorgeschalteten Prozess erzeugt werden muss. Wasserstoff wird heute überwiegend durch „Dampfspaltung" von Erdgas (Methan) gewonnen. In einem *Primärreformer* wird das Erdgas nach vorangegangener Entschwefelung mit Wasserdampf bei ca. 800 °C an einem Katalysator zu Wasserstoff und Kohlenstoffmonooxid umgesetzt:

$$CH_4(g) + H_2O(g) \overset{Kat.}{\rightleftharpoons} CO(g) + 3\,H_2(g)$$
| endotherm

Nicht umgesetztes Methan wird anschließend im *Sekundärreformer* unter Zusatz von Luft in Wasserstoff und Kohlenstoffmonooxid umgewandelt (partielle Oxidation):

$$2\,CH_4(g) + O_2(g) \overset{Kat.}{\rightleftharpoons} 2\,CO(g) + 4\,H_2(g)$$
| exotherm

Analog lassen sich andere Kohlenwasserstoffe (Benzin, Heizöl) zur Wasserstoffgewinnung einsetzen.

Das im Primär- und Sekundärreformer gebildete Kohlenstoffmonooxid wird in einem als *Konvertierung* bezeichneten Prozess in Gegenwart eines Katalysators zu weiterem Wasserstoff und Kohlenstoffdioxid umgesetzt:

$$CO(g) + H_2O\,(g) \overset{Kat.}{\rightleftharpoons} CO_2(g) + H_2(g)$$
| exotherm

Das Kohlenstoffdioxid wird aus dem Gasgemisch ausgewaschen, z.B. mit einer wässrigen Kaliumcarbonatlösung.

Die verschiedenen Verfahrensstufen sind so aufeinander abgestimmt, dass das Synthesegemisch Wasserstoff und Stickstoff im Volumenverhältnis 3:1 enthält.

Reaktionsgeschwindigkeit und chemisches Gleichgewicht

Die Ammoniaksynthese

B6 Ammoniakanlage

Synthese im Reaktor. Das kalte Synthesegemisch wird in einem Wärmetauscher erhitzt, dabei kühlt es gleichzeitig das aus dem Reaktor austretende Gasgemisch. Danach wird es durch einen Kompressor auf den Reaktionsdruck gebracht und strömt in den Reaktor. Die Ammoniaksynthese verläuft bei einem Druck von ca. 30 MPa und einer Temperatur von ca. 450 °C. (Es gibt weitere Verfahren, die bei anderen Temperaturen und Drücken ablaufen.) Da die Reaktion exotherm ist, entwickelt sich im Reaktor Wärme. Diese muss durch Kühlung abgeführt werden.

Reaktoren mit einer Tagesproduktion von 1500 Tonnen Ammoniak haben eine Höhe von 30 m, einen Innendurchmesser von 2,4 m und eine Masse von 400 Tonnen. Als Katalysator dienen 6 bis 20 mm dicke, poröse Eisenkörner, denen Metalloxide beigemischt sind. Ein Reaktor enthält bis zu 100 Tonnen Katalysator.

Ausbeute und Reaktionsgeschwindigkeit.
Das Synthesegemisch im Reaktor kommt etwa 30 Sekunden mit dem Katalysator in Berührung. In dieser kurzen Zeit stellt sich nicht das Gleichgewicht mit der maximalen Ammoniakausbeute ein. Es ist wirtschaftlicher, die Gase rasch über den Katalysator strömen zu lassen, da der Verzicht auf den maximalen Ammoniakanteil durch die viel größeren Gasmengen überkompensiert wird. Die Synthese wird im Kreislauf betrieben, d.h., das gebildete Ammoniak wird durch Kühlung als Flüssigkeit abgetrennt und das übrige Synthesegemisch wieder in den Reaktor geführt. In den meisten Anlagen durchströmt das Gas zur Ausbeutesteigerung noch einen zweiten Synthesereaktor.

A2 Erklären Sie, warum man im Synthesereaktor auf die Einstellung des Gleichgewichts verzichtet, obwohl der Volumenanteil des Ammoniaks dann größer wäre.

Exkurs Ammoniak als Kältemittel

Bis weit in das 19. Jahrhundert wurden im Winter Eisblöcke aus Teichen und Seen geschnitten und in tiefen Kellern (Eiskellern) für die Sommermonate gelagert. Bis zur Erfindung des Kühlschranks war dies die einzige Möglichkeit, Lebensmittel kühl zu halten.

CARL VON LINDE (1842–1934) entwickelte in den Jahren 1874 bis 1876 mit seiner Ammoniak-Kompressor-Kältemaschine ein neuartiges Kreislaufverfahren zur Erzeugung tiefer Temperaturen. Gasförmiges Ammoniak wird mit einem Kompressor verdichtet, das Ammoniak wird dadurch flüssig. Die dabei entstehende Wärme wird durch Kühlung abgeführt. Das flüssige Ammoniak wird durch ein enges Rohr in einen Verdampfer geleitet. Dort geht das Ammoniak unter Aufnahme von Wärme, die der Umgebung entzogen wird, wieder in den gasförmigen Zustand über. Der Verdampfer und die Umgebung kühlen sich ab.

B7 Montage eines Ammoniaktanks an der International Space Station (ISS)

Die heutigen Kühlschränke haben dasselbe Funktionsprinzip, nutzen aber andere Gase als Kältemittel. Ammoniak wird vorwiegend in Großanlagen wie Kühlhäusern, Schlachthäusern, Brauereien und Eislaufhallen eingesetzt, außerdem in der Raumfahrt [B7]. Ammoniak besitzt eine große spezifische Verdampfungswärme (ca. 1300 kJ/kg). Es bietet darüber hinaus die Vorteile einer äußerst geringen Entflammbarkeit und trägt nicht zum Treibhauseffekt oder Ozonabbau bei. Ein Nachteil ist seine Giftigkeit.

Reaktionsgeschwindigkeit und chemisches Gleichgewicht

2.19 Exkurs Fritz Haber

B1 Briefmarke aus dem Jahr 1957

Kaum ein anderer Chemiker hat so wie Fritz Haber [B1] gleichzeitig die Bewunderung und den Abscheu seiner Mitmenschen erregt. Auf der einen Seite hat er zusammen mit Carl Bosch ein Verfahren zur Ammoniaksynthese entwickelt, das die Massenproduktion von Stickstoffdünger und damit die Bekämpfung des Hungers auf der Welt ermöglicht [B2]. Auf der anderen Seite hat er im Ersten Weltkrieg den Ersteinsatz von Giftgas durch deutsche Truppen befürwortet und vorbereitet. Für Viele ist er der „Vater des Gaskrieges".

Hier die wichtigsten Stationen seines Lebens:
1868 wird Fritz Haber am 9. Dezember in Breslau (heute Wrocław, Polen) als Kind einer jüdischen Kaufmannsfamilie geboren. Seine Mutter stirbt im Kindbett.
1886 beginnt Haber gegen den Willen des Vaters in Berlin sein Chemiestudium, das er
1891 mit der Promotion abschließt.
1893 konvertiert er, sehr zum Missfallen seines Vaters, zum protestantischen Glauben.
1894 erhält Haber eine Assistentenstelle an der Universität Karlsruhe, wo er
1898 zum außerordentlichen Professor für Technische Chemie ernannt wird.
1901 heiratet er Clara Immerwahr, eine der ersten Frauen, die in Deutschland Chemie studiert und den Doktortitel erworben haben.
1904 beginnt Haber, die Ammoniaksynthese aus Stickstoff und Wasserstoff zu erforschen. Um die Ausbeute zu steigern, wird bei hohen Drücken und Temperaturen gearbeitet, wofür aber erst geeignete Apparaturen entwickelt werden müssen [B3].
1908 hat Haber eine taugliche Kombination aus Druck, Temperatur und Katalysator gefunden, die in den nächsten Jahren von Carl Bosch weiter verbessert und in den industriellen Maßstab umgesetzt wird.
1911 wird Haber Leiter des Kaiser-Wilhelm-Instituts für Physikalische Chemie in Berlin.
1914 beginnt der Erste Weltkrieg. Haber stellt sich sofort der Obersten Heeresleitung zur Verfügung. Im Range eines Hauptmanns leitet er im Kriegsministerium eine eigene Abteilung, die sich u.a. mit Giftgas beschäftigt.
1915, am 22. April, werden in Belgien bei Ypern unter der Aufsicht Habers 180 Tonnen Chlor freigesetzt. Der Wind weht es in die alliierten Stellungen. Etwa 3000 Soldaten sterben, etwa 7000 erleiden Vergiftungen. Am 1. Mai erschießt sich Habers Frau mit seiner Dienstpistole. Nach dem deutschen Gasangriff, der ein klarer Verstoß gegen die Haager Landkriegsordnung war, setzen auch die anderen kriegführenden Staaten Giftgas ein [B2].
1917 heiratet Haber zum zweiten Mal.
1918 endet der Krieg. Etwa 90 000 Soldaten haben durch Giftgas ihr Leben verloren.
1919 wird Fritz Haber der Nobelpreis für Chemie verliehen. Englische und französische Wissenschaftler sind empört, sie betrachten ihn als Kriegsverbrecher. Haber nimmt seine Arbeit am Kaiser-Wilhelm-Institut wieder auf.
1933 ist Haber wegen seiner jüdischen Abstammung nationalsozialistischen Anfeindungen ausgesetzt. Er legt seine Ämter nieder.
1934 folgt er einem Ruf an die Universität Cambridge. Am 29. Januar stirbt er auf der Durchreise in Basel, wo auch sein Grab ist.

B2 Habers Forschungen und ihre Folgen:
Reiche Ernte durch Kunstdünger (links); Gasangriff im 1. Weltkrieg (rechts)

B3 Habers Versuchsanlage zur Ammoniaksynthese (Deutsches Museum, München)

Reaktionsgeschwindigkeit und chemisches Gleichgewicht

2.20 Exkurs Lösungsgleichgewichte

Praktikum Löslichkeit von Salzen

V1 Löslichkeit und Konzentration

Geräte und Chemikalien: 4 Reagenzgläser, Reagenzglasständer, Trichter, Filterpapier, Becherglas (100 ml), 4 Tropfpipetten; gesättigte Lösungen der folgenden Salze: Kaliumnitrat, Kaliumchlorid, Natriumnitrat, Natriumchlorid; Suspension von Kupfer(II)-carbonat, verd. Salzsäure

Durchführung:
a) Filtrieren Sie die Kaliumnitratlösung und verteilen Sie das Filtrat so auf drei Reagenzgläser, dass diese zu etwa einem Drittel gefüllt sind. Geben Sie zu der Lösung im 1. Reagenzglas tropfenweise gesättigte Kaliumchloridlösung, zu der Lösung im 2. Reagenzglas gesättigte Natriumnitratlösung, zu der Lösung im 3. Reagenzglas gesättigte Natriumchloridlösung (je ca. 10 Tropfen).
b) Füllen Sie ein Reagenzglas zu etwa einem Drittel mit der Kupfer(II)-carbonat-Suspension. Tropfen Sie zum Inhalt Salzsäure.

V2 Löslichkeit und Temperatur

Geräte und Chemikalien: 3 Reagenzgläser, Reagenzglasständer, Trichter, Filterpapier, Thermometer, Becherglas mit heißem Wasser (ca. 80 °C), Becherglas mit Eiswasser, Spatel; Kaliumnitrat, Calciumacetat

Durchführung:
a) Füllen Sie zwei Reagenzgläser zu einem Drittel mit dest. Wasser, messen Sie dessen Temperatur.
b) Lösen Sie im ersten Reagenzglas Kaliumnitrat in kleinen Portionen unter Schütteln bis zum Vorliegen eines Bodenkörpers. Verfolgen Sie die Temperatur während des Lösens. Stellen Sie das Reagenzglas mit der gesättigten Lösung in heißes Wasser und anschließend in den Reagenzglasständer.
c) Lösen Sie im zweiten Reagenzglas Calciumacetat in kleinen Portionen unter Schütteln bis zum Vorliegen eines Bodenkörpers. Verfolgen Sie die Temperatur während des Lösens. Filtrieren Sie die Lösung vom Bodenkörper ab. Stellen Sie das Reagenzglas mit der gesättigten Lösung in heißes Wasser und anschließend in Eiswasser.

Aufgabe: Beschreiben und erklären Sie die Versuchsbeobachtungen beider Versuche.

Einstellung eines Lösungsgleichgewichts. Wird ein Salz in Wasser gegeben, so lagern sich die Dipolmoleküle des Wassers an die Ionen des Salzes an, umhüllen diese und führen die Ionen im Zuge der Molekularbewegung in die flüssige Phase. Treffen dagegen hydratisierte, d.h. von Wassermolekülen umhüllte Ionen auf die Oberfläche des festen Salzes, so können Ionen wieder in das Ionengitter eingelagert werden. Zunächst gehen mehr Ionen in Lösung, als Ionen in das Gitter eingebaut werden. Mit steigender Konzentration der Ionen in der Lösung steigt die Kristallisationsgeschwindigkeit an. Nach einiger Zeit stellt sich ein Gleichgewicht zwischen dem Lösungs- und dem Kristallisationsvorgang ein [B1, B2]. Die Konzentrationen der Ionen in der Lösung ändern sich nicht mehr. Die Lösung ist **gesättigt**. Bei einem solchen *Lösungsgleichgewicht* handelt es sich um ein **heterogenes Gleichgewicht**. Der Bodenkörper liegt als feste Phase vor, die Lösung als homogene, flüssige Phase.

B1 Gesättigte Lösung

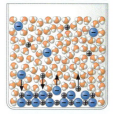

$K^+A^-(s) \rightleftharpoons K^+(aq) + A^-(aq)$

B2 Modell einer gesättigten Lösung

Einflüsse auf ein Lösungsgleichgewicht. Wird die gesättigte Lösung eines Salzes, das sich endotherm im Wasser löst, erwärmt, geht ein Teil des Bodenkörpers in Lösung. Erwärmt man dagegen die gesättigte Lösung eines Salzes, das sich exotherm in Wasser löst, so fällt ein Teil des gelösten Salzes aus.
Verdünnt man eine Lösung, so löst sich ein Teil des Bodenkörpers auf. Verdunstet ein Teil des Lösungsmittels, so nimmt die Masse des Bodenkörpers zu.
Gibt man zu einer gesättigten Lösung eines Salzes ein anderes Salz, das eine Ionenart des gelösten Salzes aufweist (z. B. zu einer Kaliumnitratlösung Kaliumchlorid), so nimmt ebenfalls die Masse des Bodenkörpers zu, weil ein Teil des gelösten Salzes ausfällt.

Das Prinzip von LE CHATELIER und BRAUN gilt also auch für dieses heterogene Gleichgewicht.

A1 Begründen Sie, welche Größe (Druck, Temperatur, Konzentration) sich bei der Verdünnung einer gesättigten Lösung ändert.

2.21 Exkurs Aggregatzustände und Gleichgewichte

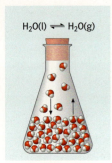

B1 Modell zum Gleichgewicht zwischen Flüssigkeit und Dampf

$\Delta_V H$ Symbol für die Verdampfungsenthalpie. Dies ist die Wärmemenge, die bei konstantem Druck zum Überführen von 1 mol Wasser vom flüssigen in den gasförmigen Zustand benötigt wird (Kap. 1.4)

Viele Erscheinungen in der Natur und viele technische Prozesse beruhen auf der Beeinflussung von Gleichgewichten, die zwischen den Aggregatzuständen eines Stoffes oder Stoffgemisches bestehen.

Gleichgewicht zwischen einer Flüssigkeit und ihrem Dampf. Wird Wasser in ein Gefäß eingeschlossen, stellt sich nach einiger Zeit ein Gleichgewicht zwischen den aus der Oberfläche austretenden und den in die Oberfläche des Wassers eintretenden Wassermolekülen ein [B1]. Die Wasserdampfkonzentration ist konstant.
Die Überführung von Wasser in Wasserdampf ist endotherm:

$$H_2O(l) \rightleftharpoons H_2O(g) \qquad \Delta_V H = +44 \text{ kJ}$$

Durch Wärmezufuhr wird das Gleichgewicht zugunsten des Wasserdampfes verschoben. Wärmeentzug führt dagegen zur vermehrten Kondensation des Dampfes.
Der Wasserdampf, der bei einer bestimmten Temperatur im Gleichgewicht mit dem Wasser steht, erzeugt in dem Gefäß einen bestimmten Druck, den Gleichgewichtsdampfdruck oder Sättigungsdampfdruck, der verkürzt als **Dampfdruck** bezeichnet wird. Trägt man den Dampfdruck gegen die Temperatur in ein Diagramm ein, erhält man die Dampfdruckkurve der Flüssigkeit [B3].

Eisläuferinnen und Eisläufer gleiten sanft und schnell auf Stahlkufen auf einer festen Oberfläche. Die Kufen sind schmal und weisen meist noch einen Hohlschliff auf. Wegen der kleinen Fläche ist der Druck auf das Eis sehr hoch: bei einer 70 kg schweren Person über 200 MPa.
Dieser Druck bringt das Eis zum Schmelzen. Wasser nimmt ein kleineres Volumen ein als Eis. Die Druckerhöhung begünstigt deshalb das volumenverkleinernde Schmelzen. Der Wasserfilm wirkt als Gleitmittel zwischen Schlittschuh und Eis. Die Reibung ist ein weiterer wichtiger Faktor, der zur Bildung des Wasserfilms beiträgt. Ein Teil der Reibungswärme wird vom Eis aufgenommen. Die Wärmezufuhr begünstigt das endotherme Schmelzen des Eises.

B2 Gleichgewicht zwischen flüssigem und festem Wasser beim Eislaufen

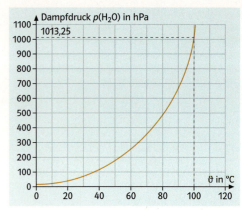

B3 Die Sättigungsdampfdruckkurve des Wassers

Entspricht der Dampfdruck einer Flüssigkeit dem Atmosphärendruck, so siedet diese.

Die tabellierten Siedetemperaturen gelten i. d. R. für einen Atmosphärendruck von 1 013,25 hPa. Auf dem Gipfel des Mount Everest, wo der Druck ungefähr 320 hPa beträgt, siedet Wasser bei nur 71 °C.

Im Dampfraum über einer *Lösung aus flüchtigen Stoffen*, z. B. Wasser mit Ethanol, Benzol mit Toluol oder flüssigem Stickstoff mit Sauerstoff, befinden sich immer Teilchen aller Lösungsbestandteile. Der Anteil der flüchtigeren Komponente im Gasraum ist aber höher als ihr Anteil in der Lösung. Daraus ergibt sich die Möglichkeit der Trennung des Gemisches durch Destillation.

Destillation von Flüssigkeitsgemischen. Wird eine Lösung mit den Stoffmengenanteilen $\chi(\text{Ethanol}) = 10\%$ und $\chi(\text{Wasser}) = 90\%$ erhitzt, so siedet das Gemisch bei etwa 87 °C. Die Siedetemperatur und die Zusammensetzung des zugehörigen Dampfes zeigt das Siededigramm [B4]. Der Dampf, der mit diesem Gemisch im Gleichgewicht steht, weist die Stoffmengenanteile $\chi(\text{Ethanol}) \approx 41\%$ und $\chi(\text{Wasser}) \approx 59\%$ auf. Lässt man diesen Dampf kondensieren, so enthält die Flüssigkeit einen höheren Anteil an Ethanol als vorher. Man erhält also eine teilweise Trennung der beiden Stoffe. Bringt man den kondensierten Dampf

78 Reaktionsgeschwindigkeit und chemisches Gleichgewicht

Exkurs Aggregatzustände und Gleichgewichte

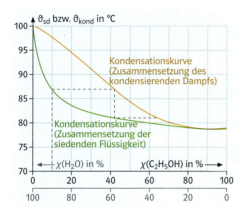

B4 Siedediagramm eines Ethanol-Wasser-Gemisches bei 1013,25 hPa

wieder zum Sieden, so siedet diese Flüssigkeit bei einer niedrigeren Temperatur; außerdem ist der Anteil des Ethanols im Dampf wieder größer als in der Ausgangsflüssigkeit. So siedet das Gemisch mit χ(Ethanol) ≈ 42 % bei etwa 81 °C, und der damit im Gleichgewicht stehende Dampf enthält Ethanol mit dem Stoffmengenanteil χ(Ethanol) ≈ 62 %. Wiederholt man das Verdampfen und Kondensieren mehrfach, erreicht man bei vielen Gemischen eine fast vollständige Trennung der Stoffe.

Ein Gemisch aus Ethanol und Wasser lässt sich durch Destillation nicht vollständig trennen, da bei χ(Ethanol) = 89 % (w = 96 %) die Flüssigkeit und der Dampf die gleiche Zusammensetzung aufweisen. Ein solches Gemisch bezeichnet man als **azeotropes Gemisch**. Um absoluten Alkohol zu erhalten, kann man das restliche Wasser mithilfe eines wasserbindenden Stoffes, z. B. Calciumoxid, entfernen.

Die **fraktionierende Destillation** findet häufig in einer Glockenbodenkolonne statt [B5]. Der aufsteigende Dampf des Gemisches kondensiert an der ersten Glocke und fließt auf den dazugehörigen Boden. Der Anteil der leichter flüchtigen Komponenten ist höher als in der Ausgangslösung. Durch aufsteigende Dämpfe wird das Destillat zum Sieden gebracht. Es kondensiert an der nächsten Glocke, der Anteil der leichter flüchtigen Komponenten ist im zweiten Destillat noch höher. Durch das mehrfache Verdampfen und Kondensieren kann das Ausgangsgemisch weitgehend in die Reinstoffe getrennt werden.

V1 Destillieren Sie von 500 ml Weißwein 250 ml Flüssigkeit ab. Unterwerfen Sie dieses Destillat wiederum einer Destillation, bei der 125 ml Flüssigkeit abgetrennt werden. Destillieren Sie von diesen 125 ml Destillat etwa 60 ml Flüssigkeit ab. Bestimmen Sie die Dichte des jeweiligen Destillates und untersuchen Sie seine Entflammbarkeit. Sie können diese Destillation auch mit einer Glockenbodenkolonne durchführen.

A1 Bei welcher Temperatur siedet ein Gemisch aus Wasser und Ethanol mit einem Stoffmengenanteil χ(Ethanol) = 30 %? Welche Zusammensetzung weist der damit im Gleichgewicht stehende Dampf auf?

Stoffmengenanteil χ
$\chi(L) = n(L) / [n(L)+n(K)]$
$\chi(K) = n(L) / [n(L)+n(K)]$
$\chi(L) + \chi(K) = 1 = 100 \%$

L: Lösungsmittel
K: gelöste Komponente

Fraktionierte Destillation
Die fraktionierende Destillation wird in der Technik und im Alltag häufig auch als fraktionierte Destillation bezeichnet.

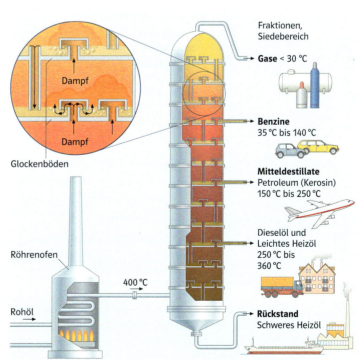

B5 Destillation von Rohöl mit einer Glockenbodenkolonne

Reaktionsgeschwindigkeit und chemisches Gleichgewicht

2.22 Durchblick Zusammenfassung und Übung

Reaktionsgeschwindigkeit

– Mittlere Reaktionsgeschwindigkeit $\overline{v}$ in einer bestimmten Zeitspanne Δt:
$$\overline{v} = \frac{\Delta c}{\Delta t}$$

– Momentane Reaktionsgeschwindigkeit v zu einem bestimmten Zeitpunkt:
$$v = \frac{dc}{dt}$$

Die Reaktionsgeschwindigkeit wird durch folgende Faktoren beeinflusst:

– *Konzentration* der Reaktionspartner: Die Wahrscheinlichkeit eines Zusammenstoßes der Reaktionspartner steigt mit steigender Konzentration.
– *Temperatur*: Eine höhere Temperatur bedeutet eine höhere mittlere Geschwindigkeit der Teilchen und damit eine höhere kinetische Energie der Teilchen. Die höhere kinetische Energie der Teilchen führt zu einer größeren Anzahl an Kollisionen, die zu einer Reaktion führen.
– *Zerteilungsgrad*: Je größer die Oberfläche der Stoffe ist, desto häufiger stoßen die Reaktionspartner zusammen.

Kollisionsmodell

Die Reaktionsgeschwindigkeit ist proportional zur Zahl der Kollisionen pro Zeiteinheit, da mit steigender Anzahl der Kollisionen auch die Zahl der Stöße erhöht ist, welche zu einer chemischen Reaktion führen (effektive Stöße).

RGT-Regel

Bei vielen Reaktionen führt eine Temperaturerhöhung um 10 °C dazu, dass sich die Reaktionsgeschwindigkeit verdoppelt.

Katalysator

Durch einen Katalysator wird die Aktivierungsenergie einer chemischen Reaktion verringert und damit die Reaktionsgeschwindigkeit erhöht.

Enzyme

Enzyme sind Biokatalysatoren der Zelle. Sie setzen die Aktivierungsenergie biochemischer Reaktionen herab und erhöhen so die Reaktionsgeschwindigkeit.

Chemisches Gleichgewicht

– Alle Stoffe, die rechts und links vom Gleichgewichtspfeil stehen, liegen nebeneinander vor.
– Die Konzentrationen der Reaktionspartner ändern sich nicht.
– Es liegt ein dynamisches Gleichgewicht vor. Die Geschwindigkeit der Hinreaktion ist gleich der Geschwindigkeit der Rückreaktion.

Massenwirkungsgesetz (MWG)

$$a\,A + b\,B \;\rightleftharpoons\; c\,C + d\,D$$

$$K_c = \frac{c^c(C) \cdot c^d(D)}{c^a(A) \cdot c^b(B)}$$

Im chemischen Gleichgewicht bei konstanter Temperatur ist das Produkt aus den Konzentrationen der rechts in der Reaktionsgleichung stehenden Teilchen dividiert durch das Produkt aus den Konzentrationen der links stehenden Teilchen konstant. Die Koeffizienten der Reaktionsgleichung treten als Exponenten der Konzentrationen auf.

Prinzip von LE CHATELIER und BRAUN

Übt man auf ein im Gleichgewicht befindliches chemisches System Zwang durch eine Änderung der Temperatur, des Druckes oder der Konzentration aus, so verschiebt sich das Gleichgewicht in die Richtung, in der die zunächst erfolgte Änderung verringert wird. Beispiele:

– *Temperaturerhöhung* verschiebt ein Gleichgewicht in Richtung der endothermen Reaktion.
– *Druckerhöhung* verschiebt ein Gleichgewicht, an dem gasförmige Stoffe beteiligt sind, zu der Seite mit der geringeren Teilchenanzahl.
– *Erhöhung einer Konzentration* verschiebt ein Gleichgewicht in die Richtung, die einen Teil der betreffenden Komponente verbraucht.

Ammoniakgleichgewicht

$$3\,H_2(g) + N_2(g) \;\rightleftharpoons\; 2\,NH_3(g) \quad | \text{ exotherm}$$

Eine niedrige Temperatur und ein hoher Druck verschieben das Gleichgewicht zugunsten der Ammoniakbildung. Stickstoff und Wasserstoff reagieren aber erst ab ca. 450 °C unter Einfluss eines Katalysators miteinander.

80 Reaktionsgeschwindigkeit und chemisches Gleichgewicht

Durchblick Zusammenfassung und Übung

A1 Ein Stück Zink reagiert bei Zimmertemperatur mit Salzsäure. Es wird:
a) das Zinkstück zerkleinert,
b) die Temperatur erhöht,
c) das Volumen der Säure vergrößert,
d) das Reaktionsgefäß geschüttelt.
Erläutern Sie die jeweilige Wirkung auf die Geschwindigkeit der Reaktion.

A2 Bei der Reaktion von Natriumthiosulfat mit Salzsäure bildet sich fein verteilter Schwefel, der zu einer Trübung der Lösung führt:

$Na_2S_2O_3 + 2\,HCl \longrightarrow H_2S_2O_3 + 2\,NaCl$
$H_2S_2O_3 \longrightarrow H_2SO_3 + S$

Die Zeit vom Zusammengeben von Natriumthiosulfatlösung und Salzsäure bis zum Auftreten der Trübung wurde bei verschiedenen Temperaturen gemessen:

ϑ in °C	10	20	30	40	50
t in s	302	150	76	38	18

Interpretieren Sie die Versuchsergebnisse.

A3 In einem Versuchsaufbau nach B1 werden zu 10 ml Salzsäure (c(HCl) = 1 mol/l) 0,5 g Magnesiumspäne gegeben. Anschließend wird das Volumen des Wasserstoffs in Abhängigkeit von der Zeit am Kolbenprober abgelesen.
a) Werten Sie die Tabelle in B1 grafisch aus.
b) Beschreiben und interpretieren Sie den Graphen in Ihrem Diagramm.
c) Ermitteln Sie zu drei von Ihnen gewählten Zeitintervallen die durchschnittlichen Reaktionsgeschwindigkeiten.

A4 Bei der Erzeugung des Synthesegemisches zur Ammoniaksynthese findet u.a. die folgende Gleichgewichtsreaktion statt:

$$CO(g) + H_2O(g) \overset{Kat.}{\rightleftharpoons} CO_2(g) + H_2(g) \quad | \text{ exotherm}$$

Erklären Sie, wie sich a) eine Temperaturerhöhung, b) die Entfernung von Kohlenstoffdioxid aus dem geschlossenen System und c) eine Druckerniedrigung auf die Gleichgewichtslage auswirken.

A5 Die Bildung von Schwefeltrioxid aus Schwefeldioxid und Sauerstoff ist eine wichtige Stufe bei der Herstellung von Schwefelsäure.
a) Beschreiben Sie den Verlauf des Graphen in B2.
b) Erklären Sie, ob es sich bei der Bildung von Schwefeltrioxid aus Schwefeldioxid und Sauerstoff um eine exotherme oder endotherme Reaktion handelt.
c) Erläutern Sie Möglichkeiten, die Ausbeute an Schwefeltrioxid zu erhöhen.

A6 In 1 l acetonischer Lösung liegen 1 mol Ethanol, 0,0625 mol Ethansäure, 0,5 mol Ethansäureethylester und 0,5 mol Wasser miteinander im Gleichgewicht vor.
Stellen Sie das Massenwirkungsgesetz auf und berechnen Sie K_c.

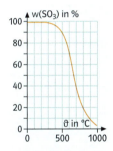

B2 Temperaturabhängigkeit des Gleichgewichts
$2\,SO_2 + O_2 \rightleftharpoons 2\,SO_3$

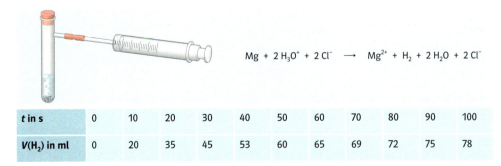

$Mg + 2\,H_3O^+ + 2\,Cl^- \longrightarrow Mg^{2+} + H_2 + 2\,H_2O + 2\,Cl^-$

t in s	0	10	20	30	40	50	60	70	80	90	100
V(H₂) in ml	0	20	35	45	53	60	65	69	72	75	78

B1 Messung der Geschwindigkeit der Reaktion von Magnesium mit Salzsäure

Durchblick Zusammenfassung und Übung

Abi-Aufgabe und Lösung

A7 Bei der Gewinnung von Eisen durch Reduktion von Eisenoxiden mit Koks im Hochofen ist das Boudouard-Gleichgewicht bedeutend. Wird Luft durch eine 1 bis 3 Meter mächtige Koksschicht geleitet und der Koks von unten her entzündet, verbrennt der Kohlenstoff im unteren Bereich zu Kohlenstoffdioxid, da hier ein Luftüberschuss vorhanden ist. Im oberen Bereich erhält man jedoch ein Gasgemisch, das außer Kohlenstoffdioxid und den nicht reagierenden Bestandteilen der Luft auch Kohlenstoffmonooxid enthält. Untersucht man ein Gemisch von Kohlenstoffmonooxid und Kohlenstoffdioxid über glühendem Kohlenstoff bei unterschiedlichen Temperaturen, erhält man die in der Tabelle aufgeführten Volumenanteile φ:

ϑ in °C	$\varphi(CO_2)$ in %	$\varphi(CO)$ in %
400	99	1
500	95	5
600	77	23
700	42	58
800	10	90
900	3	97
1000	1	99

Das Gleichgewicht zwischen Kohlenstoffmonooxid, Kohlenstoff und Kohlenstoffdioxid nennt man Boudouard-Gleichgewicht. Es ist ein heterogenes Gleichgewicht, d. h. im Massenwirkungsgesetz wird die als konstant anzusehende Konzentration des Feststoffs nicht berücksichtigt.

7.1 Zeichnen Sie mithilfe der Tabellenwerte ein Diagramm, das die Temperaturabhängigkeit der Volumenanteile von Kohlenstoffmonooxid und Kohlenstoffdioxid zeigt.

7.2 Formulieren Sie die Reaktionsgleichung (endotherme Reaktion von links nach rechts) und das Massenwirkungsgesetz des Boudouard-Gleichgewichts.

7.3 Erläutern Sie die Veränderung der Gleichgewichtskonstante mit steigender Temperatur.

7.4 Begründen Sie, ob sich die Lage des Gleichgewichts durch eine Druckerhöhung beeinflussen lässt.

Lösung

7.1

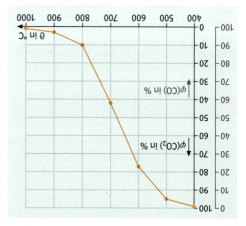

7.2 Mit steigender Temperatur nimmt der Anteil von Kohlenstoffmonooxid zu. Nach dem Prinzip von Le Chatelier und Braun wird durch eine Temperaturerhöhung die endotherme Reaktion begünstigt. Also ist die Bildung von Kohlenstoffmonooxid aus Kohlenstoffdioxid und Kohlenstoff endotherm. Reaktionsgleichung:

$$CO_2 + C \rightleftharpoons 2\,CO \quad | \text{ endotherm}$$

Da die als konstant anzusehende Konzentration des Feststoffs im MWG nicht berücksichtigt wird, lautet das MWG:

$$K_c = \frac{c^2(CO)}{c(CO_2)}$$

7.3 Wenn der endotherm gebildete Stoff im Zähler des MWG steht, dann wird K_c mit steigender Temperatur größer.

7.4 Eine Druckerhöhung verschiebt ein Gleichgewicht, an dem gasförmige Stoffe beteiligt sind, zu der Seite mit der kleineren Teilchenanzahl. Das Volumen des festen Kohlenstoffs wird durch eine Druckänderung kaum beeinflusst. Deshalb sind hier nur die Teilchenanzahlen des Kohlenstoffmonooxids und des Kohlenstoffdioxids zu berücksichtigen. Eine Druckerhöhung bewirkt also eine Erhöhung des Anteils von Kohlenstoffdioxid.

82 Reaktionsgeschwindigkeit und chemisches Gleichgewicht

3 Säure-Base-Gleichgewichte

Die Beschreibung von Säuren und Basen begleitet die Chemie von Anfang an. Das ist verständlich, da diese zum Alltag des Menschen gehörten und gehören. Säuren und Basen sind Teilchen, welche die Fähigkeit haben, bei Reaktionen Protonen abzugeben bzw. aufzunehmen. Säure ist auch ein Begriff der Stoffebene.

■ Säuren und Basen können hinsichtlich ihrer Stärke unterschieden werden.

■ Mit dem Konzept der Protonenübertragung und der Anwendung des chemischen Gleichgewichts auf solche Reaktionen beschäftigen wir uns in diesem Kapitel.

■ Für das Leben in Böden und Gewässern, die chemischen Reaktionen in unserem Körper und viele technische Prozesse ist es wichtig, dass der pH-Wert keinen großen Schwankungen unterliegt. Diese können durch Puffer verringert werden. Ein Beispiel ist das Kohlensäure-Hydrogencarbonat-Puffersystem des Blutes. Dies wird z. B. durch die stärkere Lungentätigkeit beim Sport beeinflusst.

■ Man kann erklären, warum die Lösungen vieler Salze nicht neutral sind und sich viele Tabletten sprudelnd im Wasser auflösen.

3.1 Exkurs Die Entwicklung des Säure-Base-Begriffs

B1 Robert Boyle
(1627–1691)

B2 Antoine Laurent Lavoisier (1743–1794)

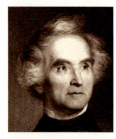

B3 Justus von Liebig (1803–1873)

B4 Svante Arrhenius (1859–1927)

Im Verlauf der Entwicklung der Chemie haben die Begriffe „Säure" und „Base" weitgehende Veränderungen erfahren.

Schon im Altertum war der Essig bekannt, weil er bei der alkoholischen Vergärung von Früchten durch Oxidation des gebildeten Alkohols entstand. „Essig" und „sauer" sind Begriffe, die von den Griechen fast gleichbedeutend gebraucht wurden. Das griechische Wort für Essig ist oxos, für sauer oxys.

R. Boyle (1627–1691) führte im 17. Jahrhundert eine erste allgemeine Definition für Säuren ein. Für ihn war die Farbänderung einiger Pflanzenfarbstoffe durch Säuren ein wesentliches Kennzeichen von Säuren. Andere Forscher legten besonderes Gewicht auf die Fähigkeit der Säuren, die Wirkung von alkalischen Lösungen aufzuheben. Später lernte man Stoffe kennen, die zwar keine alkalischen Lösungen bilden, aber mit Säuren zu Salzen reagieren (z. B. Kupfer(II)-oxid). Etwa ab 1730 tritt in Frankreich für diese Stoffe die Bezeichnung Base auf, da sie als Basis für die Salzbildung aufgefasst wurden.

A. L. Lavoisier (1743–1794), der Begründer der wissenschaftlichen Chemie, beobachtete, dass sich Nichtmetalle beim Verbrennen mit einem Bestandteil der Luft zu Stoffen verbinden, die sich in Wasser zu Säuren lösen. Den bei der Verbrennung gebundenen Luftbestandteil nannte er „gaz oxygène", d. h. sauermachendes oder Säure bildendes Gas. Im Deutschen wurde dafür der Name Sauerstoff eingeführt. Nach Lavoisier enthielten alle Säuren Sauerstoff. Dieser Name wurde beibehalten, obwohl es inzwischen deutlich geworden ist, dass es Säuren auch ohne das Element Sauerstoff gibt.

J. v. Liebig (1803–1873). Ende des 18. Jahrhunderts war die Zusammensetzung einiger Säuren (z. B. Milchsäure, Citronensäure, Blausäure) bekannt. Fest stand damit, dass alle bisher bekannten Säuren Wasserstoffverbindungen, aber nicht unbedingt Sauerstoffverbindungen sind. Im Jahr 1838 hielt J. v. Liebig in einem Zeitschriftenartikel fest, dass Säuren Wasserstoffverbindungen sind, in welchen Wasserstoffatome durch Metallatome ersetzt werden können. Hierdurch entstehen Salze der Säuren. Auch beim Zusammenbringen einer Säure mit einem Metalloxid entsteht ein Salz, dabei bildet sich außerdem noch Wasser. Das Salz, das bei der Reaktion eines Metalls oder Metalloxids mit einer Säure entsteht, liegt in der Regel gelöst vor.

S. Arrhenius (1859–1927) definierte im Jahr 1887 Säuren als Stoffe, die in Wasser Wasserstoffionen (H^+-Ionen), und Basen als Stoffe, die in Wasser Hydroxidionen (OH^--Ionen) abspalten. Die Reaktion einer Säure mit einer Base wird als Neutralisation bezeichnet, deren wesentlicher Vorgang in der Vereinigung von H^+-Ionen und OH^--Ionen zu Wassermolekülen besteht. Ein Nachteil dieses Säure-Base-Konzepts von Arrhenius bildet die Beschränkung des Base-Begriffs auf Hydroxide. Viele Stoffe, z. B. Ammoniak, bilden alkalische Lösungen, obwohl sie keine Hydroxide sind.

V1 **a)** Geben Sie zu Salzsäure der Konzentrationen $c(HCl) = 0,1\,mol/l$ und $c(HCl) = 0,001\,mol/l$ jeweils 4 Tropfen Universalindikatorlösung und bestimmen Sie die pH-Werte.
b) Geben Sie zu Salzsäure der Konzentration $c(HCl) = 1\,mol/l$, Schwefelsäure der Konzentration $c(H_2SO_4) = 0,5\,mol/l$ und Essigsäure der Konzentration $c(CH_3COOH) = 1\,mol/l$ jeweils einen Magnesiumstreifen, fangen Sie das sich bildende Gas auf und führen Sie die Knallgasprobe durch.
c) Geben Sie zu verd. Schwefelsäure Kupfer(II)-oxid. Erwärmen Sie leicht und filtrieren Sie die Lösung vom Bodenkörper ab. Lassen sie die Lösung einige Tage stehen.
d) Untersuchen Sie die elektrische Leitfähigkeit von Eisessig und verdünnter Essigsäure. Welche Gemeinsamkeiten von Säuren bzw. sauren Lösungen lassen sich aus den Versuchen ableiten?

A1 Erläutern Sie, warum Sauerstoff so heißt, obwohl er nicht sauer schmeckt.

84 Säure-Base-Gleichgewichte

3.2 Die Säure-Base-Theorie nach Brønsted

Die Neufassung der Begriffe Säure und Base.
Leitet man Chlorwasserstoff in das unpolare Lösungsmittel Heptan ein [V2], so ist im Gegensatz zur wässrigen Lösung keine elektrische Leitfähigkeit festzustellen. Dies bedeutet, dass im Lösungsmittel Heptan keine Bildung von Ionen stattfindet.
Das Entstehen der Ionen beim Einleiten von Chlorwasserstoff in Wasser [B2] beruht auf der Reaktion der Wassermoleküle mit den Chlorwasserstoffmolekülen. Von den polaren Chlorwasserstoffmolekülen können Protonen (H^+-Ionen) abgespalten werden. Da das Wasserstoffion keine Elektronenhülle besitzt, ist es wesentlich kleiner als alle anderen Ionen, nämlich nur höchstens $\frac{1}{10000}$-mal so groß. Daher besitzt es eine sehr hohe Ladungsdichte und ist somit als isoliertes Teilchen in Lösungsmitteln nicht existenzfähig. Protonen können nur abgegeben werden, wenn ein Reaktionspartner sie aufnimmt. Dieser muss ein freies Elektronenpaar zur Verfügung stellen und eine große Anziehungskraft auf Protonen ausüben. Die stark polaren Wassermoleküle besitzen diese Eigenschaft, die unpolaren Moleküle z. B. des Heptans nicht.

Das aus einem Proton und einem Wassermolekül gebildete **H_3O^+-Ion** heißt **Oxoniumion**. Dieses ist, wie auch andere Ionen, in wässriger Lösung hydratisiert, d. h., von Wassermolekülen umhüllt [B3].

Leitet man Ammoniak in Wasser, so leitet die Lösung ebenfalls den elektrischen Strom. Dies ist auf die Bildung von Hydroxid- und Ammoniumionen durch Protonenabgabe von Wassermolekülen auf Ammoniakmoleküle zurückzuführen. Die verhältnismäßig geringe elektrische Leitfähigkeit der Lösung zeigt, dass nur eine geringe Ionenkonzentration vorliegt. Auch bei der Salzbildung aus Chlorwasserstoff und Ammoniak [V3] finden Protonenabgabe und -aufnahme statt. Um die Gemeinsamkeiten solcher Reaktionen herauszustellen, hat der Däne Brønsted [B1] den Säure-Base-Begriff 1923 neu gefasst. Etwa zur gleichen Zeit wurde diese Neufassung auch von dem englischen Chemiker Thomas Lowry (1874–1936) unabhängig von Brønsted vorgeschlagen.

> Teilchen, die bei einer Reaktion Protonen abgeben, nennt man im Sinne von Brønsted Säuren (Protonendonatoren). Teilchen, die bei einer Reaktion Protonen binden, nennt man Brønstedbasen (Protonenakzeptoren).

V1
a) Geben Sie zu Natronlauge der Konzentration $c(NaOH) = 0{,}1\,mol/l$ und $c(NaOH) = 0{,}001\,mol/l$ in einem Reagenzglas 4 Tropfen Universalindikatorlösung und bestimmen Sie die pH-Werte.
b) Untersuchen Sie die elektrische Leitfähigkeit von verd. Natronlauge bzw. Kalkwasser.
c) Füllen Sie ein Reagenzglas zu etwa einem Drittel mit Salzsäure der Konzentration $c(HCl) = 0{,}1\,mol/l$. Versetzen Sie die Lösung mit 4 Tropfen Bromthymolblau. Lassen Sie aus einer Bürette Natronlauge mit der Konzentration $c(NaOH) = 0{,}1\,mol/l$ zutropfen. Schütteln Sie den Inhalt des Reagenzglases. Welche Gemeinsamkeiten von alkalischen Lösungen lassen sich aus den Versuchen ableiten?

V2
a) Chlorwasserstoff wird in Heptan eingeleitet. Vor und während des Versuchs wird die elektrische Leitfähigkeit verfolgt.
b) Der Versuch [B2] wird mit destilliertem Wasser anstelle von Heptan durchgeführt. (Abzug! Schutzbrille! Vorsicht, Chlorwasserstoff darf nur **auf** Wasser geleitet werden!)

V3 Eine Säure-Base-Reaktion in der Gasphase soll durchgeführt werden: Ein mit trockenem Chlorwasserstoff gefüllter und mit einer Glasplatte verschlossener Standzylinder wird umgekehrt auf einen mit trockenem Ammoniak gefüllten, verschlossenen Standzylinder gestellt. Dann werden die Glasplatten entfernt. (Abzug!)

A1 Eine Lösung von Chlorwasserstoff in reinem Ethanol ($H_5C_2-\overline{\underline{O}}-H$) leitet wie auch eine wässrige Lösung den elektrischen Strom. Formulieren Sie mit Strukturformeln die Reaktionsgleichung hierfür sowie die Reaktionsgleichungen zu den in V2 und V3 beschriebenen Reaktionen.

B1 Johannes Nicolaus Brønsted (1879–1947)

B2 Chlorwasserstoff bildet mit Wasser eine saure Lösung

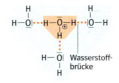

B3 $H_3O^+(aq)$-Ion, das hydratisierte Oxoniumion: $H_9O_4^+$

Die Säure-Base-Theorie nach BRØNSTED

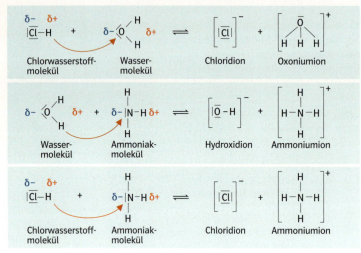

B4 Aus Molekülen entstehen durch Protonenübertragung Ionen

korrespondierend
von mlat. correspondere, in Beziehung stehen

mlat. mittellateinische Form der lateinischen Sprache des europäischen Mittelalters

Säure-Base-Reaktionen. Die Begriffe Säure und Base beschreiben im Sinne von BRØNSTED keine Stoffklassen, sondern die *Funktion von Teilchen* (Abgabe bzw. Aufnahme von Protonen). Eine Säure muss mindestens ein als Proton abspaltbares Wasserstoffatom aufweisen. Allen Basen ist gemeinsam, dass sie freie Elektronenpaare zur Ausbildung von Atombindungen mit Protonen besitzen.

Damit eine Säure ein Proton abgeben kann, muss eine geeignete Base vorhanden sein, die dieses Proton aufnimmt. Chemische Reaktionen, bei denen Protonen übertragen werden, bezeichnet man als *Säure-Base-Reaktionen* oder auch als **Protolysen** (Protonenübertragungsreaktionen) [B4].

Protolysen sind chemische Reaktionen, bei denen Protonen von Säuren auf Basen übergehen.

Viele Säure-Base-Reaktionen sind umkehrbar und führen zu dynamischen chemischen Gleichgewichten, die sich sehr schnell einstellen [B4]. Die häufig als typische Basen angesehenen Metallhydroxide, z. B. NaOH, Ca(OH)$_2$ oder die Metalloxide, z. B. Li$_2$O, CaO, sind im Sinne BRØNSTEDs als Substanzen keine Basen, sondern in ihnen sind lediglich die Basen OH$^-$ bzw. O^{2-} enthalten. Salzsäure ist nach BRØNSTED keine Säure. Salzsäure ist eine wässrige Lösung, die H$_3$O$^+$- und Cl$^-$-Ionen enthält, wobei die Oxoniumionen als Protonendonatoren reagieren können.

Säure-Base-Paare. Betrachtet man verschiedene Säure-Base-Reaktionen, so erkennt man Teilchenpaare wie NH$_4^+$ und NH$_3$, HCl und Cl$^-$, H$_3$O$^+$ und H$_2$O, bei denen die beiden Teilchen sich jeweils um ein Proton unterscheiden [B6]. Ein solches Paar von Teilchen nennt man **korrespondierendes Säure-Base-Paar**. An jeder Säure-Base-Reaktion sind stets zwei korrespondierende Säure-Base-Paare beteiligt. HA und HB stehen für beliebige Brønstedsäuren.

A2 Vervollständigen Sie die B5 für korrespondierende Säure-Base-Paare.

A3 Erstellen Sie für die folgenden Säure-Base-Reaktionen in wässriger Lösung die Reaktionsgleichungen (das jeweils zuerst angegebene Teilchen reagiert als Säure). Kennzeichnen Sie jeweils die beteiligten korrespondierenden Säure-Base-Paare.

a) H$_3$PO$_4$ + NH$_3$
b) CH$_3$COOH + NH$_2^-$
c) HPO$_4^{2-}$ + NH$_3$
d) NH$_4^+$ + S^{2-}
e) HS$^-$ + OH$^-$
f) HSO$_4^-$ + CO$_3^{2-}$
g) H$_2$S + CH$_3$COO$^-$
h) HCO$_3^-$ + ClO$^-$

A4 Begründen Sie, welche der folgenden Teilchen Ampholyte sind: H$_2$PO$_4^-$, CO$_3^{2-}$, NH$_3$, PO$_4^{3-}$, HS$^-$, H$_3$O$^+$, HNO$_3$. Geben Sie für jeden Ampholyten die korrespondierende Säure und die korrespondierende Base an. Benennen Sie alle Teilchen.

Säure	Base
OH$^-$	a)
b)	NH$_3$
H$_2$PO$_4^-$	c)
d)	S^{2-}
NH$_3$	e)
f)	HO$_2^-$

B5 Zu Aufgabe 2

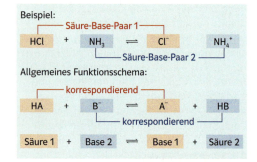

B6 Säure-Base-Reaktionen – Beispiel und allgemeines Schema

86 Säure-Base-Gleichgewichte

Die Säure-Base-Theorie nach BRØNSTED

Die Lage des Gleichgewichts einer Säure-Base-Reaktion hängt von der Stärke der Säuren bzw. Basen ab (Kap. 3.4).

Ampholyte. Ein Wassermolekül kann sich gegenüber einer Brønstedsäure (z. B. Chlorwasserstoffmolekül) als Brønstedbase verhalten oder mit einer Brønstedbase (z. B. Ammoniakmolekül) als Brønstedsäure reagieren. Ob sich ein Teilchen als Säure oder Base verhält, hängt vom Reaktionspartner ab.

$$HCl + \underset{\text{Base}}{H_2O} \rightleftharpoons Cl^- + H_3O^+$$

$$\underset{\text{Säure}}{H_2O} + NH_3 \rightleftharpoons OH^- + NH_4^+$$

Teilchen, die je nach Reaktionspartner als Säure oder Base reagieren, bezeichnet man als amphotere Teilchen oder Ampholyte.

Das Hydrogencarbonation reagiert z. B. gegenüber Wassermolekülen als Base, gegenüber Hydroxidionen als Säure. Bei der Reaktion der Hydrogencarbonationen mit Oxoniumionen bilden sich Moleküle der Kohlensäure, die in Kohlenstoffdioxid- und Wassermoleküle zerfallen [B9].

Schrittweise Protonenabgabe. Es gibt Teilchen wie z. B. H_3PO_4 oder H_2S, die bei Abgabe eines Protons in korrespondierende Basen übergehen, die ihrerseits als Säuren reagieren können [B8].

a) Säure-Base-Reaktionen in wässriger Lösung
$$H_2O + CO_3^{2-} \rightleftharpoons OH^- + HCO_3^-$$
$$H_3O^+ + NH_3 \rightleftharpoons H_2O + NH_4^+$$
$$NH_4^+ + OH^- \rightleftharpoons NH_3 + H_2O$$
$$H_3O^+ + OH^- \rightleftharpoons H_2O + H_2O$$

b) Säure-Base-Reaktionen in nichtwässriger Lösung
$$NH_4^+ + NH_2^- \rightleftharpoons NH_3 + NH_3$$
$$H_2SO_4 + H_3PO_4 \rightleftharpoons HSO_4^- + H_4PO_4^+$$

c) Säure-Base-Reaktionen in der Gasphase
$$HCl + NH_3 \rightleftharpoons NH_4Cl$$

B7 Säure-Base-Gleichgewichte

	Name	Formel	Name	Formel
Einprotonige Säuren	Chlorwasserstoff	HCl	Chloridion	Cl$^-$
	Perchlorsäure	HClO$_4$	Perchloration	ClO$_4^-$
	Ameisensäure	HCOOH	Formiation	HCOO$^-$
	Bromwasserstoff	HBr	Bromidion	Br$^-$
	Salpetersäure	HNO$_3$	Nitration	NO$_3^-$
	Essigsäure	CH$_3$COOH	Acetation	CH$_3$COO$^-$
Zweiprotonige Säuren	Schwefelwasserstoff	H$_2$S	Hydrogensulfidion Sulfidion	HS$^-$ S^{2-}
	Schweflige Säure	H$_2$SO$_3$	Hydrogensulfition Sulfition	HSO$_3^-$ SO$_3^{2-}$
	Schwefelsäure	H$_2$SO$_4$	Hydrogensulfation Sulfation	HSO$_4^-$ SO$_4^{2-}$
	Kohlensäure	H$_2$CO$_3$	Hydrogencarbonation Carbonation	HCO$_3^-$ CO$_3^{2-}$
Dreiprotonige Säure	Phosphorsäure	H$_3$PO$_4$	Dihydrogenphosphation Hydrogenphosphation Phosphation	H$_2$PO$_4^-$ HPO$_4^{2-}$ PO$_4^{3-}$

B8 Einige Säuren, Basen und Ampholyte mit Namen und Formeln

1. Schritt: $H_3PO_4 + OH^- \rightleftharpoons H_2PO_4^- + H_2O$
2. Schritt: $H_2PO_4^- + OH^- \rightleftharpoons HPO_4^{2-} + H_2O$
3. Schritt: $HPO_4^{2-} + OH^- \rightleftharpoons PO_4^{3-} + H_2O$

Bei der vollständigen Reaktion mit einer sehr starken Base gibt das H_3PO_4-Molekül alle drei Protonen ab. Man spricht deshalb bei solchen Teilchen auch von *mehrprotonigen Säuren*.

A5 Zu 10 ml Schwefelsäure der Konzentration $c(H_2SO_4) = 1\,mol/l$ werden 10 ml Kalilauge der Konzentration $c(KOH) = 1\,mol/l$ gegeben. Anschließend wird die Lösung eingedampft. Erstellen Sie die Reaktionsgleichung und benennen Sie das gebildete Salz.

A6 Überlegen Sie, welche der Teilchen der Phosphorsäure, H_3PO_4, $H_2PO_4^-$, HPO_4^{2-} und PO_4^{3-}, in stark saurer bzw. in stark alkalischer Lösung hauptsächlich vorliegen. Begründen Sie Ihre Aussage mithilfe der oben stehenden Gleichgewichtsreaktionen.

B9 Das Hydrogencarbonation reagiert gegenüber sauren Lösungen als Base

Säure-Base-Gleichgewichte **87**

3.3 Autoprotolyse des Wassers und pH-Wert

pH-Wert Das Symbol pH leitet sich vom Potenzexponenten der Wasserstoffionenkonzentration her. Diesen Ausdruck sollte man auf keinen Fall zu wörtlich nehmen. In Wasser kommen nämlich keine **freien** Wasserstoffionen (H⁺, Protonen) vor, sondern Oxoniumionen

Autoprotolyse von griech. auto, selbst; Eigenprotolyse des Wassers

Massenkonzentration β Masse eines Stoffes A bezogen auf das Volumen eines Stoffgemisches
β(A) = m(A)/V(Gemisch)

Auch reinstes Wasser zeigt eine, wenn auch sehr geringe, elektrische Leitfähigkeit [V1]. Es müssen also Ionen vorhanden sein, die offensichtlich aus den Wassermolekülen gebildet wurden.

Das Ionenprodukt des Wassers. Wassermoleküle sind amphotere Teilchen, sie können also sowohl Protonen aufnehmen als auch abgeben. Ein Protonenübergang ist zwischen den Wassermolekülen möglich, also sogar zwischen gleichen Molekülen:

$$H_2O + H_2O \rightleftharpoons H_3O^+ + OH^-$$

Diese **Autoprotolyse des Wassers** führt zu einem chemischen Gleichgewicht, das weitgehend auf der Seite der Wassermoleküle liegt. Hierfür lässt sich das Massenwirkungsgesetz formulieren:

$$K_c = \frac{c(H_3O^+) \cdot c(OH^-)}{c^2(H_2O)}$$

Die Konzentrationen der Oxoniumionen und der Hydroxidionen können z. B. durch Leitfähigkeitsmessungen ermittelt werden. Bei 25 °C betragen diese Konzentrationen:

$$c(H_3O^+) = c(OH^-) = 1{,}00 \cdot 10^{-7} \text{ mol/l}$$

Die Konzentration dieser Ionen in reinem Wasser ist also sehr klein im Vergleich zur „Konzentration" der Wassermoleküle, die sich wie folgt berechnen lässt (die Masse von 1 l Wasser bei 25 °C ist m = 997 g):

$$c(H_2O) = \frac{\beta(\text{Wasser})}{M(H_2O)} = \frac{997 \text{ g/l}}{18{,}0 \text{ g/mol}} = 55{,}4 \text{ mol/l}$$

Das Anzahlverhältnis der Wassermoleküle zu den Oxoniumionen bzw. Hydroxidionen in reinem Wasser beträgt also:
(55,4 mol/l) : (10⁻⁷ mol/l) ≈ 554 000 000 : 1. Die Autoprotolyse kann deshalb bei der Berechnung der Konzentration der Wassermoleküle vernachlässigt werden, sodass deren Konzentration als konstant angesehen werden kann.

Die Konzentration der Wassermoleküle lässt sich mit der Gleichgewichtskonstante K_c zu einer neuen Konstante K_W zusammenfassen.

$$K_c \cdot c^2(H_2O) = K_W = c(H_3O^+) \cdot c(OH^-)$$

Das Produkt $c(H_3O^+) \cdot c(OH^-)$ bezeichnet man kurz als **Ionenprodukt des Wassers**. Der Wert K_W des Ionenproduktes ist temperaturabhängig [B1]. Bei 25 °C ist

$$K_W = 1{,}00 \cdot 10^{-14} \text{ mol}^2/\text{l}^2$$

> **Das Produkt der Konzentrationen der Oxoniumionen und der Hydroxidionen nennt man das Ionenprodukt des Wassers. Bei einer Temperatur von 25 °C ist $K_W = 10^{-14}$ mol²/l².**

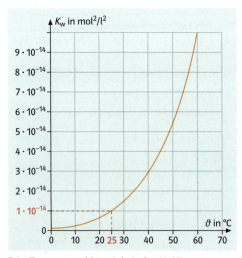

B1 Temperaturabhängigkeit des K_W-Wertes (Ionenprodukt des Wassers)

B2 Der pH-Wert des Badewassers wird regelmäßig kontrolliert

Säure-Base-Gleichgewichte

Autoprotolyse des Wassers und pH-Wert

Außer Wasser sind auch andere flüssige Stoffe, deren Teilchen Protonen aufnehmen und abgeben können, zur Autoprotolyse fähig [B3].

Der pH-Wert. Das Ionenprodukt des Wassers $c(H_3O^+) \cdot c(OH^-) = 10^{-14}\,mol^2/l^2$ ist nicht nur für reines Wasser, sondern mit hinreichender Genauigkeit auch für verdünnte Lösungen gültig. Daraus folgt, dass die Konzentration der Oxonium- und die der Hydroxidionen voneinander abhängen. Bei Zunahme der Konzentration einer Ionenart nimmt die Konzentration der anderen Ionenart so weit ab, dass der Wert von K_W wieder erreicht wird. In sauren Lösungen sind also nicht nur H_3O^+-, sondern auch OH^--Ionen vorhanden. In alkalischen Lösungen sind nicht nur OH^--Ionen, sondern auch H_3O^+-Ionen vorhanden.

Wässrige Lösungen kann man aufgrund ihrer Oxonium- oder Hydroxidionenkonzentration in saure, alkalische und neutrale Lösungen einteilen. Da durch die Oxoniumionenkonzentration auch die Hydroxidionenkonzentration festgelegt ist, weil diese sich aus dem Ionenprodukt berechnen lässt, genügt zur Charakterisierung einer Lösung die Angabe der Oxoniumionenkonzentration. Man nennt eine wässrige Lösung **neutral**, wenn gilt:

$$c(H_3O^+) = c(OH^-) = \sqrt{K_W} = 10^{-7}\,mol/l$$

Ist $c(H_3O^+)$ größer als $10^{-7}\,mol/l$, ist die Lösung **sauer**. Bei $c(H_3O^+)$ kleiner als $10^{-7}\,mol/l$ überwiegt also die Hydroxidionenkonzentration, und die Lösung ist **alkalisch**. Um einfachere *Zahlenwerte* zu erhalten, gibt man die Oxoniumionenkonzentration auch in Form des **pH-Wertes** an. Es ist zweckmäßig, eine logarithmische Größe einzuführen, damit man nicht immer mit Potenzzahlen umgehen muss. Der pH-Wert ist der mit -1 multiplizierte dekadische Logarithmus des Zahlenwertes $\{c\}$ der Stoffmengenkonzentration c der Oxoniumionen in mol/l.

$$pH = -\lg\{c(H_3O^+)\} \quad \text{mit} \quad \{c\} = \frac{c}{mol/l}$$

Ist der pH-Wert in einer wässrigen Lösung bekannt, so ergibt sich die Oxoniumionenkonzentration aus der folgenden Beziehung:

$$c(H_3O^+) = 10^{-pH}\,mol/l$$

Entsprechend definiert man den pOH-Wert:

$$pOH = -\lg\{c(OH^-)\}$$

Bei 25 °C gilt:

$$c(H_3O^+) \cdot c(OH^-) = K_W = 10^{-14}\,mol^2/l^2$$

Daraus ergibt sich:

$$-[\lg\{c(H_3O^+)\} + \lg\{c(OH^-)\}] = -\lg\{K_W\} = -\lg 10^{-14}$$

$$pH + pOH = pK_W = 14$$

Vereinfacht wird der pH-Wert häufig in der folgenden Weise definiert:

Der pH-Wert ist der mit −1 multiplizierte Logarithmus der Oxoniumionenkonzentration.

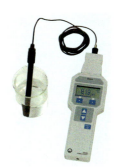

B4 pH-Meter

Reaktionsgleichgewicht				K in mol^2/l^2	ϑ in °C
2 CH_3OH	$\rightleftharpoons$	$CH_3OH_2^+$	+ CH_3O^-	10^{-17}	18
2 C_2H_5OH	$\rightleftharpoons$	$C_2H_5OH_2^+$	+ $C_2H_5O^-$	$7{,}94 \cdot 10^{-20}$	18
2 NH_3	$\rightleftharpoons$	NH_4^+	+ NH_2^-	10^{-22}	−33
2 $HCOOH$	$\rightleftharpoons$	$HCOOH_2^+$	+ $HCOO^-$	$6{,}31 \cdot 10^{-7}$	25
2 CH_3COOH	$\rightleftharpoons$	$CH_3COOH_2^+$	+ CH_3COO^-	10^{-13}	25
2 H_2SO_4	$\rightleftharpoons$	$H_3SO_4^+$	+ HSO_4^-	$1{,}26 \cdot 10^{-3}$	25
2 HNO_3	$\rightleftharpoons$	$H_2NO_3^+$	+ NO_3^-	$2 \cdot 10^{-2}$	25

B3 Autoprotolysen in nichtwässrigen Flüssigkeiten (K = Ionenprodukt)

> **V1** Prüfen Sie die elektrische Leitfähigkeit von Salzsäure, Essigsäure, Natronlauge, Ammoniaklösung (Konzentration jeweils $c = 0{,}1\,mol/l$) und von dest. Wasser.

Säure-Base-Gleichgewichte

Autoprotolyse des Wassers und pH-Wert

	pH-Wert	$c(H_3O^+)$ in mol/l	$c(OH^-)$ in mol/l	pOH-Wert
zunehmend alkalisch ↑	14	10^{-14}	10^{0}	0
	13	10^{-13}	10^{-1}	1
	12	10^{-12}	10^{-2}	2
	11	10^{-11}	10^{-3}	3
	10	10^{-10}	10^{-4}	4
	9	10^{-9}	10^{-5}	5
	8	10^{-8}	10^{-6}	6
neutral	7	10^{-7}	10^{-7}	7
	6	10^{-6}	10^{-8}	8
	5	10^{-5}	10^{-9}	9
	4	10^{-4}	10^{-10}	10
	3	10^{-3}	10^{-11}	11
zunehmend sauer ↓	2	10^{-2}	10^{-12}	12
	1	10^{-1}	10^{-13}	13
	0	10^{0}	10^{-14}	14

B5 pH-Wert-Skala für die Lösungen mit Konzentrationen bis 1 mol/l

Bei pH = 7 ist eine wässrige Lösung neutral. Der pH-Wert saurer Lösungen ist kleiner als 7, der alkalischer Lösungen größer als 7. Der Bereich zwischen pH = 0 und pH = 14 ist messtechnisch gut zugänglich. Lösungen mit pH-Werten unter 0 bzw. über 14 haben Stoffmengenkonzentrationen über 1 mol/l.

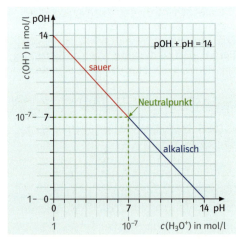

B6 pH-Wert-Skala und pOH-Wert-Skala in wässriger Lösung und zugehörige Oxonium- bzw. Hydroxidionenkonzentration

Eine pH-Wert-Erniedrigung um eine Einheit bedeutet eine Verzehnfachung der Stoffmengenkonzentration der Oxoniumionen $c(H_3O^+)$ [B5].

Beispiele:

pH = 2 $c(H_3O^+) = 10^{-2}$ mol/l = 0,01 mol/l

pH = 1 $c(H_3O^+) = 10^{-1}$ mol/l = 0,1 mol/l

A1 Die pH-Werte wässriger Lösungen sind bei 25 °C **a)** 1, **b)** 4, **c)** 8, **d)** 12, **e)** 13,5. Berechnen Sie die Oxoniumionen- und die Hydroxidionenkonzentrationen. Geben Sie an, ob die Lösungen sauer, neutral oder alkalisch sind.

A2 Die Oxoniumionenkonzentrationen wässriger Lösungen sind bei 25 °C
a) 10^{-2} mol/l, **b)** 10^{-4} mol/l, **c)** $5 \cdot 10^{-7}$ mol/l, **d)** 10^{-8} mol/l, **e)** $3 \cdot 10^{-10}$ mol/l.
Berechnen Sie die pH-Werte der Lösungen und geben Sie an, ob die Lösungen sauer, neutral oder alkalisch sind.

A3 Die Hydroxidionenkonzentrationen wässriger Lösungen sind bei 25 °C
a) 0,1 mol/l, **b)** 10^{-4} mol/l, **c)** 10^{-7} mol/l, **d)** $4 \cdot 10^{-7}$ mol/l, **e)** 10^{-11} mol/l.
Berechnen Sie die pH-Werte der Lösungen und geben Sie an, ob die Lösungen sauer, neutral oder alkalisch sind.

A4 **a)** 1 ml einer sauren Lösung, deren pH-Wert pH = 1 ist, wird mit dest. Wasser auf 1 l verdünnt. Berechnen Sie den pH-Wert der verdünnten sauren Lösung. **b)** 10 ml einer alkalischen Lösung, deren Hydroxidionenkonzentration $c(OH^-) = 10^{-2}$ mol/l ist, wird mit dest. Wasser auf 1 l verdünnt. Berechnen Sie den pH-Wert der verdünnten alkalischen Lösung.

A5 **a)** Stellen Sie dar, warum reine, flüssige Essigsäure bzw. reine, flüssige Schwefelsäure den elektrischen Strom leitet.
b) Berechnen Sie die Konzentration der Hydrogensulfationen in reiner Schwefelsäure bei 25 °C [B3].

A6 Erläutern Sie den Unterschied zwischen "pH-neutral" und "pH-hautneutral".

Säure-Base-Gleichgewichte

3.4 Die Stärke von Säuren und Basen

Salzsäure und Essigsäure gleicher Ausgangskonzentration c_0 (c_0: fiktive Konzentration der Säure vor der Säure-Base-Reaktion) weisen unterschiedliche pH-Werte auf [B1]. Worauf ist dies zurückzuführen?

Protolysegleichgewicht. Der pH-Wert von Salzsäure der Ausgangskonzentration $c_0(HCl)$ = 0,1 mol/l beträgt pH = 1 [V1]. Vergleicht man die Oxoniumionenkonzentration, die sich aus dem pH-Wert berechnen lässt, mit der Ausgangskonzentration, so erkennt man, dass beide gleich sind: $c(H_3O^+) = c_0(HCl)$ = 0,1 mol/l. Dies bedeutet, dass in dieser Salzsäure (fast) keine Chlorwasserstoffmoleküle vorliegen. Die Chlorwasserstoffmoleküle, die zu Wasser gegeben worden sind, haben ihre Protonen abgegeben. Das Gleichgewicht liegt fast vollständig auf der rechten Seite. Daher kann man die Gleichung vereinfachend mit dem „normalen" Reaktionspfeil schreiben:

$HCl + H_2O \longrightarrow Cl^- + H_3O^+$

Der pH-Wert von Essigsäure (CH_3COOH, abgekürzt HAc) der Ausgangskonzentration $c_0(HAc)$ = 0,1 mol/l beträgt pH = 2,9. Hier ist die Oxoniumionenkonzentration viel kleiner als die Ausgangskonzentration. Nur etwa jedes hundertste Essigsäuremolekül hat sein Proton abgegeben. Es liegt ein Säure-Base-Gleichgewicht vor, das auf der linken Seite liegt:

$HAc + H_2O \rightleftharpoons Ac^- + H_3O^+$

In einer Salzsäurelösung ist der Anteil der protolysierten Säuremoleküle viel höher als in einer Essigsäurelösung. Chlorwasserstoff ist eine viel stärkere Säure als Essigsäure. Die Stärke einer Säure und auch die einer Base lässt sich durch Anwendung des Massenwirkungsgesetzes definieren und ermitteln.

Säure- und Basenkonstanten. Will man die Stärke verschiedener Säuren bzw. Basen miteinander vergleichen, muss man ihre Reaktionen mit derselben Base bzw. Säure betrachten. Als Bezugsbase und Bezugssäure hat man den Ampholyten Wasser gewählt. Wendet man das Massenwirkungsgesetz auf das Gleichgewicht einer Säure bzw. Base mit Wasser an, so erhält man:

Reaktion einer Säure HA mit Wasser:
$HA + H_2O \rightleftharpoons A^- + H_3O^+$

Massenwirkungsgesetz: $K_1 = \dfrac{c(A^-) \cdot c(H_3O^+)}{c(HA) \cdot c(H_2O)}$

Reaktion einer Base B mit Wasser:
$H_2O + B \rightleftharpoons OH^- + HB^+$

Massenwirkungsgesetz: $K_2 = \dfrac{c(OH^-) \cdot c(HB^+)}{c(H_2O) \cdot c(B)}$

Ähnlich wie beim Ionenprodukt des Wassers kann in verdünnter wässriger Lösung die Konzentration des Wassers als konstant angesehen werden und mit der Gleichgewichtskonstanten K_1 bzw. K_2 zu einer neuen Konstanten K_S bzw. K_B zusammengefasst werden.

$K_S = K_1 \cdot c(H_2O) = \dfrac{c(A^-) \cdot c(H_3O^+)}{c(HA)}$

$K_B = K_2 \cdot c(H_2O) = \dfrac{c(OH^-) \cdot c(HB^+)}{c(B)}$

Die Gleichgewichtskonstanten K_S und K_B bezeichnet man als *Säurekonstante* bzw. *Basenkonstante*. Beide Konstanten sind von der Temperatur abhängig, jedoch unabhängig von der Konzentration der Säure oder Base.

Säure- und Basenkonstante sind ein Maß für die Säure- bzw. Basenstärke. Je größer der K_S- bzw. der K_B-Wert ist, desto stärker ist die Säure bzw. Base.

Statt der Konstanten K_S und K_B gibt man häufig die mit −1 multiplizierten dekadischen Logarithmen ihrer Zahlenwerte an.

Säureexponent:
$pK_S = -\lg\{K_S\}$ $K_S = 10^{-pK_S}$ mol/l

Basenexponent:
$pK_B = -\lg\{K_B\}$ $K_B = 10^{-pK_B}$ mol/l

B1 Gleiche Konzentrationen – unterschiedliche pH-Werte

$c_0(HCl)$ = 0,1 mol/l
pH = 1

$c_0(HAc)$ = 0,1 mol/l
pH = 2,9

protolysierte Säuremoleküle haben ihr Proton abgegeben

Säure-Base-Gleichgewichte

Die Stärke von Säuren und Basen

Je kleiner der pK_S- bzw. pK_B-Wert ist, desto stärker ist die Säure bzw. die Base [B2, B3]. pK_S- und pK_B-Werte ermöglichen eine Einteilung von Säuren und Basen nach ihrer Stärke. Diese Einteilung ist mithilfe des pH-Wertes nicht möglich, da der pH-Wert von der Ausgangskonzentration der Säure oder Base abhängt.

Der pK_S-Wert einer Säure HA und der pK_B-Wert ihrer korrespondierenden Base A^- hängen in einfacher Weise voneinander ab:

$$HA + H_2O \rightleftharpoons A^- + H_3O^+$$
$$K_S = \frac{c(A^-) \cdot c(H_3O^+)}{c(HA)}$$

$$H_2O + A^- \rightleftharpoons OH^- + HA$$
$$K_B = \frac{c(HA) \cdot c(OH^-)}{c(A^-)}$$

$K_S \cdot K_B = c(H_3O^+) \cdot c(OH^-) = K_W = 10^{-14}\,mol^2/l^2$
bzw.: $pK_S + pK_B = pK_W = 14$

Das Produkt aus K_S- und K_B-Wert eines korrespondierenden Säure-Base-Paares ergibt stets den Wert des Ionenproduktes des Wassers: $K_S \cdot K_B = K_W$

Bei 25 °C ist dieses: $K_W = 10^{-14}\,mol^2/l^2$

Ist der pK_S-Wert einer Säure [B2] bekannt, so kann man mit der Gleichung: $pK_S + pK_B = pK_W = 14$ den K_B-Wert der korrespondierenden Base berechnen (und umgekehrt).
Aus der Gleichung geht auch hervor:

Je stärker eine Säure ist, umso schwächer ist ihre korrespondierende Base. Je stärker die Base ist, umso schwächer ist ihre korrespondierende Säure.

Sehr starke Säuren und Basen. Wässrige Lösungen gleicher Ausgangskonzentration an Ameisensäure und Essigsäure besitzen unterschiedliche pH-Werte. Dagegen kann man in gleich konzentrierten wässrigen Lösungen aus Chlorwasserstoff bzw. Perchlorsäure ($HClO_4$) keine pH-Unterschiede feststellen. Alle sehr starken Säuren reagieren so gut wie vollständig mit Wasser.

Beispiel: $HClO_4 + H_2O \longrightarrow ClO_4^- + H_3O^+$

Sehr starke Säuren protolysieren in verdünnter wässriger Lösung annähernd vollständig.

pK_S	Säure	korrespondierende Base	pK_B
Vollständige Protonenabgabe	$HClO_4$	ClO_4^-	Keine Protonenaufnahme
	HI	I^-	
	HCl	Cl^-	
	H_2SO_4	HSO_4^-	
−1,74	H_3O^+	H_2O	15,74
−1,32	HNO_3	NO_3^-	15,32
1,92	HSO_4^-	SO_4^{2-}	12,08
2,13	H_3PO_4	$H_2PO_4^-$	11,87
2,22	$[Fe(H_2O)_6]^{3+}$	$[Fe(OH)(H_2O)_5]^{2+}$	11,78
3,14	HF	F^-	10,86
3,35	HNO_2	NO_2^-	10,65
3,75	HCOOH	$HCOO^-$	10,25
4,75	CH_3COOH	CH_3COO^-	9,25
4,85	$[Al(H_2O)_6]^{3+}$	$[Al(OH)(H_2O)_5]^{2+}$	9,15
6,52	H_2CO_3/CO_2^*	HCO_3^-	7,48
6,92	H_2S	HS^-	7,08
7,00	HSO_3^-	SO_3^{2-}	7,00
7,20	$H_2PO_4^-$	HPO_4^{2-}	6,80
9,25	NH_4^+	NH_3	4,75
9,40	HCN	CN^-	4,60
10,40	HCO_3^-	CO_3^{2-}	3,60
12,36	HPO_4^{2-}	PO_4^{3-}	1,64
13,00	HS^-	S^{2-}	1,00
15,74	H_2O	OH^-	−1,74
Keine Protonenabgabe	C_2H_5OH	$C_2H_5O^-$	Vollständige Protonenaufnahme
	NH_3	NH_2^-	
	OH^-	O^{2-}	
	H_2	H^-	

(Säurestärke nimmt zu ↓ / Basenstärke nimmt zu ↑)

* Der oben angegebene pK_S-Wert ist ein effektiver Wert für das System $CO_2(aq)/H_2CO_3$. Der tatsächliche Wert für H_2CO_3 ist $pK_S = 3{,}45$

B2 pK_S- und pK_B-Werte in wässriger Lösung (bei $\vartheta = 25\,°C$)

92 Säure-Base-Gleichgewichte

Die Stärke von Säuren und Basen

Wässrige Lösungen sehr starker Säuren gleicher Konzentration haben daher den gleichen pH-Wert.

Da sehr starke Säuren mit $pK_S < pK_S(H_3O^+)$ annähernd vollständig protolysieren, kann man ihre pK_S-Werte in wässriger Lösung nicht ermitteln. Das bei der Protolyse gebildete Oxoniumion ist die stärkste Säure, die in wässriger Lösung existieren kann.

Ähnliche Überlegungen gelten für sehr starke Basen mit $pK_B < pK_B(OH^-)$.

Beispiel: $H_2O + O^{2-} \longrightarrow OH^- + OH^-$

Für sehr starke Basen kann man in wässriger Lösung keine pK_B-Werte ermitteln. Das Hydroxidion ist die stärkste Base, die in wässriger Lösung existieren kann.

Sehr starke Basen sind in verdünnter wässriger Lösung annähernd vollständig protoniert.

Der pK_S-Wert (bei $\vartheta = 25\,°C$) ist eine *stoffspezifische Konstante*. So hat Essigsäure in Speiseessig und Essigessenz immer den gleichen Wert $pK_S = 4{,}75$. Die Eigenschaften von Speiseessig und Essigessenz sind jedoch unterschiedlich. Sie hängen von der Stoffmengenkonzentration der Säure ab.

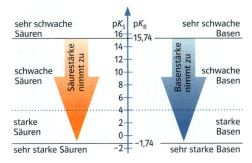

B3 Einteilung der Stärke von Säuren und Basen nach ihrem pK-Wert

Essigsäure der Konzentration $c_0(HAc) = 0{,}1\,mol/l$ weist den pH-Wert $pH = 2{,}9$ auf.
Wie groß ist der K_S-Wert?

Lösungsweg: $HAc + H_2O \rightleftharpoons Ac^- + H_3O^+$
Essigsäure reagiert nur in geringem Ausmaß mit Wasser, deshalb ist die Gleichgewichtskonzentration $c(HAc)$ näherungsweise gleich der Ausgangskonzentration $c_0(HAc)$. Die Oxoniumionenkonzentration aus dem Autoprotolysegleichgewicht des Wassers ist sehr klein und kann vernachlässigt werden, es gilt: $c(Ac^-) = c(H_3O^+)$.

$$K_S = \frac{c(Ac^-) \cdot c(H_3O^+)}{c(HAc^-)} \approx \frac{c^2(H_3O^+)}{c_0(HAc^-)}$$

$$K_S = \frac{(10^{-2{,}9}\,mol \cdot l^{-1})^2}{10^{-1}\,mol \cdot l^{-1}} = 10^{-4{,}8}\,mol \cdot l^{-1}$$

Der K_S-Wert der Essigsäure ist:
$K_S = 10^{-4{,}8}\,mol \cdot l^{-1}$.

B4 Bestimmung des K_S-Wertes der Essigsäure, einer schwachen Säure

---

V1 Messen Sie die pH-Werte von Salzsäure und Essigsäure der folgenden Ausgangskonzentrationen: $c_0(HA)$: $0{,}1\,mol/l$; $0{,}01\,mol/l$; $0{,}001\,mol/l$.

V2 Verschiebung eines Säure-Base-Gleichgewichts: Füllen Sie je zwei Reagenzgläser zu etwa einem Drittel mit Essigsäure bzw. Salzsäure ($c_0(HA) = 0{,}1\,mol/l$). Geben Sie jeweils 4 Tropfen Universalindikatorlösung zu. Geben Sie zur Salzsäure festes Kochsalz und zur Essigsäure festes Natriumacetat in kleinen Portionen. Die beiden anderen Reagenzgläser dienen dem Vergleich.

A1 Benennen Sie die Teilchen, die in
a) Salzsäure ($c_0(HCl) = 0{,}1\,mol/l$),
b) Essigsäure ($c_0(HAc) = 0{,}1\,mol/l$),
c) Natronlauge ($c_0(NaOH) = 0{,}1\,mol/l$) und
d) Ammoniaklösung ($c_0(NH_3) = 0{,}1\,mol/l$)
vorliegen und ordnen Sie die Teilchen der jeweiligen Lösung nach steigender Konzentration.

A2 Propansäure (vereinfacht: HProp) der Konzentration $c_0(HProp) = 0{,}1\,mol/l$ hat den pH-Wert 2,94. Berechnen Sie den K_S-Wert und pK_S-Wert der Säure.

3.5 pH-Werte wässriger Lösungen

a) Sehr starke Säure:
$c_0(HCl) = 0,01\,mol/l$
$pH = -lg\{c(H_3O^+)\} = -lg\{c_0(HCl)\} = -lg\,10^{-2} = 2$

b) Schwache Säure:
$c_0(HAc) = 0,01\,mol/l$
$pH = \frac{1}{2}\,[pK_S - lg\{c_0(HAc)\}] = \frac{1}{2}\,(4,75 + 2) = 3,38$

c) Sehr starke Base:
$c_0(OH^-) = 0,1\,mol/l$
$pOH = -lg\{c(OH^-)\} = -lg\{c_0(OH^-)\} = -lg\,10^{-1} = 1$
$pH = 14 - pOH = 14 - 1 = 13$

d) Schwache Base:
$c_0(NH_3) = 0,1\,mol/l$
$pOH = \frac{1}{2}\,[pK_B - lg\{c_0(NH_3)\}] = \frac{1}{2}\,(4,75 + 1) = 2,88$
$pH = 14 - pOH = 14 - 2,88 = 11,12$

B1 pH-Werte der Lösungen von Säuren und Basen (Beispiele)

Eine sehr starke Säure reagiert gemäß der Gleichung

$$HA + H_2O \longrightarrow A^- + H_3O^+$$

sogar bei Ausgangskonzentrationen der Größenordnung $c_0(HA) = 1\,mol/l$ vollständig mit Wasser. Man kann somit die Konzentration $c(A^-)$ gleich der Ausgangskonzentration $c_0(HA)$ setzen. Da man für Konzentrationen $c_0(HA) \geq 10^{-6}\,mol/l$ die Oxoniumionen aus dem Autoprotolysegleichgewicht des Wassers vernachlässigen kann, ist näherungsweise $c(H_3O^+) \approx c(A^-)$. Für den pH-Wert der Säurelösung gilt dann annähernd:

$$pH = -lg\{c_0(HA)\}$$
Berechnung des pH-Werts sehr starker Säuren

Eine schwache Säure reagiert gemäß

$$HA + H_2O \rightleftharpoons A^- + H_3O^+$$

nur in geringem Ausmaß mit Wasser. Deshalb ist die Gleichgewichtskonzentration $c(HA)$ näherungsweise gleich der Ausgangskonzentration $c_0(HA)$. Vernachlässigt man außerdem

die Oxoniumionen aus dem Autoprotolysegleichgewicht des Wassers, gilt $c(A^-) \approx c(H_3O^+)$. Mit diesen Näherungen und mit Kenntnis des K_S- bzw. pK_S-Wertes der Säure lässt sich der pH-Wert der Säurelösung folgendermaßen berechnen:

$$K_S = \frac{c(A^-) \cdot c(H_3O^+)}{c(HA)} = \frac{c^2(H_3O^+)}{c_0(HA)}$$

$$\Leftrightarrow \quad c(H_3O^+) = [K_S \cdot c_0(HA)]^{1/2}$$

$$\Leftrightarrow \quad -lg\{c(H_3O^+)\} = \frac{1}{2}\,[-lg\{K_S\} - lg\{c_0(HA)\}]$$

$$\Leftrightarrow \quad pH = \frac{1}{2}\,[pK_S - lg\{c_0(HA)\}]$$
Berechnung des pH-Werts schwacher Säuren

Bei Basen erhält man für die pH-Wert-Berechnungen entsprechende Gleichungen durch Ersetzen von K_S durch K_B, von $c(H_3O^+)$ durch $c(OH^-)$ und von pH durch pOH. Der pH-Wert ergibt sich aus der folgenden Beziehung:

$$pH = pK_W - pOH = 14 - pOH$$

Saure und alkalische Lösungen reagieren miteinander zu einem Salz und Wasser. Bei dieser Neutralisationsreaktion entsteht nicht unbedingt eine neutrale Lösung. *Salzlösungen* können *sauer*, *neutral* oder *alkalisch* sein. Salze sind im festen Zustand kristalline Verbindungen, die aus Ionen aufgebaut sind. Beim Lösen in Wasser können die Kationen und Anionen der Salze mit dem Ampholyten Wasser als Brønstedsäuren oder -basen reagieren.

Kationen als Säuren. Damit ein Kation als Brønstedsäure reagieren kann, muss es ein Proton abgeben können. Ammoniumionen sind Brønstedsäuren, die mit Wassermolekülen Oxoniumionen bilden:

$$NH_4^+ + H_2O \rightleftharpoons NH_3 + H_3O^+$$

Das Ammoniumion ist die korrespondierende Säure des Ammoniakmoleküls, einer schwachen Base. Einige Metallionen wie $Al^{3+}(aq)$- und $Fe^{3+}(aq)$-Ionen bilden ebenfalls saure Lösungen. Bei Metallkationen ist zu

94 Säure-Base-Gleichgewichte

pH-Werte wässriger Lösungen

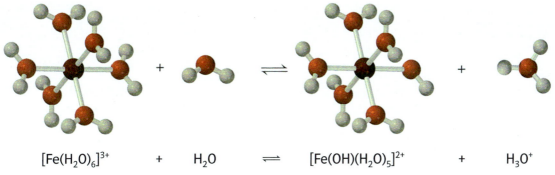

$[Fe(H_2O)_6]^{3+}$ + H_2O ⇌ $[Fe(OH)(H_2O)_5]^{2+}$ + H_3O^+

B2 Das hydratisierte Eisen(III)-Ion als Brønstedsäure

beachten, dass Ionen in wässriger Lösung stets hydratisiert vorliegen.
In den folgenden Formeln für diese hydratisierten Ionen sind nur die Wassermoleküle erfasst, die die nächsten Nachbarn sind (z. B. $[Fe(H_2O)_6]^{3+}$, $[Al(H_2O)_6]^{3+}$). Hydratisierte Metallionen sind unterschiedlich starke Brønstedsäuren. Ein Beispiel dafür ist in B2 abgebildet. Die Fähigkeit des hydratisierten Ions als Säure zu reagieren, beruht darauf, dass Wassermoleküle, die die nächsten Nachbarn bilden, durch das mehrfach positiv geladene Metallion so stark polarisiert werden, dass es zur Abspaltung eines Protons kommen kann. Lösungen von hydratisierten Metallionen sind umso stärker sauer, je höher die Ladung und je kleiner der Radius, d.h., je größer die Ladungsdichte des Ions ist. Hydratisierte Alkali- und Erdalkalimetallionen haben aufgrund ihrer geringen Ladungsdichte eine so geringe Säurestärke, dass man das Ausmaß der Säure-Base-Reaktion mit Wasser als vernachlässigbar klein ansehen kann.

Anionen als Basen. Ob die Lösung eines Salzes sauer, neutral oder alkalisch ist, hängt nicht nur von den Kationen, sondern auch den Anionen ab. Anionen, die korrespondierende Basen schwacher Säuren sind, reagieren gegenüber Wasser als Brønstedbasen.
So bildet Natriumacetat alkalische Lösungen, weil die Acetationen gegenüber Wassermolekülen als Base reagieren und die hydratisierten Natriumionen keine Säure-Base-Reaktion mit den Wassermolekülen eingehen:

CH_3COO^- + H_2O ⇌ CH_3COOH + OH^-

Die Anionen **sehr starker und vieler starker Säuren** sind sehr schwache bzw. schwache Basen, sie gehen deshalb keine Säure-Base-Reaktionen mit den Wassermolekülen ein. Zu diesen „neutralen Anionen" gehören: Cl^-, Br^-, I^-, NO_3^-, ClO_4^-, SO_4^{2-}.

Eine Eisen(III)-chlorid-Lösung ist sauer, weil die hydratisierten Eisen(III)-Ionen als Brønstedsäure wirken, die Chloridionen aber keine Säure-Base-Reaktion mit den Wassermolekülen eingehen.

A1 Berechnen Sie die pH-Werte von:
a) Salzsäure $c_0(HCl)$ = 0,001 mol/l,
b) Kalilauge $c_0(KOH)$ = 0,01 mol/l,
c) Kalkwasser $c_0(Ca(OH)_2)$ = 0,0005 mol/l,
d) Essigsäure $c_0(HAc)$ = 0,1 mol/l,
e) Ammoniaklösung $c_0(NH_3)$ = 1 mol/l.

A2 Welche Aussage können Sie über den pH-Wert einer Salzsäure der Konzentration $c_0(HCl) = 10^{-8}$ mol/l machen?

A3 In 100 ml Joghurt sind nach Lebensmittelanalysen 1,1 g Milchsäure enthalten. Milchsäure hat folgende Formel:

$$H_3C - \underset{\underset{OH}{|}}{\overset{\overset{H}{|}}{C}} - COOH$$

Der K_S-Wert dieser einprotonigen Säure ist $K_S = 1{,}35 \cdot 10^{-4}$ mol/l. Berechnen Sie den pH-Wert des Joghurts.

Säure-Base-Gleichgewichte

pH-Werte wässriger Lösungen

Salz	Ionen nach dem Lösen des Salzes in Wasser	pK_S- und pK_B-Werte	Säure-Base-Reaktion der Ionen	Einordnung der Lösung
Natrium-hydrogen-sulfat	$Na^+ + HSO_4^-$	p$K_S(HSO_4^-) = 1,92$	Na^+-Ionen gehen mit Wasser keine Säure-Base-Reaktion ein. $HSO_4^- + H_2O \rightleftharpoons SO_4^{2-} + H_3O^+$	Die Lösung ist sauer.
Eisen(III)-chlorid	$[Fe(H_2O)_6]^{3+} + 3\ Cl^-$	p$K_S([Fe(H_2O)_6]^{3+}) = 2,22$	$[Fe(H_2O)_6]^{3+} + H_2O \rightleftharpoons [Fe(OH)(H_2O)_5]^{2+} + H_3O^+$ Cl^--Ionen gehen mit Wasser keine Säure-Base-Reaktion ein.	Die Lösung ist sauer.
Kalium-carbonat	$2\ K^+ + CO_3^{2-}$	p$K_B(CO_3^{2-}) = 3,60$	$CO_3^{2-} + H_2O \rightleftharpoons HCO_3^- + OH^-$	Die Lösung ist alkalisch.
Natrium-chlorid	$Na^+ + Cl^-$	Keine Angabe des pK_S- bzw. pK_B-Wertes möglich.	Die Ionen gehen keine Säure-Base-Reaktionen mit Wasser ein.	Die Lösung ist neutral.
Ammonium-acetat	$NH_4^+ + Ac^-$	p$K_S(NH_4^+)$ = p$K_B(Ac^-)$ = 9,25	$NH_4^+ + H_2O \rightleftharpoons NH_3 + H_3O^+$ $Ac^- + H_2O \rightleftharpoons HAc + OH^-$	Die Lösung ist neutral.

B3 Protolyse von Salzen. Qualitative Abschätzung des pH-Werts aus den pK-Werten

Neutrale Salzlösungen. Die wässrige Lösung eines Salzes ist nur dann neutral, wenn weder die Kationen noch die Anionen mit Wasser in merklichem Ausmaß reagieren (z. B. Na^+Cl^-) oder wenn die Säurestärke der einen Ionenart gleich der Basenstärke der anderen ist (z. B. $CH_3COO^-NH_4^+$).

Abschätzung des pH-Werts einer Salzlösung. Sind die pK_S- bzw. die pK_B-Werte für die Ionen bekannt, kann qualitativ vorausgesagt werden, ob die wässrige Lösung eines Salzes sauer, alkalisch oder neutral ist [B3].
Die Kenntnis der Stärke von Säuren und Basen, d.h. die Kenntnis der Säure- oder Basenkonstanten bzw. ihrer pK-Werte, erlaubt aber auch quantitative Aussagen über die pH-Werte von Salzlösungen [B4]. Bei einigen Salzen sind die Anionen *Ampholyte* (z. B.: HSO_4^-, HPO_4^{2-}). Die Berechnung der pH-Werte ist dann aufwändiger.
In B4 sind daher die pH-Werte wässriger Lösungen von Ampholyten angegeben. Bei amphoteren Anionen ist für die Bildung einer sauren, neutralen oder alkalischen Lösung entscheidend, ob die Säurestärke oder die Basenstärke der Anionen überwiegt.

Dies gilt allerdings nur, wenn die Kationen keine Säure-Base-Reaktionen mit Wassermolekülen eingehen.

Beim Lösen eines Salzes kann eine saure, neutrale oder alkalische Lösung entstehen. Entscheidend für die pH-Werte der Salzlösungen sind die Säure-Base-Reaktionen der Kationen und Anionen mit den Wassermolekülen.

Ampholyt	c_0 in mol/l				
	10^{-1}	10^{-2}	10^{-3}	10^{-4}	
HSO_4^-	1,54	2,19	3,03	4,00	pH-Wert
$H_2PO_4^-$	4,68	4,79	5,13	5,61	
HPO_4^{2-}	9,74	9,52	9,09	8,59	
HCO_3^-	8,46	8,45	8,41	8,15	

B4 pH-Werte von Ampholytlösungen bei verschiedenen Konzentrationen

V1 Bestimmen Sie die pH-Werte von dest. Wasser und der Lösungen (c = 0,1 mol/l) von: Natriumchlorid (NaCl), Natriumacetat (CH₃COONa), Ammoniumchlorid (NH₄Cl), Ammoniumacetat (CH₃COONH₄) und Eisen(III)-chlorid (FeCl₃).

V2 Füllen Sie ein Reagenzglas zu etwa einem Drittel mit dest. Wasser, geben Sie je eine Spatelspitze Calciumcarbonat und festen WC-Reiniger [B6] zu.

A4 Erklären Sie die folgenden Sachverhalte durch Anwendung der Brønsted-Säure-Base-Theorie:
Eine Ammoniumchlorid- und auch eine Zinkchloridlösung sind sauer. Eine Kaliumnitrat- und eine Natriumsulfatlösung sind neutral. Eine Natriumsulfid- und auch eine Natriumhydrogencarbonatlösung sind alkalisch.

A5 Begründen Sie, weshalb eine Natriumcarbonatlösung stärker alkalisch ist als eine Natriumhydrogencarbonatlösung gleicher Ausgangskonzentration.

A6 Erläutern Sie, warum zur Neutralisation von „überschüssiger Magensäure" (Beseitigung von Sodbrennen) Natriumhydrogencarbonat, aber nicht Natriumcarbonat eingesetzt werden kann.

A7 Saurer WC-Reiniger kann zur Beseitigung von Urinstein und Kalk eingesetzt werden. Neben Natriumhydrogensulfat („Natriumbisulfat") enthält der Reiniger häufig einen Anteil an Natriumhydrogencarbonat oder Natriumcarbonat. Begründen Sie den Zweck dieses Zusatzes.

A8 Gibt man eine Spatelspitze Natriumhydrogensulfat zu dest. Wasser, erhält man eine saure Lösung. Wird eine Spatelspitze Natriumhydrogencarbonat in Wasser gelöst, bildet sich hingegen eine alkalische Lösung. Deuten Sie die beschriebenen Beobachtungen.

Die Konzentration des Salzes Natriumacetat soll c(NaAc) = 0,1 mol/l sein. Berechnen Sie den pH-Wert dieser Lösung.

Lösungsweg: Acetationen reagieren als Brønstedbase mit Wasser, Natriumionen gehen mit dem Wasser keine Säure-Base-Reaktion ein. Es gilt daher:

$$H_2O + Ac^- \rightleftharpoons OH^- + HAc$$

$K_B = \dfrac{c(OH^-) \cdot c(HAc)}{c_0(Ac^-)}$

$c(OH^-) = c(HAc); \; c(Ac^-) \approx c_0(Ac^-)$

$c^2(OH^-) = K_B \cdot c_0(Ac^-)$

$c(OH^-) = \sqrt{10^{-9,25} \, mol \cdot l^{-1} \cdot 0,1 \, mol \cdot l^{-1}}$

$ = 10^{-5,13} \, mol \cdot l^{-1}$

pOH = 5,13

pH = 14 − 5,13 = 8,87

B5 Berechnung des pH-Werts einer Salzlösung mit c(NaAc) = 0,1 mol/l

Gefahr ernster Augenschäden (bei unsachgemäßer Anwendung). Darf nicht in die Hände von Kindern gelangen. Behälter mit Vorsicht öffnen und handhaben. Berührung mit den Augen vermeiden. Bei Berührung mit den Augen sofort gründlich mit Wasser abspülen und Arzt konsultieren. Bei Verschlucken sofort ärztlichen Rat einholen und Verpackung oder Etikett vorzeigen.

Inhaltsstoffangabe (gem. EG-Empfehlung): unter 5 % anionische Tenside. Weitere Inhaltsstoffe: Natrumhydrogensulfat, Salze und Parfümöl.
Nicht zusammen mit anderen Reinigungsmitteln verwenden.

Packung nur völlig restentleert der Wertstoffsammlung zuführen.

Inhalt **1000 g**

B6 Saurer WC-Reiniger (Pulver)

3.6 Puffersysteme

1 ml Salzsäure der Konzentration $c_0(HCl)$ = 1 mol/l wird zu folgenden Lösungen gegeben:

a) zu 0,1 l dest. Wasser (pH = 7)
b) zu 0,1 l Essigsäure-Acetat-Pufferlösung mit $c_0(HAc) = c_0(Ac^-) = 0{,}10$ mol/l (folglich ist pH = pK_s = 4,75)
Wie ändert sich jeweils der pH-Wert?

Stoffmenge von HCl:
$n(HCl) = 1$ mol/l $\cdot$ 0,001 l = 0,001 mol
Zur Vereinfachung wird das Volumen der zugegebenen Salzsäure vernachlässigt, d. h., das Volumen sei vor und nach der Zugabe 0,1 l.

zu **a)**: pH-Wert der wässrigen Lösung der sehr starken Säure HCl: pH = $-\lg\{c(HCl)\}$

$c(HCl) = 0{,}001$ mol/(0,1 l) = 0,01 mol/l

pH = $-\lg 0{,}01 = 2$ $\Rightarrow$ $\Delta pH = 7 - 2 = 5$

zu **b)**: pH-Wert der Essigsäure-Acetat-Pufferlösung:

pH = $4{,}75 + \lg \frac{c(Ac^-)}{c(HAc)}$

Stoffmengen vor der Reaktion:
$n(Ac^-) = 0{,}10$ mol/l $\cdot$ 0,1 l = 0,010 mol
$n(HAc) = 0{,}10$ mol/l $\cdot$ 0,1 l = 0,010 mol

Annahme: Alle H$_3$O$^+$-Ionen der Salzsäure (0,001 mol) reagieren mit den Ac$^-$-Ionen der Pufferlösung zu HAc. Daraus ergeben sich folgende Stoffmengen und Konzentrationen nach der Reaktion:

$n(Ac^-)$ = 0,010 mol − 0,001 mol = 0,009 mol
$n(HAc)$ = 0,010 mol + 0,001 mol = 0,011 mol

$c(Ac^-)$ = 0,009 mol/0,1 l = 0,09 mol/l
$c(HAc)$ = 0,011 mol/0,1 l = 0,11 mol/l

pH = $4{,}75 + \lg \frac{0{,}09\,\text{mol/l}}{0{,}11\,\text{mol/l}}$ =

$4{,}75 - 0{,}09 = 4{,}66$ $\Rightarrow$ $\Delta pH = 4{,}75 - 4{,}66 = 0{,}09$

B1 Beispielrechnung zur Wirkung einer Pufferlösung

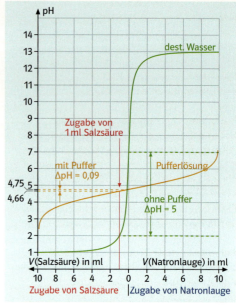

B2 pH-Wert-Änderungen bei Zugabe von H$_3$O$^+$-Ionen zu Wasser bzw. einem Essigsäure-Acetat-Puffer

Der pH-Wert des menschlichen Blutes schwankt nur sehr wenig um den pH-Wert von 7,4, obwohl beim Stoffwechsel Säuren an das Blut abgegeben werden. Gibt man dagegen zu dest. Wasser nur wenig Salzsäure, so zieht dies eine hohe pH-Wert-Änderung nach sich [V1, B2]. Man spricht bei Systemen, die auf die Zugabe einer sauren oder alkalischen Lösung mit einer nur sehr geringen pH-Wert-Änderung reagieren, von Pufferlösungen.

Wirkungsweise einer Pufferlösung. Eine Lösung, die Essigsäure und Natriumacetat in ausreichender und gleicher Konzentration enthält, weist den pH-Wert pH = 4,75 auf. Bei Zusatz von Oxonium- oder Hydroxidionen in nicht allzu großen Stoffmengen sinkt bzw. steigt der pH-Wert nur geringfügig [V1]. Eine Lösung, die Essigsäuremoleküle und Acetationen enthält, kann also sowohl Oxoniumionen als auch Hydroxidionen abfangen.

Essigsäure-Acetat-Puffer:
HAc + H$_2$O $\rightleftharpoons$ Ac$^-$ + H$_3$O$^+$

Zugabe von Oxoniumionen:
HAc + H$_2$O ⟵ Ac$^-$ + H$_3$O$^+$
Das Gleichgewicht verschiebt sich nach links.

Zugabe von Hydroxidionen:
HAc + OH$^-$ ⟶ Ac$^-$ + H$_2$O
Das Gleichgewicht verschiebt sich nach rechts.

Die schwache Säure gibt Protonen zur Neutralisation der Hydroxidionen ab. Ihre korrespondierende Base wirkt als Protonenakzeptor. Eine Pufferlösung enthält dementsprechend eine *schwache Säure und deren korrespondierende Base*. Alternativ kann die Pufferlösung auch aus einer *schwachen Base und deren korrespondierender Säure* bestehen.

Puffersysteme sind Lösungen schwacher Säuren (Basen) und ihrer korrespondierenden Basen (Säuren). Pufferlösungen ändern ihren pH-Wert bei Zugabe von Oxonium- oder Hydroxidionen nur wenig.

pH-Wert einer Pufferlösung. Neben dem Essigsäure-Acetat-Puffer gibt es eine Reihe wichtiger Pufferlösungen, z. B. den Kohlensäure-Hydrogencarbonat-Puffer (H$_2$CO$_3$/HCO$_3^-$) oder den Phosphatpuffer (H$_2$PO$_4^-$/HPO$_4^{2-}$). Diese Puffersysteme wirken bei unterschiedlichen pH-Werten.
Der pH-Wert einer Pufferlösung lässt sich mit dem MWG berechnen.

$$\frac{c(H_3O^+) \cdot c(A^-)}{c(HA)} = K_S \implies c(H_3O^+) = K_S \cdot \frac{c(HA)}{c(A^-)}$$

Bildet man den mit −1 multiplizierten dekadischen Logarithmus, erhält man:

$$-\lg\{c(H_3O^+)\} = -\lg\{K_S\} - \lg\frac{c(HA)}{c(A^-)}$$

Wendet man die Definitionen des pH-Wertes und des pK_S-Wertes an, so ergibt sich:

$$pH = pK_S + \lg\frac{c(A^-)}{c(HA)} \quad \text{(Henderson-Hasselbalch-Gleichung)}$$

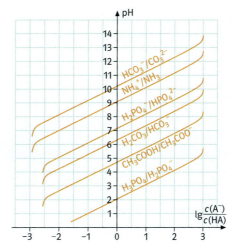

B3 Pufferschar: pH-Wert als Funktion von $\lg[c(A^-)/c(HA)]$

V1 Geben Sie in zwei Bechergläser jeweils 100 ml dest. Wasser und in zwei weitere jeweils 100 ml einer Lösung aus Essigsäure (HAc) und Natriumacetat mit den Konzentrationen c_0(HAc) = c_0(NaAc) = 0,1 mol/l. Geben Sie zu dem dest. Wasser und der Lösung jeweils 5 Tropfen Universalindikatorlösung. Geben Sie in das eine Becherglas mit dest. Wasser und in das eine Becherglas mit der Essigsäure-Natriumacetat-Lösung jeweils 1 ml Salzsäure der Konzentration c_0(HCl) = 1 mol/l. In die beiden anderen Bechergläser lassen Sie je 1 ml Natronlauge der Konzentration c_0(NaOH) = 1 mol/l fließen. Rühren Sie die Lösungen um, bestimmen Sie die pH-Werte und vergleichen Sie die pH-Wert-Änderungen.

A1 In 100 ml Lösung sind je 0,1 mol Ammoniak und Ammoniumchlorid gelöst.
a) Erklären Sie, warum sich der pH-Wert der Lösung bei Zugabe von z. B. 9 ml Salzsäure der Konzentration c_0(HCl) = 1 mol/l bzw. 9 ml Natronlauge der Konzentration c_0(NaOH) = 1 mol/l nur wenig ändert.
b) Analysieren Sie, in welchem pH-Bereich die Lösung puffert.

Aus dieser „Puffergleichung" geht hervor, dass der pH-Wert einer Pufferlösung gleich dem pK_S-Wert der schwachen Säure ist, wenn die Gleichgewichtskonzentrationen der Säure $c(HA)$ und der korrespondierenden Base $c(A^-)$ gleich sind.

Für $c(HA) = c(A^-)$ folgt:
$pH = pK_S + lg\,1 = pK_S + 0 = pK_S$

Im Bereich des pH-Wertes $pH \approx pK_S$ erfolgt die Pufferung.

Der pH-Wert einer Pufferlösung entspricht ungefähr dem pK_s-Wert der schwachen Säure des Puffersystems ($pH \approx pK_s$).

In der Praxis setzt man häufig die Säure und die korrespondierende Base im Stoffmengenverhältnis 1:1 ein. Bei diesem Verhältnis kann man in guter Näherung für die Gleichgewichtskonzentrationen $c(A^-)$ und $c(HA)$ die Ausgangskonzentrationen $c_0(A^-)$ und $c_0(HA)$ einsetzen.

Ein Puffersystem kann nicht beliebig viele Oxoniumionen oder Hydroxidionen neutralisieren. Die Fähigkeit zur Pufferung ist erschöpft, wenn der größte Teil der schwachen Säure zur korrespondierenden Base oder diese zur Säure reagiert hat.

Daher sind zwei Eigenschaften eines Puffersystems zu unterscheiden. Die eine ist die Unempfindlichkeit des pH-Wertes gegen etwas Säurezugabe. Die andere beschreibt, welche Stoffmenge an Säure das System verkraftet, ohne dass der Bereich, in dem Pufferung erfolgt, verlassen wird.

Bedeutung von Puffersystemen. Puffersysteme spielen in vielen Bereichen der Chemie eine große Rolle. Pufferlösungen dienen z.B. zum Einstellen von pH-Metern. Auch bei vielen Industrieprozessen finden Pufferlösungen Verwendung.

Exkurs Puffersystem und Gleichgewicht

Der Puffereffekt ist ein Anwendungsbeispiel für das Prinzip von LE CHATELIER und BRAUN.
In einer Essigsäure-Acetat-Lösung liegen die folgenden Gleichgewichte vor:

(1)	$HAc + H_2O$	$\rightleftharpoons$	Ac^- +	H_3O^+
				+
(2)	$Ac^- + H_2O$	$\rightleftharpoons$	HAc +	OH^-
				$\Updownarrow$
				$2\,H_2O$
				(3)

Die Gleichgewichtsreaktionen sind miteinander vernetzt. Durch die Zugabe von Oxoniumionen oder Hydroxidionen werden alle Gleichgewichtsreaktionen beeinflusst.

Die Säuremoleküle oder die Oxoniumionen geben bei Zugabe von Hydroxidionen Protonen ab; überwiegend reagieren Säuremoleküle, da deren Konzentration wesentlich größer ist als die der Oxoniumionen. Da es sich um Gleichgewichtsreaktionen handelt, wird ein Teil der Reaktionspartner der Hydroxidionen, also die Essigsäuremoleküle bzw. die Oxoniumionen, nachgebildet. Die pH-Wert-Erhöhung fällt dementsprechend kleiner aus als beim Nichtvorliegen einer schwachen Säure.

Werden H_3O^+-Ionen zu der Pufferlösung gegeben, so wird ein Teil dieser Komponente verbraucht, die Erhöhung der Oxoniumionenkonzentration und die sich daraus ergebende Erniedrigung des pH-Wertes fällt also kleiner aus, als wenn keine schwache Base vorläge.

3.7 Impulse Bedeutung von Puffern

Puffersysteme spielen in vielen Bereichen der Biologie und Chemie eine große Rolle.

Kohlensäure-Hydrogencarbonat-Puffersystem. Von großer Bedeutung ist die Pufferung des Blutes. Der pH-Wert des Blutes muss zwischen 7,36 und 7,44 – also im leicht alkalischen Bereich – liegen. Abweichungen des Blut-pH-Werts können lebensbedrohend sein. Atem- und Kreislaufstillstand können unter Umständen die Folge sein.

Fällt der pH-Wert des Blutes unter einen Wert von 7,3, kann diese sogenannte **Acidose** zu irreparablen Zellschäden führen, da wichtige Proteine bzw. Enzyme denaturiert werden. Steigt der pH-Wert dagegen über einen Wert von 7,45, spricht man von einer **Alkalose**.

Das Kohlensäure-Hydrogencarbonat-Puffersystem sorgt für einen konstanten pH-Wert von pH = 7,40 ± 0,02. Ist das Blut *an Oxoniumionen verarmt*, fungieren die Kohlensäuremoleküle als Protonenlieferanten, ist das Blut dagegen *übersäuert*, sorgen die Hydrogencarbonationen für das „Abfangen" der Protonen. Kohlensäure kann in Wasser und Kohlenstoffdioxid zerfallen. Dieses wiederum kann über die Lunge abgeatmet werden [B1].

Neben dem Kohlensäure-Hydrogencarbonat-Puffersystem sorgen auch Proteinsysteme und das Hydrogenphosphat-Puffersystem für die **Homöostase** des Blutes.

Calciumcarbonat-Calciumhydrogencarbonat-System. Ein ökologisches Problem ist der saure Regen, der für Waldschäden verantwortlich ist. Eine der Wirkungen des sauren Regens besteht darin, die Verfügbarkeit von Mineralien aus dem Boden durch eine pH-Wert-Verschiebung in Richtung kleinerer pH-Werte zu beeinflussen. Um den für viele Nutzpflanzen und Bäume optimalen pH-Wert von 6,5 zu erreichen, müssen daher dem Boden Oxoniumionen entzogen werden. Dies gelingt durch die Kalkdüngung.

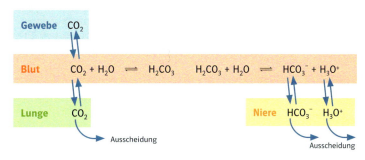

B1 Kohlensäure-Hydrogencarbonat-Puffersystem

Die Carbonationen wirken dabei als Protonenakzeptoren und mindern dadurch die schädigende Wirkung der Oxoniumionen. Zudem sorgt das Calciumcarbonat für ein verbessertes Wurzelwachstum, da die Verfügbarkeit von Calciumionen erhöht wird.

Puffer in der Industrie. Puffersysteme spielen auch in vielen chemischen Bereichen eine wichtige Rolle. Beispielsweise werden bei der *Herstellung von Leder* und *Farbstoffen* oder beim *Galvanisieren* (Kap. 7.16) Pufferlösungen benötigt.

Kohlensäure-Bicarbonat-Puffer ist die veraltete Bezeichnung für Kohlensäure-Hydrogencarbonat-Puffer

Homöostase Selbstregulation, Prozess der Konstanthaltung

Kalk Calciumcarbonat (CaCO$_3$)

A1 Recherchieren Sie a) aus welchen zwei Komponenten der Proteinsystem-Puffer besteht, b) die Wirkungsweise des Hydrogenphosphat-Puffersystems im Blut.

A2 Das Blut vieler Menschen ist „übersäuert". Erläutern Sie, weshalb Sport hinsichtlich der Regulation des Säure-Base-Haushalts in dieser Situation hilfreich ist.

A3 Erläutern Sie mithilfe von B1 die Vorgänge, welche einer Alkalose entgegenwirken.

A4 Planen Sie einen Versuch, mit dem Sie zeigen können, dass eine Kalkdüngung die Versauerung des Bodens minimiert.

A5 Damit ein Meerwasseraquarium optimal gepflegt ist, muss regelmäßig eine Pufferlösung zugegeben werden. Informieren Sie sich über diese Notwendigkeit.

3.8 Säure-Base-Titrationen

Titration von frz. titre, der Gehalt

Säure-Base-Reaktionen in wässriger Lösung können zur quantitativen Bestimmung der Stoffmenge bzw. Ausgangskonzentration einer Säure oder Base genutzt werden. Als Beispiel soll zunächst die Reaktion von Salzsäure mit Natronlauge betrachtet werden:

Für die Salzsäure gilt:
$HCl(g) + H_2O(l) \longrightarrow H_3O^+(aq) + Cl^-(aq)$

Für die Natronlauge gilt:
$NaOH(s) \longrightarrow Na^+(aq) + OH^-(aq)$

$n(H_3O^+) \approx n_0(HCl)$ und $n(OH^-) \approx n_0(NaOH)$

Die Säure-Base-Reaktion besteht in der Bildung der Wassermoleküle aus Oxonium- und Hydroxidionen:

$H_3O^+ + OH^- \rightleftharpoons 2 H_2O$

Die Natrium- und die Chloridionen sind an der Säure-Base-Reaktion nicht beteiligt (Kap. 3.5).

Titration. Um die Stoffmenge bzw. Konzentration an Salzsäure bzw. Oxoniumionen zu bestimmen, führt man eine Titration durch. Dabei fügt man zu einem bestimmten Volumen Salzsäure (**Probelösung**) einige Tropfen Indikatorlösung, verdünnt evtl. und gibt dann in kleinen Portionen so viel Natronlauge bekannter Konzentration (**Maßlösung**) zu, bis die Farbe des Indikators umschlägt. Aus dem Volumen und der Konzentration der verbrauchten Maßlösung und dem Volumen der Probelösung kann dann die Ausgangskonzentration $c_0(HCl)$ der Salzsäure berechnet werden. Der Farbwechsel des *Indikators* dient dazu, den Punkt zu erkennen, an dem die Stoffmenge der zugegebenen Hydroxidionen der Stoffmenge der Oxoniumionen der Probelösung gleich ist: $n(OH^-) = n(H_3O^+)$. Dies ist der **Äquivalenzpunkt**. Ein Äquivalenzpunkt kann meist genauer mithilfe einer *Titrationskurve* bestimmt werden. Über die Beziehung $n = c \cdot V$ ergibt sich:

$c(OH^-) \cdot V(\text{alkalische Lösung}) = c(H_3O^+) \cdot V(\text{saure Lösung})$

Wendepunkt einer Kurve ist der Punkt, an dem ihre Linkskrümmung in eine Rechtskrümmung übergeht (oder umgekehrt)

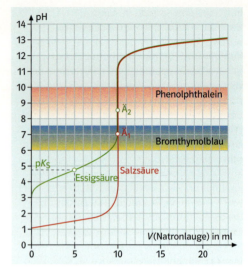

B1 Titrationskurven für die Titration von jeweils 100 ml Säure ($c_0 = 0,1$ mol/l) mit Natronlauge ($c_0 = 1,0$ mol/l); Ä: Äquivalenzpunkt

Titration einer starken Säure. Betrachtet man die Titrationskurve für die Titration von Salzsäure [B1, rote Kurve] mit Natronlauge, sieht man, dass der pH-Wert (Ausgangswert ist der pH-Wert der Probelösung) zunächst verhältnismäßig wenig, dann sprunghaft und schließlich wieder weniger stark ansteigt. Der am Ende der Titration erreichte pH-Wert entspricht etwa dem der Maßlösung. Die Mitte des **pH-Sprungs** liegt hier bei pH = 7,00 und stellt einen **Wendepunkt der Titrationskurve** dar.
Dieser Punkt entspricht dem **Äquivalenzpunkt** der Titration. Anschaulich ist zu erkennen, dass in der Nähe des Äquivalenzpunktes bereits ein minimaler Zusatz von Natronlauge genügt, um einen sprunghaften pH-Wert-Anstieg zu bewirken.

Titration einer schwachen Säure. Auch die Titrationskurve für die Titration von Essigsäure [B1, grüne Kurve] zeigt einen pH-Sprung. Dieser ist allerdings wesentlich kleiner als der bei der Titration von Salzsäure der gleichen Ausgangskonzentration. Außerdem liegt die Mitte des pH-Sprungs, d.h. der Äquivalenzpunkt, im alkalischen Bereich (pH = 8,9). Dies hat folgenden Grund: Am Äquivalenzpunkt liegt eine Natriumacetatlösung vor. Sie ist alkalisch. Charakteristisch ist weiterhin das Auftreten eines zweiten Kurvenwendepunktes bei pH = 4,75. Dieser Wert entspricht dem pK_S-Wert der Essigsäure. Aus dem Volumen der verbrauchten Maßlösung kann man erkennen, dass an dieser Stelle gerade die Hälfte der Essigsäuremoleküle reagiert hat, d. h., es ist $c(Ac^-) = c(HAc)$. Aus der experimentell einfach zu ermittelnden Titrationskurve einer schwachen Säure kann also deren pK_S-Wert entnommen werden (siehe auch Kap. 3.10).

Im Bereich des pH-Wertes, der dem pK_S-Wert entspricht, wird der Puffereffekt des Essigsäure-Acetat-Puffers wirksam (Kap. 3.6).

Jenseits des Äquivalenzpunktes stimmen die Titrationskurve der Essigsäure und die der Salzsäure überein, da der pH-Wert dann nur noch von der zugegebenen Natronlauge bestimmt wird. Da der Äquivalenzpunkt nur im Falle der Titration einer starken Säure mit einer starken Base (bzw. umgekehrt) mit dem **Neutralpunkt** zusammenfällt, kann beim Arbeiten mit Indikatoren nur in diesem Fall ein Indikator verwendet werden, der bei pH = 7 umschlägt. In anderen Fällen muss ein Indikator genommen werden, dessen Umschlag bei einem pH-Wert erfolgt, der dem Äquivalenzpunkt entspricht.

Alle für die Titration von Säuren mit starken Basen getroffenen Feststellungen gelten analog für die Titrationen von Basen mit einer starken Säure (z. B. Salzsäure). Die Titrationskurven der Basen ergeben sich aus denen der Säuren (bei gleichen Ausgangskonzentrationen und gleichen pK-Werten) durch Spiegelung an der Geraden pH = 7. Der pH-Wert-Bereich wird während der Titration in entgegengesetzter Richtung durchlaufen, und auch die Indikatorumschläge erfolgen umgekehrt.

Titration einer starken, mehrprotonigen Säure (H$_3$PO$_4$). Diese Titration verläuft schrittweise (Bildung von H$_2$PO$_4^-$, HPO$_4^{2-}$ bzw. PO$_4^{3-}$). Es existiert eine diesen Schritten entsprechende Anzahl von drei Äquivalenzpunkten, allerdings treten nur zwei pH-Sprünge in der Titrationskurve auf [B2]. Der dritte Äquivalenzpunkt liegt oberhalb von pH = 12, deshalb ist eine sprunghafte pH-Änderung nicht mehr möglich.

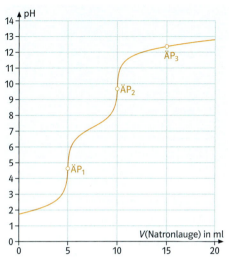

B2 Titrationskurve: Phosphorsäure wird mit Natronlauge titriert

V1 Titration von Salzsäure mit Natronlauge: Geben Sie genau 100 ml Salzsäure der Konzentration c_0(HCl) = 0,1 mol/l und 5 Tropfen Bromthymolblaulösung in einen Erlenmeyerkolben. Bestimmen Sie den pH-Wert der Salzsäure mit einem pH-Meter. Lassen Sie aus einer Bürette 0,5 ml Natronlauge der Konzentration c_0(NaOH) = 1 mol/l zu der Säure fließen und rühren Sie um. Bestimmen Sie anschließend den pH-Wert der Lösung. Wiederholen Sie die Zugabe der Lauge (jeweils 0,5 ml), das Umrühren und das Messen des pH-Wertes, bis Sie 12 ml Natronlauge in den Erlenmeyerkolben haben fließen lassen.

V2 Titration von Essigsäure mit Natronlauge: Führen Sie Versuch V1 mit Essigsäure der Konzentration c_0(HAc) = 0,1 mol/l anstelle der Salzsäure durch. Setzen Sie statt der Bromthymolblaulösung als Indikator Phenolphthaleinlösung ein.

A1 Begründen Sie, weshalb der Äquivalenzpunkt einer Titrationskurve nicht immer mit dem Neutralpunkt zusammenfällt.

Titration von Essigsäure mit Natronlauge: Berechnung des pH-Werts am Äquivalenzpunkt

c_0(HAc) = c(Ac$^-$)
Acetationen wirken als schwache Base, daher gilt:
pOH = $\frac{1}{2}$[pK_B − lg [c(Ac$^-$)]]
 = $\frac{1}{2}$[9,25 − 0,1] = 4,575
pH = 14 − 5,125 = 9,425
 ≈ 9,4

3.9 Titration und Indikator

Indikator	Farbe der Indikatorsäure	pH-Bereich des Farbumschlags	Farbe der Indikatorbase	pK_S(HInd)
Thymolblau	rot	1,2 – 2,8	gelb	1,7
Methylorange	rot	3,0 – 4,4	gelborange	3,4
Bromkresolgrün	gelb	3,8 – 5,4	blau	4,7
Methylrot	rot	4,2 – 6,2	gelb	5,0
Lackmus	rot	5,0 – 8,0	blau	6,5
Bromthymolblau	gelb	6,0 – 7,6	blau	7,1
Thymolblau	gelb	8,0 – 9,6	blau	8,9
Phenolphthalein	farblos	8,2 – 10,0	purpur	9,4
Thymolphthalein	farblos	9,3 – 10,5	blau	10,0

B1 Farbumschläge von Säure-Base-Indikatoren

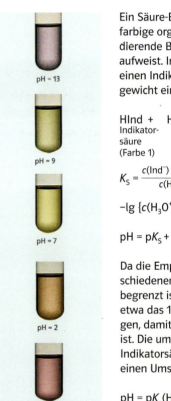

B2 Thymolblau in wässrigen Lösungen mit verschiedenen pH-Werten

Ein Säure-Base-Indikator ist i. A. eine schwache, farbige organische Säure, deren korrespondierende Base eine andere Farbe als die Säure aufweist. In wässriger Lösung stellt sich für einen Indikator HInd ein Säure-Base-Gleichgewicht ein, das pH-abhängig ist:

HInd + H$_2$O ⇌ Ind$^-$ + H$_3$O$^+$
Indikator-   korrespondierende
säure   Indikatorbase
(Farbe 1)   (Farbe 2)

$$K_S = \frac{c(\text{Ind}^-) \cdot c(\text{H}_3\text{O}^+)}{c(\text{HInd})} \qquad c(\text{H}_3\text{O}^+) = K_S \cdot \frac{c(\text{HInd})}{c(\text{Ind}^-)}$$

$$-\lg\{c(\text{H}_3\text{O}^+)\} = -\lg\{K_S\} - \lg\frac{c(\text{HInd})}{c(\text{Ind}^-)}$$

$$\text{pH} = pK_S + \lg\frac{c(\text{Ind}^-)}{c(\text{HInd})}$$

Da die Empfindlichkeit des Auges für die verschiedenen Farben unterschiedlich und begrenzt ist, muss die Konzentration der Base etwa das 10-Fache der Indikatorsäure betragen, damit die Farbe der Base wahrzunehmen ist. Die umgekehrte Aussage gilt für die Indikatorsäure HInd. Ein Indikator hat also einen Umschlagsbereich von ca.

$$\text{pH} = pK_S(\text{HInd}) \pm 1.$$

Indikatoren *mit unterschiedlichen Farben* auf beiden Seiten des Umschlagsbereiches (z. B. Methylrot) zeigen im Umschlagsbereich eine *Mischfarbe*. Phenolphthalein ist ein Indikator, der nur auf einer Seite seines Umschlagsbereiches eine Farbe aufweist, auf der anderen Seite dagegen farblos ist. Ein Indikator ist für eine Titration geeignet, wenn innerhalb seines Umschlagsbereiches der pH-Wert des Äquivalenzpunktes liegt. Für die Titration von Salzsäure mit Natronlauge ist dies z. B. bei Bromthymolblau der Fall. Man kann aber auch Methylorange oder Phenolphthalein verwenden, in deren Umschlagsbereichen der Äquivalenzpunkt zwar nicht liegt, die aber innerhalb des pH-Sprungs ihre Farben ändern, sodass der Fehler in der Anzeige des Äquivalenzpunktes vernachlässigbar klein bleibt. Je kleiner der pH-Sprung ist, desto geringer ist die Anzahl der für die betreffende Titration geeigneten Indikatoren. Ist der pH-Sprung kleiner als ΔpH = 2 oder ist er nicht steil genug, kann ein Äquivalenzpunkt mit einem Indikator nicht mehr ermittelt werden. Da Indikatoren ebenfalls Maßlösung verbrauchen, darf stets nur eine geringe Menge des Indikators zur Probelösung gegeben werden.

V1 Pipettieren Sie genau 20 ml a) Salzsäure und b) Essigsäure der Konzentration c_0(HA) = 0,1 mol/l in jeweils einen 100-ml-Erlenmeyerkolben. Geben Sie je drei Tropfen Methylorange in die Lösungen. Titrieren Sie die Säuren mit Natronlauge der Konzentration c_0(NaOH) = 0,1 mol/l. Wiederholen Sie diese Titrationen mit Bromthymolblau- und Phenolphthaleinlösung als Indikatoren.

A1 Geben Sie die Indikatoren aus B1 an, die am besten geeignet sind für die Bestimmung des Äquivalenzpunktes von a) Kalilauge und b) Ammoniaklösung der Konzentration c_0(B) = 0,1 mol/l mit Salzsäure der Konzentration c_0(HCl) = 1 mol/l.

A2 50 ml Phosphorsäure werden mit jeweils 4 Tropfen Methylorange- und Thymolphthaleinlösung versetzt und dann mit Natronlauge der Konzentration c_0(NaOH) = 2 mol/l titriert. Bis zum Auftreten einer orangegelben Farbe werden 5 ml Natronlauge und bis zum Auftreten einer hellblauen Farbe in der Probelösung 10 ml Natronlauge benötigt. Berechnen Sie die Stoffmengenkonzentration der Phosphorsäure.

3.10 Exkurs Halbtitration

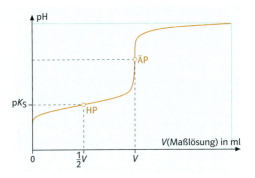

B1 Ermittlung des pK_S-Werts aus dem Halbäquivalenzpunkt

Die Halbtitration ist eine analytische Vorgehensweise, um den pK_S-Wert einer *schwachen Säure* experimentell zu ermitteln.

Theoretische Grundlagen. Schwache Säuren protolysieren nur zu einem bestimmten Teil gemäß folgender Gleichung:

$$HA + H_2O \rightleftharpoons A^- + H_3O^+$$

Stellt man das Massenwirkungsgesetz für diese Reaktion auf und bildet den negativen dekadischen Logarithmus, so erhält man die *Henderson-Hasselbalch-Gleichung* (Kap. 3.6):

$$pH = pK_S + \lg \frac{c(A^-)}{c(HA)}$$

Bei einer Titration wird so lange alkalische Lösung zu der sauren Lösung geben, bis der Äquivalenzpunkt (ÄP) erreicht ist. Mit anderen Worten, die Säure ist zu 100% neutralisiert. Titriert man aber die saure Lösung nur mit der Hälfte des für die Neutralisation benötigten Volumens der alkalischen Lösung, erhält man den **Halbäquivalenzpunkt** (HP). An diesem Punkt ist die Säure zu 50% neutralisiert, daher gilt:

$$\frac{c(A^-)}{c(HA)} = 1$$

Die Henderson-Hasselbalch-Gleichung vereinfacht sich dadurch zu:

$$pH = pK_S$$

Man erkennt in B1, dass man direkt durch Messen des pH-Wertes am Halbäquivalenzpunkt den pK_S-Wert der Säure bestimmen kann.

Praktische Durchführung. Die experimentelle pK_S-Wert-Ermittlung verläuft in zwei Schritten. Im ersten Schritt wird zu einer Probelösung mit geeignetem Indikator so viel Maßlösung zugegeben, bis es zum Farbwechsel des Indikators kommt. Das benötigte Volumen der Maßlösung wird notiert. Im zweiten Schritt wird eine weitere Probelösung exakt mit der Hälfte des aus dem ersten Schritt ermittelten Volumens der Maßlösung versetzt und der pH-Wert mit einem pH-Meter o. Ä. bestimmt.

Auch bei einer schwachen Base kann der pK_B-Wert durch Halbtitration in analoger Weise ermittelt werden.

V(NaOH) in ml	pH
0	2,39
1,3	2,97
2,7	3,34
4,0	3,59
5,3	3,81
6,7	4,07
8,0	4,36
9,3	4,88
9,8	5,5
10,2	11,5
10,7	11,80
12,0	12,25
13,3	12,46
14,7	12,61
16,0	12,71
17,3	12,79
18,7	12,86
20,0	12,92

B2 Zu Aufgabe 1

V1 Lösen Sie 1 g Salicylsäure in 100 ml dest. Wasser und bestimmen Sie experimentell den pK_S-Wert.

A1 Ameisensäure (c = 0,1 mol/l) wird mit Natronlauge (c = 0,1 mol/l) titriert. Zeichnen Sie mithilfe der Wertepaare in B2 die zugehörige Titrationskurve. Ermitteln Sie aus der Titrationskurve den pK_S-Wert der Ameisensäure.

A2 Zeichnen Sie ein übersichtliches Diagramm einer Titrationskurve für eine schwache Base, deren pK_B-Wert 5 ist.

3.11 Impulse Titration – theoretisch und praktisch

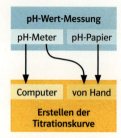

B1 Unterschiedliche Möglichkeiten zur Erstellung einer Titrationskurve

Erstellen einer Säure-Base-Titrationskurve. In der Praxis gibt es verschiedene Möglichkeiten, eine Titrationskurve zu erstellen [B1]. Zugrunde liegt jedoch immer folgendes Prinzip: Man gibt zur Probelösung fortwährend das gleiche Volumen an Maßlösung, z. B. 0,5 ml, und bestimmt nach jeder Zugabe den pH-Wert. Die Messwerte trägt man in ein Diagramm ein und verbindet die Punkte zu einer Kurve. Beim Einsatz eines Computers werden die Messwerte mit einem AD-Wandler (Analog-Digital-Wandler) in digitale Zahlenwerte umgewandelt und automatisch in ein Diagramm eingetragen.

Interpretation einer Titrationskurve. B2 zeigt die berechneten pH-Werte einer Titration von Salzsäure mit Natronlauge (Kap. 3.8, B1). Solange ein deutlicher Überschuss von Säure vorliegt, kann man die Autoprotolyse des Wassers vernachlässigen und den pH-Wert aus der Stoffmengenkonzentration $c(H_3O^+)$ der nicht neutralisierten Säure berechnen:

$$pH = -\lg \{c(H_3O^+)\}$$

Die Rechnung ergibt, dass 90 % der Säure neutralisiert sein müssen, damit sich der pH-Wert um eine Einheit ändert. Nach der Neutralisation von zusätzlichen 9 % steigt der pH-Wert um eine weitere Einheit usw. Kurz vor dem Äquivalenzpunkt bewirkt ein einziger Tropfen eine sehr große pH-Wert-Änderung.

Am Äquivalenzpunkt wird der pH-Wert von der Autoprotolyse des Wassers bestimmt:

$$pH = 7$$

Nach dem Äquivalenzpunkt sind nur noch die im Überschuss zugefügten Hydroxidionen ausschlaggebend. Aus der Stoffmengenkonzentration der Hydroxidionen wird der pOH-Wert berechnet, und daraus der pH-Wert:

$$pH = 14 - pOH = 14 + \lg \{c(OH^-)\}$$

Die Rechnung zeigt, dass am Ende der Titration die Steigung der Titrationskurve stark abnimmt.

V1 Führen Sie V1 von Kap. 3.9 durch. Bestimmen Sie die pH-Werte mit pH-Papier und mit einem pH-Meter. Führen Sie, falls möglich, diese Titration computergestützt durch. Zeichnen Sie aus den mit pH-Papier gemessenen Werten eine Titrationskurve von Hand. Vergleichen Sie diese mit der vom Computer erzeugten Titrationskurve.

A1 a) Ergänzen Sie B2 in Ihrem Heft: Berechnen Sie die pH-Werte für zugefügtes V(Natronlauge) = 1 ml; 5 ml; 8 ml; 15 ml.
b) Erstellen Sie aus den berechneten Werten eine Titrationskurve und vergleichen Sie diese mit Ihrem Ergebnis von V1.

zugefügtes V(NaOH)	zugefügte $n(OH^-)$	verbleibende $n(H_3O^+)$	Stoffmengenkonzentration $c(H_3O^+)$	überschüssige $n(OH^-)$	pH-Wert	Anteil der neutralisierten Säure
0,00 ml	0,00000 mol	0,01 mol	0,1 mol/l = 10^{-1} mol/l	–	1	0 %
9,00 ml	0,00900 mol	0,001 mol	0,01 mol/l = 10^{-2} mol/l	–	2	90 %
9,90 ml	0,00990 mol	0,0001 mol	0,001 mol/l = 10^{-3} mol/l	–	3	99 %
9,99 ml	0,00999 mol	0,00001 mol	0,0001 mol/l = 10^{-4} mol/l	–	4	99,9 %
10,00 ml	0,01000 mol		10^{-7} mol/l (Autoprotolyse des Wassers)	–	7	100 %
11,00 ml	0,01100 mol			0,001 mol	12	
20,00 ml	0,02000 mol			0,010 mol	13	

B2 Berechnete Konzentrationen und pH-Werte einer Titration von Salzsäure (V = 100 ml, c = 0,1 mol/l) mit Natronlauge (c = 1,0 mol/l). Die Volumenänderung wurde vernachlässigt, d. h., alle Berechnungen sind mit V = 100 ml durchgeführt

Säure-Base-Gleichgewichte

Impulse Titration theoretisch und praktisch

Die Bedeutung einer Titration besteht darin, die Stoffmengenkonzentration einer Probelösung zu ermitteln.

1. Beispiel:
Probelösung: Salzsäure ($V = 20\,ml$), zur Neutralisation benötigte Maßlösung: Natronlauge ($V = 15\,ml$, $c = 1\,mol/l$)

Die Stoffmengenkonzentration der Salzsäure soll berechnet werden.

Stoffgleichung:
$$HCl + NaOH \longrightarrow NaCl + H_2O$$

Teilchengleichung:

Salzsäure $\quad\quad\quad$ Natronlauge
$$H_3O^+(aq) + Cl^-(aq) + Na^+(aq) + OH^-(aq)$$
$$\longrightarrow 2\,H_2O + Na^+(aq) + Cl^-(aq)$$

Pro Molekül Chlorwasserstoff wird mit Wasser *ein* Oxoniumion gebildet (Chlorwasserstoff ist eine **einprotonige** Säure). Pro Elementargruppe Natriumhydroxid entsteht *ein* Hydroxidion.

Für die Titration von Salzsäure mit Natronlauge gilt am Äquivalenzpunkt:
$$n(HCl) = n(H_3O^+) = n(OH^-) = n(NaOH)$$
$$n(HCl) = n(NaOH)$$

Da $n = c \cdot V$, können in der Gleichung jeweils die Stoffmengen n durch $c \cdot V$ ersetzt werden:

$$c(HCl) \cdot V(\text{Salzsäure}) = c(NaOH) \cdot V(\text{Natronlauge})$$

Da mit Ausnahme der gesuchten Stoffmengenkonzentration der Säure alle anderen Werte bekannt sind, kann nach $c(HCl)$ aufgelöst werden:

$$c(HCl) = \frac{c(NaOH) \cdot V(\text{Natronlauge})}{V(\text{Salzsäure})}$$
$$= \frac{1\,mol/l \cdot 0{,}015\,l}{0{,}020\,l}$$
$$= 0{,}75\,mol/l$$

Die Probelösung hat eine Stoffmengenkonzentration von $c(HCl) = 0{,}75\,mol/l$.

2. Beispiel:
Probelösung: Schwefelsäure ($V = 45\,ml$), zur Neutralisation benötigte Maßlösung: Natronlauge ($V = 50\,ml$, $c = 0{,}1\,mol/l$)

Stoffgleichung:
$$H_2SO_4 + 2\,NaOH \longrightarrow Na_2SO_4 + 2\,H_2O$$

Teilchengleichung:

Schwefelsäure $\quad\quad\quad$ Natronlauge
$$2\,H_3O^+(aq) + SO_4^{2-}(aq) + 2\,Na^+(aq) + 2\,OH^-(aq)$$
$$\longrightarrow 4\,H_2O + 2\,Na^+(aq) + SO_4^{2-}(aq)$$

Um die Stoffmengenkonzentration der Oxoniumionen zu berechnen, geht man analog zu Beispiel 1 vor. Allerdings ist Schwefelsäure eine **zweiprotonige** Säure. Das heißt, pro Schwefelsäuremolekül können zwei Oxoniumionen gebildet werden.

$$\frac{n(H_2SO_4)}{n(H_3O^+)} = \frac{1}{2}$$

$$n(H_2SO_4) = \frac{1}{2} \cdot n(H_3O^+) = \frac{1}{2} \cdot n(OH^-)$$
$$= \frac{1}{2} \cdot n(NaOH)$$

$$n(H_2SO_4) = \frac{1}{2} \cdot n(NaOH)$$

$$c(H_2SO_4) \cdot V(\text{Schwefelsäure}) = \frac{1}{2} \cdot c(NaOH) \cdot V(\text{Natronlauge})$$

$$c(H_2SO_4) = \frac{1}{2} \cdot \frac{c(NaOH) \cdot V(\text{Natronlauge})}{V(\text{Schwefelsäure})}$$

$$c(H_2SO_4) = \frac{1}{2} \cdot \frac{0{,}1\,mol/l \cdot 0{,}150\,l}{0{,}045\,l}$$

$$c(H_2SO_4) = 0{,}167\,mol/l$$

Die Probelösung hat eine Stoffmengenkonzentration von $c(H_2SO_4) = 0{,}167\,mol/l$.

> **Allgemeine Neutralisationsgleichung:**
> $$H_3O^+ + OH^- \longrightarrow 2\,H_2O$$

A2 Ermitteln Sie die Stoffmengenkonzentration einer Calciumhydroxidlösung, wenn 15 ml verdünnte Salzsäure ($c = 0{,}05\,mol/l$) aufzuwenden sind, um $V = 40\,ml$ der Calciumhydroxidlösung zu neutralisieren.

Säure-Base-Gleichgewichte **107**

3.12 Praktikum Säuren und Basen in Produkten des Alltags

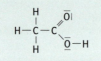

CH₃COOH

B1 Strukturformel (oben) und Halbstrukturformel (unten) der Essigsäure

Massenkonzentration

$\beta(A) = \dfrac{m(A)}{V(\text{Lösung})}$

m(A): Masse des gelösten Stoffes A

B3 Es gibt viele Essigsorten

V1 Wie viel Essigsäure ist im Essig?

Geräte und Chemikalien: Bürette, Vollpipette (10 ml), Pipettierhilfe, Weithalserlenmeyerkolben (100 ml), Becherglas (50 ml), Schutzbrille, Natronlauge ($c(NaOH)$ = 1 mol/l), Phenolphthaleinlösung (w < 1%), Weinessig.
Durchführung: a) Pipettieren Sie genau 10 ml Essig in den Weithalserlenmeyerkolben, geben Sie noch ca. 20 ml dest. Wasser und etwa 3 Tropfen Phenolphthaleinlösung zu.
b) Lassen Sie ein wenig Natronlauge durch die Bürette laufen, um eventuell vorhandene Wasserreste oder Staub zu entfernen. Füllen Sie anschließend die Bürette mit etwa 25 ml Natronlauge.
c) Titrieren Sie die Essigprobe unter Umschwenken des Erlenmeyerkolbens mit der Natronlauge bis zur ersten Rotviolettfärbung, die in der gesamten Lösung bestehen bleibt.
d) Wiederholen Sie die Titration mit einer zweiten Essigprobe. Wenn sich der Natronlaugeverbrauch der ersten und zweiten Titration um mehr als 0,2 ml unterscheiden, so führen Sie eine dritte Titration durch.
Auswertung: Berechnen Sie die Stoffmengenkonzentration c, den Massenanteil w und die Massenkonzentration β der Essigsäure im Essig. Gehen Sie für die Berechnung des Massenanteils von einer Dichte des Essigs $\varrho(\text{Essig})$ = 1,006 g/ml aus.

V2 Phosphorsäure in einem Cola-Getränk

Geräte und Chemikalien: Bürette, Becherglas (50 ml), 2 Bechergläser (400 ml, weite Form), pH-Meter mit Einstabmesskette, Magnetrührer und kleiner Magnet, Haushaltsmixer mit Kunststoffschüssel, Messzylinder (100 ml), Natronlauge ($c(NaOH)$ = 0,25 mol/l), Cola-Getränke (keine Getränke die andere Säuren als Phosphorsäure enthalten, z. B. Light-Getränke).
Durchführung: a) Geben Sie ca. 250 ml eines Cola-Getränks in ein Becherglas. Stellen Sie das Becherglas auf den Magnetrührer, rühren Sie die Probe, bis die Kohlensäure ausgetrieben ist.
Schneller geht dieses, wenn das Cola-Getränk mit dem Mixer gerührt wird.
b) Lassen Sie ein wenig Natronlauge durch die Bürette laufen, um eventuell vorhandene Wasserreste oder Staub zu entfernen. Füllen Sie anschließend die Bürette mit etwa 25 ml Natronlauge.
c) Füllen Sie genau 200 ml Cola-Getränk ohne Kohlensäure in das Becherglas (400 ml). Bestimmen Sie den pH-Wert. Lassen Sie anschließend 1 ml Natronlauge aus der Bürette zum Cola-Getränk fließen und rühren dieses um. Bestimmen Sie anschließend den pH-Wert der Lösung.
Wiederholen Sie die Zugabe der Lauge, das Umrühren der Lösung und das Messen des pH-Wertes, bis Sie 15 ml Natronlauge zu der Lösung haben fließen lassen.
Geben Sie anschließend noch einmal 5 ml Natronlauge zu, rühren um und messen Sie den pH-Wert.
Auswertung: a) Erstellen Sie eine Tabelle: In der ersten Zeile soll das Volumen der Natronlauge $V(\text{Natronlauge})$ = 0 ml bis 20 ml stehen, in der zweiten Zeile der pH-Wert [B4]. Tragen

V(Natronlauge)	0	1 ml	2 ml	3 ml	...	20 ml
pH-Wert						

B4 Tabelle zu V2

Sie Ihre Messergebnisse in die Tabelle ein.
b) Werten Sie die Tabelle grafisch aus.
c) Bestimmen Sie die Äquivalenzpunkte und berechnen Sie die Massenkonzentration β(Phosphorsäure) des Cola-Getränks.
d) Recherchieren Sie, wie viel Zucker 1 l des Cola-Getränks enthält. Vergleichen Sie die Masse des gelösten Zuckers und der gelösten Phosphorsäure.

B2 Cola-Getränk: wie viel Phosphorsäure ist drin?

108 Säure-Base-Gleichgewichte

Praktikum Säuren und Basen in Produkten des Alltags

V3 Bestimmung von Säuren in Weißwein
Geräte und Chemikalien: Bürette, Vollpipetten (10 ml, 20 ml), Pipettierhilfe, Messkolben (100 ml), Weithalserlenmeyerkolben (50 ml), Präparategläschen, Waage, Schutzbrille, Natronlauge (c = 0,1 mol/l), Bromthymolblaulösung, Weinsäure, Weißwein.

Durchführung: a) Pipettieren Sie genau 20 ml Weißwein in einen kleinen Erlenmeyerkolben und geben Sie 2 bis 3 Tropfen Bromthymolblaulösung in den Wein. Titrieren Sie die Probe mit Natronlauge (c(NaOH) = 0,1 mol/l) bis zur Blaugrünfärbung der Lösung.
b) Stellen Sie Weinsäurelösungen (je 50 ml) der Konzentrationen c = 0,025 mol/l, c = 0,05 mol/l und c = 0,1 mol/l her. Titrieren Sie jeweils 20 ml dieser Lösungen mit Natronlauge (c(NaOH) = 0,1 mol/l) und Bromthymolblaulösung als Indikator bis zur Blaugrünfärbung der Lösung.
Auswertung: a) Tragen Sie in ein Diagramm (Abszisse: Stoffmengenkonzentration der Weinsäure, Ordinate: Volumen der Natronlauge) die Werte für die Titrationen der Weinsäurelösungen ein und zeichnen Sie den Graphen. Ermitteln Sie aus dem Diagramm die Stoffmengenkonzentration der Weinsäure im Weißwein unter der Annahme, dass außer Weinsäure keine Säuren im Wein enthalten sind (siehe auch Hinweis unten).
b) Berechnen Sie aus der Stoffmengenkonzentration der Weinsäure im Weißwein die Massenkonzentration der Weinsäure (M(Weinsäure) = 150,09 g/mol).
Hinweis: Weine enthalten unterschiedliche Säuren, die Säurekonzentration wird aber so berechnet, als ob nur Weinsäure vorläge. Man sagt auch: Die insgesamt enthaltene Säure wird „als Weinsäure berechnet".

V4 Bestimmung von Hydroxid- und Carbonationen in einem festen Rohrreiniger
Information: Ein fester Rohrreiniger ist ein Gemisch aus Natriumhydroxid, Natriumcarbonat, Aluminium und Natriumnitrat. Für die Bildung der alkalischen Lösung beim Lösen des Rohrreinigers sind die Carbonat- und die Hydroxidionen verantwortlich.

Geräte und Chemikalien: Bürette, Vollpipette (20 ml), Messpipette (10 ml), Pipettierhilfe, Messkolben (100 ml), Becherglas (100 ml), Erlenmeyerkolben (100 ml und 50 ml), Waage, Wägegläschen, Pinzette, Filterpapier, Spatel, Schutzbrille, Schutzhandschuhe, Salzsäure (c = 1 mol/l), Bariumnitratlösung (c = 0,2 mol/l), Oxalsäurelösung (c = 0,5 mol/l), Methylorangelösung, Phenolphthaleinlösung.

Durchführung: a) Wiegen Sie etwa 4 g Rohrreiniger ab (Masse genau bestimmen!). Entfernen Sie mit einer Pinzette alle Aluminiumkörner. Lösen Sie den Rohrreiniger ohne Aluminiumkörner in ca. 80 ml dest. Wasser unter Kühlen. Geben Sie diese Lösung anschließend in einen 100-ml-Messkolben und füllen Sie mit dest. Wasser bis zur Ringmarke auf.
b) Pipettieren Sie genau 20 ml der Rohrreinigerlösung in einen kleinen Erlenmeyerkolben und geben Sie 2 bis 3 Tropfen Methylorangelösung zu der Lösung. Titrieren Sie die Lösung mit Salzsäure (c = 1 mol/l), bis die Lösung einen kräftigen Orangeton aufweist.
c) Versetzen Sie eine zweite 20-ml-Probe der Rohrreinigerlösung mit etwa 7 ml neutraler Bariumnitratlösung (c = 0,2 mol/l) und schütteln Sie die Lösung.
Geben Sie zu dieser Lösung nach etwa 10 Minuten 2 bis 3 Tropfen Phenolphthaleinlösung und titrieren Sie mit Oxalsäurelösung (c = 0,5 mol/l) langsam und unter ständigem Umschwenken bis zur ersten bleibenden Entfärbung der gesamten Lösung.
Auswertung: a) Analysieren Sie die Schritte der Durchführung und erläutern Sie deren Zweck.
b) Berechnen Sie die Stoffmenge des Hydroxids, die Stoffmenge des Carbonats, den Massenanteil des Natriumcarbonats und Natriumhydroxids des Rohrreinigers.
c) Begründen Sie, warum Sie für mehrere Proben eventuell unterschiedliche Massenanteile für Natriumcarbonat und Natriumhydroxid erhalten. Wodurch könnten solche Unterschiede vermieden werden?
d) Erläutern Sie die Funktion, die das Aluminium im Rohrreiniger hat.
e) Welchen Zweck erfüllt das Natriumnitrat?

B4 Halbstrukturformel der Weinsäure

B5 Rohrreiniger

Säure-Base-Gleichgewichte **109**

3.13 Durchblick Zusammenfassung und Übung

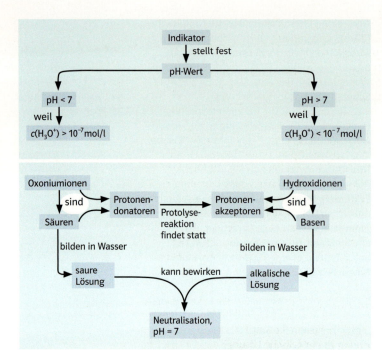

Stellt man für diese Gleichgewichtsreaktion das Massenwirkungsgesetz auf und bezieht die Konzentration der Wassermoleküle in K ein, so erhält man die neue Konstante K_W, die auch *Ionenprodukt des Wassers* genannt wird. Bei 25 °C ist

$$K_W = c(H_3O^+) \cdot c(OH^-) = 10^{-14}\,mol^2/l^2$$

pH- und pOH-Wert
Multipliziert man den dekadischen Logarithmus des Zahlenwerts der Stoffmengenkonzentration der Oxoniumionen mit −1, so erhält man den pH-Wert:
$pH = -\lg \{c(H_3O^+)\}$

In analoger Weise erhält man den pOH-Wert:
$pOH = -\lg \{c(OH^-)\}$

Wegen der Beziehung
$c(H_3O^+) \cdot c(OH^-) = 10^{-14}\,mol^2/l^2$

gilt auch
$pH + pOH = 14 = pK_W = 10^{-14}\,mol^2/l^2$

Säure- und Basenkonstanten
Der K_S- und der K_B-Wert ermöglichen die Quantifizierung der Stärke von Säuren und Basen. Je höher der K_S- bzw. der K_B-Wert ist, desto stärker ist die Säure bzw. Base.

$$K_S = \frac{c(H_3O^+) \cdot c(A^-)}{c(HA)}$$

Multipliziert man den dekadischen Logarithmus des Zahlenwerts von K_S mit −1, erhält man den pK_S-Wert.

$pK_S = -\lg \{K_S\}$

Entsprechendes gilt für den K_B- und pK_B-Wert.

Je stärker eine Säure ist, desto schwächer ist die korrespondierende Base, da folgende Beziehung gilt:

$K_S \cdot K_B = K_W = 10^{-14}\,mol^2/l^2$

$pK_S + pK_B = pK_W = 14$

Säure-Base-Begriff nach Brønsted
Säuren sind Protonendonatoren, Basen sind Protonenakzeptoren. Bei den dabei stattfindenden Säure-Base-Reaktionen handelt es sich um Protolysen, da Protonen übertragen werden. Eine Säure kann durch Abgabe eines Protons in ihre korrespondierende Base übergehen. Ein solches Teilchenpaar bezeichnet man als *korrespondierendes Säure-Base-Paar*.

Ampholyt
Teilchen, die in Abhängigkeit vom Reaktionspartner sowohl als Protonendonator wie auch als Protonenakzeptor reagieren können, nennt man amphotere Teilchen.
Dazu zählen beispielsweise Wassermoleküle oder Hydrogensulfationen (HSO_4^-).

Ionenprodukt des Wassers
Zwischen einzelnen Wassermolekülen ist eine Protolyse möglich. Dies bezeichnet man als Autoprotolyse:

$H_2O + H_2O \rightleftharpoons H_3O^+ + OH^-$

pH-Wert-Berechnungen wässriger Lösungen

sehr starke Säuren	schwache Säuren	sehr starke Basen	schwache Basen
$pH = -\lg\{c_0(HA)\}$	$pH = \frac{1}{2}[pK_S - \lg\{c_0(HA)\}]$	$pOH = -\lg\{c(A^-)\}$	$pOH = \frac{1}{2}(pK_B - \lg\{c_0(A^-)\})$
		$pH = 14 - pOH$	$pH = 14 - pOH$

Der pK_S-Wert beschreibt also – unabhängig von der Stoffmengenkonzentration – die Stärke einer Säure.
Der pH-Wert einer sauren Lösung ist abhängig von der Stoffmengenkonzentration und vom pK_S-Wert der Säure.
Analoges gilt für den pK_B-Wert und den pOH-Wert.

Protolyse von Salzen

Ammoniumionen sind Protonendonatoren, daher können Ammoniumsalze in wässriger Lösung sauer reagieren. Entscheidend für die pH-Werte von Salzlösungen sind insgesamt die Säure-Base-Reaktionen der Kationen und Anionen mit den Wassermolekülen.

Puffersysteme

Lösungen schwacher Säuren (Basen) und ihrer korrespondierenden Basen (Säuren) sind Puffer. Sie sorgen dafür, dass sich der pH-Wert einer Lösung bei Zugabe einer sauren oder alkalischen Lösung nur wenig ändert. Mit der Henderson-Hasselbalch-Gleichung kann der pH-Wert einer Pufferlösung berechnet werden.

$$pH = pK_S + \lg\frac{c(A^-)}{c(HA)}$$ (Henderson-Hasselbalch-Gleichung)

Säure-Base-Titration

Dieses maßanalytische Verfahren ermöglicht die Bestimmung der Stoffmengenkonzentration einer Säure oder Base. Dazu versetzt man eine Probelösung, die einen geeigneten Indikator enthält, mit einer Maßlösung. Ändert sich die Farbe des Indikators, ist der Äquivalenzpunkt erreicht.

Äquivalenzpunkt

Der Äquivalenzpunkt einer Säure-Base-Titration ist der Punkt, an dem die Stoffmenge $n(OH^-)$ der zugegebenen Base den gleichen Wert erreicht wie die Stoffmenge $n(H_3O^+)$ der am Anfang vorhandenen Säure. Der Äquivalenzpunkt entspricht dem Wendepunkt in dem Abschnitt der Titrationskurve, in dem der pH-Wert bei geringer Zugabe der Maßlösung steil ansteigt. An dieser Stelle gilt:

$$n(H_3O^+) = n(OH^-) \text{ bzw.}$$

$$c(H_3O^+) \cdot V(\text{saure Lösung})$$
$$= c(OH^-) \cdot V(\text{alkalische Lösung})$$

Geeignete Indikatoren müssen daher ihre Farbe in diesem Bereich, dem so genannten Umschlagsbereich, ändern. Für den Umschlagsbereich gilt:

$$pH(\text{Lösung}) = pK_S(HInd) \pm 1$$

Halbtitration

Durch dieses Verfahren kann man den K_S-Wert von Säuren experimentell ermitteln. Dazu führt man zuerst eine normale Titration durch und gibt dann bei einer zweiten Titration nur die Hälfte der benötigten Maßlösung dazu. Da dann 50 % der Säure neutralisiert sind, sind die Konzentrationen der Säure und der korrespondierende Base gleich groß und es ergibt sich unter Anwendung der Henderson-Hasselbalch-Gleichung:

$$pH = pK_S$$

Durchblick Zusammenfassung und Übung

A1 Bei einer Säure-Base-Reaktion entstehen Sulfationen und Dihydrogenphosphationen. **a)** Erstellen sie die zugrunde liegende Reaktionsgleichung. **b)** Erläutern Sie mithilfe von Reaktionsgleichungen, ob es sich bei den Sulfat- und Dihydrogenphosphationen um amphotere Teilchen handelt.

A2 Berechnen Sie die pH-Werte folgender wässriger Lösungen:
a) Salpetersäure ($c_0 = 0{,}25$ mol/l),
b) Schwefelwasserstoff ($c_0 = 0{,}4$ mol/l, pK_S-Wert: 6,92),
c) Phosphatlösung ($c_0 = 0{,}1$ mol/l).

A3 In B1 ist die Titrationskurve für die Titration von 25 ml Ammoniaklösung mit Salzsäure (c(HCl) = 1 mol/l) dargestellt.
a) Ordnen Sie den Punkten A bis D die Begriffe Äquivalenzpunkt und Neutralpunkt zu. Erläutern Sie den Kurvenverlauf im Bereich des Punktes B. **b)** Berechnen Sie die Ausgangskonzentration der Ammoniaklösung.
c) Geben Sie einen zur Anzeige des Äquivalenzpunktes geeigneten Indikator an.

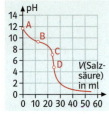

B1 Titrationskurve (Ammoniaklösung mit Salzsäure)

A4 Natriumchlorid, Ammoniumchlorid, Natriumacetat und Natriumhydrogencarbonat werden in Wasser gelöst. Anschließend werden die pH-Werte der Lösungen gemessen. Entwickeln Sie mithilfe von Reaktionsgleichungen die zu erwartenden Ergebnisse.

A5 Definieren Sie den Begriff Puffersystem und berechnen Sie den pH-Wert eines Puffersystems, das aus folgenden Komponenten besteht: Hydrogensulfitionen ($c = 1$ mol/l; p$K_S = 7$) und Sulfitionen ($c = 1$ mol/l).

A6 Zwei Schüler sollen den Essigsäuregehalt von Speiseessig überprüfen. Die Schüler titrieren jeweils 30 ml des Speisessigs mit Natronlauge ($c = 1$ mol/l). Zur Ermittlung des Äquivalenzpunktes benutzt Schüler A den Indikator Phenolphthalein (p$K_S = 8{,}8$), Schüler B Methylorange (p$K_S = 3{,}8$). Als sie ihre Ergebnisse vergleichen, stellen sie fest, dass sie unterschiedliche Volumina an Natronlauge verbraucht haben. Erläutern Sie das Ergebnis und beurteilen Sie die Vorgehensweise der Schüler.

Abi-Aufgabe und Lösung

Säure	pK_S
CH$_3$COOH	4,75
NH$_4^+$	9,25
HCO$_3^-$	10,40

B2 Tabelle zu Aufgabe 7.2 b)

A7 **7.1** Hydrazin ist eine Stickstoffverbindung mit der Summenformel N$_2$H$_4$. Es ist eine farblose, ölige, nach Ammoniak riechende Flüssigkeit.
a) Zeichnen Sie die Strukturformel mit bindenden und nicht bindenden Elektronenpaaren. **b)** Treffen Sie eine begründete Aussage hinsichtlich der Löslichkeit von Hydrazin in Wasser.

7.2 Hydrazin reagiert mit Wasser ähnlich wie Ammoniak. **a)** Formulieren Sie die Reaktionsgleichung der Reaktion von Hydrazin mit Wasser und nennen Sie den Reaktionstyp. **b)** Ermitteln Sie den pK_B-Wert von Ammoniak [B2] und vergleichen Sie die Basenstärke mit der von Hydrazin (p$K_B = 6{,}07$). Begründen Sie den Unterschied.

Lösung

7.1 a) [Strukturformel H$_2$N–NH$_2$ mit freien Elektronenpaaren]

b) Hydrazinmoleküle können mit Wassermolekülen Wasserstoffbrücken bilden, Hydrazin ist in Wasser sehr gut löslich. Beispiel:

[Darstellung Hydrazin mit vier H$_2$O-Molekülen über H-Brücken]

7.2 a) N$_2$H$_4$ + H$_2$O $\rightleftharpoons$ N$_2$H$_5^+$ + OH$^-$

Es liegt eine Protolysereaktion vor. Wasser reagiert als Säure, Hydrazin als Base. Das Hydrazinmolekül weist an jedem Stickstoffatom ein nicht bindendes Elektronenpaar auf, das es für die Bindung eines Protons zur Verfügung stellen kann.

b) Für ein korrespondierendes Säure-Base-Paar gilt: pK_S + pK_B = pK_W, also pK_B(NH$_3$) = 14 − 9,25 = 4,75

Der pK_B-Wert von Ammoniak ist kleiner als der von Hydrazin. Ammoniak ist eine stärkere Base. Das nicht bindende Elektronenpaar am Stickstoffatom des Hydrazinmoleküls wird nicht so leicht zu Verfügung gestellt wie das nicht bindende Elektronenpaar des Ammoniakmoleküls. Ein Stickstoffatom verringert aufgrund seiner Elektronegativität die Elektronendichte am benachbarten Stickstoffatom im Hydrazinmolekül.

112 Säure-Base-Gleichgewichte

4 Naturstoffe

Viele biologisch wichtige Verbindungen gehören zu den Kohlenhydraten, Proteinen und Nucleinsäuren. Die Moleküle dieser Stoffklassen zählt man zu den Biomolekülen.

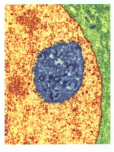

▬ Die Stoffklasse der Kohlenhydrate ist die größte und wichtigste Naturstoffgruppe. Bei der Fotosynthese wird in grünen Pflanzen Glucose gebildet. Aber auch andere Kohlenhydrate, wie Stärke, können von Pflanzen synthetisiert werden.

▬ Aus Aminosäuren aufgebaute Proteine bedingen die Struktur und Funktion einer jeden lebenden Zelle. Viele wirken auch als Biokatalysatoren (Enzyme).

▬ Die Nucleinsäuren in den Zellkernen aller Organismen stellen den Speicher der genetischen Information dieser Organismen dar.

▬ Auch im Bereich der Biomoleküle gibt es verschiedene Arten der Isomerie. So kommen Moleküle vor, die sich wie Bild und Spiegelbild verhalten. Sie besitzen eine unterschiedliche biologische Bedeutung.

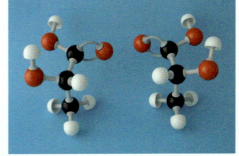

113

Online-Link
756820-0400

4.1 Chiralität als Voraussetzung für Spiegelbildisomerie

Chiralität griechisches Kunstwort, abgeleitet von griech. cheir, die Hand

Ein Tetraeder ist ein Körper mit vier (gleichseitigen) Dreiecken, sechs (gleichlangen) Kanten und vier Ecken, in denen jeweils drei Flächen zusammentreffen. Die griech. Bezeichnung „tetra" (vier) bezieht sich auf die Anzahl der Flächen und nicht auf die Anzahl der Ecken

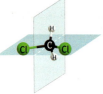

B1 Spiegelebenen bei Dichlormethan. Das Molekül ist daher achiral

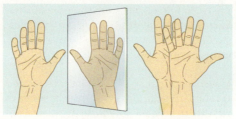

B2 Linke und rechte Hand als Modell für eine Bild-Spiegelbild-Beziehung

Chiralität im Alltag. Ein Paar Hände stehen zueinander in einer Bild-Spiegelbild-Beziehung. Sie sind nicht deckungsgleich [B2]. Können Objekt und Spiegelbild nicht zur Deckung gebracht werden, so handelt es sich um ein **chirales** Objekt.

Zu den vielen chiralen Objekten [B3, links], mit denen wir tagtäglich zu tun haben, gehören z. B. ein paar Schuhe, Schrauben, Wendeltreppen. Chirale Objekte besitzen keinerlei Symmetrieelemente, wie z. B. Spiegelebenen.

Auf der anderen Seite gibt es auch viele **achirale** Gegenstände [B3, rechts] – also solche, die sich mit ihrem Spiegelbild zur Deckung bringen lassen – wie eine Gabel, einen Kamm oder ein Wasserglas.

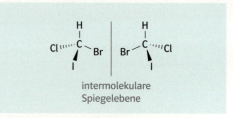

B4 Tetradermodell von CHBrClI (links) und Spiegelbild (rechts) sind verschieden

Objekte, die mit ihrem Spiegelbild nicht zur Deckung gebracht werden können, sind chiral.

Chirale und achirale Moleküle. Baut man mehrere Modelle von Bromchloriodmethan (CHBrClI) [B4] und vergleicht sie miteinander, kann man eine Entdeckung machen. Man kann die Modelle drehen und wenden, stets ist festzustellen, dass sich zwei Typen nicht zur Deckung bringen lassen und daher nicht identisch sind. Beide Moleküle stehen zueinander wie Bild und Spiegelbild. Sie sind **chiral**. Die Überführung des einen in das andere Molekül ist nur durch eine andere räumliche Anordnung von Substituenten möglich. Beide Molekülmodelle verkörpern zwei isomere Bromchloriodmethanverbindungen. Es handelt sich dabei um **Stereoisomere** (räumliche Isomere).

B3 Chirale (links) und achirale (rechts) Objekte

114 Naturstoffe

Chiralität als Voraussetzung für Spiegelbildisomerie

B5 Beispiele für chirale und achirale Moleküle

Stereoisomere sind Isomere, deren Atome zwar in derselben Reihenfolge miteinander verknüpft sind (sie haben also die gleiche Konstitution), sich aber deutlich in der räumlichen Anordnung (Konfiguration) voneinander unterscheiden.

Weitere Beispiele chiraler und achiraler Moleküle sind in B5 dargestellt.
Alle gezeigten chiralen Moleküle, wie auch das CHBrClI-Molekül, enthalten ein Atom mit *vier verschiedenen Substituenten.*
Im einfachsten Fall liegt in der organischen Chemie Chiralität vor, wenn in einem Molekül ein Kohlenstoffatom vier verschiedene Substituenten trägt. Man bezeichnet dieses Kohlenstoffatom als **asymmetrisch substituiertes Kohlenstoffatom oder Chiralitätszentrum.** Zentren dieser Art werden häufig mit einem Stern „*" gekennzeichnet [B6].

B6 Asymmetrisch substituierte C-Atome werden oft mit einem Stern gekennzeichnet

Kohlenstoffatome mit vier verschiedenen Substituenten werden asymmetrische Kohlenstoffatome genannt und als „C*" gekennzeichnet. Sie sind Chiralitätszentren der Moleküle.

Moleküle mit genau einem Chiralitätszentrum sind *immer chiral.* Dies gilt aber nicht notwendigerweise auch für Strukturen mit mehreren Chiralitätszentren.

Viele chirale Objekte, wie beispielsweise Wendeltreppen, haben keine Chiralitätszentren. Dies gilt auch für viele chirale Moleküle. Das einzige Kriterium für Chiralität ist ja, dass sich Bild und Spiegelbild *nicht* zur Deckung bringen lassen.

A1 Geben Sie an, welche der folgenden Verbindungen chiral sind:
a) 2-Methylheptan   b) 3-Methylheptan
c) 4-Methylheptan   d) 1,1-Dibrompropan
e) 1,2-Dibrompropan f) 1,3-Dibrompropan.

A2 Geben Sie an, ob folgende Dinge aus dem täglichen Leben chiral oder achiral sind: Tasse, Propeller, Kühlschrank, Fußball, Messer.

A3 Geben Sie bei folgenden Molekülpaaren an, ob es sich um Stereoisomere, Konstitutionsisomere oder identische Moleküle handelt.

a)
CH$_3$CH$_2$CH$_2$CH(CH$_3$)   CH$_3$CH$_2$CH(CH$_3$)CH$_2$CH$_3$

b)

c)

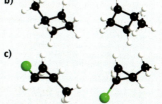

A4 Die Abbildung 7 zeigt ein Stereoisomer des 1,2-Dibromcyclobutans. Zeichnen Sie alle weiteren Stereoisomere des 1,2-Dibromcyclobutans und geben Sie an, ob diese Stereoisomere chiral oder achiral sind. Begründen Sie kurz.

Keil-Strich-Schreibweise

Bei Stereoisomeren ist die Stellung der Atome oder Atomgruppen im Raum wesentlich. Um einen perspektivischen Eindruck eines Moleküls zu vermitteln, werden die Bindungen zu Substituenten, die vom Betrachter weg weisen, als strichlierter Keil (∣∣∣∣) dargestellt. Bindungen zu Substituenten, die auf den Betrachter hin weisen, stellt man als ausgefüllten Keil (▬) dar

B7 1,2-Dibromcyclobutan

Naturstoffe **115**

Chiralität als Voraussetzung für Spiegelbildisomerie

Enantiomere von griech. enantios, entgegengesetzt

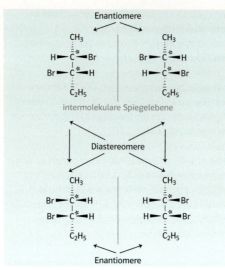

B8 Die Stereoisomere von 2,3-Dibrompentan in Keil-Strich-Schreibweise

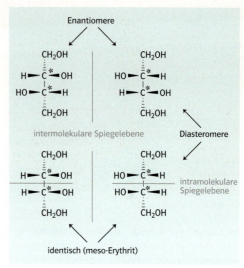

B9 Strukturen von Erythrit (Butan-1,2,3,4-tetrol) in Keil-Strich-Darstellung

intramolekular innerhalb eines Moleküls

intermolekular zwischen verschiedenen Molekülen

Spiegelbildisomere sind Stereoisomere, die sich wie Bild und Spiegelbild verhalten und daher nicht miteinander zur Deckung gebracht werden können. Solche Moleküle sind chiral und werden auch **Enantiomere** genannt.

Moleküle, die sich mit ihrem Spiegelbild nicht decken, nennt man Enantiomere oder Spiegelbildisomere.

Diastereomere [B8] sind ebenfalls Stereoisomere. Sie verhalten sich aber, im Gegensatz zu Enantiomeren, nicht wie Bild und Spiegelbild.

Diastereomere sind Konfigurationsisomere, die keine Enantiomere sind.

Ein Beispiel aus dem täglichen Leben bildet ein linker Fuß mit linkem Schuh im Vergleich zum linken Fuß mit rechtem Schuh.

Verbindungen mit mehreren Chiralitätszentren. Besitzt ein Molekül n Chiralitätszentren, so können maximal 2^n Stereoisomere vorkommen; bei zwei Chiralitätszentren gibt es also maximal vier Isomere. Beispielsweise gibt es von 2,3-Dibrompentan zwei Paare von Enantiomeren [B8].

Auch das Molekül Erythrit (Butan-1,2,3,4-tetrol) besitzt zwei Chiralitätszentren, doch gibt es nur drei Stereoisomere mit dieser Konstitutionsformel [B9].

Man kann eine Molekülstruktur des Erythrits, unter Beibehaltung der an den C*-Atomen vorliegenden Konfiguration durch Spiegelung in die andere, identische, überführen. Dies ist immer dann möglich, wenn innerhalb des Moleküls eine Spiegelebene verläuft. Neben den beiden enantiomeren Formen des Erythrits gibt es also eine weitere, diastereomere Form, *meso*-Erythrit.

Meso-Verbindungen enthalten Chiralitätszentren. Trotzdem sind ihre Moleküle und deren Spiegelbilder deckungsgleich.

A5 Stellen Sie die Strukturformeln aller Isomere mit der Summenformel $C_3H_6Br_2$ auf und benennen Sie die Verbindungen. Geben Sie eventuelle Enantiomerenpaare an.

4.2 Exkurs Bedeutung chiraler Moleküle in der Medizin

B1 Fehlbildungen durch Contergan

Der Contergan-Skandal. Contergan wurde 1957 als Beruhigungsmittel auf den deutschen Arzneimittelmarkt gebracht. Durch die schädlichen Nebenwirkungen des Wirkstoffs Thalidomid war es zu schweren Schädigungen an ungeborenem Leben gekommen.
Da Contergan unter anderem auch gegen die typische, morgendliche Übelkeit in der frühen Schwangerschaftsphase hilft und im Hinblick auf Nebenwirkungen als besonders sicher galt, wurde es gegen Ende der 1950er Jahre gezielt als mildes Schlaf- und Beruhigungsmittel für Schwangere empfohlen. In der Folge kam es in mehreren Tausend Fällen, vor allem in Deutschland, zu schweren Fehlbildungen oder gar zum vollständigen Fehlen von Gliedmaßen und Organen bei ansonsten gesunden Neugeborenen. 1961 wurde das Medikament wieder vom Markt genommen.

Chemische Analyse des Wirkstoffs. Bei näherer chemischer Analyse des Wirkstoffs zeigte sich sehr schnell, dass es sich beim Thalidomidmolekül (α-Phthalimidoglutarimid) um eine chirale Verbindung handelt. Die Verbindung enthält als wesentliches Strukturmerkmal ein vierfach verschieden substituiertes und damit asymmetrisches Kohlenstoffatom [B2].
Thalidomid wurde in einer chemisch ungesteuerten Synthese in Form eines 1:1-Gemisches der beiden Enantiomere (Racemat) auf den Markt gebracht. Zunächst nahm man an, dass für die fruchtschädigende Wirkung allein die spiegelbildliche Form verantwortlich sei.

Die bildliche Variante hingegen rufe die beruhigende Wirkung hervor.
Unabhängig davon, ob die reine spiegelbildliche oder reine bildliche Form verabreicht wird, wandelt der menschliche Körper bereits nach wenigen Stunden die eine Form, wenn auch nur unvollständig, in die jeweils andere um. Bildliche und spiegelbildliche Form liegen dann ca. im Verhältnis 1:1,6 vor.
Somit kann keinem der beiden Enantiomere „gute" oder „schlechte" Wirkung zugeschrieben werden. Dies zeigten Tests, vor allem in Brasilien und Kolumbien, wo es unglücklicherweise, trotz der Hinweise auf diese Kontraindikation, zu erneuten Fehlbildungen bei Neugeborenen kam.

Bei weiteren Untersuchungen zeigte sich, dass Thalidomid nicht nur ein Beruhigungsmittel ist, sondern auch gegen eine Reihe weiterer Krankheiten, vor allem gegen Lepra aber auch gegen Aids und verschiedene Krebsarten wirksam ist. Bedenkt man, dass der Wirkstoff nur bei Schwangeren Schäden des Ungeborenen hervorruft, ist gegen eine Therapie bei Erwachsenen, die nicht mehr gebärfähig sind, nichts einzuwenden.

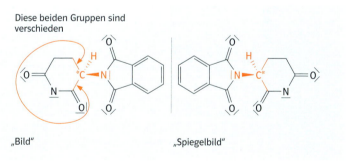

B2 Die beiden Enantiomere von Thalidomid

Naturstoffe 117

4.3 Optische Aktivität

Enantiomere stimmen in fast allen ihren physikalischen und chemischen Eigenschaften überein und lassen sich nicht mit physikalischen Verfahren wie etwa Destillation trennen. Wichtigstes Unterscheidungsmerkmal ist die Art und Weise, wie sie mit linear polarisiertem Licht wechselwirken.

Linear polarisiertes Licht. Licht kann man als eine elektromagnetische Welle, die transversal, also rechtwinkelig, zur Ausbreitungsrichtung schwingt, verstehen. Dabei kann es in allen möglichen Ebenen im 90°-Winkel zur Ausbreitungsrichtung schwingen. Licht einer Schwingungsebene bezeichnet man als linear polarisiertes Licht.

Durch ein lineares *Polarisationsfilter* können alle Schwingungsrichtungen bis auf eine geschwächt bzw. ganz absorbiert werden, wodurch man linear polarisiertes Licht erhält. Dieses Licht schwingt also hauptsächlich in einer Ebene, die durch das Polarisationsfilter bestimmt wird [B1].

Licht, dessen Schwingungen vorzugsweise in einer Ebene stattfinden, nennt man linear polarisiertes Licht.

B2 Ein Polarimeter zur Analyse optisch aktiver Substanzen

Erfassung der optischen Aktivität. Mit einem Polarimeter [B2] kann man die optische Aktivität einer Verbindung untersuchen. Als Lichtquelle dient eine Natriumdampflampe, die ausschließlich Licht einer bestimmten Wellenlänge erzeugt, welches durch ein Filter, den Polarisator, tritt. Das so erzeugte monochromatische, linear polarisierte Licht wird durch ein zweites, ebenfalls drehbares Filter, den Analysator, betrachtet. Haben die beiden Filter die gleiche Orientierung, so kann das polarisierte Licht vollständig austreten und beobachtet werden.

Dreht man den Analysator hingegen so, dass der Analysator senkrecht zum Polarisator steht, wird der Durchtritt des linear polarisierten Lichts verhindert [B3].

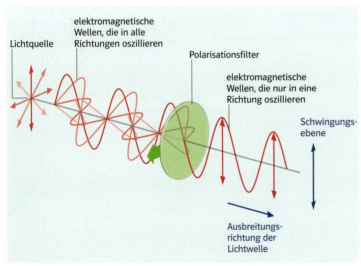

B1 Wirkungsweise eines Polarisationsfilters: Durchlass von Licht mit Vorzugsrichtung

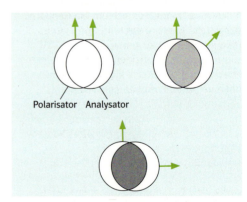

B3 Durchgang von linear polarisiertem Licht durch Polarisator und Analysator bei verschiedenen Analysatororientierungen

118 Naturstoffe

Optische Aktivität

Bringt man nun eine Lösung einer optisch aktiven Verbindung in den Strahlengang zwischen Polarisator und Analysator, die im 90°-Winkel zueinander stehen (Referenz- bzw. Nullpunkt), so wird am Analysator eine Aufhellung zu beobachten sein. Die Schwingungsrichtung des polarisierten Lichts stimmt nach dem Durchtritt durch die optisch aktive Lösung nicht mehr mit der Schwingungsrichtung des polarisierten Lichts vor der Testlösung überein. Sie ist um einen bestimmten Winkel gedreht worden [B5].
Diesen entsprechenden Drehwinkel α ermittelt man durch erneutes Drehen des Analysators bis zur völligen Löschung des Lichts.

Optisch aktive Substanzen wechselwirken in besonderer Art und Weise mit linear polarisiertem Licht: Sie drehen dessen Schwingungsebene.
Ein Messgerät, mit dem man feststellen kann, ob eine Verbindung optisch aktiv ist, nennt man Polarimeter.

Chiralität ist die geometrische Voraussetzung (im Molekülbau) für optische Aktivität.

Milchsäuren. Das Sauerwerden von Milch ist auf bestimmte Mikroorganismen (verschiedene Lactobazillen und Streptokokken) zurückzuführen, die den in der Milch enthaltenen Milchzucker Lactose zur sogenannten Gärungsmilchsäure umsetzen. Bei dieser Milchsäure handelt es sich um ein Gemisch der beiden enantiomeren Molekülformen [B4]. Im menschlichen Körper wird nur (+)-Milchsäure gebildet. Die beiden Milchsäureenantiomere stimmen in vielen Eigenschaften überein: sie schmelzen z. B. beide bei 53 °C,

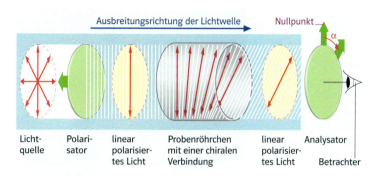

B5 Schematische Darstellung und Funktionsweise eines Polarimeters mit optisch aktiver Substanz in der Messzelle

doch unterscheiden sie sich in einer wichtigen Eigenschaft: Beim Gang des linear polarisierten Lichts durch Lösungen der beiden reinen Milchsäureenantiomere wird dessen Schwingungsrichtung um einen bestimmten Winkel gedreht. Bei der (+)-Milchsäure muss der Analysator nach rechts, im Uhrzeigersinn, bei der (−)-Milchsäure nach links, im Gegenuhrzeigersinn, gedreht werden, wobei die Blickrichtung der Richtung des Lichtstrahls entgegengesetzt ist. Beide Milchsäureenantiomere sind somit optisch aktiv.

Die Zeichen (+) und (−) geben die Änderung der Schwingungsrichtung des linear polarisierten Lichts an, (+) steht für rechts herum, also im Uhrzeigersinn, (−) steht für links herum, also entgegen dem Uhrzeigersinn.

A1 Die Probe einer optisch aktiven Lösung liefert bei der Messung in einem Polarimeter einen Drehwinkel von $\alpha = +35°$. Überlegen Sie, wie sich feststellen lässt, dass dieser Drehwinkel richtig bezeichnet worden ist und nicht $\alpha = -145°$ der richtige ist.

A2 „Mit rechtsdrehender Milchsäure", so steht es werbewirksam auf vielen Joghurtprodukten [B6]. Ernährungsbewusste Zeitgenossen greifen dann besonders gerne zu diesen Produkten. Erklären Sie, welche Informationen dieser Aufdruck chemisch gesehen gibt. Recherchieren Sie, ob der Kauf solcher Produkte sinnvoll ist.

B6 Joghurt mit rechtsdrehender Milchsäure

B4 Keil-Strich-Formeln der rechts- und linksdrehenden Milchsäure

Naturstoffe

Optische Aktivität

B7 Vor allem die L-(+)-Weinsäure und deren Magnesium-, Kalium- und Calciumsalze findet man in Reben, Blättern und Trauben des Weinstocks

Die spezifische Drehung α_{sp}. Die Fähigkeit, die Schwingungsrichtung des linear polarisierten Lichts zu drehen, ist die Eigenschaft der einzelnen Moleküle einer optisch aktiven Substanz. Der Wert des gemessenen Drehungswinkels α hängt ab von:
– der Struktur der optisch aktiven Moleküle,
und ist proportinal zu:
– der Konzentration,
– der Länge der Messzelle.

Deswegen wird eine spezifische Drehung α_{sp} ausgerechnet:

$$\alpha_{sp} = \frac{\alpha}{\beta \cdot l}$$

β = Massenkonzentration der Probenlösung in $g \cdot ml^{-1}$; bei Reinstoffen stimmt die Massenkonzentration mit der Dichte überein.

l = Länge des Probenrohrs in dm

Die spezifische Drehung α_{sp} einer optisch aktiven Verbindung hängt dann noch von der Wellenlänge des Lichts, dem Lösungsmittel und der Temperatur ab. Hält man diese Bedingungen fest, so ist die spezifische Drehung eine physikalische Konstante, die für diese Substanz charakteristisch ist, ebenso wie die Schmelz- oder Siedetemperatur. α_{sp} ist in entsprechenden Tabellenwerken verzeichnet,
z. B.: (+)-Milchsäure: $\alpha_{sp} = +3{,}82° \cdot ml \cdot g^{-1} \cdot dm^{-1}$
(−)-Milchsäure: $\alpha_{sp} = -3{,}82° \cdot ml \cdot g^{-1} \cdot dm^{-1}$.

A3 Eine Milchsäurelösung zeigt einen Drehwinkel von $\alpha = -2°$. Die Länge des Polarimeterrohres beträgt $l = 2\,dm$. Berechnen Sie die Massenkonzentration β der Lösung.

A4 Mit 12 g Traubenzucker werden 100 ml einer wässrigen Lösung hergestellt.
a) Die Lösung bewirkt in einem Polarimeterrohr von 5 cm Länge eine Drehung von 3,15°. Berechnen Sie die spezifische Drehung.
b) Berechnen Sie den zu erwartenden Drehwinkel der Lösung in einem Rohr von 12,5 cm Länge.
c) 10 ml der Ausgangslösung werden auf 30 ml verdünnt und in einem 5-cm-Rohr gemessen. Berechnen Sie den Drehwinkel.

V1 a) Legen Sie zwei Polarisationsfilter hintereinander, betrachten Sie durch sie hindurch eine Lichtquelle und drehen Sie eines der beiden Filter, während das andere in unveränderter Position gehalten wird.
b) Betrachten Sie die Spiegelung in einem Fenster durch ein Polarisationsfilter. Drehen Sie die Folie während der Beobachtung.

V2 Zunächst wird eine Stammlösung aus Saccharose hergestellt. Dazu löst man z. B. 70 g (+)-Saccharose in 60 ml heißem, destilliertem Wasser, führt die abgekühlte Lösung in einen 100-ml-Messkolben über und füllt diesen auf 100 ml Lösung auf. Eine Küvette oder ein Polarimeterrohr wird dann luftblasenfrei mit der Saccharoselösung gefüllt und in das Polarimeter gebracht. Der Drehwinkel, einschließlich des Vorzeichens, wird festgestellt. Anschließend wird eine Lösung mit der halben Massenkonzentration hergestellt, indem man z. B. 20 ml der Stammlösung mit dem gleichen Volumen Wasser verdünnt. Entsprechend werden Lösungen mit dem 4. bzw. 8. Teil der Anfangskonzentration bereitet und jeweils der Drehwinkel der Lösungen gemessen.

Naturstoffe

Optische Aktivität

B8 LOUIS PASTEUR (1822–1895), franz. Wissenschaftler; Entdecker der Grundlagen der Stereochemie und Pionier im Bereich der Mikrobiologie

Racemate. Gemische, die von jedem Enantiomer gleich viele Moleküle aufweisen, sind ebenfalls optisch inaktiv, da die durch die Moleküle des einen Enantiomers hervorgerufene Wirkung auf das Licht durch die Moleküle des anderen Enantiomers wieder rückgängig gemacht wird. Ein solches Gemisch nennt man Racemat.

Ein Gemisch, welches beide Enantiomere im Verhältnis 1:1 enthält, wird Racemat genannt und durch das Zeichen „±" gekennzeichnet. Racemate bestehen ausschließlich aus chiralen Molekülen. Die racemische Lösung dieser Moleküle ist optisch inaktiv.

Auch die von LOUIS PASTEUR [B8] untersuchte „Weinsäure" stellt ein Racemat, also ein 1:1-Gemisch der chiralen (+)- und (−)-Weinsäure dar. Dieses Racemat wird auch **Traubensäure** (Acidum **racemicum**) genannt und gibt der Erscheinung ihren Namen. Racemische Gemische können sich oftmals deutlich hinsichtlich ihrer Schmelztemperaturen oder Löslichkeiten in Wasser von denen der reinen Enantiomeren unterscheiden [B9].

Weinsäuren	D-(−)-Weinsäure	L-(+)-Weinsäure	Traubensäure
Tetraedermodelle	a)	b)	Racemat: D- und L-Weinsäure im Stoffmengenverhältnis 1:1
Projektionsformeln nach FISCHER	COOH HO—C*—H H—C*—OH COOH	COOH H—C*—OH HO—C*—H COOH	
Schmelztemperatur (°C)	168	168	210
α_{sp} (° · ml · g^{-1} · dm^{-1})	−13	+13	0
Löslichkeit in Wasser (g/(100 ml)) bei 20 °C	139	139	21
Dichte (g · cm^{-3}) bei 20 °C	1,76	1,76	1,79

B9 Strukturen und Eigenschaften der Weinsäuren

A5 Zeichnen Sie die Strukturformeln der Moleküle, die sich durch Oxidation vom dreiwertigen Alkohol Propantriol am C-Atom 1 ableiten lassen, und kennzeichen Sie die asymmetrischen Kohlenstoffatome. Beurteilen Sie, ob die Moleküle optisch aktiv sind.

A6 Recherchieren und zeichnen Sie die Formeln von Äpfelsäure (2-Hydroxybutandisäure), Citronensäure (2-Hydroxypropan-1,2,3-tricarbonsäure) und Glykolsäure (Hydroxyethansäure). Markieren Sie jeweils die Chiralitätszentren.

A7 Neben der (+)- und (−)-Weinsäure gibt es noch eine weitere Weinsäure. Zeichnen Sie die Strukturformel und beurteilen Sie, ob eine wässrige Lösung dieser Weinsäure optisch aktiv ist.

A8 Zeichnen Sie die Formel eines Kaliumsalzes der L-(+)-Weinsäure. Benennen Sie dieses Salz.

Naturstoffe **121**

4.4 Fischer-Projektionsformeln

B2 Milchsäuremolekül mit räumlicher Orientierung der Substituenten (links), Verdeutlichung der tetraedrischen Struktur (rechts). In beiden Fällen handelt es sich um das gleiche Enantiomer

Oftmals steht man bei der zeichnerischen Wiedergabe von Molekülen vor dem Problem, eine dreidimensional-räumliche Darstellung in die zweidimensionale Papierebene projizieren zu müssen. Betrachtet man z. B. das Molekülmodell der Milchsäure, so erkennt man sofort, dass das „echte" Molekül nicht eben gebaut ist, sondern dass das asymmetrische Kohlenstoffatom tetraedrisch von vier Substituenten umgeben ist [B2].

Erstellung von Fischer-Projektionsformeln.
Um die räumliche Anordnung der Atome eines Moleküls mit einem oder mehreren asymmetrischen C-Atomen wiedergeben zu können, benutzt man häufig die von EMIL FISCHER [B6] vorgeschlagenen Projektionsformeln [B1]. Diese ermöglichen eine zeichnerische Darstellung des Moleküls in der Ebene.

Bei der Erstellung und Interpretation dieser Formeln müssen einige Regeln beachtet werden [B3]. Unter Berücksichtigung dieser Regeln kann so die Fischer-Projektionsformel z. B. für ein Milchsäure-Enantiomer erstellt werden [B1].

Es muss allerdings beachtet werden, dass die Fischer-Formeln – bei Befolgen der entsprechenden Regeln – Projektionen eines Tetraeders in die Papierebene darstellen, vergleichbar mit der Projektion eines Kugel-Stab-Modells einer tetraedrischen Molekülstruktur mittels eines Tageslichtprojektors. Die Positionen der Substituenten um das Chiralitätszentrum sind hiermit eindeutig festgelegt.

- Die längste C—C-Kette wird beim Zeichnen **vertikal** angeordnet.

- Das **höchst oxidierte** C-Atom steht an der Spitze der längsten C—C-Kette.

- Alle asymmetrischen C-Atome werden (ggf. nach und nach) in die Papierebene gebracht.

- Die Atome, die beim Zeichnen **ober- und unterhalb** eines Chiralitätszentrums angeordnet sind, liegen **hinter** der Papierebene.

- Die Atome, die beim Zeichnen **links und rechts** eines Chiralitätszentrums angeordnet sind, liegen **vor** der Papierebene, dem Betrachter zugewandt.

B3 Regeln zur Erstellung von Fischer-Projektionsformeln

Der D- und L-Deskriptor. In den Molekülmodellen [B4] steht die OH-Gruppe nach entsprechender vertikaler Orientierung der Kohlenstoffatomkette mit dem höchst oxidierten C-Atom an der Spitze, am einzigen C*-Atom einmal rechts und einmal links. Dies hat zu der Unterscheidung der beiden Enantiomere durch die Buchstaben D (von lat. dexter, rechts) und L (von lat. laevus, links) geführt.

A1 Bestimmen Sie die Anzahl der Stereoisomere von 2,3,4,5,6-Pentahydroxyhexanal. Zeichnen Sie die Strukturformeln in der Fischer-Projektion.

A2 Bauen Sie ein Molekülmodell des Glycerinaldehyds (2,3-Dihydroxypropanal) und zeichnen Sie nach dem Modell die Fischer-Projektion.

A3 Zeichnen Sie stereoisomere Moleküle von Butan-2,3-diol in der Fischer-Projektion. Markieren Sie asymmetrische C-Atome und benennen Sie die Isomere.

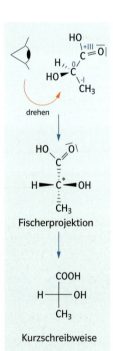

B1 Erstellung der Fischer-Projektionsformel eines Milchsäureenantiomers

122 Naturstoffe

Anhand von 2,3-Dihydroxybutanal [B5] lässt sich eine weitere Regel zum Aufstellen und Benennen von Fischer-Projektionsformeln verdeutlichen: Sind mehrere asymmetrisch substituierte C-Atome in einem Molekül vorhanden, so bezieht sich der D/L-Deskriptor auf das asymmetrische C-Atom, das vom *höchst oxidierten* Kohlenstoffatom *am weitesten entfernt* ist.

Da bei vielen anderen Enantiomeren eine entsprechende Konfiguration an einem zu bestimmenden Chiralitätszentrum vorkommt, wird die so bei der Milchsäure getroffene Vereinbarung analog auf diese Verbindungen übertragen. Der D- und L-Deskriptor spielt vor allem neben den Kohlenhydraten bei den Aminosäuren (Kap. 4.18) eine Rolle.

In der Fischer-Projektionsformel der D-Konfiguration befindet sich die OH-Gruppe des untersten asymmetrischen C-Atoms rechts. In der L-Form befindet sich die OH-Gruppe an dieser Stelle links.

A4 Ermitteln Sie die Oxidationszahlen der Kohlenstoffatome eines Milchsäuremoleküls [B4] und eines 2,3-Dihydroxybutanalmoleküls [B5].

A5 Benennen Sie folgende Moleküle und zeichnen Sie jeweils das entsprechende Enantiomer dazu:

A6 Von 2,3,4-Trihydroxybutanal gibt es zwei Enantiomerenpaare: Die D- und L-Threose und die D- und L-Erythrose.
Zeichnen Sie die Fischer-Projektionsformeln der beiden Enantiomerenpaare.

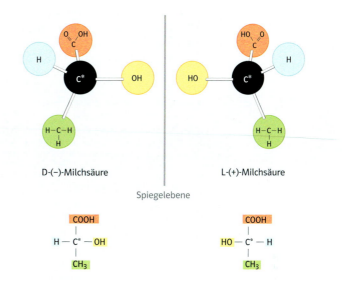

B4 Tetraedermodelle und Fischer-Projektionsformeln der Milchsäureenantiomere

B5 Ermittlung der Konfiguration bei Molekülen mit mehreren asymmetrisch substituierten Kohlenstoffatomen

D- und L-Form sind willkürlich festgelegt, während es sich bei der optischen Drehung des linear polarisierten Lichts um eine physikalische Eigenschaft handelt.

Daher lässt sich von den Bezeichnungen „D" und „L" *nicht* **auf das Vorzeichen der Drehung des linear polarisierten Lichts schließen. D und L beziehen sich also nur auf die Anordnung der Substituenten in der jeweiligen Fischer-Projektion.**

B6 HERMANN EMIL FISCHER (1852–1919)

4.5 Exkurs Weitere Regeln zur Fischer-Projektion

1. In der Papierebene darf eine Formel um 180° gedreht werden, ohne dass dadurch eine andere Konfiguration wiedergegeben wird. Eine Drehung der Projektionsformel um 90° oder 270° ist dagegen nicht zulässig, da sie die Konfiguration des anderen Enantiomers ergibt [B1].

B1 Die Drehung einer Fischer-Projektionsformel in der Papierebene um 180° ist erlaubt. Die Konfiguration wird dadurch nicht verändert

2. Bei einer Fischer-Projektionsformel kann ein beliebiger Substituent festgehalten werden, während die anderen im bzw. entgegen dem Uhrzeigersinn gedreht werden. Auch hier wird die Konfiguration nicht geändert [B2].

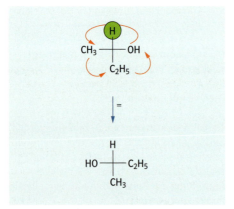

B2 Festhalten eines beliebigen Substituenten und Rotation der anderen ändert die ursprüngliche Konfiguration nicht

A1 Zeichnen Sie die Keilstrichformeln der unten gezeigten Fischer-Projektionen (a) und (b). Überlegen Sie außerdem, ob es möglich ist, die Verbindung (a) durch Drehung um eine Einfachbindung in (b) zu überführen. Wenn ja, geben Sie die Bindung an und um welchen Winkel gedreht werden muss!

A2 Überprüfen Sie, auch durch Bau mit Molekülmodellen, ob die folgenden drei Verbindungen identische Moleküle oder Enantiomere sind.

124 Naturstoffe

4.6 Kohlenhydrate im Überblick

Im chemischen Sprachgebrauch werden die Begriffe „Kohlenhydrate", „Zucker" oder „Saccharide" oft gleichbedeutend gebraucht.

Traubenzucker, Rohrzucker oder Stärke gehören zur Stoffklasse der Kohlenhydrate. Diese Bezeichnung steht im Zusammenhang mit der allgemeinen Summenformel der Kohlenhydrate: $C_n(H_2O)_m$. Bei der Benennung der Kohlenhydrate wird häufig die Endung –ose benutzt.

Einteilung. Die Kohlenhydrate können in zwei Gruppen aufgeteilt werden: einfache Kohlenhydrate und zusammengesetzte Kohlenhydrate. Einfache Kohlenhydrate wie Glucose (Traubenzucker) oder Fructose (Fruchtzucker) bestehen nur aus einer Zuckereinheit. Sie werden **Monosaccharide** (Einfachzucker) genannt. Zusammengesetzte Kohlenhydrate können, wie die Saccharose, aus zwei Einheiten bestehen und werden als **Disaccharide** (Zweifachzucker) bezeichnet. **Oligosaccharide** („Wenigzucker") enthalten 3 bis 20 Zuckerbausteine.
Verbindungen aus mehr als 20 Monosaccharideinheiten, beispielsweise die Stärke, nennt man **Polysaccharide** (Vielfachzucker). Di-, Oligo- und Polysaccharide können hydrolytisch in ihre Monosaccharid-Untereinheiten zerlegt werden.

Aufbau. Jeder Einfachzucker hat ein Grundgerüst aus Kohlenstoffatomen. Nach der Anzahl der Kohlenstoffatome werden **Triosen** (3), **Tetrosen** (4), **Pentosen** (5), **Hexosen** (6) usw. unterschieden. Des Weiteren unterscheidet man in Zuckermoleküle mit Aldehydgruppe [B2, oben], die **Aldosen** und Zuckermoleküle mit Ketogruppe [B2, unten], die **Ketosen**. Kohlenstoffatome ohne Carbonylgruppe tragen jeweils eine Hydroxylgruppe (OH-Gruppe) und ansonsten Wasserstoffatome. Kohlenhydrate sind formal die Produkte der partiellen Oxidation mehrwertiger Alkohole. Sie können daher als **Polyhydroxyaldehyde** bzw. **Polyhydroxyketone** aufgefasst werden.

Kohlenhydrate erhält man durch Oxidation von mehrwertigen Alkoholen, die an jedem Kohlenstoffatom eine Hydroxylgruppe tragen: Durch Oxidation am C-Atom 1 entsteht eine Aldose, während man durch Oxidation an einem sekundären C-Atom eine Ketose erhält.

A1 **a)** Formulieren Sie die Strukturformeln der Triosen, die sich vom Glycerin ableiten lassen. **b)** Belegen Sie, dass innerhalb der Triosen Enantiomere auftreten.

A2 Erstellen Sie die Fischer-Projektionsformel einer beliebigen Aldopentose und einer Ketopentose. Bestimmen Sie die Zahl der asymmetrischen Kohlenstoffatome und ermitteln Sie, wie viele Enantiomere vorkommen.

Zucker von ital. zucchero, dieses leitet sich ab von arabisch sukkar und persisch säkar, eigentlich vom altindischen sarkara („Kies, Geröll, Gries")

B2 Aldehydgruppe (oben), Ketogruppe (unten)

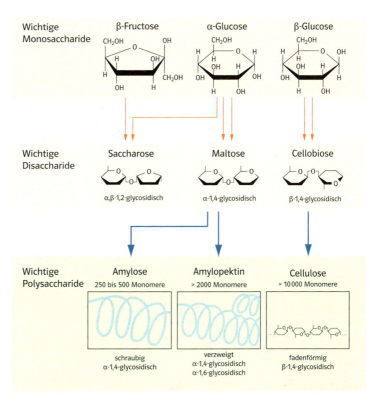

B1 Ausgewählte Mono-, Di- und Polysaccharide. Bei den Disacchariden und Polysacchariden sind die hier weniger wichtigen Details nicht dargestellt

Naturstoffe

4.7 Monosaccharide

Glucose von griech. glukos, Most, süßer Wein. Glucose wird auch als Traubenzucker oder Dextrose bezeichnet

Glucose kommt vor allem in süßen Früchten und im Honig vor. Auch im menschlichen Blut ist Glucose („Blutzuckerspiegel") enthalten und liegt dort mit einem Massenanteil von ca. 0,1 % (Normalwert: 80–120 mg/dl Blut) vor. Glucose dient der Energieversorgung des menschlichen Körpers und ist daher nicht nur das wichtigste, sondern auch das am häufigsten vorkommende Monosaccharid.
Glucose ist bei Raumtemperatur ein kristalliner Feststoff, der die Schwingungsebene linear polarisierten Lichts nach rechts dreht; daher die Schreibweise (+)-Glucose. Sie löst sich sehr gut in Wasser, ist dagegen in unpolaren Lösungsmitteln wie Benzin oder Heptan völlig unlöslich [V1].

Die Summenformel der Glucose lautet $C_6H_{12}O_6$. Wie sieht aber die entsprechende Strukturformel aus?
Das Löslichkeitsverhalten gibt einen Hinweis, dass im Molekül funktionelle Gruppen vorhanden sein müssen, die Wasserstoffbrücken ausbilden können. Außerdem reagiert Glucose mit Essigsäure zu einem Ester und Wasser. Da Ester im Allgemeinen aus einer Säure und Alkohol gebildet werden, müssen im Glucosemolekül OH-Gruppen zu finden sein. Bei vollständiger Veresterung eines Mols Glucose werden fünf Mol Essigsäure gebraucht. Dies deutet auf fünf OH-Gruppen hin.

Typische Nachweisreaktionen auf Glucose sind die *Silberspiegelprobe* [B2, B3, V2a] und die *Fehling'sche Probe* (S. 12, B2 und Kap. 4.15, V1). Die reduzierenden Eigenschaften, die die Glucose bei diesen Reaktionen zeigt, weisen auf das Vorhandensein einer Aldehydgruppe im Molekül hin. Allerdings fällt bei Glucose die Probe mit Fuchsinschwefliger Säure als typische Nachweisreaktion für Aldehyde negativ aus [V2].
Als spezifischer Nachweis der Glucose dient der in der Medizin übliche Schnelltest, der mit Gluco-Teststreifen durchgeführt wird (Kap. 4.15).

In den Jahren zwischen 1888 und 1891 gelang es EMIL FISCHER, die Struktur des Glucosemoleküls aufzuklären. Das kettenförmige Molekül besitzt vier asymmetrische C-Atome. In mühevoller Arbeit konnte er die Stellung der OH-Gruppen an diesen C*-Atomen ermitteln. B1 zeigt das Glucosemolekül in der Fischer-Projektion. Da die OH-Gruppe am C-Atom 5, es ist das am weitesten von der Aldehydgruppe entfernte C*-Atom, nach rechts zeigt, zählt man die natürlich vorkommende Glucose zur Familie der D-Zucker und schreibt D-(+)-Glucose.

B1 Offenkettige Aldehydform der D-(+)-Glucose

Anordnung der OH-Gruppen bei Glucose Eine „Eselsbrücke", sich die Anordnung der OH-Gruppen besser merken zu können, ist, OH-Gruppen rechts mit „ta" und OH-Gruppen links mit „tü" gleichzusetzen, und sich dann „ta-tü-ta-ta" einzuprägen.

B2 Silberspiegel

B3 Silberspiegelprobe

Redoxgleichung:
$R-CHO + 2\,Ag^+ + 3\,OH^- \longrightarrow R-COO^- + 2\,Ag + 2\,H_2O$

| V1 | Löslichkeit von Glucose. Geben Sie je eine Spatelspitze Glucose zu 10 ml Wasser bzw. Heptan und erwärmen Sie vorsichtig im Wasserbad. |

| V2 | Nachweis der Aldehydgruppe. a) Führen Sie die Silberspiegelprobe bzw. Fehling'sche Probe mit einer kleinen Portion Glucose aus. b) Geben Sie zu einer Lösung von Fuchsinschwefliger Säure eine Spatelspitze Glucose und prüfen Sie, ob sich eine Farbänderung zeigt. |

| A1 | Bauen Sie entsprechend B1 ein Modell des kettenförmigen Glucosemoleküls. |

| A2 | Formulieren Sie die Reaktionsgleichung für die vollständige Veresterung von Glucose mit Essigsäure. |

| A3 | Zeichnen und benennen Sie das Enantiomer der D-(+)-Glucose in der Fischer-Projektion. |

| A4 | Bei der Zellatmung wird Glucose unter anderem zu Kohlenstoffdioxid oxidiert. Formulieren Sie die Reaktionsgleichung. |

126 Naturstoffe

Monosaccharide

Ringförmige Glucosemoleküle. Mehrere experimentelle Ergebnisse sind mit der Kettenform der Moleküle der D-(+)-Glucose nicht erklärbar. So wird z. B. eine Lösung von Fuchsinschwefliger Säure durch Glucose nicht rot gefärbt, obwohl ein solcher Farbwechsel für Moleküle mit Aldehydgruppen typisch ist. Tatsächlich liegen Moleküle der Glucose überwiegend als sechsgliedrige Ringe vor, die durch eine **intramolekulare** Halbacetalbildung (Halbacetalbildung – allgemein siehe B4) zwischen der Aldehydgruppe und der OH-Gruppe des C-Atoms 5 entstehen. Dadurch wird das Carbonylkohlenstoffatom des kettenförmigen Glucosemoleküls, es wird jetzt **anomeres Kohlenstoffatom** genannt, zu einem weiteren asymmetrischen C-Atom, da es nach der Ringbildung vier verschiedene Substituenten aufweist.

Isomere, die sich nur durch die Stellung der Hydroxylgruppe am anomeren Kohlenstoffatom unterscheiden, heißen Anomere.

Die entstandene halbacetalische OH-Gruppe am C-Atom 1 kann in der Fischer-Projektionsformel entweder links oder rechts stehen, sodass zwei strukturisomere Sechsringe möglich sind [B5, oben].

Die cyclische Halbacetalform, in der die OH-Gruppe am anomeren C-Atom in der Projektionsformel rechts steht, wird als α-D-(+)-Glucose, jene, welche die OH-Gruppe links trägt, als β-D-(+)-Glucose bezeichnet.

Da diese ringförmigen Moleküle dem **Pyran** (C_5H_6O, Kap. 5.3, B5) ähnlich sind, bezeichnet man sie auch genauer als α-D-Glucopyranose bzw. β-D-Glucopyranose.

Haworth-Projektion. Durch die lineare Anordnung der Kohlenstoffatome in der Fischer-Projektion ergibt sich kein realistisches Bild von der Molekülgestalt.
So zeigen sie z. B. nicht, dass das Glucosemolekül so gebaut ist, dass die C-Atome 1 und 5 nahe beieinander liegen und so in der Halbacetalform über eine Sauerstoffbrücke verknüpft werden können.

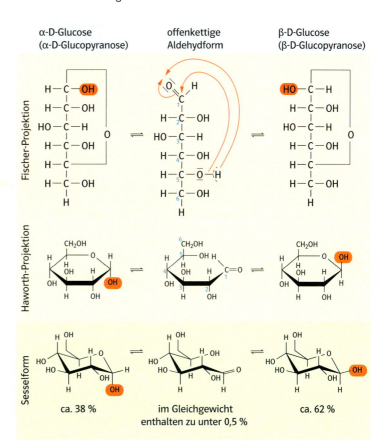

B4 Halbacetalbildung

B5 Bildung der cyclischen Halbacetalform beim Glucosemolekül in der Fischer-Projektion (oben) und verschiedene Darstellungen von Glucosemolekülen: Haworth-Projektionen (Mitte), Sesselform (unten)

Die nach W. N. Haworth benannten Projektionsformeln geben die Molekülgestalt besser wieder, wenngleich auch diese vernachlässigen, dass der Sechsring nicht eben ist.

Naturstoffe 127

Monosaccharide

B6 Sir Walter Norman Haworth (1883–1950), Nobelpreis 1937

In der Haworth-Projektion zeichnet man das Glucose-Molekül perspektivisch, von schräg oben betrachtet:
- Das Molekül stellt man sich als ein waagerecht liegendes, ebenes Sechseck vor. Das Ringsauerstoffatom befindet sich hinten **rechts**, das C-Atom 1 rechts.
- Alle Atome, die in der Fischer-Projektion rechts stehen, werden an den entsprechenden C-Atomen in der Haworth-Projektion nach **unten**, die, die **links** stehen, nach **oben** geschrieben.
- Die Bindung von Substituenten und H-Atomen wird mithilfe senkrechter Linien durch die Ecken angedeutet [B5, Mitte].

Eine realistischere Darstellung des Glucosemoleküls, welche auch die tetraederförmige Bindungssituation der Kohlenstoffatome berücksichtigt, ist die **Sesseldarstellung** des sechsgliedrigen Ringes [B5, unten].

Mutarotation von lat. mutare, ändern und lat. rotare, sich im Kreis drehen

sterisch von griech. stereos, räumlich

Mutarotation. Die beiden Anomere der Glucose können in reinem, kristallinem Zustand isoliert werden.
α-D-Glucose (Schmelztemperatur 146 °C) besitzt in Lösung eine spezifische Drehung von $\alpha_{sp} = +113° \cdot ml \cdot g^{-1} \cdot dm^{-1}$, β-D-Glucose (Schmelztemperatur 150 °C) dagegen von $\alpha_{sp} = +19° \cdot ml \cdot g^{-1} \cdot dm^{-1}$. Untersucht man eine der beiden Lösungen im Polarimeter [V3], zeigt sich, dass sie ihre Drehwinkel kontinuierlich ändern, bis sich in beiden Fällen ein konstanter Endwert von
$\alpha_{sp} = 54{,}7° \cdot ml \cdot g^{-1} \cdot dm^{-1}$ einstellt.

Als Mutarotation bezeichnet man die zeitliche Veränderung des Drehwinkels von polarisiertem Licht beim Durchgang durch Lösungen optisch aktiver Verbindungen bis zu einem konstanten Endwert.

Ursache der Mutarotation ist die spontane Umwandlung des einen Anomers über die offenkettige Form in das andere Anomer und die Einstellung eines Gleichgewichts zwischen beiden. Das Gleichgewichtsgemisch enthält ca. 38 % α-D-Glucose, ca. 62 % β-D-Glucose, eine geringe Menge (unter 0,5 %) offenkettige Aldehydform [B5], und hat eine spezifische Drehung, die dem konstanten Endwert entspricht.

Es überrascht zunächst, dass im Gleichgewicht die β-Form der Glucose überwiegt. Betrachtet man allerdings die Sesseldarstellungen der Glucose [B5, unten], sieht man, dass die β-Form sterisch begünstigt und deshalb etwas stabiler ist. In der β-Form stehen nämlich die großen und sperrigen OH-Gruppen und die noch größere CH$_2$OH-Gruppe ungefähr in der Ringebene vom Ring weg. In der α-Form steht die OH-Gruppe des C-Atoms 1 unter der Ringebene und damit relativ nah an den H-Atomen der C-Atome 3 und 5.

Da die offene Form der Glucose in nur sehr geringer Konzentration auftritt, fällt auch die relativ unempfindliche Probe mit Fuchsinschwefliger Säure negativ aus.

V3 In einen 100-ml-Messkolben gibt man 9 g wasserfreie α-D-Glucose und fügt zunächst etwa 60 ml Wasser hinzu. Dabei wird eine Stoppuhr in Gang gesetzt. Man löst den Zucker rasch unter kräftigem Umschütteln und füllt mit Wasser auf 100 ml auf. Nach guter Durchmischung wird die Lösung in ein Polarimeter gefüllt, der Drehwinkel gemessen und der Zeitpunkt der ersten Messung notiert. Nach vier weiteren Ablesungen in Abständen von ca. 4 min fügt man der Zuckerlösung einen Tropfen konz. Natronlauge zu und bestimmt in angemessenen Zeitabständen weitere Drehwinkel, bis diese gleich bleiben.
Tragen Sie in einem Diagramm die Drehwinkel gegen die Zeit auf und bestimmen Sie ungefähr den Drehwinkel der α-D-Glucose durch Extrapolation auf die Zeit $t = 0$. Überlegen Sie außerdem, welchen Sinn die Zugabe von konz. Natronlauge hat.

A5 Zeichnen Sie die Strukturformel der Verbindung, die aus α-D-Glucose bei der Fehling'schen Probe entsteht.

A6 Bauen Sie Glucose als Ringmolekül. Gehen Sie dabei von der offenkettigen Form aus und überprüfen mithilfe von B5, ob ein α-D-Glucose- oder β-D-Glucosemolekül entstanden ist.

Monosaccharide

Fructose (von lat. fructus, Frucht), besser bekannt als Fruchtzucker, findet sich in vielen Früchten und im Honig [B8]. Er schmeckt wesentlich süßer als Glucose. Aus wässrigen Lösungen kristallisiert er sehr schlecht aus und bildet stattdessen eine sirupartige Flüssigkeit. Fructose findet als Süßungsmittel für Diabetiker Verwendung, da sie unabhängig vom Insulin in Körperzellen aufgenommen werden kann.

Fructose mit der Summenformel $C_6H_{12}O_6$ ist eine Ketohexose. Bei der D-Fructose steht nur die OH-Gruppe am C-Atom 3 auf der linken Seite.

Ähnlich wie Glucose bildet Fructose ebenfalls Anomere, die miteinander im Gleichgewicht stehen. Neben der Kettenform des Moleküls enthält das Gleichgewicht zwei verschiedene Arten von ringförmigen Molekülen, die als Pyranose bzw. Furanose bezeichnet werden [B7]. Der Name wird von **Pyran** (C_5H_6O) bzw. **Furan** (C_4H_4O) abgeleitet, die ein entsprechend gebautes ringförmiges Molekül besitzen (Kap. 5.3). Bisher konnte nur β-D-(−)-Fructopyranose in reiner Form aus Früchten isoliert werden. Wässrige Lösungen davon zeigen eine spezifische Drehung von
$\alpha_{sp} = -133{,}5° \cdot ml \cdot g^{-1} \cdot dm^{-1}$.

Auch Fructose zeigt Mutarotation. Löst man reine β-D-(−)-Fructopyranose in Wasser und lässt die Lösung stehen, liegt die spezifische Drehung nach einiger Zeit bei
$\alpha_{sp} = -92{,}4° \cdot ml \cdot g^{-1} \cdot dm^{-1}$.
Auch hier ist die Mutarotation auf eine Gleichgewichtseinstellung zwischen der α- und β-Form sowie einem geringen Anteil an Molekülen in offenkettiger Form zurückzuführen. Die Lage dieses Gleichgewichts ist nur von der Temperatur der Lösung abhängig.

Wenig spezifisch, aber für viele Nachweise ausreichend, ist die **Seliwanow-Probe** zur Unterscheidung von D-Fructose und D-Glucose [V4b] wobei mit Resorcin (1,3-Dihydroxybenzol) in salzsaurer Lösung in Gegenwart von Fructose sofort eine rote Lösung entsteht.

V4 a) Eine Fructoselösung wird mit einem Glucoseteststreifen geprüft. Anschließend werden die Fehling'sche Probe und die Silberspiegelprobe durchgeführt.
b) In 3 bis 4 ml konz. Salzsäure gibt man je eine Spatelspitze Fructose und Resorcin. Man erwärmt unter Umschütteln bis zum Sieden und wiederholt den Versuch mit Glucose (Seliwanow-Probe).

A7 Erläutern Sie, in welchem stereochemischen Verhältnis α-D-Glucose zu β-D-Glucose steht.

A8 D-Galactose ist ein Monosaccharid, dessen offenkettige Aldehydform sich nur dadurch von der D-Glucose unterscheidet, dass in der Fischer-Projektionsformel am C-Atom 4 die OH-Gruppe links steht. Entwickeln Sie die Haworth-Projektionsformeln für α- und β-D-Galactose.

A9 Zeichnen Sie die Fischer-Projektionsformel der offenkettigen L-Fructose.

A10 In welche Richtung dreht die D-Fructose das linear polarisierte Licht?

A11 Recherchieren und zeichnen Sie die Strukturformel des Furan- und des Pyranmoleküls.

B8 Honig

Hexose ist ein Monosaccharid mit sechs C-Atomen im Molekül

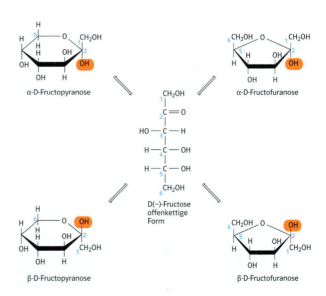

B7 Gleichgewicht von Fructose in wässriger Lösung

Naturstoffe

Monosaccharide

Tautomerie von griech. tauto, das Gleiche und griech. meros, der Anteil

Keto-Tautomer   Enol-Tautomer

B10 Keto-Enol-Tautomerie

Keto-Enol-Tautomerie. Ketonmoleküle können in Lösung durch Wanderung eines Protons und Veränderung der Stellung der Doppelbindung in Enolmoleküle übergehen [B10]. Man bezeichnet ein Keton und dessen korrespondierendes Enol als **Keto-Enol-Tautomere**. Im Gleichgewicht überwiegt dabei für gewöhnlich das Keto-Tautomer, da es stabiler ist als das Enol-Tautomer.

Keto-Endiol-Tautomerie. Interessanterweise zeigen die Fehling'sche Probe und die Silberspiegelprobe auch mit dem Monosaccharid Fructose – wie mit Glucose – eine *positive* Reaktion. Das ist erstaunlich, denn das Fructosemolekül weist in der Kettenform keine reduzierende Aldehydgruppe auf. Sie enthält als Ketohexose eine Ketogruppe, welche sich, unter der Voraussetzung, dass dabei das Kohlenstoffgerüst des Hexosemoleküls nicht zerstört werden soll, nicht weiter oxidieren lässt.

D-Fructose   Endiolform   D-Glucose

B9 Basenkatalysierter Übergang der D-Fructose über die Endiol-Zwischenstufe in D-Glucose

Dieser scheinbare Widerspruch kann durch die Versuchsbedingungen beider Nachweisreaktionen geklärt werden: Sowohl bei der Fehling'schen Probe als auch bei der Silberspiegelprobe liegen **alkalische** Lösungen vor. Natronlauge im ersten Fall und Ammoniaklösung im zweiten sorgen für ein stark **alkalisches Milieu**. Eine Ketogruppe mit benachbarter OH-Gruppe, wie sie im Fructosemolekül vorliegt, kann im Alkalischen in eine **Endiol**struktur (*-en* für die C=C-Doppelbindung, *-diol* für zwei OH-Gruppen) übergehen und mit dieser bei den vorhandenen Versuchsbedingungen im Gleichgewicht stehen. So kann aus D-Fructose über die Endiolform D-Glucose gebildet werden [B9].

Die Keto-Endiol-Tautomerie ist also eine Sonderform der Keto-Enol-Tautomerie. Damit ein Endiol entsteht, muss das dem Keto-C-Atom des Keto-Tautomers benachbarte C-Atom eine Hydroxylgruppe tragen.

Bei der Keto-Enol-Tautomerie stehen ein gesättigtes Keton und ein Enol (Alkohol, dessen Moleküle am ungesättigten Kohlenstoffatom eine Hydroxylgruppe haben) miteinander im Gleichgewicht. Der Übergang erfolgt durch eine intramolekulare Protonenwanderung. Die Keto-Enol-Tautomerisierung findet entweder unter Säure- oder unter Basenkatalyse statt.

Die beiden Tautomere, also die Keto- und die Enol-/Endiol-Form, unterscheiden sich nur durch die Stellung der Doppelbindung und eines **Wasserstoffatoms**. Beide Molekülformen können *reversibel* ineinander übergehen. Die Ketostrukturen und deren Enol-/Endiolstrukturen sind also **Konstitutionsisomere** mit jeweils ganz verschiedenen physikalischen und chemischen Eigenschaften.

A12 Acetessigsäureethylester zeigt eine ausgeprägte Keto-Enol-Tautomerie. Formulieren Sie die Gleichgewichtsreaktion. *Tipp:* Der IUPAC-Name von Acetessigsäure ist 3-Oxobutansäure.

130 Naturstoffe

4.8 Exkurs Die Familie der D-Aldosen

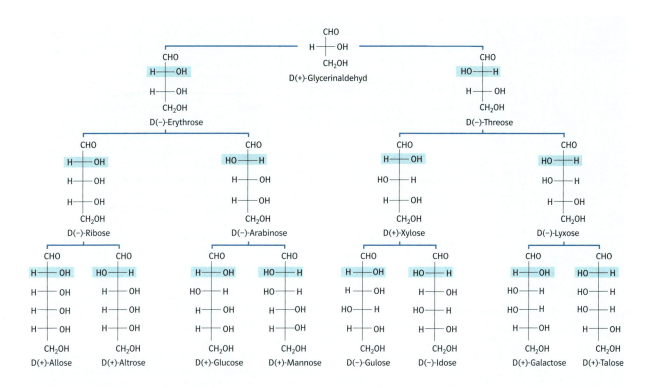

B1 Fischer-Projektionsformeln der D-Aldosen von Aldotriosen bis zu den Aldohexosen, das Vorzeichen ihres optischen Drehwertes und ihre Trivialnamen. Von oben nach unten tritt jeweils die hervorgehobene Gruppierung hinzu

In B1 sind alle D-Aldosen bis zu den D-Hexosen abgebildet. Sie lassen sich formal vom D-(+)-Glycerinaldehyd ableiten. Von Zeile zu Zeile wird in den Fischer-Projektionsformeln jeweils ein asymmetrisches C-Atom hinzugefügt, das in der Abbildung farbig unterlegt ist. Daraus ergibt sich von oben nach unten jeweils eine Verdoppelung der Anzahl der Moleküle.

Die natürlich vorkommenden Zucker gehören meistens zu der D-Reihe, doch gibt es eine gleiche Anzahl von Verbindungen mit L-Konfiguration, deren Molekülstrukturen aus den in B1 dargestellten Zuckern durch eine jeweilige Spiegelung an einer Ebene entstehen.
Von den abgebildeten Aldotetrosen, -pentosen und -hexosen existieren auch α- und β-Ringstrukturen, die in wässriger Lösung im Gleichgewicht mit den kettenförmigen vorliegen.

A1 Zeichnen Sie die Fischer-Projektion der L-Mannose.

A2 Charakterisieren Sie das stereochemische Verhältnis
 a) der Pentosen und Hexosen jeweils untereinander,
 b) von D-Erythrose zu L-Erythrose,
 c) von L-Erythrose zu L-Threose.

A3 Zeichnen Sie das ringförmige Molekül der D-Ribose (Furanose) in der Haworth-Projektion und benennen Sie Ihre Struktur nach den Ihnen bereits bekannten Nomenklaturregeln.

A4 Berechnen Sie die mögliche Anzahl an Stereoisomeren (Kap. 4.1) der D-Lyxose.

Triosen, Tetrosen, Pentosen, Hexosen sind Monosaccharide mit drei, vier, fünf bzw. sechs C-Atomen im Molekül

Aldosen, Ketosen sind Monosaccharide mit einer Aldehyd- bzw. Ketogruppe

Naturstoffe 131

4.9 Disaccharide

Die glycosidische Bindung. Monosaccharide (Kap. 4.7) können als Halbacetale über ihre halbacetalische OH-Gruppe am anomeren Kohlenstoffatom mit einem Alkohol protonenkatalysiert unter Abspaltung von Wasser zu (Voll-)Acetalen reagieren. Bei der Reaktion von α-D-Glucose mit Methanol bildet sich so ein Gemisch aus Methyl-α-D-glucosid und Methyl-β-D-glucosid [B1].

Das ursprüngliche anomere C-Atom bezeichnet man als glycosidisches C-Atom, und die von diesem Atom zur OH-Gruppe des Bindungspartners ausgehende Bindung als glycosidische Bindung.

Maltose. Die (+)-Maltose, oder auch der Malzzucker, wird im Verlauf der alkoholischen Gärung in keimender Gerste (Malz) enzymatisch (Maltase) durch teilweise Hydrolyse von Stärke gebildet.
Maltose ist als Disaccharid aus **zwei D-(+)-Glucopyranoseeinheiten** aufgebaut, die durch eine glycosidische Bindung zwischen dem anomeren C-Atom (C-1) des einen Glucoserestes und dem C-4-Atom des anderen miteinander verbunden sind. Man spricht deshalb von einer **1,4-glycosidischen Bindung**. Da das an der Verknüpfung beteiligte anomere C-Atom in der glycosidischen Bindung α-ständig vorliegt, nennt man die Bindung α-1,4-glycosidisch [B2].
Die OH-Gruppe des anomeren C-Atoms des zweiten Glucosebausteins ist nicht an der glycosidischen Bindung beteiligt und kann in α- oder β-Konfiguration vorliegen, weshalb sowohl eine α-Maltose als auch eine β-Maltose existiert. Die gegenseitige Umwandlung (Mutarotation) der beiden Anomere ineinander erfolgt in wässriger Lösung über die offenkettige Aldehydform der zweiten Glucoseeinheit. Diese offene Form ist auch für die **reduzierenden Eigenschaften** [V1] der Maltose verantwortlich.

B1 Reaktion von α D Glucose mit Methanol

Je nach Baustein unterscheidet man so Glucoside, Fructoside usw.

Handelt es sich bei den Reaktionspartnern nicht um einen Alkohol, sondern um ein zweites Monosaccharid, welches ja ebenfalls die notwendige funktionelle Hydroxylgruppe besitzt, so bezeichnet man das entstehende (Voll-)Acetal als **Disaccharid**.

Bei den Kohlenhydraten werden Vollacetale Glycoside genannt.

B2 Maltose ist aus zwei Molekülen α-D-Glucose aufgebaut, welche über eine α-1,4-glycosidische Bindung miteinander verknüpft sind

132 Naturstoffe

Cellobiose. Cellobiose ist ein Abbauprodukt des Makromoleküls Cellulose (Kap. 4.12) und weist wie Maltose die Summenformel $C_{12}H_{22}O_{11}$ auf. Auch hinsichtlich der chemischen Reaktivität gibt es viele Ähnlichkeiten mit der Maltose: Cellobiose wirkt beispielsweise ebenfalls **reduzierend**. In einem wichtigen Merkmal aber unterscheiden sich die beiden Disaccharide: Die enzymatische Hydrolyse ist nur mit dem Enzym β-Glucosidase möglich, welches ausschließlich die Spaltung β-glycosidischer Bindungen katalysiert. Dagegen ist das die Hydrolyse von Maltose katalysierende Enzym Maltase, eine α-Glucosidase, bei Cellobiose völlig unwirksam.

Bei der Cellobiose sind die **beiden D-(+)-Glucosemoleküle β-glycosidisch** miteinander verknüpft, d.h., die OH-Gruppe des anomeren C-Atoms des ersten Glucosemoleküls, das an der Ausbildung der glycosidischen Bindung beteiligt ist, steht in der Haworth-Projektionsformel nach oben, in der β-Stellung also. Im zweiten Glucosebaustein steht die Hydroxylgruppe am C-Atom 4, das für die Bildung der Glycosidbindung benötigt wird, allerdings in der Projektionsformel nach unten, sodass eine Verknüpfung formal zunächst nicht möglich erscheint. Da für die Bindung beide OH-Gruppen gleichartig orientiert sein sollten, muss der zweite Glucosebaustein um 180° gedreht werden. In der zeichnerischen Darstellung liegt jetzt das Ringsauerstoffatom im Sechseck rechts vorne, alle Substituenten die zuvor nach unten gerichtet waren, sind jetzt nach oben orientiert und umgekehrt. Durch diese Maßnahme kommt die OH-Gruppe des C-Atoms 4 des zweiten Glucosemoleküls, und damit die bei der Glycosidbildung entstehende Sauerstoffbrücke, oberhalb der Zeichenebene zu stehen (β-glycosidische Bindung) [B3].

B3 α-(+)-Cellobiose mit β-1,4-glycosidischer Verknüpfung

V1 Es werden Lösungen (w = 5 %) von Maltose, Cellobiose und Saccharose bereitet.
a) Die Lösungen werden auf Fehling-, Seliwanow- und Glucoseteststreifen-Reaktion untersucht.
b) Je 10 ml der Lösungen werden mit je 1 ml Salzsäure, c(HCl) = 1 mol/l, versetzt und etwa 5 min im siedenden Wasserbad erhitzt. Nach dem Abkühlen neutralisiert man durch Zugabe kleiner Portionen festen Natriumhydrogencarbonats, bis keine CO_2-Entwicklung mehr auftritt. Die Lösungen werden auf Fehling-, Seliwanow- und Glucoseteststreifen-Reaktion geprüft.
c) 5 g Hefe werden mit 50 ml Wasser zu einer Suspension verrührt; 2 ml davon vermischt man mit je 5 ml Zuckerlösung, stellt das Glas in ein Becherglas mit 35 °C warmem Wasser und prüft nach ca. 20 min wie in Versuch (b).

B4 Schreibweise

A1 In der Trehalose sind zwei Moleküle α–D-Glucopyranose α,α-1,1-glycosidisch miteinander verknüpft. Entwickeln Sie die Haworth-Projektionsformel der Trehalose.

Disaccharide

B5 Handelsformen von Haushaltszucker

Saccharose. Saccharose, der „Zucker" schlechthin, ist das wichtigste und am häufigsten vorkommende Disaccharid. Es findet sich in fast allen Früchten und in vielen Pflanzensäften, vor allem im *Zuckerrohr* ($w \approx 14-16\%$) und in *Zuckerrüben* ($w \approx 16-20\%$). Aus diesen Pflanzen wird Saccharose in großen Mengen gewonnen und gelangt als Rohr- oder Rübenzucker in den Handel.
Saccharose besteht aus den Bausteinen **α-D-(+)-Glucopyranose und β-D-(−)-Fructofuranose**, die über die OH-Gruppen der anomeren C-Atome (C-1 bei Glucose, C-2 bei Fructose) miteinander verbunden sind. In einer Kondensationsreaktion entsteht also eine **1,2-glycosidische Bindung**.
Um die Bildung der Bindung zu verstehen, zeichnet man die α-D-Glucose als Sechs- (Pyranosid), die β-D-Fructose als Fünfring (Furanosid) in der Haworth-Projektion nebeneinander. Bei der Glucose ist die OH-Gruppe am anomeren C-Atom **α-ständig**. Bei der Fructose ist die OH-Gruppe am anomeren C-Atom in der **β-Stellung**. Zur Ausbildung der Bindung muss das Fructosemolekül 180° um eine Achse gedreht werden, welche durch das O-Atom und die Mitte der Bindung zwischen den C-Atomen 3 und 4 geht [B6].
An der 1,2-glycosidischen Bindung sind sowohl bei dem α-D-Glucose- als auch bei dem β-D-Fructose-Baustein das anomere C-Atom mit seiner halbacetalischen OH-Gruppe beteiligt. Bei keinem der Bausteine ist daher eine Ringöffnung möglich, sodass sich in wässriger Lösung auch keine oxidierbare Aldehydform bildet. Saccharose gehört daher, im Unterschied zu Maltose und Cellobiose, zu den **nicht reduzierenden** Zuckern.

Inversion von Rohrzucker. Saccharose dreht die Ebene des polarisierten Lichts nach rechts. Während der Hydrolyse nimmt der Drehwinkel fortwährend ab und geht schließlich in eine Linksdrehung über, die dem Mittelwert eines Gemisches aus α- und β-D-Glucose sowie α- und β-D-Fructose in gleichen Stoffmengen entspricht:

$$\text{Saccharose} \xrightarrow{(H_3O^+)} \text{D-Glucose} + \text{D-Fructose}$$
$$+66 \qquad\qquad +54{,}7 \qquad -92{,}4$$
$$-18{,}9$$

(Zahlenwerte für α_{sp} in $° \cdot ml \cdot g^{-1} \cdot dm^{-1}$)

Man bezeichnet daher diese Spaltung als Inversion des Rohrzuckers und das entstehende Gemisch als Invertzucker. Bienen nutzen das Enzym Invertase, um Saccharose zu spalten. Der Zuckeranteil des Honigs besteht daher größtenteils aus Invertzucker. Bei der Herstellung von Kunsthonig hingegen wird die Hydrolyse von Rübenzucker durch zugefügte Säure katalysiert.

B6 Saccharose, α,β-1,2-glycosidisch verknüpft

β-D-Fructofuranose

α-D-Glucopyranose   β-D-Fructofuranose   Saccharose

V2 Inversion von Rohrzucker. Eine Lösung von Saccharose ($w = 10\%$) wird in die Küvette eines Polarimeters gegeben. Nach der Messung des Drehwinkels fügt man 2 Tropfen konz. Salzsäure zu und beobachtet den Drehwinkel.

A2 Erklären Sie, weshalb Saccharose nicht in einer α- und einer β-Form vorkommt.

A3 Charakterisieren Sie allgemein, welche Disaccharide
a) reduzierende Eigenschaften
b) Mutarotation
zeigen. Begründen Sie.

4.10 Gewinnung von Rübenzucker

In früheren Jahrhunderten stand als preiswertes Süßungsmittel nur Honig zur Verfügung. Der aus dem Orient importierte Zucker war ein Luxusartikel. Er wurde aus Zuckerrohr („Rohrzucker") gewonnen, einer Grasart, die nur in tropischen Gebieten gedeiht und bis zu 4 m hoch wird [B3]. Breiten Bevölkerungsschichten stand Zucker erst zur Verfügung, nachdem es gelungen war, ihn aus Rüben („Rübenzucker") zu gewinnen [B4]. Rohrzucker und Rübenzucker sind miteinander identisch.

Gewinnung von Rübenzucker. Die gewaschenen Zuckerrüben werden zunächst geschnetzelt (1) und der enthaltene Zucker im Gegenstromprinzip mit heißem Wasser extrahiert (2) [B2]. Die zurückbleibenden zuckerfreien Rübenschnitzel werden unter Zugabe von Melasse (s. u.) zu Pellets gepresst, die als Viehfutter dienen. Der schwach saure, dunkle „Rohsaft" wird mit einer Calciumhydroxidsuspension (Kalkmilch) versetzt (a). Dadurch werden Pflanzensäuren, Oxalsäure, Weinsäure und andere Säuren als Calciumsalze ausgefällt (3). Aus Magnesium- und Eisensalzen entstehen schwer lösliche Hydroxide, und gelöste Eiweißstoffe werden abgeschieden.
Um überschüssiges Calciumhydroxid zu entfernen, wird die Lösung anschließend unter Bildung von Calciumcarbonat mit Kohlenstoffdioxid gesättigt (b).

Das Gemisch wird filtriert, der Filterrückstand wird als „Carbokalk" zur Bodenverbesserung eingesetzt.
Beim Eindampfen der Lösung im Vakuum (4) entsteht ein dicker Sirup „*Dicksaft*", aus dem beim Abkühlen Zuckerkristalle auskristallisieren. Diese werden zentrifugiert (5) und nach Entfernung des anhaftenden Sirups als „Grundsorte" bezeichnet. Durch erneutes Eindampfen des Sirups (6) wird zunächst der noch gelblich aussehende Rohzucker gewonnen, aus dem durch Umkristallisieren und Behandlung mit Aktivkohle (Entfärberkohle) (7) weißer Raffinadezucker gewonnen wird.
Den zurückbleibenden braunen Sirup „Melasse" verwendet man als Viehfutter, bei der Hefeproduktion, in der Lebensmittelindustrie (als Nahrungsergänzungsmittel mit hohem Eisen- und Mineralstoffgehalt) oder unterwirft ihn der alkoholischen Gärung.

In Europa liegt der Zuckerverbrauch bei rund 33 kg pro Kopf und Jahr. Haushaltszucker findet in verschiedenen Bereichen Verwendung [B1].

B3 Zuckerrohrernte

B4 Zuckerrübe, Rohstoff der Zuckerindustrie

B1 Verwendung von Haushaltszucker in Deutschland

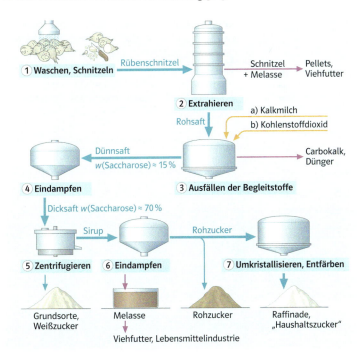

B2 Gewinnung von Rübenzucker

Naturstoffe 135

4.11 Impulse Modelle – Projektionen – Formeln

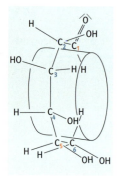

B1 Fischer-Projektion des Glucosemoleküls

Von der Fischer-Projektion zum Modell. Möchte man z. B. ein Molekülmodell eines offenkettigen Glucosemoleküls bauen, geht man von der Fischer-Projektion des Moleküls aus. Zunächst steckt man die C-Atome in der Weise zusammen, dass alle C-Atome dieselbe „Knickrichtung" besitzen [B3, links]. Man fährt fort, indem man immer zwei C-Atome anschaut, dann müssen die anderen C-Atome der Kette hinten liegen. Nun kann man die Hydroxylgruppen auf der entsprechenden Seite (links oder rechts), die durch die Fischer-Projektionsformel beschrieben wird, anbringen [B3, Mitte]. Auch mit den H-Atomen und der Aldehydgruppe verfährt man entsprechend, bis man das gesamte Molekül fertiggestellt hat [B3, rechts].

Vom Modell zur Fischer-Projektion. Liegt das Molekülmodell mit einer Zick-Zack-Linie der C-Atome vor und möchte man daraus die Fischer-Projektionsformel ableiten, so kann man zunächst keinen unmittelbaren Bezug zu der gewünschten Formel herstellen. Hierzu müssen die C-Atome derart verdreht werden, dass sie wiederum eine einheitliche „Knickrichtung" besitzen. Man kann sich vorstellen, dass die C-Atome auf dem Mantel eines Zylinders liegen, auf den man das Molekülmodell projiziert [B2]. Das Abrollen der Anordnung führt direkt zur Fischer-Projektion des Moleküls.

Von der Fischer- zur Haworth-Projektion. Hierzu muss zunächst bekannt sein, ob das Monosaccharidmolekül in der *Furanoseform* (Fünfring) oder *Pyranoseform* (Sechsring) vorliegt, z. B. D-Glucopyranose. Zur Bildung der Haworth-Projektionsformel geht man von der Fischer-Projektionsformel aus und markiert die C-Atome, deren funktionelle Gruppen den Ringschluss „bewerkstelligen" sollen. Da der Ringschluss eine *intramolekulare Halbacetalbildung* darstellt, muss die Aldehydgruppe mit einer Hydroxylgruppe reagiert haben. Zur Pyranoseform kommt man mit 5 C-Atomen und dem Ringsauerstoffatom, also muss die Hydroxylgruppe des C-Atoms 5 reagieren [B1]. Zeichnerisch stellt man den Übergang zu der perspektivischen Haworth-Formel (die ein Molekül mit Blick von schräg oben zeigt und auf die Abbildung der Ring-C-Atome verzichtet wie folgt dar:

Die Fischer-Projektionsformel wird in der Papierebene um 90° im Uhrzeigersinn gedreht. Jetzt sind die C-Atome 2 und 3 mit ihren Substituenten in der richtigen Position. Der Rest des Moleküls wird umgebogen [B4]. Alle Atome, die in der Fischer-Projektionsformel rechts stehen, werden an den entsprechenden C-Atomen in der Haworth-Formel nach *unten*, die, die *links* stehen, werden nach oben geschrieben.

Zum Ringschluss muss das C-Atom 5 gedreht werden, damit seine *Hydroxylgruppe* in die Nähe der *Aldehydgruppe* kommt: Dabei kann die neu gebildete halbacetalische Hydroxylgruppe *oberhalb* (β-Form) oder *unterhalb* (α-Form) des Ringes stehen [B5].

B2 Gekrümmte Anordnung der C-Atome im Glucosemolekül

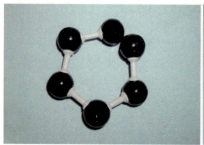 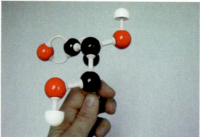 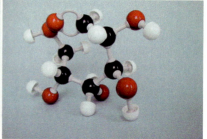

B3 Bau eines Molekülmodells von Glucose: Zusammenstecken der C-Atome (links), Anbringen der Hydroxylgruppen (Mitte), Fertigstellen des Moleküls (rechts)

136 Naturstoffe

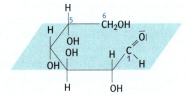

B4 „Gekipptes" und „umgebogenes" Glucosemolekül

Verknüpfung von Monosacchariden. Zur Entwicklung der Formel eines *Disaccharidmoleküls* aus zwei *Monosaccharidmolekülen* müssen die Monosaccharidmoleküle sowie die Art ihrer Verknüpfung bekannt sein. Beispiel: Im *Lactosemolekül* ist ein β-D-Galactopyranosemolekül (Galactose siehe Kap. 4.8) mit einem D-Glucopyranosemolekül β-1,4-glycosidisch verknüpft.

Das bedeutet, die halbacetalische Hydroxylgruppe des Galactosemoleküls befindet sich am C-Atom 1 in β-Stellung, sie ist mit der alkoholischen Hydroxylgruppe eines Glucosemoleküls am C-Atom 4 verknüpft. Beide

A1 Bauen Sie mithilfe eines Molekülbaukastens die offenkettige Form eines D-Ribosemoleküls (Aldopentose, alle OH-Gruppen rechts).

A2 Das D-Ribosemolekül (siehe A1) liegt meist in der Furanoseform vor. Zeichnen Sie die Haworth-Formel.

A3 Zeichnen Sie die Formel eines Disaccharidmoleküls, das aus β-1,2-glycosidisch verknüpften D-Fructofuranosemolekülen besteht.

A4 Arabinose ist eine Pentose (Kap. 4.8). Je ein α-D-Ribose- und ein β-D-Arabinosemolekül werden in der Furanoseform zu einem Disaccharidmolekül verknüpft, das nicht mit Fehling reagiert. Zeichnen Sie die Haworth-Projektionsformel des Disaccharids und begründen Sie.

A5 Schreiben Sie eine Anleitung, wie man von der Haworth- zur Fischer-Projektionsformel gelangt.

B5 Ringschluss beim Glucosemolekül

Moleküle liegen als Sechsringe vor. Zunächst zeichnet man beide Monosaccharidmoleküle in Haworth-Projektion [B6]. Die alkoholische OH-Gruppe des Glucosemoleküls am C-Atom 4 sollte die *gleiche räumliche Orientierung* besitzen wie die halbacetalische OH-Gruppe. Daher wird der Glucosering entlang der gestrichelten Achse um 180° gedreht („nach vorne geklappt") [B6, oben]. Das Ringsauerstoffatom befindet sich jetzt vorne rechts. Alle Atome, die zuvor nach *unten* gerichtet waren, sind jetzt nach *oben* orientiert und umgekehrt. Nun kann die Verknüpfung zum Disaccharid Lactose stattfinden [B6, unten].

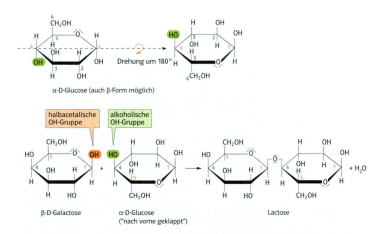

B6 Verknüpfung der Monosaccharide β-D-Galactose und α-D-Glucose zum Disaccharid Lactose

Naturstoffe **137**

4.12 Polysaccharide

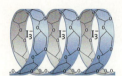

B1 Amylosewendel mit darin eingelagerten Triiodidionen

Stärke (lat. amylum) ist der wichtigste pflanzliche Reservestoff und wird in Samen (z. B. Getreidekörnern) oder unterirdischen Pflanzenteilen (z. B. Kartoffelknollen) gespeichert. Stärke wird aus fotosynthetisch gebildeter Glucose aufgebaut und dient v. a. dem Menschen als wichtiger Nährstoff im Bereich des Energiestoffwechsels.

Molekülbau und Eigenschaften. Stärkemoleküle mit der allgemeinen Formel $(C_6H_{10}O_5)_n$ sind Makromoleküle, die aus glycosidisch miteinander verknüpften α-D-(+)-Glucose-Einheiten bestehen. Stärke ist aber kein Reinstoff. Im kalten Wasser quillt sie zwar auf, ist darin aber nicht vollständig löslich. Sie besteht zu ca. 20–30 % aus **Amylose**. In einem Amylosemolekül sind bis zu 10 000 Glucoseeinheiten α-1,4-glycosidisch miteinander verknüpft und bilden lineare Ketten mit helicaler (Schrauben-)Struktur. Dabei kommen jeweils sechs Glucosemonomere auf eine Windung. Die Schraubenstruktur wird durch Wasserstoffbrücken stabilisiert. Beim überwiegenden Anteil, ca. 70–80 %, handelt es sich um Amylopektinmoleküle, die aus bis zu einer Million Glucosebausteinen zusammengesetzt sind. Die Grundstruktur entspricht der Amylose. Allerdings ist Amylopektin verzweigt, da nach etwa 25 Glucoseeinheiten zusätzlich noch **α-1,6-glycosidische** Bindungen auftreten [B2]. Durch heißes Wasser lässt sich die lösliche Amylose vom weitgehend unlöslichen Amylopektin trennen.

B2 Verzweigungsstellen eines Amylopektinmoleküls

Nachweis von Stärke. Als empfindliches Nachweisreagenz auf Stärke dient Iod-Kaliumiodid-Lösung (Lugol'sche Lösung; man erhält sie, indem man Iod in Kaliumiodidlösung löst). Die Reaktion beruht auf der Entstehung einer Einschlussverbindung. Dabei werden Triiodidionen in die Windungen der Stärkemoleküle eingelagert [B1]. Mit Amylose entsteht eine charakteristische Blaufärbung, die beim Erwärmen verschwindet und beim Abkühlen wieder erscheint. Amylopektin ergibt mit Lugol'scher Lösung eine rotviolette Färbung.

Hydrolytische Spaltung. Unter dem Einfluss von Enzymen (Amylasen) oder Oxoniumionen können die glycosidischen Bindungen der Amylose- bzw. Amylopektinmoleküle hydrolytisch gespalten werden. Unterbricht man die Hydrolyse vorzeitig, entstehen Bruchstücke der Polysaccharidketten, sog. **Dextrine**, die u. a. als Klebstoffe verwendet werden können. Die Stärkehydrolyse spielt auch beim Backvorgang eine wichtige Rolle (Kap. 4.29). Bei weiterer Fortführung der Hydrolyse erfolgt der vollständige Abbau zu D-Glucosemolekülen.

Cellulose. Cellulose ist mit einem Massenanteil von ca. 50 % der Hauptbestandteil pflanzlicher Zellwände und damit auch die häufigste organische Verbindung. Sie ist bei Pflanzenzellen als Gerüstsubstanz für deren Stabilität verantwortlich. Einmal gebildet kann Cellulose, anders als Stärke, von der Pflanze nicht wieder abgebaut werden. Pflanzenfasern wie Baumwolle, Hanf, Jute, Sisal oder Flachs (Lein) [B4] bestehen fast ausschließlich aus

---

V1 Fügen Sie zu einer Stärkelösung einige Tropfen Lugol'sche Lösung. Erwärmen Sie das Gemisch und kühlen Sie es anschließend wieder ab.

A1 Erklären Sie das Verschwinden und Wiederauftreten der Blaufärbung einer Iod-Kaliumiodid-Amylose-Lösung beim Erhitzen und anschließenden Abkühlen [V1].

A2 Erläutern Sie, weshalb sich Amylose in Wasser löst, Amylopektin hingegen nicht.

138 Naturstoffe

Cellulose, Holz enthält hingegen nur etwa 50 % und ist ein wichtiger Rohstoff für die Herstellung von Papier.

Molekülbau und Eigenschaften. Cellulosemoleküle haben wie die Stärkemoleküle die Summenformel $(C_6H_{10}O_5)_n$. Cellulosemoleküle sind aus Tausenden von β-D-Glucosebausteinen, welche β-1,4-glycosidisch miteinander verknüpft sind, aufgebaut [B3]. Diese Art der Verbindung von Einzelbausteinen führt nicht zu einer spiraligen Aufwindung, sondern zu einem fast geradkettigen Makromolekül. Mehrere dieser Ketten können sich parallel nebeneinander, stabilisiert durch intermolekulare Wasserstoffbrücken, anlagern und bilden sogenannte Elementarfibrillen. Mehrere dieser Elementarfibrillen fügen sich dann beim Aufbau der Zellwände zu dickeren Einheiten, den Mikrofibrillen [B5], zusammen, die netzartig miteinander verflochten sind.

Cellulose ist in Wasser und den meisten organischen Lösungsmitteln unlöslich.
Durch konz. Säure kann Cellulose hydrolytisch unter Entstehung von β-D-Glucoseeinheiten gespalten werden.

Der menschliche Organismus verfügt über Enzyme, die α-glycosidische Bindungen spalten können, Enzyme zur Spaltung β-glycosidischer Bindungen fehlen hingegen. Cellulose ist für den Menschen daher unverdaulich. Allerdings können symbiontische Bakterien im Dickdarm Cellulose zu Glucose abbauen und sich davon ernähren. Auch reine Pflanzenfresser können mithilfe von speziellen Darmbakterien Cellulose in Glucose abbauen und so als Hauptnährstoffquelle nutzen.

B4 Flachspflanze (links) und Lein (rechts)

B5 REM-Aufnahme Mikrofasern in der Zellwand

V2 2 g Amylose werden in 50 ml heißem Wasser gelöst und filtriert. Das auf 200 ml verdünnte Filtrat wird im abgedunkelten Raum vom Licht einer Taschenlampe durchstrahlt (Tyndall-Effekt, s. Kap. 4.22).

V3 3 g Kartoffelstärke werden in 20 ml Wasser aufgeschlämmt und in 80 ml siedendes Wasser gegossen. Nach Umrühren versetzt man mit 3 ml konz. Salzsäure, erhitzt und rührt weiter. Zu Beginn und dann alle weiteren 3 Minuten entnimmt man 5-ml-Proben, die nach Abkühlen auf Zimmertemperatur mit Natriumhydrogencarbonat neutralisiert werden. Mit diesen Proben führt man die Fehling'sche Probe durch, testet mit Lugol'scher Lösung sowie mit Glucoteststreifen.

A3 Erläutern Sie, welches Ergebnis zu erwarten ist, wenn man mit einer wässrigen Amyloselösung die Silberspiegelprobe durchführt.

A4 Cellulose wird enzymatisch abgebaut. Als Spaltprodukt kann u. a. α-D-Glucose identifiziert werden. Erklären Sie das Versuchsergebnis.

Vier β-Glucoseuntereinheiten eines Cellulosemoleküls

B3 Ausschnitt eines Cellulosemoleküls

4.13 Stärke und Cellulose als nachwachsende Rohstoffe

In der Natur werden jährlich ca. 10^{11} t Kohlenhydrate durch die Fotosynthese gebildet, davon stellen Stärke und Cellulose äußerst wichtige nachwachsende Rohstoffe dar. Die daraus gefertigten Produkte besitzen eine günstige Kohlenstoffdioxidbilanz und sind zum großen Teil biologisch abbaubar.

Stärke. Der Einsatz von Stärke ist äußerst vielfältig [B2]. Es existieren allein über 500 Produkte in den unterschiedlichsten Industriezweigen, in denen Stärke eingesetzt wird. Jährlich werden in der EU etwa 20 Mio. Tonnen Stärke produziert. Sie stammt dabei zu 46% aus Kartoffeln, zu 23% aus Weizen und zu 31% aus Mais.

Modifizierte Stärken als Dickungsmittel in Lebensmitteln. Durch spezielle Vorbehandlung können Eigenschaften der natürlichen Stärke modifiziert, d.h. verändert werden. Wird Stärke mit wenig Wasser verkleistert und anschließend warm auf Walzen getrocknet, entsteht *Quellstärke*. Sie verkleistert bereits bei Zimmertemperatur und wird z.B. als Dickungsmittel in Pudding eingesetzt. So kann er kalt angerührt werden.

Umgekehrt ist es bei Dosenwaren (zum Beispiel Suppen, die schnell erwärmt werden sollen): Hier soll die Quellung möglichst spät eintreten. Dadurch soll ein Anbrennen verhindert werden. Diese Anforderung erfüllt *vernetzte Stärke*: Sie wird durch Behandlung der Stärke mit Phosphortrichloridoxid (POCl$_3$, dem Trichlorid der Phosphorsäure) [B1] gebildet. Dabei entstehen Phosphorsäureester, an denen Glucoseeinheiten mehrerer Polysaccharidketten beteiligt sind. Sie bilden miteinander vernetzte Makromoleküle.

V1 Geben Sie 2,5 g trockene Stärke (z. B. Maisstärke) in ein Becherglas und mischen diese mit 20 ml Wasser und 2 ml Glycerin ($w \approx 50\%$). Das Becherglas wird mit einem Uhrglas abgedeckt und das Gemisch etwa 15 min im Wasserbad gekocht. Dabei wird mit einem Glasstab ab und zu umgerührt. Gießen Sie das Gel anschließend auf eine Kunststoffunterlage (umgedrehte Backschüssel, Backunterlage) und lassen Sie die Folie trocknen. Sie kann am nächsten Tag von der Unterlage abgezogen werden.

B1 Formeln von Phosphorsäure und Phosportrichloridoxid

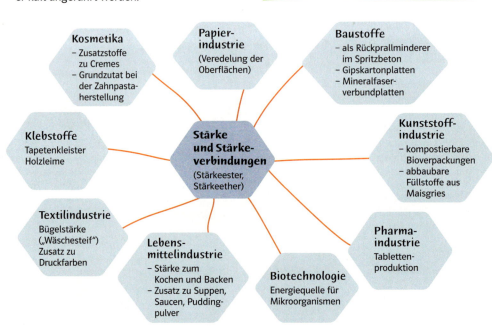

B2 Wichtige Einsatzmöglichkeiten von Stärke und Stärkeprodukten

Stärke und Cellulose als nachwachsende Rohstoffe

Cellulose. Der weitaus größte Teil der Cellulose kommt in Form von Holz (Energie- und Bausektor) sowie zur Herstellung von Zellstoff und Papier zur Verwendung [B3].

Papierherstellung – Cellulosegewinnung. Der wichtigste Rohstoff für die Papierherstellung ist Nadelholz, 40 bis 50 % seiner Trockenmasse bestehen aus Cellulose. Aus ihm wird mit einem rotierenden Schleifstein Holzschliff gewonnen, der Fasern von 1 bis 4 mm Länge enthält. Durch Kochen z. B. mit Calciumhydrogensulfitlösung wird das im Holz enthaltene Lignin in eine lösliche Verbindung überführt. Die hierbei gewonnenen Cellulosefasern (Zellstoff) werden zur Herstellung von Papier verwendet.

Papierherstellung – die Papiermaschine. Kernstück der industriellen Herstellung von Papier ist die Papiermaschine. Sie kann eine Breite bis zu 10 m und eine Länge bis zu 300 m haben. Verschiedene Faserstoffe (z. B. Holzschliff, Zellstoff und Altpapier) werden zusammen mit Füll- und Hilfsstoffen zu einer stark verdünnten wässrigen Mischung angerührt (w(Wasser) ≈ 90 %). Diese wird durch einen Schlitz (Stoffauflauf) gleichmäßig über die ganze Breite der Maschine auf ein umlaufendes Sieb verteilt. Während das Wasser durch das Sieb tropft, lagern sich die Fasern ab und verfilzen miteinander zu einer einheitlichen Papierbahn.

Am Ende des Siebes wird das Papier abgehoben, zur weiteren Entfernung von Wasser gepresst und über beheizte Zylinder geführt und getrocknet. Die Einsatzquote des Altpapiers bei der Papierherstellung liegt bei etwa 60 %.

V2 In eine Porzellanschale gibt man einige Spatel Stärke und erhitzt unter ständigem Rühren vorsichtig (maximal 200 °C), bis eine leichte Braunfärbung eintritt. Nach dem Abkühlen fügt man etwas Wasser hinzu, bis ein Brei entsteht. Dieser sogenannte Dextrin-Kleister wird auf seine Klebekraft untersucht.

A1 Erklären Sie die Entstehung des Dextrin-Kleisters aus Stärke [V2] auf molekularer Ebene.

B4 Verwendung von Stärke in der Industrie

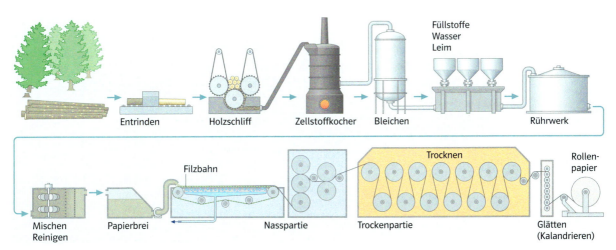

B3 Papierherstellung (schematisch)

Naturstoffe 141

4.14 Ökobilanzen

Ökobilanzen werden erstellt, damit man hinsichtlich des Umweltschutzes klügere Entscheidungen treffen kann. Dafür untersucht man Produkte auf ihren Rohstoffverbrauch sowie auf ihre Umweltbelastung während der Herstellung, des Gebrauchs und ihrer Entsorgung.

Möglichkeiten einer Bilanzierung. Als aussagekräftige Instrumente für eine Bewertung der Umweltverträglichkeit haben sich u. a. die **Ökobilanz**, die **vergleichende Ökobilanz** (der Ökovergleich) und die **Produktlinienanalyse** herausgestellt. Während im Rahmen einer *Ökobilanz* nur der Umweltaspekt eines Produkts eine Rolle spielt, werden in einer *vergleichenden Ökobilanz* zwei oder mehrere Produkte mit der gleichen Funktion (z. B. eine Milchtüte und eine Milchflasche) unter ökologischen Gesichtspunkten verglichen. Die Produktlinienanalyse bezieht in ihre Untersuchungen auch die wirtschaftlichen und sozialen Aspekte mit ein.

Das Bilanzierungsziel. Zu Beginn einer Ökobilanz muss zunächst der Untersuchungsrahmen festgelegt werden [B1]. Dazu gehört eine möglichst umfassende Rekonstruktion des Lebenswegs eines Produkts. Sie beginnt mit der Rohstoffgewinnung und endet mit der Entsorgung, das Verfahren heißt dementsprechend „Cradle-to-Grave"-Verfahren („von der Wiege bis zur Bahre").

In einer Systemanalyse werden die Wechselbeziehungen eines Produkts mit anderen während der Herstellung oder des Gebrauchs festgestellt. Die so entstandene Systembeschreibung (z. B. Verpackungs*system*) führt zu einer *Festlegung der Systemgrenzen*. In diesen Grenzen wird der Hauptlebensweg eines Produkts beschrieben [B2]. Man kann nun die Einwirkungen von Eingangs- und Ausgangsgrößen (Input- und Outputparameter) auf das System ermitteln.

Die Sachbilanz führt zu quantitativen Aussagen für die einzelnen Schritte eines Produktlebenswegs, den Modulen. Gesammelt werden z. B. Informationen über den Ressourcenverbrauch sowie Umwelteinträge von Luft- und Wasseremissionen. Aufgrund von Sachbilanzen können Maßnahmen ergriffen werden, die zu einer umweltverträglicheren Produktion oder zur Abfallvermeidung führen.

Die Wirkungsbilanz soll die Umweltrelevanz eines Produkts so realistisch wie möglich bestimmen. Dazu werden die Ergebnisse der Sachbilanz in Bezug auf ihre ökologischen Auswirkungen (Inanspruchnahme von Ressourcen, Beeinflussung von Atmosphäre und Gewässern) qualitativ gewichtet. Mit diesem Schritt enden die meisten Ökobilanzen bereits, da der nächste Schritt viele individuelle und politische Vorgaben enthält.

B1 Schema einer Ökobilanz

Bilanzierungsziel
- Untersuchungsrahmen: Lebensweg des Produkts, funktionelle Äquivalenz, Nutzungsziel
- Systemanalyse: Festlegung von Systemgrenzen

Sachbilanz: Erfassung des In- und Outputs von Stoffen in den verschiedenen Lebens- bzw. Produktionszyklen (Modulen)

Wirkungsbilanz: Abschätzung der Wirkungen auf die Umwelt

Bilanzbewertung: Zusammenfassung und Gewichtung der ökologischen Auswirkungen des Produkts

B2 Die Systemanalyse führt zur Festlegung von Systemgrenzen

Die **Bilanzbewertung** sollte am Ende einer Ökobilanz stehen. In ihr werden die zusammengetragenen Werte nach ihrer ökologischen Bedeutung beurteilt. Eine Ökobilanz kann nicht zu einer Gut-Schlecht-Bewertung eines Produkts führen. Sie ist jedoch eine Entscheidungshilfe für Produzenten, z. B. bei der Wahl umweltverträglicher Herstellungsverfahren und für Verbraucher bei der Produktwahl.

Beispiel einer Ökobilanz. In [B3] sind die Ergebnisse einer Sachbilanz für die Herstellung von Orangensaft dargestellt. Um eine Vergleichbarkeit zu erreichen, sind die Umsätze auf einen Liter Orangensaft berechnet. Im *Bilanzierungsziel* sind lediglich der Energieverbrauch und die Kohlenstoffdioxidemission als *Untersuchungsrahmen* festgelegt. Die Systemgrenzen schließen z. B. die Verpackung aus. Es fehlt noch die abschließende Bewertung der erhobenen Daten, also die *Wirkungsbilanz* und die *Bilanzbewertung*.

A1 In B3 ist der Untersuchungsrahmen sehr eng gesteckt. Nennen Sie Beispiele für weitere Parameter, die im Rahmen dieser Ökobilanz hätten untersucht werden können.

A2 **a)** Berechnen Sie den Anteil des Transports am Energieaufwand für die Herstellung von Orangensaft [B3].
b) Bestimmen Sie den Prozess, der den größten Energieaufwand bei der Herstellung des Orangensafts erfordert und berechnen Sie dessen Anteil.
c) Versuchen Sie eine Bilanzbewertung zu erstellen.

A3 Aufgeschäumte Maisstärke und aufgeschäumtes Polystyrol werden häufig als Verpackungsmaterial eingesetzt. Recherchieren Sie die vergleichende Ökobilanz für Stärke und Polystyrol als „Loose-Fill-Verpackungsmaterial" und stellen Sie einige zentrale Ergebnisse heraus.

Ort		Schritt im Produkt-lebensweg (Modul)	Energieumsatz	Kohlenstoffdioxid-emission
Plantage (Brasilien)		Orangenernte	pro Liter Orangensaft keine Angaben	
		Transport	0,076 kWh	0,020 kg
Entsaftungs-betrieb (Brasilien)		Entsaften	0,025 kWh	0,013 kg
		Konzentrieren	0,290 kWh	0,075 kg
		Kühlen	0,003 kWh	0,002 kg
		Transport	0,030 kWh	0,008 kg
Verladeterminal (Brasilien)		Kühlen	0,001 kWh	0,001 kg
		Transport	0,112 kWh	0,029 kg
Seehafen (Europa)		Kühllagerung	keine Angaben	
		Transport	0,019 kWh	0,005 kg
Abfüllbetrieb (Europa)		Rückverdünnen	0,036 kWh	0,018 kg
		Abfüllen	0,018 kWh	0,004 kg
		Transport	0,076 kWh	0,020 kg
Handel (Europa)			**0,686 kWh**	**0,195 kg**

B3 Von der Orange zum Orangensaft. Beispiel einer Sachbilanz

Naturstoffe **143**

4.15 Praktikum Kohlenhydrate

B1 Glucoteststreifen

Glucotest – GOD-Test
Der Glucotest ist ein einfacher Test, der die Bestimmung von Glucose im Harn ermöglicht. Die Prüfung erfolgt mithilfe eines Teststreifens. Der Schnelltest beruht auf der Tätigkeit zweier Enzyme. Das eine Enzym, die *Glucoseoxidase* (GOD), katalysiert in sehr spezifischer Weise die Oxidation von α-D-Glucose zu D-Gluconolacton (ein intramolekularer Ester). Der dabei abgespaltene Wasserstoff wird auf Sauerstoff unter Wasserstoffperoxidbildung übertragen [B2].

B2 Glucoseoxidasekatalysierte Reaktion von α-D-Glucose zu D-Gluconolacton

Unter dem Einfluss eines weiteren Enzyms, der *Peroxidase*, wird nun ein Redoxindikator, der sich in reduzierter Form auf dem Teststreifen befindet (Leukofarbstoff), vom Wasserstoffperoxid oxidiert (Farbstoff) [B3].

$$\text{Leukofarbstoff} + H_2O_2 \xrightarrow{\text{Peroxidase}} \text{Farbstoff} + 2\,H_2O$$

B3 Peroxidasekatalysierte Reaktion des Leukofarbstoffs mit Wasserstoffperoxid

Der blaue Farbstoff gibt auf dem gelben Trägerpapier des Teststreifens eine grüne Farbe.
Man kennt keine andere im Harn vorkommende chemische Verbindung, die den Nachweis stören könnte. Der Test ist somit eindeutig.
Durch die Intensität des gebildeten Farbstoffs auf den Teststreifen kann man deshalb auch halbquantitative Rückschlüsse auf den Massenanteil der vorhandenen Glucose im Urin ziehen.

V1 Löslichkeitsverhalten der Glucose
Geräte und Chemikalien: 2 Reagenzgläser, Becherglas (250 ml) für ein Wasserbad, elektrische Heizplatte, Spatel, Thermometer, Glucose, Heptan.
Durchführung: Geben Sie je eine Spatelspitze Glucose in zwei Reagenzgläser. Fügen Sie dann jeweils 10 ml Wasser bzw. Heptan hinzu und erwärmen Sie vorsichtig im Wasserbad (ca. 80 °C).
Auswertung: Erläutern Sie Ihre Beobachtungen unter Berücksichtigung der Struktur der Glucose.

V2 Fehling'sche Probe
Geräte und Chemikalien: 6 Reagenzgläser, Becherglas (250 ml) für ein Wasserbad, Gasbrenner, Dreifuß mit Drahtnetz, Spatel, Thermometer, Fehling-Lösungen I + II, Glucose, Fructose, Maltose, Saccharose.
Fehling I: verdünnte Kupfer(II)-sulfat-Lösung
Fehling II: alkalische Kaliumnatriumtartrat-Lösung.
Durchführung: Lösen Sie in verschiedenen Reagenzgläsern jeweils eine Spatelspitze der Zucker in je 2 ml Wasser und stellen Sie sie beiseite. Geben Sie dann je 2 ml der Lösungen Fehling I + II in ein Reagenzglas und schütteln Sie so lange, bis ein tiefblaues, klares Reagenz entsteht. Fügen Sie dann 4 ml der so hergestellten, tiefblauen Fehling-Lösung zu Ihren vorbereiteten Zuckerlösungen. Erwärmen Sie die Gemische einige Minuten im nahezu siedenden Wasserbad (ca. 80 °C).
Auswertung: Erklären Sie die Ergebnisse der Experimente mit Reaktionsgleichungen (Formeln).

V3 Silberspiegelprobe (Tollensprobe)
Geräte und Chemikalien: 5 Reagenzgläser, Becherglas (250 ml) für ein Wasserbad, Gasbrenner, Dreifuß mit Drahtnetz, Spatel, Thermometer, Tollens-Reagenz (Silbernitratlösung, w = 1 %), verdünnte Ammoniaklösung, (w = 15 %), Glucose, Fructose, Maltose, Saccharose.
Durchführung: Lösen Sie in Reagenzgläsern jeweils eine Spatelspitze der Zucker in je 2 ml Wasser und stellen Sie sie beiseite. Geben Sie in einem weiteren Reagenzglas zu etwa

144 Naturstoffe

5 ml Silbernitratlösung tropfenweise so viel Ammoniaklösung, bis sich der gebildete, grauweiße Niederschlag gerade wieder aufzulösen beginnt. Fügen Sie jetzt zu dieser hergestellten Lösung einige Tropfen Ihrer Zuckerlösungen. Erwärmen Sie die Gemische einige Minuten im leicht siedenden Wasserbad (ca. 80 °C).

Auswertung: Erklären Sie die Ergebnisse der Experimente mit Reaktionsgleichungen (Formeln).

V4   Halbacetalstruktur der Glucose

Geräte und Chemikalien: Waage, 2 Reagenzgläser, Spatel, Stoppuhr, Pipette, Glucose, Ethanallösung ($w = 1\%$), Fuchsinschweflige Säure.

Durchführung: Lösen Sie 0,5 g Glucose in 50 ml Wasser. Geben Sie dann zu der frisch bereiteten Glucoselösung sowie zu der Ethanallösung je 5 Tropfen Fuchsinschweflige Säure. Messen Sie dann sofort die Zeit bis zum Beginn der Farbveränderung.

Auswertung: Begründen Sie anhand der Molekülstrukturen von Glucose und Ethanal, weshalb die Reaktionen unterschiedlich schnell verlaufen.

V5   Keto-Endiol-Tautomerie

Geräte und Chemikalien: Reagenzglas, Becherglas (250 ml), Reagenzglasklammer, Pipette, Gasbrenner, Waage, Glucoteststreifen, Natronlauge ($c = 0,1$ mol/l), Fructose, Essigsäure ($c = 0,1$ mol/l), Indikatorpapier.

Durchführung: Lösen Sie 0,5 g Fructose in 5 ml Wasser. Prüfen Sie nun die Spezifität der Glucotestreaktion, indem Sie einen Teststreifen in die Lösung halten und nach der angegebenen Gebrauchsanweisung abwarten, ob eine Verfärbung eintritt. Fügen Sie nun 1 ml Natronlauge hinzu und erhitzen Sie die Lösung ca. 4 min unter ständiger Bewegung vorsichtig mit dem Gasbrenner (Hinweis: Die Lösung darf nicht sieden!).
Lassen Sie dann abkühlen und neutralisieren Sie anschließend durch tropfenweise Zugabe von Essigsäure. Prüfen Sie nach jeder Zugabe den pH-Wert der Flüssigkeit mit einem Stück Indikatorpapier. Wiederholen Sie mit der jetzt pH-neutralen Flüssigkeit die Glucotestprobe.

Auswertung: Erklären Sie das Ergebnis der Glucotestprobe.

V6   Hydrolyse von Cellulose

Geräte und Chemikalien: Erlenmeyerkolben (100 ml), Stopfen mit Rückflusskühler oder langem Glasrohr (50 cm), Stativ, Klemme, Muffe, Gasbrenner, Dreifuß mit Drahtnetz, Pipette, Filterpapier, Schwefelsäure ($w ≈ 50\%$), Natronlauge ($w ≈ 30\%$), Universalindikatorpapier, Fehling-Lösungen I und II [V2], Glucoseteststreifen.

Durchführung: (Schutzbrille, Schutzhandschuhe!) Reißen Sie ein Stück Filterpapier in kleine Schnitzel und geben Sie diese in den Erlenmeyerkolben. Geben Sie 30 ml Schwefelsäure ($w ≈ 50\%$) hinzu. Setzen Sie den Rückflusskühler bzw. das Glasrohr auf und sichern Sie den Aufbau mit dem Stativ. Kochen Sie das Gemisch ca. 10 Minuten. Nach dem Abkühlen neutralisieren Sie das Gemisch langsam (!) mit Natronlauge ($w ≈ 30\%$). Führen Sie mit je 2 ml des Gemisches die Fehling'sche Probe [V2] sowie den GOD-Test durch.

Auswertung: Beschreiben Sie Ihre Beobachtungen und interpretieren Sie das Versuchsergebnis. Welches Ergebnis erwarten Sie bei der Hydrolyse von Maltose und Saccharose?

V7   Unterscheidung von Glucose und Fructose

Geräte und Chemikalien: 2 Reagenzgläser, Reagenzglasklammer, Pipette, Gasbrenner, Seliwanow-Reagenz (10 mg Resorcin in 20 ml Salzsäure ($w ≈ 10\%$) lösen und mit 40 ml Wasser verdünnen), Glucose, Fructose, Glucoseteststreifen.

Durchführung: Lösen Sie jeweils eine Spatelspitze Glucose und Fructose in je 3 ml Wasser und testen Sie die Lösungen mit dem GOD-Test. Geben Sie dann zu beiden Lösungen je 5 ml Seliwanow-Reagenz und erwärmen Sie vorsichtig einige Minuten lang mit dem Gasbrenner (Hinweis: Die Lösung darf nicht sieden!).

Auswertung: Überlegen Sie, mit welchem strukturellen Merkmal das Versuchsergebnis in Zusammenhang stehen könnte.

Naturstoffe   **145**

4.16 Exkurs Zuckerersatzstoffe

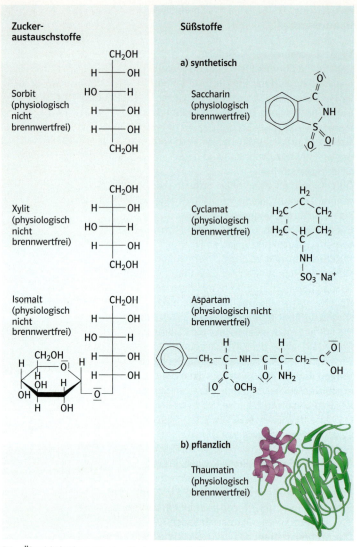

B1 Überblick über gängige Zuckerersatzstoffe

A1 Fructose dient ebenfalls als Zuckeraustauschstoff.
Überlegen Sie, weshalb Fructose zur Ernährung im Rahmen von Diabetes eingesetzt werden kann, zur Kariesprophylaxe hingegen ungeeignet ist.

In der heutigen Zeit hat Zucker vielfach keinen guten Ruf. Er gilt als „Vitaminräuber" und schädigt die Zähne. Außerdem ist er aufgrund seines hohen Brennwertes als „Dickmacher" bekannt. Erfrischungsgetränke und viele Nahrungsmittel besitzen nämlich oftmals einen sehr hohen Energiegehalt. Da viele Ernährungsbewusste verstärkt auf ihr Gewicht achten, liegen „Light-Produkte" mit „Süßstoffen" voll im Trend. Zuckerersatzstoffe [B1] dienen aber auch der Kariesprophylaxe, z.B. in Kaugummis oder Bonbons, und kommen ebenfalls in Diabetikerprodukten zum Einsatz. Zur Energiereduzierung sind zwei Substanzklassen als Süßungsmittel geeignet:

1. Zuckeraustauschstoffe:
Kohlenhydrate oder Zuckeralkohole, welche langsamer im Stoffwechsel abgebaut werden und daher auch den Zuckerspiegel kaum beeinflussen.
Beispiel: Xylit (Xylitol)
Xylit wird durch Extraktion aus Birkenholz gewonnen und als Süßungsmittel in Kaugummis und Bonbons verwendet.

2. Süßstoffe:
Verbindungen mit hoher Süßkraft, welche entweder im Stoffwechsel nicht verarbeitet werden (z. B. Saccharin, Cyclamat) oder aufgrund der hohen Süßkraft in nur geringen Mengen eingesetzt werden und daher brennwertfrei sind.
Beispiel: Thaumatin
Thaumatin ist eine proteinähnliche Verbindung mit der 3000-fachen Süßkraft von Saccharose und wird aus der afrikanischen Katemfe-Frucht gewonnen. Der Stoff findet v.a. als Zusatz in Viehfutter und der Medizin Verwendung.

Kaugummis „ohne Zucker" mit Xylit statt Glucose greifen die Zähne nicht an, da die kariesverursachenden Bakterien Xylit nicht als Nahrung verwerten können. „Zuckerfrei" bedeutet aber nicht unbedingt auch brennwertfrei. Xylit hat nämlich fast den gleichen Brennwert wie Glucose (1700 kJ/(100 g)).

Naturstoffe

4.17 Impulse Kammrätsel: Enantiomerie und Kohlenhydrate

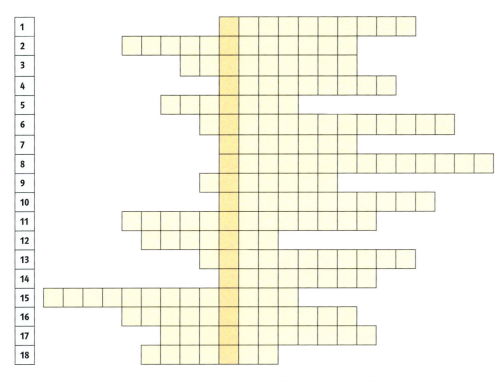

Legen Sie eine Folie über die Kästchen des Kammrätsels. Ergänzen Sie die aufgeführten Aussagen. Gefundene Begriffe tragen Sie mit einem Folienstift in die entsprechenden Felder ein. Haben Sie alle gesuchten Begriffe horizontal eingetragen, so ergibt sich vertikal ein Lösungswort. (Ä = AE, Ö = OE, Ü = UE)

- Die 1,2-glycosidische Verknüpfung je eines Moleküls α-D-Glucose mit einem Molekül β-D-Fructose ergibt Moleküle der **1**.
- Die **2** eines Moleküls gibt an, wie die Atome in einem Molekül verknüpft sind.
- Der Hauptbestandteil von Papier ist die **3**.
- **4** ist eine Naturfaser, aus der Textilien hergestellt werden können.
- Durch Umsetzung mit einer optisch aktiven Substanz kann man ein **5** auftrennen, wobei man zwei Diastereomere erhält.
- **6** ist die alltägliche Bezeichnung für die Glucose.
- Pflanzen speichern **7** überwiegend in Samen oder z. B. unterirdisch in Knollen.
- Vielfachzucker wie beispielsweise Amylose oder Amylopektin nennt man auch **8**.
- Emil **9** gelang es um 1890 die Struktur der Glucose aufzuklären.
- Spiegelbildisomere nennt man auch **10**.
- Unter **11** versteht man die räumliche Anordnung von Atomen eines Moleküls beziehungsweise dessen räumlichen Bau.

- **12** sind chemische Verbindungen der gleichen Summenformel, aber unterschiedlicher Struktur.
- Die bekannteste von **13** ist die D-Glucose. Insgesamt gibt es 16.
- Die häufig bei Sacchariden vorkommende sechsgliedrige Ringform aus fünf Kohlenstoffatomen und einem Sauerstoffatom nennt man **14**.
- In Molekülen von **15**, die aus den Elementen Kohlenstoff, Wasserstoff und Sauerstoff bestehen, beträgt das Zahlenverhältnis von Wasserstoff- zu Sauerstoffatomen 2:1.
- Wässrige Lösungen von α-D-Glucose und von β-D-Glucose zeigen bis zur Gleichgewichtseinstellung die Erscheinung der **16**.
- Im festen Zustand liegen die Moleküle der Monosaccharide ausschließlich als intramolekulare **17** vor.
- α-D-Glucose und β-D-Glucose unterscheiden sich nur durch die räumliche Stellung der Hydroxylgruppe an einem Kohlenstoffatom. Solche Isomere bezeichnet man als **18**.

Naturstoffe

4.18 Strukturen der Aminosäuren

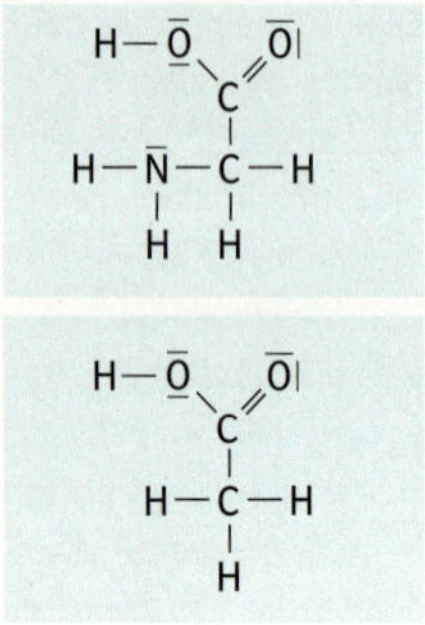

B1 Formeln von Glycin (oben) und Essigsäure (unten)

Allgemeiner Aufbau. Die einfachste Aminosäure heißt Glycin. Vergleicht man ihre Moleküle mit denen der Essigsäure, stellt man fest, dass sie eine Aminogruppe an dem C-Atom trägt, das der Carboxylgruppe benachbart ist. Dieses C-Atom wird auch α-C-Atom genannt. Sie heißt daher α-Aminoethansäure bzw. mit systematischem Namen 2-Aminoethansäure [B1]. Neben Glycin gibt es noch eine Reihe weiterer Aminosäuren, die den Aufbau von Proteinen bedingen [B2]. Diese proteinogenen Aminosäuren sind alle α-Aminocarbonsäuren, die sich nur durch ihre Reste unterscheiden.

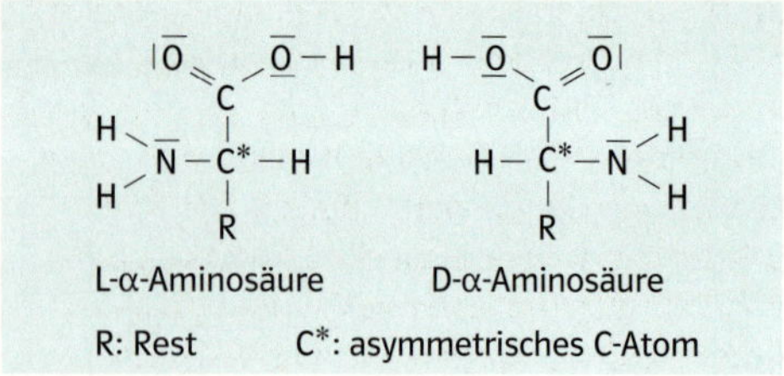

L-α-Aminosäure   D-α-Aminosäure

R: Rest   C*: asymmetrisches C-Atom

B3 Strukturformeln stereoisomerer α-Aminosäuren

Essenzielle Aminosäuren. Acht der 20 proteinogenen Aminosäuren sind essenziell, sie müssen mit der Nahrung aufgenommen werden.

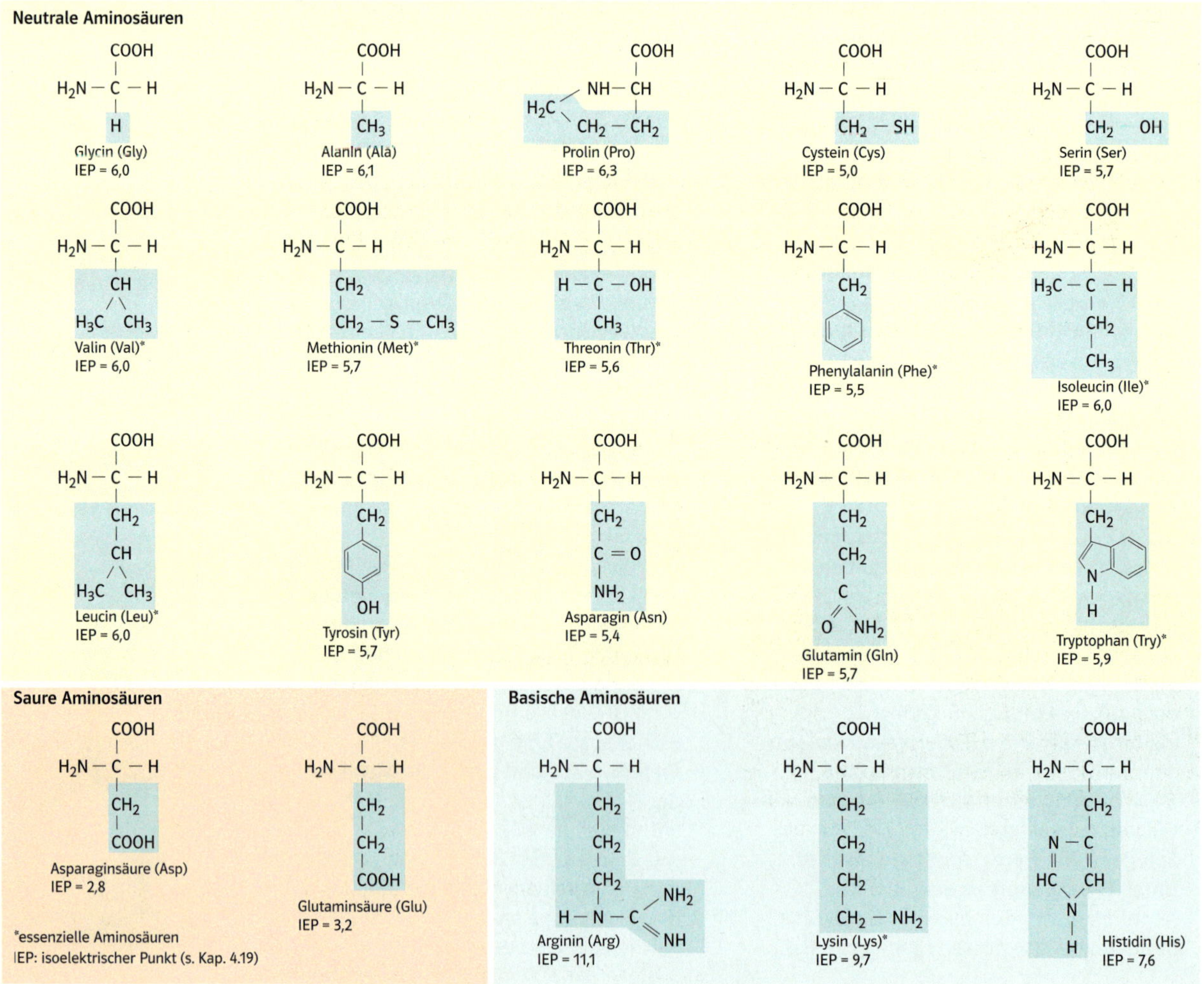

B2 Aminosäuren, die in Proteinen gebunden vorkommen

148 Naturstoffe

Strukturen der Aminosäuren

Im Unterschied zu Glycinmolekülen besitzen alle anderen Aminosäuremoleküle asymmetrische C-Atome (Kap. 4.1). Daher sind diese alle chiral und somit optisch aktiv. In der Natur kommt von den beiden möglichen D- und L-Enantiomeren fast nur die L-Form vor, bei denen in der Fischer-Projektion die Aminogruppe am α-C-Atom nach links weist [B3].

Aufbau. Vergleicht man eine Stoffportion einer beliebigen Aminosäure mit Kochsalz, so stellt man optisch kaum Unterschiede fest. Beides sind kristalline Feststoffe [B4].

Beide können in wässriger Lösung den elektrischen Strom leiten. Diese Eigenschaften können auf der Teilchenebene erklärt werden. Kochsalz und Aminosäuren sind ionisch aufgebaut. Allerdings liegen in den Aminosäuren keine einzelnen positiv bzw. negativ geladenen Ionen vor, sondern Zwitterionen. Aminosäuremoleküle enthalten zwei verschiedene funktionelle Gruppen, die Amino- und die Carboxylgruppe. Die saure Carboxylgruppe wirkt als Protonendonator, die Aminogruppe als Protonenakzeptor, sodass es zu einer intramolekularen Protonenwanderung kommt [B5].

Die Zwitterionen des Glycins können gegenüber anderen Stoffen in Abhängigkeit von den Reaktionsbedingungen als Protonendonator bzw. Protonenakzeptor wirken. Sie sind somit *Ampholyte*.

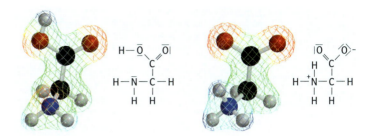

B5 Teilchenebene

Unter alkalischen Bedingungen wirkt das Zwitterion als Säure, daher wird bei dieser Reaktion ein Glycinanion gebildet. Im Sauren wird das Zwitterion protoniert, es entsteht ein Glycinkation [B6].

Aminosäuren sind aus Zwitterionen aufgebaut. Daher haben sie ähnliche Eigenschaften wie Salze und können als Ampholyte reagieren. Die Struktur und Anordnung der Teilchen ist verantwortlich für die Eigenschaften des Stoffes (Struktur-Eigenschafts-Konzept).

A1 Erläutern Sie, warum Arginin, Lysin und Histidin zu den basischen Aminosäuren zählen.

A2 Methionin und Cystein sind besondere Aminosäuren. Erklären Sie, hinsichtlich welcher Besonderheit diese Aussage gilt.

A3 Zeichnen sie die D-Asparaginsäure in der Fischer-Projektion.

B4 Stoffebene (Aminosäureportion und Kochsalzportion)

Alkalische Bedingungen:

$$H_3N^+-\underset{H}{\overset{COO^-}{\underset{|}{C}}}-H + OH^- \rightleftharpoons H_2N-\underset{H}{\overset{COO^-}{\underset{|}{C}}}-H + H_2O$$

Saure Bedingungen:

$$H_3N^+-\underset{H}{\overset{COO^-}{\underset{|}{C}}}-H + H_3O^+ \rightleftharpoons H_3N^+-\underset{H}{\overset{COOH}{\underset{|}{C}}}-H + H_2O$$

B6 Säure-Base-Reaktionen der Zwitterionen des Glycins

Naturstoffe

4.19 Der isoelektrische Punkt

Ammoniumcarbonsäure

$$COOH$$
$$H_3\overset{+}{N}-C-H$$
$$R$$

kationische Form
der Aminosäure

$\xrightarrow[+H^+]{-H^+}$

Ammoniumcarboxylat

$$COO^-$$
$$H_3\overset{+}{N}-C-H$$
$$R$$

zwitterionische Form
der Aminosäure

$\xrightarrow[+H^+]{-H^+}$

Aminocarboxylat

$$COO^-$$
$$H_2N-C-H$$
$$R$$

anionische Form
der Aminosäure

B1 Aminosäure in Lösungen mit verschiedenen pH-Werten

Aminosäuren sind aufgrund ihrer funktionellen Gruppen mindestens bifunktionell. Da die Carboxylgruppe sauer und die Aminogruppe alkalisch reagieren können, sind Aminosäuren Ampholyte. Im festen Aggregatzustand führt dies dazu, dass die Aminosäuren in Form von zwitterionischen Ammoniumcarboxylaten vorliegen und somit stabile Kristallgitter ausbilden.

Aminosäuren in Lösungen mit verschiedenen pH-Werten. Werden Aminosäuren in wässrige Lösung gegeben, ist der pH-Wert dieser Lösung dafür ausschlaggebend, welche Protonierungen bzw. Deprotonierungen in den Aminosäuremolekülen erfolgen [B1]. Ist die Lösung sehr sauer, z. B. pH < 2, liegt die Carboxylgruppe (und nicht die Carboxylatgruppe) vor. Auch die Aminogruppe ist protoniert, d. h., es liegen *Ammoniumcarbonsäuren* vor. In saurer Lösung ist also die *kationische* Form der Aminosäureionen die bevorzugte. Sind neben der Aminogruppe am C-Atom 2 weitere protonierbare Gruppen vorhanden, wie z. B. eine weitere Aminogruppe oder Hydroxylgruppe, liegen diese auch protoniert vor.

Bei einem hohen pH-Wert (pH > 12) sind die Carboxylgruppen vollständig deprotoniert, es sind nur noch Carboxylatgruppen vorhanden. Die vorliegenden Ionen sind *Aminocarboxylate*, d. h., in *alkalischer Lösung* ist die anionische Form die bevorzugte. Sind neben der Carboxylgruppe (C-Atom 1) weitere deprotonierbare Gruppen vorhanden, so liegen auch diese deprotoniert vor. Beispielsweise ist im Asparaginsäuremolekül eine zweite Carboxylgruppe vorhanden.

Es ist naheliegend, dass es auch einen pH-Wert geben muss, bei dem Aminosäuren in wässriger Lösung in Form von Zwitterionen vorliegen. Die Ladung der Moleküle ist nach außen hin 0 und somit tragen sie auch nicht zu einer elektrischen Leitfähigkeit bei. Diesen pH-Wert nennt man **isoelektrischen Punkt (IEP)**.
Der IEP (Kap. 4.19) ist eine charakteristische Kenngröße für Aminosäuren, er variiert in Abhängigkeit von den Resten.

Der IEP ist der pH-Wert, an dem die Aminosäuren in Form von Zwitterionen vorliegen. Bei einem pH-Wert < IEP liegen Aminosäuren in der kationischen Form vor, bei einem pH-Wert > IEP liegen sie in anionischer Form vor.

A1 Begründen Sie, warum Glycin bei einem pH-Wert von 6,07 die geringste elektrische Leitfähigkeit hat.

A2 Ermitteln Sie die isoelektrischen Punkte folgender Aminosäuren: Asparaginsäure, Glutaminsäure, Arginin und Lysin.
a) Leiten Sie eine allgemeingültige Regel über die Lage der IEP-Werte ab.
b) Erklären Sie mithilfe von Strukturformeln, warum Tyrosin einen IEP von 5,7 hat.

A3 Zeichnen Sie die vorherrschende Teilchenart von Asparaginsäure bei folgenden pH-Werten:
a) pH = 1, b) pH = 3, c) pH = 10

150 Naturstoffe

4.20 Trennung von Aminosäuren

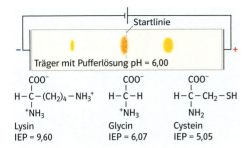

B1 Auftrennung eines Lysin-, Glycin-, Cystein-Gemischs bei einem pH-Wert von 6

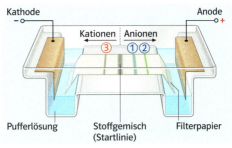

B2 Papierelektrophorese – Schema

Elektrophorese eines Aminosäuregemischs: Während Aminosäure 3 positiv geladen ist, tragen Aminosäure 1 und 2 negative Überschussladung. Aminosäure 2 wandert schneller als Aminosäure 1.

Elektrophorese. Legt man Gleichspannung an eine wässrige Lösung, die Ionen enthält, so bewegen sich die Ionen jeweils in die Richtung der Elektrode mit entgegengesetztem Vorzeichen. Die Geschwindigkeit dieser Ionenwanderung ist abhängig von der Größe der Ladung und dem Radius der Ionen. Somit können Ionen eines Stoffgemischs getrennt werden. Dieses Trennverfahren nennt man Elektrophorese.

Die Elektrophorese ist ein analytisches Verfahren, bei dem die unterschiedlichen Wanderungsgeschwindigkeiten und -richtungen von Ionen zu deren Trennung genutzt werden.

Gelelektrophorese. Damit es zu einer „haltbaren" Trennung der Ionen (man kann die Ionensorten auf diese Weise beispielsweise auch isolieren) kommt, arbeitet man nicht nur in wässriger Lösung, sondern mit einem Gel, das auf Kunststoff- oder Glasplatten gegossen wird. Das Gel wiederum enthält eine Lösung mit konstantem pH-Wert. Diese sogenannte *Gelelektrophorese* ist das am weitesten verbreitete Trennverfahren zur Analyse in der Biochemie.

Um ein Aminosäuregemisch zu trennen, trägt man es auf die Mitte des Gels auf und legt dann eine Gleichspannung an [V1]. Da im elektrischen Feld am isoelektrischen Punkt keine Wanderung der jeweiligen Aminosäure-Zwitterionen stattfindet, wählt man meistens den pH-Wert so, dass er gleich dem IEP einer Aminosäure ist, von der man weiß, dass sie in dem Gemisch enthalten ist [B1].

So kann man für die Trennung eines Lysin-, Glycin-, Cysteingemischs [B1, V1] den pH-Wert 6 wählen, den IEP von Glycin. Glycin wandert also unter diesen Bedingungen nicht im elektrischen Feld. Lysin liegt als Kation vor und wandert daher zum Minuspol. Die Aminosäure Cystein liegt dagegen in der anionischen Form vor und wandert aus diesem Grund zum Pluspol. Um die farblosen Aminosäuren nach Beendigung der Trennung sichtbar zu machen, werden sie durch eine Reaktion mit **Ninhydrin** angefärbt.

Papierelektrophorese. Anstatt eines Gels als Trägermaterial kann auch mit einem saugfähigen Papierstreifen gearbeitet werden [B2].

V1 Man gibt eine Lösung mit einem pH-Wert von pH = 6 in die Elektrophoresekammer, schneidet einige Streifen saugfähigen Papiers oder eines Gels zurecht und befeuchtet es mit der Lösung. In die Mitte des Streifens/Gels gibt man eine kleine Portion einer Lösung, die Glycin, Lysin und Cystein enthält, und legt eine Gleichspannung von $U = 300$ V an. Nach 30 min ist der Versuch beendet und man kann die Aminosäuren nach dem Trocknen an der Luft mit Ninhydrinlösung besprühen (Abzug) und bei einer Temperatur von $\vartheta = 100\,°C$ für 3 min in den Trockenschrank geben.

4.21 Peptide und Proteine

Protein von griech. protos, der Erste, das Ursprüngliche

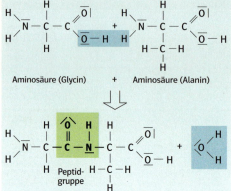

B2 Formale Bildung eines Dipeptids unter Wasserabspaltung

Wer sie nicht kennte
Die Elemente,
Ihre Kraft
Und Eigenschaft,
Wäre kein Meister
Über die Geister.

B1 Zu Aufgabe 1

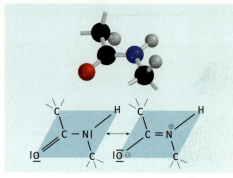

B3 Mesomere Grenzformeln der Peptidgruppe

Die deutsche Bezeichnung für Proteine lautet Eiweiß. Sie leitet sich vom Eiklar des Hühnereis ab. Eiweiße sind lebenswichtige Bestandteile der Zellen. So sind beispielsweise Enzyme (Kap. 4.27 und 4.28), einige Hormone oder auch das Hämoglobin, der rote Blutfarbstoff, Eiweiße. Aufgrund ihrer Bedeutung nennt man die Eiweiße daher auch Proteine.

Peptidbindung. Proteine sind polymere Verbindungen aus Aminosäuren. Dabei werden die Aminosäuren durch Peptidbindungen untereinander verknüpft. Eine Bindung entsteht dadurch, dass die α-Aminogruppe des einen Aminosäuremoleküls mit der Carboxylgruppe eines anderen Aminosäuremoleküls reagiert. Dabei wird ein Wassermolekül abgespalten, die Reaktion ist daher eine *Kondensationsreaktion* [B2].

Eine Peptidbindung entsteht, wenn zwei Aminosäuren durch eine Kondensationsreaktion miteinander reagieren.

Räumlicher Bau. Röntgenstrukturanalysen zeigen, dass der C—N-Bindungsabstand in der Peptidgruppe 132 pm beträgt. Der Bindungsabstand zwischen diesen Atomen in Aminen (z. B. Ethylamin ($CH_3CH_2NH_2$)) liegt dagegen bei 147 pm. Zudem liegen alle an der Peptidgruppe beteiligten Atome in einer Ebene und zusätzlich herrscht keine freie Drehbarkeit um die C—N-Bindungsachse. Diese Befunde kann man durch das Vorliegen von *Mesomerie* erklären. Der Bindungszustand kann durch zwei mesomere Grenzformeln dargestellt werden [B3].

Bei der Bindung zwischen dem C- und dem N-Atom liegt ein gewisser Doppelbindungscharakter vor, der zum einen den verkürzten Bindungsabstand und zum anderen die stark eingeschränkte Drehbarkeit erklärt.

Peptide und Polypeptid. Ein Aminosäurepolymer kann sich aus einer beliebigen Anzahl von Aminosäuren zusammensetzen. Ein *Dipeptid* wird aus zwei Aminosäuren gebildet, ein *Tripeptid* aus drei Aminosäuren usw. Oft wird das Polypeptid vom Protein durch die Anzahl der am Aufbau beteiligten Aminosäuren abgegrenzt. Eine Differenzierung sollte aber besser auf biochemischer Ebene erfolgen. Danach sind Polypeptide Aminosäurepolymere, die keine definierte biologische Funktion im Organismus haben, während es sich bei **Proteinen** um **Aminosäurepolymere, mit definierter biologischer Funktion** handelt.
Diese ist an eine *bestimmte Abfolge der Aminosäuren* gebunden. Diese Abfolge nennt man *Sequenz*.

A1 Erläutern Sie B1 hinsichtlich des Unterschieds zwischen Protein und Polypeptid.

152 Naturstoffe

4.22 Eigenschaften und Nachweis von Proteinen

Bezeichnung	Eigenschaften	Vorkommen
Albumine	in Wasser löslich, gerinnen bei 65 °C	im Eiklar, Blut, Fleischsaft, in Milch, Kartoffeln
Globuline	löslich in Salzlösungen, nicht löslich in Wasser	im Eiklar, Blutplasma (Fibrinogen), in Muskeln, Milch Pflanzensamen
Skleroproteine (Gerüsteiweiß)	unlöslich in Wasser und in Salzlösungen	Bindegewebe, Knorpel, Knochen, Federn, Haare, Nägel, Naturseide

B1 Vorkommen und Eigenschaften einiger wichtiger Proteine

B3 Biuretreaktion. Violettfärbung von Kupfer(II)-sulfat-Lösung weist Eiweiß nach

Überall im Organismus kommen Proteine vor. Sie erfüllen verschiedene Funktionen und müssen daher verschiedene Eigenschaften besitzen. Dennoch können sie mit den gleichen Reaktionen nachgewiesen werden, da sie alle Aminosäurepolymere sind und aufgrund der Peptidgruppen grundsätzlich einen gleichen Aufbau besitzen [B2].

Wegen ihrer unterschiedlichen Eigenschaften werden Proteine in drei verschiedene Gruppen eingeteilt [B1].

Der Tyndall-Effekt. Bestrahlt man eine klare Proteinlösung im abgedunkelten Raum mit einem dünnen Lichtstrahl [V1], erkennt man in der Proteinlösung einen deutlich abgegrenzten „Lichtstreifen" (Kap. 8.9). Der Tyndall-Effekt zeigt, dass Proteinlösungen kolloidale Lösungen sind.

Farbreaktionen. Proteine können durch bestimmte Farbreaktionen erkannt werden. Die bekannteste Reaktion ist die **Biuretreaktion** [B3]. Dabei erhält man im Alkalischen nach Zugabe von Kupfer(II)-sulfat-Lösung zu einer Eiweißlösung eine violette Lösung [V2].

Für die **Xanthoproteinreaktion** benötigt man als Nachweisreagenz konzentrierte Salpetersäure. Es kommt zu einer charakteristischen Gelbfärbung [B4, V3].

V1 Man löst 0,5 g Gelatine in 200 ml warmem Wasser auf. Auf eine Taschenlampe wird eine Lochmaske aus Pappe (Lochdurchmesser ca. 0,5 cm) geklebt. Nach dem Verdunkeln des Raums wird die Lösung mit dem gebündelten Strahl von der Seite aus bestrahlt.

V2 10 ml einer möglichst klaren Proteinlösung werden mit 10 ml Natronlauge versetzt. Anschließend gibt man einige Tropfen einer verdünnten Kupfer(II)-sulfat-Lösung (Fehling-I-Lösung) dazu.

V3 Auf ein Stück eines hartgekochten Eies gibt man wenig konzentrierte Salpetersäure.

B4 Xanthoproteinreaktion. Mit Salpetersäure ergibt sich eine Gelbfärbung

B2 Allgemeiner Aufbau von Proteinen

Naturstoffe 153

4.23 Struktur der Proteine

H₂N
.`..` Asp—Pro—Ala—Arg—Ser—Tyr—Val—His—Glu—Phe—Lys—Gly—Asn—Ile .`..`
COOH

B1 Aminosäuresequenz mit Kürzeln dargestellt

Bei Proteinen unterscheidet man bis zu vier Ebenen der Molekülstruktur: Die **Primär-**, die **Sekundär-**, die **Tertiär-** und die **Quartärstruktur**.

Primärstruktur. Proteine sind Aminosäurepolymere. Die Reihenfolge der einzelnen – durch Peptidbindung verknüpften – Aminosäuren, die das Protein aufbauen, bezeichnet man als Primärstruktur. Die Primärstruktur ist somit identisch mit der *Aminosäuresequenz* des Proteins. Um lange Namen für Proteine zu vermeiden, verwendet man für die am Aufbau beteiligten Aminosäuren die aus drei Buchstaben bestehenden Kürzel (Kap. 4.18). Per definitionem wird die Aminosäuresequenz so dargestellt, dass die freie Aminogruppe (N-terminales Ende) links steht und die Aminosäure mit der freien Carboxylgruppe (C-terminales Ende) rechts ist [B1].

Sekundärstruktur. Die Sekundärstruktur eines Proteins beschreibt räumliche Strukturelemente, die sich regelmäßig wiederholen. Die molekularen Ursachen für diese Regelmäßigkeit sind die Wasserstoffbrücken, die zwischen der C=O- und der N—H-Gruppe einer anderen Peptidgruppe auftreten. Da in Proteinen sehr viele Wasserstoffbrücken auftreten, führt dies zu einem sehr starken Zusammenhalt im Molekül.

α-Helix. Bei sehr großen Aminosäureresten ordnet sich die Polymerkette bevorzugt als α-Helix an. Dabei windet sich das Molekül schraubenförmig um seine Längsachse. Diese Wendel wird durch *intramolekulare Wasserstoffbrücken* zusammengehalten. Die α-Helix ist rechtsgängig, d.h. die Windungen der Proteinkette sind wie bei einem Korkenzieher angeordnet, die Aminosäurereste weisen nach außen [B2].

β-Faltblatt. Diese Variante der Sekundärstruktur beruht auf *intermolekularen Wasserstoffbrücken* zwischen nebeneinanderliegenden Proteinketten. Die Aminosäurereste stehen dabei abwechselnd oberhalb und unterhalb der Peptidgruppenebene [B3]. Oft treten in einem Proteinmolekül mehrere α-Helices und β-Faltblattstrukturen nebeneinander auf [B4]. Der Rest des Proteinmoleküls bildet strukturell vielgestaltige Bereiche mit Schlaufen oder spiraligen Strukturen.

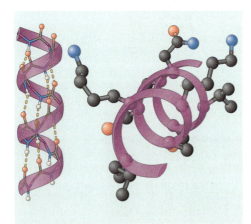

B2 Die α-Helix wird durch Wasserstoffbrücken zwischen den Peptidbindungen stabilisiert (links), Schrägeinblick in Richtung der Längsachse der α-Helix (rechts)

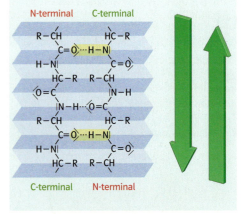

B3 β-Faltblatt, eine Sekundärstruktur – unterschiedliche Darstellungsmöglichkeiten: Formeldarstellung (links), Bändermodell (rechts)

154 Naturstoffe

Struktur der Proteine

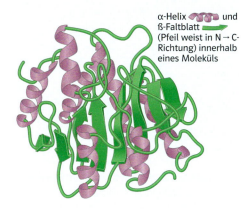

B4 Proteinmolekül mit α-Helices und β-Faltblattstrukturen

Unter der Primärstruktur eines Proteins versteht man seine Aminosäuresequenz. Die Sekundärstruktur beruht auf dem Vorhandensein von Wasserstoffbrücken. Die beiden Hauptformen dabei sind die α-Helix und die ß-Faltblattstruktur.

A1 Zeichnen Sie die Formel des Tetrapeptids mit folgender Primärstruktur:
Ala — Ser — Arg — Trp.

A2 Zeichen Sie die Formeln aller möglichen Dipeptide, die aus den Aminosäuren Alanin und Glycin gebildet werden können.

A3 Ein Dipeptid ist aus den Aminosäuren Lysin und Valin (Lys — Val) aufgebaut. Begründen Sie, an welchem Stickstoffatom bevorzugt eine Protonierung stattfinden wird.

A4 Recherchieren Sie im Internet, welche Proteine einen besonders hohen α-Helix- bzw. β-Faltblattanteil haben.

A5 Informieren Sie sich über die Krankheit Kuru. Beschreiben Sie die Ursache und Symptome der Krankheit.

Exkurs BSE

Ende des 20. Jahrhunderts beunruhigte eine rätselhafte Krankheit bei Rindern die Bevölkerung. Die Krankheit hatte den Namen BSE (Bovine Spongiforme Encephalopathie). Die Namensgebung beruhte auf der klinischen Symptomatik, da bei infizierten Rindern die Gehirnmasse schwammartig perforiert war. Medizinische Untersuchungen ergaben, dass die Ursache für diese Krankheit, die auch auf den Menschen übertragbar war, Proteine waren. Daher fasste man BSE mit vergleichbaren Krankheiten wie Scrapie (Schaf) oder nvCJD (Mensch) unter dem Begriff *Prionenerkrankungen* zusammen. Prion leitet sich aus dem Englischen ab (Proteinaceous Infectious particle) und bedeutet soviel wie infektiöses Protein. Das Protein existiert in einer normalen, gesunden Konformation und in einer krankheitsauslösenden. Der Unterschied liegt lediglich in der Sekundärstruktur.

Während bei der gesunden Konformation der α-Helix-Anteil überwiegt, ist bei der krankheitsauslösenden Konformation der β-Faltblattanteil abnormal hoch [B5].

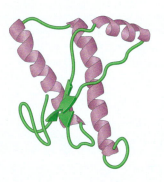

B5 Protein mit normaler Konformation (links), krankheitsauslösende Konformation (rechts)

Solche Übergänge bei der Sekundärstruktur treten aber auch bei natürlichen Vorgängen auf. So wird z. B. aus der Helixstruktur der Moleküle von tierischer Wolle in feuchter Wärme unter Einwirkung von Zugkraft eine glatte Faltblattstruktur, da Wasserstoffbrücken neu ausgebildet werden. Diesen Vorgang macht man sich u. a. beim Bügeln zunutze.

Naturstoffe

Struktur der Proteine

Exkurs Haarformung und Proteinstruktur

Viele Vorgänge, die beim Umformen von Haaren ablaufen, lassen sich durch die Veränderung der Proteinstruktur erklären.

Föhnfrisur. Haare sind sehr elastisch, besonders in feuchtem Zustand. Unter Zugbelastung wandelt sich die α-Helixstruktur des Keratins in eine β-Faltblattstruktur um. Dabei werden z. B. Bindungen zwischen Ammonium- und Carboxylatgruppen durch Hydratisierung gelöst und Wasserstoffbrücken geöffnet. Wird das Haar getrocknet, werden neue Bindungen und Wasserstoffbrücken zwischen benachbarten Proteinfäden ausgebildet. Die Veränderung bleibt bestehen, auch wenn die Zugbelastung nachlässt. Durch Einwirkung von Feuchtigkeit wird sie jedoch wieder rückgängig gemacht, die ursprüngliche α-Helixstruktur entsteht wieder. Föhnfrisuren sind nicht wetterbeständig.

Dauerwelle. Die Verformung der Haare nach dem Dauerwellverfahren beruht darauf, dass Disulfidbrücken zwischen zwei Cysteinmolekülen von demselben oder von zwei verschiedenen Peptidsträngen geöffnet und nach gewünschter Formgebung der Haare wieder geschlossen werden. Davon sind etwa 20 % der im Haar vorhandenen Disulfidbrücken betroffen. *Im Gegensatz zur Föhnwelle werden Elektronenpaarbindungen verändert.* Die so erzielten Frisuren sind wetterfest und einige Monate haltbar.

Beim Dauerwellverfahren laufen Redoxprozesse ab. Als Reduktionsmittel („Wellmittel") wird in den meisten Fällen eine alkalische Lösung von Ammoniumthioglykolat ($HS-CH_2-COO^- NH_4^+$) mit einem pH-Wert zwischen 7,5 und 8,5 eingesetzt. Als Oxidationsmittel („Fixiermittel") wird Wasserstoffperoxidlösung (w = 1 bis 2 %) verwendet.

Die Prozesse bei der Erzeugung einer Dauerwelle lassen sich in folgende Abschnitte gliedern:

a) **Öffnen der Disulfidbrücken:**

$NH_4^+ {}^-OOC-CH_2-SH + Cys-S-S-Cys \longrightarrow$ Reduktionsmittel („Wellmittel"): Ammoniumthioglykolat

$Cys-SH + HS-Cys + NH_4^+ {}^-OOC-CH_2-S-S-CH_2-COO^- NH_4^+$

b) Legen der neuen Frisur und Ausspülen von überschüssigem Wellmittel.

c) **Schließen der Disulfidbrücken** unter Verknüpfung von Cysteineinheiten, die durch das Legen der Frisur in die gewünschte Position gebracht werden:

$Cys-SH + HS-Cys + H_2O_2 \longrightarrow$ Oxidationsmittel („Fixiermittel"): Wasserstoffperoxid

$Cys-S-S-Cys + 2 H_2O$

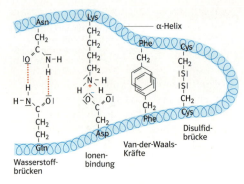

B6 Tertiärstruktur einer α-Helix. Verschiedene Wechselwirkungen können daran beteiligt sein

Tertiärstruktur. Um die räumliche Anordnung aller Atome eines Proteins zu erklären, muss man die Wechselwirkungen zwischen den Aminosäureresten berücksichtigen [B6]. Es ergibt sich die Tertiärstruktur. Ein Beispiel für eine Tertiärstruktur ist in B4 abgebildet. Für die Ausbildung der Tertiärstruktur sind von Bedeutung:

Echte Bindungen
1. Disulfidbrücken: Sie entstehen, wenn zwei Cysteinreste miteinander reagieren.
2. Ionenbindung zwischen funktionellen Gruppen.

Zwischenmolekulare Kräfte
3. Wasserstoffbrücken
4. Van-der-Waals-Kräfte

Quartärstruktur. Bilden mehrere Proteinmoleküle eine gemeinsame Funktionseinheit, spricht man von einer Quartärstruktur. Dabei werden die einzelnen Proteinketten durch die gleichen Bindungskräfte zusammengehalten wie bei einer Tertiärstruktur. Das bekannteste Beispiel für ein Molekül mit Quartärstruktur ist das Hämoglobin [B7].

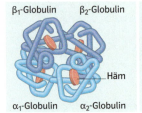

Das Hämoglobin besteht aus vier Protein-Untereinheiten, an die zusätzlich je eine Hämgruppe gebunden ist. Nur diese Struktur kann Sauerstoff binden.

B7 Hämoglobin, Quartärstruktur

Naturstoffe

4.24 Denaturierung

Die Veränderung der räumlichen Struktur eines Proteins bezeichnet man als **Denaturierung**. Häufig geht dabei auch die biologische Funktion des Proteins verloren. Dabei sind die Sekundär-, Tertiär- und damit eventuell auch die Quartärstruktur betroffen. Die Primärstruktur ändert sich dabei in der Regel nicht. Eine Proteindenaturierung ist meistens ein nicht umkehrbarer Vorgang. Verschiedene Bedingungen führen zur Denaturierung von Proteinen:

Hitze. Disulfidbrücken, Ionenbindungen, Wasserstoffbrücken und Van-der-Waals-Kräfte werden „aufgebrochen" und es bilden sich an neuen bzw. anderen Stellen Bindungen bzw. zwischenmolekulare Kräfte aus. Dadurch ändern sich sowohl die räumlichen Verhältnisse innerhalb eines Proteinmoleküls als auch zwischen den Molekülen. Dadurch kommt es beispielsweise beim Braten eines Eies zu den bekannten Ergebnissen [B2].

pH-Wert. Durch die Protonierungen der Seitenketten ändern sich schlagartig die elektrischen Ladungsverhältnisse, sodass viele Bindungen auseinanderbrechen. Ein bekanntes Phänomen dafür ist das *Koagulieren* (flockig werden) des Milchproteins, wenn Milch sauer wird.

Reduktionsmittel. Sie können Disulfidbrücken spalten. Dieser Vorgang kann umgekehrt werden, z. B. beim Dauerwellverfahren [Exkurs Haarformung und Proteinstruktur].

Salze bewirken das Aussalzen, einen Verlust der Hydrathülle. Viele Gemüsesorten werden vor der Zubereitung gesalzen, um Wasser zu entziehen und die Geschmacksintensität zu steigern. Dabei werden Proteine denaturiert.

Schwermetallionen binden an Aminosäurereste, stören so die elektrostatischen Wechselwirkungen und verändern die Tertiärstruktur. Darauf beruht die hohe Giftigkeit von Blei- und Quecksilbersalzen.

Auch **radioaktive Strahlung** führt zur Denaturierung von Proteinen.

B1 Käseherstellung

B2 Braten eines Spiegeleis

Als Denaturierung bezeichnet man die meist nicht umkehrbare Veränderung der räumlichen Struktur von Proteinen.

Positive Aspekte der Denaturierung. Die Denaturierung von Proteinen hat nicht nur Nachteile, sie kann auch von Vorteil sein, z. B. wenn man in diesem Zusammenhang die Bereiche Ernährungsphysiologie und Lebensmitteltechnologie betrachtet. Proteine, die mit der Nahrung aufgenommen wurden, können nur dann von Enzymen (Kap. 4.27 und 4.28) abgebaut werden, wenn sie zuvor durch Hitze (Kochen, Braten) oder Säure (Salzsäure des Magens) denaturiert wurden. Bei der Käseherstellung [B1] werden die Caseine der Milch entweder durch Säure oder Lab (ein Enzym) ausgefällt.

V1 Verrühren Sie das Eiklar eines Hühnereiweißes mit 200 ml Wasser. Geben Sie in Einzelversuchen zu je 5 ml des Filtrats **a)** 3 ml Salzsäure ($c = 1\,\text{mol} \cdot l^{-1}$), **b)** 10 ml Ethanol, **c)** 2 g Ammoniumsulfat.

A1 Informieren Sie sich, worum es sich beim „Autoklavieren" handelt und welche Dinge bei diesem Vorgang beachtet werden müssen. Stellen Sie den Zusammenhang zwischen Autoklavieren und Denaturierung her.

A2 a) Recherchieren Sie, welche Schutzfunktion Fieber für den Menschen hat.
b) Begründen Sie, weshalb hohes Fieber über eine längere Zeitspanne lebensgefährlich sein kann.

Naturstoffe

4.25 Bedeutung von Proteinen

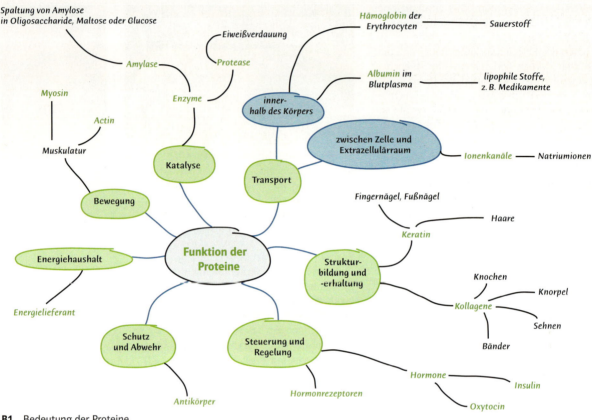

B1 Bedeutung der Proteine

Proteine erfüllen eine Vielzahl von Funktionen in allen Lebewesen.

Strukturproteine. Kollagen ist ein wichtiger Bestandteil von Knochen und Knorpeln, während das Keratin in Haaren, Federn und Hufen enthalten ist. Diese Proteine bewirken die *Stabilität* und *Formgebung* der entsprechenden anatomischen Strukturen.

Schutzproteine. Viele Gifte von Pflanzen bestehen aus Proteinen. Sie schützen naturgemäß vor Fressfeinden. Aber auch im menschlichen Körper gibt es *Schutzproteine*. Dazu zählen viele Gerinnungsfaktoren, die das Blutgefäßsystem schützen, indem sie für den Wundverschluss sorgen.

Enzyme. Enzyme sind Proteinmoleküle oder Moleküle mit Proteinanteil, die *Stoffwechselvorgänge* beschleunigen oder überhaupt erst ermöglichen.

Hormone. Eines der bekanntesten Hormone ist Insulin. Es sorgt für die *Regulation* des Blutzuckerspiegels.

Proteine sind aber auch für viele weitere physiologische Vorgänge nötig. Ohne Proteine könnte kein Sauerstoff transportiert werden, keine Muskelkontraktion erfolgen und auch das Immunsystem würde nicht funktionieren [B1].

158 Naturstoffe

4.26 Impulse Aminosäuren im Alltag

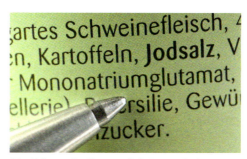

B1 Lebensmittel mit Vermerk „Phenylalaninquelle"

B2 Etikett mit „Glutamat" als Bestandteil

Phenylalanin. Diese Aminosäure zählt wegen ihres Restes zu den *aromatischen Aminosäuren*. Anscheinend spielt Phenylalanin in der Ernährung eine wichtige Rolle, denn auf vielen Lebensmittel steht folgender Vermerk: „enthält eine Phenylalaninquelle" [B1].

Dieser Hinweis ist lebensnotwendig für eine Reihe von Menschen, die an der Krankheit *Phenylketonurie (PKU)* leiden. Diese Krankheit wurde 1934 entdeckt und in einer Zeitspanne von rund 20 Jahren aufgeklärt. Gesunde Menschen können Phenylalanin mit der Nahrung problemlos aufnehmen, da sie über Enzyme verfügen, die diese Aminosäure im Stoffwechsel abbauen. Bei kranken Menschen fehlen diese Enzyme, sodass Phenylalanin im Blut angehäuft wird. Die Folgen sind gravierend, da es zu schwersten geistigen Behinderungen kommt. Da eine Therapie derzeit noch nicht möglich ist, kann die Auswirkung der Krankheit nur dadurch minimiert werden, dass eine strenge phenylalaninarme Diät befolgt wird.

Glutamate. Glutamate sind die Salze der Glutaminsäure. Sie spielen im Nervensystem als Neurotransmitter eine wichtige Rolle und sind nach neueren Forschungen auch für die Lern- und Gedächtnisleistung von großer Bedeutung. Natriumglutamat spielt in einem anderen Bereich aber eine große – kontrovers diskutierte – Rolle, in der Lebensmittelchemie. Anfangs des 20. Jahrhunderts entdeckte der japanische Forscher Kikunae Ikeda [B3], dass Natriumglutamat einen anderen Geschmack hat als die bis dato bekannten Geschmacksrichtungen süß, sauer, bitter und salzig. Er nannte diese neue Geschmacksrichtung „umami", was auf deutsch so viel heißt wie wohlschmeckend.

Diese Eigenschaft des Natriumglutamats führte dazu, dass es immer mehr als *Geschmacksverstärker* in vielen Fertigprodukten eingesetzt wird.

Kritiker meinen, dass durch diesen Geschmacksverstärker die natürliche Geschmacksempfindung des Menschen verloren gehe. Mediziner sehen auch eine potentielle Gefährdung der Gesundheit, da eine hohe Glutamatkonzentration das Nervensystem beeinflussen könne.

A1 Das folgende Bild zeigt deformierte rote Blutkörperchen:

B3 Kikunae Ikeda

Recherchieren Sie den Namen, die Ursache und die Folgen der Krankheit.

A2 Informieren Sie sich über weitere Geschmacksverstärker.

A3 Mukoviszidose ist eine bekannte Krankheit, die ihre Ursache in defekten Transportproteinen hat. Informieren Sie sich darüber.

A4 Wozu dient der Guthrie-Test?

Naturstoffe 159

4.27 Enzyme – Bau und Wirkungsweise

B1 Das Schlüssel-Schloss-Prinzip zur Wirkungsweise von Enzymen

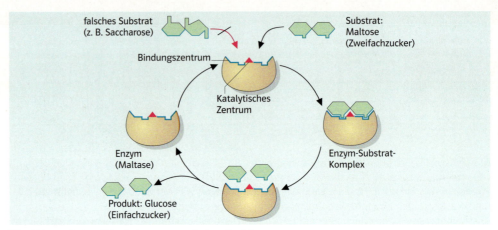

B2 Schematischer Ablauf einer enzymatischen Reaktion

Für den Ablauf von Stoffwechselreaktionen in Organismen besitzen Enzyme als Biokatalysatoren eine entscheidende Bedeutung (Kap. 2.9).

Molekülbau. Enzyme sind globuläre Proteine (Kap. 4.23). Manche von ihnen werden auch zu den Proteiden gezählt, da ihre Moleküle neben den Polypeptidketten noch einen weiteren Molekülteil (Cofaktor) enthalten.

Verlauf einer enzymatischen Reaktion. In lebenden Zellen kennt man bisher etwa 3000 Enzyme. 150 davon wurden isoliert und genauer untersucht. Alle sind Eiweißketten, die kompliziert gefaltet sind. In einer meist taschenartigen Vertiefung des Proteins liegt das aktive Zentrum des Enzyms. Hier findet die chemische Reaktion statt. Das Substratmolekül, das hier umgesetzt wird, geht eine lockere Verbindung mit dem Enzym ein, man bezeichnet diese Verbindung als **Enzym-Substrat-Komplex**. Enzyme verändern dabei die räumliche Struktur des Substratmoleküls, wodurch Bindungen gelockert werden. Der Komplex zerfällt in einer weiteren Reaktion in die Produkte und das Enzymmolekül, welches wieder frei wird.
Im gezeigten Beispiel [B2] geht das Substrat Maltose einen *Maltose-Maltase-Komplex* ein, der in das Produkt Glucose und das unveränderte Enzym Maltase zerfällt.

Substratspezifität. Enzyme arbeiten spezifischer als anorganische Katalysatoren, da sie meist nur auf ein ganz bestimmtes Substrat einwirken. Man kann die Reaktion zwischen Enzym und Substrat mit dem **Schlüssel-Schloss-Prinzip** [B1] erklären: Nur ein ganz bestimmtes Substrat passt in das aktive Zentrum des Enzyms. Diese Eigenschaft nennt man **Substratspezifität**.

Die Eigenschaft eines Enzyms, nur bestimmte Substrate umsetzen zu können, wird als Substratspezifität bezeichnet.

Die Proteinkette des Enzyms ist dreidimensional gefaltet, sodass die katalytisch wirksamen Gruppen in das aktive Zentrum des Enzyms hineinragen. Als Bindungskräfte kommen zwischenmolekulare Kräfte oder elektrostatische Anziehungskräfte zwischen ionischen Gruppen infrage. Dabei kann das Substratmolekül so polarisiert werden, dass seine eigentliche Umsetzung dadurch erleichtert wird.
Im gezeigten Beispiel [B2] wird das Disaccharid Maltose vom Enzym Maltase in zwei Moleküle Glucose gespalten. Cellobiose, ebenfalls aus zwei Glucosemolekülen aufgebaut, wird dagegen nicht abgebaut, da die Glucosemoleküle anders verknüpft sind, ebenso nicht Saccharose, da im Molekül ein Glucose- mit einem Fructosemolekül verknüpft ist.

Naturstoffe

V1 Versetzen Sie eine Harnstoff- und eine Thioharnstofflösung mit Ureaselösung. Geben Sie anschließend jeweils einige Tropfen Phenolphthaleinlösung dazu.

V2 Geben Sie in getrennten Ansätzen zu einer Wasserstoffperoxidlösung (w = 3%) jeweils Braunstein, Katalase bzw. ein kleines Stück einer rohen Kartoffel. Führen Sie nach dem Einsetzen der Reaktion die Glimmspanprobe durch.

V3 Versetzen Sie eine mit Iod-Kaliumiodid-Lösung angefärbte Stärkelösung (nicht zu intensiv blau färben!) mit einer Aufschlämmung von Amylase. Wiederholen Sie den gleichen Versuch mit Speichel anstelle von Amylase.

V4 Geben Sie zu Milch 2 ml Phenolphthaleinlösung. Fügen Sie dann vorsichtig verdünnte Natronlauge zu, bis die Lösung deutlich rot ist. Setzen Sie anschließend Lipase zu.

V5 Lösen Sie unter Rühren 2 g rote Gelatine in 50 ml warmem Wasser. Versetzen Sie je 500 mg verschiedener Waschmittelproben, z. B. Color-Waschmittel, mit 10 ml Wasser. Stellen Sie weiterhin eine Blindprobe aus 10 ml Wasser her. Verteilen Sie dann die Gelatinelösung gleichmäßig auf die Bechergläser mit den Waschmittelproben. Die Lösungen sollen möglichst kühl gestellt (Kühlschrank) werden, damit die Gelatine erstarren kann (ca. 15 min).

A1 Erklären Sie die Ergebnisse der Versuche V1 bis V5.

A2 In einem Experiment werden zwei Reagenzgläser mit stark verdünnter Stärkelösung gefüllt und jeweils einige Tropfen Iod-Kaliumiodid-Lösung zugegeben. In ein Reagenzglas gibt man anschließend eine Spatelspitze von einer zermörserten Verdauungstablette [B3]. Interpretieren Sie das abgebildete Versuchsergebnis.

B3 Wirkungsspezifität von Enzymen

Wirkungsspezifität. Jedes Enzym kann ein gebundenes Substrat nur durch eine bestimmte Reaktion umsetzen, da nur für diese spezielle Reaktion die Aktivierungsenergie so weit gesenkt wird, dass sie abläuft. In B3 ist dargestellt, welche Produkte aus dem Pyruvation, dem Anion der Brenztraubensäure (2-Oxopropansäure) in unterschiedlichen Organismen entstehen können: Der erste Schritt der alkoholischen Gärung in Hefen wird durch das Enzym *Pyruvat-Decarboxylase* katalysiert. Durch Abspaltung von Kohlenstoffdioxid entsteht Ethanal.
In der Leber des Menschen kann aus Pyruvationen Glucose aufgebaut werden. Der erste Schritt dieser sog. *Gluconeogenese* wird durch die *Pyruvat-Carboxylase* katalysiert. Bei dieser Carboxylierung entstehen Oxalacetationen, die Anionen der Oxalessigsäure (Oxobutandisäure).

Enzyme ermöglichen häufig nur eine bestimmte Reaktion des Substrats. Diese Eigenschaft bezeichnet man als Wirkungsspezifität der Enzyme.

Gruppenspezifität. Manche Enzyme setzen nur Verbindungen mit einer bestimmten funktionellen Gruppe um. Die Spaltung der Substrate erfolgt dann meist hydrolytisch. Die Hydrolyse von Esterbindungen im Fettmolekülen wird z. B. durch Lipase beschleunigt.

Decarboxylierung
Reaktion, bei der ein Kohlenstoffdioxidmolekül aus einem anderen Molekül abgespalten wird

Carboxylierung
Reaktion zur Einführung einer Carboxylgruppe in eine organische Verbindung

Gluconeogenese
Neusynthese von Glucose aus Stoffen, die nicht zu den Kohlenhydraten gehören

Lipase
fettspaltendes Enzym aus dem Bauchspeicheldrüsenextrakt

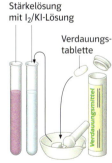

B4 Wirkung von Verdauungstabletten, zu A2

Naturstoffe **161**

4.28 Beeinflussung der Enzymaktivität

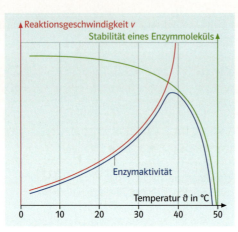

B2 Abbau von Harnstoff durch Urease bei verschiedenen Temperaturen

Ein Maß für die Aktivität eines Enzyms ist die Geschwindigkeit der enzymatischen Umsetzung. Hierzu zieht man die Änderung der Stoffmenge eines Substrats in einem bestimmten Zeitabschnitt heran.

allosterisch von griech. allos, anders und griech. steros, Ort

Abhängigkeit von der Temperatur. Enzymatisch gesteuerte Reaktionen zeigen eine typische Temperaturabhängigkeit [B2, V1], unter 40 °C bestimmt durch die **RGT-Regel** (Kap. 2.7). Bei höheren Temperaturen denaturieren die Proteine, sodass die Enzyme ihre Funktion verlieren. Hitzedenaturierung ist auch der Grund, weshalb Enzyme in Waschmitteln nur bis maximal 60 °C optimal verwendet werden können (Kap. 8.13).

V1 50 ml einer frisch hergestellten Harnstofflösung (w = 10 %) und 20 ml einer Ureaselösung (w = 1 %) werden jeweils bei verschiedenen Temperaturen (5 °C bis 80 °C) zusammengegeben und es wird jeweils über ein Zeitintervall von 10 Minuten die Leitfähigkeit aufgenommen.

V2 **a)** Amyloselösung: Aufkochen von 1 g Amylose in 50 ml Wasser, auf 100 ml auffüllen und abkühlen lassen. Jeweils 5 ml dieser Stärkelösung gibt man in acht Reagenzgläser. **b)** Pufferlösungen: Herstellen von 150 ml Dinatriumhydrogenphosphat-Lösung ($c(Na_2HPO_4)$ = 0,2 mol/l) und 50 ml Citronensäurelösung (c = 0,2 mol/l). Beide Lösungen werden in den unten angeführten Mischungen in die acht Reagenzgläser zur Stärkelösung gegeben [B5]: **c)** Zugabe von Iod-Kaliumiodid-Lösung: In jedes Reagenzglas wird die gleiche Tropfenzahl gegeben. Sie ist so zu bemessen, dass eine deutlich blaue, noch durchsichtige Lösung entsteht. **d)** Zugabe der Amylaselösung (w ≈ 1 %): Zu jedem Ansatz wird 1 ml Amylaselösung gegeben, kurz geschüttelt und die Zeit bis zur Entfärbung gemessen.

V3 Man stellt fünf saubere und trockene Reagenzgläser bereit und nummeriert sie von 1 bis 5. In jedes der Gläser gibt man etwa 1 ml Amylaselösung oder Mundspeichel derselben Person. Glas 1 bleibt als Referenz vorerst unverändert. In Glas 2 gibt man nun drei Tropfen rauchende Salzsäure. In Glas 3 gibt man vier Tropfen Kupfersulfatlösung. Die drei Gläser 1, 2 und 3 werden nun mit je 5 ml Stärke-lösung versetzt und fünf Minuten ins Wasserbad mit 40 °C gestellt. Glas 4 wird in ein mit siedendem Wasser gefülltes Becherglas gestellt, Glas 5 in ein Becherglas, das eine Eis/Wasser-Mischung enthält. Nach 2 min werden beide Reagenzgläser mit 5 ml Stärkelösung versetzt. Jedes der Reagenzgläser wird 5 min mit Stärke inkubiert und danach aus dem jeweiligen Bad genommen. Danach setzt man allen Gläsern drei Tropfen Lugol'sche Lösung zu.

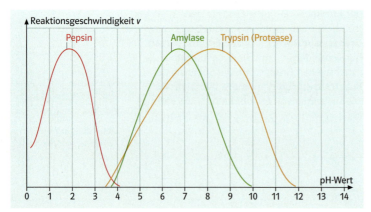

B1 Abhängigkeit der Enzymaktivität vom pH-Wert

Naturstoffe

Beeinflussung der Enzymaktivität

Abhängigkeit vom pH-Wert. Die Abhängigkeit der Enzymaktivität vom pH-Wert lässt sich ebenfalls auf die Proteinnatur der Enzyme zurückführen. Die Tertiärstruktur der Proteinmoleküle wird u. a. durch Wechselwirkungen der Reste der sauren und alkalischen Aminosäurebausteine bedingt. Durch Zusatz von H_3O^+- oder OH^--Ionen wird die Ausbildung dieser Ionenbindungen gestört, die Tertiärstruktur verändert sich und damit auch das aktive Zentrum.

Die Enzyme besitzen ein pH-Optimum ihrer Aktivität [B1, V2], meist im neutralen Bereich. Nur Enzyme des Verdauungstrakts (Pepsin im Magen, Trypsin im Dünndarm) besitzen stark unterschiedliche pH-Optima.

Abhängigkeit von der Konzentration. Bei enzymatisch katalysierten Reaktionen findet man folgende Abhängigkeit: Bei niedriger *Substratkonzentration* werden die Substratmoleküle sofort umgesetzt, die Reaktionsgeschwindigkeit ist der Substratkonzentration direkt proportional. Bei *höherer Substratkonzentration* werden immer mehr Enzymmoleküle besetzt, und ein großer Teil der Substratmoleküle muss „warten", bis ein Enzymmolekül frei wird. Sind schließlich alle Enzymmoleküle besetzt, führt eine Erhöhung der Substratkonzentration zu keinem weiteren Anstieg der Reaktionsgeschwindigkeit. Die **Substratsättigung** ist erreicht. Eine weitere Erhöhung der Substratkonzentration führt zu einer Abnahme der Reaktionsgeschwindigkeit, da sich mehrere Substratmoleküle an das aktive Zentrum des Enzyms anlagern und so die Enzymaktivität verringern: **Substrathemmung**.

A1 Tragen Sie die Messwerte aus V1 für jede Temperatur in Tabellen für Leitfähigkeit und Zeit ein und erstellen Sie geeignete grafische Darstellungen.

A2 Tragen Sie die Messwerte von V2 in eine Tabelle mit der Reaktionsdauer τ und dem pH-Wert ein. Erstellen Sie eine Grafik dieser Messwerte mit den Koordinaten 1/τ (als Maß für die mittlere Reaktionsgeschwindigkeit) und pH-Wert.

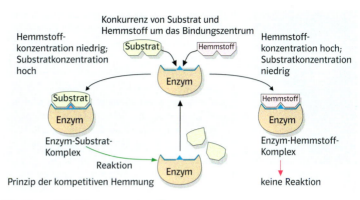

B3 Kompetitive Hemmung eines Enzyms

Reversible Hemmungen. Besitzt ein Hemmstoff eine ähnliche Molekülstruktur wie das Substrat, kann dieser an das *aktive Zentrum des Enzyms* gebunden, jedoch nicht umgesetzt werden, blockiert aber für kurze Zeit die Anlagerung und Umsetzung des Substrats [B3]. Man spricht dann von **kompetitiver Hemmung**.

Bei der **nicht kompetitiven** oder **allosterischen Hemmung** wird der Hemmstoff an einer anderen *Stelle des Enzyms* gebunden und verändert dadurch dessen räumliche Struktur [B4].

Irreversible Hemmungen sind solche, bei denen der Inhibitor im aktiven Zentrum des Enzyms fest gebunden bleibt und dieses für das Substrat blockiert. Auch die Vergiftung von Enzymen durch Schwermetallionen (Cu^{2+}, Pb^{2+}, Hg^{2+}) ist weitgehend irreversibel. Aufgrund der Größe der Ionen und der Stärke der Ladungen erfolgt eine dauerhafte Bindung der Ionen an freie Carboxylatgruppen und damit eine bleibende Änderung der Tertiärstruktur des Enzyms.

pH-Wert	Na_2HPO_4 (aq) V in ml	Citronensäure (aq) V in ml
4,6	9,35	10,65
5,0	10,30	9,70
5,4	11,15	8,85
5,8	12,09	7,91
6,2	13,42	6,78
6,8	15,45	4,55
7,4	18,17	1,83
8,0	19,45	0,55

B5 Tabelle zu V2

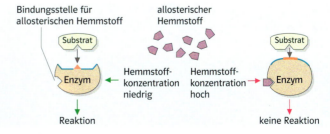

B4 Nicht kompetitive Hemmung eines Enzyms

Naturstoffe **163**

4.29 Impulse Kohlenhydrate und Proteine in der Küche

B1 Brotteig wird in den Holzofen geschoben

Kohlenhydrate, Proteine und Fette sind die Nährstoffe unserer Nahrungsmittel. Diese müssen meist vor dem Verzehr aufbereitet werden, um sie genießbar, das heißt verdaulich zu machen, manchmal aber auch, um einen bestimmten Geschmack hervorzurufen. Dies geschieht vor allem durch Wärmebehandlung (Garen), z. B. beim Kochen, Braten oder Backen. Bei diesen Vorgängen laufen chemische Reaktionen ab. Allgemein verändern sich aufgrund der einwirkenden Wärme die Strukturen der Makromoleküle: Proteine werden denaturiert, Inhaltsstoffe zersetzen sich und reagieren zu neuen Stoffen.

Der Backprozess. Einen einfachen Teig für Weizenbrot bereitet man im Wesentlichen aus Mehl, Milch oder Wasser, Salz und einem Lockerungsmittel, z. B. Hefe. Das Mehl besteht vor allem aus Stärke, Proteinen und Wasser. Der größte Teil der Proteine des Weizenmehls wird als **Gluten** (Klebereiweiß) bezeichnet. Daran haben die **Glutenine** und die **Gliadine** den größten Anteil. Die kleineren Gliadinmoleküle liegen monomer vor, während die Untereinheiten der Gluteninmoleküle über *Disulfidbrücken* zu größeren Einheiten verbunden sind. Auf ihnen beruht zum größten Teil die Elastizität des Klebers. Die einzelnen Polypeptideinheiten sind an den Enden jeweils zu einer α-Helix geformt, während im mittleren Bereich eine weniger geordnete Struktur vorliegt [B2]. Bei der Teigherstellung nimmt Gluten unter Quellung Wasser auf, die ebenfalls enthaltene Stärke kaum. Beim Knetvorgang entsteht aus einem klebrigen, zähen Teig ein hochelastischer Teig.

Hierbei werden vor allem die mittleren Bereiche der Gluteninmoleküle gedehnt. Durch ständiges Spalten und Neubilden von Disulfidbrücken entsteht ein dreidimensionales Glutenin-Netzwerk, in dem die kugelförmigen Gliadinmoleküle eingelagert sind. Sie wirken wie ein Kugellager und machen den Teig leicht verformbar.

Ein zu hoher Gehalt an Glutathion [B3], das im Weizenmehl enthalten ist, verhindert ein Vernetzen der Gluteninuntereinheiten. Dies unterbindet man durch Zugabe von Vitamin C (Ascorbinsäure) als Backmittel. Es wird durch den im Teig eingeschlossenen Luftsauerstoff rasch oxidiert, das entstehende Produkt (Dehydroascorbinsäure) wiederum oxidiert Glutathion, welches somit entfernt wird.

Das Netzwerk von Proteinmolekülen, das den Teig durchzieht, umgibt die Stärkekörner. Kohlenstoffdioxid, gebildet durch das Lockerungsmittel (bei Hefezellen bis ca. 50 °C), beginnt den Teig wie einen Schaumstoff aufzutreiben, zusätzlich wird ein Teil der Stärke durch Amylase in Maltose und Glucose abgebaut.

Beim Backen beginnt oberhalb von 70 °C eine Veränderung des Glutens. Die Eiweißmoleküle werden denaturiert, wodurch die Elastizität des Teigs weitgehend verloren geht. Das vorher bei der Quellung aufgenommene Wasser wird wieder abgegeben. Ein Teil nimmt auch die jetzt verkleisternde Stärke auf. Durch das Verdampfen des Wassers gewinnt der Teig an der Oberfläche zunehmend an Festigkeit, die Temperatur bleibt zunächst bei 100 °C. Um 130 °C setzt in der Kruste die Bräunung ein, Stärke wird unter Bildung von *Dextrinen* (Kap. 4.12) abgebaut und Gluten reagiert mit Kohlenhydraten in einer **Maillard-Reaktion**.

B2 Dehnung der Gluteninmoleküle durch den Knetvorgang

B3 Strukturformel des Glutathionmoleküls

Naturstoffe

Impulse Kohlenhydrate und Proteine in der Küche

Der Bratprozess. Vereinfacht kann man Fleisch als ein Bündel Proteinfasern betrachten. Bevor es nach der Schlachtung verzehrt werden kann, muss es abhängen, d. h. reifen. Dieser Prozess dauert beim Schwein ca. drei bis fünf Tage, beim Rind hingegen bis zu 14 Tagen. Dabei kommt es zur enzymatischen Umbildung der Proteinstrukturen, das Fleisch wird zarter.

Beim Braten [B7] erfolgt bei etwa 70 °C eine Hitzedenaturierung des Muskeleiweißes unter Abscheidung von Wasser. Das Fleisch verliert dabei bis zu 20 % seines Gewichts. Infolge der Denaturierung kommt es zu einer Erhöhung der Zähigkeit des Fleisches.

Um 90 °C entsteht aus den Kollagenmolekülen des Bindegewebes Gelatine, dadurch wird das Fleisch wieder zarter. Im Bereich von 150 °C bis 180 °C findet die Maillard-Reaktion statt. Die Produkte rufen die charakteristischen Färbungen hervor und bilden die flüchtigen und nicht flüchtigen Aromen von Gebratenem.

Die Maillard-Reaktion. Dies ist ein Sammelbegriff für Bräunungsreaktionen (benannt nach LOUIS MAILLARD [B6], einem französischen Chemiker), die im Gegensatz zu den enzymatisch hervorgerufenen Bräunungsreaktionen, z. B. von angeschnittenen Äpfeln oder Bananen, bei Temperaturen oberhalb von 100 °C ohne Enzyme ablaufen.

Die Reaktion ist verantwortlich für die Aromabildung von Speisen, die gebraten, geröstet oder gekocht werden. So erhalten Kaffee, Brot oder Braten ihre charakteristische Farbe, ihren Geschmack und ihr Aroma über die Maillard-Reaktion.

Der Ablauf der Reaktion ist recht kompliziert und vielfach auch noch nicht endgültig geklärt. In einem ersten Schritt wird einer Kondensationsreaktion ein Aminosäuremolekül (frei oder in Proteinen) mit einem Zuckermolekül verbunden [B4]. Aufgrund der Vielzahl der Reaktionspartner (sowohl Kohlenhydrate als auch Aminosäuren) und der zahlreichen weiteren Reaktionsschritte, kommt es zur Bildung von braunen **Pigmenten**, den **Melanoiden**, sowie von cyclischen Verbindungen mit charakteristischem Geruch oder Geschmack [B5]. Das Aroma eines Lebensmittels besteht häufig aus mehreren hundert Komponenten. Im Fleisch wurden ca. 600 Aromastoffe gefunden, im Kaffee ca. 1000.

B6 LOUIS MAILLARD (1878–1936)

Pigmente feine, unlösliche Farbkörnchen

Braten Garen im Fett

A1 Stellen Sie die Phasen des Backprozesses tabellarisch zusammen.

A2 Geben Sie die Aminosäuren an, aus denen Glutathion aufgebaut ist. Formulieren Sie seine Primärstruktur in Kurzform.

A3 Bei der Oxidation von Glutathion durch Dehydroascorbinsäure entsteht ein Produkt, dessen Moleküle aus zwei Glutathionmolekülen, die über eine Disulfidbrücke verknüpft sind, aufgebaut sind. Zeichnen Sie die Formel des Oxidationsprodukts.

A4 Informieren Sie sich über die Bildung des Krebs erregenden Acrylamids beim Frittieren und formulieren Sie eine vereinfachte Reaktionsgleichung. Nennen Sie einige Maßnahmen, mit denen die Bildung von Acrylamid verringert werden kann.

B4 Erster Schritt der Maillard-Reaktion

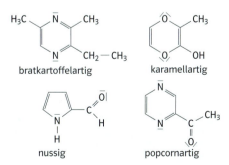

B5 Formeln und Duftnoten einiger Aromastoffe, die bei der Maillard-Reaktion entstehen können

B7 Fleisch wird in der Pfanne angebraten

Naturstoffe **165**

4.30 Exkurs Fasern

a) Baumwollkapsel

b) Flachs

c) Kokons von Maulbeerspinnern

d) Kaschmirziege

e) Sisal-Agaven

B1 Fasern liefernde Pflanzen und Tiere

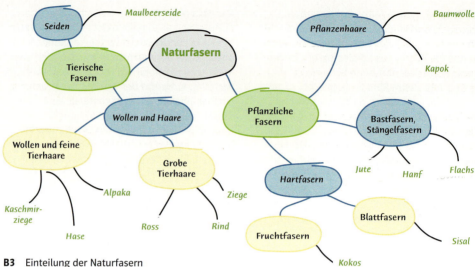

B3 Einteilung der Naturfasern

Schon seit alters her nutzen Menschen Fasern von Pflanzen und Tieren für Bekleidungszwecke [B3]. Die heute wichtigste *pflanzliche Faser* ist *Baumwolle*, mit einer Jahresproduktion von ca. 25 Mio. t, die wichtigste *tierische Faser* ist *Wolle* (Schafwolle), mit einer Jahresproduktion von ca. 1,2 Mio. t. Alle *pflanzlichen* Fasern sind *Cellulosefasern*, alle *tierischen* Fasern sind *Proteinfasern*.

Baumwolle und Wolle machen etwa 12 % der in Deutschland verarbeiteten Fasern aus. 88 % sind Chemiefasern, die durch Polymerisations-, Polykondensations-, und Polyadditionsreaktionen (Kap. 6) aus Erdölprodukten sowie durch Umwandlung natürlicher Polymere, wie z. B. Cellulose zu Viskose, hergestellt werden.

Baumwolle als Beispiel einer pflanzlichen Faser. Die Baumwollpflanze gedeiht in subtropischen und tropischen Gebieten. Genutzt werden die Samenhaare, die durch Aufplatzen der Früchte nach der Reife freigelegt werden [B1a]. Sie bestehen aus etwa 90 % Cellulose (Kap. 4.12). Die Fasern stellen eine einzige dickwandige Zelle dar [B2, rechts], darin sind 40 – 100 Cellulosemoleküle über Wasserstoffbrücken mit einem hohen Anteil kristalliner Bereiche zu einer *Elementarfibrille* gebündelt. Mehrere Elemen-

V1 (Schutzbrille!). In ein 100-ml-Becherglas gibt man 5 ml konzentrierte Schwefelsäure und trägt unter Rühren mit einem Glasstab etwa 3 g Baumwollwatte ein, bis eine sirupöse Masse entstanden ist. Diese gießt man vorsichtig in 60 ml Wasser und kocht noch einige Minuten. Nach Abkühlung und Neutralisation prüft man mit Fehling-Reagenz und mit Glucoseteststreifen.

B2 Baumwollfasern – REM-Aufnahme (links), Struktur einer Baumwollfaser (rechts)

166 Naturstoffe

Exkurs Fasern

tarfibrillen ergeben *Mikrofibrillen* und diese wiederum *Makrofibrillen*. Diese sind zu *Fibrillensträngen* gebündelt, die die einzelnen Wände der Baumwollfaser aufbauen. Nach Trocknung ist die Faser korkenzieherartig verdrillt [B2, links].

Die Baumwollfasern sind beständig gegen alkalische Lösungen, Reduktions- und Oxidationsmittel sowie Lösungsmittel. Von Säuren werden sie angegriffen [V1]. Der Anbau von Baumwolle ist ökologisch nicht unbedenklich, da die Baumwollpflanze außerordentlich empfindlich ist gegenüber Schädlingen und damit einen hohen Pestizideinsatz erfordert. Außerdem benötigt die Pflanze sehr viel Wasser, welches in trockenen Gebieten nur durch Bewässerungsanlagen bereitgestellt werden kann.

Wolle als Beispiel einer tierischen Faser. Mit dem Begriff „Wolle" wird meist nur das von Schafen gewonnene Haar bezeichnet [B4, links]. Die Wollfaser ähnelt dem menschlichen Haar und besteht zu 80 % aus dem Protein **Keratin**, das in Form einer α-Helix vorliegt. Drei spiralförmig verdrehte Helices bilden eine Protofibrille, 11 *Protofibrillen* eine *Mikrofibrille*, hunderte von Mikrofibrillen eine *Makrofibrille* und diese schließlich die *Cortexzellen*. Die Faser ist von einer ausgeprägten *Schuppenschicht* bedeckt, die das Verfilzen der Wolle verursacht, da sich die Schuppen ineinander verhaken [B4, rechts]. Wolle wird von alkalischen Lösungen angegriffen, wenig von sauren Lösungen und Lösungsmitteln. Sie kann bis zu 35 % ihres Gewichts an Wasser aufnehmen. Ihre natürliche Kräuselung macht die Faser dehnbar und ergibt ein gutes Wärmerückhaltevermögen.

Wolle und Baumwolle können durch die Brennprobe unterschieden werden [V4].

V2 (Schutzbrille, Abzug!). In einem Reagenzglas wird etwas Wolle mit einigen Natriumhydroxidplätzchen überschichtet und über kleiner Flamme erhitzt. Die entweichenden Dämpfe prüft man mit feuchtem Universalindikatorpapier.

V3 (Schutzbrille!). Etwa 1 g Wolle wird in einem 250-ml-Becherglas, das mit einem Uhrglas bedeckt ist, mit ca. 50 ml Kalilauge ($w \approx 2\%$) etwa 10 – 15 Minuten gekocht (Siedesteine!).

V4 Untersuchen Sie das Brennverhalten von Baumwolle und Wolle, indem Sie die Fasern mit der Pinzette langsam einer nichtleuchtenden Brennerflamme nähern.

A1 Erklären Sie, warum
a) Baumwollfasern von sauren Lösungen und b) Wollfasern von alkalischen Lösungen angegriffen werden.

A2 Geben Sie für das hohe Wasseraufnahmevermögen der Baumwolle und die relativ lange Trockenzeit von Baumwollgewebe eine Erklärung.

A3 Im Gegensatz zu Wolle ist Seide nicht so elastisch, hat aber eine äußerst hohe Reißfestigkeit. Recherchieren Sie.

B5 Schafe (oben) und Schaf bei der Schur (unten)

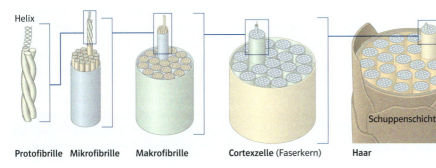

B4 Struktur einer Wollfaser (links), Wollfaser – REM-Aufnahme (rechts)

Naturstoffe **167**

4.31 Nucleinsäuren – vom Gen zum Protein

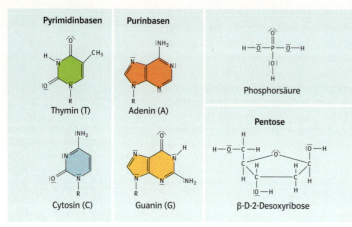

B1 Die Bauelemente der DNA-Moleküle

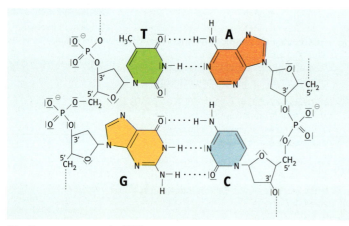

B2 Basenpaarungen der DNA

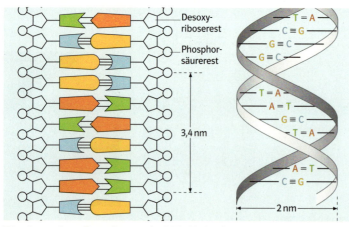

B3 Gewundener Doppelstrang der DNA. Die beiden Stränge laufen antiparallel

In den Zellen der Organismen liegen alle Erbinformationen gespeichert vor. Protein- und Nucleinsäuremoleküle bringen durch ihren Bau die Voraussetzungen zur Speicherung von Informationen mit.

Desoxyribonucleinsäure. Die Zellkerne aller Organismen enthalten *Desoxyribonucleinsäure* (DNS oder DNA). Es handelt sich um Makromoleküle, die ausgestreckt eine Länge von bis zu 1 m erreichen können. Sie sind neben den Histonmolekülen ein Teil der Chromosomen. Bei Zerlegung der Moleküle zeigt sich, dass die DNA aus lediglich *sechs verschiedenen Bausteinen aufgebaut ist: Phosphorsäure, 2-Desoxyribose* (eine Pentose, Kap. 4.8) und vier verschiedenen organischen Basen [B1], **Adenin**, **Cytosin** – den *Purinbasen* (Purin, Kap. 5.10, B3) und den *Pyrimidinbasen* (Pyrimidin, Kap. 5.10, B2) **Guanin** und **Thymin**.
Die DNA-Moleküle bestehen aus *zwei gegenläufigen Strängen*. Jeder ist aus abwechselnd angeordneten Desoxyribose- und Phosphorsäureeinheiten aufgebaut. Diese sind durch *Esterbindungen* miteinander verknüpft, woran das 3′- und das 5′-C-Atom des Pentosemoleküls beteiligt sind. Es liegen Phosphorsäurediester vor. Jedes Pentosemolekül ist außerdem mit einem der vier Nucleobasenmoleküle verbunden.
Die Basen der **Nucleotide** sind im DNA-Molekül paarweise über *Wasserstoffbrücken* miteinander verbunden und wie die Sprossen einer Leiter angeordnet. Dabei sind aufgrund des Molekülbaus nur ganz bestimmte Basenpaarungen (Cytosin-Guanin und Adenin-Thymin) möglich [B2]. Das DNA-Molekül ist schraubenförmig zu einer **Doppelhelix** verdreht. Es kann aus bis zu $3 \cdot 10^9$ Paaren von Nucleotiden aufgebaut sein [B3].
Die vollständige Strukturaufklärung der DNA und die Entwicklung des Doppelhelixmodells gelang 1953 JAMES WATSON (amerikanischer Biochemiker) und FRANCIS CRICK (britischer Biochemiker) auf der Basis von Röntgenbeugungsuntersuchungen von ROSALIND FRANKLIN (britische Biochemikerin).

Naturstoffe

Nucleinsäuren – vom Gen zum Protein

Ribonucleinsäure (RNA). Neben der DNA kommt in den Zellen noch eine weitere Nucleinsäureart, die RNA, vor. Sie ähnelt im Bau der DNA, weist aber einige Unterschiede auf. Die Moleküle sind einsträngig, statt 2-Desoxyribose kommt **Ribose** vor und statt der Base Thymin wird **Uracil** [B5] gefunden. Ansonsten sind beide, DNA und RNA, gleich gebaut. RNA-Moleküle sind jedoch wesentlich kürzer als die der DNA und können abschnittsweise unter Basenpaarung Schlaufen bilden.

Die Ein-Gen-ein-Polypeptid-Hypothese. Die erblichen Merkmale eines jeden Lebewesens sind in seinen Genen gespeichert. Diese Informationen können nur durch Stoffwechselreaktionen mithilfe von Enzymen realisiert werden. Gene enthalten häufig die Information zur Bildung von Enzymen. Die Aminosäuresequenz von Enzymen und anderen Peptiden ist in der Basensequenz der DNA codiert. An der Informationsübertragung ist die RNA beteiligt.

Mittlerweile ist allerdings bekannt, dass diese eindimensionale Hypothese nicht immer gilt. Beispielsweise gibt es bei Eukaryoten Gene, die in unterschiedlichen Geweben verschiedene Genprodukte liefern, die zu einer differenzierten Merkmalsbildung führen.

Der Abschnitt eines DNA-Moleküls, der für eine Informationseinheit steht, wird als Gen bezeichnet.

Transkription und Translation. In einem ersten Schritt, der zur Verwirklichung der genetischen Information führt, wird das DNA-Molekül unter Entspiralisierung in einem Teilbereich in die beiden Einzelstränge zerlegt. Einer von beiden, er heißt **codogener Strang**, dient als Vorlage zur Bildung eines RNA-Moleküls mit komplementärer Basenfolge (*Transkription*) durch das Enzym RNA-Polymerase. Dieses **m-RNA-Molekül** tritt aus dem *Kern* heraus ins *Cytoplasma*.

Der zweite Schritt (*Translation*) findet im Cytoplasma an speziellen Syntheseorten, den *Ribosomen*, statt. Er führt zur Bildung spezifischer Peptidmoleküle. Hierzu treten weitere RNA-Moleküle, **t-RNA-Moleküle** in Funktion. Sie sind an einem Ende mit einem Aminosäuremolekül verbunden und besitzen ein als **Anticodon** bezeichnetes **Basentriplett**, das sich mit einem komplementären Triplett der m-RNA, dem **Codon** verbindet. Dadurch, dass es für jede Sorte von Aminosäuremolekülen mindestens eine Sorte t-RNA-Moleküle gibt, können die Aminosäuren in einer durch die Basensequenz der DNA codierten Reihenfolge angeordnet werden [B4], in der sie enzymatisch verknüpft werden.

Nucleinsäure von lat. Nucleus, Kern

DNA Desoxyribonucleinacid von engl. acid, Säure

3' und 5' Die Kennzeichnung der Ziffern mit einem Strich wird vorgenommen, um die C-Atome der Moleküle der Pentose von denen der Moleküle der Basen unterscheiden zu können

Nucleosid Eine Baueinheit, zusammengesetzt aus Pentose und Nucleobase

Nucleotid Eine Baueinheit, zusammengesetzt aus Pentose, Phosphorsäure und Nucleobase

m-RNA messenger-RNA, Boten-RNA

t-RNA transfer-RNA

B5 Die Nucleobase Uracil (U) kommt in der RNA anstatt Thymin vor

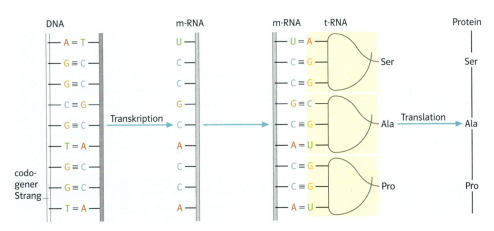

B4 Biosynthese der Proteine. Die Reihenfolge der Aminosäuren ist durch die Basensequenz der DNA codiert

Nucleinsäuren – vom Gen zum Protein

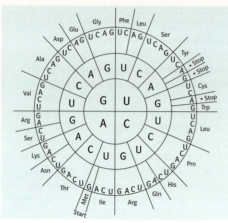

B5 Der genetische Code in Form der Codesonne gibt die Nucleotidsequenz für die m-RNA an und ist von innen nach außen zu lesen

Genetischer Code. Die Abfolge von drei Nucleotiden (Triplett) auf der DNA codiert eine bestimmte Aminosäure; es stehen 64 „Codeworte" zur Verfügung. Zu den meisten Aminosäuren gehören mehrere codierende Tripletts. Das *Startcodon* AUG passt zur DNA-Startstelle der Transkription. Die entsprechende Aminosäure (Methionin) wird später wieder aus dem Protein entfernt. Drei der möglichen Tripletts sind keiner Aminosäure zugeordnet, sie kennzeichnen als *Stopcodons* das Ablesungsende. Der genetische Code gilt allgemein und wird üblicherweise als Basensequenz der m-RNA angegeben [B5].

Replikation der DNA. Bei jeder Zellteilung wird die komplette Erbinformation auf die Tochterzellen übertragen. Dazu ist eine *identische Verdopplung* der DNA notwendig. Sie wird *Replikation* genannt.

An diesem Vorgang sind mehrere Enzyme beteiligt. Zunächst wird die DNA entspiralisiert und anschließend die Wasserstoffbrücken gespalten. Das Ergebnis sind DNA-Einzelstränge. Entsprechend den spezifischen Basenpaarungen werden nun komplementäre Nucleotide, die durch den Zellstoffwechsel bereitgestellt werden, angefügt und miteinander verknüpft [B6].

Jeder Einzelstrang liefert somit die Information zur Bildung eines neuen komplementären Stranges. So entstehen zwei identische DNA-Moleküle, die jeweils aus einem alten und einem neu synthetisierten Strang bestehen.

Mutationen. Durch den Einfluss von *energiereichen Strahlen* oder von mutagenen Stoffen können Veränderungen der Basen der DNA (Mutationen) hervorgerufen werden. Als Folge werden bei der nächsten Replikation andere als die komplimentären Basen eingebaut. Die dadurch bedingte *Variabilität* der DNA und die Erprobung der genetisch veränderten Organismen in der Umwelt, die natürliche *Selektion*, sind Voraussetzungen für den Ablauf der Evolution.

A1 Vergleichen Sie die Ihnen bekannten, in lebenden Zellen vorkommenden, verschiedenen Arten von Makromolekülen hinsichtlich ihrer Eignung als Informationsträger.

A2 Stellen Sie tabellarisch Gemeinsamkeiten und Unterschiede von DNA und RNA dar.

A3 Erläutern Sie das in B4 dargestellte Prinzip der Proteinbiosynthese.

A4 Ermitteln Sie mit der Codesonne [B5], welches Peptid durch die folgende Basenfolge der m-RNA codiert wird: UUACGUGAAGAGUAA. Geben Sie auch die Basensequenz der DNA an, aus der dieser RNA-Abschnitt hervorgegangen ist.

B6 Prinzip der Replikation

170 Naturstoffe

Nucleinsäuren – vom Gen zum Protein

Ein großer Teil der durch Mutagene erworbenen Schäden kann durch *Reparaturenzyme* wieder beseitigt werden. Diese entfernen geschädigte Abschnitte und ersetzen sie durch neu synthetisierte. Als Vorlage dient die Basensequenz des anderen Einzelstranges, der somit als Sicherungskopie dient.

DNA-Sequenzanalyse. Die menschliche DNA weist etwa 20000 bis 25000 Gene auf. Die vollständige Sequenz (d.h. die Abfolge der Basenpaare, Primärstruktur der DNA) enthält etwa 3 Milliarden Basenpaare und wurde bis 2003 ermittelt. Ein wichtiges Werkzeug dabei ist die weitgehend automatisierte **DNA-Sequenzanalyse**, deren Prinzip darauf beruht, dass von einem DNA-Abschnitt, der als Einzelstrang vorliegt, der komplementäre Strang nachgebaut wird. Jedes dabei eingebaute Nucleotid wird der Reihe nach identifiziert.

Polymerase-Kettenreaktion (PCR) ist eine Methode, DNA-Bruchstücke außerhalb der Zelle (in vitro, lat. im Glas) mithilfe des Enzyms **DNA-Polymerase** zu vervielfältigen. Der Begriff „Kettenreaktion" weist darauf hin, dass die Produkte vorheriger Reaktionszyklen als Edukte folgender Zyklen dienen und so eine exponentielle Vervielfältigung erreicht wird. Die synthetisierte DNA kann dann mit einer bekannten DNA verglichen werden. Die PCR wird heute eingesetzt zur Identifizierung von Krankheitserregern, beim „genetischen Fingerabdruck" in der Gerichtsmedizin und z. B. bei Abstammungstests.

PCR Polymerase chain reaction

A5 Die Weitergabe der genetischen Information muss einerseits exakt sein und Kontinuität gewährleisten, andererseits aber auch Variabilität ermöglichen. Nehmen Sie zu dieser Forderung Stellung.

A6 Erläutern Sie den in B6 dargestellten Prozess der DNA-Replikation.

A7 Erläutern Sie die grundlegenden Vorgänge bei gentechnischen Eingriffen. Nennen Sie einige Argumente für oder gegen die Erzeugung gentechnisch veränderter Organismen.

A8 Informieren Sie sich über die PCR und stellen Sie die wichtigsten Arbeitsschritte dar. Welcher Faktor erbrachte die entscheidende Verbesserung der PCR-Technologie?

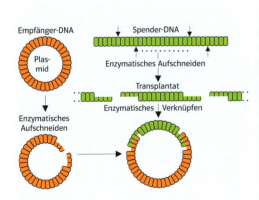

Werkzeuge der Gentechnik sind Enzyme, die DNA-Moleküle an besonderen Stellen zerschneiden. Dabei entstehen bei DNA-Molekülen verschiedener Organismen identisch gebaute Schnittstellen, die auf beiden Halbsträngen um einige Nucleotideinheiten versetzt sind. Die zerschnittenen DNA-Moleküle können enzymatisch zusammengefügt und anschließend in lebende Zellen eingeschleust werden. Vermischt man Bruchstücke aus DNA-Molekülen verschiedener Arten und verknüpft sie anschließend miteinander, können DNA-Moleküle entstehen, die aus Teilen unterschiedlicher Herkunft zusammengesetzt sind. Häufig werden Verbindungen mit kleinen DNA-Molekülen von Bakterien (Plasmide) ausgeführt. Sie dienen als Transportsystem und können die integrierten fremden DNA-Abschnitte („Passagier-DNA") durch die Membran in das Innere einer Bakterienzelle einschleusen. Durch mehrfache Zellteilung entstehen erbgleiche Bakterien, die einen Klon bilden. Durch Klonierung entstehen zahlreiche identische DNA-Moleküle. Die Empfängerzellen verwirklichen die fremde Erbinformation und führen z. B. Synthesen von Humaninsulin aus.

B7 Mithilfe der Gentechnik ist es möglich genetische Informationen verschiedener Organismen miteinander zu kombinieren

4.32 Durchblick Zusammenfassung und Übung

B1 Glycosidische Bindungsarten (α-1,4-glycosidische Bindung; α,β-1,2-glycosidische Bindung)

Spiegelbildisomere und Diastereomere
Moleküle, die sich mit ihrem Spiegelbild nicht zur Deckung bringen lassen, sind chiral. Ihre beiden Formen nennt man Spiegelbildisomere oder Enantiomere.
Konfigurationsisomere, die sich nicht wie Bild und Spiegelbild verhalten, nennt man Diastereomere.

Asymmetrisch substituiertes Kohlenstoffatom
Ein Kohlenstoffatom mit vier verschiedenen Bindungspartnern ist ein Chiralitäts- oder Asymmetriezentrum. Das betreffende Kohlenstoffatom wird mit C* gekennzeichnet. Chiralität („Händigkeit") ist die Voraussetzung für Spiegelbildisomerie.

Optische Aktivität
Den Einfluss chiraler Moleküle gegenüber linear polarisiertem, monochromatischem Licht bezeichnet man als optische Aktivität. Lösungen, die die Schwingungsebene dieses Lichts drehen, sind optisch aktiv. Die Drehrichtung im Uhrzeigersinn wird mit (+), die Drehrichtung entgegen dem Uhrzeigersinn mit (−) angegeben. Die optische Aktivität kann mit einem Polarimeter gemessen werden.

Nachweisreaktionen
Typische Nachweisreaktionen für Monosaccharide sind die Silberspiegelprobe und die Fehling'sche Probe.

Racemat
Liegt ein Enantiomerenpaar im Stoffmengenverhältnis 1:1 vor, handelt es sich um ein Racemat. Racemische Lösungen drehen die Schwingungsebene linear polarisierten Lichts nicht.

Wichtige Disaccharide

Disaccharid	Monomere, aus denen das Disaccharid aufgebaut ist	Bindung
Maltose	zwei α-D-Glucosemoleküle	α-1,4-glycosidische Bindung
Cellobiose	zwei β-D-Glucosemoleküle	β-1,4-glycosidische Bindung
Saccharose	α-D-Glucose- und β-D-Fructosemolekül	α,β-1,2-glycosidische Bindung

Kohlenhydrate
Kohlenhydrate besitzen die allgemeine Summenformel $C_m(H_2O)_n$. Man kann sie in Monosaccharide (Einfachzucker), Disaccharide (Zweifachzucker), Oligosaccharide („Wenigzucker") und Polysaccharide (Vielfachzucker) unterteilen.

Anomere, Mutarotation
Durch den Ringschluss der Einfachzucker entstehen anomere Formen, die je nach Stellung der OH-Gruppe am C-Atom 1 (Aldopyranosen)/C-Atom 2 (Ketopyranosen oder -furanosen), dem anomeren C-Atom, mit α und β bezeichnet werden und in wässriger Lösung durch Mutarotation ineinander übergehen können. Auch bei den reduzierenden Disacchariden findet man Anomere und das Phänomen der Mutarotation.

Glycosidische Bindung
Disaccharide entstehen durch glycosidische Verknüpfung zweier Monosaccharide. Bei reduzierenden Disacchariden (z. B. Maltose) erfolgt die Bindungsbildung zwischen einer OH-Gruppe und einer halbacetalischen OH-Gruppe, eine weitere halbacetalische OH-Gruppe ist noch vorhanden; bei nicht reduzierenden Disacchariden (z. B. Saccharose) zwischen zwei halbacetalischen OH-Gruppen (Vollacetalbildung).

Kondensationsreaktionen
Der Bau der Di-, Oligo- und Polysaccharidmoleküle ist immer auf dasselbe Prinzip zurückzuführen, auf die Bildung von glycosidischen Bindungen zwischen den Monosaccharidbausteinen durch Kondensationsreaktionen.

Polysaccharide
Vielfachzucker wie Amylose und Amylopektin sind wichtige Reservestoffe und Energiequellen. Cellulose erfüllt als Gerüststoff eine bedeutende Funktion.

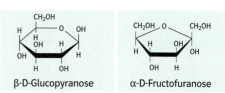

B2 Glucopyranose (links), Fructofuranose (rechts)

Naturstoffe

Durchblick Zusammenfassung und Übung

Aminosäuren
Aminosäuremoleküle sind zumindest bifunktionell und liegen in der Regel als Zwitterionen vor. Daher sind sie bei Zimmertemperatur kristalline Feststoffe. In Lösung am isoelektrischen Punkt (IEP) ist das Zwitterion die vorrangige Form. Da die Gesamtladung der Zwitterionen null ist, wandern diese nicht im elektrischen Feld.

Elektrophorese
Um ein Aminosäuregemisch zu analysieren, wendet man die Gel- oder Papierelektrophorese an. Bei diesen Verfahren nutzt man die unterschiedlichen Wanderungsgeschwindigkeiten und -richtungen von Aminosäuren im elektrischen Feld bei einem bestimmten pH-Wert der Lösung.

Peptidbindung
Werden Aminosäuren durch eine Kondensationsreaktion miteinander verknüpft, so entsteht die mesomeriestabilisierte Peptidbindung [B3].

B3 Peptidbindung

Wie bei den Kohlenhydraten (Monosacchariden) führen Kondensationsreaktionen zur Bildung höhermolekularer Produkte (Polypeptide und Proteine).

Struktur der Proteine
- *Primärstruktur*:
  Abfolge der Aminosäuren, Aminosäuresequenz
- *Sekundärstruktur*:
  α-Helix, β-Faltblatt
- *Tertiärstruktur*:
  Bindungen, zwischenmolekulare Kräfte zwischen den Resten der Aminosäuren im Proteinmolekül
- *Quartärstruktur*:
  Bindungen, zwischenmolekulare Kräfte zwischen mindestens zwei Proteinmolekülen

Denaturierung
Durch Hitze, pH-Wert, Salze, Schwermetallionen und radioaktive Strahlung wird der räumliche Bau von Proteinen so verändert, dass diese ihre biologische Funktionsfähigkeit verlieren.

Enzyme
- sind Biokatalysatoren der Zelle. Sie setzen die Aktivierungsenergie biochemischer Reaktionen herab und erhöhen so die Geschwindigkeit der Umsetzung.
- sind wirkungs- und substratspezifisch, sie katalysieren nur bestimmte Reaktionen mit festgelegten Ausgangsstoffen.
- sind entweder Proteine oder Proteide.

Die enzymatische Wirkung beruht auf der Ausbildung eines „Enzym-Substrat-Komplexes" [B4] nach dem „Schlüssel-Schloss-Prinzip".

$$E + S \longrightarrow [ES] \longrightarrow E + P$$

E: Enzym S: Substrat
[ES]: Enzym-Substrat-Komplex
P: Produkt

B4 Enzym-Substrat-Komplex

Beeinflussung der Enzymaktivität
- Inhibitoren sind Stoffe, die die Aktivität von Enzymen hemmen.
- Substratkonzentration, Temperatur und pH-Wert beeinflussen ebenfalls die Enzymaktivität.
- Die Enzymwirkung kann durch Schwermetallionen für immer oder zeitweise aufgehoben werden.

Nucleinsäuren
Die Desoxyribonucleinsäure (DNA) speichert die Erbinformation. Sie ist aufgebaut aus Nucleotiden, die selbst aus einem Phosphatrest, einem Desoxyriboserest und einer (Stickstoff)-Base bestehen. Die DNA-Moleküle sind aus zwei gegenläufigen Nucleotidsträngen aufgebaut. Diese bezeichnet man insgesamt als Doppelhelix [B6]. Die Nucleobasen sind im DNA-Molekül paarweise über Wasserstoffbrücken miteinander verbunden. In B7 ist die Basenpaarung in der DNA dargestellt.

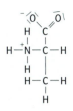

B5 Strukturformel von Alanin in Zwitterionen-Schreibweise

B6 Molekülmodell einer DNA

Drei Wasserstoffbrücken
C ⋮⋮⋮ G
A ⋮⋮ T
Zwei Wasserstoffbrücken

B7 Basenpaarung in der DNA

Naturstoffe 173

Durchblick Zusammenfassung und Übung

A1 Glucose reagiert in Gegenwart von Salzsäure mit Ethanol zu einem Gemisch aus α- und β-Ethylglucosid. Zeichnen Sie die beiden Produkte in der Haworth-Projektion.

A2 Zeichnen Sie alle Stereoisomere der Aldotetrosen in Fischer-Projektion und geben Sie an, welche Moleküle Enantiomere oder Diastereomere sind.

A3 Es gibt zahlreiche Stoffe, denen sich zwei Moleküle zuordnen lassen, die spiegelbildlich gebaut sind, sie sind chiral.
a) Wählen sie unter den folgenden Molekülen diejenigen aus, die die oben genannte Bedingung erfüllen: Milchsäure (2-Hydroxypropansäure), Glycin (Aminoessigsäure) Glycerinaldehyd (2-Hydroxypropanal), Alanin (2-Aminopropansäure).
b) Nennen Sie am Beispiel der Milchsäure die Vorgaben der Fischer-Projektion, stellen Sie von den in (a) ausgewählten Molekülen die Fischer-Projektionsformeln auf und kennzeichnen Sie L- und D-Konfiguration.

A4 Erläutern Sie den Begriff „Halbacetal" und stellen Sie die Ringbildung der β-D-Glucose mit Strukturformeln dar.

A5 Tagatose, ein Monosaccharid, unterscheidet sich von der Fructose alleine durch die Stellung der Hydroxylgruppe am C-Atom 4. Zeichnen Sie die α- und β-D-Tagatose in der Haworth-Schreibweise und erläutern Sie den Begriff Racemat an geeigneten Formeln der Tagatose.

A6 Mit einem Disaccharid wird die Silberspiegelprobe durchgeführt. Diese fällt erst dann positiv aus, wenn man zuvor mit verdünnter Schwefelsäure kurz erhitzt hat. Mit dem so erhaltenen Hydrolysat verläuft die Seliwanow-Reaktion negativ, der GOD-Test aber positiv. Erläutern Sie unter Berücksichtigung der Versuchsergebnisse, aus welchen Monosaccharidbausteinen das Disaccharid aufgebaut sein könnte.

A7 Vergleichen Sie tabellarisch Amylose und Amylopektin.

A8 Formulieren Sie die Reaktionsgleichung der vollständigen Verbrennung von Glucose.

A9 Sorbit kann mit Cu^{2+}-Ionen im alkalischen Milieu zur Glucose und Kupfer(I)-oxid oxidiert werden. Erstellen Sie die Teilgleichungen für die Oxidation und die Reduktion sowie die Gesamtredoxgleichung mit Strukturformeln.

A10 Mono- und Disaccharide sind in Wasser sehr gut löslich, Polysaccharide praktisch gar nicht. Erklären Sie diese Beobachtung unter Berücksichtigung der zwischenmolekularen Wechselwirkungen zwischen den Kohlenhydratmolekülen und den Wassermolekülen.

A11 Berechnen Sie für eine Amyloseart mit der mittleren molaren Masse M(Amylose) = 48 000 g/mol die durchschnittliche Anzahl der Glucoseeinheiten pro Molekül.

A12 Erklären Sie folgende experimentellen Befunde:
a) Saccharose wirkt gegenüber dem Fehling-Reagenz nicht reduzierend.
b) Eine Lösung von Saccharose ist rechtsdrehend. Nach Zugabe von z. B. Salzsäure verringert sich der Drehwinkel und geht in den negativen Bereich („Inversion"). Diese Lösung wirkt reduzierend.

A13 12 g Saccharose werden in Wasser aufgelöst, sodass 100 ml Lösung entstehen. Anschließend werden einige Tropfen Salzsäure zugegeben.
a) Berechnen Sie den zu erwartenden Drehwinkel α(Saccharose) vor Zugabe der Salzsäure bei Normbedingungen und einer Rohrlänge des Polarimeters von 20 cm.
b) Berechnen Sie den zu erwartenden Drehwinkel α(Reaktionsprodukt) unter den gleichen Bedingungen wie in (a) und unter der Voraussetzung, dass durch die Zugabe der Säure das Volumen nicht merklich verändert wurde.

B2 Die Ranke einer Pflanze ist ein chirales Objekt

Durchblick Zusammenfassung und Übung

A14 Geben Sie zu den Buchstaben A bis G in B8 passende Begriffe, die den Aufbau von Proteinen beschreiben.

A15 Entwickeln Sie eine Versuchsstrategie, um Kochsalz und Serin (2-Amino-3-Hydroxypropansäure) voneinander zu unterscheiden.

A16 Glycin ist eine besondere Aminosäure. Beurteilen Sie diese Aussage.

A17 Definieren Sie den Begriff isoelektrischer Punkt.

A18 Beschreiben Sie die Vorgehensweise, um Baumwolle von Schafwolle zu unterscheiden.

A19 Zeichnen Sie schematisch eine intermolekulare Disulfidbrücke sowie eine intramolekulare Disulfidbrücke.

A20 Eine Portion Asparaginsäure wird in Natronlauge gelöst und tropfenweise mit Salzsäure versetzt. Geben Sie an, in welcher Form das Asparaginsäuremolekül in stark alkalischer Lösung vorliegt und formulieren Sie die Säure-Base-Reaktionen, die bei Zugabe von Salzsäure ablaufen. Welche Moleküle liegen bei pH = 2,8 überwiegend vor?

A21 Nennen Sie drei experimentell leicht überprüfbare Bedingungen, die zeigen, dass Enzyme Proteincharakter haben, und begründen Sie jeweils kurz.

A22 Durch das Tiefgefrieren von Lebensmitteln wird neben dem mikrobiellen Verderb auch der rein enzymatische praktisch zum Stillstand gebracht. Die Hitzebehandlung bis etwa 100 °C (Pasteurisieren) ist eine weitere Methode, Lebensmittel haltbar zu machen. Erläutern Sie beide Methoden der Lebensmittelkonservierung unter dem Aspekt der Enzymchemie.

A23 Die DNA-Analyse einer Probe ergab, dass Adenin 21% der enthaltenen Basen ausmacht. Geben Sie die Anteile der anderen Basen an und begründen Sie kurz.

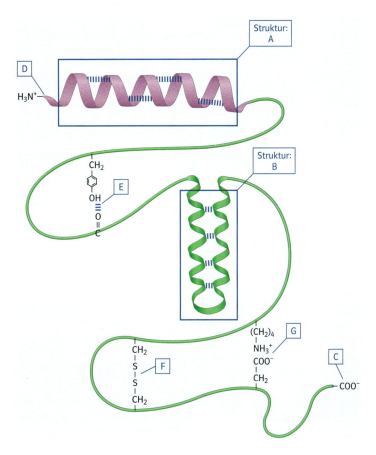

B8 Zu Aufgabe 14

A24 Nennen Sie wesentliche Charakteristika eines Biokatalysators.

A25 Die Succinat-Dehydrogenase katalysiert die Umwandlung von Succinat in Fumarat [B9]. Diese enzymatische Reaktion wird durch Zugabe von Malonat in geeigneter Konzentration spezifisch blockiert. Erklären Sie diesen Hemmeffekt.

B9 Zu Aufgabe 25

Naturstoffe **175**

Durchblick Zusammenfassung und Übung

Abi-Aufgabe und Lösung

A26 Die zunehmende Nutzung von Bioethanol als Treibstoffzusatz macht ein Verfahren wieder interessant, bei dem bis in die 60er-Jahre des vorigen Jahrhunderts in Deutschland Holz, das zu ca. 40 bis 50 % aus Cellulose besteht, eingesetzt wurde.

26.1 Beschreiben Sie eine Möglichkeit, wie man Cellulose in vergärbare Zucker überführen kann.

26.2 Beschreiben Sie, wie man das Produkt aus Aufgabe 26.1 nachweisen kann.

26.3 Schildern Sie ein Verfahren, wie man die erhaltene Zuckerlösung zu Ethanol weiterverarbeiten kann, und formulieren Sie eine Reaktionsgleichung.

Serin
L-2-Amino-3-hydroxypropansäure

Leucin
L-2-Amino-4-methylpentansäure

Elektronegativitätswerte nach PAULING
EN(H): 2,1; *EN*(C): 2,5;
EN(O): 3,5; *EN*(S): 2,5

A27 Haare bestehen zum größten Teil aus dem Skleroprotein α-Keratin, dessen Moleküle hauptsächlich in Form der α-Helix vorliegen. Monomere des Keratins sind u.a. Serin, Leucin und Cystein. Cystein unterscheidet sich von Serin durch eine Thiolgruppe (-SH) anstelle der Hydroxylgruppe. Die Thiolgruppe eines Cystein-Bausteins kann mit einer weiteren Thiolgruppe zu einer Disulfidbrücke reagieren. Diese sind v.a. für die Form eines Haares verantwortlich. Bei einer Dauerwelle werden die Disulfidbrücken zunächst durch Reduktion zu Thiolen geöffnet. Nach dem anschließenden Formen werden durch Oxidation neue Disulfidbrücken gebildet.

An einer Stelle sind die Aminosäuren in der folgenden Reihenfolge angeordnet:
— Serin — Cystein — Leucin —

27.1 Zeichnen Sie diesen Ausschnitt aus der Strukturformel des Keratinmoleküls und benennen Sie die Bindung zwischen den Aminosäuren.

27.2 Formulieren Sie am Beispiel der Reaktion zweier Cystein-Moleküle mit Wasserstoffperoxid (H$_2$O$_2$) eine Reaktionsgleichung für die Bildung einer Disulfidbrücke und zeigen Sie, dass es sich um eine Redoxreaktion handelt.

Lösung

26.1 Cellulose wird mit Säuren gekocht, dabei werden die glycosidischen Verknüpfungen hydrolytisch gespalten (saure Hydrolyse).

26.2 Nach Neutralisation kann man die Glucose mithilfe eines Glucose-Oxidase-Teststreifens (GOD-Test) nachweisen, wie man ihn z. B. zur Untersuchung von Harn verwendet. *Hinweis:* Die Untersuchung des neutralisierten Hydrolysegemisches mit der Fehling- oder Tollens-Probe ergibt lediglich, dass sich bei der Hydrolyse der Cellulose reduzierende Zucker gebildet haben.

26.3 Nach Neutralisation wird die Zuckerlösung mithilfe von Hefe zu Ethanol vergoren:

$$C_6H_{12}O_6 \xrightarrow{\text{Hefe}} 2\ C_2H_5OH + 2\ CO_2$$

Lösung

27.1 Ausschnitt aus einem Keratinmolekül:

Es handelt sich um eine Peptidbindung.

27.2 $2\ HOOC-CH(NH_2)-CH_2-SH + H_2O_2 \longrightarrow HOOC-CH(NH_2)-CH_2-S-S-CH_2-CH(NH_2)-COOH + 2\ H_2O$

Redox-Reaktion: Erhöhung der Oxidationszahl der Schwefelatome (Oxidation) und Verringerung der Oxidationszahl der Sauerstoffatome aus Wasserstoffperoxid (Reduktion).

---

176 Naturstoffe

5 Aromaten

Zu Beginn des 19. Jahrhunderts, der Anfangszeit der organischen Chemie, verstand man unter „aromatischen Stoffen" ganz allgemein Verbindungen mit charakteristischem Geruch, die meist pflanzlicher Herkunft waren.

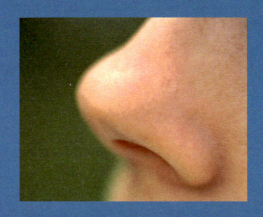

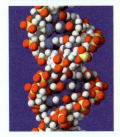

■ Heute beschreibt man in der Chemie mit dem Begriff „Aromaten" eine Gruppe von Stoffen, die sich durch besondere Bindungsverhältnisse im Molekül auszeichnen.

■ Der wichtigste Aromat ist das Benzol. Die Geschichte seiner Erforschung ist ein Lehrstück dafür, wie sich Vorstellungen vom Aufbau eines Stoffes im Laufe der Zeit immer wieder gewandelt haben.

■ Als das Benzol 1825 entdeckt wurde, war es nur ein Abfallprodukt bei der Herstellung von Gas für Gaslaternen. Heute ist es einer der wichtigsten Rohstoffe der chemischen Industrie. Auch Zigarettenrauch enthält Benzol und andere aromatische Kohlenwasserstoffe.

■ Es gibt kaum einen Bereich des täglichen Lebens, in dem Benzolabkömmlinge keine Rolle spielen. Sogar in den Lebewesen selbst finden wir Biomoleküle, die zu den Aromaten gerechnet werden können.

177

Online-Link
756820-0500

5.1 Erforschung des Benzols

B1 Lichtbrechung von Benzol (oben) im Vergleich zu Wasser (unten)

AGW (EU) für Benzol
$\beta = 3{,}25\,mg/m^3$
$\sigma = 1\,ml/m^3$
Dem Schutz der Gesundheit am Arbeitsplatz dienen Arbeitsplatzgrenzwerte (AGW). Sie geben die höchstzulässige Konzentration eines Arbeitsstoffes als Gas, Dampf oder Schwebstoff in der Luft am Arbeitsplatz an

Benzoesäure wurde früher aus Benzoeharz gewonnen. Dieses Harz entsteht aus dem Saft tropischer Bäume, man stellt z. B. Weihrauch daraus her

Chinin wird auch heute noch aus der Rinde des Chinabaumes gewonnen. Es war lange Zeit das einzige Mittel gegen Malaria

Vanillin lässt sich aus Vanilleschoten gewinnen oder künstlich herstellen und findet als Aromastoff Verwendung

B2 Brennendes Benzol

Isolierung und Benennung. Bereits zu Beginn des 19. Jahrhundert gab es in Großstädten eine Straßenbeleuchtung mit Gaslaternen. Diese wurden aber nicht mit Erdgas, das erst später in großem Maßstab gefördert wurde, betrieben, sondern mit einem Brennstoff, den man in den Gaswerken der Stadt herstellte. Dort erhitzte man Steinkohle unter Luftabschluss. Bei dieser *Verkokung* treten aus der Kohle brennbare Dämpfe aus, die beim Abkühlen eine ölige Flüssigkeit abscheiden. Das verbleibende Gas besteht hauptsächlich aus Methan und Wasserstoff, es brennt mit leuchtender Flamme. Dieses *Leuchtgas* speiste früher die Gaslaternen. Mit dem öligen Kondensat wusste man zunächst wenig anzufangen.

Im Jahr 1825 isolierte der englische Physiker und Chemiker MICHAEL FARADAY daraus eine farblose Flüssigkeit von aromatischem Geruch. FARADAY fand heraus, dass die von ihm isolierte Verbindung aus den Elementen Kohlenstoff und Wasserstoff im Verhältnis 1 : 1 aufgebaut ist, und bezeichnete sie daher als „carburierten Wasserstoff".

Erst der deutsche Chemiker EILHARD MITSCHERLICH bestimmte Jahre später die genaue Summenformel, sie lautet C_6H_6. 1834 hatte MITSCHERLICH beobachtet, dass dieser Kohlenwasserstoff auch entsteht, wenn *Benzoesäure* mit Kalk erhitzt wird. In Anlehnung daran wollte er ihn *Benzin* nennen. Andere Chemiker fanden diesen Namen aber unpassend, da er ihrer Meinung nach zu Unrecht eine Verwandtschaft zu bestimmten Naturstoffen wie dem Chinin oder dem Vanillin nahelege. In diesem Expertenstreit setzte sich schließlich der Vorschlag von JUSTUS VON LIEBIG durch, der auf die Herkunft aus öligem Kondensat Bezug nimmt: **Benzol**. Dieser Name ist auch heute noch gebräuchlich. Die international übliche Bezeichnung **Benzen** wird im deutschen Sprachraum kaum verwendet.

Eigenschaften. Benzol ist eine wasserklare, leicht bewegliche, stark lichtbrechende Flüssigkeit [B1], die bei 80,1 °C siedet und bei 5,5 °C fest wird. Ihre Dichte beträgt $0{,}875\,g/cm^3$. In Wasser ist Benzol nur wenig löslich, dagegen ist es in hydrophoben Lösungsmitteln in jedem Verhältnis löslich. Viele lipophile Stoffe, wie z. B. Fette, Schwefel oder Iod, lösen sich gut in Benzol, das folglich aus unpolaren Molekülen bestehen muss. Es brennt mit leuchtender, stark rußender Flamme [B2], was sich mit dem hohen Anteil an Kohlenstoffatomen am Molekül erklären lässt.

Verwendung, Umwelt- und Gesundheitsaspekte. Benzol erhöht die Klopffestigkeit von Benzin, deswegen hat man es lange Zeit Treibstoffen zugesetzt. Heute bemüht sich die Mineralölindustrie, möglichst benzolarme Treibstoffe herzustellen, da Benzol giftig und krebserregend ist. Längeres Einatmen von Benzoldämpfen schädigt schon bei geringen Konzentrationen die Leber und das Knochenmark und kann Leukämie auslösen. In Deutschland rüstete man Ende der 1990er Jahre die Zapfpistolen der Tankstellen mit „Saugrüsseln" aus, um das Freiwerden von benzolhaltigen Benzindämpfen zu verhindern. Trotz seiner Giftigkeit ist Benzol ein wichtiger Ausgangsstoff für industrielle Synthesen (Kap. 5.7).

Gewinnung. Auch heute noch wird Benzol beim Verkoken von Steinkohle gewonnen. Allerdings ist es nur ein willkommenes Nebenprodukt, denn das Hauptaugenmerk gilt bei der Verkokung dem *Koks*, der für die Hochöfen benötigt wird. Aus dem *Kokereigas* wäscht man mit Öl das Benzol heraus und destilliert es ab. Das gereinigte Gas dient zum Aufheizen der Kokskammern. Auch der *Steinkohleteer* enthält Benzol.
Bis etwa 1950 reichte die bei der Kohleverkokung anfallende Benzolmenge aus, um den Bedarf der Industrie zu decken. Mittlerweile kommt das meiste Benzol aus den Ölraffinerien, wo es beim *Cracken* von Erdöl in großen Mengen entsteht. Jährlich werden weltweit etwa 33 Mio. Tonnen Benzol produziert.

178 Aromaten

Molekülbau und Reaktivität. Die Summenformel C_6H_6 lässt eine Vielzahl von Strukturformeln zu. Fast alle diese Formeln stellen Moleküle mit Mehrfachbindungen dar. Daher sollte man erwarten, dass Benzol all die Reaktionen zeigt, die für ungesättigte Kohlenwasserstoffe typisch sind, etwa die rasche Addition von Brom.

Benzol reagiert zwar mit Brom, allerdings bedarf es der Mitwirkung eines Katalysators. Auch findet keine Addition, sondern eine *Substitution* statt, was eigentlich für gesättigte Kohlenwasserstoffe typisch ist. Es entstehen Brombenzol und Bromwasserstoff:

$$C_6H_6 + Br_2 \xrightarrow{FeBr_3} C_6H_5Br + HBr$$

Vom Produkt Brombenzol fand man keine weiteren Isomere, woraus man schloss, dass alle sechs Kohlenstoffatome des Benzolmoleküls gleichwertig sind, also gleiche Bindungspartner haben. Damit fallen automatisch alle Strukturvorschläge weg, die offenkettige Moleküle darstellen. Es bleiben nur noch Ringmoleküle übrig, z. B. die in B3 dargestellten. Die Bromierung von Benzol lässt sich zum Dibrombenzol ($C_6H_4Br_2$) weiterführen. Dabei entstehen drei verschiedene Dibrombenzolisomere [B4]. Dieser Befund scheint auf den ersten Blick gut mit dem Strukturvorschlag [B3, links] von August Kekulé [B6] vereinbar zu sein. Bei näherem Hinsehen wird aber deutlich, dass es eigentlich zwei 1,2-Dibrombenzolisomere geben müsste [B5], was die Gesamtzahl der möglichen Dibrombenzolisomere auf vier erhöht. Kekulé begegnete diesem Einwand gegen seinen Vorschlag durch die Annahme, dass die Doppel- und die Einfachbindungen zwischen den Kohlenstoffatomen sehr rasch ihre Plätze wechseln können. Gemäß dieser *Oszillationstheorie* wären alle C–C-Bindungen gleichwertig, es gäbe folglich nur ein o-Dibrombenzol. Diese Theorie ist zwar heute überholt, die Bindungen zwischen den Kohlenstoffatomen sind aber tatsächlich alle von gleicher Art.

A. Kekulé (1865)   J. Dewar (1867)   A. Ladenburg (1869)

B3 Vorschläge für die Struktur des Benzolmoleküls (oben Strukturformeln, darunter Skelettformeln)

1,2-Dibrombenzol   1,3-Dibrombenzol   1,4-Dibrombenzol
ortho-Dibrombenzol   meta-Dibrombenzol   para-Dibrombenzol
o-Dibrombenzol   m-Dibrombenzol   p-Dibrombenzol

B4 Dibrombenzolisomere und ihre Benennung

B5 Hypothetische Darstellung zweier o-Dibrombenzolisomere

A1 Zeichnen Sie zwei verschiedene offenkettige Strukturformeln, die der Summenformel C_6H_6 genügen.

A2 Bei der Reaktion von Brom mit Benzol entsteht nur ein Brombenzol-Isomer. Welche der in B3 dargestellten Verbindungen steht mit diesem experimentellen Befund nicht in Einklang? Wie viele Monosubstitutionsprodukte würde es bei den von Ihnen unter A1 gezeichneten Verbindungen geben?

A3 Erläutern Sie, mit welchen experimentellen Befunden das „Ladenburg-Benzol" [B3, rechts] in Einklang steht.

Oszillationstheorie von lat. oscillum, die Schaukel

Skelettformel Ein Strich in einer Skelettformel [B3] entspricht einer C—C-Einfachbindung. Die Atomsymbole C und H werden in dieser Schreibweise nicht dargestellt, Heteroatome wie z. B. S, O und N allerdings schon

B6 August Friedrich Kekulé von Stradonitz (1829–1896)

5.2 Bindungsverhältnisse im Benzolmolekül

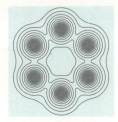

B1 Elektronendichtediagramm des Benzolmoleküls

C—C-Bindungen	Bindungslänge
Alkane C—C	154 pm
Alkene C=C	134 pm
Alkine C≡C	121 pm
Benzol C⚌C	139 pm

B2 C—C-Bindungslängen (1 pm = 10^{-12} m)

B3 Benzolmolekül mit „Eineinhalbfachbindungen"

Struktur des Benzolmoleküls. Neue Messmethoden haben die Vorstellung vom Benzolmolekül beträchtlich verfeinert. Die Röntgenstrukturanalyse etwa zeigt, dass der Grundkörper des Moleküls ein regelmäßiges Sechseck ist. Die Bindungswinkel zwischen drei Kohlenstoffatomen betragen 120°.
Die Längen der C—C-Bindungen sind alle gleich, sie liegen zwischen der Länge einer Einfachbindung und der einer Doppelbindung [B2], so als ob sechs „Eineinhalbfachbindungen" vorliegen [B3].
Die Ermittlung der Elektronendichte bestätigt, dass alle C—C-Bindungen gleichwertig sind [B1]. Mithilfe des Raster-Tunnel-Mikroskops gelang es 1988 erstmals, Benzolmoleküle sichtbar zu machen. Das erhaltene Bild ähnelt verblüffend dem Kalottenmodell des Benzolmoleküls [B6].

Die Bindungen im Benzolmolekül. Jedes Kohlenstoffatom besitzt vier Valenzelektronen. Mit diesen Elektronen bilden die Ringatome im Benzolmolekül je vier Atombindungen aus und erreichen dadurch Edelgaskonfiguration (Oktett). Die vier Bindungen entstehen wie folgt [B4]:

– Ein Valenzelektron jedes Kohlenstoffatoms bildet ein gemeinsames Elektronenpaar mit dem Elektron eines Wasserstoffatoms. Das Elektronenpaar bildet die C—H-Bindung.

– Zwei Valenzelektronen jedes Kohlenstoffatoms bilden jeweils zwei gemeinsame Elektronenpaare mit Elektronen der beiden benachbarten Kohlenstoffatome. Die Elektronenpaare bilden die C—C-Bindungen.

– Jedes der sechs Kohlenstoffatome hat nun noch ein Valenzelektron. Diese sechs Elektronen sind nicht zwischen bestimmten Kohlenstoffatomen fixiert, sondern über den ganzen Ring aus den sechs Kohlenstoffatomen delokalisiert. Diese Delokalisierung der Elektronen ist energetisch besonders günstig. Sie ist der Grund für die besondere Stabilität des Benzolmoleküls und damit auch die Ursache für das Reaktionsverhalten des Benzolmoleküls.

> Im Benzolring befindet sich zwischen je zwei C-Atomen ein bindendes Elektronenpaar, weitere sechs Elektronen sind delokalisiert. Alle C—C-Bindungen sind von gleicher Länge, es entsteht ein regelmäßiges, ebenes Sechseck.

A1 Stellen Sie die Bindungswinkel für Ethan, Ethen, Ethin und Benzol zusammen.

A2 Beschreiben Sie, worauf die besondere Stabilität des Benzolmoleküls zurückgeführt wird.

A3 1973 gelang es an einer amerikanischen Universität erstmals, das Ladenburg-Benzol oder *Prisman* genannte Benzol-Isomer (Kap. 5.1, B3) zu synthetisieren. Wenn man diese Verbindung auf 90 °C erhitzt, dann isomerisiert sie zu Benzol, wobei Energie frei wird. Interpretieren Sie diese Beobachtung.

B4 Aufbau eines Benzolmoleküls aus ungebundenen Atomen (formal)

Ungebundene Atome mit Valenzelektronen in Atomorbitalen → Ausbildung von C—H-Bindungen (je 1 C + 1 H) → Ausbildung von C—C-Einfachbindungen (je 1 C + 1 C) → Geometrie des Benzolmoleküls

Aromaten

Bindungsverhältnisse im Benzolmolekül

Mesomerie. Das Benzolmolekül wird oft mit einer Kekulé-Strukturformel dargestellt (Kap. 5.1, B3). Diese Formel lässt sich in Reaktionsgleichungen bequem handhaben. Allerdings ist sie eigentlich nicht korrekt, da ja im realen Molekül keine lokalisierten Einfach- und Doppelbindungen zwischen den Kohlenstoffatomen vorliegen.

Wenn die realen Bindungsverhältnisse veranschaulicht werden sollen, dann bedient man sich einer besonderen Symbolik, der **Mesomerie**:

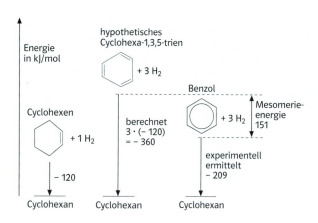

B5 Hydrierungsenergien

Die beiden Kekulé-Formeln stellen keine realen Moleküle dar, sondern **mesomere Grenzformeln**. Sie sind rein *formal*. Der *reale* Zustand liegt zwischen diesen Formeln, was der **Mesomeriepfeil** (⟷) veranschaulichen soll.

Die Grenzformeln und der Mesomeriepfeil dürfen nicht dazu verleiten, die Delokalisierung der Bindungselektronen als ein rasches Hin-und-her der Doppelbindungen zu betrachten. *Die Delokalisierung ist ein konstanter Dauerzustand.* Diese besonderen Bindungsverhältnisse im Benzolmolekül werden vielleicht noch besser durch das Symbol dargestellt, das der englische Chemiker Robert Robinson im Jahr 1925 vorschlug [B6, rechts]. Den Energiebetrag, um den sich das reale Benzolmolekül gegenüber einem fiktiven Molekül gemäß einer Grenzformel als stabiler erweist, bezeichnet man als **Mesomerieenergie**.

Die besonderen Bindungsverhältnisse im Benzolmolekül werden oft mit mesomeren Grenzformeln dargestellt. Diese sind rein fiktiv. Der reale Bindungszustand liegt zwischen diesen Grenzformeln.

Abschätzung der Mesomerieenergie. Cyclohexen lässt sich katalytisch zu Cyclohexan hydrieren, die Reaktion verläuft exotherm [B5, links]. Wenn Benzol nichts anderes als ein Cyclohexa-1,3,5-trien wäre, dann sollte rein rechnerisch bei seiner Hydrierung die dreifache Energiemenge frei werden, wie bei der Hydrierung von Cyclohexen (bei gleichen Stoffmengen) [B5, Mitte]. Tatsächlich liefert die Hydrierung von Benzol 151 kJ/mol weniger an Energie als berechnet [B5, rechts]. Das Benzolmolekül ist um diesen Energiebetrag stabiler als ein hypothetisches Cyclohexa-1,3,5-trien mit lokalisierten Bindungen.

Aromatische Verbindungen. Ähnlich wie das Benzol besitzt eine ganze Reihe weiterer Ringverbindungen eine Stabilisierung des Moleküls durch delokalisierte Elektronen. Aus historischen Gründen bezeichnet man alle diese Verbindungen als **Aromaten**.

B6 Kalottenmodell des Benzolmoleküls (links), alternatives Symbol für das Benzolmolekül (rechts)

Aromaten wurden früher alle Verbindungen genannt, die einen aromatischen Geruch besitzen. Es waren überwiegend aus Pflanzen isolierte Stoffe, z. B. Cumarin (Duftstoff des Waldmeisters), Chinin und Vanillin. Später fand man heraus, dass sich viele dieser Verbindungen vom Benzol ableiten lassen

Mesomerie von griech. mesos, der mittlere und griech. meros, der Teil

5.3 Mesomerie und Aromatizität

Mesomerie tritt nicht nur bei aromatischen Molekülen auf.

Carboxylationen. Die Anionen der Carbonsäuren sind mesomeriestabilisiert:

Säureanionen. Auch viele Anionen anorganischer Säuren zeigen das Phänomen der Mesomerie. Beispiele sind das Carbonation (CO_3^{2-}):

und das Nitration (NO_3^-):

Konjugierte Doppelbindungen von lat. coniugatio, die Verbindung
CH_2=CH—CH=CH—CH_2

Buta-1,3-dien. Buta-1,3-dien ist ein Alken, dessen Moleküle *konjugierte Doppelbindungen* aufweisen. Das bedeutet, dass sich Doppelbindungen und Einfachbindungen im Molekül abwechseln. Messungen der C—C-Bindungslängen beim Buta-1,3-dien haben ergeben, dass die Bindung zwischen den Atomen C2 und C3 mit 143 pm deutlich kürzer ist als eine C—C-Einfachbindung (154 pm). Dafür sind die beiden „randständigen" C—C-Bindungen mit 136 pm etwas länger, als von normalen Doppelbindungen (134 pm) zu erwarten wäre. Dies lässt sich mit einer Delokalisation der Elektronen erklären, die man durch folgende Grenzformeln beschreiben kann:

Anders als beim Benzol sind die Doppelbindungen beim Buta-1,3-dien noch weitestgehend lokalisiert. Von den drei angegebenen Grenzformeln kommt die erste der tatsächlichen Elektronenverteilung am nächsten. Die beiden anderen Grenzformeln sind wegen der auftretenden Ladungstrennung energetisch ungünstiger und tragen daher weniger zur Mesomeriestabilisierung bei.

Kohlenstoffmonooxid. Das Kohlenstoffmonooxid ist ein Beispiel für ein Molekül, bei dem eine Grenzformel mit Ladungstrennung mehr zur Stabilisierung beiträgt, als eine ohne.

Das liegt daran, dass bei der linken Grenzformel alle Atome ein Elektronenoktett besitzen. Bei der rechten Grenzformel erreicht das Kohlenstoffatom nur ein Elektronensextett, was energetisch sehr ungünstig ist.

Regeln. Beim Erstellen mesomerer Grenzformeln müssen Regeln beachtet werden [B1].

1. Alle Grenzformeln müssen in der Anordnung der Atomrümpfe und in der Summe der Valenzelektronen übereinstimmen. In der Anordnung der Valenzelektronen (und damit der Bindungen) unterscheiden sie sich.
2. Grenzformeln mit Ladungstrennung sind energetisch ungünstiger als solche ohne.
3. Für Grenzformeln mit Formalladungen gilt: Bei Molekülen ist die Summe der Formalladungen gleich Null, bei Ionen ergibt die Summe der Formalladungen die Ionenladung.
4. All-Oktett-Grenzformeln sind günstiger als Grenzformeln, in denen Atome kein Elektronenoktett besitzen (Ausnahme: Wasserstoffatome).

B1 Regeln zum Aufstellen von Grenzformeln

Teilchen mit delokalisierten Elektronen sind mesomeriestabilisiert.

182 Aromaten

Mesomerie und Aromatizität

Heterocyclische Aromaten. Neben dem Benzol und seinen Substitutionsprodukten (z. B. Brombenzol) werden auch bestimmte Ringverbindungen, die neben Kohlenstoffatomen noch andere Atome (*Heteroatome*) im Ring besitzen, zu den Aromaten gerechnet. Beispiele für solche **heterocyclischen Aromaten** sind das *Pyridin*, das *Pyrrol* und das *Furan* [B4]. Die beiden letztgenannten Verbindungen sind nicht nur deshalb interessant, weil jeweils ein freies Elektronenpaar des Heteroatoms Bestandteil des delokalisierten Elektronensystems ist, sondern weil die Moleküle Bausteine wichtiger Biomoleküle sind. Der Pyrrolring taucht im Hämoglobin- und im Chlorophyllmolekül auf und der Furanring ähnelt dem Grundkörper einiger Kohlenhydrate (Kap. 4).

So unterschiedlich Aromaten in ihrem Molekülbau auch sein mögen, in einigen charakteristischen Moleküleigenschaften stimmen sie doch überein [B2]. Ist auch nur eine dieser Eigenschaften nicht gegeben, so liegt kein aromatisches Molekül vor. Das *Pyran* [B5] etwa, dessen Ringmolekül den Grundkörper wichtiger Kohlenhydrate bildet (Kap. 4), ist kein Aromat. Seine Doppelbindungen sind nicht konjugiert.

Polycyclische Aromaten sind mehrgliedrige Ringsysteme, deren einzelne Ringe gemeinsame Kohlenstoffatome aufweisen [B4]. Der einfachste polycyclische Aromat ist das 1819 im Steinkohleteer entdeckte *Naphthalin*. Aus ihm wurden früher Mottenkugeln hergestellt. Das Einatmen der Dämpfe kann zu Kopfschmerzen und Übelkeit führen. Der Steinkohleteer enthält eine Vielzahl weiterer Aromaten. 1832 wurde in ihm das aus drei Benzolkernen aufgebaute *Anthracen* entdeckt. Abkömmlinge (Derivate) von Naphthalin und Anthracen sind wichtige Ausgangsstoffe zur Synthese von Azofarbstoffen.

Aromatische Moleküle besitzen ein System delokalisierter Elektronen. Sie sind mesomeriestabilisiert.

---

1. Aromaten sind ebene, cyclische Moleküle.
2. Das Ringmolekül weist ein durchgehendes System konjugierter Doppelbindungen mit delokalisierten Elektronen auf.
3. Die Zahl der delokalisierten Elektronen beträgt $4n + 2$ ($n = 0, 1, 2 \ldots$) (HÜCKEL-Regel). D. h., die Zahl der delokalisierten Elektronenpaare ist ungerade.
4. Das Molekül zeigt eine besonders hohe Stabilisierungsenergie.

B2 Kennzeichen aromatischer Moleküle

A1 Beim Buta-1,3-dienmolekül sind alle zehn Atome in einer Ebene fixiert. Erklären Sie diesen Befund.

A2 In B3 sind einige Beispiele von Ringmolekülen aufgezeichnet. Entscheiden Sie, ob es sich um Aromaten handelt. Recherchieren Sie im Internet, ob Ihre Entscheidungen zutreffen.

ERICH HÜCKEL (1896–1980), deutscher Physiker

Naphthalin von griech. naphtha, das Bergöl

Anthracen von griech. anthrax, die Kohle

B5 Pyran

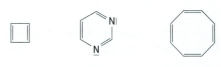

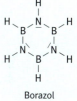

Cyclobuta-1,3-dien — Pyrimidin — Cycloocta-1,3,5,7-tetraen — Borazol

B3 Aromaten?

Pyridin — Pyrrol — Furan

delokalisierte Elektronen

Naphthalin — Anthracen

B4 Beispiele aromatischer Ringsysteme

Aromaten 183

5.4 Exkurs Delokalisierung und Stabilisierung

B1 Interferenzstreifen von Elektronen

B2 Beugung und Interferenz von Elektronen beim Durchgang durch Graphit

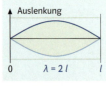

B3 Eindimensionale stehende Welle auf der Länge l

Die Moleküle der Aromaten haben eine besondere Stabilität. Diese Tatsache kann aus dem chemischen Verhalten ersehen und mit der Delokalisierung von Elektronen in Verbindung gebracht werden.
Ist es möglich, für die besondere Stabilität eine Erklärung zu finden?

Elektronen zeigen Wellenverhalten. Aus der Physik ist bekannt, dass Elektronen nicht nur Teilcheneigenschaften (zum Beispiel eine bestimmte Masse und eine bestimmte Ladung) besitzen, sondern auch Wellenverhalten zeigen können.
Dieses Wellenverhalten kann sich durch Interferenzfiguren [B1] zu erkennen geben, wie sie ähnlich auch vom Licht her bekannt sind. Auch dort ist es die Interferenz von Wellen, die zur gegenseitigen Verstärkung oder Auslöschung führen kann und so den Wellencharakter elektromagnetischer Strahlung demonstriert.
Lässt man einen Elektronenstrahl auf eine Graphitfolie treffen, so kann man auf einem Leuchtschirm eine Figur [B2] erhalten, die sich nur durch Beugung und Interferenz erklären lässt. Ferner kann aus ihr die Wellenlänge λ des Elektronenstrahls abgeschätzt werden. Andererseits kann man aus der elektrischen Spannung, mit der die Elektronen beschleunigt wurden, den Impuls p der Elektronen ermitteln.

Es zeigt sich dabei, dass das Produkt aus Wellenlänge λ und Impuls p bei allen derartigen Experimenten den gleichen Wert ergibt. Dieser Wert ist die Planck'sche Konstante $h = 6{,}6 \cdot 10^{-34}$ J·s.

$$\lambda \cdot p = h \qquad \text{De-Broglie-Gleichung}$$

Diese Gleichung, die von LOUIS DE BROGLIE 1923 formuliert wurde, ist von grundlegender Bedeutung für das Erfassen des Verhaltens von Elektronen in Atomen und Molekülen. Sie drückt die *Dualität* des Verhaltens von *Quantenobjekten* aus: Sie zeigen zwei Seiten: einen *Wellenaspekt* und einen *Teilchenaspekt*. Keiner kann für sich alleine das Verhalten von Elektronen umfassend beschreiben.

Ein eingesperrtes Elektron. Stellen wir uns vor, einem Elektron stünde als Aufenthalts-"Raum" nur ein kleiner eindimensionaler Bereich der Länge l zur Verfügung. Wegen des Wellenverhaltens des Elektrons kann sich auf dieser Strecke eine stehende Welle wie bei einer schwingenden Violinsaite ausbilden. Von der vollen Welle mit zwei Schwingungsbäuchen passt (bei der größtmöglichen Wellenlänge) gerade eine Hälfte auf die Strecke der Länge l. Dann ist $\lambda = 2l$ [B3]. Durch die De-Broglie-Gleichung ist nun auch der zugehörige Impuls p festgelegt:

$$p = \frac{h}{2l} \quad (1)$$

Das Elektron hat in der gedachten Modellsituation nur kinetische Energie, weil hier keine Kräfte wirken. Die bekannte Formel für die kinetische Energie $E_{kin} = \frac{1}{2} m \cdot v^2$ (2) schreibt man für den vorliegenden Zweck etwas um, weil wir ja über den Impuls $p = m \cdot v$ (3) schon eine Aussage machen können. Deshalb ersetzt man letztendlich v durch p. Davor muss (3) noch umgeformt werden:

Es ist $v = \frac{p}{m}$ und daher $v^2 = \frac{p^2}{m^2}$ (4)

Durch Einsetzen von (4) in (2) ergibt sich:

$$E = \frac{1}{2} \frac{m \cdot p^2}{m^2} = \frac{p^2}{2m} \quad (5)$$

Die kinetische Energie ist hier zugleich die Gesamtenergie E.
Setzt man (1) in (5) ein, führt dies zu:

$$E = \frac{h^2}{8 m \cdot l^2}$$

Die Gleichung zeigt, dass die Energie eines eingesperrten Elektrons umso größer ist, je weniger Platz dem Elektron zur Verfügung steht. Dagegen ist die Energie niedriger, wenn mehr Platz vorhanden ist, d.h., wenn das Elektron delokalisiert ist. **Niedrige Energie heißt hohe Stabilität.** Das Modell macht plausibel, dass Elektronen, denen vergleichsweise viel Platz zur Verfügung steht, eine niedrigere Energie haben, als wenn sie auf engerem Raum lokalisiert werden. **Delokalisierung bewirkt Absenkung der Energie und damit Erhöhung der Stabilität.**

5.5 Halogenierung von Benzol

Bromierung von Alkenen und Benzol. Alkene, z. B. Ethen, reagieren bei Zimmertemperatur rasch mit Brom. In einer stark exothermen Reaktion werden die Halogenatome an die C=C-Doppelbindung addiert.

$$C_2H_4 + Br_2 \longrightarrow C_2H_4Br_2 \quad | \ \Delta_rU = -122 \ \frac{kJ}{mol}$$

Eine Addition von Brom an Benzol ist möglich. Allerdings verläuft diese Reaktion *endotherm*, es muss Energie in Form von UV-Licht aufgebracht werden.

$$C_6H_6 + Br_2 \longrightarrow C_6H_6Br_2 \quad | \ \Delta_rU \approx 8 \ \frac{kJ}{mol}$$

In Gegenwart von wasserfreiem Eisen(III)-bromid verläuft die Reaktion von Benzol mit Brom hingegen *exotherm*. Dabei findet eine Substitution statt.

$$C_6H_6 + Br_2 \xrightarrow{FeBr_3} C_6H_5Br + HBr \quad | \ \Delta_rU \approx -145 \ \frac{kJ}{mol}$$

Halogenierung als elektrophile Substitution. Die Reaktion von Benzol mit Brom verläuft in zwei Schritten [B1]:

1. Eisen(III)-bromid polarisiert ein Brommolekül. Das Bromatom, das positiviert wurde, wirkt als Elektrophil. Es tritt mit den delokalisierten Elektronen eines Benzolmoleküls in Wechselwirkung und das Brommolekül wird heterolytisch gespalten. Das formal entstehende Bromkation bindet an ein Kohlenstoffatom des Benzolmoleküls, während das formal entstehende Bromidion sich an FeBr$_3$ anlagert. Durch die Bindung des Bromkations verliert das Benzolmolekül seine Aromatizität. Es liegt nun ein *Carbokation* (*Carbeniumion*) vor. Das ist ein Ion, bei dem ein Kohlenstoffatom eine positive Formalladung trägt. Ein solches Kohlenstoffatom besitzt ein Elektronensextett, was energetisch ungünstig ist. In diesem Fall ist die positive Ladung aber über mehrere Atome delokalisiert, wodurch das Carbokation stabilisiert wird. Gegenion des Carbokation ist FeBr$_4^-$.

2. Das Carbokation gibt ein Proton ab, es entsteht ein Brombenzolmolekül und der aromatische Zustand ist wiederhergestellt. Die Substitution ist damit abgeschlossen. Das Proton wird von FeBr$_4^-$ aufgenommen, wodurch Bromwasserstoff (Hydrogenbromid) entsteht und der Katalysator Eisen(III)-bromid zurückgebildet wird.

Die elektrophile Substitution ist die charakteristische Reaktion des Benzols.

Durch die Addition von Atomen an ein Benzolmolekül würde dessen Aromatizität verloren gehen. Daher ist beim Benzol (und anderen Aromaten) die Substitution gegenüber der Addition begünstigt.

> **Skelettformel eines Benzolmoleküls,** bei dem ein Wasserstoffatom zum Zwecke der Hervorhebung ausgeschrieben wurde
>
> **Substitution** von lat. substituere, ersetzen
>
> **elektrophile Substitution** Die Einstufung der Reaktion als elektrophil erfolgt nach dem Reaktionsverhalten des (späteren) Substituenten
>
> **heterolytisch** von griech. heteros, verschieden; lysis, Auflösung

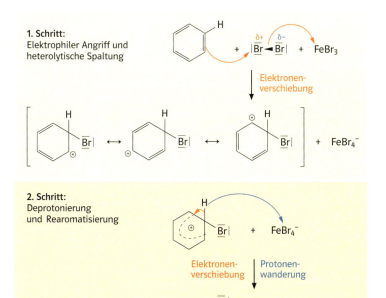

B1 Reaktionsmechanismus der elektrophilen aromatischen Substitution

A1 Bei welchem Reaktionsschritt kommt es in B1 zu einer Säure-Base-Reaktion? Erläutern Sie Ihre Antwort.

Aromaten 185

5.6 Exkurs Reaktionsmechanismen im Vergleich

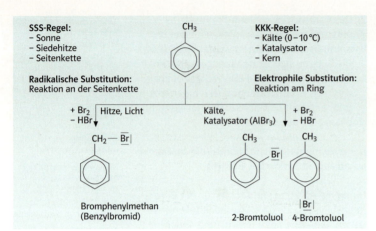

B1 Substitutionsreaktionen an Alkylbenzolen können an der Seitenkette oder am Ring (Kern) des Moleküls erfolgen

Beim Belichten oder Erhitzen des Reaktionsgemisches werden viele Startreaktionen ausgelöst, es laufen deshalb auch viele *Reaktionsketten* [B2, (2.)] nebeneinander im Gemisch ab.

Neben den Reaktionen, die zur Bildung von Bromtoluol- und Bromwasserstoffmolekülen führen, finden auch *Abbruchreaktionen* [B2, (3.)] statt, bei denen die für die Reaktionskette notwendigen Radikale miteinander reagieren.

Ist Benzol mit einer Seitenkette verbunden, so können Substitutionsreaktionen am Benzolring, der auch als „Kern" bezeichnet wird, oder an der Seitenkette stattfinden. Welche der beiden Reaktionen abläuft, hängt von den Bedingungen ab.

Substitution am Benzolring. Toluol (Methylbenzol) reagiert mit Brom in Gegenwart eines geeigneten Katalysators wie Eisenbromid oder Aluminiumbromid zu einem Bromtoluol [B1] und Bromwasserstoff. Die Reaktion läuft als *elektrophile Substitution* ab (Kap. 5.5).

Substitution an der Seitenkette. Unter dem Einfluss von Licht oder bei höherer Temperatur werden ein oder mehrere Wasserstoffatome der Methylgruppe des Toluols durch Bromatome ersetzt.
Durch die zugeführte Energie wird ein kleiner Teil der Brommoleküle homolytisch gespalten. Durch eine Homolyse werden Atombindungen so getrennt, dass Teilchen mit ungepaarten Elektronen entstehen. Man nennt solche reaktionsfreudigen Bruchstücke *Radikale*. Der erste Schritt der Reaktion, bei dem die Halogenradikale entstehen, ist die *Startreaktion* [B2, (1.)].

In der auf die Startreaktion folgenden Reaktionskette bilden sich abwechselnd Toluol- und Bromradikale (Bromatome).

homolytisch von griech. homos, gleich; lysis, Auflösung

Radikale Teilchen, die ein oder mehrere ungepaarte Elektronen (Einzelelektronen) haben

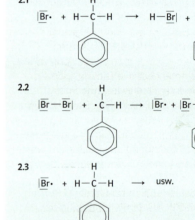

B2 Ablauf einer radikalischen Substitution

186 Aromaten

Exkurs Reaktionsmechanismen im Vergleich

Die gesamte Reaktion bezeichnet man wegen der daran beteiligten Radikale als **radikalische Substitution**. Je nach Reaktionsbedingungen (Dauer, Konzentrationen der verschiedenen Bestandteile, Temperatur, Katalysator) werden unterschiedlich viele Wasserstoffatome ersetzt.

Elektrophile Addition. Die charakteristische Reaktion von Benzol und anderen Aromaten ist die *elektrophile Substitution*. *Cyclohexen* weist nur eine Doppelbindung auf. Es gehört zu den *Alkenen*. Benzol ist trotz der häufigen Darstellung mit drei Doppelbindungen kein Alken. Was ist die typische Reaktion eines Alkens?
Lässt man *Brom* zu Cyclohexen tropfen, so erfolgt eine heftige Reaktion und die Farbe des Broms verschwindet sofort.
Stößt ein Brommolekül auf die Ladungswolke der Doppelbindung eines Cyclohexenmoleküls, so werden die Elektronen des Brommoleküls durch die hohe negative Ladungsdichte der Doppelbindung etwas verschoben, das Molekül wird polarisiert [B3]. Zunächst tritt eine Wechselwirkung zwischen dem positiven Ende des Brommoleküls und den Elektronen der Doppelbindung auf. Dadurch sind beide Moleküle locker miteinander verbunden. Die Elektronenverschiebung führt letztlich zur heterolytischen Bindungsspaltung im Brommolekül und damit zur Bildung eines Bromidions. Gleichzeitig bildet sich ein cyclisches Kation aus, das *Bromoniumion*. In einem zweiten Schritt reagiert dieses mit dem Bromidion zum 1,2-Dibromcyclohexanmolekül [B3a].
Da die erste Wechselwirkung durch ein elektronenanziehendes Teilchen erfolgt, spricht man von einem elektrophilen Angriff und nennt den Reaktionsmechanismus eine **elektrophile Addition**.

Gibt man zu Cyclohexen anstelle von Brom *Bromwasser* [V2], so erhält man nicht nur 1,2-Dibromcyclohexan, sondern auch 2-Bromcyclohexanol [B3b]. Dieses ist ein starker Hinweis darauf, dass die elektrophile Addition in zwei Teilschritten erfolgt. Das im ersten Schritt gebildete Bromoniumion kann anstelle des Bromidions durch ein Wassermolekül angegriffen werden. Das Sauerstoffatom der Wassermoleküle hat eine negative Teilladung, außerdem verfügt es über ein freies Elektronenpaar, das es zur Bindungsbildung mit dem Bromoniumion zur Verfügung stellen kann.

V1 (Schutzbrille, Schutzhandschuhe! Abzug!) Man gibt in zwei Kolben jeweils 8 ml Toluol und versetzt diese mit einigen wenigen Tropfen Brom.
a) Die erste Lösung bleibt nach Zugabe einer Spatelspitze Eisenpulver einige Minuten im Dunkeln stehen.
b) Die Lösung im zweiten Glas wird einige Minuten mit weißem Licht bestrahlt.
c) Nach erfolgter Reaktion führt man in beiden Kolben einen Bromwasserstoffnachweis durch.

V2 (Schutzbrille, Schutzhandschuhe! Abzug!) Man versetzt in einem Kolben etwa 5 ml Cyclohexen mit 2 ml hellgelbem Bromwasser (Kein reines Brom zugeben! Mit Brom erfolgt sofort eine sehr heftige Reaktion!) und schüttelt.

A1 Vergleichen Sie die elektrophile Substitution an Aromaten, die radikalische Substitution und die elektrophile Addition miteinander. Erläutern Sie Gemeinsamkeiten und Unterschiede:

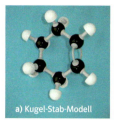

a) Kugel-Stab-Modell

b) Strukturformel

c) Halbstrukturformel

d) Skelettformel

B4 Cyclohexen – Molekülmodell und verschiedene Formeln

Der erste Reaktionsschritt ist bei Zugabe von Brom und Bromwasser identisch:

a) Weiterer Verlauf bei Zugabe von Brom:

Bromoniumion → 1,2-Dibromcyclohexan

b) Weiterer Verlauf bei Zugabe von Bromwasser:

Bromoniumion → 2-Bromcyclohexanol + H⁺

B3 Reaktion von Cyclohexen mit Brom (a) bzw. Bromwasser (b)

Aromaten

5.7 Wichtige Benzolderivate

Derivat von lat. derivare, ableiten

Durch Substitution der Wasserstoffatome im Benzolmolekül gegen andere Atome oder Atomgruppen lassen sich wichtige Benzolabkömmlinge (*Benzolderivate*) herstellen.

Chlorbenzol kann analog zum Brombenzol aus Benzol und Chlor unter Mitwirkung von $FeCl_3$ synthetisiert werden. Großtechnisch stellt man Chlorbenzol nach dem Raschig-Verfahren her. Dabei wird Benzoldampf mit Chlorwasserstoff und Luft über einen Kupferkatalysator geleitet.

B3 Die Anophelesmücke überträgt Malaria

$$2\ C_6H_6 + 2\ HCl + O_2 \xrightarrow{Cu} 2\ C_6H_5Cl + 2\ H_2O$$

Chlorbenzol ist eine farblose Flüssigkeit, die früher in großen Mengen als Ausgangsstoff für die Herstellung des Insektizids DDT [B1] benötigt wurde. In Deutschland ist die Verwendung von DDT seit 1972 verboten, einige Länder der dritten Welt setzen dieses Mittel aber noch zur Bekämpfung der malariaübertragenden Anophelesmücke [B3] ein.

Anilin (*Aminobenzol*) kommt in geringen Mengen im Steinkohleteer vor, wo es RUNGE 1834 mit der Chlorkalkreaktion [V2] nachweisen konnte. Großtechnisch wird Anilin durch die Reduktion von Nitrobenzol mit Wasserstoff gewonnen.

$$C_6H_5NO_2 + 3\ H_2 \longrightarrow C_6H_5NH_2 + 2\ H_2O$$

Reines Anilin ist eine ölige, farblose Flüssigkeit, die sich an der Luft rasch dunkel färbt. Obwohl Anilin ein gefährliches Gift ist, ist es eines der wichtigsten Zwischenprodukte der organischen Chemie. Es wird für die Herstellung von Farben („*Anilinfarben*") und Kunststoffen (z. B. *Polyurethane*, Kap. 6.5) benötigt.

Phenol (*Hydroxybenzol*) wurde 1834 von dem deutschen Chemiker FRIEDLIEB FERDINAND RUNGE erstmals aus Steinkohleteer isoliert. Auch heute noch wird Phenol so gewonnen, allerdings kann der weltweite Bedarf von über 3 Mio. Tonnen im Jahr nur mithilfe einer Reihe technischer Synthesen gedeckt werden. Eine davon bedient sich der Hydrolyse von Chlorbenzol.

$$C_6H_5Cl + H_2O \xrightarrow{Ca_3(PO_4)_2} C_6H_5OH + HCl$$

B1 DDT – ein Insektizid

Rangfolge (abnehmend):
— COOH
... -benzoesäure
— SO$_3$H
... -benzolsulfonsäure
— CHO
... -benzaldehyd
— OH
... -phenol
— NH$_2$
... -anilin
— CH$_3$
... -toluol

Phenylrest

—CH$_2$—
Benzylrest

B2 Nomenklatur von Benzolderivaten

Monosubstituierte Benzolderivate werden systematisch benannt, indem man den Namen des Substituenten vor Benzol stellt (oder sie behalten ihren Trivialnamen): z. B. Aminobenzol (Anilin) oder Hydroxybenzol (Phenol).

Bei *disubstituierten* Benzolderivaten wird die Stellung der Substituenten durch die Vorsilbe **ortho-** (1,2-), **meta-** (1,3-) oder **para-** (1,4-) gekennzeichnet.

Bei unterschiedlichen Substituenten kann man einen Trivialnamen als *Stammnamen* verwenden. Diesen bestimmt der Substituent mit dem höchsten Rang (s. Randspalte). Es heißt also 4-Methylphenol und nicht 4-Hydroxytoluol.

Bei mehr als zwei Substituenten erfolgt die Aufzählung alphabetisch.

Die beiden aromatischen Reste *Benzylrest* und *Phenylrest* zeigt die Abbildung links.

B4 Sprühgerät für Phenollösung. Die Sterberate nach Operationen ging damit drastisch zurück

188 Aromaten

Wichtige Benzolderivate

Reines Phenol ist ein weißer Feststoff, der bei 41 °C schmilzt. Mit Eisen(III)-chlorid-Lösung gibt Phenol eine Violettfärbung, die als Nachweis dienen kann [V1]. Phenol ist giftig und wirkt ätzend auf Haut und Schleimhäute. Der britische Arzt JOSEPH LISTER verwendete 1867 erstmals verdünnte Phenollösungen zur Desinfektion von Wunden und Verbänden [B4]. Er gilt als Begründer der modernen Chirurgie. Heute ist Phenol ein wichtiges Ausgangsprodukt für die Herstellung von Kunststoffen („Phenolharze") und Farbstoffen.

Toluol. (Phenylmethan) ist eine farblose Flüssigkeit. Das weniger giftige Toluol hat Benzol als Lösungsmittel in vielen Bereichen verdrängt. Toluol ist im Benzin enthalten. Durch Nitrierung von Toluol lässt sich der Sprengstoff 2,4,6-Trinitrotoluol (TNT) [B6, oben] gewinnen.

Styrol. Ist im Ethenmolekül ein Wasserstoffatom durch die Phenylgruppe [B3] ersetzt, liegt ein Styrolmolekül [B6, unten] vor. Styrol ist der Ausgangsstoff für den Kunststoff Polystyrol.

Benzylalkohol, Benzaldehyd, Benzoesäure. Toluol lässt sich zu einem Gemisch aus *Benzylalkohol* (Phenylmethanol), *Benzaldehyd* (Phenylmethanal) und *Benzoesäure* (Phenylmethansäure) oxidieren [V2, B5]. Benzylalkohol ist in Jasminblüten und im Nelkenöl enthalten und wird für die Herstellung von Aromen und Kosmetika verwendet. An der Luft wird Benzylalkohol langsam zu Benzaldehyd oxidiert. Dieser ist in einigen Pflanzenölen enthalten und entsteht beim Abbau des *Amygdalins*, des Aromastoffs der bitteren Mandeln. Benzaldehyd ist eine ölige Flüssigkeit und wird besonders in Backwaren als Bittermandelöl und als Aromastoff des Marzipans [B7] verwendet.
Wird Benzaldehyd an der Luft oxidiert, so kristallisiert Benzoesäure in glänzenden Nadeln aus (ϑ_{sm} = 122 °C). Die Säure wirkt auf Mikroorganismen stark giftig, für Menschen ist sie aber in kleinen Mengen unbedenklich. Benzoesäure und Salze der Benzoesäure, die Benzoate, sind deshalb als Konservierungsstoffe in Lebensmitteln zugelassen.

Aromatische Dicarbonsäuren. Sind zwei Wasserstoffatome des Benzolrings durch Carboxylgruppen ersetzt, so liegt eine aromatische Dicarbonsäure vor.
Die Phthalsäure (Benzol-1,2-dicarbonsäure) und einige Phthalsäureverbindungen werden zur Herstellung von Farbstoffen, Kunststoffen und als Weichmacher für Kunststoffe verwendet. Die Terephthalsäure (Benzol-1,4-dicarbonsäure) ist ein wichtiger Ausgangsstoff zur Herstellung von Polyestern.

Phenylalanin (2-Amino-3-phenylpropansäure) gehört zu den Aminosäuren mit aromatischem Rest (Kap. 4.18).

V1 (Handschuhe!) Zu wenigen Millilitern einer stark verdünnten ($w \approx 1\%$) Phenollösung gibt man einige Tropfen Eisen(III)-chlorid-Lösung. (Die entstehende Violettfärbung ist nicht ganz spezifisch).

V2 (Abzug! Schutzbrille!) Man schüttelt einige Tropfen Toluol mit 10 ml verdünnter Kaliumpermanganatlösung und einigen Tropfen konz. Schwefelsäure kräftig. Die Lösung wird anschließend schwach erwärmt. Man prüft vorsichtig den Geruch.

A1 Recherchieren Sie die Eigenschaften von DDT und stellen Sie die sich daraus ergebende Problematik dar.

A2 Erläutern Sie, unter welchen Bedingungen 2- und 4-Chlortoluol bzw. Chlorphenylmethan gebildet werden. Zeichnen Sie auch die Strukturformeln dieser Verbindungen.

A3 Zeichnen Sie die Strukturformeln von Phthalsäure und Phenylalanin.

B6 TNT (oben) ist ein wichtiger Sprengstoff. Aus Styrol (unten) wird Styropor hergestellt

B7 In Marzipan findet man Benzaldehyd

B5 Oxidationen der Seitenkette des Toluolmoleküls

Toluol (Methylbenzol, Phenylmethan) → Benzylalkohol (Phenylmethanol) → Benzaldehyd (Phenylmethanal) → Benzoesäure (Benzolcarbonsäure, Phenylmethansäure)

5.8 Exkurs Acidität von Phenol und Basizität von Anilin

Karbolsäure von lat. carbo, Kohle und lat. oleum, Öl. Phenol wurde im Steinkohlenteer entdeckt

aliphatische Verbindungen besitzen gerade oder verzweigte Kohlenstoffatom*ketten*. Der Begriff leitet sich ab von griech. aliphos, das Fett. Man stellt diese Verbindungsklasse den alicyclischen Verbindungen gegenüber, deren Moleküle Kohlenstoffatom*ringe* aufweisen, ohne Aromaten zu sein

M-Effekt, mesomerer Effekt Die Beeinflussung der Elektronenstruktur eines konjugierten Elektronensystems durch einen Substituenten, der mit einem nicht bindenden Elektronenpaar oder einem Elektronenpaar einer Doppelbindung an der Konjugation teilnehmen kann, bezeichnet man als mesomeren Effekt

B1 Formel von Benzylalkohol

B2 Lewisformel von Pikrinsäure

Säurewirkung von Phenol. Phenol wurde früher als *Karbolsäure* bezeichnet. Tatsächlich ist eine Lösung von Phenol in Wasser schwach sauer [V1].

Phenolmoleküle können an Wassermoleküle Protonen abgeben. Die Säurestärke des Phenols (pK_S = 9,95) lässt sich mit der Stabilität des Phenolations, der korrespondierenden Base, erklären. Die negative Ladung ist nicht am Sauerstoffatom lokalisiert, sondern über das ganze Anion delokalisiert. Man kann mehrere Grenzformeln des Anions erstellen, bei denen neben dem Phenylrest ($-C_6H_5$) auch ein freies Elektronenpaar des Sauerstoffatoms an der Mesomerie beteiligt ist.

Eine solche Stabilisierung des Anions kann bei nichtaromatischen (aliphatischen und alicyclischen) Hydroxyverbindungen nicht auftreten.
Anders als das Phenol selbst ist das Salz Natriumphenolat gut wasserlöslich [V1]. Allerdings genügen schon schwache Säuren, etwa Carbonsäuren wie die Essigsäure, um das Phenolation zu protonieren und das Phenol aus seinem Salz zu verdrängen [V1].

Phenolmoleküle reagieren mit Wassermolekülen als Säure. Dies ist auf den Phenylrest zurückzuführen, der eine Mesomeriestabilisierung des Phenolations ermöglicht. Carbonsäuren mit kurzkettigen Molekülen haben eine größere Säurestärke als Phenol.

Benzylalkohol und Pikrinsäure. Das Molekül des *Benzylalkohols* [B1] unterscheidet sich von dem des Phenols nur durch eine CH_2-Gruppe, die zwischen dem Ring und der Hydroxylgruppe sitzt. Diese CH_2-Gruppe verhindert aber, dass das Sauerstoffatom eines Benzylalkoholat-Anions sich an der Delokalisierung der Elektronen im Ring beteiligen kann. Eine Stabilisierung dieses Ions analog zum Phenolation ist nicht möglich. Benzylalkohol bildet mit Wasser eine neutrale Lösung.
Pikrinsäure (*2,4,6-Trinitrophenol*) [B2] hingegen ist eine wesentlich stärkere Säure als Phenol. Im Pikration ist das System der delokalisierten Elektronen auch auf die drei Nitrogruppen ausgedehnt, wodurch das Anion zusätzlich stabilisiert und damit seine Bildung begünstigt wird.

Allgemein gilt die Faustregel: Je mehr mesomere Grenzformeln für ein Teilchen gezeichnet werden können, desto stärker ist dieses Teilchen durch Elektronendelokalisierung stabilisiert.

V1 (Abzug! Handschuhe!) Etwa 2 g Phenol werden mit 5 ml Wasser versetzt und geschüttelt. Die Hälfte der entstandenen Emulsion wird in ein zweites Reagenzglas gegossen und so lange mit Wasser verdünnt, bis alles Phenol gelöst ist. Den pH-Wert der Lösung prüft man mit Indikatorpapier.
Zur zweiten Hälfte gibt man unter Schütteln tropfenweise Natronlauge, bis eine klare Lösung entstanden ist. Tropft man nun verdünnte Essigsäure zu dieser Lösung, so trübt sie sich wieder.

190 Aromaten

Exkurs Acidität von Phenol und Basizität von Anilin

V2 (Abzug! Handschuhe!) Man gibt einen Tropfen Diethylamin in ein mit Wasser halbgefülltes Reagenzglas. Nun prüft man zuerst mit rotem Lackmuspapier und dann mit Universalindikator die Lösung.

V3 (Abzug! Handschuhe!) In einem Reagenzglas gibt man zu einem Tropfen Anilin etwa 5 ml Wasser, verschließt das Glas mit einem Gummistopfen und schüttelt es. Man gibt so lange weiteres Wasser zu, bis sich das Anilin ganz gelöst hat. Nun prüft man zuerst mit rotem Lackmuspapier und dann mit Universalindikator den pH-Wert der Lösung.

V4 (Abzug! Handschuhe!) Zu 1 ml Anilin gibt man verdünnte Salzsäure, bis eine klare Lösung entsteht. Nun tropft man so lange konzentrierte Natronlauge zu, bis sich ölige Tröpfchen abscheiden.

A1 Ordnen Sie die nachfolgend genannten Stoffe nach steigender Acidität: Anilin, Diethylamin, Essigsäure, Ethanol, Phenol, Wasser.

Amine sind organische Verbindungen, die formal als Abkömmlinge des Ammoniaks betrachtet werden können. Werden die Wasserstoffatome eines Ammoniakmoleküls durch *Alkylreste* ersetzt, so erhält man ein *aliphatisches Amin*. Je nachdem, ob ein, zwei oder alle drei Wasserstoffatome des Ammoniakmoleküls durch organische Reste ersetzt wurden, unterscheidet man *primäre, sekundäre* und *tertiäre* Amine. Erfolgt die Substitution der Wasserstoffatome durch *aromatische Reste*, so bekommt man die entsprechenden *aromatischen Amine*. Anilin ist das einfachste primäre aromatische Amin.

Basizität von Anilin. Beim Anilinmolekül trägt der Phenylrest eine Aminogruppe (NH$_2$-Gruppe). Anilin wird daher auch *Phenylamin* (oder Aminobenzol) genannt.

Die Aminogruppe kann wie das Ammoniakmolekül protoniert werden. Das ist der Grund, warum eine wässrige Lösung eines aliphatischen Amins deutlich alkalisch ist [V2].

Diethylamin
(ein sekundäres Amin)

Anilin bildet mit Wasser hingegen nur eine schwach alkalische Lösung [V3]. Dies liegt daran, dass das Anilin*molekül* ähnlich wie das Phenolation mesomeriestabilisiert ist, weil das freie Elektronenpaar delokalisiert ist. Somit ist es für die Bindung eines Protons schlechter verfügbar.

Wenn nun z. B. ein Wassermolekül die Aminogruppe protoniert, dann wird deren freies Elektronenpaar zu einer lokalisierten Bindung zum Wasserstoffatom und kann nicht mehr delokalisiert werden. Die Anzahl der möglichen Grenzformeln nimmt ab.

Die Oxoniumionen der Salzsäure sind eine starke Säure. Salzsäure bildet deshalb mit Anilin das Salz Aniliniumchlorid. Es besteht aus *Aniliniumionen* und Chloridionen.

Anilin ist eine schwächere Base als aliphatische Amine. Dies ist auf den Phenylrest zurückzuführen, der eine mesomere Stabilisierung des Anilinmoleküls ermöglicht.

Pikrinsäure von griech. pikros, bitter

Anilin von port. Anil, Indigo. O. Unverdorben erhielt 1826 beim Erhitzen des Farbstoffs Indigo erstmals Anilin

Acidität von lat. acidus, sauer. Maß für die saure Wirkung eines Stoffes

Aromaten **191**

5.9 Exkurs ASS – ein Jahrhundertarzneimittel

B2 Silberweide – Salix alba

Suggestion und Hypnose waren anfangs die einzigen Methoden, die zur Bekämpfung von Schmerzen eingesetzt wurden. Im antiken Griechenland entwickelte sich dann eine naturwissenschaftliche Krankheitslehre. Hier wurde erstmals der Saft der Weidenrinde erfolgreich gegen Fieber und Schmerzen eingesetzt (HIPPOKRATES, 460 – 377 v. Chr.).

Von der Weidenrinde zur Salicylsäure. Auch die Kelten und Germanen stellten durch Kochen von Weidenrinde einen schmerzstillenden Sud her. Im Mittelalter lebte das Wissen über die Weidenrinde in der Volksheilkunde weiter. Als aber die Weiden [B2] zur Korbherstellung benötigt wurden, wurde das Sammeln der Rinde unter Strafe gestellt. Das Naturheilmittel geriet in Vergessenheit.
Neues Interesse an der Weidenrinde entstand, als NAPOLEON 1806 die Kontinentalsperre verfügte. Chinin, das bekannteste fiebersenkende Mittel jener Zeit, durfte nicht mehr aus Peru nach Mitteleuropa eingeführt werden. 1829 wurde in Frankreich aus Extrakten der Weidenrinde *Salicin* gewonnen und als Medikament verwendet. Knapp zehn Jahre später gelang es, durch Oxidation von Salicin die reine, in farblosen Nadeln kristallisierende Salicylsäure [B1] herzustellen.
1859 synthetisierte HERMANN KOLBE erstmals Salicylsäure aus Phenol. 15 Jahre später begann die industrielle Produktion, ebenfalls nach einem von KOLBE entwickelten Verfahren. Die Salicylsäure ist heute z. B. Bestandteil von Mitteln zur Bekämpfung von Akne und Schuppenflechte sowie zur Entfernung von Hornhaut.

B1 Durch Oxidation von Salicin (oben) konnte man Salicylsäure (unten) herstellen

Salicylsäure, Salicin von lat. salix, Weide

V1 (Schutzbrille! Handschuhe!) Versetzen Sie 10 g gut getrocknete Salicylsäure in einem Rundkolben mit 15 ml Acetanhydrid (Essigsäureanhydrid), denen einige Tropfen konz. Schwefelsäure als Katalysator zugesetzt worden sind. Erhitzen Sie das Gemisch mindestens eine Stunde unter Rückfluss bei 100 °C im siedenden Wasserbad. Gießen Sie das Reaktionsprodukt in etwa 30 ml Eiswasser, saugen Sie den weißen Niederschlag ab und waschen Sie ihn mehrmals mit Eiswasser. Lösen Sie das Produkt in Ethanol. Gießen Sie diese Lösung in eine Porzellanschale und lassen Sie das Lösungsmittel unter dem Abzug verdampfen.

V2 Lösen Sie jeweils 0,5 g Salicylsäure und Acetylsalicylsäure (ASS) in 20 ml einer Ethanol-Wasser-Lösung (Volumenverhältnis 1:1). Eine dritte Lösung wird entsprechend von dem selbst hergestellten ASS-Syntheseprodukt bereitet [V1]. Um Aussagen über die Reinheit Ihres Syntheseproduktes zu erhalten, untersuchen Sie die hergestellten Lösungen a) auf ihren pH-Wert und b) mit einer Eisen(III)-chlorid-Lösung (w = 0,1 %). Versetzen Sie dazu auf einer Tüpfelplatte einige Tropfen jeder der drei Lösungen mit der Eisen(III)-chlorid-Lösung.

V3 Lösen Sie eine Aspirin®-Tablette mit 500 mg Wirkstoff in etwa 20 ml einer Ethanol-Wasser-Lösung (Volumenverhältnis 1:1) und filtrieren Sie diese. Spülen Sie den Rückstand mit etwas Wasser in ein Reagenzglas. Erhitzen Sie den Reagenzglasinhalt kurz zum Sieden, lassen Sie abkühlen und versetzen Sie die kalte Lösung mit einigen Tropfen Iod-Kaliumiodid-Lösung.

A1 Bei der Herstellung von Salicylsäure aus Salicin [B1] erhält man in einem ersten Reaktionsschritt durch Spaltung der glycosidischen Bindung und Oxidation einen Zucker und Salicylaldehyd. Dieser kann zu Salicylsäure weiteroxidiert werden. Zeichnen Sie die Formeln der Produkte des ersten Reaktionsschritts und benennen Sie den Zucker.

Aromaten

Exkurs ASS – ein Jahrhundertarzneimittel

Acetylsalicylsäure (ASS). Der bittere und saure Geschmack der Salicylsäure und die durch Einnahme verursachten Magenschleimhautreizungen erschweren eine längere therapeutische Anwendung. Im August 1897 gelang F. Hoffmann [B4] die Isolierung von reiner Acetylsalicylsäure. Am 1. Februar 1899 wurde das Präparat unter dem Namen Aspirin® in Berlin patentiert.

Durch die Veresterung der Hydroxylgruppe der Salicylsäure [B3] wird eine bessere Magenverträglichkeit und eine stärker schmerzlindernde Wirkung erreicht. Darüber hinaus wird ASS seit etwa 1980 mit Erfolg zur Verhütung arterieller Thrombosen eingesetzt: Sie verhindert das Zusammenklumpen der Thrombozyten und damit eine Verstopfung der Arterien. (Das Blut wird „dünner".)

ASS wird nach oraler Gabe rasch und weitgehend vollständig resorbiert: Der Acetylrest wird bereits in den Schleimhäuten abgespalten. Das Ausscheiden der Salicylsäure und ihrer Stoffwechselprodukte erfolgt praktisch vollständig über den Urin. Trotz der guten Verträglichkeit können auch bei ASS Nebenwirkungen auftreten, z. B. Magenbeschwerden.

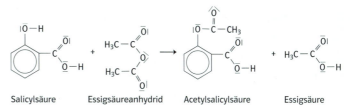

B3 Veresterung von Salicylsäure zu ASS

Felix Hoffmann, Chemiker bei der Bayer AG, synthetisierte 1897 als Erster reine Acetylsalicylsäure zu kommerziellen Zwecken. Inspiriert wurde er wahrscheinlich durch eine Veröffentlichung des französischen Chemielehrers Ch. F. Gerhardt über die Umsetzung von Natriumsalicylat mit Acetylchlorid, bei der eine kristalline Substanz erhalten wurde.

B4 Felix Hoffmann (1868 – 1946)

V1 Lösen Sie eine Spatelspitze einer frisch pulverisierten Aspirin®-Tablette in 5 ml einer Ethanol-Wasser-Lösung (Volumenverhältnis 1:1). Tropfen Sie mit einer Pipette eine kleine Probe der Lösung auf eine Tüpfelplatte. Erhitzen Sie die Lösung dann im Reagenzglas etwa fünf Minuten zum Sieden und entnehmen Sie dabei im Abstand von 30 Sekunden weitere Proben. Versetzen Sie sämtliche Proben mit Eisen(III)-chlorid-Lösung.

A2 Recherchieren Sie die unerwünschten Nebenwirkungen von ASS.

A3 In Nordamerika werden Kaugummis angeboten, die den Geschmack *Wintergreen* aufweisen, der auf dem enthaltenen Salicylsäuremethylester beruht. Erklären Sie, wie man diesen Ester aus Salicylsäure gewinnen kann.

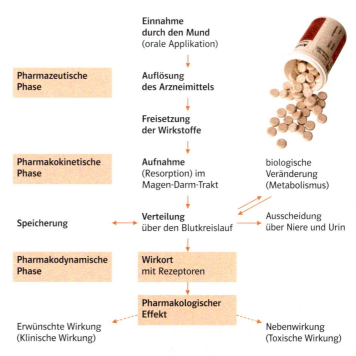

B5 Im Organismus ablaufende Vorgänge nach oraler Gabe eines Arzneimittels

Aromaten

5.10 Impulse Aromaten im Alltag

B1 Früchte des Kaffeestrauchs und mesomere Grenzformeln des Coffeins

B2 Pyrimidin

B3 Purin

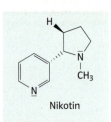

B4 Nikotinpflaster

B5 Nikotin kommt in Tabakpflanzen vor

Aromatische Verbindungen haben eine große Bedeutung in Produkten des täglichen Lebens.

Coffein ist der anregend wirkende Bestandteil im Kaffee, Tee, in der Cola und in den Energy-Drinks. Das Grundgerüst des Coffeinmoleküls [B1] ist ein aromatisches System, bei dem ein fünfgliedriger Ring mit zwei Stickstoffatomen mit einem *Pyrimidinring* [B2] verknüpft ist, das Puringerüst [B3]. Coffein kann durch Extraktion aus Teeblättern oder Kaffeebohnen gewonnen werden. In größeren Mengen fällt es bei der Entkoffeinierung von Kaffee an. Reines Coffein ist ein weißes, geruchloses Pulver mit bitterem Geschmack. In geringer Dosis wirkt Coffein anregend, höhere Dosen führen zu Nervosität und Schlafstörungen.

Getränk	m(Coffein)
Tasse Kaffee, 150 ml	40 bis 120 mg
Espresso Italiano, 25 ml	50 bis 60 mg
Cola-Getränk, 200 ml	20 bis 50 mg
Energy-Drinks, 200 ml	60 bis 100 mg

B6 Coffein in weit verbreiteten Getränken

Nikotin (Nicotin) [B5] ist eine farblose, ölige Flüssigkeit, die an der Luft rasch braun wird. Nikotin kommt in den Blättern der Tabakpflanze vor und dient dort der Abwehr von Schadinsekten. Eine Zigarette enthält etwa 12 mg Nikotin, also deutlich mehr als auf der Verpackung angegeben wird, denn die dortigen Angaben beziehen sich auf die Menge Nikotin im Rauch einer Zigarette. Die tödliche Dosis für einen erwachsene Menschen liegt bei etwa einem Milligramm pro Kilogramm Körpermasse. Nikotin ist damit giftiger als Arsen oder Kaliumcyanid. Die Suchtwirkung des Nikotins hängt sehr stark von der Art der Nikotinaufnahme ab. Aus Tierversuchen geht hervor, dass Nikotin ein hohes Suchtpotenzial hat, wenn es schnell und in kurzen Stößen ins Gehirn gelangt, z. B. durch Inhalieren. Bei relativ langsamer und kontinuierlicher Zufuhr ist das Suchtpotential gering. Nikotinersatzpräparate sollen helfen, das Verlangen nach Zigaretten und Nikotin zu dämpfen, indem sie langsam Nikotin an den Körper abgeben. Anders als Zigaretten geben sie nur Nikotin ab und keine weiteren Giftstoffe wie Kohlenstoffmonooxid oder krebserregende Stoffe. Nikotinersatzpräparate gibt es z. B. in Form von Pflastern [B4], Kaugummis, Lutschpastillen und Sprays.

Benzpyren, ein polycyclischer aromatischer Kohlenwasserstoff, der nicht die Hückel-Regel erfüllt, kommt im Steinkohlenteer vor.

Benzpyren entsteht aber auch bei der unvollständigen Verbrennung von organischen Stoffen und ist deshalb weit verbreitet. So findet man es in Auto- und Industrieabgasen. Beim Rauchen einer Zigarette wird es bei ungefähr 300 °C in der Tabakbrennzone gebildet. Auch in Grillprodukten, die über Holzkohle zubereitet wurden, lässt es sich nachweisen. Benzpyren ist einer der am längsten bekannten und untersuchten krebserregenden Stoffe. Das Risiko, dass Zigarettenrauch Lungenkrebs hervorruft, wird zu einem großen Teil auf Benzpyren zurückgeführt.

A1 a) Beschreiben Sie Motive, die Jugendliche zu Rauchern machen. b) Erläutern Sie Maßnahmen, die Jugendlichen den „Rauchgenuss" abgewöhnen könnten.

A2 Recherchieren Sie, ob von Energie-Drinks Gesundheitsgefahren ausgehen können.

194 Aromaten

5.11 Durchblick Zusammenfassung und Übung

Aromatische Kohlenwasserstoffe
Die Moleküle aromatischer Kohlenwasserstoffe sind Ringe mit konjugierten Doppelbindungen. Das System delokalisierter Elektronen verleiht den Molekülen besondere Stabilität.

Mesomerie
Die besonderen Bindungsverhältnisse in aromatischen Molekülen lassen sich am besten mit **mesomeren Grenzformeln** darstellen. Grenzformeln von Benzol:

Toluol

Die farblose Flüssigkeit hat Benzol in vielen Bereichen als Lösungsmittel ersetzt. Toluol ist auch im Benzin enthalten.

Styrol

Die Seitenkette des Styrolmoleküls weist eine C–C-Doppelbindung auf. Diese ermöglicht die Bildung der Moleküle des Polystyrols.

Phenol

Phenol, ein kristalliner Feststoff mit charakteristischem Geruch, ist eine schwache Säure.

Heteroaromaten

Furan   Pyrrol   Thiophen

Benzaldehyd

Die farblose Flüssigkeit riecht angenehm nach echtem Bittermandelöl (das zu 90 % aus Benzaldehyd besteht) bzw. nach dem aus Mandeln und Zucker gewonnenen Marzipan. Benzaldehyd ist der einfachste aromatische Aldehyd.

Benzoesäure

Benzoesäure (E 210) wird zur Konservierung vor allem bei sauer eingelegten Lebensmitteln eingesetzt. Wegen ihrer besseren Löslichkeit werden meist die Salze Natriumbenzoat (E 211), Kaliumbenzoat (E 212), Calciumbenzoat (E 213) eingesetzt.

Polycyclische aromatische Kohlenwasserstoffe
Besteht das Molekül eines Aromaten aus zwei oder mehr Benzolringen, bei denen einzelne Kohlenstoffatome zu zwei oder mehr Ringen gehören, liegt ein polycyclischer Kohlenwasserstoff vor. Bsp.:

Naphthalin   Anthracen   Phenanthren

Substitution an Aromaten
Die charakteristische Reaktion des Benzols (und anderer Aromaten) ist die elektrophile Substitution. Bsp.:

 + Br$_2$ $\xrightarrow{FeBr_3}$  + HBr

Experimentelle Befunde für die Delokalisierung der Elektronen im Benzol
- Die Hydrierungsenergie von Benzol ist kleiner als die für das hypothetische „Cyclohexatrien" berechnete Hydrierungsenergie.
- Benzol reagiert mit Brom, es findet eine Substitution statt. Bei „Cyclohexatrien" würde eine Addition von Brom erwartet.
- Es gibt nur ein Isomer von 1,2-Dibrombenzol. „1,2-Dibromcyclohexatrien" hätte zwei Isomere.

„Cyclohexatrien" (genauer Cyclohexa-1,3,5-trien) ist ein hypothetisches cyclisches Alken mit abwechselnden Einfach- und Doppelbindungen, das aus energetischen Gründen nicht existiert

Aromaten

Durchblick Zusammenfassung und Übung

A1 **a)** B1 zeigt die möglichen mesomeren Grenzformeln des Pyrrols. Nennen Sie die Grenzformeln, welche am meisten zur Mesomeriestabilisierung beitragen und begründen Sie Ihre Auswahl.
b) Erläutern Sie, warum Pyrrol nur eine sehr schwache Base ist.

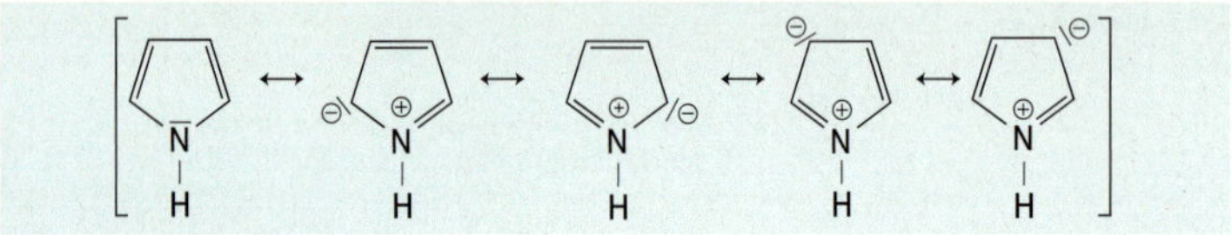

A2 Stellen Sie eine Reaktionsfolge dar, die vom Benzol ausgeht und zur Benzoesäure führt.

A3 Versetzt man eine alkalische Lösung von Phenol mit Brom, so findet an den Ringpositionen 2, 4 und 6 des Phenolmoleküls eine Substitution statt. Erläutern Sie anhand der unterschiedlichen Carbokationen (Carbeniumionen), warum diese elektrophile Substitution auch ohne Katalysator abläuft und warum gerade an den Ringpositionen 2, 4 und 6 die Substitution stattfindet.

B1 Grenzformeln von Pyrrol

Abi-Aufgabe und Lösung

A4 Es werden vollständig hydriert:
(a) eine Stoffportion Benzol mit der Stoffmenge $n = 2\,mol$
(b) eine Stoffportion 1,3-Cyclohexadien mit der Stoffmenge $n = 3\,mol$
(c) eine Stoffportion Cyclohexen mit der Stoffmenge $n = 6\,mol$
Für diese Reaktion benötigt man jeweils eine Portion Wasserstoff mit der Stoffmenge $n(H_2) = 6\,mol$. Trotzdem wird bei den drei Reaktionen unterschiedlich viel Energie frei: $-418\,kJ$; $-720\,kJ$ bzw. $-696\,kJ$.

4.1 Stellen Sie die Reaktionsgleichungen mit den reagierenden Stoffmengen auf.

4.2 Ordnen Sie den einzelnen Reaktionen die entsprechende Reaktionsenergie zu und begründen Sie Ihre Entscheidung.

Lösung

4.1

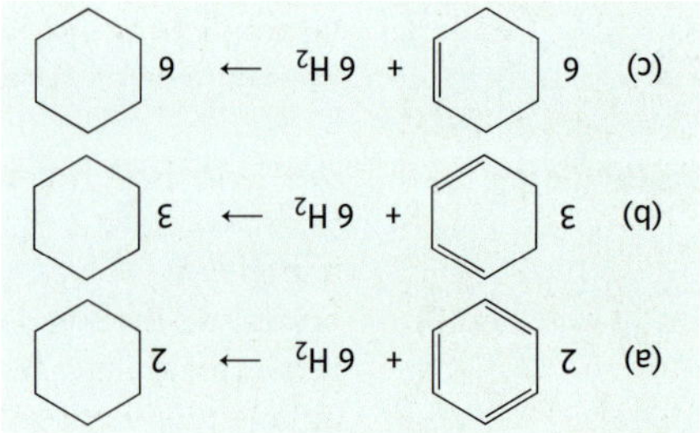

4.2
Reaktion (a): $-418\,kJ$
Reaktion (b): $-696\,kJ$
Reaktion (c): $-720\,kJ$

Begründung: Im Benzolmolekül liegt eine vollständige Delokalisierung der Ringelektronen vor, es ist eine aromatische Verbindung. Damit ist das Molekül im höchsten Maß mesomeriestabilisiert. Bei der exothermen Hydrierung wird deshalb nur der um die Mesomerieenergie reduzierte Energiebetrag frei.
Im Gegensatz dazu weisen die Cyclohexenmoleküle keinerlei Mesomeriestabilisierung auf, sodass hier der volle Betrag der Energie für die Hydrierung der Doppelbindung frei wird.
Eine Zwischenstellung nehmen die 1,3-Cyclohexadienmoleküle ein, die aufgrund der konjugierten Doppelbindungen ebenfalls mesomeriestabilisiert sind, jedoch in geringerem Maße als Benzol. Daher wird auch bei ihrer Hydrierung nicht der vollständige Betrag der Energie für die Hydrierung der Doppelbindungen frei.

196 Aromaten

6 Kunststoffe

Kunststoffe sind synthetisch hergestellte Materialien, welche aus Makromolekülen bestehen. Zur Herstellung dient als Ausgangsstoff meist das Erdöl.

■ Durch die Wahl der entsprechenden Ausgangsbausteine weisen die unterschiedlichen Kunststoffe verschiedene Eigenschaften auf.

■ Alle Kunststoffe haben eine geringe Dichte und sind daher bestens als Werkstoffe für den Flugzeugbau, für die Bekleidungsindustrie oder Verpackungen geeignet.

■ In der Medizin werden Kunststoffe aufgrund ihrer überwiegend problemlosen Verträglichkeit als Füllmaterial, Nahtmaterial oder künstliche Körperteile eingesetzt.

■ Allerdings werden in der Natur Kunststoffe nur sehr langsam abgebaut. Wir haben daher eine besondere Verantwortung bezüglich der Entsorgung und Wiederverwertung der inzwischen in großen Mengen anfallenden Kunststoffabfälle.

Online-Link
756820-0600

6.1 Eigenschaften und Struktur der Kunststoffe

B1 Thermoplaste schmelzen beim Erwärmen

Täglich kommen wir vielfach mit den verschiedensten Kunststoffen in Berührung. Die Fahrzeug-, die Nahrungsmittel- oder die Textilindustrie sind nur drei Bereiche, die speziell für sie entwickelte Werkstoffe verwenden.

Makromoleküle. Mit der Entwicklung der Petrochemie, die als Grundstoffe Erdöl und Kohle verwendet, konnten viele Kunststoffe gewonnen werden. Allerdings war man sich lange unklar über deren molekularen Aufbau. Erst Hermann Staudinger zeigte, dass Kunststoffe aus riesigen Molekülen bestehen. Er prägte für diese den Namen *Makromolekül oder Polymer*. Für seine Arbeiten erhielt er 1920 den Nobelpreis. Die Moleküle, aus denen Makromoleküle gebildet werden, nennt man **Monomere**. Das Monomer bildet die Grundlage für die kleinste Einheit, die immer wiederkehrt und mit der sich dann das Makromolekül beschreiben lässt.

Als Kunststoffe bezeichnet man künstlich synthetisierte makromolekulare Verbindungen.

Einteilung der Kunststoffe. Entscheidend für den Einsatzbereich der Kunststoffe sind *Temperaturbeständigkeit*, *Verformbarkeit* und *Elastizität*. Aufgrund dieser Merkmale ergeben sich drei Kunststoffgruppen: **Thermoplaste**, **Duroplaste** und **Elastomere**.

Thermoplaste. Die besondere Eigenschaft der *Thermoplaste* ist, dass sie beim Erwärmen weich und formbar werden. Kühlen sie wieder ab, behalten sie die Form, in die der flüssige Kunststoff gebracht wurde. Für Stoffe mit sehr langen Molekülen (10^{-6} bis 10^{-3} mm), die linear oder verzweigt gebaut sind, lässt sich allerdings nicht eine bestimmte Schmelztemperatur angeben. Dies zeigt, dass Thermoplaste sich aufgrund unterschiedlicher Längen der Makromoleküle wie Gemische verhalten. So kann auch lediglich eine mittlere molare Masse angegeben werden. Sie liegt bei den meisten Thermoplasten zwischen 10^4 und 10^6 g/mol.

Als Thermoplaste werden Kunststoffe bezeichnet, die beim Erwärmen verformbar werden.

In Thermoplasten liegen lineare oder strauchähnlich verzweigte Makromoleküle vor, die durch zwischenmolekulare Kräfte, z. B. Van-der-Waals-Kräfte, Dipol-Dipol-Kräfte und Wasserstoffbrücken zusammengehalten werden. Diese können besonders gut wirksam werden, wenn die Moleküle parallel ausgerichtet sind. Solche Bereiche nennt man *geordnet* oder *kristallin*. Liegen die Moleküle verknäult vor, können die zwischenmolekularen Kräfte weniger gut wirksam werden. Dieser Zustand wird *ungeordnet* oder *amorph* [B2] genannt.

V1 Halten Sie ein Stück eines thermoplastischen Kunststoffs (PE, PP oder PS z. B. aus Verpackungsbechern, aber nicht PVC!) mit einer Tiegelzange etwa 5 cm über ein Blech, das Sie mit der rauschenden Brennerflamme erhitzen. Beenden Sie das Erhitzen, sobald eine deutliche Formveränderung eintritt

A1 Bilden Sie mithilfe von Wollfäden den Aufbau von Thermoplasten, Duroplasten und Elastomeren nach.

B2 Die Molekülketten eines Thermoplasten können verknäult oder teilkristallin vorliegen

B3 Hermann Staudinger (1881–1965)

B4 Duroplaste sind spröde

198 Kunststoffe

Eigenschaften und Struktur der Kunststoffe

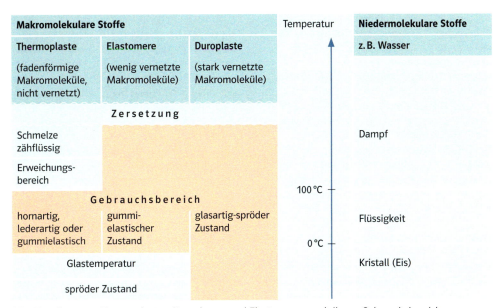

B5 Einteilung von Thermoplasten, Duroplasten und Elastomeren nach ihrem Gebrauchsbereich

Die **Glastemperatur** ist der Temperaturbereich, in dem ein amorphes oder teilkristallines Polymer vom hartelastischen oder glasigen Zustand in den gummielastischen Zustand übergeht. Dabei ändern sich verschiedene Eigenschaften drastisch, z. B. die Härte

Duroplaste. Werden Kunststoffe benötigt, die auch bei höheren Temperaturen noch beständig sind, werden *Duroplaste* verwendet. Bei Zimmertemperatur sind Duroplaste hart und spröde. Die engmaschig vernetzten Moleküle entstehen durch Verknüpfung der Molekülketten über Atombindungen. Die Bestandteile dieses engmaschigen Molekülnetzes können sich nur wenig bewegen. Beim Erwärmen erweichen Duroplaste nicht, sondern sie zersetzen sich. Die Atombindungen werden bei hohen Temperaturen gespalten. Daher können Gegenstände, die aus Duroplasten hergestellt sind, thermisch nicht mehr verändert werden, wenn sie ihre endgültige Form erhalten haben.

Als Duroplaste werden Kunststoffe bezeichnet, die sich nicht verformen lassen. Bei Temperaturerhöhung zersetzen sie sich, ohne zu erweichen.

Elastomere sind bei Zimmertemperatur elastisch, d. h., sie verändern ihre Form bei mechanischer Einwirkung, nehmen ihre ursprüngliche Form aber anschließend wieder ein. Bei niedrigen Temperaturen werden sie hart und spröde. Bei höheren Temperaturen schmelzen sie nicht, stattdessen tritt ab etwa 300 °C Zersetzung auf.

Elastomere bestehen aus weitmaschig vernetzten Makromolekülen, die verknäult vorliegen. Durch Einwirken einer äußeren Kraft können die Moleküle aneinander abgleiten und sich strecken. Nach Beendigung der Kraftwirkung kehren die Moleküle in den verknäulten Zustand zurück.

Als Elastomere werden Kunststoffe bezeichnet, die bei mechanischer Belastung ihre Form verändern. Anschließend kehren sie aber wieder in den ursprünglichen Zustand zurück.

B7 Elastomere sind gummielastisch

Fasern, Thermoplaste	Elastomere	Duroplaste
lineare oder wenig verzweigte Moleküle	weitmaschig, zweidimensional vernetzte Moleküle	dreidimensional vernetzte Moleküle

B6 Räumliche Verknüpfung in Kunststoffen

Kunststoffe 199

6.2 Kunststoffe durch Polymerisation

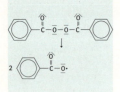

B1 Dibenzoylperoxidmoleküle zerfallen in Radikale

Bei der Herstellung von Kunststoffen kann man folgende Reaktionsarten unterscheiden: die **Polymerisation**, die **Polykondensation** und die **Polyaddition**.
Nach welcher Reaktionsart die Bildung von Polymeren abläuft, ist abhängig vom entsprechenden Monomermolekül. Hat es mindestens eine C=C-Doppelbindung, kann ein Polymer durch *Polymerisation* entstehen.
Bevor jedoch der Kunststoff hergestellt werden kann, müssen zunächst die Monomere gewonnen werden. Dies geschieht meistens durch Cracken aus einer Benzinfraktion des Erdöls.

Polymerisation. Beim Vorgang der Polymerisation brechen die Doppelbindungen auf und die Monomermoleküle verbinden sich unter Ausbildung von C—C-Einfachbindungen. Durch die Verknüpfung lauter gleichartiger Moleküle entstehen lineare Kettenmoleküle, die sich in Nebenreaktionen verzweigen können. Die entstandenen Polymere kann man sich vom Ethen oder von Ethenderivaten abgeleitet denken [B3].

Radikale Atome oder Moleküle, die mindestens ein ungepaartes Elektron besitzen
Polymerisationsgrad Die Anzahl der Monomereinheiten in einem Polymermolekül wird als Polymerisationsgrad bezeichnet

Radikalische Polymerisation. Eine Polymerisationsreaktion muss durch Startmoleküle in Gang gesetzt werden. Im Fall der *radikalischen Polymerisation* wird am Anfang ein *Radikal* gebildet [B2]. Radikale werden meist aus organischen Peroxiden hergestellt [B1]. Der Ablauf der radikalischen Polymerisation erfolgt nach dem Schema in B2: In einem ersten Schritt spaltet ein Radikal die Doppelbindung eines Monomermoleküls auf, wobei ein verlängertes Radikal entsteht. Dieses Radikal reagiert mit einem weiteren Monomermolekül unter Kettenverlängerung. Diese Reaktion setzt sich so lange fort, bis zwei Radikale miteinander reagieren und somit einen Kettenabbruch bewirken.

Zwar sind im Ergebnis die Kettenlängen der Makromoleküle unterschiedlich, jedoch ist die radikalische Polymerisation leicht von außen durch Zusatzstoffe zu steuern. Sie wird hauptsächlich für billigere Kunststoffe wie z. B. PVC oder PE eingesetzt. Da bei dieser Reaktion sehr viel Energie in Form von Wärme freigesetzt wird, muss diese abgeführt werden, um die Zersetzung der Makromoleküle zu vermeiden. Dies geschieht meistens dadurch, dass die Reaktionen in Flüssigkeiten ablaufen, in denen die entstehenden Verbindungen gelöst, emulgiert oder dispergiert sind.

Erzeugung von Startradikalen:

$$R-R \longrightarrow R\cdot + \cdot R$$

Beispiel:
$R\cdot = C_6H_5-COO\cdot$
Benzoylradikal

1. Kettenstart (Erzeugung von Monomer-Radikalen):

$$R\cdot + \;\;\!\!>\!\!C=C\!\!<\;\; \longrightarrow R-\overset{|}{\underset{|}{C}}-\overset{|}{\underset{|}{C}}\cdot$$

2. Kettenwachstum (Verlängerung der „Radikalkette"):

$$R-\overset{|}{\underset{|}{C}}-\overset{|}{\underset{|}{C}}\cdot + \;\;\!\!>\!\!C=C\!\!<\;\; \longrightarrow R-\overset{|}{\underset{|}{C}}-\overset{|}{\underset{|}{C}}-\overset{|}{\underset{|}{C}}-\overset{|}{\underset{|}{C}}\cdot$$

3. Kettenabbruch (Vernichtung von Radikalen):

$$R{-}[\overset{|}{\underset{|}{C}}{-}\overset{|}{\underset{|}{C}}]_n{-}\overset{|}{\underset{|}{C}}{-}\overset{|}{\underset{|}{C}}\cdot + \cdot\overset{|}{\underset{|}{C}}{-}\overset{|}{\underset{|}{C}}{-}[\overset{|}{\underset{|}{C}}{-}\overset{|}{\underset{|}{C}}]_m{-}R \longrightarrow R{-}[\overset{|}{\underset{|}{C}}{-}\overset{|}{\underset{|}{C}}]_n{-}\overset{|}{\underset{|}{C}}{-}\overset{|}{\underset{|}{C}}{-}\overset{|}{\underset{|}{C}}{-}\overset{|}{\underset{|}{C}}{-}[\overset{|}{\underset{|}{C}}{-}\overset{|}{\underset{|}{C}}]_m{-}R$$

Kettenverzweigung (Nebenreaktion)

Das gebildete Radikal kann wie in 2. mit dem Monomer reagieren.

B2 Ablauf der radikalischen Polymerisation

> **V1** 10 ml Styrol werden in einem großen Reagenzglas mit 2 g Dibenzoylperoxid vermischt und 30 min in ein Becherglas mit heißem Wasser (80 °C) gestellt. (Abzug, Schutzbrille, keine Flamme.)
>
> **V2** 10 ml Methacrylsäuremethylester werden in einem großen Reagenzglas mit 0,5 g Dibenzoylperoxid gut verrührt. (Der in Methacrylsäuremethylester enthaltene Stabilisator wird vorher durch Ausschütteln mit Natronlauge entfernt.) Das Reagenzglas wird in einem Wasserbad von ca. 80 °C längere Zeit (etwa 30 min) erwärmt. Den erhaltenen Kunststoff lässt man aushärten. (Abzug, Schutzbrille, keine Flamme.)
>
> **A1** Formulieren Sie für die Bildung von Polystyrol aus Styrol die Reaktionsschritte.

Die Produkte der Polymerisation nennt man allgemein *Polymerisate*.

Bei einer radikalischen Polymerisation werden Monomere mit Doppelbindungen zu Polymeren verknüpft. Der Start erfolgt dabei durch ein Radikal.

Polyethen. Bei hohen Temperaturen (150 bis 300 °C) und Drücken (140 bis 350 MPa) reagiert Ethen mit Radikalen zum **Hochdruckpolyethen**. Die Makromoleküle werden etwa aus 200 bis 2000 Monomermolekülen gebildet. Ihr *Polymerisationsgrad* beträgt also 200 bis 2 000. Unter diesen Reaktionsbedingungen kommt es häufig vor, dass ein Radikal einer Nachbarkette ein Wasserstoffatom entreißt. Da an dieser Stelle ein ungepaartes Elektron zurückbleibt, bildet sich hier eine Seitenkette. Die vielen Seitenketten der Moleküle des Hochdruckpolyethens führen dazu, dass die verzweigten Moleküle verknäult vorliegen.

Mit metallorganischen Katalysatoren kann Ethen schon bei Normdruck oder niedrigen Drücken und Temperaturen zwischen 50 und 150 °C zu **Niederdruckpolyethen** reagieren. Bei dieser katalytischen Polymerisation bilden sich langkettige, unverzweigte Makromoleküle mit einem Polymerisationsgrad zwischen 7000 und 180 000. Die unverzweigten Polymerketten können sich in einigen Bereichen parallel anordnen. Durch diese kristallinen Bereiche ist die Dichte des Niederdruckpolyethens (PE-HD, ϱ = 0,94 – 0,96 g/cm^3) etwas größer als die des Hochdruckpolyethens (PE-LD, ϱ = 0,92 – 0,94 g/cm^3). In den amorphen Bereichen sind die Anziehungskräfte zwischen den Molekülketten kleiner als in den kristallinen Bereichen.

Hochdruckpolyethen erweicht deshalb schon unter 100 °C. Aus ihm werden vor allem preiswerte Artikel wie Verpackungsfolien, Getränkeflaschen oder Tragetaschen hergestellt. Niederdruckpolyethen hat aufgrund seiner teilkristallinen Struktur eine hohe Festigkeit und eine Wärmestabilität bis etwa 120 °C. Aus Niederdruckpolyethen werden deshalb hoch belastbare Gegenstände wie Schutzhelme oder Sitzschalen hergestellt.

Polypropen ist ein teilkristalliner Kunststoff, seine Dichte liegt zwischen 0,90 und 0,92 g/cm^3. Es hat die geringste Dichte aller Kunststoffe, seine Gebrauchstemperatur liegt zwischen 0 °C und 110 °C. Die Einsatzbereiche ähneln denen des Polyethens: Verpackungsmaterialien im Haushalt, Gehäuse und Bauteile von elektrischen Haushaltsgeräten, Kofferschalen, Bauteile im Auto, Flaschen, Folien und andere Kunststoffgegenstände werden aus Polypropen hergestellt.

PE-HD
PE: Polyethen
HD: High density
High-density-Polyethen (HDPE)
Niederdruckpolyethen

PE-LD
PE: Polyethen
LD: Low density
Low-density-Polyethen (LDPE)
Hochdruckpolyethen

B4 Recyclingsymbole für Polyethen

Metallorganische Verbindungen organische Verbindungen, die Metallatome als Bindungspartner enthalten, z. B. Triethylaluminium, Al(C$_2$H$_5$)$_3$

Name	Polyethen (PE)	Polyvinyl-chlorid (PVC)	Polytetrafluor-ethen (PTFE)	Polystyrol (PS)	Polypropen (PP)	Polyacrylnitril (PAN)	Polymethylmeth-acrylat (PMMA)
Mono-mer	H₂C=CH₂ — Ethen	H₂C=CHCl — Vinylchlorid	F₂C=CF₂ — Tetrafluorethen	H₂C=CH(C₆H₅) — Styrol	H₂C=CH(CH₃) — Propen	H₂C=CH(C≡N) — Acrylnitril	H₂C=C(CH₃)(COOCH₃) — Methacrylsäure-methylester
Verwen-dungs-beispiele	Tragetaschen Eimer Mülltonnen	Bodenbeläge Rohre Schläuche Schallplatten	Rohre Dichtungen Pfannen-auskleidungen	Verpackungen Vorratsdosen Isoliermaterial	Dichtungen Batteriekästen Schalen	Synthesefasern	Sonnenbrillen Lichtkuppeln Uhrgläser

B3 Einige wichtige Thermoplaste und ihre Verwendung. Die jeweiligen Monomere leiten sich von Ethen ab, wobei die Wasserstoffatome des Ethenmoleküls ganz oder teilweise ersetzt sind

Kunststoffe durch Polymerisation

Vergrößerung:

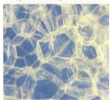

B5 Geschäumtes Polystyrol

B6 Fensterprofil aus PVC

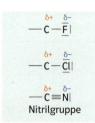

B7 Polare Bindungen

B8 Die optische Linse besteht aus PMMA

Polystyrol ist ein amorpher oder teilkristalliner Kunststoff, sein Polymerisationsgrad liegt zwischen 1000 bis 5000. Aus Polystyrol werden viele Gebrauchsartikel und Verpackungen gefertigt, unter anderem Kleiderbügel, Wäscheklammern und CD-Hüllen. Reines Polystyrol ist hart, farblos und spröde. Auffällig ist der hohe Oberflächenglanz. Gegenüber sauren und alkalischen Lösungen und Ethanol ist Polystyrol beständig. Es wird jedoch von vielen unpolaren Lösungsmitteln angegriffen. Eine sehr wichtige Verarbeitung von Polystyrol ist das *Schäumen* [B5] durch Zusatz von Pentan. Das leicht flüchtige Pentan verdampft beim Erwärmen. Dadurch bildet sich Polystyrolschaum. Nach dem Abkühlen entweicht das Pentan weitgehend und Luft dringt in die Kügelchen des Polystyrols ein. Das Produkt hat eine geringe Wärmeleitfähigkeit und Dichte. Geschäumtes Polystyrol (z. B. Styropor®) wird u. a. zur Wärmedämmung von Gebäuden und als Verpackungsmaterial eingesetzt.

Polyvinylchlorid. Die Molekülketten des Polyvinylchlorids weisen an jedem zweiten Kohlenstoffatom ein Chloratom auf. Die Chloratome haben eine höhere Elektronegativität als die Kohlenstoffatome. Die C—Cl-Bindung [B7] ist polar, dies erhöht die Anziehung zwischen den einzelnen Ketten. Außerdem ist ein Chloratom sehr groß. Die langen Polymerketten sind damit sperriger und gleiten nicht so leicht aneinander vorbei. Dieses Hart-PVC eignet sich gut als Material für Fensterprofile [B6] und Rohre. Durch Zusatz von Weichmachern wird PVC elastischer. Die großen und sperrigen Moleküle des Weichmachers liegen zwischen den Polymerketten, der Abstand zwischen den Molekülketten wird dadurch vergrößert, die Anziehungskraft zwischen den Ketten wird kleiner. Typische Produkte aus Weich-PVC sind Schläuche, Dachbahnen und Fußbodenbeläge.

Polyacrylnitril. Die Molekülketten weisen an jedem zweiten C-Atom eine Nitrilgruppe auf. Diese ist aufgrund der höheren Elektronegativität des Stickstoffatoms gegenüber dem C-Atom polar, daher wirken in Polyacrylnitril starke zwischenmolekulare Kräfte. Daraus ergeben sich auch einige Eigenschaften von Polyacrylnitril. Es ist als reiner Stoff hart und steif, beständig gegenüber den meisten Chemikalien und Lösungsmitteln und gegenüber Sonneneinstrahlung. Polyacrylnitril wird hauptsächlich in der Bekleidungsindustrie verwendet, um synthetische, wollähnliche Fasern zu erhalten.
Zudem lassen sich aus Polyacrylnitril durch kontrollierte Verkohlung Carbonfasern herstellen (Kap. 6.10).

Polymethylmethacrylat (Polymethacrylsäuremethylester). Die Polymerisation von Methacrylsäuremethylester [B1] führt zur Bildung von Polymethylacrylsäuremethylester, auch als Polymethylmethacrylat (PMMA) bezeichnet. Dieser Kunststoff ist auch unter dem Handelsnamen Plexiglas® bekannt. Dieses hat ähnliche Eigenschaften wie Glas, ist aber wesentlich bruchfester. Aus PMMA werden unter anderem optische Linsen [B8] und Brillengläser, Verglasungen und Modeschmuck hergestellt.

Polytetrafluorethen. Im Alltag ist dieser Kunststoff unter dem Handelsnamen Teflon® bekannt. Er hat eine außerordentlich hohe Chemikalienbeständigkeit und kann als Werkstoff von −200 bis +250 °C verwendet werden. Diese Eigenschaften sind u. a. auf die stark polaren C—F-Bindungen [B7] der Moleküle des Polytetrafluorethens zurückzuführen. Im Alltag findet man Polytetrafluorethen nicht nur als Beschichtung in der Bratpfanne, sondern beispielsweise auch als Membran in den atmungsaktiven Gore-Tex®-Kleidungsstücken.

202 Kunststoffe

6.3 Copolymere

Die Bildung von Polymeren aus unterschiedlichen Monomeren bezeichnet man als Copolymerisation. Diese bietet die Chance, durch Kombination von Monomeren mit unterschiedlicher Molekülstruktur „Kunststoffe nach Maß" zu konstruieren.

Möglichkeiten der Copolymerisation. Für die Verknüpfung der unterschiedlichen Monomere zu einem Copolymer gibt es verschiedene Möglichkeiten, die sich durch den Anteil der Monomere und die Reaktionsbedingungen steuern lassen. Die einfachste Möglichkeit eines Copolymers, ein **statistisches** Copolymer, erhält man, wenn die Monomere zusammengegeben werden und miteinander reagieren können. Die Sequenz der verschiedenen Monomere A und B ist dann willkürlich. In **alternierenden** Copolymeren, die unter Einsatz ausgewählter Katalysatoren gebildet werden, wechseln die Monomersorten ab.
In **Blockpolymeren** sind Segmente von einheitlichen Molekülkettenteilen miteinander verknüpft. Von **Pfropfpolymeren** spricht man, wenn bei einem verzweigten Polymer die Seitenketten aus anderen Monomeren aufgebaut sind als die Hauptkette [B4].

ABS-Copolymere. Der Werkstoff für die bekannten Lego®-Steine ist ein Copolymer aus **A**crylnitril, 1,3-**B**utadien und **S**tyrol. Dieser als **ABS** bezeichnete Thermoplast ist extrem formstabil und lässt sich dauerhaft einfärben. Da er zudem sehr hart und fast unzerbrechlich ist, wird er z. B. auch für Staubsaugergehäuse und Karosserieteile im Auto verwendet.

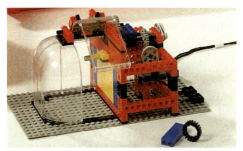

B1 Produkte aus Copolymeren als beliebtes Spielzeug

B2 Copolymerisat aus Butadien und Styrol

Styrol-Butadien-Copolymere (Styren-Butadien-Rubber, SBR) sind wichtige Synthesekautschuke und damit Elastomere. In den Polymermolekülen sind lange Polybutadienketten mit Styrolmolekülen verknüpft [B2]. Meist beträgt der Stoffmengenanteil des Styrols 25–30 % und der des Buta-1,3-diens 70–75 %. Nach der Polymerisation wird das Copolymer noch vulkanisiert. Bei der Vulkanisation reagieren Schwefelmoleküle mit den C=C-Doppelbindungen der Copolymermoleküle und vernetzen so benachbarte Molekülketten über Schwefelbrücken [B3]. Der Vernetzungsgrad beeinflusst die Elastizität des Gummis. Aus SBR-Kunststoffen werden z. B. Reifen, Schuhsohlen, Förderbänder und Schläuche hergestellt.

A-B-B-B-A-A-B-A-A
statistisches Copolymer

A-B-A-B-A-B-A-B
alternierendes Copolymer

A-A-A-A-B-B-B-B
Blockpolymer

A-A-A-A-A-A-A-A (mit B-Seitenketten)
Pfropfpolymer

B4 Möglichkeiten der Copolymerbildung

B3 Vulkanisation des Styrol-Butadien-Copolymers

Kunststoffe 203

6.4 Kunststoffe durch Polykondensation

B2 Kunstobjekt aus PET-Flaschen

In einer Kondensationsreaktion werden Moleküle, die reaktionsfähige Gruppen besitzen, unter Austritt kleiner Moleküle, z. B. Wasser oder Chlorwasserstoff (Hydrogenchlorid) zu größeren Molekülen verknüpft. Damit Makromoleküle entstehen, müssen die Monomere der Polykondensation mindestens zwei funktionelle Gruppen besitzen. Liegt eine weitere Gruppe vor, können auch verzweigte oder vernetzte Ketten entstehen.

Polyester. Wenn eine Dicarbonsäure mit einem Diol reagiert, entstehen lineare Polyester. Aus gleichen Stoffportionen gleicher Stoffmengen von Butandisäure (Bernsteinsäure) und Ethandiol (Glykol) wird so Polybutandisäurediethylester gebildet. Setzt man statt Ethandiol einen dreiwertigen Alkohol wie Glycerin ein, kann man verzweigte oder vernetzte Polyester erhalten.
Ein wichtiger Gebrauchskunststoff ist *Polyterephthalsäureethylester* (Polyethylenterephthalat, PET). Er wird aus Benzol-1,4-dicarbonsäure (Terephthalsäure) und Ethandiol erhalten und findet für die Herstellung von Kunststoffflaschen Verwendung. Aufgrund seiner Eigenschaften, nur wenig Wasser aufzunehmen, wird aus dem Polyester PET auch Sportkleidung hergestellt.

Polycarbonate (Ester der Kohlensäure) werden eingesetzt, wenn andere Kunststoffe zu weich, zu zerbrechlich, zu kratzempfindlich, zu wenig formstabil oder nicht klar genug sind. CDs und DVDs, Brillengläser, optische Linsen, Leuchtenabdeckungen, Schutzhelme und Visiere werden u. a. aus diesem Kunststoff gefertigt. Wegen der guten Bioverträglichkeit werden viele medizinische Einmalprodukte aus Polycarbonat hergestellt. Zur Synthese kettenförmiger Polycarbonate werden Diphenole und das sehr reaktionsfähige, aber auch sehr giftige Phosgen eingesetzt.

PET und Polycarbonate sind Thermoplaste.

B1 Bildung von Poylethylenterephthalat (a) und Polycarbonat (b) durch Polykondensation

> **V1** Geben Sie zu 1 ml Glycerin 3,5 g Butandisäure (Bernsteinsäure) und erhitzen Sie die Mischung vorsichtig etwa 30 s lang. Schütteln Sie das Reagenzglas ein wenig, dabei sollte es fast waagerecht sein. Halten Sie zwischendurch ein Wasserindikatorpapier an die Mündung des Reagenzglases. Erhitzen Sie vorsichtig weiter, bis eine deutliche Veränderung zu beobachten ist.
>
> **A1** Recherchieren Sie, welche aktuellen Kenntnisse über die Wirkung von Bisphenol A auf die Entwicklung und Gesundheit des Menschen vorliegen.

Kunststoffe durch Polykondensation

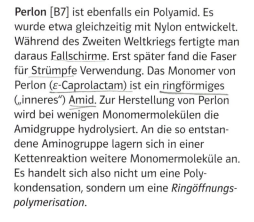

B3 Halbstrukturformel eines Polyesterharzes

Polyesterharz. Leicht zerbrechliche Gegenstände können in Gießharz eingegossen werden [B5]. Dazu eignet sich die Lösung eines ungesättigten Polyesters in Styrol. Die Polyestermoleküle sind durch Polykondensation gebildet worden, weisen jedoch zusätzlich C=C-Doppelbindungen auf. Wird der „Härter" (ein Radikalbildner) zu der Lösung gegeben, findet eine Polymerisation statt. Das Gießharz enthält einen Beschleuniger, der die Bildung der Radikale bei Zimmertemperatur auslöst. Die C=C-Doppelbindungen der Polyestermoleküle bzw. Styrolmoleküle reagieren mit einem Radikal. In einer Kettenreaktion werden die Polyestermoleküle über die Styrolmoleküle vernetzt [B3]. Das Gießharz härtet aus. Glasfaserverstärkte Polyester, d. h. Verbundwerkstoffe aus Glasfasern und Gießharzen, eignen sich z. B. zum Bau von Bootsrümpfen.

Polyamide. Polykondensate können nicht nur aus zweiwertigen Alkoholen und Dicarbonsäuren gewonnen werden. An die Stelle eines Diols kann auch ein Diamin treten. Man erhält dann keinen Polyester, sondern ein *Polyamid*. Die Monomere sind über die Amidbindung verknüpft [B4]. Auch die Aminosäuren in den Proteinen sind durch Amidgruppen verknüpft (Kap. 4.21). Bei den Proteinen wird die Amidgruppe meist Peptidgruppe und die Verknüpfung **Peptidbindung** genannt.

Das erste synthetische Polyamid war **Nylon**. Es handelt sich dabei um eine der ersten erfolgreich vermarkteten Kunstfasern. Nylon fand zunächst für Zahnbürsten und Strümpfe Verwendung. Es entsteht aus 1,6-Diaminohexan (Hexamethylendiamin) und Hexan-1,6-disäure (Adipinsäure) oder dem reaktionsfreudigeren Hexandisäuredichlorid (Adipinsäuredichlorid). Es ist das Polyamid 6.6, d. h., die Polymereinheit ist aus zwei Monomeren mit jeweils 6 Kohlenstoffatomen gebildet worden.

Perlon [B7] ist ebenfalls ein Polyamid. Es wurde etwa gleichzeitig mit Nylon entwickelt. Während des Zweiten Weltkriegs fertigte man daraus Fallschirme. Erst später fand die Faser für Strümpfe Verwendung. Das Monomer von Perlon (ε-Caprolactam) ist ein ringförmiges („inneres") Amid. Zur Herstellung von Perlon wird bei den wenigen Monomermolekülen die Amidgruppe hydrolysiert. An die so entstandene Aminogruppe lagern sich in einer Kettenreaktion weitere Monomermoleküle an. Es handelt sich also nicht um eine Polykondensation, sondern um eine *Ringöffnungspolymerisation*.

V2 (Abzug!) Der „Nylonseiltrick" [B6] 1 g 1,6-Diaminohexan werden in 10 ml verd. Natronlauge gelöst und in einem Becherglas (50 ml) vorsichtig mit einer Lösung von 1 ml Adipinsäuredichlorid oder Sebacinsäuredichlorid in 10 ml Heptan überschichtet. Aus der Grenzfläche wird das Produkt mit einer Pinzette herausgezogen und auf einen Glasstab oder ein Becherglas aufgewickelt.

A2 Formulieren Sie für die Bildung von Nylon aus 1,6-Diaminohexan und Sebacinsäuredichlorid (Decandisäuredichlorid) eine Reaktionsgleichung.

B5 Objekt in Gießharz

B6 Der „Nylonseiltrick"

ε-Caprolactam

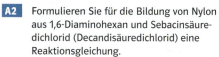

Polyamid 6

B7 Perlon (Polyamid 6) und sein Monomer

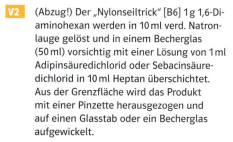

B4 Ein Polyamid entsteht durch eine Polykondensation aus einem Diamin und einer Dicarbonsäure

Kunststoffe 205

6.5 Kunststoffe durch Polyaddition

a) Diisocyanat

$\langle O=C=\overline{N}+CH_2\overline{]_m}\overline{N}=C=O\rangle$

$H-\overline{O}+CH_2\overline{]_n}\overline{O}-H \qquad H-\overline{O}+CH_2\overline{]_n}\overline{O}-H$

Diol   Diol

↓

$\langle O=C-\overline{N}+CH_2\overline{]_m}\overline{N}-C=O\rangle$

$\cdots-\overline{O}+CH_2\overline{]_n}\overline{O}|\ H \qquad H\ |\overline{O}+CH_2\overline{]_n}\overline{O}-\cdots$

Polyurethan

b) Wasserzugabe führt zur Bildung von Kohlenstoffdioxid:
R—NCO + H$_2$O → R—NH$_2$ + CO$_2$

B1 Bildung eines Polyurethans durch Polyaddition

B4 Herstellung eines PU-Schaumstoffs

Polyaddition. Für die Polyaddition benötigt man zwei verschiedenartige Monomere. Beide sind bifunktionelle Moleküle, d. h., sie tragen mindestens zwei funktionelle Gruppen, die in der Regel mindestens eine Mehrfachbindung haben. Um zwei Moleküle zu einer linearen Kette zu verbinden, ist die Übertragung von Protonen von einer Monomerenart zur nächsten nötig. Die wichtigste Gruppe von Kunststoffen, die durch Polyaddition hergestellt werden, sind die Polyurethane (PU) [B1]. Sie werden hauptsächlich als Lacke und Klebstoffe verwendet. Zur Synthese von Polyurethanen reagieren Diole mit Diisocyanaten [B3]. Nach der Anlagerung der Hydroxylgruppe eines Alkoholmoleküls an das Kohlenstoffatom einer Isocyanatgruppe wird je ein Proton vom Alkohol- zum Diisocyanatmonomer übertragen.
Wird der Diisocyanat-Alkohol-Mischung Wasser zugesetzt, reagiert das Diisocyanat mit dem Wasser zu Aminen und Kohlenstoffdioxid. Durch das entstehende Gas wird das Gemisch aufgebläht, und man erhält Hart- oder Weichschaumstoffe. Diese werden z. B. als Bauschaum verwendet oder in Matratzen oder Schwämmen [B2] verarbeitet.
Die Produkte der Polyaddition nennt man allgemein Polyaddukte.

Bei einer Polyaddition werden Monomere, die mindestens zwei funktionelle Gruppen (mit Mehrfachbindungen) besitzen, unter Übertragung von Protonen zu Polymeren verknüpft.

V1 Zur Herstellung von PU-Schaumstoffen verwendet man häufig eine *Polyolzubereitung* (enthält ein Polyol und Aktivatoren) und eine *Isocyanat-Komponente* (enthält Diisocyanate). Im folgenden Versuch soll Diphenylmethandiisocyanat (MDI) verwendet werden. (Sicherheitshinweise auf der Verpackung beachten! Giftige Isocyanate dürfen nicht verwendet werden!) In einen großen Joghurtbecher gibt man eine Polyolzubereitung (ca. 1 cm hoch), dann etwa die gleiche Menge einer Isocyanat-Komponente. Die Mischung wird mit einem Holzstab gerührt, bis die Reaktion einsetzt.

A1 Notieren Sie die Strukturformeln eines Diolmoleküls und eines Diisocyanatmoleküls. Kennzeichnen Sie die Atome, die bei der Polyaddition eine Rolle spielen, mit Teilladungen.

B2 Schwämme aus Polyurethan-Weichschaum

R—$\overline{O}$—C≡N| Cyanat

R—$\overline{N}$=C=$\overline{O}$ Isocyanat

$\langle O=C=\overline{N}-R-\overline{N}=C=O\rangle$ Diisocyanat

B3 Zur Bezeichnung „Diisocyanat"

206 Kunststoffe

Exkurs Epoxidharze

Die duroplastischen Epoxidharze finden u. a. Verwendung in Lacken, als Gießharze, Bindemittel für Pressmassen, als Zweikomponenten-Klebstoffe und zur Herstellung glasfaserverstärkter Kunststoffe (GFK). In der Elektroindustrie werden z. B. Isolatoren und Bauteile von Elektromotoren aus ihnen gegossen. Als Autoreparaturharze helfen sie Unfallschäden zu beseitigen.

Zur Erzeugung der Epoxidharze werden in einer *Vorreaktion* Polyepoxide gebildet. So reagiert Bisphenol A (2,2-Bis-(4-hydroxyphenyl)propan) mit Epichlorhydrin zu einem Bis-Epoxid (a).

Die als Härtung bezeichnete Reaktion (b) mit einem mindestens bifunktionellen *Polyamin*, einem *Polyalkohol* oder einer *Polycarbonsäure* ist eine **Polyaddition**. Je nach der Anzahl der funktionellen Gruppen können *lineare* oder *vernetzte* Polymere entstehen.

a) Vorreaktion

$H_2C-CH-CH_2Cl + HO-\bigcirc-\underset{CH_3}{\overset{CH_3}{C}}-\bigcirc-OH + ClH_2C-CH-CH_2$

Epichlorhydrin

Bisphenol A

↓ + NaOH
− NaCl
− H$_2$O

$H_2C-CH-CH_2-\bar{O}-\bigcirc-\underset{CH_3}{\overset{CH_3}{C}}-\bigcirc-\bar{O}-CH_2-CH-CH_2$

b) Härtung, Polyaddition

$-CH_2-CH-CH_2 + \underset{H}{\overset{H}{N}}-$

↓

$-CH_2-\underset{}{\overset{|\bar{O}-H}{CH}}-CH_2-\bar{N}-$
H

Elastanfasern.

Elastanfasern [B5], besser bekannt unter ihren Handelsnamen Lycra® und Dorlastan®, verfügen über eine außergewöhnliche Elastizität. Verglichen mit Gummi ist Elastan sowohl reißfester als auch haltbarer und besitzt eine zweimal so hohe Spannkraft, bei einer um ein Drittel geringeren Masse. Elastanfasern werden überall da eingesetzt, wo ein hohes Maß an dauerhafter Elastizität verlangt wird, wie z. B. Strumpfwaren, Sportbekleidung, Bademoden, Miederwaren. Der Stoff zieht sich, wenn er gedehnt wurde, immer wieder in seine ursprüngliche Form zurück. Damit ist Elastan eine Voraussetzung für modische und funktionelle Bekleidung, die eng am Körper anliegen soll, aber gleichzeitig auch bequem ist.

Struktur von Elastan.

Elastan ist ein Blockcopolymer aus Polyurethan und Polyethandiol (Polyethylenglykol). Die Polyurethanblöcke sind steife, gestreckte Abschnitte, die sich längs zueinander anlagern (Hartsegment). Die starken zwischenmolekularen Kräfte ermöglichen den Zusammenhalt der Faser. Die Polyethandiolblöcke (je etwa 40 bis 50 Monomereinheiten) sind dagegen stark zusammengeknäult (Weichsegment) [B6]. Zieht man an der Faser, werden sie gestreckt und die Faser dehnt sich, lässt man wieder los, geht die Faser in ihren Ausgangszustand zurück, die Polyalkoholabschnitte knäulen sich wieder zusammen. Elastan verhält sich also wie ein Elastomer. Durch diese Kombination aus steifen und elastischen Blöcken wird die äußerst hohe Dehnbarkeit von mehr als 700 % erreicht.

B5 Mikroskopische Aufnahme einer Elastanfaser

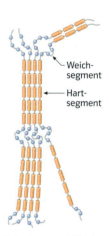

B6 Hart- und Weichsegmente des Elastans

A2 **a)** Für Lacke und Textilbeschichtungen werden z. B. Polyurethane aus Hexan-1,6-diisocyanat und Propan-1,2-diol eingesetzt. Formulieren Sie die Additionsreaktion zum Polyurethan mit diesen Ausgangsstoffen.
b) Erläutern Sie die Änderung der Eigenschaften des Polyurethans, wenn Propantriol anstelle des Propan-1,2-diols eingesetzt wird.

6.6 Verarbeitung von Kunststoffen

B1 Kunststoffgranulat

B2 Extrusion

B3 Spritzgießen

B4 Hohlkörperblasen

B5 Folienblasen

B6 Pressen

Die Polymerisate, Polykondensate und Polyaddukte fallen bei der chemischen Großproduktion als *Feststoffe*, *Pasten*, *Flüssigkeiten*, *Lösungen* oder *Emulsionen* an. Sie stellen bis auf wenige Ausnahmen „Rohstoffe" dar. Die Weiterverarbeitung hängt von der jeweiligen Struktur der Makromoleküle ab.

Thermoplaste. Der Verarbeitung von Thermoplasten geht die Aufbereitung voraus. In diesem Verfahrensschritt werden die pulverförmigen Kunststoffe mit *Zusatzstoffen* (Stabilisatoren, Flammschutzmittel, Farbstoffe, Weichmacher u. a.) möglichst homogen vermischt, aufgeschmolzen und zu Granulat [B1] oder Pulver zerkleinert.

Alle Verarbeitungsverfahren von Thermoplasten beginnen mit dem Aufschmelzen des Kunststoffgranulats im Extruder, der im Prinzip wie ein Fleischwolf funktioniert. Im beheizten Zylinder des *Extruders* [B7] dreht sich eine Schnecke, welche die Kunststoffmasse nach vorne fördert, bis zum plastischen Fließen erhitzt und verdichtet. An der Spitze tritt der plastische Kunststoff in ein geschlossenes Werkzeug (Form). Durch Kühlen behält das Werkstück die gewünschte Form.

Beim **Extrudieren** wird das geschmolzene Material kontinuierlich durch formgebende Öffnungen gepresst [B2]. Mit ringförmigen Düsen entstehen Rohre bzw. Schläuche. Aus schlitzförmigen Düsen werden Platten extrudiert. Ummantelte Kupferdrähte erhält man, wenn während des Vorgangs der Draht kontinuierlich durch die Mitte der Ringdüse geführt wird. Formteile von hoher Qualität und Maßgenauigkeit werden durch **Spritzgießen** hergestellt [B3]. Eingefärbtes Granulat wird in einem Extruder mit beweglicher Schnecke gefördert, durch Erwärmen plastisch gemacht und dann durch Vorwärtsbewegen der Schnecke in die gekühlte Form gespritzt. Später öffnet sich die Form und das fertige Teil fällt heraus. Das Spritzgießen eignet sich zur Herstellung von Massenartikeln oder komplizierten Formteilen wie z. B. Schraubverschlüssen, Schüsseln oder Staubsaugergehäusen. Flaschen, Kanister und Fässer werden durch **Hohlkörperblasen** hergestellt [B4]. Dabei drückt ein Extruder einen fast plastischen Schlauch in ein zweiteiliges Hohlwerkzeug mit der gewünschten Form. Durch Schließen des Werkzeugs wird der Schlauch luftdicht abgequetscht und durch Einblasen von Luft an die Wände der Form gedrückt. Nach kurzer Abkühlzeit wird die Form geöffnet und der Hohlkörper ausgeworfen [B7].

Beim **Folienblasen** [B7, B9] wird die Kunststoffschmelze durch eine Ringdüse zu einem dünnwandigen Schlauch geformt. Dieser kann mithilfe der durch das Werkzeug strömenden Druckluft aufgeblasen werden. Diese „Blasfolien" verarbeitet man zu Beuteln oder schneidet sie zu Folien auf.

Beim **Pressen** wird der plastifizierte Kunststoff in ein offenes Werkzeug gespritzt, das sich daraufhin schließt. Unter hohem Druck wird

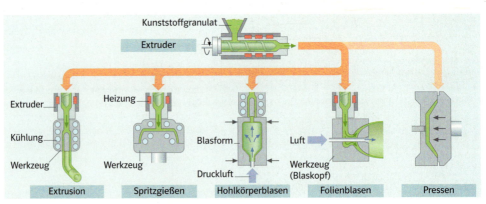

B7 Verarbeitungsverfahren thermoplastischer Kunststoffe

Verarbeitung von Kunststoffen

das Werkstück geformt. Mit diesem Verfahren stellt man häufig Teile her, die noch mit Matten oder Vliesen verstärkt werden [B6].

Auch das **Kalandrieren** [B8] dient zur Herstellung von Folien. Dazu wird die Kunststoffmasse in plastischem Zustand zwischen zwei oder mehreren gegenläufigen Walzen zu einem endlosen Folienband breitgewalzt. Nach Verlassen des Kalanders kann die Folie durch Prägen oder Bedrucken weiter behandelt werden. Aus diesen Folien werden u. a. Taschen, Hüllen oder Fußbodenbeläge hergestellt.

Duroplaste. Da Duroplaste weder wärmeverformbar noch schweißbar sind, lassen sie sich nur noch durch Bohren, Sägen, Hobeln usw. bearbeiten. Duroplastische Formteile werden deshalb aus unvernetzten Vorprodukten hergestellt, denen nach Bedarf Füll- oder Farbstoffe zugesetzt sind. Diese Materialien werden in eine Form gebracht und reagieren dort durch Wärme oder Zusatz eines Katalysators zum duroplastischen Kunststoff. Sie härten aus. Dabei können Fasern oder Metallteile mit dem Kunststoff verbunden werden, wie es z. B. bei Autokarosserieteilen erforderlich ist.

Elastomere. Ähnlich den Duroplasten sind die Elastomere im Fließbereich sehr dünnflüssig. Außerdem muss bei der Verarbeitung Überhitzung vermieden werden, um ein vorzeitiges Ausvulkanisieren zu verhindern. Daher eignet sich für Elastomere ein Spritzgussverfahren bei 80 °C. Das Pulver wird dabei im Wasserbad erhitzt und anschließend in die entsprechende Form gegossen.

Schaumstoffe. Schaumstoffe erhält man entweder durch Aufschäumen der plastifizierten Kunststoffmasse, z. B. nach der Extrusion, oder durch Nebenreaktionen während der Synthesereaktion, bei denen gasförmige Produkte entstehen. Die Herstellung von Schaumstoffen aus Polyurethan erfolgt meist durch Mischen der Edukte Polyalkohol und Polyisocyanat und deren Reaktion. In einer Nebenreaktion entsteht Kohlenstoffdioxid, das die Kunststoffmasse aufbläht.

Von der Anzahl der Hydroxylgruppen des verwendeten Polyalkohols und von der Kettenlänge der Monomere hängt es ab, ob man *Weichschäume* oder *Hartschäume* erhält. Während Weichschäume vor allem als Polstermaterialien Verwendung finden, werden Hartschäume im Baubereich zur Schall- und Wärmedämmung eingesetzt. Auch die Gehäuse von Kühl- und Gefrierschränken bestehen aus Hartschaumstoffen. Werden Polyurethanschäume in temperierten Formwerkzeugen unter Druck erzeugt, kann man Formteile erhalten, deren Dichte von der Mitte zu den Rändern zunimmt. Diese *Integralschäume* werden beispielsweise für Armlehnen und Armaturenbretter in Autos und für Schuhsohlen verwendet.

> **Kalandrieren** von franz. calandre, Wäschemangel
>
> **Vulkanisieren** Quervernetzung langkettiger Moleküle

A1 Erläutern Sie, wie **a)** eine Schüssel, **b)** ein Schraubverschluss, **c)** eine Mineralwasserflasche aus Kunststoff hergestellt werden kann.

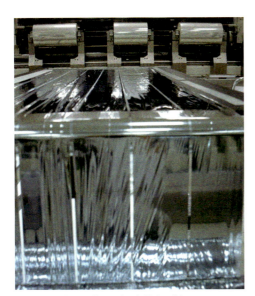

B8 Folienherstellung durch Kalandrieren

B9 Herstellung einer Blasfolie

Kunststoffe 209

6.7 Kunststoffe im Alltag

Branche	Anteil an der Verarbeitungsmenge 2007	
	in kt	in Prozent
Verpackung	4 050	
Bau	3 150	
Fahrzeuge	1 150	
Elektro/Elektronik	920	
Haushaltswaren	365	
Möbel	480	
Landwirtschaft	310	
Medizin	215	
Sonstiges	1 860	
Gesamt	12 500	

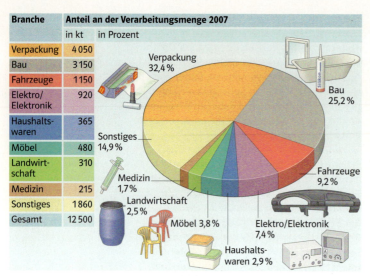

B1 Verarbeitete Kunststoffe in Deutschland (2007) nach relevanten Branchen

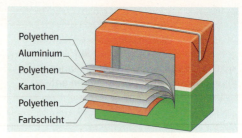

B3 Getränkeverpackungen bestehen aus Verbundwerkstoffen

Die weitgehend problemlose Verarbeitung der meisten Kunststoffe hat sie zu den wichtigsten Massenprodukten gemacht. Die Herstellung vieler komplexer und multifunktionaler Bauteile kann meist in einem Arbeitsgang erfolgen. Da die Verarbeitung der Kunststoffe im Vergleich zu anderen Werkstoffen wie z. B. Metallen bei niedrigen Temperaturen erfolgen kann, ist der Energieverbrauch geringer. Durch die weitgehend automatisierte Verarbeitung und kurze Produktionszeiten lassen sich viele Kunststoffprodukte wirtschaftlich herstellen.

Bauindustrie. Etwa ein Viertel der Kunststoffproduktion wird in der Bauindustrie verbraucht [B1]. Gründe dafür sind die im Vergleich zu anderen Werkstoffen meist lange Haltbarkeit, die Korrosionsbeständigkeit und die mechanischen Eigenschaften der Kunststoffe. Die Werkstoffe sind einfach in der Handhabung und helfen durch ihre Dämmeigenschaften, Energie zu sparen.

Verpackungsindustrie. Die meisten Kunststoffe werden in der *Verpackungsindustrie* eingesetzt. Hier findet man vor allem die Massenkunststoffe Polyethen (PE), Polypropen (PP), Polystyrol (PS) und Polyvinylchlorid (PVC).

B2 Spielzeug aus Maispellets, einem Verpackungsmaterial

Getränkeverpackungen für Milch, Fruchtsäfte, Wasser oder Wein bestehen aus **Verbundwerkstoffen**. Für länger haltbare Produkte verwendet man Getränkeverpackungen aus sieben Schichten [B3].
Die Masse einer Verpackung für 1 Liter Getränk beträgt etwa 25 bis 30 g. *Papier (Karton)* stellt mit 75 % den Löwenanteil und verleiht der Verpackung Stabilität. Außerdem hält es Licht vom Inhalt fern. Damit das Getränk nicht auslaufen kann, wird das Papier mit *Polyethen* beschichtet und dadurch sicher abgedichtet. Polyethen lässt das polare Wasser nicht durch, wohl aber den unpolaren Sauerstoff aus der Luft. Die hauchdünne *Aluminiumschicht* lässt weder Licht noch Sauerstoff durch. Dadurch wird z. B. der Abbau von Vitaminen im Getränk verlangsamt. Die äußere *Polyethenschicht* wird bedruckt (Farbschicht in B3) und trägt die Informationen. Die einzelnen Schichten sind miteinander verklebt (kaschiert).

Viele Kunststofffolien enthalten *Weichmacher*, d. h. Zusatzstoffe, die den Kunststoff elastischer machen. Bei der Lagerung können sie insbesondere an fetthaltige Lebensmittel abgegeben werden. Einige Weichmacher sind aus diesem Grund in Lebensmittelverpackungen verboten.

Verpackungen sind häufig Wegwerfprodukte. Daher stellt sich vor allem bei ihnen die Frage nach der Wiederverwertbarkeit oder Entsorgung. Es gibt z. B. Verpackungsmaterialien, die aus Maisgrieß hergestellt werden [B2]. Diese kann man nach Gebrauch einfach auf den Komposthaufen werfen, dort werden sie biologisch abgebaut.

Kunststoffe im Alltag

Die Elektroindustrie benötigt Kunststoffe als elektrische Isolatoren. Ende der 1970er-Jahre sind elektrisch leitfähige Kunststoffe gefunden und entwickelt worden. Diese haben Eigenschaften, für die es heute immer neue Anwendungen gibt. Dazu gehören antistatische Mittel für fotografische Filme und Strahlungsschutz an Computerbildschirmen. Halbleitende Kunststoffe finden Anwendung in Leuchtdioden, Solarzellen oder den Anzeigendisplays von Mobiltelefonen.

Um elektrisch leitfähig zu werden, muss das Polymermolekül frei bewegliche Elektronen aufweisen. Dafür sind zwei Bedingungen notwendig: Zum einen müssen konjugierte Doppelbindungen (Kap. 5.3) vorhanden sein. Zum anderen muss die regelmäßige Polymerstruktur gestört werden. Das erreicht man durch eine Oxidation oder Reduktion des Polymers. Nach der Oxidation bleibt ein „Elektronen-Loch" übrig, in das sich benachbarte Elektronen hineinbewegen können [B5]; im zweiten Fall hat man ein bewegliches Elektron gewonnen. In beiden Fällen können sich elektrische Ladungen bewegen, ein Strom fließt. Durch anodische Oxidation gewonnenes Polypyrrol leitet den elektrischen Strom gut.

Compact-Discs (CDs) bestehen hauptsächlich aus *Polycarbonat*. Bei einer CD werden Daten mithilfe einer von innen nach außen laufenden Spiralspur gespeichert. Die Spiralspur besteht aus *Pits* (Vertiefungen) und *Lands* (Flächen). Die Pits haben eine Länge von 0,8 bis 3 µm und eine Breite von 0,5 µm. Die Spiralspur hat eine Länge von etwa 6 km. Die Pits auf der Polycarbonatscheibe werden im Spritzgussverfahren aufgetragen. Dann wird noch eine etwa 40 nm dünne Aluminiumschicht aufgebracht, die den Laserstrahl beim Ablesen reflektiert. Die empfindliche Metallschicht wird mit einem Schutzlack überzogen. Beim Auslesen der CD werden die Pits und Lands von unten mit einem Laser abgetastet [B4]. Die unterschiedlichen Tiefen der Spur auf der Scheibe führen zu unterschiedlichen Reflexionen auf der Fotodiode, die diese Unterschiede in elektrische Signale umwandelt. Da die Polycarbonatschicht vom Laser durchstrahlt wird, muss sie eine hohe Lichtdurchlässigkeit haben. Weitere Eigenschaften des Polycarbonats sind: Die Schmelze kann gut im Spritzgussverfahren verarbeitet werden, der hergestellte Körper ist hart und formstabil. Entscheidend ist auch, dass Polycarbonat preiswert hergestellt werden kann.

B5 Ausschnitt eines oxidierten Polypyrrolmoleküls

Kunststoffe im Auto. Aufgrund ihrer Fähigkeit Schall zu absorbieren, ihrer geringen Dichte und ihrer großen Belastbarkeit werden Kunststoffe im Automobilbau eingesetzt. In Fahrzeugen haben sie einen Massenanteil von etwa 20 % erreicht. Aus Polypropen (PP), dem meist verwendeten Kunststoff, bestehen z. B. Stoßdämpfer und Armaturenbrett. Häufige Fasermaterialien für die Innenausstattung sind Polyacrylnitril (PAN), Polyurethane (PU) und Polyamide (PA). Diese werden auch zu Airbags verarbeitet. Häufigster Kunststoff für Karosserieteile ist das Copolymer ABS (Acrylnitril-Butadien-Styrol-Copolymer).

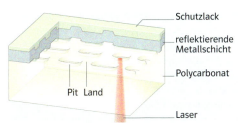

B4 Aufbau einer CD

B6 Innenansicht eines PKW. Die meisten Teile bestehen aus Kunststoff

B7 Datenspuren auf einer CD

Kunststoffe im Alltag

B8 Schmelzspinnen eines Polyamids

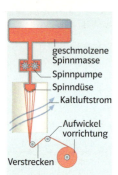

B9 Schmelzspinnverfahren, schematisch

B10 Wasserstoffbrücken zwischen den Amidgruppen von Polyamiden

Synthesefasern. Aus Polymeren kann man durch *Schmelz-*, *Nass-* und *Trockenspinnverfahren* Fasern erhalten. So entstehen aus Thermoplasten wie Polyamiden, Polyestern und Polypropen durch Schmelzspinnen glatte und endlose Fäden. Dazu wird ein Granulat aufgeschmolzen und im geschmolzenen Zustand durch Spinndüsen gepresst. Nach dem Verlassen der Spinndüsen werden die Fäden im Luftstrom gekühlt und erstarren. Anschließend lassen sich die Fasern noch um 100 % dehnen, bei Polyamiden bis zu 400 %. Dieses Dehnen, das zu einer großen Reißfestigkeit des Fadens führt, nennt man *Verstrecken* [B9]. Hierbei werden die Polymermoleküle, die vorher noch weitgehend verknäult vorliegen, parallel angeordnet. In den sich dabei bildenden teilkristallinen Bereichen werden die zwischenmolekularen Kräfte besser wirksam. Zwischen Amidbindungen bilden sich Wasserstoffbrücken [B10].

Werden die verstreckten Moleküle anschließend auf 180 bis 230 °C erwärmt, lassen sie sich kräuseln. Dadurch erhalten sie eine „Längenreserve" und verhalten sich elastisch.

Um eine der Baumwolle oder Wolle ähnliche Faser zu erhalten, werden Fadenbündel, nachdem sie Streckwerke und Kräuselkammer durchlaufen haben, zu Flocken zerschnitten oder zerrissen. Diese Flocken werden anschließend zu Garn versponnen. Für all diese Prozesse werden den Rohfasern Hilfsmittel zugesetzt, die z. B. die Garnreibung vermindern oder eine elektrische Aufladung bei der Verarbeitung verhindern sollen.

Durch die Verminderung der Reibung können die versponnenen Fäden mit Geschwindigkeiten von bis zu 6 000 m pro Minute aufgespult werden.

Atmungsaktive Membranen. Aus Polytetrafluorethen (PTFE) lässt sich eine hauchdünne Membran herstellen, die unter dem Handelsnamen Gore-Tex® bekannt ist. Diese Membran weist feinste Poren auf, etwa 1,4 Milliarden auf einem Quadratzentimeter. Die Poren lassen Wasserdampf hindurch, aber nicht Wassertropfen, weil deren Durchmesser den Porendurchmesser übersteigt. Gore-Tex®-Membranen werden mit anderen Textilien zu Wetterschutz- und Sportbekleidung verarbeitet. Auch in Schuhen werden sie verwendet. Membranen aus Sympatex® haben keine Poren. Die Wasserdampfdurchlässigkeit beruht auf dem molekularen Aufbau der Fasern. Diese bestehen im Wesentlichen aus einem Polyester, der dem Polymer die notwendige Festigkeit verleiht. Außerdem weist die Polymerkette —C—O—C—Bindungen auf, welche die Wassermoleküle des Schweißes im Inneren der Bekleidung aufnehmen, sie durch die Membran transportieren und an der Außenseite wieder abgeben. Voraussetzung ist eine ausreichend große Temperaturdifferenz zwischen Innen- und Außenseite der Bekleidung.

Mikrofasern. Unter dem Begriff *Mikrofaser* versteht man eine Zusammenfassung aus Fasern, die sehr fein und dünn sind. Sie sind z. B. weitaus feiner als 1 dtex [B10], häufig liegt dieser Wert bei nur 0,5-0,7 dtex. Mikrofasern werden meist aus Polyester, Polyacryl oder Polyamid hergestellt. Die Mikrofaser zeichnet sich in erster Linie durch ihre sehr weiche Struktur aus. Gleichzeitig aber ist sie enorm formbeständig. Diese Eigenschaften einer Mikrofaser werden durch die enge Webung erzielt, die aufgrund der Feinheit der Faser notwendig ist. Die Bandbreite der Produkte mit Mikrofasern reicht vom superweichen Badetuch über das schmutzaufnehmende Reinigungstuch bis hin zur kuscheligen Bettwäsche und zu strapazierfähiger Kleidung.

---

dtex steht für Decitex. Tex ist die internationale *Feinheitsbezeichnung für textile Fasern* und gibt die Masse in Gramm für 1000 m Lauflänge an, also 1 tex = 1 g/km. Decitex oder dtex steht für die Masse in Gramm bei 10 000 m Faserlänge 1 dtex = 1 g/(10 km). Je größer die längenbezogene Masse ist, desto gröber die Faser. Baumwolle liegt z. B. zwischen 1,5-2,5 dtex und Schurwolle zwischen 3 und 6 dtex

Kunststoffe im Alltag

Klebstoffe. Ein Klebstoff verbindet Körper durch *Adhäsion* (Flächenhaftung) und *Kohäsion* (innere Festigkeit) miteinander. Während für die Adhäsion ein besonders guter Oberflächenkontakt des Klebstoffs notwendig ist, wird seine „innere Festigkeit" durch zwischenmolekulare Wechselwirkungen hervorgerufen. Erst bei molaren Massen ab $2 \cdot 10^4$ g/mol sind diese so groß, dass die für den Klebstoff erforderliche Zugfestigkeit erreicht wird. Solche hohen molaren Massen erreicht man nur mit Polymeren.

Die *Adhäsion* beruht auf *Elektronenpaarbindungen* oder *zwischenmolekularen Kräften zwischen Molekülen des Klebstoffs* und den *Molekülen an der Oberfläche der zu verbindenden Teile*. Die *Kohäsion* beruht auf *Bindungen* und *zwischenmolekulare Kräften zwischen den Molekülen des Klebstoffs* [B11].

B12 Superabsorber

Reaktionskleber sind die „Sekundenkleber" und die „Zweikomponentenkleber". Sekundenkleber bestehen aus Cyanacrylsäureestern, deren Polymerisation durch Wasser (z. B. Luftfeuchtigkeit) ausgelöst wird. Im Zweikomponentenkleber bildet z. B. ein Epoxidharz die eine Komponente, ein Polyamin die andere. Wie auch in den Polyurethanklebern erfolgt die Aushärtung durch Polyaddition.

Superabsorber. Superabsorber können große Mengen an Wasser binden, wobei sie stark quellen [B12]. Diese Fähigkeit ist typisch für Polymere, die ionische Gruppen enthalten. Superabsorber für Hygieneartikel (z. B. Windeln) werden durch Polymerisation von Acrylsäure (Propensäure) und Natriumacrylat hergestellt [B13]. Die Polymerketten werden durch Vernetzermoleküle weitmaschig verknüpft [B14]. Durch diese Brücken wird das Polymer wasserunlöslich. Kommt dieses Polyacrylat mit Wasser in Berührung, dringen die Wassermoleküle in das Polymernetz ein und umhüllen die Natriumionen und die Carboxylatgruppen der Polymermoleküle. Die Wassermoleküle sind in dem Polymernetz „gefangen".

B13 Ausgangsstoffe von Superabsorbern sind u. a. Acrylsäure und Natriumacrylat

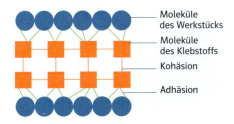

B11 Adhäsion und Kohäsion verbinden die Werkstücke miteinander

Man unterscheidet zwischen *lösungsmittelhaltigen* und *lösungsmittelfreien* Klebstoffen. Zu den lösungsmittelhaltigen Klebstoffen gehören *Leime*, die Wasser als Lösungsmittel enthalten, sowie die *Alleskleber*, bei denen Polymere z. B. in Estern (z. B. Essigsäureethylester, Essigsäurebutylester) oder anderen organischen Lösungsmitteln gelöst sind. Diese Klebstoffe bilden nach dem Verdunsten des Lösungsmittels einen Klebstofffilm. Lösungsmittelfreie Klebstoffe sind neben den *Schmelzklebern* (Polyamide, Ethen-Vinylacetat-Copolymere) die *Reaktionskleber*.

B14 Polymermolekül eines Superabsorbers

A1 Planen Sie eine Versuchsreihe zum Flüssigkeitshaltevermögen eines Superabsorbers. Setzen Sie als Flüssigkeiten dest. Wasser, Ethanol und verdünnte Kochsalzlösung ein.

A2 Ermitteln Sie die Kunststoffe, die in Ihrer Kleidung enthalten sind.

6.8 Verwertung von Kunststoffabfall

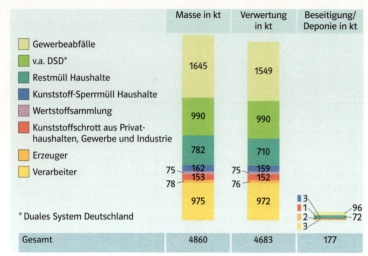

B1 Kunststoffabfälle und Verwertung in Deutschland (2007)

Somit muss als erstes über die Vermeidung von Kunststoffabfall nachgedacht werden. Neben einer *werkstofflichen Verwertung* und einer *rohstofflichen Verwertung* sollte zum anderen auch die Möglichkeit der *energetischen Verwertung* eingeplant werden [B3].

Vermeidung. Um Kunststoffabfälle zu vermeiden, sollte man beispielsweise Verpackungen mehrfach nutzen. Auch die Rückbesinnung auf Naturmaterialien hilft, weniger Kunststoffmengen produzieren zu müssen und damit auch Kunststoffabfall zu vermeiden.

Stoffliche Verwertung. Man unterscheidet die *werkstoffliche* und die *rohstoffliche* Verwertung [B3].
Bei der werkstofflichen Verwertung werden sortenreine, nicht oder nur gering verschmutzte Abfälle von Thermoplasten zerkleinert und wiederaufgeschmolzen. Durch diese Regranulierung, zu der auch Neuware gemischt werden kann, entstehen neue Kunststoffe. Allerdings sind bei gebrauchten Kunststoffen die Makromoleküle meist so geschädigt, dass ein neues Produkt nicht mehr die gleichen Eigenschaften hat.

Mit der Entdeckung der Kunststoffe als Werkstoffe stieg ihre Zahl stark an. Ebenso stark stieg der daraus resultierende Kunststoffabfall [B1]. Zwar nehmen Kunststoffe aufgrund ihrer geringen Dichte im Abfallaufkommen von der Masse her nur einen geringen Teil ein (Massenanteil 8 %, Volumenanteil 20 %), aber durch ihre Langlebigkeit fehlen ausreichende Deponiermöglichkeiten.

		Werkstoffliche Verwertung 43,1 % (2,1 Mio. t)	Rohstoffliche Verwertung 1,4 % (0,07 Mio. t)	Energetische Verwertung 51,8 % (2,51 Mio. t)
Anteil in Deutschland 2007		♻ 04	$\cdots\text{C}-\text{C}-\text{C}\cdots + H_2 \rightarrow \text{C}-\text{H} + \text{H}-\text{C}-\text{H}$	🔥
Verfahren		Mechanische und thermische Verwertung: Zerkleinerung, Schmelzen	Chemische Verwertung: Pyrolyse, Hydrierung (Reaktionsgleichung oben); Solvolyse; als Reduktionsmittel	Verbrennung
Geeignete Kunststoffe		sortenreine, nicht oder nur gering verschmutzte	auch vermischte und verschmutzte	alle Kunststoffe
Polymermoleküle		bleiben erhalten	werden selektiv zerlegt	werden oxidiert
„Nutzbares Produkt"		Kunststoffe	Gase und Kohlenwasserstoffe; Monomere, welche der Kunststoffindustrie zugeführt werden; Stahl (bei Verwendung im Hochofen)	thermische Energie

B2 Masse der verarbeiteten Kunststoffe in Deutschland nach Kunststoffarten in kt (2007)

- PE 3230
- PS/EPS 655 (EPS wird umgangssprachlich als „Styropor" bezeichnet)
- PP 1980
- PVC / Copolymere / PMMA 1865
- PA 300
- PET 355
- Sonstige 500
- Thermoplaste 450
- PU 810
- Sonstige Kunststoffe 2260
- Gesamt 12500

B3 Verwertungsmöglichkeiten für Kunststoffabfall

Kunststoffe

Verwertung von Kunststoffabfall

Ein weiterer Nachteil liegt in dem hohen Sammelaufwand, dem Sortieren, Reinigen und Vorbereiten für die Weiterverarbeitung der Altkunststoffe. Im Endergebnis sind die Produkte so oft teurer als neue Kunststoffe und zudem qualitativ minderwertig. Duroplaste lassen sich nur im „Partikelrecycling" werkstofflich wiederverwerten. Sie werden dazu zerkleinert oder aufgemahlen und Neuprodukten als Füllstoff zugesetzt. Schaumstoffe können durch Klebpressen unter Zugabe eines Binders zu Platten oder Formkörpern verpresst werden.

Vermischte Altkunststoffe lassen sich nur schlecht werkstofflich verwerten. Sie können besser rohstofflich verwertet werden. Darunter wird die Umwandlung der makromolekularen Stoffe in niedermolekulare, d.h. in Monomere oder in Stoffgemische aus Alkanen, Alkenen oder Aromaten verstanden. Diese Verwertungsprodukte können entweder wieder zur Erzeugung von Monomeren dienen oder in anderen Syntheseprozessen eingesetzt werden. Dabei werden im Wesentlichen drei Verfahrenswege unterschieden: die petrochemischen Verfahren wie Pyrolyse [B4] oder die Hydrierung, die zu erdölartigen Produkten führen, die solvolytischen Verfahren, in denen vorwiegend Polykondensate und Polyaddukte in Monomere gespalten werden, und die Nutzung der Altkunststoffe als Reduktionsmittel in Hochöfen, um den Verbrauch von Koks und Schweröl zu vermindern.

Energetische Verwertung. Kunststoffabfall, der nicht ökonomisch verwertet werden kann, kann allerdings zur Energieerzeugung eingesetzt werden [B3]. Da die meisten Kunststoffe einen ähnlich hohen Heizwert wie Heizöl oder Kohle haben, kann die bei der Verbrennung frei werdende Energie zum Betrieb von Heizkraftwerken eingesetzt oder zur Stromerzeugung genutzt werden. In Hausmüllverbrennungsanlagen (MVA) erhöht die Zugabe von Kunststoffabfall den Heizwert des Brennmaterials. Da bei der Verbrennung von Kunststoffen auch Schadstoffe freigesetzt werden, muss weitestgehend bei der energetischen Nutzung die Absorption der Schadstoffe aus den Verbrennungsgasen sichergestellt werden. Dies geschieht durch moderne Filteranlagen, die z.B. den bei der Verbrennung aus PVC entstehenden Chlorwasserstoff absorbieren. Bei der Verbrennung von PVC entstehen auch hochgiftige und cancerogene Dioxine, z.B. TCDD [B5]. Die Massenkonzentration der Dioxine im Abgas kann auf 0,3 ng/m³ begrenzt werden.

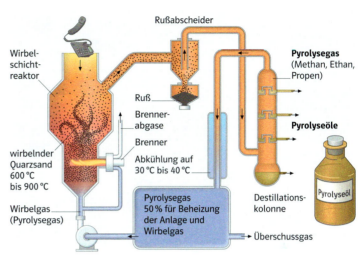

B4 Schema einer Pyrolyseanlage zur Verwertung von Kunststoffen

> **Pyrolyse** von griech. pyr, Feuer und lysis, Auflösung. Chemische Reaktion die bei hohen Temperaturen und unter Sauerstoffausschluss geführt wird (500–900 °C). Die hohe Temperatur führt zu Bindungsbrüchen in großen Molekülen.

V1 Legen Sie saubere Verpackungen von Joghurt, Quark usw. etwa 10 min lang in einen auf 120 °C vorgeheizten Ofen (Trockenschrank). Zur Unterscheidung: Verpackungen aus PS verlieren bei 100 °C ihre Form, während solche aus PP auch bei kurzzeitigem Erhitzen auf 140 °C noch formstabil bleiben.

A1 Eine Möglichkeit Kunststoffabfälle sortenrein zu trennen, ist das Schwimm-Sink-Verfahren. Entwickeln Sie einen Ablaufplan zur Trennung der Kunststoffe PE, PS, PVC. Beachten Sie dabei folgende Dichten:
$\varrho(PE) = 0{,}91$ bis $0{,}96 \, g/cm^3$,
$\varrho(PS) = 1{,}05 \, g/cm^3$,
$\varrho(PVC) = 1{,}38$ bis $1{,}40 \, g/cm^3$.

A2 Zeichnen Sie ein Diagramm, aus dem der Anteil der beseitigten und verwerteten Kunststoffabfälle hervorgeht [B1].

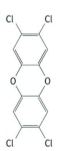

B5 2,3,7,8-Tetrachlordibenzodioxin (TCDD)

Kunststoffe

6.9 Exkurs Silikone

Silane sind Silicium-Wasserstoff-Verbindungen, die gesättigten Kohlenwasserstoffen analog sind. So entspricht das Monosilan SiH$_4$ dem Methan CH$_4$.

Siloxane sind Verbindungen aus Silicium-, Sauerstoff- und Wasserstoffatomen. Der einfachste Vertreter hat die Formel H$_3$Si—O—SiH$_3$. Längere Ketten, die abwechselnd Silicium- und Sauerstoffatome enthalten, sind möglich

Silikone bestehen aus langen Molekülen, deren Rückgrat aus abwechselnd angeordneten Silicium- und Sauerstoffatomen aufgebaut ist. An die Siliciumatome sind zudem organische Reste, oft Methylgruppen, gebunden

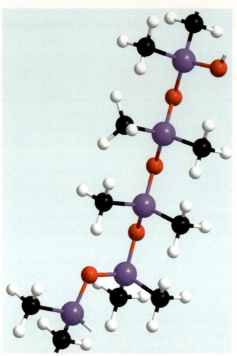

B1 Struktur eines linearen Silikonpolymers

Zur Herstellung von Kunststoffen eignen sich nicht nur Kohlenstoffverbindungen, sondern auch Siliciumverbindungen. Dabei handelt es sich um Silicium-Sauerstoff-Verbindungen, die mit verschiedenen organischen Resten verknüpft sind. Charakteristisch für den Aufbau dieser Makromoleküle ist die Si–O–Si-Gruppe.

Eigenschaften. Je nach Kettenlänge, Anzahl der Verzweigungen und Art der gebundenen Kohlenstoffgruppen sind Silikone flüssig, zähflüssig oder fest. Ihre besondere Bedeutung liegt darin, dass sie sowohl wärmebeständig, säurebeständig wie auch wasserabstoßend (hydrophob) sind. Weiterhin dienen sie als elektrische Isolatoren.

Herstellung. Silicium und Monochlormethan sind die Ausgangsstoffe für die großtechnische Herstellung von Silikonpolymeren [B1]. Für die Synthese werden in einem ersten Schritt die Ausgangsstoffe mithilfe von Kupfer als Katalysator zur Reaktion gebracht. Es entsteht hauptsächlich Dichlordimethylsilan.

$$Si + 2\ CH_3Cl \longrightarrow (CH_3)_2SiCl_2$$

Im zweiten Schritt werden durch Hydrolyse die Chloratome abgespalten. Es bilden sich in einer stark exothermen Reaktion Methylsilanole.

$$(CH_3)_2SiCl_2 + 2\ H_2O \longrightarrow (CH_3)_2Si(OH)_2 + 2\ HCl$$

Durch Polykondensation entstehen schließlich in einem letzten Schritt Polysiloxane, die zur Stoffklasse der Silikone gehören [B2]. Während die Silikonöle und Silikonharze bereits nach der Kondensationsreaktion der Siloxanmonomere fertig sind, müssen die Makromoleküle für die Herstellung von Silikonkautschuk noch miteinander vernetzt werden (Vulkanisation).

$$n\ HO-\underset{\underset{H}{|}}{\overset{\overset{H}{|}}{\underset{|}{\overset{|}{C}}}}\!\!\!\!\!\!\!\!\!\!-\underset{\underset{H}{|}}{\overset{\overset{H}{|}}{Si}}-OH \longrightarrow HO{\left[\underset{\underset{H}{|}}{\overset{\overset{H}{|}}{\underset{|}{\overset{|}{C}}}}\!\!\!\!\!\!\!\!\!\!-\underset{}{Si}-\overline{O}\right]}_n H + (n-1)\ H_2O$$

Dimethylsilanol → Polydimethylsiloxan (ein Silikon)

B2 Synthese von Polydimethylsiloxan

B3 Silikon

216 Kunststoffe

Exkurs Silikone

Verwendung. Die Eigenschaften der Silikone [B3] lassen einen sehr großen Anwendungsbereich zu. Besonders werden diese Kunststoffe in der Medizin eingesetzt, da sie nicht gesundheitsschädlich sind. Z. B. bestehen Brustimplantate aus Silikongel, welches in einen Silikonbeutel gefüllt wird. Auch Herzklappen oder Herzschrittmacher werden aus diesem Kunststoff hergestellt. Weiterhin kann Silikon zur Erstellung von Negativabdrücken in der Zahnmedizin verwendet werden.

Grundsätzlich lassen sich Silikonöle, Silikonkautschuke und Silikonharze unterscheiden. *Silikonöle* sind klare, hydrophobe, geruchsfreie, viskose Flüssigkeiten. In der Technik finden Silikonöle als Antischaummittel, Trennmittel oder Hydrauliköl Verwendung. Silikone dienen als Massageöle oder als Gleitmittel für Spritzen und werden als Bestandteil von Emulsionen bei Hautcremes verwendet. Silikone dienen auch als Schmiermittel, wenn Apparaturen stark schwankenden Temperaturen ausgesetzt sind.

Silikonkautschuke sind in einem großen Temperaturbereich (−60 bis +200 °C) sehr elastisch. Als Fugenmaterial [B6] sind sie aus dem Bauwesen bekannt. Silikonelastomerschläuche werden in der Medizin bei Bluttransfusionen eingesetzt. Aufgrund seiner Hitzebeständigkeit wird dieses Material als elastische Kuchenform [B4] verwendet.
Oft werden Gleitschirme mit einer Schicht aus Silikonkautschuk überzogen, um das Material UV-beständiger und luftundurchlässig zu machen.

Bei der Plastination von toten Körpern oder Körperteilen wird das Wasser der Körperzellen durch Silikone ersetzt. Plastinate werden bei der Ausbildung von Medizinern eingesetzt. Ihre öffentliche Präsentation in Ausstellungen ist allerdings umstritten.

Die vernetzten Polymethylsiloxane der *Silikonharze* sind je nach Zusammensetzung der Molekülreste spröde bis elastisch sowie veränderlich in ihrer Wärmebeständigkeit. Auch als Bestandteil von Laminaten finden Silikonharze Verwendung. In der Bauindustrie werden sie häufig eingesetzt, um Wände wasserabweisend zu machen und gleichzeitig durch guten Luftaustausch gegen Schimmelbildung zu schützen. Neben Anstrichfarben werden sie auch als Lacke verwendet. Biologische Präparate werden auch mit Silikon überzogen, um dem Vorgang der Verwesung entgegenzuwirken.

Siloxane und Silikone zeichnen sich durch Si—O—Si-Gruppen aus. Sie besitzen einen großen Anwendungsbereich. Man kann entsprechend Silikonöle, Silikonkautschuke und Silikonharze unterscheiden.

B6 Fugenmaterial aus Silikonkautschuk

A1 Stellen Sie die Synthese von Polymethylphenylsiloxan mithilfe einer Reaktionsgleichung dar.

A2 Begründen Sie, weshalb Silikone eine Zwischenstellung zwischen anorganischen und organischen Verbindungen einnehmen.

B4 Backform aus Silikonkautschuk

B5 Schwimmbrillen aus Silikon

Kunststoffe 217

6.10 Exkurs Carbonfasern

B3 Carbonfaser (*d* = 6 µm) im Vergleich zu Menschenhaar (*d* = 50 µm)

B4 Carbonfasergewebe

Carbonfaserverstärkte Kunststoffe werden vor allem aufgrund ihrer geringen Dichte immer mehr an Bedeutung gewinnen. Carbonfasern sind nur etwa 1/10-mal so dick wie ein menschliches Haar [B3].

Herstellung. Organische Verbindungen werden durch sehr hohe Temperaturen gespalten (Pyrolyse, Kap. 6.8). Dabei entstehen verschiedene Gase und fester Kohlenstoff, dessen Atome sich graphitartig anordnen.
Hat das Ausgangsmaterial eine faserförmige Struktur, entstehen bei der Pyrolyse Carbonfasern.
Das gebräuchlichste Ausgangsmaterial, aus dem Carbonfasern großtechnisch gewonnen werden, ist Polyacrylnitril [B1]. Es wird bei bis zu 2500 °C kontrolliert verkohlt. Dabei entstehen feinste Fasern, die anschließend zu Bändern aneinandergelegt werden. Sie werden mit Kunstharz fixiert und dann im Hochtemperaturofen gebacken. Die meist auf Spulen gewickelten Fasern können anschließend zu Textilien verwoben werden [B4]. Kürzere Carbonfasern werden anderen Kunststoffen beigemischt.

B1 Polyacrylnitril

Eigenschaften. Carbonfasern sind fünfmal so zugfest wie Stahl und wesentlich korrosionsbeständiger. Der carbonfaserverstärkte Kunststoff ist um gut ein Drittel leichter als Aluminium. Diese Eigenschaften werden vorwiegend im Flugzeugbau genutzt. Durch das geringere Gewicht der Flugzeuge kann der Energieverbrauch um bis zu 20 % gesenkt werden. Die Korrosionsbeständigkeit lässt größere Wartungsintervalle zu. Daneben sind Carbonfasern hochelastisch. Sie sind lange haltbar und brechen kaum. Außerdem sind Carbonfasern elektrisch leitfähig.

Verwendung. Bereits seit langer Zeit werden carbonfaserverstärkte Kunststoffe in der Luft- und Raumfahrt eingesetzt. Auch die Automobilindustrie möchte die Vorteile der Leichtigkeit dieses Materials nutzen, um den Kraftfahrzeugbenzin-Verbrauch und damit auch den Kohlenstoffdioxidausstoß zu vermindern. Im Hochleistungssport wird das Material ebenfalls eingesetzt [B2]. Im Vergleich zu herkömmlichen Tischtennisschlägern, z. B. aus Holz, wird das Gewicht des Schlägers durch die Verwendung von Carbonfasern um mehr als 20 % vermindert.

> Aufgrund geringer Dichte, hoher Festigkeit und großer Biegsamkeit gewinnen die Carbonfasern als neue Werkstoffe in vielen Gebieten an Bedeutung.

A1 Recherchieren Sie, welche Teile im Flugzeugbau aus carbonfaserverstärkten Kunststoffen hergestellt werden.

B2 Aufgrund ihrer geringen Dichte werden Carbonfasern im Hochleistungssport eingesetzt

218 Kunststoffe

6.11 Impulse Biologisch abbaubare Kunststoffe

B1 Verpackung aus kompostierbarer Folie

B2 Biokunststoff

B3 Joghurtbecher können aus PLA hergestellt werden

Zunächst war es das Anliegen der Industrie, einen Stoff zu haben, der unzerbrechlich, korrosionsbeständig und möglichst lange haltbar ist. Gerade diese Eigenschaften sind es aber auch, die nach Gebrauch des Kunststoffs, z. B. für Joghurtbecher, Probleme bereiten. Demnach wird es immer wichtiger, Kunststoffe zu finden, die nach ihrer Zweckerfüllung biologisch abbaubar sind.

Abbaubare Kunststoffe. Zu den biologisch abbaubaren Kunststoffen gehören z. B. Polyhydroxybuttersäure und Polymilchsäure (Polylactid, PLA). Kunststoffe, die vollständig biologisch abbaubar sind, werden mit einem entsprechenden Zeichen versehen [B1]. Sie werden nicht nur für Verpackungen verwendet, sondern auch in der Landwirtschaft. So kann z. B. Mulchfolie vom Bauern einfach untergepflügt werden und verrottet dann. Auch in der Medizintechnik haben biologisch abbaubare Kunststoffe eine wichtige Bedeutung, z. B. für abbaubares Nahtmaterial oder Implantate.

Herstellung. PLA sind Kunststoffe mit thermoplastischen Eigenschaften. Das Monomer, die Milchsäure, wird durch Fermentation aus Stärke oder Zuckern wie Glucose oder Maltose gewonnen. Ein mögliches Herstellungsverfahren ist die *Polykondensation*. Auch das Verfahren der *Polymerisation* kann angewandt werden. Dazu müssen zunächst cyclische Milchsäuredimere (Lactidmoleküle) hergestellt werden. In diesen ringförmigen Molekülen liegen zwei Esterbindungen vor. Durch Ringöffnungspolymerisation entsteht dann die Polymilchsäure.

Abbau. Der Abbau der Polymilchsäuremoleküle erfolgt durch hydrolytische Spaltung der Esterbindungen. Die zunächst entstehenden Abbauprodukte werden dann von Mikroorganismen zu Wasser und Kohlenstoffdioxid zersetzt.

V1   Synthese von Polymilchsäure
Geräte und Chemikalien: Becherglas (50 ml), Trockenschrank, Milchsäure (w = 90 %).
Durchführung: Geben Sie 10 g Milchsäure in ein Becherglas und stellen Sie es ca. 24 Stunden in den 200 °C heißen Trockenschrank. Die Produktschmelze können Sie gleich in Formen gießen. Sie können die abgekühlte Masse aber auch durch Erhitzen auf etwa 150 °C wieder verflüssigen und weiterverarbeiten.

A1   Stellen Sie die Reaktionen von
a) 3-Hydroxybuttersäuremonomeren [B5] zu einem Polyhydroxybuttersäuremolekül,
b) Milchsäuremonomeren [B4] zu Polymilchsäure mit Strukturformeln dar. Handelt es sich jeweils um eine Polymerisation, Polyaddition oder Polykondensation?

A2   Zeichnen Sie die Strukturformel des cyclischen Milchsäuredimers.

A3   Notieren Sie eine Reaktionsgleichung zum Abbau der Polymilchsäuremoleküle durch hydrolytische Spaltung.

A4   Recherchieren Sie die Einsatzbereiche von Polymilchsäure und gestalten Sie ein Plakat zu diesem Thema.

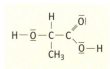

B4 Milchsäure (2-Hydroxypropansäure)

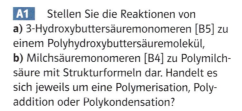

B5 3-Hydroxybuttersäure (3-Hydroxybutansäure)

6.12 Praktikum Herstellung von Kunststoffen

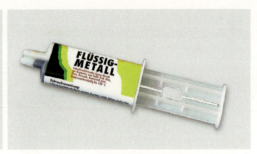

B1 Epoxidharze finden z. B. Verwendung als Bindemittel, Lacke oder Zweikomponenten-Klebstoff

B4 Alleskleber

V1 Härtung eines Epoxidharzklebers [B1]
Geräte, Materialien, Chemikalien: Aluminiumdose eines Teelichts, Holzstab, Zweikomponenten-Klebstoff auf Epoxidharzbasis.
Durchführung: (Abzug! Schutzhandschuhe! Schutzbrille!) Geben Sie Harz (Binder) und Härter des Zweikomponenten-Klebstoffs im richtigen Mengenverhältnis in die Aluminiumdose (i. d. R. gleiche Volumina, siehe Vorschrift auf der Verpackung). Verrühren Sie die Mischung sorgfältig mit dem Holzstab, bis keine Schlieren mehr zu sehen sind. Überlassen Sie den Versuchsansatz dann sich selbst (Abzug).

V2 Ein Alleskleber [B4]
Geräte, Materialien, Chemikalien: Reagenzglas, Glasstab, Polystyrolgranulat (oder kleine Polystyrolhartschaum-Stücke), Essigsäureethylester.
Durchführung: (Abzug!) Geben Sie in ein Reagenzglas 1 bis 2 ml Essigsäureethylester. Lösen Sie darin so viel Polystyrolgranulat, bis sich ein zäher Brei bildet. Führen Sie mit diesem Klebeversuche durch.

V3 Folien aus PVC
Geräte, Materialien, Chemikalien: Becherglas (100 ml), Holzstab, Heizplatte, Bügeleisen, Aluminiumfolie, PVC-Pulver, Phthalsäure-di-n-octylester (Di-n-octylphthalat, DNOP).
Durchführung: (Abzug!)
a) Streuen Sie PVC-Pulver auf eine mit Aluminiumfolie abgedeckte 150 bis 160 °C heiße Heizplatte. Decken Sie das Pulver mit einem weiteren Stück Aluminiumfolie ab und drücken Sie es mit einer Metallplatte (Bügeleisen) fest an. Lösen Sie den entstandenen Kunststofffilm vorsichtig von der Aluminiumfolie.
b) Wiegen Sie in das Becherglas je etwa 5 g PVC-Pulver und den Weichmacher DNOP [B3] ein und verrühren Sie das Gemisch sorgfältig, z. B. mit einem Holzstab. Gießen Sie die erhaltene Flüssigkeit vorsichtig auf eine mit Aluminiumfolie abgedeckte, 110 °C heiße Heizplatte und verfahren Sie wie in (a) beschrieben. Ziehen Sie die entstandene Folie von der Aluminiumfolie ab.

V4 Ein Kunststoff aus Alltagschemikalien
Geräte, Materialien, Chemikalien: Gasbrenner, Reagenzglas, Reagenzglashalter, Waage, Filterpapier, Messpipette (1 ml), Wasserindikatorpapier, Glasstab, Citronensäure, Glycerin.
Durchführung: Geben Sie 0,3 ml Glycerin zu 1,9 g wasserfreier Citronensäure [B2] im Reagenzglas und vermischen Sie die Stoffe mit einem Glasstab. Erwärmen Sie anschließend das Reagenzglas unter ständigem Schütteln und lassen Sie das Stoffgemisch ca. 3 Minuten schwach sieden. Halten Sie in die Öffnung des Reagenzglases ein Wasserindikatorpapier.

B2 Citronensäure

B3 Di-n-octylphthalat (Weichmacher für PVC)

A1 In V3 wird DNOP als Weichmacher eingesetzt. Der isomere Phthalsäuredi-(2-ethylhexyl)ester (auch Di-(2-ethylhexyl)phthalat, DEHP, DOP) ist ebenfalls ein Weichmacher.
a) Zeichnen Sie mithilfe von B3 die Strukturformel von DEHP. **b)** Informieren Sie sich über DEHP und schreiben Sie einen kurzen Bericht über seine Verwendung und seine Wirkung auf den menschlichen Körper.

6.13 Durchblick Zusammenfassung und Übung

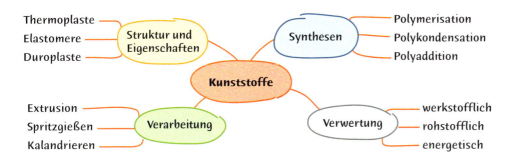

Einteilung der Kunststoffe
Nach ihren Eigenschaften werden die Kunststoffe in Thermoplaste, Elastomere und Duroplaste eingeteilt [B1].

Monomer und Polymer
Kunststoffe bestehen aus Polymeren. Polymere sind Makromoleküle, die aus kleineren Molekülen (Monomeren) gebildet werden.

Polymerisation
Aus Molekülen, die eine C=C-Doppelbindung aufweisen, lassen sich in einer Polymerisationsreaktion Polymere herstellen. Wird diese Reaktion mit der Bildung eines Radikals eingeleitet, spricht man von einer radikalischen Polymerisation.

Polykondensation
Bei einer Polykondensation werden Monomere verknüpft, die wenigstens zwei funktionelle Gruppen besitzen. Bei dieser Reaktion kommt es zur Abspaltung kleinerer Moleküle, z. B. von Wassermolekülen.

Polyaddition
Für eine Polyadditionsreaktion müssen zwei verschiedene Monomere vorliegen, die jeweils mindestens zwei funktionelle Gruppen bzw. Mehrfachbindungen besitzen. Die Bindungen werden unter Protonenübertragung geknüpft.

	Thermoplaste	**Elastomere**	**Duroplaste**
Beschreibung	Kunststoffe, die beim Erwärmen weich und verformbar werden. Thermoplaste bestehen aus langen linearen oder verzweigten Polymeren.	Kunststoffe, die bei mechanischer Belastung ihre Form verändern, anschließend aber wieder in die Ausgangsform zurückkehren. Elastomere bestehen aus weitmaschig vernetzten Polymeren.	Kunststoffe, die sich durch Erwärmen nicht verformen lassen. Bei höheren Temperaturen zersetzen sie sich. Duroplaste bestehen aus engmaschig vernetzten Makromolekülen.
Räumliche Verknüpfung	lineare oder wenig verzweigte Moleküle	dreidimensional vernetzte Moleküle	weitmaschig, zweidimensional vernetzte Moleküle
Beispiele	Polyvinylchlorid (PVC), Polyethen (PE), Polytetrafluorethen (PTFE), Polypropen (PP), Acrynitril-Butadien-Styrol (ABS), Polyethylenterephthalat (PET), Polycarbonate, Polyamide	Kautschuke, z. B. Silikonkautschuke	Polyurethane (PU), Epoxidharze

B1 Strukturen und Eigenschaften der Kunststoffe

Durchblick Zusammenfassung und Übung

| O |
| —C—C—O—C— |
| Estergruppe |

| O |
| —C—C—N—C— |
| H |
| Amidgruppe oder Peptidgruppe |

B2 Zwei funktionelle Gruppen, die sich von der Carboxylgruppe ableiten

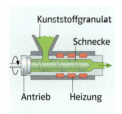

B3 Extruder

Copolymere
Wenn zwei oder mehr unterschiedliche Monomere in Polymerketten eingebaut sind, liegen Copolymere vor. Beispiel: ABS aus Acrylnitril, 1,3-Butadien und Styrol

Polyester und Polycarbonate
Polymere, in denen die Monomere durch Estergruppen [B2] miteinander verknüpft sind, gehören zu den Polyestern (z. B. Polyterephthalsäureethylester) oder Polycarbonaten (Ester der Kohlensäure).

Polyamide
Polymere, in denen die Monomere durch die Amid- oder Peptidgruppe [B2] miteinander verknüpft sind, bilden die Polyamide.
Beispiele: Nylon und Perlon

Verarbeitung von Kunststoffen
Thermoplaste können durch Extrusion (Extruder [B3]), Spritzgießen, Hohlkörperblasen, Folienblasen, Pressen, Kalandrieren verarbeitet werden. Duroplaste und Elastomere sind nicht wärmeverformbar, sie müssen deshalb aus unvernetzten Vorprodukten hergestellt werden.

Verwertung von Kunststoffabfällen
Kunststoffabfälle können werkstofflich, rohstofflich oder energetisch verwertet werden.

Werkstoffliche Verwertung
Bei der werkstofflichen Verwertung werden sortenreine, nicht oder nur gering verschmutzte Abfälle von Kunststoffen zerkleinert und wiederaufgeschmolzen.

Rohstoffliche Verwertung
Bei der rohstofflichen Verwertung werden die Kunststoffe entweder in niedermolekulare Stoffe umgewandelt oder als Reduktionsmittel eingesetzt. Die Solvolyse zerlegt z. B. Polyester in die Monomere der Säure und des Alkohols [B4, links]. Bei der Pyrolyse und Hydrierung entstehen Stoffgemische aus Alkanen, Alkenen und Aromaten [B4, rechts]. Im Hochofen kann man Kunststoffe als Reduktionsmittel einsetzen.

Energetische Verwertung
Kunststoffabfälle, die sich nicht werkstofflich oder rohstofflich verwerten lassen, können zur Energieerzeugung verbrannt werden. Die meisten Kunststoffe haben einen ähnlich hohen Heizwert wie Heizöl oder Kohle.

Biologisch abbaubare Kunststoffe
Makromoleküle, die z. B. Ester oder Amidbindungen aufweisen, können von Mikroorganismen in kleine wasserlösliche Moleküle abgebaut werden. Dies trägt zur Verminderung der Kunststoffabfälle bei.

B4 Beispiele rohstofflicher Verwertung: Solvolyse (links), Prolyse (rechts)

Kunststoffe

A1 Acetylsalicylsäure wird gegen Schmerzen, Entzündungen und Fieber, aber auch zur Herzinfarktvorbeugung eingesetzt. Zur Herzinfarktvorbeugung wird nur eine niedrige Dosis von 100 mg anstatt der üblichen 500 mg benötigt. Für die dauerhafte Einnahme ist die Verträglichkeit vor allem im Magen von besonderer Bedeutung. Dies wird durch eine spezifische Darreichungsform der Acetylsalicylsäure, Aspirin®Protect, erreicht. Die Tablette ist mit einem Überzug versehen, der sich im Magen nicht auflöst. Dieser Überzug besteht aus einem Copolymerisat aus Methacrylsäure und Acrylsäureethylester (Ethylacrylat) [B5]. Die Moleküle dieses Kunststoffs liegen im sauren Milieu des Magens (pH ≈ 1,5) vollständig in der protolysierten Form vor, sie sind aufgrund der zahlreichen Alkylgruppen nicht in Wasser mit seinen polaren Molekülen löslich. Gelangt die Tablette jedoch in den Darm, der ein neutrales bis leicht alkalisches Milieu aufweist, so werden Protonen abgegeben, und es bilden sich negativ geladene Anionen. Diese lösen sich gut im Milieu des Darms, wodurch der Wirkstoff frei wird.

a) Ordnen Sie den Kunststoff nach seinen Eigenschaften in die Gruppe der Thermoplaste, Duroplaste oder Elastomere ein und begründen Sie Ihre Einordnung. **b)** Geben Sie ein Reaktionsschema zur Bildung des Copolymerisats an (Strukturformeln) und erläutern Sie die Reaktionsschritte. Nennen Sie den Reaktionstyp für die Herstellung des Produktes sowie die Strukturmerkmale, die die Monomere für die jeweilige Reaktion aufweisen müssen.
c) Erklären Sie die Unlöslichkeit der Tablette im Milieu des Magens und die Löslichkeit der Tablette im Milieu des Darms.

A2 Fasern aus aromatischen Polyamiden (Aramidfasern) wie z. B. Poly-1,4-phenylenterephthalatamid (Kevlar®) sind extrem reißfest. Kevlarschnüre werden z. B. bei Hochleistungsdrachen, Kevlarfasern als Verstärkungsfasern im Flugzeugbau verwendet. Die Makromoleküle sind „kettensteif", ihre Struktur ist durch die aromatischen Ringe und die Amidgruppen festgelegt. Wird die Polymerschmelze beim Verspinnen durch eine Düse gedrückt, ordnen sich die Makromoleküle parallel an.

$$\left[\begin{array}{cc} CH_3 & H \\ -C-CH_2-C-CH_2- \\ COOH & COOC_2H_5 \end{array} \right]_n \rightleftharpoons \left[\begin{array}{cc} CH_3 & H \\ -C-CH_2-C-CH_2- \\ COO^- & COOC_2H_5 \end{array} \right]_n + n\,H^+$$

B5 Gleichgewichtsreaktionen des Copolymerisats aus Methacrylsäure und Acrylsäureethylester

a) Erklären Sie die große Festigkeit der Aramidfasern.
b) Formulieren Sie das Reaktionsschema mit Strukturformeln zur Bildung des Polyamids aus 1,4-Diaminobenzol (Phenylendiamin) und Benzol-1,4-dicarbonsäure (Terephthalsäure).
c) Erklären Sie die Kettensteifheit der Aramidmoleküle.

Kettensteifheit Können sich Polymerketten nicht oder kaum verdrehen oder umeinander schlingen, so spricht man von Kettensteifheit

A3 Im Polypropen können bei gleicher Orientierung der Propenmonomere die Methylgruppen an jedem zweiten C-Atom unterschiedlich angeordnet sein [B5]. Diese Anordnung prägt die Eigenschaften des Kunststoffs ganz entscheidend. Im isotaktischen Polypropen befinden sich alle Methylgruppen auf einer Seite der Polymerkette. Sind sie gleichgerichtet alternierend, liegt syndiotaktisches Polypropen vor. Im ataktischen Polypropen sind die Methylgruppen unregelmäßig angeordnet. Im isotaktischen Polypropen sind die Polmerketten besser parallel angeordnet. Welche Eigenschaften weist das isotaktische Polypropen im Vergleich zum ataktischen oder syndiotaktischen Polypropen auf?

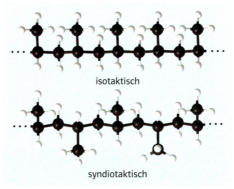

B6 Verknüpfungsmöglichkeiten der Monomere bei Polypropen

Kunststoffe 223

Durchblick Zusammenfassung und Übung

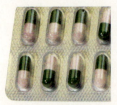

B7 Blisterverpackung

A4 Durchdrückverpackungen für Medikamente und Blisterverpackungen [B7] für kleinteilige Produkte werden aus PVC-Folien hergestellt.
a) Nennen Sie die Eigenschaften der PVC-Folie, die hier ausgenutzt werden.
b) Beschreiben und erläutern Sie die Reaktionsschritte bei der Herstellung von PVC.

A5 Die Frage nach sinnvollen Recyclingmöglichkeiten stellt sich bei jeder Form von Verpackungen. PET-Verpackungen (Polyethylenterephthalat) können unterschiedlich verwertet werden. Erläutern Sie am Beispiel von PET-Verpackungen (z. B. PET-Flaschen) die werkstoffliche, rohstoffliche und energetische Verwertung.

Abi-Aufgabe und Lösung

A6 In modernen Produkten werden in vielen Bereichen Kunststoffe eingesetzt. Oft werden die gewünschten Materialeigenschaften erst durch Kombination verschiedener Kunststoffe, so genannter Blends, erreicht. Terblend N®, eine Kombination aus dem Copolymer ABS (Acrylnitril-Butadien-Styrol) und einem Polyamid, erfährt eine vielseitige Anwendung in der Fahrzeugtechnik. Polyamide zeichnen sich durch ihre Reiß- und Zugfestigkeit aus.

6.1 Die Abbildung zeigt einen Ausschnitt aus einem Polyamidmolekül.

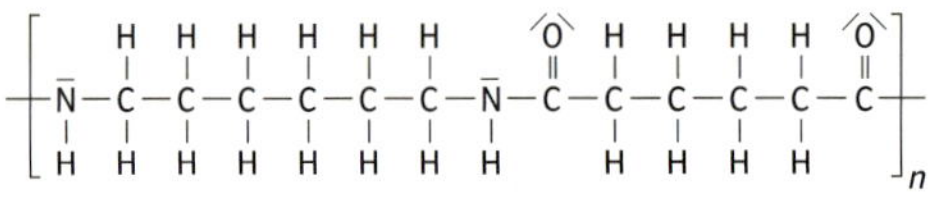

a) Zeichnen Sie die Strukturformeln der Monomere und benennen Sie diese.
b) Geben Sie den Reaktionstyp zur Herstellung des Polymers an.
c) Ein ähnliches Polyamid kann auch aus einem einzigen Ausgangsstoff hergestellt werden. Formulieren Sie hierzu eine Reaktionsgleichung und benennen Sie den Ausgangsstoff.
d) Begründen Sie unter Verwendung von Strukturformelausschnitten die Zug- und Reißfestigkeit von Polyamiden.

6.2 Der Thermoplast ABS wird aus folgenden Monomeren hergestellt: Acrylnitril, Buta-1,3-dien, Styrol (Phenylethen).
a) Zeichnen Sie einen möglichen Strukturformelausschnitt unter Verwendung der drei Monomere.
b) Geben Sie auch hierzu den Reaktionstyp zur Herstellung des Polymers an.
Hinweis: Buta-1,3-dien wird gemäß B8 im Makromolekül 1,4-verknüpft.

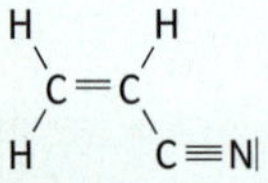

Acrylnitril

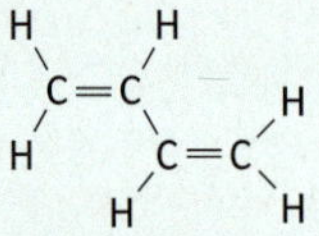

Buta-1,3-dien

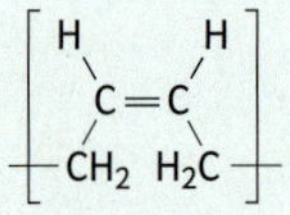

Verknüpfung von Buta-1,3-dien im Makromolekül

B8 Zu Aufgabe 6.2

Lösung

6.1 a) Hexan-1,6-disäure, 1,6-Diaminohexan

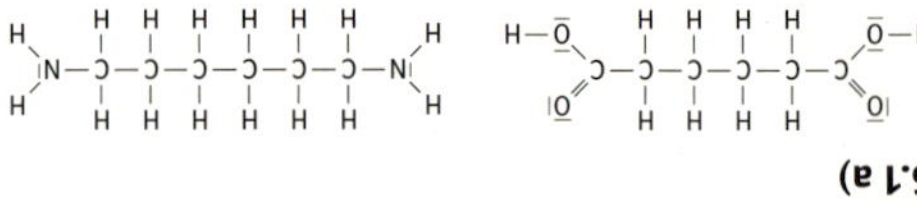

b) 1,6-Diaminohexan und Hexan-1,6-disäure reagieren in einer Polykondensationsreaktion zu einem Polyamid.

c) 6-Aminohexansäure

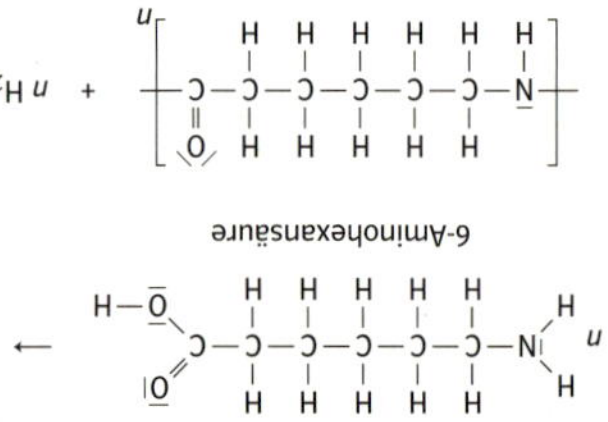

d) Zwischen den Amidgruppen der Polymermoleküle sind Wasserstoffbrücken, als starke zwischenmolekulare Kräfte, vorhanden.

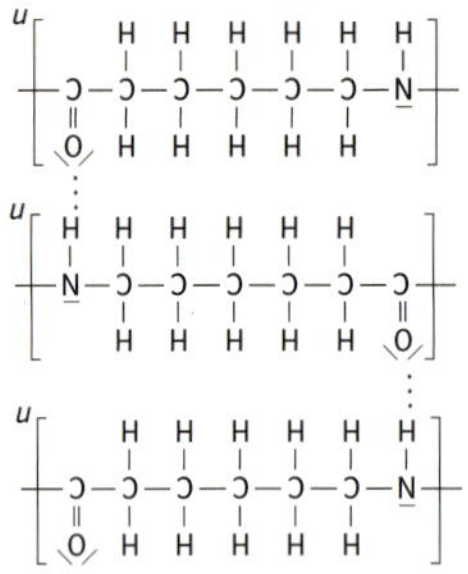

6.2 a) Eine Möglichkeit:

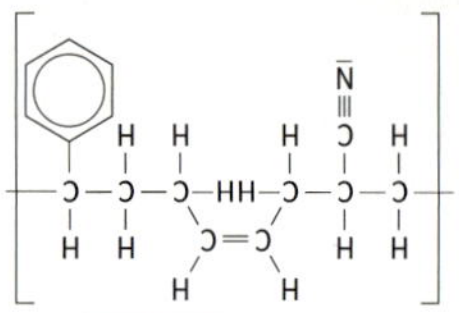

b) Die Monomere reagieren in einer Polymerisation zu dem Copolymer.

224 Kunststoffe

7 Redoxreaktionen und Elektrochemie

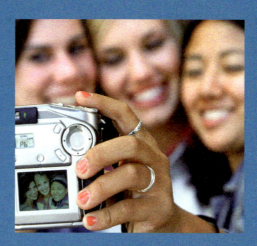

Zum Fotografieren mit einer Digitalkamera benötigen wir elektrische Energie. Diese wird im Akku durch elektrochemische Vorgänge erzeugt. Ist der Akku „leer", muss er wieder aufgeladen werden. Dabei laufen die gleichen elektrochemischen Vorgänge in umgekehrter Richtung ab.

▇ Viele chemische Reaktionen sind Redoxreaktionen. Bei diesem Reaktionstyp geben Atome Elektronen ab, die von anderen Atomen aufgenommen werden.

▇ Redoxreaktionen kommen in unserem Alltag ständig vor, z. B. wenn etwas verbrennt, eine Schraube rostet oder eine Batterie Strom liefert.

▇ Redoxreaktionen liefern die Energie für viele elektrische Gleichspannungsquellen. Umgekehrt kann Gleichstrom Redoxreaktionen bewirken, z. B. die Abscheidung von Metallen aus Salzlösungen oder Salzschmelzen.

▇ Auch Brennstoffzellen wandeln chemische Energie in elektrische Energie um. Diese elektrische Energie kann zum Antrieb von Modellbooten, Laptops, Autos usw. genutzt werden.

Online-Link
756820-0700

7.1 Oxidation und Reduktion

Oxidation von griech./lat. oxygenium, Sauerstoff

Reduktion von lat. reducere, zurückführen

Hält man ein brennendes Magnesiumband in Sauerstoff bzw. Brom [B1], so bildet sich in beiden Fällen unter Aufleuchten ein weißer Feststoff. Obwohl es sich um unterschiedliche Reaktionspartner handelt, haben die beiden Reaktionen viele Gemeinsamkeiten.

Elektronenübergänge. Die Produkte der Reaktionen sind die Salze Magnesiumoxid bzw. Magnesiumbromid. Die Ähnlichkeit der beiden Reaktionen zeigt sich besonders deutlich, wenn man sie in Teilschritten darstellt:

(I) $\quad Mg \longrightarrow Mg^{2+} + 2\,e^- \quad | \cdot 2$
(II) $\quad O_2 + 4\,e^- \longrightarrow 2\,O^{2-}$

$\quad 2\,Mg + O_2 \longrightarrow 2\,MgO$

(I) $\quad Mg \longrightarrow Mg^{2+} + 2\,e^-$
(II) $\quad Br_2 + 2\,e^- \longrightarrow 2\,Br^-$

$\quad Mg + Br_2 \longrightarrow MgBr_2$

Die Magnesiumatome wirken als **Elektronendonatoren** (I). Die aus O_2- und Br_2-Molekülen gebildeten Sauerstoff- und Bromatome wirken als **Elektronenakzeptoren** (II). Die Magnesiumatome geben ihre Valenzelektronen ab, diese werden gleichzeitig von den Nichtmetallatomen aufgenommen.

Bei beiden Reaktionen entstehen aus den Atomen des Magnesiums durch Abgabe von zwei Elektronen zweifach positiv geladene Kationen. Der Vorgang der *Elektronenabgabe* wird **Oxidation** genannt. Die Magnesiumatome werden also bei der Bildung von Magnesiumoxid und Magnesiumbromid zu Mg^{2+}-Ionen oxidiert.

Die Nichtmetallatome nehmen die Elektronen der Magnesiumatome auf und werden dadurch zu Anionen. Man nennt den Vorgang der *Elektronenaufnahme* Reduktion. In den vorliegenden Fällen werden Sauerstoffatome zu Oxidionen (O^{2-}) und Bromatome zu Bromidionen (Br^-) reduziert.

Redoxreaktionen. In einer chemischen Reaktion kann ein Teilchen nur dann Elektronen abgeben, wenn diese von anderen Teilchen aufgenommen werden. Folglich ist eine Oxidation immer mit einer Reduktion gekoppelt und umgekehrt [B2]. Beide Vorgänge laufen als *Redoxreaktion* gleichzeitig ab.

> **Oxidation ist Abgabe von Elektronen, Reduktion ist Aufnahme von Elektronen. Reaktionen, bei denen Elektronenübergänge stattfinden, werden als Reduktions-Oxidations-Reaktionen oder kurz Redoxreaktionen bezeichnet.**

B1 Die Reaktionen von Magnesium mit Sauerstoff (links) und mit Brom (rechts) sind sehr ähnlich

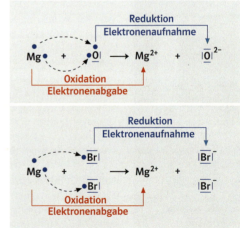

B2 Elektronenübergänge der beiden in B1 gezeigten Redoxreaktionen

226 Redoxreaktionen und Elektrochemie

Oxidation und Reduktion

Oxidationsmittel und Reduktionsmittel. Ein Teilchen (Atom, Ion, Molekül), das Elektronen aufnimmt, d.h. als *Elektronenakzeptor* wirkt, oxidiert seinen Reaktionspartner. Man bezeichnet es deshalb als **Oxidationsmittel**. Entsprechend wird ein Teilchen, das Elektronen abgibt, d.h. als *Elektronendonator* wirkt, als **Reduktionsmittel** bezeichnet.
Ein Oxidationsmittel wird also selbst reduziert. Entsprechend wird ein Reduktionsmittel oxidiert.

Korrespondierende Redoxpaare. Elektronenabgabe und Elektronenaufnahme sind umkehrbare Vorgänge. Ein Reduktionsmittel wird durch Elektronenabgabe zum korrespondierenden Oxidationsmittel (z. B. $Fe^{2+} \longrightarrow Fe^{3+} + e^-$, V3), ein Oxidationsmittel durch Elektronenaufnahme zum korrespondierenden Reduktionsmittel (z. B. $Fe^{3+} + e^- \longrightarrow Fe^{2+}$, V4).
So ist jedem Reduktionsmittel ein ganz bestimmtes, ihm zugehöriges korrespondierendes Oxidationsmittel zugeordnet und umgekehrt. Beide bilden ein *korrespondierendes Redoxpaar*.
An jeder Redoxreaktion sind stets zwei korrespondierende Redoxpaare beteiligt, z. B. bei der Reaktion von Fe^{2+}- mit Ag^+-Ionen die Redoxpaare Fe^{2+}/Fe^{3+} und Ag/Ag^+ [V3b]. Damit gilt für Redoxreaktionen ein allgemeines Schema:

Red	⇌	Ox + z e⁻	kurz: Red/Ox
Ag	⇌	$Ag^+ + e^-$	kurz: Ag/Ag^+
Cu	⇌	$Cu^{2+} + 2 e^-$	kurz: Cu/Cu^{2+}
2 Cl⁻	⇌	$Cl_2 + 2 e^-$	kurz: Cl^-/Cl_2
2 O²⁻	⇌	$O_2 + 4 e^-$	kurz: O^{2-}/O_2

B3 Korrespondierende Redoxpaare (Beispiele). Das Symbol *z* steht für die Anzahl der übertragenen Elektronen

---

V1 a) In einen Glaszylinder, dessen Boden mit Sand bedeckt ist, werden einige Tropfen Brom gegeben. In den mit Bromdampf gefüllten Standzylinder wird ein brennendes Stück Magnesiumband gehalten (Abzug!).

V2 *(Abzug!)* In einem Reagenzglas wird Bromwasser zu etwas Kupferpulver gegeben und geschüttelt.

V3 Oxidation von Fe^{2+}-Ionen:
a) *(Abzug!)* In eine Lösung von Eisen(II)-sulfat leitet man Chlor ein.
b) Zu einer Eisen(II)-sulfat-Lösung gibt man eine Lösung von Silbernitrat und erwärmt vorsichtig.

V4 Reduktion von Fe^{3+}-Ionen:
a) Geben Sie Zinkpulver zu einer Lösung von Eisen(III)-chlorid und schütteln Sie.
b) Versetzen Sie eine Eisen(III)-chlorid-Lösung mit einer Lösung von Kaliumiodid.
c) Zeigen Sie durch Nachweisreaktionen, dass Fe^{3+}-Ionen zu Fe^{2+}-Ionen reduziert werden (a und b) und Iod gebildet wird (b).
Hinweis: Fe^{3+}-Ionen kann man mit einer Lösung von Kaliumthiocyanat (KSCN) nachweisen (Rotfärbung), Fe^{2+}-Ionen mit einer Lösung von Kalium-hexacyanoferrat(III) ($K_3[Fe(CN)_6]$, Blaufärbung).
Iod lässt sich mit Stärkelösung nachweisen (Blaufärbung).

A1 Kupfer reagiert mit Schwefel zu Kupfer(I)-sulfid. Kennzeichnen Sie wie in B2 die Elektronenübergänge. Nennen Sie die Gemeinsamkeit dieser Reaktion zur Reaktion von Kupfer mit Sauerstoff.

A2 Eisen reagiert mit Sauerstoff zu Eisen(III)-oxid und mit Chlor zu Eisen(III)-chlorid [B5, B6]. Formulieren Sie für beide Fälle die Teilgleichungen für die Oxidationen und Reduktionen. Geben Sie jeweils die korrespondierenden Redoxpaare an und ordnen Sie deren Partnern die Begriffe Reduktionsmittel bzw. Oxidationsmittel zu.

A3 Formulieren Sie die Teilgleichungen für die Oxidationen und Reduktionen sowie die Gesamtgleichungen für die Redoxreaktionen, die in den Versuchen V2, V3 und V4 ablaufen. Geben Sie jeweils die korrespondierenden Redoxpaare an.

---

korrespondierend von mittellat. *correspondere*, in Beziehung stehen

B4 Kupfer reagiert mit Brom in Wasser

B5 Eisen reagiert mit Sauerstoff

B6 Eisen reagiert mit Chlor

7.2 Oxidationszahlen und Redoxgleichungen

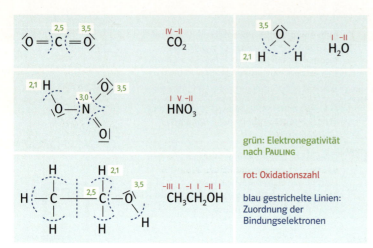

B1 Ermittlung von Oxidationszahlen

grün: Elektronegativität nach PAULING

rot: Oxidationszahl

blau gestrichelte Linien: Zuordnung der Bindungselektronen

Redoxreaktionen finden nicht nur bei der Bildung von Ionen statt, sondern auch dann, wenn Nichtmetallatome miteinander zu Molekülen reagieren. Beim Aufstellen der Redoxgleichungen ist das Konzept der Oxidationszahlen hilfreich.

Zur Ermittlung der Oxidationszahlen stellt man sich vor, die Elektronen einer polaren Atombindung seien vollständig an das elektronegativere Atom abgegeben, sodass formal Atomionen entstehen [B1]. Die Oxidationszahl (OZ) eines Atoms erhält man, indem man die Anzahl der Valenzelektronen des formalen Atomions von der Anzahl der Valenzelektronen des ungebunden Atoms subtrahiert.

Die Oxidationszahl eines Atoms in einem Molekül gibt die gedachte Ladung an, die dieses Atom hätte, wenn die Elektronen aller Bindungen dem jeweils elektronegativeren Atom zugeordnet würden.

1. Die Summe der Oxidationszahlen aller Atome ist bei *Molekülen* 0, bei *Molekülionen* entspricht sie der Ionenladung.
2. Ein Metallatom hat immer eine positive Oxidationszahl.
3. Das Fluoratom hat immer die Oxidationszahl –I.
4. Das Wasserstoffatom hat meistens die Oxidationszahl I.
5. Das Sauerstoffatom hat meistens die Oxidationszahl –II.

B2 Regeln zur Ermittlung von Oxidationszahlen in Verbindungen

In Formeln werden Oxidationszahlen in *römischen Ziffern* über das jeweilige Atomsymbol geschrieben (negative Oxidationszahlen mit Minuszeichen).

Bei *elementaren Stoffen* erhalten die Atome die Oxidationszahl Null (arabische Ziffer 0). Bei *Atomionen* entspricht die Oxidationszahl der Ionenladung (Beispiele: OZ(Fe^{2+}) = II; OZ(Cl^-) = –I).
Um die Oxidationszahlen der *Atome in Molekülen und Ionen* zu ermitteln, kann man aufgrund der Elektronegativität (s. Periodensystem im hinteren Einband) einige einfache Regeln formulieren [B2]. Diese Regeln sind in ihrer *Rangfolge* zu beachten. Beispiele:
– Das Wasserstoffatom in Verbindungen mit Metallen erhält die Oxidationszahl –I (z. B. Lithiumhydrid, LiH, Regel 2 bricht Regel 4).
– Das Sauerstoffatom in Peroxiden erhält die Oxidationszahl –I (z. B. Wasserstoffperoxid, H_2O_2, Regel 4 bricht Regel 5).

Oxidationszahlen und chemische Reaktionen.
Die *Oxidation* ist eine *Elektronenabgabe*. Daher erhöht sich für das entsprechende Atom die Oxidationszahl. Die *Reduktion* ist eine *Elektronenaufnahme*. Daher erniedrigt sich die Oxidationszahl des betreffenden Atoms. Bei einer chemischen Reaktion kann man durch die Änderung der Oxidationszahlen erkennen, ob eine Redoxreaktion vorliegt [B4].

Oxidation liegt vor bei einer Erhöhung der Oxidationszahl; Reduktion liegt vor bei einer Erniedrigung der Oxidationszahl.

Welche Oxidationszahlen haben die Atome im Schwefelsäuremolekül?

Im Molekül H_2SO_4 sind enthalten:
2 Wasserstoffatome, OZ(H) = I (Regel 4)
4 Sauerstoffatome, OZ(O) = –II (Regel 5)
1 Schwefelatom, dessen OZ berechnet werden muss. Dazu geht man folgendermaßen vor:
2 · OZ(H) + 1 · OZ(S) + 4 · OZ(O) = 0 (Regel 1)
OZ(S) = –2 · OZ(H) – 4 · OZ(O)
= –2 · I – 4 · (–II)
= VI

$\overset{I\ \ VI\ -II}{H_2SO_4}$

B3 Berechnung einer Oxidationszahl

228 Redoxreaktionen und Elektrochemie

Oxidationszahlen und Redoxgleichungen

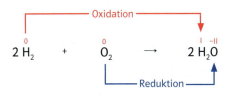

B4 Die Verbrennung von Wasserstoff ist eine Redoxreaktion

Zum Aufstellen einer Redoxgleichung ist es zweckmäßig, zunächst die *Teilgleichungen* für die Oxidation und die Reduktion zu formulieren [B5].

1. Schreiben Sie die *Teilchenformeln* der Ausgangs- und Endstoffe.
   Bestimmen Sie die *Oxidationszahlen* (OZ). Ordnen Sie die Begriffe Oxidation (Erhöhung der OZ) und Reduktion (Erniedrigung der OZ) dem entsprechenden Vorgang zu.

2. Schreiben Sie die *Teilgleichungen*:
   a) Schreiben Sie das jeweilige Redoxpaar mit Oxidationszahlen.
   b) Gleichen Sie die Änderung der Oxidationszahl durch Elektronen aus. Beachten Sie dabei die Anzahl der Teilchen.
   c) Gleichen Sie die Anzahl der Elementarladungen aus durch eine entsprechende Anzahl von
      H_3O^+-Ionen in saurer Lösung bzw.
      OH^--Ionen in alkalischer Lösung.
   d) Gleichen Sie die Atombilanzen durch eine entsprechende Anzahl von
      H_2O-Molekülen aus.

3. Schreiben Sie die *Redoxgleichung*:
   a) Multiplizieren Sie die Teilgleichungen ggf. mit Faktoren, sodass die Anzahlen der abgegebenen und aufgenommenen Elektronen gleich sind. Verwenden Sie die kleinstmöglichen ganzzahligen Faktoren.
   b) Addieren Sie die Teilgleichungen zur Redoxgleichung.

V1 Kaliumiodidlösung (KI) wird mit verdünnter Schwefelsäure versetzt. Dann gibt man etwas Stärkelösung und Speisesalz, das Kaliumiodat (KIO_3) enthält, dazu [B6].

A1 Geben Sie jeweils die Oxidationszahlen aller Atome an: AlF_3, CaH_2, C_2H_4, CCl_4, HCHO, CH_3CH_3, HCOOH, CO_3^{2-}, HClO, H_2S, HSO_3^-, NH_3, N_2O, H_3PO_4.

A2 Diskutieren Sie bei Betrachtung der Oxidationszahlen aller Atome die Besonderheiten der folgenden Reaktionen:
a) $2\,H_2O_2 \longrightarrow 2\,H_2O + O_2$
b) $NH_4^+ + NO_2^- \longrightarrow N_2 + 2\,H_2O$
c) $Cl_2 + 2\,OH^- \longrightarrow ClO^- + Cl^- + H_2O$

A3 Formulieren Sie zu V1 die Teilgleichungen für die Oxidation und die Reduktion sowie die Redoxgleichung. (Reaktionsprodukt: I_2-Moleküle).

A4 Vervollständigen Sie die folgende Redoxgleichung in *alkalischer* Lösung:
MnO_4^-, $Mn^{2+} \longrightarrow MnO_2$

B6 Nachweis von Iodationen in Speisesalz [V1]: Blaufärbung zeigt Iod an

Beispiel: Eisen(II)-Ionen reagieren in saurer Lösung mit Permanganationen unter Bildung von Eisen(III)-Ionen und Mangan(II)-Ionen.

1. Teilchenformeln mit Oxidationszahlen und Zuordnung zu Oxidation und Reduktion:

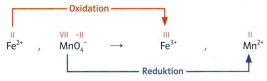

2. Teilgleichungen:

Oxidation:
a) $\overset{II}{Fe^{2+}} \longrightarrow \overset{III}{Fe^{3+}}$
b) $Fe^{2+} \longrightarrow Fe^{3+} + 1\,e^-$
c)
d)

Reduktion:
$\overset{VII}{MnO_4^-} \longrightarrow \overset{II}{Mn^{2+}}$
$MnO_4^- + 5\,e^- \longrightarrow Mn^{2+}$
$MnO_4^- + 5\,e^- + 8\,H_3O^+ \longrightarrow Mn^{2+}$
$MnO_4^- + 5\,e^- + 8\,H_3O^+ \longrightarrow Mn^{2+} + 12\,H_2O$

3. Redoxgleichung:

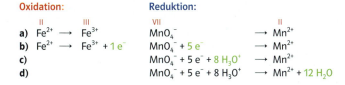

a) Ox: $Fe^{2+} \longrightarrow Fe^{3+} + 1\,e^-$ | · 5
   Red: $MnO_4^- + 5\,e^- + 8\,H_3O^+ \longrightarrow Mn^{2+} + 12\,H_2O$

b) RedOx: $5\,Fe^{2+} + MnO_4^- + 8\,H_3O^+ \longrightarrow 5\,Fe^{3+} + Mn^{2+} + 12\,H_2O$

B5 Aufstellen einer Redoxgleichung (weitere Beispiele in Kap. 7.8)

7.3 Praktikum Redoxtitrationen

Bestimmung bedeutet in der Analytik: Ermittlung einer Konzentration

Redoxreaktionen dienen ähnlich wie Säure-Base-Reaktionen auch zur quantitativen Analyse wässriger Lösungen.

Permanganometrie. Permanganationen (MnO_4^-) in saurer Lösung sind ein starkes Oxidationsmittel. Eine Kaliumpermanganatmaßlösung eignet sich deshalb zur Bestimmung von Reduktionsmitteln, z. B. Eisen(II)-Ionen oder Oxalationen ($C_2O_4^{2-}$). Die violette Permanganatlösung wird beim Eintropfen in die Probelösung entfärbt und es entsteht die farblose Lösung eines Mangan(II)-Salzes:

$$MnO_4^- + 5\,Fe^{2+} + 8\,H_3O^+ \longrightarrow Mn^{2+} + 5\,Fe^{3+} + 12\,H_2O$$

$$2\,MnO_4^- + 5\,C_2O_4^{2-} + 16\,H_3O^+ \longrightarrow 2\,Mn^{2+} + 10\,CO_2 + 24\,H_2O$$

Der Äquivalenzpunkt ist erreicht, wenn die zugegebene Permanganatlösung nicht mehr ganz entfärbt wird und die Farbe der Probelösung schwach violett bleibt.

V1 Titration einer Oxalsäurelösung
Geräte und Chemikalien: Weithalserlenmeyerkolben (250 ml), Messpipette (50 ml), Pipettierhilfe, Bürette (25 ml) am Stativ, Messzylinder (25 ml), Oxalsäurelösung (unbekannte Konzentration), Kaliumpermanganatmaßlösung ($c(MnO_4^-) = 0,01$ mol/l), Schwefelsäure ($w = 25\%$).
Durchführung: Pipettieren Sie in einen 250-ml-Erlenmeyerkolben 50 ml Oxalsäurelösung und fügen Sie ca. 10 ml Schwefelsäure zu. Titrieren Sie die Lösung mit Kaliumpermanganatmaßlösung, bis die Lösung schwach violett bleibt. Notieren Sie das Volumen der verbrauchten Maßlösung.
Aufgabe: Berechnen Sie die Stoffmengenkonzentration der Oxalsäurelösung in mol/l.

B1 Oxalsäure (Ethandisäure)

Iod-Kaliumiodid-Lösung
Da Iod in Wasser schlecht löslich ist, löst man Iod in Kaliumiodidlösung. Es bilden sich gut lösliche I_3^--Ionen

Iodometrie. Das Redoxpaar I^-/I_2 eignet sich zur Bestimmung von Reduktionsmitteln und Oxidationsmitteln. Reduktionsmittel titriert man mit Iod-Kaliumiodid-Lösung. Zur Bestimmung von Oxidationsmitteln setzt man Kaliumiodidlösung im Überschuss zu und bestimmt dann das gebildete Iod.

Zu den iodometrischen Verfahren gehört auch **die Winkler-Methode zur Sauerstoffbestimmung.** Sauerstoff spielt für das Leben im Wasser eine wichtige Rolle. Man kann die Sauerstoffkonzentration als einen Indikator für die Gewässergüte auffassen.

Bei der Winkler-Methode misst man eine Gewässerprobe in einer Flasche mit definiertem Volumen ab. Der gelöste Sauerstoff wird zunächst durch Reaktion mit Mn^{2+}-Ionen in alkalischer Lösung „fixiert". Dazu setzt man der Probe Mangan(II)-chlorid-Lösung und alkalische Kaliumiodidlösung zu. Der gelöste Sauerstoff oxidiert die Mangan(II)-Ionen. Es entsteht ein schwer löslicher, gelbbrauner Niederschlag von Mangan(III)-hydroxid-oxid:

$$4\,Mn^{2+} + O_2 + 8\,OH^- \longrightarrow 4\,MnO(OH) + 2\,H_2O \quad (1)$$

Danach wird das Gemisch mit Phosphorsäure angesäuert (pH < 1). Das Mangan(III)-hydroxidoxid oxidiert nun Iodidionen zu Iodmolekülen:

$$4\,MnO(OH) + 4\,I^- + 12\,H_3O^+ \longrightarrow 4\,Mn^{2+} + 2\,I_2 + 20\,H_2O \quad (2)$$

Das entstandene Iod wird mit einer Maßlösung von Natriumthiosulfat ($Na_2S_2O_3$) titriert. Dabei werden die Iodmoleküle zu Iodidionen reduziert und die Thiosulfationen zu Tetrathionationen oxidiert:

$$I_2 + 2\,S_2O_3^{2-} \longrightarrow 2\,I^- + S_4O_6^{2-} \quad (3)$$

Der Äquivalenzpunkt ist am Verschwinden der gelbbraunen Farbe des Iods nur schwer zu erkennen. Die Anzeige des Äquivalenzpunktes kann durch Zusatz von Stärkelösung zur Probelösung kurz vor Erreichen des Äquivalenzpunktes verbessert werden, da Iod schon in geringen Konzentrationen mit Stärke eine tiefblaue Verbindung bildet.

Am Äquivalenzpunkt gilt:

$n(O_2) = ¼\,n(S_2O_3^{2-})$

Redoxreaktionen und Elektrochemie

V2 Bestimmung von Sauerstoff in einer Gewässerprobe

Geräte: 1 Winklerflasche, Weithalserlenmeyerkolben (250 ml), 3 Vollpipetten (zwei 1 ml, eine 2 ml), Pipettierhilfe, Bürette (25 ml) am Stativ, Auffangschale, Tropfpipette, Glasperlen, Thermometer, Magnetrührer.
Hinweis: Statt der Winklerflasche kann man auch eine andere luftdicht verschließbare Flasche verwenden (z. B. Polyethylenflasche ca. 100 ml, genaues Volumen durch Einfüllen von Wasser und Abwiegen ermitteln).
Chemikalien: 40 g Mangan(II)-chlorid in 50 ml dest. Wasser, Natriumthiosulfatmaßlösung ($c(Na_2S_2O_3)$ = 0,01 mol/l), 10 g Kaliumiodid und 18 g Natriumhydroxid in 50 ml dest. Wasser, konz. Phosphorsäure ($w(H_3PO_4)$ = 85 %), frisch bereitete Stärkelösung (w = 1 %).

Durchführung:
a) Füllen Sie eine Winklerflasche mit der Gewässerprobe unter Vermeidung von Luftblasen bis zum Überlaufen und verschließen Sie die Flasche fest.
b) Stellen Sie die Winklerflasche in eine Auffangschale und geben Sie zu der Gewässerprobe nacheinander 1 ml Mangan(II)-chlorid-Lösung und 1 ml Kaliumiodid-Natriumhydroxid-Lösung (Vollpipetten etwa 2 cm tief eintauchen, keine Luft einblasen). Geben Sie zum besseren Durchmischen eine kleine Glasperle in die Flasche. Verschließen Sie die Flasche blasenfrei, dabei laufen 2 ml Probelösung über (V(Überlauf) = 2 ml). Schütteln Sie die Flasche.
c) Geben Sie nach dem Absetzen des Niederschlags 2 ml Phosphorsäure in die Winklerflasche (Vollpipette eintauchen) und verschließen Sie die Flasche blasenfrei. (Der Überlauf spielt hier keine Rolle, da der Sauerstoff im Niederschlag „fixiert" ist.) Schütteln Sie, bis sich der Niederschlag gelöst hat, lassen Sie dann die Flasche etwa 10 Minuten im Dunkeln stehen. Danach füllen Sie den Flascheninhalt in den Erlenmeyerkolben.
d) Titrieren Sie die Lösung mit Natriumthiosulfatmaßlösung bis zur schwachen Gelbfärbung. Fügen Sie dann einige Tropfen Stärkelösung hinzu und titrieren Sie bis zum Farbumschlag von Blau nach Farblos. Notieren Sie das Volumen der verbrauchten Maßlösung V(Maßlösung).

B2 Winkler-Methode zur Sauerstoffbestimmung: „Fixierung" des gelösten Sauerstoffs durch Ausfällen von Mangan(III)-hydroxid (links), Bildung von Iod nach Säurezugabe (Mitte), Titration mit Natriumthiosulfat und Zugabe von Stärkelösung kurz vor Erreichen des Äquivalenzpunktes (rechts)

Aufgaben:
– Entwickeln Sie die Redoxgleichungen (1), (2) und (3) mithilfe der Teilgleichungen für die Oxidation und die Reduktion.
– Zeigen Sie anhand der Redoxgleichungen (1), (2) und (3), dass am Äquivalenzpunkt gilt:
$n(O_2) = \frac{1}{4}\, n(S_2O_3^{2-})$
– Berechnen Sie die Massenkonzentration β des Sauerstoffs in der Gewässerprobe.

Beispiel:
V(Flasche) = 102 ml
V(Überlauf) = 2 ml
$\Rightarrow V$(Probelösung) = 102 ml − 2 ml = 100 ml
$c(S_2O_3^{2-}) = c(Na_2S_2O_3)$ = 0,01 mol/l
V(Maßlösung) = 9,5 ml

$$\beta(\text{Sauerstoff}) = \frac{m(\text{Sauerstoff})}{V(\text{Probelösung})}$$

Mit $m(\text{Sauerstoff}) = n(O_2) \cdot M(O_2)$

und $n(O_2) = \frac{1}{4} \cdot n(S_2O_3^{2-}) = \frac{1}{4} \cdot c(S_2O_3^{2-}) \cdot V(\text{Maßlösung})$

ergibt sich durch Einsetzen:

$$\beta(\text{Sauerstoff}) = \frac{\frac{1}{4} \cdot c(S_2O_3^{2-}) \cdot V(\text{Maßlösung}) \cdot M(O_2)}{V(\text{Probelösung})}$$

$$\beta(\text{Sauerstoff}) = \frac{\frac{1}{4} \cdot 0{,}01\,\text{mol/l} \cdot 9{,}5\,\text{ml} \cdot 32{,}0\,\text{g/mol}}{100\,\text{ml}} = 0{,}0076\,\text{g/l} = 7{,}6\,\text{mg/l}$$

B3 Beispielrechnung

7.4 Die Redoxreihe

Bei vielen Redoxreaktionen geben Metallatome Elektronen ab und werden zu Kationen. Die Fähigkeit zur Elektronenabgabe und somit das Reduktionsvermögen ist je nach Metall unterschiedlich.

Redoxreihe der Metalle. Taucht man einen Eisennagel in eine Kupfer(II)-sulfat-Lösung, so scheidet sich am Nagel Kupfer ab, und es bilden sich Fe^{2+}-Ionen [V1, B1]. Eisenatome reduzieren Cu^{2+}-Ionen zu Kupferatomen.

Oxidation: $Fe \longrightarrow Fe^{2+} + 2\,e^-$
Reduktion: $Cu^{2+} + 2\,e^- \longrightarrow Cu$
___
Redoxreaktion: $Fe + Cu^{2+} \longrightarrow Fe^{2+} + Cu$

Gibt man umgekehrt ein Stück Kupferblech in eine Eisen(II)-sulfat-Lösung, so ist keine Reaktion feststellbar. Kupferatome sind nicht in der Lage, Fe^{2+}-Ionen zu reduzieren. Eisenatome geben offensichtlich leichter Elektronen ab als Kupferatome. Eisen ist somit ein stärkeres *Reduktionsmittel* als Kupfer, das Cu^{2+}-Ion ein stärkeres *Oxidationsmittel* als das Fe^{2+}-Ion.

Führt man solche Versuche systematisch mit mehreren Metallen und Salzlösungen durch [V2], so kann man anhand der Ergebnisse die Metalle in einer *Redoxreihe* anordnen:

Metallatome: zunehmend starke Reduktionsmittel
Ag/Ag^+
Cu/Cu^{2+}
Fe/Fe^{2+}
Zn/Zn^{2+}
Ionen der Metalle: zunehmend starke Oxidationsmittel

Ein Metallatom kann die Ionen des in der Redoxreihe über ihm stehenden Metalls reduzieren.

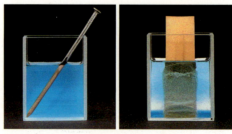

B1 Eisennagel in Kupfer(II)-sulfat-Lösung (links), Kupferblech in Silbernitratlösung (rechts)

Redoxreihe der Nichtmetalle. Eine Redoxreihe kann man auch für Redoxpaare des Typs Nichtmetallion/Nichtmetallmolekül aufstellen. Chlormoleküle können z. B. Bromidionen und Iodidionen zu Brommolekülen bzw. Iodmolekülen oxidieren. Brommoleküle können ihrerseits Iodidionen zu Iodmolekülen oxidieren [V3]. Somit muss für die drei Redoxpaare die folgende Redoxreihe gelten:

Ionen der Nichtmetalle: zunehmend starke Reduktionsmittel
Cl^-/Cl_2
Br^-/Br_2
I^-/I_2
Nichtmetallmoleküle: zunehmend starke Oxidationsmittel

V1 a) Tauchen Sie einen blanken Eisennagel in eine Kupfer(II)-sulfat-Lösung.
b) Geben Sie Eisenpulver in eine verdünnte Kupfer(II)-sulfat-Lösung und schütteln Sie die erhaltene Suspension. Versetzen Sie dann eine Probe der Lösung mit Kaliumhexacyanoferrat(III)-Lösung (Fe^{2+}-Nachweis, vgl. Kap. 7.1, V4).

V2 Tauchen Sie blanke Streifen der Metalle Eisen, Kupfer, Silber und Zink nacheinander jeweils in Eisen(II)-sulfat-, Kupfer(II)-sulfat-, Silbernitrat- und Zinksulfatlösung.

V3 Drei Reagenzgläser (a), (b) und (c) werden mit je 1 ml Heptan gefüllt (Abzug!). Man gibt in (a) 2 ml verdünnte Kaliumbromidlösung, in (b) und (c) je 2 ml verdünnte Kaliumiodidlösung. Zu (a) und (b) gibt man dann je 1 ml Chlorwasser und zu (c) 1 ml Bromwasser. Danach werden die Reagenzgläser kurz geschüttelt.
Hinweis: Braunfärbung des Heptans zeigt die Bildung von Brom an, Violettfärbung die Bildung von Iod.

V4 Lassen Sie auf Proben der Metalle Eisen, Kupfer, Silber und Zink verdünnte Salzsäure einwirken.

A1 Formulieren Sie zu den Reaktionen der Versuche V2 und V3 jeweils die Reaktionsgleichungen für die Oxidation, die Reduktion und die gesamte Redoxreaktion.

A2 An welcher Stelle der Redoxreihe der Metalle ist mit den Ergebnissen von V4 das Redoxpaar H_2/H_3O^+ einzuordnen?

7.5 Galvanische Elemente

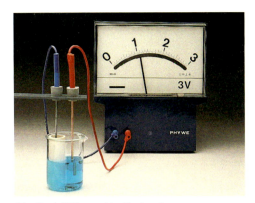

B1 Daniell-Element im Becherglas

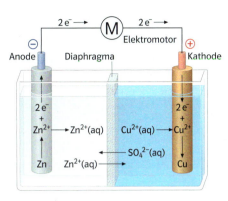

B2 Reaktionen im Daniell-Element

Daniell-Element 1836 von JOHN FREDERIC DANIELL erfunden

Anode von griech. ana, hinauf; hodos, Weg

Kathode von griech. kata, herab; hodos, Weg

Phasengrenze Fläche, an der sich die chemische Zusammensetzung und/oder der Aggregatzustand sprunghaft ändert

Taucht man ein Stück Zink in eine Kupfer(II)-sulfat-Lösung, so scheidet sich Kupfer am Zink ab (Kap. 7.4, V2), [B3].

Oxidation: $Zn \longrightarrow Zn^{2+} + 2\,e^-$
Reduktion: $Cu^{2+} + 2\,e^- \longrightarrow Cu$
Redoxreaktion: $Zn + Cu^{2+} \longrightarrow Zn^{2+} + Cu$

Der Elektronenübergang findet unmittelbar an der Zinkoberfläche statt und ist nicht direkt als Strom messbar.

Das Daniell-Element, ein galvanisches Element.
Wenn die Oxidation und die Reduktion räumlich getrennt stattfinden, kann man den Elektronenübergang in Form von elektrischem Strom nutzbar machen. In einem *Daniell-Element* taucht ein Kupferblech in Kupfer(II)-sulfat-Lösung und ein Zinkblech in Zinksulfatlösung. Die Lösungen sind durch ein *Diaphragma* (poröse Trennwand) voneinander getrennt. Die Redoxreaktion beginnt erst, wenn man das Kupfer- und das Zinkblech über einen Leitungsdraht verbindet. Mit einem Daniell-Element kann man z. B. einen kleinen Elektromotor betreiben [V1].
Das Diaphragma erlaubt die Ionenwanderung zwischen den beiden Lösungen, verhindert aber eine rasche Vermischung durch Diffusion. Durch die Ionenwanderung wird der Stromkreis geschlossen. B2 zeigt die chemischen Vorgänge bei Stromfluss. Die Elektronen fließen im Leitungsdraht vom Zink zum Kupfer. Die Lösungen bleiben trotzdem elektrisch neutral: Sulfationen wandern zur Zinkelektrode, an der Zn^{2+}-Ionen gebildet werden. Gleichzeitig wandern Zn^{2+}-Ionen zur Kupferelektrode, wo Cu^{2+}-Ionen entladen werden.

Ein galvanisches Element (galvanische Zelle) macht eine Redoxreaktion als Spannungsquelle nutzbar. In ihm laufen eine Oxidation und eine Reduktion räumlich getrennt ab.

Ein galvanisches Element besteht aus zwei **Halbelementen** (Halbzellen), die durch ein Diaphragma getrennt sind. In den Halbzellen befindet sich eine Lösung, in der Ionen elektrische Ladung transportieren können, eine **Elektrolytlösung**. Ein Elektronenleiter (Metall oder Graphit), der in eine Elektrolytlösung taucht, wird als **Elektrode** bezeichnet. Die Elektrode, an der Teilchen oxidiert werden, wird **Anode** genannt. Die Elektrode, an der Teilchen reduziert werden, heißt **Kathode**. Die Anode ist bei einem galvanischen Element der *Minuspol*, da hier Elektronen aus dem Element in den Leitungsdraht austreten. Die Kathode ist der *Pluspol*.
Ein galvanisches Element wie das Daniell-Element kann durch die folgende Schreibweise symbolisiert werden:

$Zn / ZnSO_4\,(c = 1\,mol/l) // CuSO_4\,(c = 1\,mol/l) / Cu$

Die Schrägstriche stehen für Phasengrenzen. Der doppelte Schrägstrich kennzeichnet ein Diaphragma. Üblicherweise wird zuerst das Halbelement angegeben, das den Minuspol bildet.

B3 Zinkstab in Kupfer(II)-sulfat-Lösung

Redoxreaktionen und Elektrochemie 233

Galvanische Elemente

Potential von lat. potentia, Macht, Kraft

Spannungen galvanischer Elemente. Verbindet man die beiden Elektroden des Daniell-Elements über ein Spannungsmessgerät mit hohem Innenwiderstand, d.h. bei sehr kleiner Stromstärke, so misst man zwischen den beiden Elektroden eine elektrische Gleichspannung von 1,1 V. Diese **Leerlaufspannung** ist unabhängig von den Abmessungen der Elektroden [V1].

Eine elektrische Spannung ist gleichbedeutend mit einer elektrischen *Potentialdifferenz* (Exkurs in Kap. 7.6). Jedem korrespondierenden Redoxpaar eines Halbelements kann ein elektrisches Potential *E* zugeordnet werden, das als **Redoxpotential** bezeichnet wird. Ein Redoxpotential kann man jedoch nicht absolut messen, sondern nur relativ zu einem anderen Redoxpotential [Exkurs]. Man benötigt also immer ein *Bezugshalbelement*. Kombiniert man zwei Halbelemente zu einem galvanischen Element, so ist die Leerlaufspannung gleich der Differenz der beiden Redoxpotentiale.

> Jedem korrespondierenden Redoxpaar kann ein Redoxpotential zugeordnet werden.
> Die Leerlaufspannung eines galvanischen Elements ist die Differenz zweier Redoxpotentiale.

V1 In ein Becherglas, das mit Zinksulfatlösung ($c(ZnSO_4)$ = 1 mol/l) gefüllt ist, taucht ein poröser Tonzylinder, in dem sich Kupfer(II)-sulfat-Lösung ($c(CuSO_4)$ = 1 mol/l) befindet. (Die Füllhöhen der Lösungen müssen gleich sein.) In die Zinksulfatlösung taucht ein Zinkblech, in die Kupfer(II)-sulfat-Lösung ein Kupferblech [B2].
a) Verbinden Sie das Kupferblech mit dem Pluspol, das Zinkblech mit dem Minuspol eines Spannungsmessgerätes (mit hohem Innenwiderstand) und bestimmen Sie so die Leerlaufspannung. Verändern Sie dabei die Eintauchtiefe der Elektroden.
b) Verbinden Sie die Elektroden z. B. mit einem kleinen Elektromotor. Verändern Sie wieder die Eintauchtiefe der Elektroden. Beobachten Sie dabei den Elektromotor und messen Sie gleichzeitig die Spannung.

Um die Leerlaufspannungen verschiedener galvanischer Elemente zu vergleichen, misst man sie bei ϑ = 25 °C. Um die Redoxpotentiale vergleichbar zu machen, bestimmt man die sogenannten Standardpotentiale (Kap. 7.6).

Exkurs Messung von Redoxpotentialen

Die in B4 angegebenen galvanischen Elemente werden aufgebaut, z. B. in einem U-Rohr mit Diaphragma. Alle Elektrolytlösungen haben die Konzentration c = 0,1 mol/l. Bei jedem galvanischen Element wird ermittelt, welche Elektrode der Minus- bzw. Pluspol ist. Die Spannung wird gemessen.

Zn/ZnSO$_4$//FeSO$_4$/Fe
Zn/ZnSO$_4$//CuSO$_4$/Cu
Zn/ZnSO$_4$//AgNO$_3$/Ag
Fe/FeSO$_4$//CuSO$_4$/Cu
Fe/FeSO$_4$//AgNO$_3$/Ag
Cu/CuSO$_4$//AgNO$_3$/Ag

B4 Galvanische Elemente und Versuchsaufbau

Ergebnis: In diesen galvanischen Elementen ist Zink stets der Minuspol, Silber stets der Pluspol. Wählt man *willkürlich* das Halbelement bzw. Redoxpaar Zn/Zn^{2+} als Nullpunkt einer Spannungsskala, kann jedem anderen Redoxpaar ein Redoxpotential *E* gegenüber diesem *Bezugshalbelement* bzw. Bezugsredoxpaar zugeordnet werden:

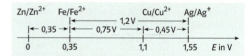

Die Reihenfolge der Redoxpaare in dieser Spannungsskala ist mit der in der Redoxreihe identisch. Die Spannungen der anderen galvanischen Elemente können als Differenzen dieser Redoxpotentiale berechnet werden.

Achtung: Die so bestimmten Redoxpotentiale *E* gelten nur für gleiche Elektrolytkonzentrationen (z. B. c = 0,1 mol/l) und nur in Bezug auf das willkürlich gewählte Halbelement Zn/Zn^{2+}. Es handelt sich *nicht* um die Standardpotentiale.

234 Redoxreaktionen und Elektrochemie

Galvanische Elemente

Lösungstension. Das Zustandekommen der Spannung eines galvanischen Elements von der Art des Daniell-Elements lässt sich anschaulich darstellen [B5]. Jedes Metall besitzt die Fähigkeit, in wässriger Lösung Ionen zu bilden. Diese als *Lösungstension* bezeichnete Fähigkeit ist von Metall zu Metall verschieden. Sie hängt von der Energiebilanz bei der Bildung hydratisierter Metallkationen aus dem Metallgitter ab. Das Ausmaß der Ionenbildung hängt auch davon ab, wie groß die Konzentration dieser Ionen bereits ist.

Elektrochemische Doppelschicht. Treten aus der Metalloberfläche Metallionen in die Lösung über, so bleiben Elektronen im Metall zurück, das sich dadurch negativ auflädt. Durch die Ionenbildung entsteht an der Grenze zwischen Metall und Lösung ein elektrisches Feld, welches die Bildung weiterer Ionen behindert. Umgekehrt besteht auch die Tendenz, dass Metallkationen durch das elektrische Feld wieder zum Metall zurückgeführt werden und dort Elektronen aufnehmen. Für jedes Metall stellt sich ein charakteristisches dynamisches Gleichgewicht ein, das zur Bildung einer *elektrochemischen Doppelschicht* aus Ionen und Elektronen führt. Infolge der Teilchenbewegung ist die Doppelschicht nicht völlig starr, sondern diffus.
Mit der elektrochemischen Doppelschicht lässt sich z. B. erklären, wie die Spannung beim Daniell-Element zustande kommt: An der Kupferelektrode bilden sich weit weniger Ionen als an der Zinkelektrode. Auf der Kupferelektrode bleiben somit weniger Elektronen zurück, d. h., es herrscht dort ein geringerer „Elektronendruck". Verbindet man die Elektroden durch einen Draht miteinander, so fließen die Elektronen vom Ort höheren „Elektronendrucks" (Zink) zum Ort niedrigeren „Elektronendrucks" (Kupfer).

Volta-Element. Beim Daniell-Element tauchen die beiden Metallelektroden in Lösungen der entsprechenden Metallionen. Man kann aber auch eine Spannung messen, wenn zwei verschiedene Metalle in dieselbe Elektrolytlösung tauchen, da die Metalle gegenüber der Lösung unterschiedliche Lösungstensionen haben. Darauf beruht das **Volta-Element**, bei dem Zink oder Zinn und Kupfer oder Silber in verdünnte Schwefelsäure tauchen [B6].

> **Lösungstension** von lat. tendere, streben
>
> **Volta-Element** 1800 von ALESSANDRO VOLTA erfunden

A1 Welche Reaktionen laufen in einem Strom liefernden Volta-Element aus Zink und Silber ab? Formulieren Sie die Teilgleichungen für die Oxidation und Reduktion.

A2 HEINRICH MEIDINGER verbesserte 1859 das Daniell-Element, indem er es durch ein Glasgefäß, welches mit Kupfer(II)-sulfat-Kristallen gefüllt war, ergänzte. Begründen Sie, warum das Meidinger-Element eine konstante Spannung lieferte und für den Dauerbetrieb geeignet war.

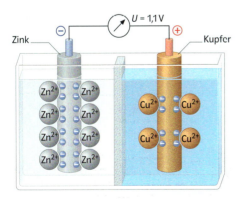

B5 Zustandekommen der Spannung eines Daniell-Elements

B6 ALESSANDRO VOLTA führt NAPOLEON seine neu erfundene Batterie (Volta'sche Säule) vor

Redoxreaktionen und Elektrochemie

7.6 Die elektrochemische Spannungsreihe

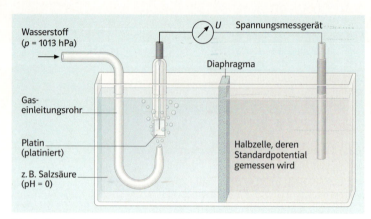

B1 Aufbau einer Standardwasserstoffelektrode

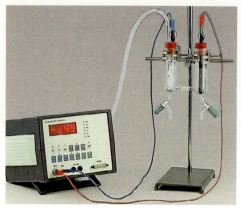

B2 Potentialmessung mit einer Standardwasserstoffelektrode

Standardbedingungen
$\vartheta = 25\,°C$
$p = 1013\,hPa$
$c = 1\,mol/l$
Die hochgestellte Null beim Symbol E^0 bedeutet „unter Standardbedingungen"

Die Spannung eines galvanischen Elements ist abhängig vom *Elektrodenmaterial*, von den verwendeten *Elektrolytlösungen* und deren *Konzentrationen* sowie von der *Temperatur*. Sind Gase an den Reaktionen beteiligt, so ist die Spannung auch vom *Gasdruck* abhängig. Es ist daher sinnvoll, die Spannung galvanischer Elemente bei **Standardbedingungen** anzugeben, d. h. bei $\vartheta = 25\,°C$, $p = 1013\,hPa$ und $c = 1\,mol/l$ für alle Reaktionsteilnehmer.

Bezugshalbelement. Nach internationaler Übereinkunft nimmt man als *Bezugshalbelement* eine **Standardwasserstoffelektrode** [B1, B2]. Es handelt sich um eine Platinelektrode, deren Oberfläche durch aufgebrachtes, fein verteiltes Platin stark vergrößert ist. Diese platinierte Platinelektrode taucht bei $\vartheta = 25\,°C$ in eine Lösung der Oxoniumionenkonzentration $c(H_3O^+) = 1\,mol/l$ (d. h. pH = 0) und wird von Wasserstoff unter einem Druck von $p = 1013\,hPa$ umspült.

Standardpotentiale. Der Standardwasserstoffelektrode wird definitionsgemäß das *Standardpotential* $E^0 = 0\,V$ zugeordnet. Die Standardpotentiale aller anderen Halbelemente beziehen sich darauf. Sie werden mit dem Symbol E^0 gekennzeichnet und in der Einheit Volt angegeben. Standardpotentiale von Halbelementen, die gegen die Standardwasserstoffelektrode den Minuspol bilden, bekommen ein negatives Vorzeichen.

Exkurs Potential und Spannung

Jede elektrische Ladung besitzt ein elektrisches Feld, über das sie Kräfte auf andere Ladungen ausübt. Ein Körper mit der elektrischen Ladung Q hat in einem elektrischen Feld eine potentielle Energie E_{pot}, diese ist abhängig von seinem Ort und seiner Ladung. Um den Körper vom Ort A zum Ort B zu transportieren, ist die Arbeit W_{AB} erforderlich:

$$W_{AB} = E_{pot,B} - E_{pot,A}$$

Dividiert man die potentielle Energie durch die Ladung, erhält man eine Größe, die unabhängig von der Ladung ist, das elektrisches Potential φ:

$$\frac{E_{pot}}{Q} = \varphi$$

Dividiert man die gesamte obige Gleichung durch die Ladung, erhält man damit:

$$\frac{W_{AB}}{Q} = \frac{E_{pot,B}}{Q} - \frac{E_{pot,A}}{Q} = \varphi_B - \varphi_A = \Delta\varphi$$

Die elektrische Potentialdifferenz $\Delta\varphi$ bezeichnet man als **Spannung** U. Sie ist gleich dem Quotienten aus der Arbeit W_{AB} und der Ladung Q.

$$U = \Delta\varphi = \frac{W_{AB}}{Q} \qquad \text{Einheit: } 1\,V = 1\,J/C$$
$$(1\text{ Volt} = 1\text{ Joule / Coulomb})$$

Hinweis: In der Elektrochemie wird für das elektrische Potential meistens das Symbol E statt des φ verwendet.

236 Redoxreaktionen und Elektrochemie

Die elektrochemische Spannungsreihe

Die Spannung zwischen einem Halbelement unter Standardbedingungen und der Standardwasserstoffelektrode heißt Standardredoxpotential, kurz Standardpotential.

Elektrochemische Spannungsreihe. Verschiedene Halbelemente, d.h. korrespondierende Redoxpaare, können nach den Standardpotentialen in einer Reihe angeordnet werden [V1 und V2]. Man erhält so die _elektrochemische Spannungsreihe_ [B4]. Diese beinhaltet die Redoxreihen der Metalle und der Nichtmetalle (Kap. 7.4). Das Redoxpaar H_2/H_3O^+ mit dem Standardpotential $E^0 = 0\,V$ bildet den „Nullpunkt" der Spannungsreihe.

Messung des Standardpotentials. Bei vielen Halbelementen wie z. B. Cu/Cu^{2+} wird die reduzierte Form des Redoxpaares als Elektrode verwendet. Ist die reduzierte Form kein Metall, benötigt man eine zusätzliche _Ableitelektrode_ zur Ableitung bzw. Zuleitung der Elektronen. Meist dient dazu eine Platinelektrode, die eine geringe chemische Angreifbarkeit aufweist (Inertelektrode), z. B. bei der Standardwasserstoffelektrode. Zur Messung des Standardpotentials des Redoxpaares Cl^-/Cl_2 taucht man eine von Chlor ($p = 1013\,hPa$) umspülte Platinelektrode in eine Natriumchloridlösung ($c = 1\,mol/l$). Zur Messung des Standardpotentials des Redoxpaares Fe^{2+}/Fe^{3+} taucht die Platinelektrode in eine Lösung, die Fe^{2+}- und Fe^{3+}-Ionen jeweils in der Konzentration $c = 1\,mol/l$ enthält.

Einige Standardpotentiale können nicht direkt gegen die Standardwasserstoffelektrode gemessen werden. Zum Teil bestimmt man sie mit speziellen Verfahren, z. B. das Standardpotential von Na/Na^+ durch Lösen von Natrium in Quecksilber. In einfachen Fällen können Standardpotentiale auch aus energetischen Daten berechnet werden, z. B. bei F^-/F_2.

Einen Ausschnitt der elektrochemischen Spannungsreihe zeigt B4 (siehe auch Anhang). Sofern an den Reaktionen Oxoniumionen bzw. Hydroxidionen beteiligt sind, gelten die Standardpotentiale für pH = 0 bzw. pH = 14, d. h. $c(H_3O^+) = 1\,mol/l$ bzw. $c(OH^-) = 1\,mol/l$.

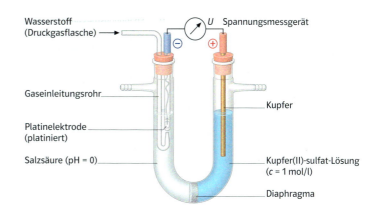

B3 Messung des Standardpotentials $E^0(Cu/Cu^{2+})$ im U-Rohr mit Diaphragma

Inertelektrode von lat. _iners_, untätig

V1 In einem U-Rohr mit Diaphragma [B3] wird die Standardwasserstoffelektrode nacheinander mit den Halbelementen Ag/Ag^+, Cu/Cu^{2+}, Fe/Fe^{2+} und Zn/Zn^{2+} kombiniert (Konzentration der Kationen jeweils $c = 1\,mol/l$). Der Wasserstoff wird aus einer Druckgasflasche entnommen. Mit einem Spannungsmessgerät (hoher Innenwiderstand) wird jeweils die Polung und die Spannung des galvanischen Elements ermittelt.
Hinweis: In einer vereinfachten Versuchsanordnung kann der Wasserstoff ähnlich wie in V2 durch Elektrolyse erzeugt werden.

V2 In einem U-Rohr mit Diaphragma wird die Standardwasserstoffelektrode mit einem Halbelement $Hal^-/Hal_2/C(Graphit)$ kombiniert (Hal = Cl, Br, I). Der Wasserstoff an der Platinelektrode und das Halogen an der Graphitelektrode werden durch Elektrolyse erzeugt (Kap. 7.11). Die Platinelektrode wird dazu mit dem Minuspol, die Graphitelektrode mit dem Pluspol einer Gleichspannungsquelle verbunden. Als Halogenidlösung dient Natriumchlorid-, Kaliumbromid- bzw. Kaliumiodidlösung der Konzentration $c = 1\,mol/l$. Nach der Bestimmung der Polung wird die Spannung des galvanischen Elements gemessen.
Hinweis: Die Graphitelektrode ist wie die Platinelektrode eine chemisch inerte Ableitelektrode.

Die elektrochemische Spannungsreihe

Aussagen aus der Spannungsreihe. Die Standardpotentiale charakterisieren das Reduktions- bzw. Oxidationsvermögen von Teilchen in wässriger Lösung. (siehe Leg. stension)
Die am unteren Ende der Spannungsreihe stehenden *unedlen Metalle* sind besonders starke Reduktionsmittel; sie lassen sich leicht oxidieren. Das Alkalimetall Lithium ist das stärkste Reduktionsmittel. Dies ist darauf zurückzuführen, dass die Überführung von Lithiumatomen aus dem festen Zustand in hydratisierte Ionen am wenigsten Energie erfordert.
Die am oberen Ende der Spannungsreihe stehenden *edlen Metalle* sind schwer zu oxidieren. Ihre Ionen sind starke Oxidationsmittel.

**Je negativer das Standardpotential, umso stärker ist das Reduktionsmittel.
Je stärker ein Reduktionsmittel ist, umso schwächer ist sein korrespondierendes Oxidationsmittel und umgekehrt.**

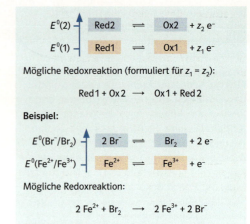

Mögliche Redoxreaktion (formuliert für $z_1 = z_2$):

$$Red1 + Ox2 \longrightarrow Ox1 + Red2$$

Beispiel:

Mögliche Redoxreaktion:

$$2\,Fe^{2+} + Br_2 \longrightarrow 2\,Fe^{3+} + 2\,Br^-$$

Genau genommen handelt es sich in allen Fällen um Gleichgewichtsreaktionen. Die Gleichgewichtskonstante ist jedoch schon bei kleinen Differenzen $E^0(2) - E^0(1)$ sehr groß, d.h., das Gleichgewicht liegt weit auf der rechten Seite.

B5 Voraussage möglicher Redoxreaktionen aus der elektrochemischen Spannungsreihe

Red	⇌	Ox + z e⁻	Standardpotential E^0 in Volt
2 F⁻	⇌	F₂ + 2 e⁻	+2,87
Mn²⁺ + 12 H₂O	⇌	MnO₄⁻ + 8 H₃O⁺ + 5 e⁻	+1,49
Au	⇌	Au³⁺ + 3 e⁻	+1,42
2 Cl⁻	⇌	Cl₂ + 2 e⁻	+1,36
2 Br⁻	⇌	Br₂ + 2 e⁻	+1,07
Ag	⇌	Ag⁺ + e⁻	+0,80
Fe²⁺	⇌	Fe³⁺ + e⁻	+0,77
2 I⁻	⇌	I₂ + 2 e⁻	+0,54
4 OH⁻	⇌	O₂ + 2 H₂O + 4 e⁻	+0,40
Cu	⇌	Cu²⁺ + 2 e⁻	+0,34
H₂ + 2 H₂O	⇌	2 H₃O⁺ + 2 e⁻	0
Pb	⇌	Pb²⁺ + 2 e⁻	−0,13
Fe	⇌	Fe²⁺ + 2 e⁻	−0,41
Zn	⇌	Zn²⁺ + 2 e⁻	−0,76
Al	⇌	Al³⁺ + 3 e⁻	−1,66
Na	⇌	Na⁺ + e⁻	−2,71
Li	⇌	Li⁺ + e⁻	−3,02

← Zunahme der Stärke des Reduktionsmittels
→ Zunahme der Stärke des Oxidationsmittels

B4 Ausschnitt aus der elektrochemischen Spannungsreihe (s. Anhang)

Zu den stärksten Oxidationsmitteln gehören die Halogene, also typische Nichtmetalle. Fluor ist das stärkste Oxidationsmittel.

Die elektrochemische Spannungsreihe ermöglicht die Voraussage von Redoxreaktionen in wässriger Lösung [B5]. Dies gilt sowohl für Reaktionen, bei denen das Reduktions- und das Oxidationsmittel unmittelbar miteinander reagieren, als auch für galvanische Elemente.

Unter Standardbedingungen gibt das Reduktionsmittel des Redoxpaares mit dem kleineren (negativeren) Standardpotential Elektronen an das Oxidationsmittel mit dem größeren (positiveren) Standardpotential ab. Das in der Spannungsreihe tiefer stehende Reduktionsmittel reduziert das höher stehende Oxidationsmittel.
Unter Standardbedingungen können z. B. Fe²⁺-Ionen sowohl Chlor- als auch Brommoleküle zu ihren Anionen reduzieren, dabei werden sie zu Fe³⁺-Ionen oxidiert (B5, Kap. 7.1, V3). Iodmoleküle werden von Fe²⁺-Ionen nicht reduziert.

238 Redoxreaktionen und Elektrochemie

Berechnung der Spannung galvanischer Elemente. Aus den Standardpotentialen E^0 kann auch die Spannung (Potentialdifferenz) ΔE^0 zwischen verschiedenen Halbelementen im Standardzustand berechnet werden:

$\Delta E^0 = E^0$(Pluspol) $- E^0$(Minuspol)

$\Delta E^0 = E^0$(Kathode) $- E^0$(Anode)

Die Kathode, d. h. bei galvanischen Elementen der Pluspol, ist stets das Halbelement mit dem größeren (positiveren) Standardpotential.

A1 Skizzieren Sie den Aufbau eines Strom liefernden galvanischen Elements mit den Redoxpaaren Br^-/Br_2 und H_2/H_3O^+ (Standardbedingungen). Bezeichnen Sie in der Skizze Plus- und Minuspol sowie Kathode und Anode. Begründen Sie für die Begriffe Kathode und Anode ihre Zuordnung. Geben Sie eine Kurzbezeichnung für das galvanische Element an. Formulieren Sie für das Strom liefernde Element die Teilgleichungen für den Oxidations- und Reduktionsvorgang sowie die Redoxgleichung (Gesamtgleichung).

A2 Betrachten Sie folgende Versuche (Standardbedingungen):
a) Zink taucht in eine Silbernitratlösung;
b) Zinn taucht in eine Eisen(II)-sulfat-Lösung;
c) Kupfer taucht in eine Eisen(III)-chlorid-Lösung;
d) Brom wird in eine wässrige Lösung von Natriumchlorid gegeben;
e) Schwefelwasserstoff wird in eine wässrige Lösung von Iod eingeleitet.
Untersuchen Sie anhand der elektrochemischen Spannungsreihe, welche Reaktionen ablaufen können, und formulieren Sie die entsprechenden Redoxgleichungen.

A3 Berechnen Sie aus der elektrochemischen Spannungsreihe die Spannungen folgender galvanischer Elemente im Standardzustand:
a) $Pb/Pb^{2+}//Cu^{2+}/Cu$
b) $Cd/Cd^{2+}//Br^-/Br_2/Pt$
c) $Pb/Pb^{2+}//Fe^{2+}, Fe^{3+}/Pt$
d) $Ag/Ag^+//Au^{3+}/Au$

Beispiel:
galvanisches Element $Cu/Cu^{2+}//Ag^+/Ag$

$$Cu \rightleftharpoons Cu^{2+} + 2\,e^- \quad | E^0 = +0{,}34\,V$$
$$2\,Ag^+ + 2\,e^- \rightleftharpoons 2\,Ag \quad | E^0 = +0{,}80\,V$$
$$\overline{Cu + 2\,Ag^+ \rightleftharpoons Cu^{2+} + 2\,Ag}$$

$\Delta E^0 = E^0\,(Ag/Ag^+) - E^0\,(Cu/Cu^{2+})$

$\Delta E^0 = +0{,}80\,V - (+0{,}34\,V) = 0{,}46\,V$

Exkurs Gehemmte Redoxreaktionen

Standardpotentiale lassen nur Voraussagen darüber zu, ob eine bestimmte Redoxreaktion überhaupt möglich ist. Beispielsweise sind Redoxreaktionen, an denen Wasserstoff- oder Sauerstoffmoleküle beteiligt sind, häufig in ihrem Ablauf „gehemmt", d. h., die Reaktionen haben große Aktivierungsenergien.

Alle in der Spannungsreihe unter dem Redoxpaar H_2/H_3O^+ stehenden Reduktionsmittel müssten aus sauren Lösungen (pH = 0) Wasserstoff freisetzen und alle über dem Redoxpaar H_2O/O_2 stehenden Oxidationsmittel müssten in alkalischen Lösungen (pH = 14) Sauerstoff entwickeln. Stattdessen ist bei einer Reihe unedler Metalle die Wasserstoffentwicklung gehemmt, und nur die stärksten Oxidationsmittel (z. B. Fluormoleküle) setzen in wässriger Lösung Sauerstoff frei.
Auch die Oxidation von Wasserstoff kann gehemmt sein, z. B. können Wasserstoffmoleküle Fe^{3+}- oder MnO_4^--Ionen in wässriger Lösung nicht reduzieren.

Die Oxidation eines Metalls kann auch durch eine dünne, an der Oberfläche haftende Oxidschicht verhindert werden. Diese *Passivierung* schützt z. B. Aluminium, Chrom, Titan und Zink vor Korrosion. Beim *Floxalverfahren (e*lektrolytische *Ox*idation von *Al*uminium) wird künstlich eine Oxidschicht erzeugt [B6].

B6 Eine Eloxalschicht lässt sich aufgrund ihrer porigen Oberfläche gut färben

7.7 Die Nernst-Gleichung

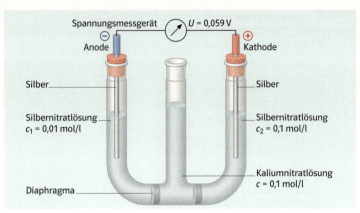

B1 Silber/Silbernitrat-Konzentrationselement. Kaliumnitratlösung dient als Elektrolytbrücke

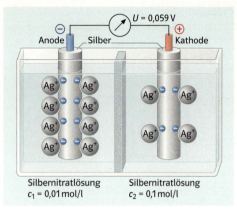

B2 Zustandekommen der Spannung in einem Silber/Silbernitrat-Konzentrationselement

E und E⁰ Das Symbol E steht für ein beliebiges Redoxpotential. Das Symbol E^0 wird nur für ein *Standardredoxpotential* verwendet, d. h. c = 1 mol/l; p = 1013 hPa; ϑ = 25 °C

ΔE und ΔE⁰ Eine Spannung ΔE ist die Differenz beliebiger Redoxpotentiale. Bei ΔE^0 handelt es sich um eine Differenz von *Standardredoxpotentialen*

Konzentrationselemente. Kombiniert man zwei gleichartige Halbelemente, bei denen nur die Konzentrationen der Elektrolytlösungen verschieden sind, so besteht allein aufgrund des Konzentrationsunterschiedes eine Spannung ΔE zwischen den Halbelementen [V1]. Ein solches galvanisches Element bezeichnet man als *Konzentrationselement* (Konzentrationszelle).

Der Ladungsaustausch zwischen den Elektrolytlösungen erfolgt dadurch, dass Ionen durch ein Diaphragma oder eine *Elektrolytbrücke* [B1] wandern. Eine Elektrolytbrücke verhindert die Vermischung der Elektrolytlösungen besonders gut.

Das Zustandekommen der Spannung kann z. B. beim Silber/Silbernitrat-Konzentrationselement dadurch erklärt werden, dass aus der Silberelektrode durch die Lösungstension umso mehr Silberionen in die Lösung übertreten, je niedriger die Konzentration in dieser Lösung ist [B2].
Verbindet man die Elektroden des Konzentrationselements durch einen Leitungsdraht, so werden im Halbelement mit der höheren Konzentration Silberionen zu Silberatomen reduziert (Kathode) und im Halbelement mit der niedrigeren Konzentration Silberatome zu Silberionen oxidiert (Anode). Die Elektronen fließen im Leitungsdraht von der Anode zur Kathode.

Spannung eines Konzentrationselements.
Ändert man die Konzentrationen der Elektrolytlösungen in B1 systematisch [V1], so zeigt sich, dass (bei nicht zu hohen Konzentrationen) die Spannung dem Logarithmus des Konzentrationsverhältnisses proportional ist. Der Proportionalitätsfaktor ist temperaturabhängig. Für ϑ = 25 °C ergibt sich:

$$\Delta E = 0{,}059\,\text{V} \cdot \lg \frac{c_2(\text{Ag}^+)}{c_1(\text{Ag}^+)} \qquad (1)$$

Eine Änderung des Konzentrationsverhältnisses um den Faktor 10 bedeutet also eine Spannungszunahme um 0,059 V.
Für M/M^{z+}-Konzentrationselemente gilt allgemein (M = Metall, z = Anzahl der je Teilchen übertragenen Elektronen):

$$\Delta E = \frac{0{,}059\,\text{V}}{z} \cdot \lg \frac{c_2(\text{M}^{z+})}{c_1(\text{M}^{z+})} \qquad (2)$$

> **V1** Bauen Sie Konzentrationselemente des Typs Ag/AgNO$_3$(c_1)//AgNO$_3$(c_2)/Ag auf [B1], mit den folgenden Konzentrationen:
> $c_1(\text{Ag}^+)$ = 0,01 mol/l $c_2(\text{Ag}^+)$ = 0,1 mol/l
> $c_1(\text{Ag}^+)$ = 0,001 mol/l $c_2(\text{Ag}^+)$ = 0,1 mol/l
> $c_1(\text{Ag}^+)$ = 0,001 mol/l $c_2(\text{Ag}^+)$ = 0,01 mol/l
> $c_1(\text{Ag}^+)$ = 0,0001 mol/l $c_2(\text{Ag}^+)$ = 0,1 mol/l
> Messen Sie mit einem Spannungsmessgerät (hoher Innenwiderstand) die Spannungen ΔE. Tragen Sie in einem Diagramm ΔE gegen lg[$c_2(\text{Ag}^+)/c_1(\text{Ag}^+)$] auf.

Die Nernst-Gleichung

Redoxpotentiale. ΔE ist die Differenz der *Redoxpotentiale* der *Halbelemente*:

$$\Delta E = E_2(M/M^{z+}) - E_1(M/M^{z+}) \quad (3)$$

Gleichung (2) in (3) eingesetzt ergibt:

$$E_2(M/M^{z+}) - E_1(M/M^{z+}) = \frac{0{,}059\,V}{z} \cdot \lg\frac{c_2(M^{z+})}{c_1(M^{z+})} \quad (4)$$

Aus Gleichung (4) kann man das Redoxpotential eines M/M^{z+}-Halbelements bei beliebiger Konzentration berechnen. Dazu setzt man für das Halbelement 1 Standardbedingungen und lässt beim Halbelement 2 den Index 2 weg:

$c_1(M^{z+}) = 1\,\text{mol/l} \Rightarrow E_1(M/M^{z+}) = E^0(M/M^{z+})$
$c_2(M^{z+}) = c(M^{z+}) \Rightarrow E_2(M/M^{z+}) = E(M/M^{z+})$

Aus Gleichung (4) wird dann:

$$E(M/M^{z+}) - E^0(M/M^{z+}) = \frac{0{,}059\,V}{z} \cdot \lg\frac{c_2(M^{z+})}{1\,\text{mol/l}} \quad (5)$$

$\Leftrightarrow$

$$E_2(M/M^{z+}) = E^0(M/M^{z+}) + \frac{0{,}059\,V}{z} \cdot \lg\frac{c_2(M^{z+})}{1\,\text{mol/l}} \quad (6)$$

Nernst-Gleichung. Gleichung (6) ist ein Spezialfall der *Nernst-Gleichung* für beliebige Redoxpaare:

$$E(\text{Red/Ox}) = E^0(\text{Red/Ox}) + \frac{0{,}059\,V}{z} \cdot \lg\frac{\{c(\text{Ox})\}}{\{c(\text{Red})\}} \quad (7)$$

Da man Logarithmen nur von Zahlenwerten bilden kann, stehen hier anstatt der Stoffmengenkonzentrationen c deren *Zahlenwerte* $\{c\}$.

WALTHER NERNST [B4] hat diesen Zusammenhang durch thermodynamische Überlegungen gefunden. B3 zeigt einige Beispiele für die Anwendung der Nernst-Gleichung. Es fällt auf, dass im Argument des Logarithmus die gleichen Quotienten stehen, die sich auch bei der Anwendung des *Massenwirkungsgesetzes* auf die entsprechenden Gleichgewichtsreaktionen ergeben.

B4 WALTHER NERNST (1864 – 1941)

A1 Berechnen Sie das Redoxpotential $E(\text{Ag/Ag}^+)$ eines Ag/Ag^+-Halbelements mit der Konzentration $c(\text{Ag}^+) = 0{,}001\,\text{mol/l}$.

A2 Ein galvanisches Element besteht aus zwei Pb/Pb^{2+}-Halbelementen mit unterschiedlicher Pb^{2+}-Ionen-Konzentration. Wie ändert sich die Spannung zwischen den beiden Bleielektroden, wenn man zur Elektrolytlösung mit der geringeren Pb^{2+}-Ionen-Konzentration folgende Salze gibt: **a)** Natriumnitrat, **b)** Blei(II)-nitrat, **c)** Natriumsulfat? (*Tipp:* Blei(II)-sulfat ist schwer löslich.)

A3 Die Spannung eines galvanischen Elements $\text{Zn}/\text{Zn}^{2+}//\text{Cu}^{2+}/\text{Cu}$ ist $\Delta E = 0{,}805\,V$. Berechnen Sie die Konzentration $c(\text{Cu}^{2+})$, wenn $c(\text{Zn}^{2+}) = 1\,\text{mol/l}$ ist.

A4 In einer Lösung mit $c(\text{Mn}^{2+}) = c(\text{MnO}_4^-) = 1\,\text{mol/l}$ werden Bromidionen ($c(\text{Br}^-) = 1\,\text{mol/l}$) von Permanganationen bei pH = 3 zu Brommolekülen oxidiert, bei pH = 7 dagegen nicht. Erklären Sie.

Redoxpaar	Nernst-Gleichung
$M(s) \rightleftharpoons M^{z+}(aq) + z\,e^-$ (M = Metall)	$E(M/M^{z+}) = E^0(M/M^{z+}) + \frac{0{,}059\,V}{z} \cdot \lg\{c(M^{z+})\}$
$2\,Cl^-(aq) \rightleftharpoons Cl_2(g) + 2\,e^-$	$E(Cl^-/Cl_2) = E^0(Cl^-/Cl_2) + \frac{0{,}059\,V}{2} \cdot \lg\frac{1}{\{c^2(Cl^-)\}} = E^0(Cl^-/Cl_2) - 0{,}059\,V \cdot \lg\{c(Cl^-)\}$
$Fe^{2+}(aq) \rightleftharpoons Fe^{3+}(aq) + e^-$	$E(Fe^{2+}/Fe^{3+}) = E^0(Fe^{2+}/Fe^{3+}) + 0{,}059\,V \cdot \lg\frac{\{c(Fe^{3+})\}}{\{c(Fe^{2+})\}}$
$H_2(g) + 2\,H_2O(l) \rightleftharpoons 2\,H_3O^+(aq) + 2\,e^-$	$E(H_2/H_3O^+) = E^0(H_2/H_3O^+) + \frac{0{,}059\,V}{2} \cdot \lg\{c^2(H_3O^+)\} = 0{,}059\,V \cdot \lg c(H_3O^+)$ $= -0{,}059\,V \cdot pH$
$Mn^{2+}(aq) + 12\,H_2O(l) \rightleftharpoons MnO_4^-(aq) + 8\,H_3O^+(aq) + 5\,e^-$	$E(Mn^{2+}/MnO_4^-) = E^0(Mn^{2+}/MnO_4^-) + \frac{0{,}059\,V}{5} \cdot \lg\frac{\{c(MnO_4^-)\} \cdot \{c^8(H_3O^+)\}}{\{c(Mn^{2+})\}}$

B3 Nernst-Gleichung für einige Redoxpaare. $\{c\}$ ist der Zahlenwert der Stoffmengenkonzentration c. Für nicht gelöste feste und gasförmige Stoffe und für das Lösungsmittel Wasser wird $\{c\} = 1$ eingesetzt

Die Nernst-Gleichung

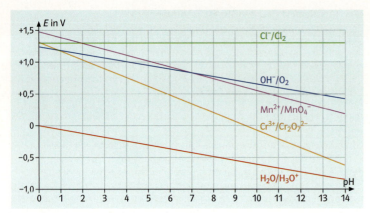

B5 pH-Abhängigkeit von Redoxpotentialen (ϑ = 25 °C; $\{c\}$ = 1, außer $\{c(H_3O^+)\}$ und $\{c(OH^-)\}$)

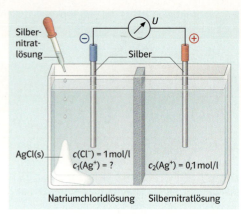

B6 Bestimmung der Konzentration von Silberionen nach der Ausfällung von Silberchlorid

Indikatorelektrode
Halbelement, dessen Redoxpotential von der zu messenden Ionenart abhängig ist

Bestimmung extrem kleiner Konzentrationen.
Zur Ermittlung der Löslichkeit schwer löslicher Salze müssen sehr geringe Metallionenkonzentrationen (oft weniger als 10^{-10} mol/l) in der gesättigten Lösung bestimmt werden. Ein Beispiel ist die Ausfällung von Silberchlorid:

$$Ag^+(aq) + Cl^-(aq) \longrightarrow AgCl\,(s)$$

Die Konzentration der Silberionen lässt sich durch Messen der Spannung eines Konzentrationselements bestimmen [B6]. Daraus kann das Löslichkeitsprodukt von Silberchlorid berechnet werden [Exkurs].

pH-Abhängigkeit von Redoxpotentialen.
Wenn in der Reaktionsgleichung eines Redoxpaares H_3O^+- oder OH^--Ionen vorkommen, ist das Redoxpotential pH-abhängig [B5]. Dies bedeutet z. B., dass Permanganationen in stark saurer Lösung stärker oxidierend wirken als in schwach saurer Lösung. In einer Lösung, die MnO_4^-- und Cl^--Ionen enthält, werden die Cl^--Ionen nur bei niedrigen pH-Werten zu Chlormolekülen oxidiert.

pH-Wert-Messung mit Wasserstoffelektroden.
Die Abhängigkeit des Redoxpotentials der Wasserstoffelektrode vom pH-Wert lässt sich zur pH-Wert-Messung ausnutzen. Dazu misst man die Spannung eines Konzentrationselements, das aus der Standardwasserstoffelektrode und einer Wasserstoffelektrode mit der Probelösung besteht. Aus der gemessenen Spannung wird der pH-Wert berechnet [A5]. Da dies sehr aufwändig ist, verwendet man in der Praxis andere Halbelemente.

pH-Wert-Messung mit der Einstabmesskette.
Zur praktischen Messung von pH-Werten wird als *Indikatorelektrode* fast ausschließlich die **Glaselektrode** verwendet. Ihre Wirkungsweise beruht darauf, dass sich an einer Glasmembran, die eine Lösung mit konstantem pH-Wert (Pufferlösung) von der Probelösung trennt, ein Redoxpotential ausbildet. Es ist vom pH-Wert der Probelösung abhängig, ähnlich wie bei einem Konzentrationselement.

Als *Bezugselektrode* dient häufig die **Silber/Silberchlorid-Elektrode**. Sie besteht aus einem mit Silberchlorid überzogenen Silberdraht, der in eine Kaliumchloridlösung genau bekannter Konzentration taucht.

Zur pH-Wert-Messung mit einem **pH-Meter** verwendet man eine *Einstabmesskette*, welche die Indikator- und die Bezugselektrode in einem Bauteil vereinigt enthält [B7]. Einstabmessketten werden so hergestellt, dass bei pH = 7 die Spannung ΔE = 0 V ist. Die Skala des pH-Meters ist so kalibriert, dass nicht die Spannung ΔE, sondern direkt der pH-Wert abgelesen werden kann.

242 Redoxreaktionen und Elektrochemie

Die Nernst-Gleichung

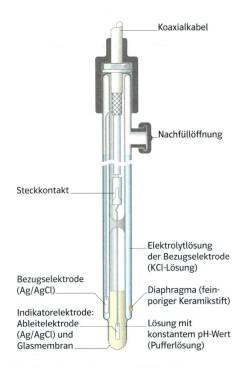

B7 Einstabmesskette zur pH-Wert-Messung

V2 Messen Sie mit einem pH-Meter die pH-Werte von Leitungswasser, Regenwasser, Speiseessig sowie einer gesättigten Lösung von Bariumhydroxid.

A5 Die Abhängigkeit der Oxoniumionenkonzentration von der Hydroxidionenkonzentration in einer wässrigen Lösung kann durch Spannungsmessung an einem Konzentrationselement bestimmt werden, z. B. am Element Pt/H$_2$/OH$^-$ (c = 0,1 mol/l) // H$_3$O$^+$ (c = 1 mol/l)/H$_2$/Pt.
Hinweis: Auch eine alkalische Lösung enthält H$_3$O$^+$-Ionen (Ionenprodukt des Wassers, Kap. 3.3).
An dem Konzentrationselement wird bei ϑ = 25 °C eine Spannung von ΔE = 0,77 V gemessen. Berechnen Sie die Konzentration der H$_3$O$^+$-Ionen in der alkalischen Lösung und den pH-Wert der alkalischen Lösung.

Exkurs Bestimmung von Löslichkeitsprodukten

Die Löslichkeit von Salzen hängt vom chemischen Gleichgewicht zwischen den gelösten Ionen und dem ungelösten Bodenkörper ab. Aus dem Massenwirkungsgesetz ergibt sich für ein aus den Kationen K und den Anionen A bestehendes Salz K$_n$A$_m$ ein konstantes Produkt der Ionenkonzentrationen in der Lösung, das *Löslichkeitsprodukt* K_L:

$$K_L = c^n(K) \cdot c^m(A)$$

Löslichkeitsprodukte schwer löslicher Salze wie z. B. Silberchlorid lassen sich mithilfe von Konzentrationselementen bestimmen [B6, V3]. Dazu stellt man durch Ausfällung von Silberchlorid eine gesättigte Lösung her, in der c_1(Cl$^-$) bekannt, c_1(Ag$^+$) jedoch unbekannt ist. Eine Ag/Ag$^+$-Halbzelle mit dieser Lösung wird mit einer zweiten Ag/Ag$^+$-Halbzelle kombiniert, in der c_2(Ag$^+$) bekannt ist. Die Spannung ΔE dieses Konzentrationselements wird gemessen und daraus das Löslichkeitsprodukt K_L von Silberchlorid folgendermaßen berechnet:

Die Spannung ΔE eines Ag/Ag$^+$-Konzentrationselements ist:

$$\Delta E = 0{,}059\,V \cdot \lg \frac{c_2(Ag^+)}{c_1(Ag^+)} = -0{,}059\,V \cdot \lg \frac{c_1(Ag^+)}{c_2(Ag^+)}$$

Die Gleichung wird nach c_1(Ag$^+$) aufgelöst:

$$\Delta E = -0{,}059\,V \cdot \lg \frac{c_1(Ag^+)}{c_2(Ag^+)} \quad \Leftrightarrow \quad \lg \frac{c_1(Ag^+)}{c_2(Ag^+)} = -\frac{\Delta E}{0{,}059\,V}$$

$$\Leftrightarrow \quad \frac{c_1(Ag^+)}{c_2(Ag^+)} = 10^{-\frac{\Delta E}{0{,}059\,V}} \quad \Leftrightarrow \quad c_1(Ag^+) = c_2(Ag^+) \cdot 10^{-\frac{\Delta E}{0{,}059\,V}}$$

Das Löslichkeitsprodukt K_L von Silberchlorid ist definiert als:

$$K_L(AgCl) = c_1(Cl^-) \cdot c_1(Ag^+)$$

Einsetzen der oben berechneten Formel für c_1(Ag$^+$) ergibt:

$$K_L(AgCl) = c_1(Cl^-) \cdot c_2(Ag^+) \cdot 10^{-\frac{\Delta E}{0{,}059\,V}}$$

Die beiden Konzentrationen c_2(Ag$^+$) und c_1(Cl$^-$) werden vorgegeben (in V3: c_2(Ag$^+$) = 0,1 mol/l und c_1(Cl$^-$) = 1 mol/l). Durch die Ausfällung von Silberchlorid nimmt c_1(Cl$^-$) zwar etwas ab, dies ist jedoch vernachlässigbar.

V3 a) Bauen Sie das folgende galvanische Element auf, z. B. in einem Doppel-U-Rohr: Ag/NaCl (c_1=1 mol/l) // KNO$_3$ // AgNO$_3$ (c_2=0,1 mol/l) / Ag
Geben Sie zur Ausfällung von Silberchlorid wenige Tropfen verdünnte Silbernitratlösung in die Natriumchloridlösung. Dadurch bildet sich ein Ag/Ag$^+$-Konzentrationselement. Messen Sie mit einem Spannungsmessgerät (hoher Innenwiderstand) die Spannung ΔE des Konzentrationselements.
b) Setzen Sie statt Natriumchloridlösung eine Natriumbromidlösung gleicher Konzentration ein.
c) Setzen Sie statt Natriumchloridlösung eine Natriumiodidlösung gleicher Konzentration ein.
d) Berechnen Sie aus den Messwerten die Löslichkeitsprodukte der Silberhalogenide.

Redoxreaktionen und Elektrochemie 243

7.8 Impulse Aufstellen einer Redoxgleichung

B1 Bildung von Braunstein [V2]

Eine Redoxgleichung, an der Hydroxid- oder Oxoniumionen beteiligt sind, kann auch ein Chemiker nicht „aus dem Ärmel schütteln". Wenn man aber schrittweise vorgeht (Kap. 7.2), ist es gar nicht so schwer [B2, B3]:

1. Schreiben Sie die *Teilchenformeln* der Ausgangs- und Endstoffe. Bestimmen Sie die *Oxidationszahlen* und ordnen Sie die Begriffe Oxidation und Reduktion dem entsprechenden Vorgang zu.
2. Schreiben Sie die *Teilgleichungen*.
3. Schreiben Sie die *Redoxgleichung* als Ionengleichung.

Die *Ionengleichung* kann man zur *Stoffgleichung* erweitern. Dazu ergänzt man die entsprechenden Gegenionen, d.h. die an der Redoxreaktion nicht beteiligten, aber in der Lösung vorhandenen Ionen.

Beispiel: In V1 sind die Gegenionen SO_4^{2-}, Na^+ und K^+. Die Redoxgleichung in B2 wird zu:
$5\ Na_2SO_3 + 2\ KMnO_4 + 3\ H_2SO_4$
$\longrightarrow 5\ Na_2SO_4 + 2\ MnSO_4 + K_2SO_4 + 3\ H_2O$
Hinweis: Die Zuordnung der Gegenionen ist bei den Produkten nicht immer eindeutig.

Sulfitionen (SO_3^{2-}) reagieren in saurer wässriger Lösung mit Permanganationen (MnO_4^-) zu Sulfationen (SO_4^{2-}) und Mangan(II)-Ionen (Mn^{2+}) [V1].

1. Teilchenformeln mit Oxidationszahlen und Zuordnung zu Oxidation und Reduktion:

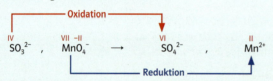

2. Teilgleichungen:

Oxidation:
a) $SO_3^{2-} \longrightarrow SO_4^{2-}$ (IV → VI)
b) $SO_3^{2-} \longrightarrow SO_4^{2-} + 2\ e^-$
c) $SO_3^{2-} \longrightarrow SO_4^{2-} + 2\ e^- + 2\ H_3O^+$
d) $SO_3^{2-} + 3\ H_2O \longrightarrow SO_4^{2-} + 2\ e^- + 2\ H_3O^+$

Reduktion:
$MnO_4^- \longrightarrow Mn^{2+}$ (VII → II)
$MnO_4^- + 5\ e^- \longrightarrow Mn^{2+}$
$MnO_4^- + 5\ e^- + 8\ H_3O^+ \longrightarrow Mn^{2+}$
$MnO_4^- + 5\ e^- + 8\ H_3O^+ \longrightarrow Mn^{2+} + 12\ H_2O$

3. Redoxgleichung:
a) Ox: $SO_3^{2-} + 3\ H_2O \longrightarrow SO_4^{2-} + 2\ e^- + 2\ H_3O^+$ | · 5
   Red: $MnO_4^- + 5\ e^- + 8\ H_3O^+ \longrightarrow Mn^{2+} + 12\ H_2O$ | · 2

b) RedOx: $5\ SO_3^{2-} + 2\ MnO_4^- + 6\ H_3O^+ \longrightarrow 5\ SO_4^{2-} + 2\ Mn^{2+} + 9\ H_2O$

B2 Aufstellen der Redoxgleichung zu V1

Permanganationen reagieren in alkalischer wässriger Lösung mit Wasserstoffperoxidmolekülen (H_2O_2) zu Mangan(II)-oxid (Braunstein, MnO_2) [V2].

Ox: $\overset{-I}{H_2O_2} + 2\ OH^- \longrightarrow \overset{0}{O_2} + 2\ e^- + 2\ H_2O$ | · 3

Red: $\overset{VII}{MnO_4^-} + 3\ e^- + 2\ H_2O \longrightarrow \overset{IV}{MnO_2} + 4\ OH^-$ | · 2

RedOx: $3\ H_2O_2 + 2\ MnO_4^- \longrightarrow 2\ MnO_2 + 3\ O_2 + 2\ OH^- + 2\ H_2O$

B3 Aufstellen der Redoxgleichung zu V2 (Schritte zusammengefasst)

V1 Zu einer mit verdünnter Schwefelsäure versetzten Kaliumpermanganatlösung ($KMnO_4$) gibt man Natriumsulfitlösung (Na_2SO_3).

V2 Verdünnte Kaliumpermanganatlösung wird mit etwas Natronlauge und dann mit Wasserstoffperoxidlösung versetzt [B1].

V3 Verdünnte Kaliumpermanganatlösung wird mit verdünnter Schwefelsäure und einigen Tropfen einer Lösung von Wasserstoffperoxid (H_2O_2) versetzt. Die Glimmspanprobe wird durchgeführt.

A1 Formulieren Sie die Redoxgleichung zu V3. (Reaktionsprodukte: Mangan(II)-Ionen und Sauerstoffmoleküle)

A2 Vervollständigen Sie die folgenden Redoxgleichungen für Reaktionen in saurer wässriger Lösung:
a) SO_3^{2-}, $MnO_2 \longrightarrow SO_4^{2-}$, Mn^{2+}
b) $HCOOH$, $MnO_4^- \longrightarrow CO_2$, Mn^{2+}
c) CH_3OH, $Cr_2O_7^{2-} \longrightarrow HCHO$, Cr^{3+}
d) Fe^{2+}, $Cr_2O_7^{2-} \longrightarrow Cr^{3+}$, Fe^{3+}
e) Ammoniumchloridlösung reagiert mit Natriumnitritlösung. Es entsteht Stickstoff.

A3 Vervollständigen Sie die folgenden Redoxgleichungen für Reaktionen in alkalischer wässriger Lösung:
a) MnO_4^-, $Mn^{2+} \longrightarrow MnO_2$
b) SO_3^{2-}, $MnO_4^- \longrightarrow SO_4^{2-}$, MnO_4^{2-}
c) Chlor reagiert mit Natronlauge. Es entstehen Chlorid- und Hypochloritionen (OCl^-).

A4 Erstellen Sie aus Ihren Ergebnissen zu A1, A2(e) und A3(c) Stoffgleichungen.

244 Redoxreaktionen und Elektrochemie

7.9 Impulse Berechnen einer Potentialdifferenz

Ein galvanisches Element besteht aus zwei Halbelementen, zwischen denen eine Potentialdifferenz besteht. Verbindet man die beiden Halbelemente über einen äußeren Stromkreis, so fließen Elektronen von der Anode (Minuspol) über den Draht zu Kathode (Pluspol). Da die Anode Elektronen für die Redoxreaktion liefert (Oxidation), wird sie auch als Donator-Halbelement bezeichnet. Die Kathode (Reduktion) nennt man entsprechend auch Akzeptor-Halbelement.

Beispiel: Das Daniell-Element besteht aus einem Zink- und einem Kupfer-Halbelement: Zn/Zn^{2+} und Cu/Cu^{2+}. Die Konzentration der Kupferionen $c(Cu^{2+})$ sei $2,8\,mol/l$, die Konzentration der Zinkionen $c(Zn^{2+})$ sei $0,02\,mol/l$. Das Donator- und das Akzeptor-Halbelement sollen bestimmt und die Potentialdifferenz (Spannung) berechnet werden.

1. Aufstellen der Redoxgleichgewichte der Halbzellen:

$Zn \rightleftharpoons Zn^{2+} + 2\,e^-$
$Cu \rightleftharpoons Cu^{2+} + 2\,e^-$

2. Formulierung der Nernst-Gleichung für beide Halbelemente:
Die Nernst-Gleichung für beliebige Redoxpaare lautet:

$$E(Red/Ox) = E^0(Red/Ox) + \frac{0,059\,V}{z} \cdot lg\frac{\{c(Ox)\}}{\{c(Red)\}}$$

E^0:   Standardpotential
$\{c(Ox)\}$: Zahlenwert der Konzentration der oxidierten Form. Hier: Konzentration der gelösten Metallionen $\{c(M^{z+})\}$
$\{c(Red)\}$: Zahlenwert der Konzentration der reduzierten Form. Hier: Die Konzentration der ungelösten Metallatome ist per Definition 1, d.h. $\{c(M)\} = 1$
z: Zahl der pro Formelumsatz ausgetauschten Elektronen

Für Halbelemente aus Metallen und ihren Salzen gilt deshalb vereinfacht:

$$E(M/M^{z+}) = E^0(M/M^{z+}) + \frac{0,059\,V}{z} \cdot lg\frac{c(M^{z+})}{1\,mol/l}$$

3. Nachschlagen der Standardpotentiale E^0 in der elektrochemischen Spannungsreihe:
$E^0(Cu/Cu^{2+}) = +0,34\,V$
$E^0(Zn/Zn^{2+}) = -0,76\,V$

4. Bestimmen der pro Formelumsatz ausgetauschten Elektronen z:
Bei beiden Halbelementen: $z = 2$ (siehe 1.)

5. Einsetzen der Werte aus 3. und 4. sowie der gegebenen Konzentrationen in die Nernst-Gleichung:

$$E(Cu/Cu^{2+}) = 0,34\,V + \frac{0,059\,V}{2} \cdot lg\left(\frac{2,8\,mol/l}{1\,mol/l}\right) = 0,35\,V$$

$$E(Zn/Zn^{2+}) = -0,76\,V + \frac{0,059\,V}{2} \cdot lg\left(\frac{0,02\,mol/l}{1\,mol/l}\right) = -0,81\,V$$

6. Bestimmen des Donator- und Akzeptor-Halbelements:
Das Halbelement mit dem kleineren Potential ist das Donator-Halbelement (Anode, Oxidation), hier also Zn/Zn^{2+}. Daraus folgt auch die Redoxgleichung des Daniell-Elements:

Anode, Oxidation:	Zn	$\longrightarrow Zn^{2+} + 2\,e^-$
Kathode, Reduktion:	$Cu^{2+} + 2\,e^-$	$\longrightarrow Cu$
Redoxreaktion:	$Zn + Cu^{2+}$	$\longrightarrow Zn^{2+} + Cu$

7. Berechnen der Potentialdifferenz:
$\Delta E = E(Kathode) - E(Anode)$
$\Delta E = E(Cu/Cu^{2+}) - E(Zn/Zn^{2+})$
$\Delta E = 0,35\,V - (-0,81\,V)$
$\Delta E = 1,16\,V$

Die Potentialdifferenz (Spannung) des Daniell-Elements beträgt unter den gegebenen Bedingungen $1,16\,V$.

A1   Aus den beiden folgenden Halbelementen wird ein galvanisches Element zusammengestellt: Sn/Sn^{2+} ($c(Sn^{2+}) = 0,1\,mol/l$) und Pb/Pb^{2+} ($c(Pb^{2+}) = 0,001\,mol/l$).
a) Überlegen Sie, in welche Richtung die Elektronen fließen und benennen Sie das Akzeptor- und Donator-Halbelement.
b) Berechnen Sie die Potentialdifferenz (Spannung).

Redoxreaktionen und Elektrochemie   **245**

7.10 Exkurs Leitfähigkeitstitration

Ohm'sches Gesetz
Proportionalität zwischen der Spannung U und der Stromstärke I
$U = R \cdot I$
Der Proportionalitätsfaktor wird als elektrischer Widerstand R bezeichnet:
$R = \dfrac{U}{I}$

Saure und alkalische Lösungen leiten ebenso wie Salzlösungen den elektrischen Strom. Dies beruht auf der „Wanderung" frei beweglicher Ionen unter dem Einfluss der Spannung U.

Leitfähigkeit von Ionenlösungen. Die elektrische Leitfähigkeit äußert sich in der gemessenen Stromstärke I. Es gilt näherungsweise das *Ohm'sche Gesetz*. Der elektrische Widerstand R der Messanordnung hängt u.a. von der Oberfläche und vom Abstand der Elektroden ab. Auch die Temperatur und die Konzentration der Lösung sowie die Art der Ionen bestimmen das Messergebnis.

Die einzelnen Ionenarten tragen in unterschiedlichem Maße zur Leitfähigkeit bei. Die Einzelleitfähigkeit einer Ionenart nennt man **Ionenäquivalentleitfähigkeit** [B1]. Für verdünnte Lösungen setzt sich die **Äquivalentleitfähigkeit** *additiv* aus den Beiträgen von Kationen und Anionen zusammen.

Beim Vergleich der Ionenäquivalentleitfähigkeiten [B3] ist zu beachten, dass Ionen in wässriger Lösung hydratisiert vorliegen. Kleine sowie mehrfach geladene Ionen sind aufgrund der größeren Ladungsdichte stärker hydratisiert und deshalb weniger beweglich.

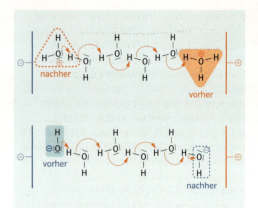

B2 Leitungsmechanismen in Wasser: Ladungstransport durch „wandernde" O—H-Bindungen

Oxoniumionen und Hydroxidionen in wässriger Lösung weisen besonders große Ionenäquivalentleitfähigkeiten auf. Diese Sonderstellung hängt mit der Nahordnungsstruktur des Wassers zusammen. „Wandernde" O—H-Bindungen ermöglichen einen raschen Ladungstransport, ohne dass dazu die eigentliche „Wanderung" von Oxoniumionen oder Hydroxidionen erforderlich ist [B2]. In nicht wässrigen Lösungsmitteln haben Oxonium- und Hydroxidionen keine auffällig großen Ionenäquivalentleitfähigkeiten.

Größe	Definition	Einheit
Widerstand R (Spannung U, Stromstärke I)	$R = \dfrac{U}{I}$	$1\,\Omega$ (Ohm) $= 1\,\dfrac{V}{A}$
Leitwert G	$G = \dfrac{1}{R} = \dfrac{I}{U}$	$1\,S$ (Siemens) $= 1\,\Omega^{-1}$
Spezifischer Widerstand ϱ (Elektrodenoberfläche A, Elektrodenabstand l)	$\varrho = R \cdot \dfrac{A}{l}$	$1\,\Omega \cdot cm$
elektrische Leitfähigkeit $\varkappa$ (Zellkonstante l/A)	$\varkappa = \dfrac{1}{\varrho} = G \cdot \dfrac{l}{A} = \dfrac{I}{U} \cdot \dfrac{l}{A}$	$1\,S \cdot cm^{-1} = 1\,\Omega^{-1} \cdot cm^{-1}$
Äquivalentleitfähigkeit Λ_{eq} (Betrag der Ionenladung z, Stoffmengenkonzentration c)	$\Lambda_{eq} = \dfrac{\varkappa}{z \cdot c}$	$1\,S \cdot cm^2 \cdot mol^{-1}$
Ionenäquivalentleitfähigkeit λ_+, λ_-	$\lambda_+ + \lambda_- = \Lambda_{eq}$	$1\,S \cdot cm^2 \cdot mol^{-1}$

B1 Wichtige Größen und Einheiten zur elektrischen Leitfähigkeit von Ionenlösungen

Kation	λ_+	Anion	λ_-
H^+	349,7	OH^-	199,2
Li^+	38,7	F^-	55,4
Na^+	50,1	Cl^-	76,4
K^+	73,5	Br^-	78,1
Ag^+	61,9	I^-	76,8
NH_4^+	73,5	CH_3COO^-	40,9
Mg^{2+}	53,0	NO_3^-	71,5
Ca^{2+}	59,5	CrO_4^{2-}	85,0
Ba^{2+}	63,6	SO_4^{2-}	80,0
Cu^{2+}	53,6	HCO_3^-	44,5
Zn^{2+}	52,8	CO_3^{2-}	68,4

B3 Ionenäquivalentleitfähigkeiten in wässriger Lösung bei $\vartheta = 25\,°C$ (in $S \cdot cm^2 \cdot mol^{-1}$)

Redoxreaktionen und Elektrochemie

Exkurs Leitfähigkeitstitration

Leitfähigkeitstitration (konduktometrische Titration). Die Unterschiede in den Ionenäquivalentleitfähigkeiten können z. B. zur Bestimmung des Äquivalenzpunktes bei einer Säure-Base-Titration genutzt werden.

Bei der *Leitfähigkeitstitration* wird an einen Leitfähigkeitsprüfer, der in die Probelösung taucht, eine konstante *Wechselspannung* angelegt [B4]. In Abhängigkeit vom Volumen der zugegebenen Maßlösung wird die Stromstärke gemessen. Sie kann anstelle der elektrischen Leitfähigkeit erfasst werden, weil bei konstanter Spannung und Elektrodenanordnung Stromstärke und Leitfähigkeit proportional sind. Wechselspannung verwendet man, um die Abscheidung von Elektrolyseprodukten weitgehend zu vermeiden.

Titriert man z. B. Salzsäure mit Natronlauge, nimmt die Leitfähigkeit bis zum Erreichen des Äquivalenzpunktes ab [B4]. Bei weiterer Zugabe von Natronlauge nimmt die Leitfähigkeit wieder zu, d. h., die Leitfähigkeit durchläuft am Äquivalenzpunkt ein Minimum. Der Schnittpunkt der beiden linearen „Kurvenäste" ergibt den Verbrauch an Maßlösung bis zum Äquivalenzpunkt.

Die Leitfähigkeit nimmt zunächst dadurch ab, dass Oxoniumionen mit Hydroxidionen zu Wassermolekülen reagieren und durch Natriumionen ersetzt werden:

$H_3O^+ + Cl^- + Na^+ + OH^- \longrightarrow 2\,H_2O + Cl^- + Na^+$
(Salzsäure)   (zugetr. Natronlauge)

Die Natriumionen tragen zur Leitfähigkeit in geringerem Maße bei als die Oxoniumionen [B3]. Am Äquivalenzpunkt erreicht die Konzentration der Ionen insgesamt ein Minimum. Die danach zunehmende Leitfähigkeit erklärt sich aus der Konzentrationszunahme überschüssiger Hydroxid- und Natriumionen.

Die gleichzeitige Verminderung der Leitfähigkeit durch Vergrößerung des Gesamtvolumens und damit Verringerung der Konzentrationen kann vernachlässigt werden.

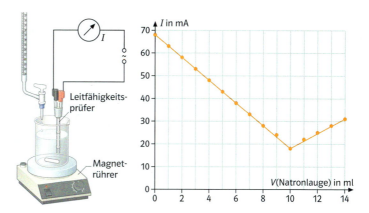

B4 Messprinzip und Titrationskurve einer Leitfähigkeitstitration von 100 ml Salzsäure ($c(HCl) = 0{,}1$ mol/l) mit Natronlauge ($c(NaOH) = 1$ mol/l)

V1 a) Titrieren Sie 100 ml Natronlauge ($c \approx 0{,}1$ mol/l) mit Salzsäure ($c = 1$ mol/l) als Maßlösung.
Legen Sie eine Wechselspannung an, sodass die Stromstärke zu Beginn der Titration etwa 30 mA beträgt. Messen Sie die Stromstärken nach Zugabe von jeweils 1 ml Maßlösung. Halten Sie die angelegte Wechselspannung während der Titration konstant. Ändern Sie während der Titration den Messbereich für die Stromstärke nicht.
b) Titrieren Sie ein Gemisch aus 50 ml Essigsäure ($c \approx 0{,}1$ mol/l) und 50 ml Salzsäure ($c \approx 0{,}1$ mol/l) mit Natronlauge ($c = 1$ mol/l) als Maßlösung. Gehen Sie wie in (a) vor. Ermitteln Sie die Titrationskurven mithilfe eines Computers oder skizzieren Sie diese aus den gemessenen Werten in einem Diagramm. Bestimmen Sie den Verbrauch an Maßlösung bis zum jeweiligen Äquivalenzpunkt.

A1 Begründen Sie, warum bei der Titration von Natronlauge mit Salzsäure die Leitfähigkeit nach dem Äquivalenzpunkt stärker zunimmt als sie bis zum Erreichen des Äquivalenzpunktes abnimmt.

A2 Leitfähigkeitstitrationen können auch bei Fällungsreaktionen durchgeführt werden. Welchen prinzipiellen Verlauf hat die Titrationskurve bei einer Titration **a)** von Bariumhydroxidlösung mit Schwefelsäurelösung bzw. **b)** von Natriumchloridlösung mit Silbernitratlösung?

Redoxreaktionen und Elektrochemie **247**

7.11 Elektrolysen in wässrigen Lösungen

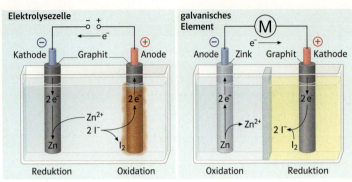

B1 Vergleich einer Elektrolysezelle mit einem galvanischen Element

B2 Elektrolyse von Zinkiodidlösung: „Zinkbäumchen" an der Kathode, Bildung von Iod an der Anode

Der Stromfluss in Elektrolytlösungen wird durch Kationen und Anionen ermöglicht. Dabei wird entweder in einem galvanischen Element elektrische Energie gewonnen, oder es wird durch Anlegen einer elektrischen Spannung unter Energiezufuhr eine chemische Reaktion erzwungen.

Elektrolyse. Wird durch das Anlegen einer elektrischen Spannung die Elektrolytlösung zersetzt, spricht man von *Elektrolyse*. Die Vorgänge in einer **Elektrolysezelle** sind die Umkehrung zu den Vorgängen im galvanischen Element. Auch hier handelt es sich um eine Redoxreaktion.

Elektrolysiert man eine Zinkiodidlösung an Platin- oder Graphitelektroden [B2, V1], so werden an der mit dem Pluspol verbundenen Elektrode Iodidionen zu Iodmolekülen oxidiert. Davon räumlich getrennt werden an der mit dem Minuspol verbundenen Elektrode Zinkionen zu Zinkatomen reduziert:

Anode / Oxidation (Pluspol): $2\,I^- \longrightarrow I_2 + 2\,e^-$
Kathode / Reduktion (Minuspol): $Zn^{2+} + 2\,e^- \longrightarrow Zn$
Redoxreaktion: $Zn^{2+} + 2\,I^- \longrightarrow Zn + I_2$

Anders als beim galvanischen Element (Kap. 7.5) ist bei einer Elektrolysezelle die Anode der Pluspol und die Kathode der Minuspol [B1].

Nur solange eine genügend große Gleichspannung an der Elektrolysezelle liegt, wird die Elektrolyse aufrecht erhalten. Ohne die Gleichspannungsquelle, die die elektrische Arbeit verrichtet, läuft die Reaktion nicht ab.

Unterbricht man die Elektrolyse, so kann man zwischen den Elektroden eine elektrische Spannung messen [V1]. Durch die Abscheidung der Elektrolyseprodukte verändern sich die Platinelektroden an ihrer Oberfläche. Sie sind zu einer Zink- bzw. Iodelektrode geworden. Durch die Elektrolyse ist ein galvanisches Element entstanden, das aus einem Zn/Zn^{2+}- und einem I^-/I_2-Halbelement besteht.

Die Elektrolyse ist die Umkehrung der in einem galvanischen Element freiwillig unter Abgabe elektrischer Energie ablaufenden Redoxreaktion. Die Elektrolyse wird durch die Zufuhr elektrischer Energie erzwungen.

Elektrolyse griech. Trennung („Auflösung") mittels Elektrizität

Anode Elektrode, an der die Oxidation stattfindet. Elektrolysezelle: Pluspol galvan. Element: Minuspol

Kathode Elektrode, an der die Reduktion stattfindet. Elektrolysezelle: Minuspol galvan. Element: Pluspol

A1 Erstellen Sie für das galvanische Element aus Zink und Iod die Redoxgleichung einschließlich der Teilgleichungen.

V1 a) Ein U-Rohr mit Diaphragma wird mit einer verdünnten Lösung von Zinkiodid (ZnI_2) gefüllt. Platin- oder Graphitelektroden werden eingesetzt. Eine Gleichspannung wird angelegt und beginnend bei 0 Volt erhöht, bis die Abscheidung von Iod erkennbar ist.
b) Nach einigen Minuten wird die Spannungsquelle entfernt. Die Elektroden werden dann zunächst mit einem Spannungsmessgerät und anschließend mit einem Elektromotor verbunden.

Elektrolysen in wässrigen Lösungen

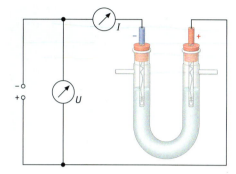

B3 Versuchsaufbau zur Ermittlung einer Stromstärke-Spannungs-Kurve

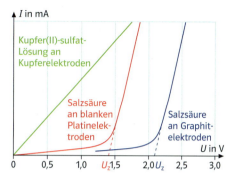

B4 Stromstärke-Spannungs-Kurven bei Elektrolysen

Zersetzungsspannung. Elektrolysiert man Salzsäure an Platinelektroden [V2] und misst dabei die Stromstärke in Abhängigkeit von der angelegten Spannung U, ergibt sich die in B4 dargestellte **Stromstärke-Spannungs-Kurve**. Erhöht man die Spannung von U = 0V ausgehend, nimmt die Stromstärke zunächst kaum zu. Erst ab einer bestimmten Spannung steigt die Stromstärke deutlich an. An den Platinelektroden ist auch erst ab dieser Spannung eine Abscheidung von Gasen zu beobachten (Wasserstoff an der Kathode, Chlor an der Anode). Von da ab nimmt die Stromstärke linear mit der Spannung zu und folgt somit dem Ohm'schen Gesetz (Kap. 7.10). An den Elektroden entwickelt sich kontinuierlich Gas. Die zur ständigen Abscheidung der Elektrolyseprodukte erforderliche Mindestspannung heißt *Zersetzungsspannung U_z*. Sie kann aus der Stromstärke-Spannungs-Kurve ermittelt werden.

Polarisationsspannung. Bereits bei einer geringen Spannung werden kleine Mengen von Wasserstoff und Chlor an den Platinelektroden abgeschieden und dort adsorbiert. Dadurch sind die Platinelektroden zu einer Wasserstoff- bzw. Chlorelektrode geworden, sie sind *polarisiert*. Somit ist ein galvanisches Element entstanden. Die Spannung des galvanischen Elements, die *Polarisationsspannung*, ist der angelegten äußeren Spannung entgegengerichtet.
Da ständig ein Teil der adsorbierten Elektrolyseprodukte in die Lösung diffundiert, wird auch ständig etwas Wasserstoff und Chlor an den Elektroden abgeschieden. Dadurch kommt ein schwacher Strom zustande, der **Diffusionsstrom**.
Erhöht man die äußere Spannung, steigt auch die Polarisationsspannung, bis sich an den Elektroden Gasblasen bilden. Diese *maximale* Polarisationsspannung ist die Zersetzungsspannung. Bei Platinelektroden entspricht sie annähernd der Spannung ΔE des galvanischen Elements. Die Zersetzungsspannung U_z der Elektrolysezelle Pt/H$_2$/HCl(aq)//HCl(aq)/Cl$_2$/Pt ist folglich bei Standardbedingungen:

$U_z = \Delta E = E^0(Cl^-/Cl_2) - E^0(H_2/H_3O^+)$
  $= 1{,}36\,V - 0{,}00\,V$
  $= 1{,}36\,V$

V2 (Abzug!) Elektrolysieren Sie in einem Versuchsaufbau nach B3 (U-Rohr ohne Diaphragma) Salzsäure (c = 1 mol/l) an **a)** blanken Platinelektroden und **b)** Graphitelektroden. Beginnen Sie bei 0 V und erhöhen Sie die Gleichspannung in 0,2-V-Schritten. Messen Sie die zugehörigen Stromstärken (in mA) und legen Sie Wertetabellen an.

A2 **a)** Zeichnen Sie zu V2 die Stromstärke-Spannungs-Kurven und ermitteln Sie daraus die Zersetzungsspannungen [B4].
b) Erläutern Sie, warum nach Abschalten der Spannungsquelle noch kurzzeitig eine Spannung zu messen ist.

Elektrolysen in wässrigen Lösungen

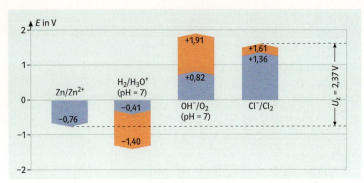

B5 Abscheidungspotentiale zur Elektrolyse einer Lösung von Zinkchlorid an Graphitelektroden (pH = 7; Stromdichte J = 0,1 A/cm²). Rot: Überpotentiale

Stromdichte J
Stromstärke I dividiert durch die Elektrodenoberfläche A:
$J = \frac{I}{A}$

Abscheidungspotential. Den einzelnen Elektrodenvorgängen kann man *Abscheidungspotentiale* E_A zuordnen. Ihre Beträge entsprechen bei Platinelektroden annähernd den entsprechenden Redoxpotentialen.
Die *Zersetzungsspannung* U_z ist die Differenz der Abscheidungspotentiale:

$U_z = E_A(\text{Pluspol}) - E_A(\text{Minuspol})$
$ = E_A(\text{Anode}) - E_A(\text{Kathode})$

Überspannung. Verwendet man für die Elektrolyse von Salzsäure nicht Platin-, sondern Graphitelektroden, stellt man eine höhere Zersetzungsspannung fest [B5]. Die Differenz zwischen der berechneten Zersetzungsspannung (Spannung des entsprechenden galvanischen Elements) und der gemessenen Zersetzungsspannung bezeichnet man als *Überspannung*.
Die höhere Spannung kann dadurch erklärt werden, dass für die Elektrodenreaktionen Aktivierungsenergie erforderlich ist, die u. a. vom Elektrodenmaterial abhängt.

Überpotential. Demnach muss bei mindestens einer der Elektroden der Betrag des Abscheidungspotentials höher sein als der Betrag des entsprechenden Redoxpotentials. Die Differenz nennt man *Überpotential*. Überpotentiale haben am Pluspol (Anode) ein positives, am Minuspol (Kathode) ein negatives Vorzeichen. Da sie entgegengesetzte Vorzeichen haben, können sie sich bei einer Elektrolyse nicht gegenseitig kompensieren.

Die Höhe des Überpotentials hängt u. a. ab von der Art und Oberflächenbeschaffenheit des Elektrodenmaterials, von der Art und Konzentration der Ionen, von der Temperatur und von der Stromdichte. Überpotentiale sind gering bei Elektrodenreaktionen, die zur Abscheidung von Metallen führen, jedoch besonders groß, wenn Gase abgeschieden werden.

Durch geeignete Maßnahmen an den Elektrodenoberflächen können Überpotentiale verringert werden. Hierzu gehört das Platinieren von Platinelektroden, d. h. das Aufbringen einer oberflächenreichen, katalytisch aktiven Platinschicht.

Abscheidungspotentiale und Elektrolysen. Das tatsächliche *Abscheidungspotential* E_A an einer Elektrode ist die Summe des Redoxpotentials $E(\text{Red/Ox})$ und des Überpotentials $E_Ü$:

$E_A = E(\text{Red/Ox}) + E_Ü$

Aus den so berechneten Abscheidungspotentialen lässt sich vorhersagen, welche Elektrodenreaktionen bei einer Elektrolyse zuerst stattfinden.

Bei der Elektrolyse einer neutralen Zinkchloridlösung an Graphitelektroden [V3a] würde man ohne Kenntnis der Überpotentiale erwarten, dass sich Wasserstoff und Sauerstoff abscheiden. An Graphitelektroden erfordert jedoch die Abscheidung von Zink an der Kathode und Chlor an der Anode die geringste Zersetzungsspannung [B5]. Wasserstoff und Sauerstoff werden aufgrund der hohen Überspannungen erst dann abgeschieden, wenn alles Zinkchlorid zersetzt ist.

V3 a) Eine wässrige Lösung von Zinkchlorid ($c(\text{ZnCl}_2)$ = 1 mol/l) wird an Graphitelektroden, b) Salzsäure ($c(\text{HCl})$ = 1 mol/l) wird an Kupferelektroden elektrolysiert.

V4 Ermitteln Sie analog V2 die Stromstärke-Spannungs-Kurve zur Elektrolyse einer wässrigen Kupfer(II)-sulfat-Lösung ($c(\text{CuSO}_4)$ = 1 mol/l) an Kupferelektroden.

Bei der Elektrolyse werden zuerst die Teilchen oxidiert bzw. reduziert, welche die kleinste Differenz der Abscheidungspotentiale ergeben. Es läuft der Gesamtvorgang ab, welcher die kleinste Zersetzungsspannung erfordert.

An den Elektrodenvorgängen kann auch das *Elektrodenmaterial* selbst beteiligt sein. Ein Beispiel ist die Elektrolyse von Salzsäure an Kupferelektroden: Die Oxidation des Anodenkupfers und die Abscheidung von Wasserstoff an der Kathode haben zusammen die geringste Zersetzungsspannung [V3b].

A3 Bei der Elektrolyse von Natronlauge (c = 1 mol/l) bzw. Schwefelsäure (c = 1 mol/l) an blanken Platinelektroden ergibt sich die gleiche Zersetzungsspannung (ca. 1,75 V). Erläutern Sie diesen Sachverhalt.

A4 Erläutern Sie den Verlauf der in V4 erhaltenen Stromstärke-Spannungs-Kurve [B4]. Diskutieren Sie dazu die möglichen Elektrodenreaktionen.

A5 Wird eine Natriumsulfatlösung an Platinelektroden elektrolysiert, entstehen Sauerstoff und Wasserstoff. Erklären Sie dies anhand geeigneter Reaktionsgleichungen.

Exkurs Alkalichloridelektrolyse

Natronlauge, Chlor und Wasserstoff sind wichtige Stoffe für die Industrie. Man gewinnt sie durch Elektrolyse einer wässrigen Lösung von Natriumchlorid (Steinsalz). Diese *Sole* enthält die Ionen Na^+, Cl^-, H_3O^+ und OH^-, sodass die folgenden Elektrodenreaktionen möglich sind:

Pluspol (Anode):
$2\ Cl^- \longrightarrow Cl_2 + 2\ e^-$ | E^0 = +1,36 V
$4\ OH^- \longrightarrow O_2 + 2\ H_2O + 4\ e^-$ | E = +0,82 V (pH = 7)

Minuspol (Kathode):
$Na^+ + e^- \longrightarrow Na$ | E^0 = −2,71 V
$2\ H_3O^+ + 2\ e^- \longrightarrow H_2 + 2\ H_2O$ | E = −0,41 V (pH = 7)

Bei der technischen Verwirklichung muss man Folgendes beachten:
- Die Bildung von Sauerstoff statt Chlor muss verhindert werden.
- Die Produkte Natronlauge und Chlor dürfen sich nicht vermischen, sonst reagieren sie zu einer Lösung von Natriumhypochlorit (NaOCl).
- Chlor darf sich nicht mit Wasserstoff zu Chlorknallgas mischen.

Diese Anforderungen werden von drei wichtigen Verfahren der Alkalichloridelektrolyse (Chloralkalielektrolyse) erfüllt:

Beim **Amalgamverfahren** [B6] wird Chlor an Anoden aus Titan oder Graphit abgeschieden. Sauerstoff hat an diesen Elektroden ein hohes Überpotential. Die Kathode besteht aus Quecksilber, an dem Wasserstoff ein hohes Überpotential hat. Außerdem erhöht ein Zusatz von Natriumhydroxid und Natriumcarbonat zur Sole den pH-Wert und damit auch das Abscheidungspotential. Das abgeschiedene Natrium bildet mit Quecksilber eine flüssige Legierung (Natriumamalgam), diese reagiert im Amalgamzersetzer mit Wasser zu Natronlauge und Wasserstoff.

Beim **Diaphragmaverfahren** [B7, oben] wird Chlor an einer Titananode abgeschieden. Wasserstoff und Natronlauge bilden sich direkt an einer Stahlkathode. Ein Diaphragma aus Asbest und ein hydrostatischer Überdruck im Anodenraum verhindern die Wanderung der Hydroxidionen zur Anode.

Beim **Membranverfahren** [B7, unten] ist das Diaphragma durch eine für Hydroxid- und Chloridionen undurchlässige Polymermembran ersetzt. Dadurch erhält man chloridfreie Natronlauge.

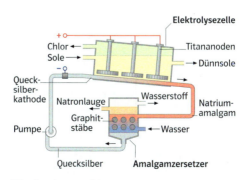

B6 Amalgamverfahren

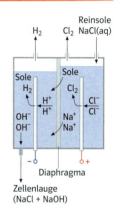

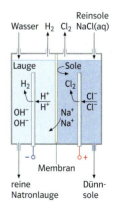

B7 Diaphragmaverfahren und Membranverfahren

7.12 Exkurs Quantitative Betrachtung der Elektrolyse

MICHAEL FARADAY, der Sohn eines Londoner Schmieds, forschte mit großem Erfolg auf vielen Gebieten der Chemie und Physik.
Er untersuchte u. a. die elektrochemische Zersetzung und entdeckte das Benzol. Von ihm stammen die Begriffe Elektrolyse, Elektrode, Kathode, Anode, Ion, Kation und Anion.
Eine seiner bedeutendsten Entdeckungen ist die elektromagnetische Induktion. Sie ist die Grundlage der Elektrotechnik.

B1 MICHAEL FARADAY (1791–1867)

Avogadro-Konstante
$N_A = 6,022142 \cdot 10^{23}$ mol^{-1}
Konstante zur Umrechnung der Teilchenanzahl in die Einheit Mol

Elementarladung
$e = 1,602176 \cdot 10^{-19}$ A·s
Betrag der Ladung eines Elektrons

Faraday-Konstante
$F = N_A \cdot e = 96485$ A·s·mol^{-1}
Betrag der Ladung von Elektronen, bezogen auf die Stoffmenge

Die ersten quantitativen Untersuchungen von Elektrolysen durch MICHAEL FARADAY [B1] im Jahre 1834 lieferten wichtige Erkenntnisse über die Vorstellung vom Aufbau der Stoffe aus Atomen, Molekülen und Ionen und bildeten die Grundlage für die Elektrochemie.

1. Faraday-Gesetz. Elektrolysiert man z. B. verdünnte Schwefelsäure an blanken Platinelektroden [B2], finden an den Elektroden die folgenden Reaktionen statt:

Pluspol (Anode):
$$4\ OH^-(aq) \longrightarrow O_2(g) + 2\ H_2O(l) + 4e^-$$

Minuspol (Kathode):
$$4\ H_3O^+(aq) + 4\ e^- \longrightarrow 2\ H_2(g) + 4\ H_2O(l)$$

Die OH$^-$-Ionen stammen aus dem Autoprotolyse-Gleichgewicht des Wassers.

Bei der quantitativen Untersuchung [V1, B2] zeigt sich, dass die Volumina V der abgeschiedenen Gase (Wasserstoff bzw. Sauerstoff) bei konstanter Stromstärke I proportional zur Elektrolysezeit t und bei konstanter Elektrolysedauer proportional zur Stromstärke sind:

$V \sim t$ (I = konst.) bzw. $V \sim I$ (t = konst.) (1)

Fasst man beide Ergebnisse zusammen, so ergibt sich: Die Volumina der abgeschiedenen Gase sind proportional zum Produkt aus Stromstärke und Zeit, also zur elektrischen Ladung Q:

$V \sim I \cdot t$ bzw. $V \sim Q$ (2)

Mit dem molaren Volumen $V_m = V/n$ erhält man die *Stoffmengen* n der Elektrolyseprodukte und eine für alle Elektrolysen gültige Gesetzmäßigkeit: Die Stoffmenge n einer elektrolytisch abgeschiedenen Stoffportion ist proportional zur übertragenen Ladung Q:

$n \sim I \cdot t$ bzw. $n \sim Q$ (3)

Diese Beziehung wird im Folgenden theoretisch hergeleitet, dabei erhält man auch die *Proportionalitätskonstante*.
Zur Abscheidung von N Teilchen der Ladung $z \cdot e$ ist die Ladung $Q = N \cdot z \cdot e$ erforderlich. Die Anzahl N der Teilchen ist das Produkt der Stoffmenge n und der Avogadro-Konstante N_A. Damit ergibt sich:

$$Q = I \cdot t = N \cdot z \cdot e = n \cdot N_A \cdot z \cdot e \quad (4)$$

Das Produkt $N_A \cdot e$ bezeichnet man als **Faraday-Konstante** F. Aus Gleichung (4) wird damit:

$$Q = I \cdot t = n \cdot z \cdot F \quad (5)$$

Beispiel: Um 1 mol Ionen mit der Ladungszahl $z = 1$ zu entladen, ist die Ladung $Q = 1$ mol $\cdot 1 \cdot F = 96485$ A·s erforderlich.
Umstellen der Gleichung (5) ergibt:

$$n = \frac{I \cdot t}{z \cdot F} \qquad \text{1. Faraday-Gesetz} \quad (6)$$

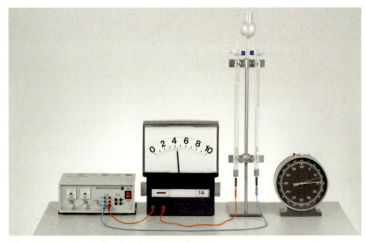

B2 Quantitative Elektrolyse im Hofmann-Zersetzungsapparat

252 Redoxreaktionen und Elektrochemie

Exkurs Quantitative Betrachtung der Elektrolyse

Häufig will man nicht die Stoffmenge eines abgeschiedenen Stoffes berechnen, sondern die Masse oder das Volumen. Zur Umrechnung dienen die folgenden Gleichungen:

$m = n \cdot M$ bzw. $V = n \cdot V_m$

Beispiel: Bei einer Elektrolyse von Kupfer(II)-sulfat-Lösung an Kupferelektroden fließt $t = 30\,\text{min}$ lang ein Strom der Stärke $I = 0{,}4\,\text{A}$. Berechnung der Masse m des an der Kathode abgeschiedenen Kupfers:

$m(\text{Kupfer}) = \dfrac{I \cdot t}{z \cdot F} \cdot M(\text{Cu})$

$m(\text{Kupfer}) = \dfrac{0{,}4\,\text{A} \cdot (30 \cdot 60\,\text{s}) \cdot 63{,}55\,\text{g} \cdot \text{mol}^{-1}}{2 \cdot 96485\,\text{A} \cdot \text{s} \cdot \text{mol}^{-1}}$

$\qquad\qquad = 0{,}237\,\text{g}$

2. Faraday-Gesetz. Bei der in B3 dargestellten Elektrolyseanordnung wird an den Elektroden in den beiden Elektrolytlösungen in der gleichen Zeit die gleiche Ladung Q übertragen [V2]. Folgende Kathodenvorgänge finden statt:

$\text{Ag}^+(aq) + e^- \longrightarrow \text{Ag}(s)$
$\text{Cu}^{2+}(aq) + 2\,e^- \longrightarrow \text{Cu}(s)$

Die Abscheidung von 1 mol Kupferatomen erfordert somit eine doppelt so große Ladung wie die Abscheidung von 1 mol Silberatomen.

Für den Zusammenhang zwischen den Stoffmengen n_1 und n_2 von Portionen *verschiedener* Elektrolyseprodukte, die durch die *gleiche* elektrische Ladung Q abgeschieden werden, gilt nach Gleichung (5):

$Q = n_1 \cdot z_1 \cdot F = n_2 \cdot z_2 \cdot F$ (7)

Umstellen der Gleichung (6) ergibt das *Verhältnis* der Stoffmengen:

$\dfrac{n_1}{n_2} = \dfrac{z_2}{z_1}$ **2. Faraday-Gesetz**   (8)

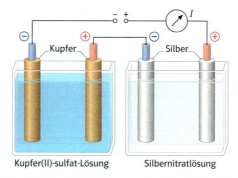

B3 Gleichzeitige Elektrolyse einer Kupfer(II)-sulfat-Lösung an Kupferelektroden und einer Silbernitratlösung an Silberelektroden

V1 Elektrolysieren Sie in einem Hofmann-Zersetzungsapparat [B2] Schwefelsäure ($c(H_2SO_4) = 0{,}5\,\text{mol/l}$) an blanken Platinelektroden.
a) Messen Sie bei konstanter Stromstärke I (z. B. $I = 0{,}2\,\text{A}$; $0{,}4\,\text{A}$; $0{,}6\,\text{A}$) die Gasvolumina in Zeitabständen von je 60 s bis zum Erreichen eines Wasserstoffvolumens $V(\text{Wasserstoff})$ von ca. 25 ml. Tragen Sie die Messwerte in Wertetabellen ein.
b) Stellen Sie die Messwerte in einem V-t-Diagramm (I = konst.) bzw. einem V-I-Diagramm (t = konst.) grafisch dar.
c) Berechnen Sie die Stoffmengen der abgeschiedenen Gase.

V2 Schalten Sie zwei Elektrolysezellen mit Silbernitratlösung ($c(AgNO_3) = 0{,}1\,\text{mol/l}$) und Silberelektroden bzw. Kupfer(II)-sulfat-Lösung (12,5 g $CuSO_4 \cdot 5\,H_2O$, 2,5 ml konz. H_2SO_4, 5 ml Ethanol in 100 ml dest. Wasser) und Kupferelektroden hintereinander (B3). Wiegen Sie die Kathoden vor Beginn des Versuchs und nach einer Elektrolysedauer von z. B. 20 min bei einer Stromstärke von 0,4 A.

A1 Wie groß ist die Stromstärke, wenn in 1 s aus einer Silbernitratlösung 1,118 mg Silber abgeschieden wird?

A2 Wie lange muss bei einer Stromstärke von 0,1 A elektrolysiert werden, um 1 g Kupfer aus einer Kupfer(II)-sulfat-Lösung abzuscheiden?

7.13 Elektrochemische Stromerzeugung

B1 Im Herzschrittmacher befindet sich eine Knopfzelle

B2 Eine 9-Volt-Batterie enthält sechs in Reihe geschaltete 1,5-Volt-Zellen

Braunstein Mangan(IV)-oxid oder Mangandioxid, MnO_2

Galvanische Elemente sind Energiespeicher. Sie stellen unabhängig vom Stromnetz Energie bereit für Taschenlampen, Kameras, Computer, Spielzeug und vieles mehr. Bei manchen Geräten wie z. B. Herzschrittmachern [B1] sind sie unersetzlich. Bei der „Entladung" eines galvanischen Elements wird die gespeicherte chemische Energie durch eine Redoxreaktion in elektrische Energie umgewandelt.
Auch Brennstoffzellen sind elektrochemische Spannungsquellen, jedoch reine Energiewandler. Ihnen wird ständig ein Brennstoff zugeführt, dessen chemische Energie in elektrische Energie umgewandelt wird.

Batterien. Oft werden mehrere galvanische Elemente (Zellen) zur Erhöhung der Spannung in Reihe geschaltet [B2]. Man spricht dann von *Batterien*. Häufig wird diese Bezeichnung jedoch auch für einzelne Zellen verwendet. Batterien gibt es in verschiedenen Größen und Typen für die unterschiedlichen Anwendungsbereiche [B6, B15]. Besonders kleine Bauformen sind die Knopfzellen [B5]. Je nachdem, ob die Elektrodenreaktionen umkehrbar sind, teilt man Batterien in Primärelemente und in Sekundärelemente ein.

Kann ein galvanisches Element nicht wieder aufgeladen werden, bezeichnet man es als Primärelement. Bei einem wieder aufladbaren galvanischen Element spricht man von einem Sekundärelement oder Akkumulator.

Primärelemente. Je nach Anwendungsbereich gibt es im Handel unterschiedliche Größen und Typen von Primärelementen [B6, B15].

Die **Zink-Kohle-Batterie** [B3] wird heute hauptsächlich in Taschenlampen und Spielzeug eingesetzt. Sie geht auf das *Leclanché-Element* zurück, das 1866 von Georges Leclanché patentiert wurde.
Die Anode ist ein Zinkbecher, der gleichzeitig als Behälter dient. Die Kathode ist ein Graphitstift, der von einem Braunstein-Ruß-Gemisch umgeben ist. Das ursprüngliche Leclanché-Element enthielt nur Ammoniumchloridlösung als Elektrolyt. In der heutigen „Trockenbatterie" dient eine Lösung von

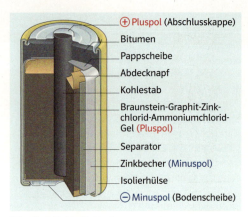

B3 Zink-Kohle-Batterie

Zinkchlorid mit geringen Mengen Ammoniumchlorid als Elektrolyt, welche durch Zusatz von Quellmitteln (z. B. Stärke) zu einem Gel eingedickt ist.
Die Spannung beträgt 1,5 bis 1,7 V. Beim Betrieb der Batterie, d. h. bei Stromfluss, ist die Spannung etwas kleiner. Als sogenannte *Nennspannung* wird stets 1,5 V angegeben. Die beim Entladen einer Zink-Kohle-Batterie ablaufenden Reaktionen lassen sich vereinfacht folgendermaßen beschreiben:

Minuspol:

$$\overset{0}{Zn} \longrightarrow \overset{II}{Zn^{2+}} + 2\,e^-$$

Pluspol:

$$\overset{IV}{MnO_2} + H_2O + e^- \longrightarrow \overset{III}{MnO(OH)} + OH^-$$

Mangan(IV)-oxid   Mangan(III)-hydroxid-oxid

Bei Stromfluss wird der Zinkbecher teilweise zerstört. Im Elektrolyt entsteht eine komplexe Zinkverbindung ($ZnCl_2 \cdot 4\,ZnO \cdot 5\,H_2O$). Da Zink-Kohle-Batterien manchmal auslaufen und dadurch Elektrogeräte beschädigen können, werden sie zunehmend durch Alkali-Mangan-Batterien ersetzt.

A1 Formulieren Sie die Gesamtreaktion der Zink-Kohle-Batterie.

Elektrochemische Stromerzeugung

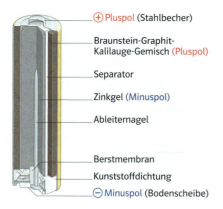

B4   Alkali-Mangan-Batterie

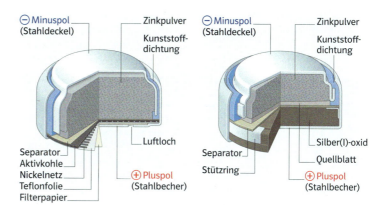

B5   Zink-Luft-Knopfzelle (links), Zink-Silberoxid-Knopfzelle (rechts)

Die **Alkali-Mangan-Batterie** [B2, B4] (auch „Alkaline") liefert eine höhere Stromstärke als die Zink-Kohle-Batterie und ist daher für Geräte mit hohem Strombedarf (z. B. Fotoapparate) und mit Dauernutzung (z. B. tragbare Audiogeräte) besser geeignet. Außerdem gilt sie als auslaufsicher.
Die Elektrodenreaktionen der Alkali-Mangan-Batterie entsprechen denen der Zink-Kohle-Batterie. Als Elektrolytlösung dient Kalilauge. Die Nennspannung beträgt ebenfalls 1,5 V.

Die **Zink-Luft-Knopfzelle** [B5, links] hat eine Nennspannung von 1,4 V. Sie eignet sich z. B. für Hörgeräte. Als Elektrolytlösung dient Kalilauge. Die Anodenreaktion ist die Oxidation von Zink, wie bei der Zink-Kohle- und Alkali-Mangan-Batterie. Die Kathode ist ein Aktivkohle-Ruß-Gemisch, das mit der Luft in Verbindung steht. An der katalytisch wirksamen Aktivkohle wird Sauerstoff reduziert:

$\overset{0}{O_2} + 2\,H_2O + 4\,e^- \longrightarrow 4\,\overset{-II}{OH^-}$

Die **Silberoxid-Zink-Knopfzelle** [B5, rechts] ist sehr langlebig (ca. 5 Jahre). Sie enthält eine Zinkanode und eine Silberoxidkathode. Als Elektrolyt wird Kaliumhydroxid verwendet. Sie wird hauptsächlich in Uhren und Herzschrittmachern [B1] eingesetzt. Eine verbrauchte Silberoxid-Zink-Knopfzelle enthält Silber. Dieses kann bei fachgerechter Entsorgung der Batterie wiedergewonnen werden.

Die **Lithium-Mangan-Batterie** [B7] ist ein Primärelement mit hoher Spannung (Nennspannung 3 V) sowie langer Lebensdauer. Sie wird in der Mikroelektronik (z. B. in Fotoapparaten mit hohem Strombedarf, in Rauchmeldern oder in elektronischen Datenspeichern) eingesetzt.
Lithium bildet das Anodenmaterial, Braunstein das Kathodenmaterial. Die Elektrolytlösung ist ein Gemisch aus organischen Lösungsmitteln und darin gelöstem Lithiumperchlorat (LiClO$_4$). Beim Entladen werden die Mangan(IV)-Ionen des Braunsteins zu Mangan(III)-Ionen reduziert. Die durch Oxidation der Lithiumatome gebildeten Lithiumionen werden in das Kristallgitter des Braunsteins eingebaut:

$\overset{0}{Li} + \overset{IV}{MnO_2} \longrightarrow \overset{I\ \ III}{LiMnO_2}$

Bezeichnung	Maße in mm	Spannung in V
Microzelle	10,5 × 44,5	1,5
Mignonzelle	14,5 × 50,5	1,5
Babyzelle	26,2 × 50	1,5
Monozelle	34,2 × 61,5	1,5
9-V-Block	26,5 × 17,5 × 48,5	9,0
Flachbatterie	26 × 22 × 67	4,5

B6   Bauformen von Zink-Kohle- und Alkali-Mangan-Batterien

B7   9-Volt-Lithium-Mangan-Batterie (enthält drei Zellen)

Redoxreaktionen und Elektrochemie   255

Elektrochemische Stromerzeugung

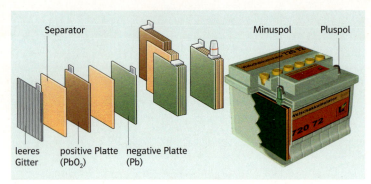

B8 Aufbau einer Starterbatterie (Bleiakkumulator)

Akkumulator von lat. accumulare, sammeln

Batteriesäure und Ladezustand Batteriesäure ist mit dest. Wasser verdünnte Schwefelsäure. Bei der voll geladenen Starterbatterie ist $w(H_2SO_4)$ = 38 %. Die Dichte ϱ ist abhängig von $w(H_2SO_4)$ und damit vom Ladezustand:

ϱ (ϑ = 20 °C)	Ladezustand
1,28 g/cm³	100 %
1,24 g/cm³	50 %
1,10 g/cm³	0 %

Kapazität Bei Akkumulatoren die Ladung $Q = I \cdot t$, die innerhalb einer definierten Zeit entnommen werden kann, i. d. R. in der Ein-heit Amperestunden (Ah). Eine Pkw-Starterbatterie mit der Kapazität 60 Ah liefert 20 Stunden lang durchschnittlich 3 Ampere. (*Nicht verwechseln:* Die Kapazität des Kondensators ist eine andere Größe!)

Sekundärelemente. In Akkumulatoren sind die Elektrodenreaktionen umkehrbar, sodass sie bis zu 1000-mal wieder aufgeladen werden können. Häufig werden mehrere Akkumulatorzellen zu „Akku-Packs" zusammengebaut.

Der **Bleiakkumulator** wurde bereits im Jahr 1850 von WILHELM JOSEF SINSTEDEN erfunden. Der Minuspol besteht aus Blei, der Pluspol aus Blei(IV)-oxid, die Elektrolytlösung ist verdünnte Schwefelsäure.
Der Bleiakkumulator hat bis heute große Bedeutung als *Starterbatterie* in Kraftfahrzeugen, da er eine Stromstärke von mehreren hundert Ampere liefern kann. In einer Starterbatterie bilden zwei Sätze von parallel geschalteten Gitterplatten einen Plattenblock, der in Schwefelsäurelösung („Batteriesäure") taucht [B8]. Die mit fein verteiltem Blei (Schwammblei) beschichteten Gitter der negativen Platten bestehen aus einer Blei-Calcium-Legierung, die mit Blei(IV)-oxid beschichteten Gitter der positiven Platten bestehen aus einer Legierung aus Blei, Calcium, Silber, Zinn und Aluminium.

Se*paratoren* (mikroporöse Trennwände) verhindern den direkten Kontakt der Platten und damit einen Kurzschluss. Die Spannung eines Plattenblocks ist 2,1 V (Nennspannung 2 V). In 12-Volt-Starterbatterien sind sechs Plattenblöcke in Reihe geschaltet. Die Ladungsmenge, die dem Akkumulator entnommen werden kann, bezeichnet man als *Kapazität*.
Beim *Entladen* eines Bleiakkumulators laufen die unter B9 und B10 dargestellen Reaktionen ab. Das gebildete schwer lösliche Blei(II)-sulfat scheidet sich als Überzug auf den Elektroden ab. Da beim Entladen Schwefelsäure verbraucht wird, sinkt die Dichte der Elektrolytlösung. Somit kann man den Ladezustand des Akkumulators durch Dichtemessung bestimmen.
Beim *Laden*, d. h. beim Anlegen einer äußeren Spannung, werden die Elektrodenreaktionen umgekehrt. Das Laden eines Bleiakkumulators ist u. a. deshalb möglich, weil die Abscheidung von Wasserstoff an Blei ein hohes Überpotential aufweist (Kap. 7.11). Lädt man mit zu hoher Spannung oder ist am Ende des Ladevorgangs das meiste Blei(II)-sulfat verbraucht, bildet sich an der Kathode Wasserstoff und an der Anode Sauerstoff („Gasen" des Akkumulators). In geringen Mengen werden diese Gase beim Laden immer abgeschieden.
Mit der Zeit lösen sich die Elektrodenmaterialien von den Gittern ab und bilden einen Bodensatz („Bleischlamm"). Der Bleiakkumulator wird dadurch allmählich unbrauchbar. Durch spezielle Recyclingverfahren kann das Blei zurückgewonnen werden.

$$\text{Minuspol:} \quad \overset{0}{Pb} + SO_4^{2-} \rightleftharpoons \overset{II}{Pb}SO_4 + 2\,e^-$$

$$\text{Pluspol:} \quad \overset{IV}{Pb}O_2 + 2\,e^- + SO_4^{2-} + 4\,H_3O^+ \rightleftharpoons \overset{II}{Pb}SO_4 + 6\,H_2O$$

$$Pb + PbO_2 + 2\,SO_4^{2-} + 4\,H_3O^+ \underset{\text{Laden}}{\overset{\text{Entladen}}{\rightleftharpoons}} 2\,PbSO_4 + 6\,H_2O$$

B9 Entladen und Laden eines Bleiakkumulators

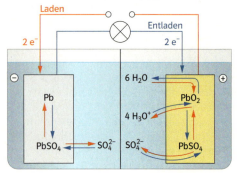

B10 Elektrodenvorgänge im Bleiakkumulator

256 Redoxreaktionen und Elektrochemie

V1 Zwei blanke Bleiplatten werden in ein mit Schwefelsäure ($w(H_2SO_4)$ = 20 %) gefülltes Becherglas gestellt. Die Bleiplatten dürfen sich nicht berühren (z. B. Gummistopfen zwischen die Platten legen).
a) Mit einer Gleichspannung, die so hoch gewählt wird, dass an den Bleiplatten gerade eine Gasentwicklung zu erkennen ist, wird etwa 10 min lang elektrolysiert.
b) Nach der Elektrolyse wird anstelle der Spannungsquelle ein Spannungsmessgerät mit den Elektroden verbunden.
c) An die Elektroden wird ein geeigneter Elektromotor angeschlossen.

A2 Erläutern Sie die Beobachtungen von V1.

A3 Berechnen Sie die Spannung des Bleiakkumulators bei Standardbedingungen aus der elektrochemischen Spannungsreihe (s. Anhang).

$$\text{Minuspol:} \quad \overset{0}{Cd} + 2\, OH^- \;\rightleftarrows\; \overset{II}{Cd(OH)_2} + 2\, e^-$$

$$\text{Pluspol:} \quad 2\, \overset{III}{Ni}O(OH) + 2\, H_2O + 2\, e^- \;\rightleftarrows\; 2\, \overset{II}{Ni}(OH)_2 + 2\, OH^-$$

$$Cd + 2\, NiO(OH) + 2\, H_2O \;\underset{Laden}{\overset{Entladen}{\rightleftarrows}}\; Cd(OH)_2 + 2\, Ni(OH)_2$$

B12 Entladen und Laden eines Nickel-Cadmium-Akkumulators (vereinfacht)

Das „Gasen" wird durch einen Überschuss an Cadmium(II)-hydroxid gegenüber Nickel(III)-hydroxid-oxid verhindert. Beim „Überladen" entwickelt sich am Pluspol Sauerstoff, während am Minuspol kein Wasserstoff entsteht, da noch Cadmium(II)-hydroxid vorhanden ist. Der Sauerstoff diffundiert zum Minuspol, oxidiert dort Cadmiumatome zu Cadmium(II)-Ionen und wird so verbraucht.

Der **Nickel-Cadmium-Akkumulator** (NiCd-Akku) war in den 1990er-Jahren als Gerätebatterie weit verbreitet. Seit 2009 ist sein Verkauf in Deutschland wegen der Giftigkeit des Cadmiums nur noch eingeschränkt erlaubt. Die Spannung des Nickel-Cadmium-Akkumulators beträgt etwa 1,3 V (Nennspannung 1,2 V). Die Elektrolytlösung ist Kalilauge. Beim *Entladen* werden Cadmiumatome zu Cadmium(II)-Ionen oxidiert und Nickel(III)-Ionen zu Nickel(II)-Ionen reduziert [B12].

Der **Nickel-Metallhydrid-Akkumulator** (NiMH-Akku) [B11, B13] hat heute den Nickel-Cadmium-Akkumulator weitgehend verdrängt. Der wesentliche Unterschied zum Nickel-Cadmium-Akkumulator ist, dass er anstelle von Cadmium eine Metalllegierung enthält, die Wasserstoff adsorbieren kann („Metallhydrid"). Vereinfacht kann man die elektrochemischen Prozesse wie folgt angeben:

$$\overset{III}{Ni}O(OH) + \overset{0}{Metall\text{-}H} \;\underset{Laden}{\overset{Entladen}{\rightleftarrows}}\; \overset{II}{Ni}(OH)_2 + \overset{I}{Metall}$$

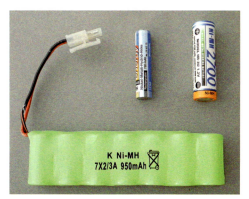

B11 Verschiedene Bauformen von Nickel-Metallhydrid-Akkumulatoren

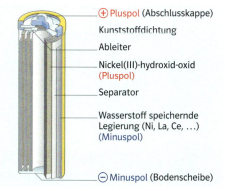

B13 Nickel-Metallhydrid-Akkumulator (Ausführung als „Wickelzelle")

Elektrochemische Stromerzeugung

B14 Lithium-Ionen-Akkumulator für Mobiltelefone

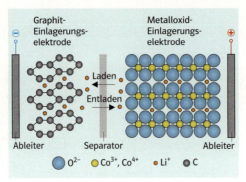

B16 Prinzip des Lithium-Ionen-Akkumulators

Der **Lithium-Ionen-Akkumulator** [B14] ist bei vergleichbarer Kapazität wesentlich kleiner und leichter als die bisher beschriebenen Akkumulatoren. Er wird z. B. in Digitalkameras, Camcordern, Notebooks, Mobiltelefonen und Hybridfahrzeugen eingesetzt. Mit Spannungen von 3,3 bis 3,8 Volt sind Lithium-Ionen-Akkumulatoren die Sekundärelemente mit den höchsten Spannungen.
Beide Elektroden bestehen aus Materialien, die Lithiumionen in ihre Kristallstruktur einlagern und leicht abgeben können. Als negative Elektrode verwendet man häufig Graphit. Die positive Elektrode besteht aus einem Lithium-Metalloxid, z. B. $LiMn_2O_4$ oder $LiCoO_2$. Als Elektrolyt verwendet man die Lösung eines Lithiumsalzes (z. B. $LiPF_6$) in einem organischen Lösungsmittel.
Beim *Laden* wandern Lithiumionen aus dem Lithium-Metalloxid-Gitter in das Graphitgitter, dabei bildet sich die Verbindung LiC_6. Bei diesem Vorgang werden die Metallionen oxidiert und die Kohlenstoffatome reduziert, während die Lithiumionen die Oxidationszahl I beibehalten. Beim *Entladen* laufen die umgekehrten Reaktionen ab:

$$LiC_6 + CoO_2 \underset{Laden}{\overset{Entladen}{\rightleftarrows}} 6\,C + LiCoO_2$$

Das Prinzip des Lithium-Ionen-Akkumulators besteht also in der *Verschiebung von Lithiumionen* von einer Elektrode zur anderen [B16]. Neuere Entwicklungen verwenden z. B. nanokristallines Silicium statt Graphit oder Lithium-Eisenphosphat ($LiFePO_4$) statt des Lithium-Metalloxids. Der Lithium-Polymer-Akkumulator enthält statt des organischen Lösungsmittels ein polymeres Gel.

Bezeichnung	Spannung	Minuspol	Pluspol	Elektrolyt	Besondere Merkmale	Anwendungsbeispiele
Zink-Kohle-Batterie	1,5 V	Zn	MnO_2	$ZnCl_2$	preiswert, umweltverträglich	Taschenlampen, Spielzeug
Alkali-Mangan-Batterie				KOH	hohe Stromstärke bei Dauernutzung	tragbare Audiogeräte
Zink-Luft-Knopfzelle	1,4 V	Zn	O_2	KOH	hohe Belastbarkeit, umweltverträglich	Hörgeräte, Personenrufgeräte
Silberoxid-Zink-Knopfzelle	1,5 V	Zn	Ag_2O	KOH	konstante Spannung, langlebig	Uhren, Fotoapparate, Taschenrechner
Lithium-Mangan-Batterie	3,0 V	Li	MnO_2	org. Lösm. $LiClO_4$	sehr geringe Selbstentladung, sehr langlebig	Taschenrechner, Uhren, Fernbedienungen, Fotoapparate
Bleiakkumulator	2,0 V	Pb	PbO_2	H_2SO_4	hohe Belastbarkeit, selbstentladend, umweltbelastend	Starterbatterien, Antriebsbatterien, Solartechnik
Nickel-Cadmium-Akkumulator	1,2 V	Cd	NiO(OH)	KOH	hohe Belastbarkeit, geringe Selbstentladung, umweltbelastend	Akkuwerkzeuge, Camcorder, Handys
Nickel-Metallhydrid-Akkumulator	1,2 V	Metall-H	NiO(OH)	KOH	hohe Belastbarkeit, konstante Spannung, umweltverträglich	Camcorder, Handys, tragbare Computer, Elektroautos
Lithium-Ionen-Akkumulator	3,3–3,8 V	C	$LiMn_2O_4$ Li-Salze	org. Lösm.	hohe Zellspannung	Camcorder, Handys, tragbare Computer

B15 Gebräuchliche Primär- und Sekundärelemente

Redoxreaktionen und Elektrochemie

Elektrochemische Stromerzeugung

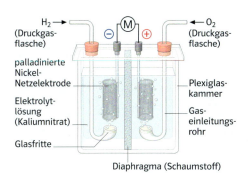

B17 Modell einer Wasserstoff-Sauerstoff-Brennstoffzelle (Knallgaszelle)

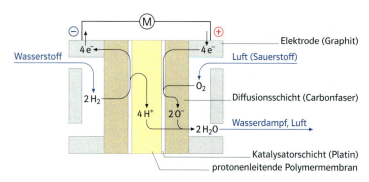

B18 Prinzip der Polymermembran-Brennstoffzelle (PEMFC, proton exchange membrane fuel cell). Der Abstand zwischen den Elektroden ist ca. 0,3 mm

Brennstoffzellen. Bereits im Jahr 1838 baute der Chemiker CHRISTIAN FRIEDRICH SCHÖNBEIN die erste Brennstoffzelle. Er tauchte zwei Platinelektroden in Salzsäure und umspülte sie mit Wasserstoff bzw. Sauerstoff. Zwischen den Platinelektroden konnte er eine elektrische Spannung messen.

Das Prinzip dieser *Wasserstoff-Sauerstoff-Brennstoffzelle* besteht in der Umkehrung der Elektrolyse von Wasser, d.h., die elektrische Energie wird von einer „kontrollierten Knallgasreaktion" geliefert:

Minuspol: $\quad H_2 + 2\,H_2O \longrightarrow 2\,H_3O^+ + 2\,e^- \;|\cdot 2$

Pluspol: $\quad O_2 + 2\,H_2O + 4\,e^- \longrightarrow 4\,OH^-$

$\qquad\qquad H_3O^+ + OH^- \longrightarrow 2\,H_2O \quad |\cdot 4$

$\qquad\qquad 2\,H_2 + O_2 \longrightarrow 2\,H_2O$

Man bezeichnet die Wasserstoff-Sauerstoff-Brennstoffzelle deshalb auch als *Knallgaszelle*. Ihre Spannung beträgt etwa 1 Volt.

Im Gegensatz zur Batterie sind die energieliefernden Stoffe nicht in der Brennstoffzelle vorhanden, sondern werden von außen zugeführt. Eine Brennstoffzelle ist somit kein Energiespeicher, sondern ein *Energiewandler*.

Eine Brennstoffzelle ist ein galvanisches Element, bei dem das Reduktionsmittel („Brennstoff") und das Oxidationsmittel von außen zugeführt werden.

Im Modellversuch funktioniert eine Knallgaszelle auch mit anderen Elektrolyten, z. B. mit Kaliumnitratlösung, und mit palladinierten (mit fein verteiltem Palladium beschichteten) Nickelektroden [B17, V2].
In der Technik wird der flüssige Elektrolyt häufig durch eine Polymermembran ersetzt [B18]. Der Sauerstoff wird meistens der Luft entnommen. Die Lagerung und der Transport von Wasserstoff sind allerdings technisch schwierig. Aus diesem Grund wurden auch Brennstoffzellen entwickelt, die als Reduktionsmittel organische Brennstoffe nutzen, z. B. Methanol oder Ethanol [B19].

V2 Nach B17 wird eine Knallgaszelle Pd(Ni)/H$_2$/KNO$_3$//KNO$_3$/O$_2$/(Ni)Pd aufgebaut. Die beiden Netzelektroden müssen vollständig von Kaliumnitratlösung (c(KNO$_3$) = 1 mol/l) bedeckt sein.
Aus Druckgasflaschen werden über Sicherheitswaschflaschen Wasserstoff und Sauerstoff eingeleitet. Die Spannung der Zelle wird gemessen und ein Elektromotor wird betrieben. Aus der Umgebung der Elektroden werden dann Proben der Elektrolytlösung entnommen und mit Universalindikatorlösung versetzt.
Hinweis: Die Nickeldrahtnetze sollten frisch palladiniert werden. Hierzu werden sie in zwei Reagenzgläsern etwa eine Stunde lang in verdünnte, leicht mit Salzsäure angesäuerte Palladium(II)-chlorid-Lösung getaucht.

B19 Brennstoffzelle mit Ethanol

7.14 Praktikum Spannungsquellen

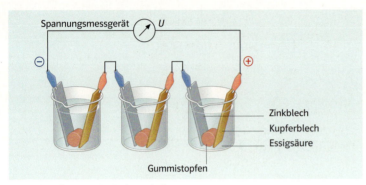

B1 Volta-Elemente in Reihenschaltung

B2 Zink-Kohle-Batterie (links) und Alkali-Mangan-Batterie (rechts) im Vergleich (längs aufgeschnitten)

V1 Volta-Elemente

Geräte und Chemikalien: Spannungsmessgerät mit hohem Innenwiderstand, Kleinelektromotor, 3 Bechergläser (100 ml), 3 Gummistopfen, 3 Kupferbleche (3 cm · 6 cm), 3 Zinkbleche (3 cm · 6 cm), 6 Krokodilklemmen, 4 Verbindungsleitungen, verdünnte Essigsäure ($c(CH_3COOH) = 1\,mol/l$).
(Statt der Bechergläser und Bleche können auch Rillentröge mit passenden Plattenelektroden verwendet werden.)

Durchführung:

a) Legen Sie in drei Bechergläser jeweils einen Gummistopfen und füllen Sie die Bechergläser je zur Hälfte mit verdünnter Essigsäure. Stellen Sie ein Zinkblech und ein Kupferblech so in jedes Becherglas, dass die Bleche durch den Gummistopfen getrennt werden.

b) Messen Sie die Spannungen zwischen den Elektroden der Volta-Elemente.

c) Schließen Sie an eines der Volta-Elemente den Kleinelektromotor an. Messen Sie die Spannung und die Stromstärke beim Betrieb des Motors.

d) Schalten Sie zunächst zwei und dann alle drei Voltaelemente in Reihe [B1]. Messen Sie jeweils die Gesamtspannung.

Aufgaben:
– Formulieren Sie die Teilgleichungen für die an den Elektroden ablaufenden Reaktionen.
– Zeichnen Sie eine Schaltskizze zu Versuch (c).
– Welche Gesamtspannung ergibt sich bei der Reihenschaltung von galvanischen Elementen? Formulieren Sie die entsprechende Gleichung.

V2 Leclanché-Element

Geräte und Chemikalien: Spannungsmessgerät mit hohem Innenwiderstand, Kleinelektromotor, Becherglas (250 ml, hohe Form), Kohleelektrode, Zinkblech, Extraktionshülse, ein Stück Gummischlauch, 2 Krokodilklemmen, 4 Verbindungskabel, Mangandioxid (Braunstein), Aktivkohlepulver, Ammoniumchloridlösung ($w(NH_4Cl) = 20\,\%$).

Durchführung:

a) Rühren Sie Mangandioxid und Aktivkohle im Massenverhältnis 3:1 mit wenig Wasser zu einem Brei an. Füllen Sie den Brei in die Extraktionshülse (Diaphragma). Stecken Sie die Kohleelektrode in den Brei und schützen Sie den herausragenden Teil durch ein Stück Gummischlauch vor eindiffundierendem Sauerstoff. Füllen Sie das Becherglas zu zwei Dritteln mit der Ammoniumchloridlösung. Biegen Sie das Zinkblech um die Hülse und tauchen Sie das Ganze in die Ammoniumchloridlösung.

b) Messen Sie die Spannung des Leclanché-Elements *ohne* Betrieb des Elektromotors.

c) Schließen Sie den Elektromotor an. Messen Sie die Spannung des Leclanché-Elements bei Betrieb des Elektromotors und *nachdem* Sie den Elektromotor wieder entfernt haben.

Aufgaben:
– Formulieren Sie die Teilgleichungen für die an den Elektroden ablaufenden Reaktionen.
– Erklären Sie die Funktion der Aktivkohle.
– Beschreiben Sie mithilfe von Kap. 7.13 und B2 die wichtigsten Unterschiede zwischen der Zink-Kohle- und Alkali-Mangan-Batterie.

Praktikum Spannungsquellen

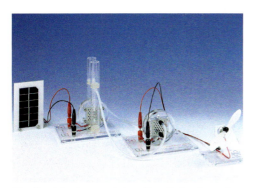

B3 Kombination von Solarzellen, Elektrolysezelle und Brennstoffzelle

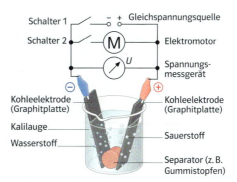

B4 Wasserstoff-Sauerstoff-Brennstoffzelle (Modellversuch)

Fotovoltaik
Einer Wasserstoff-Sauerstoff-Brennstoffzelle (Knallgaszelle) werden Wasserstoff und Sauerstoff kontinuierlich von außen zugeführt. Wasserstoff kann man durch Elektrolyse von Wasser, dem ein Elektrolyt zugesetzt ist, herstellen. Die dazu erforderliche elektrische Energie kann man durch direkte Umwandlung von Sonnenlicht mit *Solarzellen* erzeugen. Diese Direktumwandlung nennt man *Fotovoltaik*.

B3 zeigt eine Versuchsanordnung zum Betrieb einer Brennstoffzelle mit fotovoltaisch erzeugtem Wasserstoff und Sauerstoff. In der Elektrolysezelle tauchen netzförmige Nickelelektroden in Kalilauge. In der Brennstoffzelle sind mit Platin beschichtete Kohlenstoffmatten von einer Kunststoffmembran getrennt, die für Protonen durchlässig ist.

V3 Wasserstoff-Sauerstoff-Brennstoffzelle
Geräte und Chemikalien: Spannungsmessgerät mit hohem Innenwiderstand, Netzgerät mit variabler Gleichspannung, Kleinelektromotor, 2 Schalter, Becherglas (250 ml), 2 plattenförmige Kohleelektroden (Graphitplatten), 2 Krokodilklemmen, 6 Verbindungsleitungen, Separator (z. B. Gummistopfen), Kalilauge ($c(KOH) = 1\,mol/l$).
(Statt des Becherglases kann auch ein Rillentrog verwendet werden, zu dem die Kohleelektroden passen.)

Durchführung: (Schutzbrille!)
a) Legen Sie den Separator in das Becherglas und füllen Sie das Becherglas zu drei Vierteln mit Kalilauge. Stellen Sie zwei Kohleelektroden so in die Lösung, dass die Elektroden durch den Separator getrennt werden. Verbinden Sie die Elektroden mit dem Spannungsmessgerät und über zwei Schalter mit dem Netzgerät und dem Elektromotor [B4].
b) Schließen Sie Schalter 1. (Schalter 2 bleibt geöffnet.) Elektrolysieren Sie bei etwa 5 Volt etwa 1 bis 3 Minuten lang.
c) Öffnen Sie Schalter 1 und messen Sie die Spannung zwischen den Kohleelektroden. (Das Spannungsmessgerät braucht nicht umgepolt zu werden.)
d) Schließen Sie Schalter 2 und messen Sie die Spannung bei Betrieb des Elektromotors. Durch wiederholte Elektrolyse können der Brennstoff (Wasserstoff) und das Oxidationsmittel (Sauerstoff) nachgeliefert werden.

Aufgaben:
– Formulieren Sie die Teilgleichungen für die an den Elektroden in der Elektrolysezelle und in der Strom liefernden Brennstoffzelle ablaufenden Reaktionen.
– Informieren Sie sich über die Möglichkeiten des Einsatzes von Brennstoffzellen.

7.15 Impulse Brennstoffzellentechnik

B1 Brennstoffzellen-stack

B2 Bereich unter den Sitzen eines Versuchsfahrzeugs mit Wasserstoff-Sauerstoff-Brennstoffzellen

B3 90-Watt-Stromversorgung mit Methanol-Brennstoffzellen, z. B. für ein Wohnmobil

PEMFC proton exchange membrane fuel cell
SOFC solid oxide fuel cell
DMFC direct methanol fuel cell

Brennstoffzellen sind leicht und leise. Sie werden deshalb seit Jahrzehnten in der Raumfahrt und beim Militär eingesetzt. Erst in den letzten Jahren wurde der Anwendungsbereich der Brennstoffzellentechnik erweitert. Brennstoffzellen werden heute z. B. in Fahrzeugen, in Laptops, in der Haustechnik und sogar in Heizkraftwerken eingesetzt.

Brennstoffe. Nach wie vor ist Wasserstoff der wichtigste Brennstoff für Brennstoffzellen. Einige Verfahren seiner *Herstellung* sind:
- Elektrolyse von Wasser
- Gewinnung aus Erdgas mithilfe eines Katalysators im Reformer:
$CH_4 + H_2O \rightarrow CO + 3 H_2$
$CO + H_2O \rightarrow CO_2 + H_2$
- Spaltung von Wasser durch Grünalgen mithilfe des Enzyms Hydrogenase

Die wichtigsten Verfahren der *Lagerung* und des *Transports* von Wasserstoff sind:
- Flüssiggastanks (−253 °C, Siedetemperatur von Wasserstoff)
- Druckbehälter (ca. 700 bar)
- Metallhydridspeicher

Die Herstellung, die Lagerung und der Transport von Wasserstoff sind also sehr aufwändig. Aus diesem Grund wird auch an Alternativen, wie z. B. Methanol, geforscht.

Fahrzeugtechnik. Erste Omnibusse und Pkw mit Brennstoffzellenantrieb werden in Serie produziert. Sie nutzen *Brennstoffzellenstacks* [B1, B2], die aus ca. 2 mm dicken in Reihe geschalteten PEMFCs (Kap. 7.13) bestehen, und transportieren Wasserstoff in Druckbehältern.

Hausenergietechnik und Heizkraftwerke. Der Energiebedarf eines Hauses oder einer Fabrik kann durch eine Brennstoffzellenanlage gedeckt werden. Mit der Abwärme wird geheizt oder Warmwasser bereitet. In kleineren Anlagen verwendet man meistens die PEMFC, für die ein Reformer den Wasserstoff aus Erdgas erzeugt. Heizkraftwerke nutzen die oxidkeramische Brennstoffzelle (Festoxidbrennstoffzelle, SOFC). Als Elektrolyt dient ein festes keramisches Material. Am Pluspol werden Oxidionen erzeugt, diese wandern zum Minuspol und reagieren mit Wasserstoffmolekülen:
Pluspol: $O_2 + 4 e^- \rightarrow 2 O^{2-}$
Minuspol: $2 O^{2-} + 2 H_2 \rightarrow 2 H_2O + 4 e^-$
Bei der hohen Betriebstemperatur von 800–1000 °C kann man den Wasserstoff direkt in der Anlage aus Erdgas gewinnen.

Mobile Stromversorgung. Kleine, tragbare Brennstoffzellenanlagen [B3] nutzen häufig Methanol-Brennstoffzellen (DMFC). Ihr Wirkungsgrad ist kleiner als der von Wasserstoff-Sauerstoff-Brennstoffzellen, dafür ist Methanol sehr einfach in der Handhabung.

A1 Informieren Sie sich über ein Gebiet der Brennstoffzellentechnik und berichten Sie darüber. Themen können z. B. sein:
– Technik der Brennstoffzellenfahrzeuge,
– Wasserstoffwirtschaft,
– Brennstoffzellen in Hausenergieanlagen,
– Prinzip und Technik der SOFC.

Redoxreaktionen und Elektrochemie

7.16 Exkurs Korrosion und Korrosionsschutz

Gegenstände aus unedlen Metallen können durch Redoxreaktionen mit Stoffen aus ihrer Umgebung beschädigt oder zerstört werden. Dies bezeichnet man als **Korrosion**. Auch das Rosten von Eisen ist eine Korrosion.

Man unterscheidet z. B. *Flächenkorrosion* mit nahezu gleichmäßiger Korrosion auf der gesamten Metalloberfläche und *Lochkorrosion*, die nur an kleinen Oberflächenbereichen abläuft und „Lochfraß" erzeugt [B1]. Gefährlich ist *Risskorrosion* in Stahlkonstruktionen oder Leitungsrohren, vor allem wenn sie von außen nicht sichtbar sind.

Die Beschädigung oder Zerstörung von Metallgegenständen durch chemische Reaktionen mit der Umgebung bezeichnet man als Korrosion.

Elektrochemische Korrosion am Lokalelement.
Gibt man einen Zinkstab in verdünnte Schwefelsäure, so beobachtet man eine schwache Gasentwicklung an der Oberfläche. Zinkatome werden zu Zinkionen oxidiert, Oxoniumionen werden zu Wasserstoffmolekülen reduziert [B2 links, V1]:

Ox: $\qquad Zn \longrightarrow Zn^{2+} + 2\,e^-$
Red: $\quad 2\,H_3O^+ + 2\,e^- \longrightarrow H_2 + 2\,H_2O$

Redox: $\quad Zn + 2\,H_3O^+ \longrightarrow Zn^{2+} + H_2 + 2\,H_2O$

Berührt man den Zinkstab mit einem Kupfer- oder Platindraht, wird die Gasentwicklung stärker. Der Wasserstoff entwickelt sich nun überwiegend an der Oberfläche des edleren Metalls [B2 rechts].

Da sich die beiden unterschiedlichen Metalle berühren und die Kontaktfläche von einer Elektrolytlösung umgeben ist, entsteht auf kleinstem Raum ein kurzgeschlossenes galvanisches Element. Dieses wird als *Lokalelement* oder *Kontaktelement* bezeichnet.

Die Spannung des Lokalelements und der damit verbundene Stromfluss vom unedleren Metall (Lokalanode) zum edleren Metall (Lokalkathode) sind Ursachen für die stärkere Wasserstoffentwicklung am edleren Metall

B1 Flächenkorrosion (links) und Lochkorrosion (rechts)

[B3]. Das edlere Metall wirkt hier als Ableitelektrode. Es wird bei dieser Redoxreaktion nicht verändert.

Korrosion von lat. *corrodere*, zernagen

Unterschiedliche Metalle, die sich in einem Elektrolyten berühren, bilden ein Lokalelement (Kontaktelement). Dies ist die Ursache für die elektrochemische Korrosion.

Lokalelemente bilden sich nicht nur beim Kontakt von Metallen mit unterschiedlichen Redoxpotentialen, sondern auch, wenn das gleiche Metall in Lösungen mit unterschiedlichen Elektrolytkonzentrationen taucht, d.h. durch Bildung von Konzentrationselementen. Außerdem können Lokalelemente entstehen, wenn beim gleichen Metall Stellen mit verschiedener Temperatur vorliegen (Temperaturabhängigkeit des Redoxpotentials) oder wenn Stellen verschieden belüftet sind (unterschiedliche Sauerstoffkonzentration).

 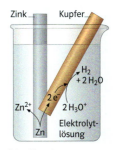

B2 Reaktion von Zink mit Schwefelsäure (links). Bei einem Kontaktelement von Zink mit Kupfer (rechts) bildet sich der Wasserstoff am Kupfer

B3 Vorgänge am Zink-Kupfer-Lokalelement

Redoxreaktionen und Elektrochemie

Exkurs Korrosion und Korrosionsschutz

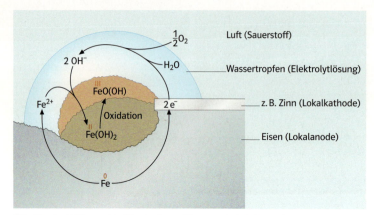

B4 Sauerstoffkorrosion (Rosten) von Eisen am Lokalelement

Rosten. Auch das Rosten von Eisen und Stahl ist durch die Bildung von Lokalelementen gekennzeichnet [V2, B4]. Beschichtungen mit edleren Metallen oder oxidbedeckte Stellen der Metalloberfläche können als Lokalkathoden wirken. Das Eisen als *Lokalanode* wird oxidiert:

$$Fe(s) \longrightarrow Fe^{2+}(aq) + 2\,e^-$$

An der *Lokalkathode* kann bei Abwesenheit von Sauerstoff nur eine **Säurekorrosion** stattfinden. Oxoniumionen werden zu Wasserstoffmolekülen reduziert:

$$2\,H_3O^+(aq) + 2\,e^- \longrightarrow 2\,H_2O(l) + H_2(g)$$

Säurekorrosion erfolgt überwiegend in sauren Lösungen bei Sauerstoffmangel.

Bei Anwesenheit von Sauerstoff findet **Sauerstoffkorrosion** statt. Sauerstoffmoleküle werden zu Hydroxidionen reduziert:

$$O_2(aq) + 2\,H_2O + 4\,e^- \longrightarrow 4\,OH^-(aq)$$

Sauerstoffkorrosion erfolgt in neutralen oder alkalischen Lösungen bei Sauerstoffzutritt.

Eisen(II)-Ionen bilden mit den Hydroxidionen schwer lösliches Eisen(II)-hydroxid:

$$Fe^{2+}(aq) + 2\,OH^-(aq) \longrightarrow Fe(OH)_2(s)$$

Das Eisen(II)-hydroxid wird teilweise zu Eisen(III)-hydroxidoxid- oxidiert:

$$4\,Fe(OH)_2(s) + O_2(aq) \longrightarrow 4\,FeO(OH) + 2\,H_2O$$

Die Hydroxide werden durch Abgabe von Wasser zu Oxiden:

$$Fe(OH)_2 \longrightarrow FeO + H_2O$$
$$FeO(OH) \longrightarrow Fe_2O_3 + H_2O$$

Rost ist ein Gemisch aus Eisen(II)-oxid, Eisen(III)-oxid und Kristallwasser.

V1 Geben Sie in ein Reagenzglas verdünnte Schwefelsäure und tauchen Sie einen Stab aus reinem Zink ein. Berühren Sie den Zinkstab dann in der Lösung mit einem Kupfer- oder Platindraht. Der Versuch ist als Projektionsversuch geeignet.

V2 Geben Sie in eine Glasküvette eine Salz-Indikator-Lösung (3 g Natriumchlorid, 0,1 g Kalium-hexacyanoferrat(III) ($K_3[Fe(CN)_6]$) sowie 10 Tropfen alkoholische Phenolphthaleinlösung ($w = 0,5\,\%$) in 100 ml Wasser). Stellen Sie in die Lösung einen blank geschmirgelten Eisenstab (Nagel) und einen Kupferstab. Verbinden Sie die Metallstäbe außerhalb der Küvette mit einem Kabel. Der Versuch ist als Projektionsversuch geeignet.

A1 Formulieren Sie für die Reaktion von Eisen mit Salzsäure die Teilgleichungen für die Oxidation und die Reduktion.

A2 In einem Reagenzglas wird festes Zinksulfat vorsichtig mit dest. Wasser überschichtet. Taucht ein blanker Zinkstab senkrecht bis knapp über den Bodenkörper ein, stellt man nach einigen Tagen am unteren Stabende Zinkkristalle fest, während der Stab im oberen Bereich matt und rau geworden ist. Erklären Sie diese Beobachtung. Wie lange läuft die Reaktion ab?

A3 Wasserstoff kann im Labor durch die Reaktion von Zink mit Salzsäure erhalten werden. Die Wasserstoffentwicklung wird beschleunigt, wenn man eine geringe Menge Kupfer(II)-sulfat zugibt. Erläutern Sie diese Beobachtung.

Exkurs Korrosion und Korrosionsschutz

Eine Rostschicht ist spröde und porös. Daher schützt sie das Eisen nicht vor weiterer Korrosion. Salze (z. B. Streusalz) beschleunigen den Korrosionsvorgang, da sie die Leitfähigkeit erhöhen.

Bedeutung des Korrosionsschutzes. Korrosion verursacht große Schäden. Metallprodukte werden unbrauchbar und müssen ersetzt werden. Auch die Folgeschäden können gravierend sein, z. B. bei undichten Öltanks. Der *Korrosionsschutz* hat deshalb eine große technische und wirtschaftliche Bedeutung.

Passiver Korrosionsschutz. Eine Schutzschicht auf der Metalloberfläche hält Luft und Wasser fern und verhindert dadurch die Korrosion. Oberflächenschutzschichten können z. B. aus Lacken, Kunstoffpulvern, Email, Zinkphosphat ($Zn_3(PO_4)_2$, farblos), Zinkchromat ($ZnCrO_4$, gelb) oder edleren Metallen bestehen.
Metallüberzüge können auf vielfältige Weise aufgebracht werden. Wichtige Verfahren sind das **Galvanisieren** [B5], bei dem das Überzugsmetall elektrolytisch auf dem als Kathode geschalteten Werkstück abgeschieden wird (z. B. Vergolden, Verchromen [B8], Verzinnen), und das **Schmelztauchen**, bei dem das Werkstück in eine Schmelze des Überzugsmetalls getaucht wird (z. B. Feuerverzinnen). Beim Schmelztauchen sind die erhaltenen Schichten wesentlich dicker als beim Galvanisieren. Überzüge aus edleren Metallen schützen allerdings nur so lange, wie der Überzug nicht beschädigt wird. So korrodiert z. B. verzinnter Stahl (Weißblech) bei Beschädigung des Zinnüberzugs rascher als ungeschützter Stahl, da sich ein Lokalelement bildet [B4].

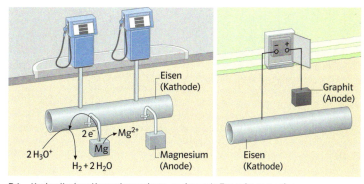

B6 Kathodischer Korrosionsschutz, rechts mit Fremdstromanlage

Kathodischer Korrosionsschutz. Bei unterirdischen Rohrleitungen oder Tanks sowie bei Stahlkonstruktionen im Meerwasser (z. B. Spundwände, Schiffswände) wird der *kathodische Korrosionsschutz* angewandt („aktiver Korrosionsschutz"). Die Stahlkonstruktion wird mit auswechselbaren Elektroden aus einer Magnesiumlegierung oder Zink leitend verbunden [B6, links]. In solchen kurzgeschlossenen galvanischen Elementen bildet der Stahl die Kathode und das Magnesium eine sich auflösende Anode (Schutz- oder Opferanode). Bei Verwendung einer *Fremdstromanlage* [B6, rechts] braucht die Opferanode kein negatives Potential gegen Stahl zu haben. Die Stahlkonstruktion wird mit dem Minuspol einer Gleichspannungsquelle verbunden. Als Anodenmaterial dient z. B. Gusseisen oder Graphit. Auch das *Verzinken* von Stahl [B7] ist kathodischer Korrosionsschutz. Zink bildet eine schützende Oxidschicht und korrodiert deshalb nicht (Passivierung). Wird die Zinkschicht beschädigt, bildet sich ein Lokalelement. Das unedlere Zink wirkt dabei als Opferanode.

B5 Galvanisieranlage für Musterbeschichtungen

B7 Feuerverzinkte Autokarosserie aus Stahl

B8 Verchromter Wasserhahn aus Messing

Redoxreaktionen und Elektrochemie 265

7.17 Praktikum Korrosion und Korrosionsschutz

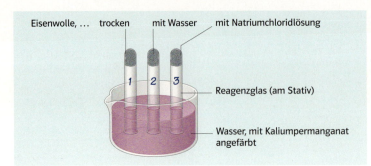

B1 Rosten von Eisen

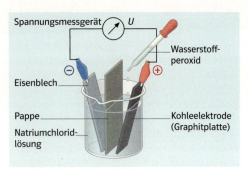

B2 „Rostbatterie"

V1 Rosten von Eisen
Geräte und Chemikalien: Kristallisierschale, 3 Reagenzgläser, Glasstab, Messzylinder (10 ml), Folienschreiber, Eisenwolle (entfettet), Kaliumpermanganat, Natriumchloridlösung (3 g Natriumchlorid in 100 ml Wasser).
Durchführung: Geben Sie in drei nummerierte Reagenzgläser gleiche Portionen Eisenwolle und drücken Sie die Eisenwolle jeweils mit dem Glasstab zum Boden des Reagenzglases. Lassen Sie die Eisenwolle in Reagenzglas 1 unbehandelt. Feuchten Sie die Eisenwolle im Reagenzglas 2 mit 2,5 ml Wasser und im Reagenzglas 3 mit 2,5 ml Natriumchloridlösung an.
Füllen Sie die Kristallisierschale zu zwei Dritteln mit Wasser und lösen Sie zwei Kristalle Kaliumpermanganat darin auf (zum Färben des Wassers). Befestigen Sie die Reagenzgläser mit den Öffnungen nach unten so an einem Stativ, dass sich alle drei Mündungen auf gleicher Höhe unter der Wasseroberfläche befinden [B1].
Aufgaben: Kontrollieren Sie die Wasserstände und das Aussehen der Eisenwolle nach einigen Stunden oder nach einem Tag. Deuten Sie die Beobachtungen.

V2 Eisen-Sauerstoff-Element („Rostbatterie")
Geräte und Chemikalien: Eisenblech, Kohleelektrode (Graphitplatte), Becherglas (100 ml), Spannungsmessgerät mit hohem Innenwiderstand, Kleinelektromotor, 2 Verbindungsleitungen, 2 Krokodilklemmen, Schmirgelpapier, Pappe, 2 Reagenzgläser, 2 Tropfpipetten, Natriumchloridlösung (c(NaCl) = 1 mol/l), Wasserstoffperoxidlösung (Perhydrol in einer Tropfflasche, w(H_2O_2) = 30 %), Kalium-hexacyanoferrat(III)-Lösung (w($K_3[Fe(CN)_6]$) = 1 %), alkoholische Phenolphthaleinlösung (w = 0,5 %).
Durchführung:
a) Schmirgeln Sie das Eisenblech blank. Füllen Sie das Becherglas zu drei Vierteln mit der Natriumchloridlösung. Tauchen Sie das Eisenblech und die Kohleelektrode so in die Lösung, dass sie sich nicht berühren. Setzen Sie zwischen beide Elektroden ein Stück Pappe. Verbinden Sie das Eisenblech mit dem Minuspol und die Kohleelektrode mit dem Pluspol des Spannungsmessgeräts [B2]. Messen Sie nach etwa 5 Minuten die Spannung (Messbereich 1V).
b) Tropfen Sie in die Nähe der Kohleelektrode etwas Wasserstoffperoxidlösung und ersetzen Sie das Spannungsmessgerät durch den Elektromotor. (Wasserstoffperoxid wird an Graphit katalytisch in Wasser und Sauerstoff zersetzt.)
c) Verbinden Sie beide Elektroden direkt mit einem Kabel. Entnehmen Sie nach etwa 10 Minuten jeweils aus der Nähe der Elektroden eine Probe der Elektrolytlösung. Versetzen Sie diese mit Kalium-hexacyanoferrat(III)-Lösung bzw. mit Phenolphthaleinlösung.
Aufgabe: Formulieren Sie die Teilgleichungen für die an den Elektroden ablaufenden Reaktionen.
Hinweis: Kalium-hexacyanoferrat(III) ($K_3[Fe(CN)_6]$, rotes Blutlaugensalz) ist ein Nachweisreagenz für Fe^{2+}-Ionen. Die $[Fe(CN)_6]^{3-}$-Ionen reagieren mit den Fe^{2+}-Ionen zu einer blauen Verbindung (Berliner Blau).

Praktikum Korrosion und Korrosionsschutz

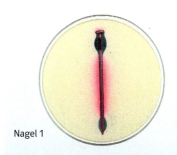
Nagel 1

Nagel 2

Nagel 3

B3 Lokalelemente durch mechanische Bearbeitung (Nagel 1); Oxidbildung (Nagel 2); Kontakt unterschiedlicher Metalle (Nagel 3)

V3 Rostbildung unter einem Salzwassertropfen
Geräte und Chemikalien: Eisenblech, Schmirgelpapier, Lupe, Putztuch, Aceton, Salz-Indikator-Lösung aus 3 g Natriumchlorid, 0,1 g Kaliumhexacyanoferrat(III) sowie 10 Tropfen Phenolphthaleinlösung in 100 ml Wasser. (Die Salz-Indikator-Lösung wird auch für V4 und V5 benötigt.)
Durchführung: Bringen Sie auf das blank geschmirgelte und mit Aceton gereinigte Eisenblech einen großen Tropfen der Salz-Indikator-Lösung.
Aufgaben: Beobachten Sie mit der Lupe die Veränderungen im Tropfen. Formulieren Sie Teilgleichungen für die im Tropfen ablaufenden Reaktionen.
Hinweis: Kalium-hexacyanoferrat(III) weist Fe^{2+}-Ionen nach, siehe Versuch 2.

V4 Rostbildung an Lokalelementen
Geräte und Chemikalien: 3 Petrischalen, Becherglas (400 ml), Gasbrenner, Dreifuß, Drahtnetz, Tiegelzange, Pinzette, Glasstab, Schmirgelpapier, Putztuch, Aceton, 3 Eisennägel (80 mm), Kupferdraht, Salz-Indikator-Lösung [V3], Agar-Agar oder Gelatine.
Durchführung: a) Vorbehandlung der Nägel:
- Nagel 1: Schmirgeln Sie beide Enden des Nagels etwa 2 cm blank und reinigen Sie den Nagel mit Aceton.
- Nagel 2: Schmirgeln Sie den Nagel vollständig blank und reinigen Sie ihn mit Aceton. Erhitzen Sie die Spitze des Nagels in der nicht leuchtenden Brennerflamme bis zur Bildung einer sichtbaren Oxidschicht.
- Nagel 3: Schmirgeln Sie den Nagel vollständig blank und reinigen Sie ihn mit Aceton. Umwickeln Sie den Nagel in der Mitte fest mit einem blanken Kupferdraht (etwa 3 cm breit).

b) Legen Sie die Nägel in je eine Petrischale (Berührung mit den Fingern vermeiden).
c) Lösen Sie im Becherglas 1 g Agar-Agar *oder* 2 g Gelatine in 100 ml der Salz-Indikator-Lösung unter langsamem Erwärmen bis zum Sieden auf. Rühren Sie dabei ständig. (Zur besseren Langzeitbeobachtung wird die Lösung mit Agar-Agar oder Gelatine angedickt bzw. es wird ein Gel erhalten. Diese angedickte Salz-Indikator-Lösung wird auch für V5 benötigt.)
d) Übergießen Sie die Nägel in den Petrischalen mit der abgekühlten, aber noch nicht erstarrten Lösung, bis sie vollständig bedeckt sind. Lassen Sie die Petrischalen einige Stunden oder einen Tag stehen.
Aufgaben:
- Erklären Sie Ihre Beobachtungen [B3].
- Die in der Technik verwendeten Metalle enthalten meist edlere Metalle als Verunreinigungen. Beispielsweise enthält „technisches Zink" eine geringe Menge Kupfer. Bei der Reaktion von technischem Zink mit verdünnter Salzsäure kann man mit der Zeit eine zunehmend heftigere Wasserstoffentwicklung beobachten. Erläutern Sie diesen Sachverhalt.
- Erklären Sie, welche Probleme auftreten können, wenn einem Zahn mit einer Füllung aus Silberamalgam (Legierung aus Silber und Quecksilber) ein Zahn mit einer Goldkrone gegenübersteht.

Redoxreaktionen und Elektrochemie **267**

Praktikum Korrosion und Korrosionsschutz

 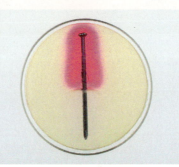 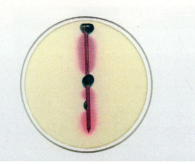

B4 Galvanisches Verzinken eines Eisennagels (links); Korrosion des halb verzinkten Eisennagels (Mitte); Korrosion des verkupferten Eisennagels an beschädigten Stellen der Kupferschicht (rechts)

V5 **Korrosionsschutz durch Metallüberzüge**
Geräte und Chemikalien: 2 Petrischalen, Becherglas (400 ml), 2 Bechergläser (100 ml), Reagenzglas, Glasstab, Spannungsmessgerät, 2 Verbindungsleitungen, 2 Krokodilklemmen, Putztuch, Aceton, 2 Eisennägel (80 mm), 2 Kohleelektroden, Salz-Indikator-Lösung [V3], Zinkchloridlösung ($c(ZnCl_2)$ = 1 mol/l) oder Zinkspray, Kupfer(II)-sulfat-Lösung ($c(CuSO_4)$ = 1 mol/l), Agar-Agar oder Gelatine.

Durchführung:
a) Reinigen Sie zwei Eisennägel mit Aceton.
b) Tauchen Sie einen der Nägel als Kathode bis zur Hälfte in Zinkchloridlösung ein (100-ml-Becherglas) und elektrolysieren Sie gegen die Kohleelektrode als Anode bei 3 V etwa 5 Minuten lang [B4, links]. (Alternativ können Sie den Eisennagel mit Zinkspray verzinken.)
c) Tauchen Sie den zweiten Eisennagel als Kathode vollständig in Kupfer(II)-sulfat-Lösung ein (100-ml-Becherglas, Krokodilklemme in der Mitte des Nagels anklemmen) und elektrolysieren Sie gegen die Kohleelektrode als Anode bei 3 V, bis der Nagel *vollständig* mit Kupfer überzogen ist. Ritzen Sie den verkupferten Eisennagel in der Mitte an, sodass das Eisen sichtbar wird.
d) Legen Sie die Nägel in je eine Petrischale. (Berührung mit den Fingern vermeiden.) Übergießen Sie die Nägel mit der abgekühlten, aber noch nicht erstarrten angedickten Salz-Indikator-Lösung [V4], bis sie vollständig bedeckt sind. Lassen Sie die Petrischalen einige Stunden oder einen Tag stehen.

Aufgaben:
– Erklären Sie Ihre Beobachtungen [B4].
– Konservendosen, z. B. mit Sauerkraut, bestehen aus Weißblech (verzinntes Stahlblech). Erläutern Sie folgende Sachverhalte: Verzinktes Stahlblech wird nicht für Konservendosen verwendet. Sauerkraut aus eingedrückten Dosen soll man nicht essen.
– Erklären Sie den Verlauf der Sauerstoffkorrosion bei verzinktem Eisen, wenn der Zinküberzug beschädigt wird.

V6 **Kathodischer Korrosionsschutz**
Geräte und Chemikalien: 2 Bechergläser (400 ml), Schmirgelpapier, Putztuch, Aceton, 2 dünne Eisenbleche, Magnesiumband, Natriumchloridlösung (3 g Natriumchlorid in 100 ml Wasser).

Durchführung:
a) Schmirgeln Sie zwei dünne Eisenbleche völlig blank. Formen Sie diese dann zu zwei kleinen Schiffchen und reinigen Sie die Schiffchen mit Aceton.
b) Bringen Sie an einem der Schiffchen an der Außenseite zwei große Streifen blankes Magnesiumband an. Achten Sie auf einen guten Kontakt der Metalle.
c) Füllen Sie die Bechergläser zur Hälfte mit Natriumchloridlösung. Setzen Sie die Schiffchen in die Bechergläser und lassen Sie das Ganze einen Tag stehen.

Aufgaben:
– Erklären Sie Ihre Beobachtungen.
– Warmwasserbereiter aus Stahlblech enthalten im Innenraum häufig einen Magnesiumstab. Begründen Sie diese Maßnahme.

268 Redoxreaktionen und Elektrochemie

7.18 Durchblick Zusammenfassung und Übung

Redoxreaktion

Reaktionen, bei denen Elektronenübergänge stattfinden, werden als Redoxreaktionen bezeichnet. Oxidation ist die Abgabe, Reduktion die Aufnahme von Elektronen. Oxidationsmittel sind Elektronenakzeptoren, sie werden selbst reduziert. Reduktionsmittel sind Elektronendonatoren und werden selbst oxidiert. An jeder Redoxreaktion sind zwei korrespondierende Redoxpaare beteiligt.

Galvanisches Element (galvanische Zelle)

Ein galvanisches Element macht eine Redoxreaktion als Spannungsquelle nutzbar. In ihm laufen eine Oxidation und eine Reduktion räumlich getrennt ab. Jedes galvanische Element besteht aus zwei Halbelementen (Halbzellen).
Die Anode ist der Minuspol. Hier findet die Oxidation statt. Die Kathode ist der Pluspol. An ihr findet die Reduktion statt.

Standardpotential

Die Spannung (Potentialdifferenz) zwischen einem Halbelement unter Standardbedingungen und der Standardwasserstoffelektrode nennt man Standardpotential.

Elektrochemische Spannungsreihe

Redoxpaare können nach ihrem Standardpotential in der elektrochemischen Spannungsreihe angeordnet werden. Die oxidierte und die reduzierte Form, die Anzahl der übertragenen Elektronen und das Standardpotential der Redoxpaare werden darin aufgeführt. Daraus kann man die Spannung (Potentialdifferenz) zwischen zwei Halbelementen berechnen:

$$\Delta E^0 = E^0(\text{Kathode}) - E^0(\text{Anode})$$

Nernst-Gleichung

Für die Konzentrationsabhänigkeit des Elektrodenpotentials eines Redoxpaares

$$\text{Ox} + z\,e^- \rightleftharpoons \text{Red}$$

gilt bei $\vartheta = 25\,°C$:

$$E(\text{Red/Ox}) = E^0(\text{Red/Ox}) + \frac{0{,}059\,V}{z} \cdot \lg \frac{\{c(\text{Ox})\}}{\{c(\text{Red})\}}$$

Elektrolyse

Die in einem galvanischen Element freiwillig ablaufenden Redoxvorgänge lassen sich unter Energiezufuhr umkehren. Bei der Elektrolyse ist die Anode der Pluspol und die Kathode der Minuspol.

Zersetzungsspannung

Um eine ständige Abscheidung von Elektrolyseprodukten zu erreichen, ist eine Mindestspannung nötig, die Zersetzungsspannung. Sind in einem System mehrere Redoxsysteme nebeneinander vorhanden, so werden zuerst die Teilchen oxidiert bzw. reduziert, welche die kleinste Differenz zwischen den Abscheidungspotentialen ergeben. Es läuft demnach stets der Gesamtvorgang mit der kleinsten Zersetzungsspannung ab.

Primärelement

Ein galvanisches Element, welches nicht wieder aufgeladen werden kann, wird als Primärelement bezeichnet. Alle Einwegbatterien sind Primärelemente.

Sekundärelement

Bei Akkumulatoren handelt es sich um galvanische Elemente, deren Reaktionen sich umkehren lassen. Ihnen kann somit wieder Energie zugeführt werden. Sie werden als Sekundärelemente bezeichnet.

Korrosion

Reagiert die Oberfläche eines Werkstoffs (z. B. eines Metalls) mit ihrer Umgebung und wird dadurch zerstört, handelt es sich um Korrosion.

Kontaktelement

Bei der Korrosion an einem Kontaktelement stehen verschiedene Metalle direkt und über einen Elektrolyten in Verbindung. Sie bilden eine kurzgeschlossene galvanische Zelle.

Korrosionsschutz

Unedle Metalle können mit einem edleren Metall überzogen werden (passiver Korrosionsschutz). Eine weitere Möglichkeit ist kathodischer Korrosionsschutz (aktiver Korrosionsschutz). Hier zersetzt sich statt des geschützen Metalls ein anderes Metall als „Opferanode".

Redoxreaktionen und Elektrochemie 269

Durchblick Zusammenfassung und Übung

A1 Das „Anlaufen" von Silber beruht auf der Bildung von schwarzem Silbersulfid (Ag_2S). Ein angelaufener Silberlöffel lässt sich „reinigen", indem man ihn in Aluminiumfolie wickelt und in heiße Natriumcarbonatlösung legt. Erklären Sie diesen Vorgang mithilfe der entsprechenden Redoxgleichung.

A2 Ein galvanisches Element besteht aus einem Cu/Cu^{2+}- und einem Fe^{2+}/Fe^{3+}-Halbelement. Im einen der Halbelemente bildet die reduzierte Form keine metallische Elektrode. Überlegen Sie, wie sich trotzdem ein galvanisches Element aufbauen lässt, und fertigen Sie eine beschriftete Skizze des galvanischen Elements an.

A3 Stellen Sie zu den folgenden Reaktionen die Redoxgleichungen auf:
a) $CrO_4{}^{2-}$-Ionen (Chromat) reagieren mit Cl^--Ionen (Chlorid) in saurer Lösung zu Chrom(III)-Ionen und Chloriger Säure ($HClO_2$).
b) Kupfer(II)-hydroxid reagiert mit Hydrazin (N_2H_4) zu elementarem Stickstoff und Kupfer.

A4 Überlegen Sie, ob die folgenden Reaktionen bei Standardbedingungen stattfinden, und begründen Sie Ihre Antwort:
a) Chlor oxidiert Iodidionen zu Iod.
b) Silber reagiert mit Salzsäure unter Bildung von Wasserstoff.

A5 In einer sauren Lösung (pH = 3) befinden sich Permanganationen, Mangan(II)-Ionen und Bromidionen ($c(MnO_4{}^-) = c(Mn^{2+}) =$

$c(Br^-) = 1\,mol/l$). Ermitteln Sie, ob die Bromidionen von den Permanganationen zu Brommolekülen oxidiert werden.

A6 Amalgame sind Legierungen aus Quecksilber und anderen Metallen. Bestimmte Amalgame werden als Zahnfüllung verwendet. Eine Amalgamfüllung darf nie so eingesetzt werden, dass sie eine Goldfüllung berühren kann. Erläutern Sie die Gründe.

A7 Kupfer eignet sich als Werkstoff für Niete, da es gut verformbar ist. Beurteilen Sie, ob es sinnvoll ist, Eisenbleche mit Kupfernieten zu verbinden.

A8 Der Ladezustand eines Bleiakkumulators kann durch Messung der Dichte der Schwefelsäure bestimmt werden. Geben Sie hierfür eine Erklärung.

A9 Bei einer Silberoxid-Zink-Knopfzelle besteht die Kathode aus Silber(I)-oxid und die Anode aus Zinkpulver. Formulieren Sie die Elektrodenvorgänge beim Entladen der Knopfzelle und die gesamte Redoxgleichung.

A10 Rohkupfer wird durch elektrolytische Raffination gereinigt. Dazu legt man eine Gleichspannung an eine Anode aus Rohkupfer und eine Kathode aus Reinkupfer in einer schwefelsäurehaltigen Kupfer(II)-sulfat-Lösung. Formulieren Sie die ablaufenden Elektrodenvorgänge und stellen Sie die Gesamtgleichung auf.

Abi-Aufgabe und Lösung

A11 Eine Wasserstoffelektrode (Minuspol) und ein Silber/Silberchlorid-Halbelement (Pluspol) bilden ein galvanisches Element.
11.1 Stellen Sie die Reaktionsgleichungen des Oxidations- und Reduktionsvorgangs auf und fassen Sie beide zu einer Redoxgleichung zusammen. Ordnen Sie die Begriffe „Anode" und „Kathode" zu; begründen Sie Ihre Zuordnung.
11.2 Erläutern Sie, wie sich eine größere Fläche der Silberelektrode auf die Leerlaufspannung des Elements auswirkt.

Lösung

11.1

Ox (Anode):	$H_2 + 2\,H_2O \longrightarrow 2\,H_3O^+ + 2\,e^-$
Red (Kathode):	$AgCl + e^- \longrightarrow Ag + Cl^- \qquad | \cdot 2$

$$H_2 + 2\,AgCl + 2\,H_2O \longrightarrow 2\,H_3O^+ + 2\,Ag + 2\,Cl^-$$

Die Anode wird immer der Oxidation zugeordnet, die Kathode immer der Reduktion.
11.2 Sie wirkt sich nicht aus. Die Leerlaufspannung ist gleich der Potentialdifferenz ΔE, welche von der Fläche der Elektroden unabhängig ist.

► Erweiterung

8 Fette und Tenside

Pflanzliche und tierische Fette sind nicht nur wichtige Nahrungsbestandteile, sie sind auch als nachwachsende Rohstoffe von großer Bedeutung, besonders für die Herstellung waschaktiver Substanzen, der Tenside. Es gibt heute eine Vielzahl „maßgeschneiderter" Tenside, die u. a. in Wasch- und Reinigungsmitteln zur Anwendung kommen.

Nährwerte durchschnittlich in 100 g	
Brennwert	385 kJ = 92 kcal
Eiweiß	3,2 g
Kohlehydrate davon Zucker	14,2 g 14,2 g
Fett davon gesättigte Fettsäuren	2,4 g 1,7 g
Ballaststoffe	0,1 g
Natrium	0,04 g
Bei +8 °C mind. haltbar bis siehe Deckeldruck	

■ Fette gehören wie Proteine und Kohlenhydrate zu den Nährstoffen. Man kennt diese Begriffe z. B. von den Nährwerttabellen auf Lebensmittelverpackungen.

■ Ob flüssige Fette eine Alternative zu Treibstoffen aus Erdöl sein können, wird zurzeit sehr kontrovers diskutiert.

■ Um nach dem Essen Fett von den Händen zu entfernen, wäscht man sie mit Wasser und einem Stoff, der aus Fett gewonnen wurde: mit Seife. Seife ist das älteste künstlich hergestellte „Waschmittel".

■ Heute stellen Waschmittel Stoffgemische dar, deren Bestandteile optimal aufeinander abgestimmt sind, die Tenside beim Waschvorgang zu unterstützen und das Aussehen der Wäsche zu verbessern.

271

Online-Link
756820-0800

8.1 Aufbau und Eigenschaften der Fette

B1 Molekülmodelle von Stearinsäure (links) und Ölsäure (rechts)

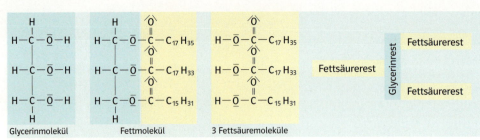

B3 Aufbau eines Fettmoleküls. Rechts: Aufbauschema

Aufbau eines Fettes. 1783 erhitzte der schwedische Chemiker CARL WILHELM SCHEELE [B2] Olivenöl zusammen mit Bleioxid. Er erhielt dabei eine süß schmeckende Flüssigkeit, der er den Namen „Ölsüß" gab und die wir unter der Bezeichnung *Glycerin* kennen. 40 Jahre später erkannte der Franzose MICHEL CHEVREUL, dass Fette *Ester aus Glycerin und Fettsäuren* sind.
Bei 97 % der natürlich vorkommenden Fette sind alle drei Hydroxylgruppen des Glycerinmoleküls mit Carbonsäuren verestert [B3, B4]. Solche Fette werden als **Triacylglycerine** oder **Triglyceride** bezeichnet, manchmal nennt man sie auch *Neutralfette*.

Triacyl- von griech. tris, dreimal und lat. acidus, sauer

Fettsäuren. Die Kettenlänge der in natürlichen Fetten veresterten Carbonsäuremoleküle variiert von C_4 bis C_{24}. Die Anzahl der Kohlenstoffatome ist aber fast immer geradzahlig. Dies kommt daher, dass diese sogenannten **Fettsäuren** in der Zelle aus C_2-Körpern zusammengesetzt werden.
Nicht alle benötigten Fettsäuren können von Tieren selbst hergestellt werden. Fettsäuren, die der Körper aufnehmen muss, werden als **essenzielle Fettsäuren** bezeichnet. Dies sind oft **ungesättigte Fettsäuren**, also Fettsäuren mit einer oder mehreren Doppelbindungen im Fettsäurerest des Moleküls. B8 gibt einen Überblick über wichtige Fettsäuren.

B2 CARL WILHELM SCHEELE. Geboren 1742 in Stralsund (damals zu Schweden gehörig), gestorben 1786 in Köping (Schweden)

Schmelztemperaturbereich. Fette werden nach ihrem Aggregatzustand bei Zimmertemperatur eingeteilt. Man unterscheidet feste, halbfeste und flüssige Fette, letztere werden auch *fette Öle* genannt.

B4 Fettmolekül, Kalottenmodell

Natürliche Fette [B5] sind keine Reinstoffe, sondern je nach Herkunft ganz verschieden zusammengesetzte Gemische aus unterschiedlichen Triglyceriden. Dies zeigt sich auch bei der Bestimmung der Schmelztemperatur: Ein Fett hat keine scharfe Schmelztemperatur, sondern einen *Schmelztemperaturbereich* [B6]. Es gelten folgende Zusammenhänge zwischen der Molekülstruktur und der Höhe des Schmelztemperaturbereichs:

Je langkettiger die Fettsäurereste in den Fettmolekülen sind, desto höher liegt der Schmelztemperaturbereich des Fettes.

Je mehr C=C-Doppelbindungen in den Fettmolekülen vorkommen, desto niedriger ist der Schmelztemperaturbereich des Fettes.

B5 Einige Speisefette und -öle

Aufbau und Eigenschaften der Fette

Während die erste Regel leicht durch die mit der Zunahme der Moleküloberfläche wachsenden Van-der-Waals-Kräfte zu erklären ist, ist der Einfluss von Doppelbindungen auf das Schmelzverhalten nicht so offensichtlich. Betrachtet man Kalottenmodelle des Stearinsäure- und des Ölsäuremoleküls [B1], dann fällt auf, dass das Ölsäuremolekül an der Doppelbindung einen „Knick" aufweist. Die Kohlenstoffatomkette ist hier in *cis*-Stellung fixiert, um die Doppelbindung herrscht also keine freie Drehbarkeit. Fettmoleküle mit vielen ungesättigten Fettsäureresten können sich nicht so eng aneinanderlagern wie Fettmoleküle mit gesättigten, linear gebauten Alkylresten. Die Packung der Moleküle im Molekülgitter, im festen Aggregatzustand also, ist bei gesättigten Fetten dichter und damit wirken sich die zwischenmolekularen Kräfte hier stärker aus. Es erfordert mehr thermische Energie, diese höheren Anziehungskräfte zu überwinden.

Löslichkeit. Fette sind, wie von Estern dieser Molekülgröße zu erwarten, in Lösungsmitteln mit Dipolmolekülen, wie Ethanol und Wasser, wenig bis fast gar nicht löslich. Dafür lösen sich Fette gut in lipophilen Lösungsmitteln [V1].

Fett	Temperaturangaben in °C
Kokosfett	23 bis 28
Olivenöl	−3 bis 0
Sonnenblumenöl	−18 bis −11
Leinöl	−20 bis −16

B6 Schmelztemperaturbereiche einiger Fette

V1 Nehmen Sie drei Reagenzgläser. Geben Sie in das erste einige Milliliter Wasser, in das zweite die gleiche Menge Ethanol und in das dritte die gleiche Menge Heptan. Nun fügen Sie überall etwas Speiseöl hinzu, verschließen die Reagenzgläser mit Stopfen und schütteln sie einmal.

A1 Zeichnen Sie die Strukturformel eines Fettmoleküls, das zwei randständige Buttersäure- und einen Ölsäurerest enthält.

A2 Zum Entfernen von Fettflecken aus Kleidungsstücken verwendet man „Fleckbenzin". Chemische Reinigungen benützen z. B. Tetrachlorethen als Reinigungsflüssigkeit. Warum wird kein Wasser zur Fleckentfernung verwendet? Achten Sie bei Ihrer Antwort auf die korrekte Verwendung der Fachbegriffe [B7].

Stoffebene	Teilchenebene
hydrophil/lipophob	Dipolmolekül/polar
hydrophob/lipophil	unpolar

B7 Begriffe der Stoff- und Teilchenebene

	Name (Trivialname)	Halbstrukturformel Formel
gesättigte Fettsäuren	Butansäure (Buttersäure)	$CH_3-CH_2-CH_2-COOH$ C_3H_7COOH
	Dodecansäure (Laurinsäure)	$CH_3-(CH_2)_{10}-COOH$ $C_{11}H_{23}COOH$
	Tetradecansäure (Myristinsäure)	$CH_3-(CH_2)_{12}-COOH$ $C_{13}H_{27}COOH$
	Hexadecansäure (Palmitinsäure)	$CH_3-(CH_2)_{14}-COOH$ $C_{15}H_{31}COOH$
	Octadecansäure (Stearinsäure)	$CH_3-(CH_2)_{16}-COOH$ $C_{17}H_{35}COOH$
ungesättigte Fettsäuren	Octadec-(*cis*)-9-en-säure (Ölsäure)	$CH_3-(CH_2)_7-\overset{10}{C}H=\overset{9}{C}H-(CH_2)_7-COOH$ $C_{17}H_{33}COOH$
	Octadeca-(*cis, cis*)-9,12-diensäure (Linolsäure)	$CH_3-(CH_2)_4-\overset{13}{C}H=\overset{12}{C}H-CH_2-\overset{10}{C}H=\overset{9}{C}H-(CH_2)_7-COOH$ $C_{17}H_{31}COOH$

B8 Ausgewählte Fettsäuren

Fette und Tenside **273**

8.2 Bedeutung der Fette als Nahrungsmittel

Die für die Aufrechterhaltung des Stoffwechsels notwendige Energie gewinnt der menschliche Organismus aus der Oxidation von Biomolekülen. Als „Brennstoff" kommen Fette, Proteine und Kohlenhydrate infrage. Am raschesten kann der Körper bestimmte Kohlenhydrate, allen voran Glucose, verwerten, am energiereichsten ist hingegen Fett [B1]. Das macht Fett zum idealen Speicherstoff für Zeiten des Nahrungsmangels.

Fett als Speicherstoff. Fettgewebe wird bei zu reichlicher Ernährung in der Unterhaut und an den inneren Organen angelegt. Dadurch ist seine rasche Verfügbarkeit gewährleistet und außerdem wirkt das Fett so noch als Wärmeisolator und „Stoßdämpfer". Der Fettansatz erfolgt beim Mann bevorzugt am Bauch, bei der Frau an Hüfte, Gesäß, Oberschenkeln und Brust. Die Zusammensetzung dieses *Depotfettes* hängt von der verdauten Nahrung ab.

Fett als Baustoff. Fett hat bei normalgewichtigen Männern einen ungefähren Anteil von 18 % am Körpergewicht, bei Frauen beträgt der Anteil etwa 28 %. Dieses Bau- oder Polsterfett sitzt z. B. an den Nieren und in den Augenhöhlen, aber auch in der Unterhaut von Fußsohlen, Gesäß und Wangen. Es wird erst bei langem Nahrungsmangel abgebaut, was u. a. zu hohlen Wangen und eingesunkenen Augen führt.

Fett als Stoffwechselbaustein. Fett wird im Körper nicht nur abgebaut, es ist auch Ausgangsstoff zahlreicher Synthesen. So werden etwa die **Prostaglandine**, eine Gruppe von Hormonen, die nicht von Drüsen, sondern in bestimmten Geweben gebildet werden, aus essenziellen Fettsäuren synthetisiert. Man kennt mittlerweile mehr als ein Dutzend dieser Gewebshormone. Ihre Wirkung ist sehr vielfältig und reicht von der Regulation der Salzausscheidung durch die Nieren bis zur Auslösung von Wehen.

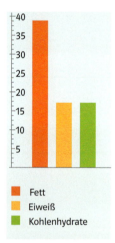

B1 Brennwerte der Nährstoffe (kJ/g)

A1 Ein 70 kg schwerer Mann braucht in Ruhe etwa 8400 kJ pro Tag. Bei großer körperlicher Anstrengung kann sich der Energiebedarf mehr als verdoppeln. Angenommen, ein steinzeitlicher Jäger verbrauchte pro Tag etwa 15 000 kJ. Nach fünf Tagen ohne nennenswerte Nahrungszufuhr gelingt es seiner Jagdgruppe, einen Hirsch zu erlegen [B2]. Berechnen Sie,
a) wie viel körpereigene Substanz in dieser Zeit abgebaut worden wäre, wenn der „Brennstoffvorrat" aus Stärke bestanden hätte,
b) wie groß der tatsächliche Substanzverlust durch Fettabbau wäre.

A2 Für die nacheiszeitlichen Höhlenmenschen (vor ca. 10 000 Jahren) war es günstig, die Jagdbeute möglichst rasch aufzuessen.
a) Nennen Sie die Gründe für dieses Verhalten.
b) Erläutern Sie, welche Probleme ein solches „steinzeitliches Ernährungsverhalten" für Menschen der Gegenwart mit sich bringen kann.

B2 Steinzeitliche Jagdbeute (Höhlenmalerei von Lascaux, Südfrankreich)

274 Fette und Tenside

Bedeutung der Fette als Nahrungsmittel

Fettverdauung. Die Verdauung der Fette erfolgt größtenteils im Dünndarm. Die fettspaltenden Enzyme, die **Lipasen**, katalysieren im leicht basischen Dünndarmmilieu die hydrolytische Spaltung der Esterbindungen in den Fettmolekülen [B3]. Für eine rasche und vollständige Hydrolyse der Fettmoleküle ist es notwendig, dass das Fett möglichst innig mit dem wässrigen Verdauungssaft vermengt wird. Dies wird zum einen durch die rhythmischen Kontraktionen des Dünndarms und zum anderen durch die Wirkung des Gallensaftes erreicht, dessen Inhaltsstoffe das Nahrungsfett emulgieren. Die fein verteilten Fetttröpfchen bieten den Lipasen eine große Angriffsfläche.

Wie wichtig der Gallensaft für die Fettverdauung ist, wird deutlich, wenn der Abfluss der Galle aus der Gallenblase z. B. durch Gallensteine behindert ist. Dann bleibt das Nahrungsfett weitestgehend unverdaut und wirkt als „Gleitmittel" im Darmkanal. Es kommt zu Durchfällen.

Die Produkte der Fetthydrolyse gelangen durch die Darmschleimhaut in die Lymphe und ins Blut.

Fettverzehr. Im Januar 2008 wurden die Ergebnisse der ersten gesamtdeutschen Verzehrstudie vorgestellt. 20 000 Bürger zwischen 14 und 80 Jahren waren u. a. zu ihren Essgewohnheiten befragt worden. Die Ergebnisse dieser Studie waren wenig erfreulich, aber eigentlich nicht überraschend: Die Deutschen essen im Durchschnitt zu süß, zu salzig, zu fett und vor allem zu viel. Welche Ernährungsratschläge lassen sich daraus ableiten? Wie steht es z. B. mit der altbekannten Empfehlung, möglichst fettarme Speisen zu sich zu nehmen? Als Energielieferant kann Fett ganz durch Kohlenhydrate ersetzt werden.

B3 Fettabbau im Dünndarm

2,27 g Kohlenhydrate entsprechen im Brennwert einem Gramm Fett. Eine völlig fettfreie Kost würde allerdings zu einem Mangel an essenziellen Fettsäuren und fettlöslichen Vitaminen führen. Letztere können nur zusammen mit Fett resorbiert werden.

Neuere Studien belegen außerdem, dass der Verzicht auf Fett bei manchen Menschen mit einer „Kohlenhydratmast" kompensiert wurde. Diese führt aber ebenfalls zu Übergewicht, da der Organismus überschüssige Kohlenhydrate zu Fett umbaut, und außerdem die Entstehung von Diabetes begünstigt.

So wichtig es ist, beim Essen Maß zu halten, so wichtig ist es auch, nicht in einen übertriebenen Schlankheitskult zu verfallen. Dass mager nicht gleich gesund ist, bewies auf tragische Weise der Tod des brasilianischen Models ANA CAROLINA RESTON, die 2006 mit nur 21 Jahren an Magersucht starb.

Lipase von griech. lipos, Fett

B4 Gallseife

A3 Rizinusöl gehört zu einer Gruppe pflanzlicher Fette, die der Mensch kaum verdauen kann. Erläutern Sie, welche Auswirkungen die Einnahme von Rizinusöl hat.

A4 Gallseife [B4] enthält Gallenkonzentrat von Schlachttieren. Recherchieren und erläutern Sie den Verwendungszweck von Gallseife.

Fette und Tenside 275

8.3 Margarine und Fetthärtung

Margarine. Butter, ein Fett, das heute in Europa in überreichem Maße zur Verfügung steht, war Mitte des 19. Jahrhunderts für weite Bevölkerungsteile unerschwinglich.
Die in den Fabriken arbeitenden Menschen hatten oft keine Zeit für warme Mahlzeiten. Mit Butter bestrichene Brote wären ein nahrhaftes und dabei einfach und rasch zu bereitendes Mahl gewesen.
Sein hoher Nährwert und seine vergleichsweise gute Haltbarkeit machten das Butterbrot außerdem zur idealen Marschverpflegung für die Infanterie.
Vielleicht war dies der Grund dafür, dass Napoleon III. [B2] 1864 einen Wettbewerb ausrief, mit dem Ziel, einen schmackhaften, aber gleichzeitig billigen und haltbaren Ersatz für die Mangelware Butter zu finden. 1869 gelang es dem französischen Wissenschaftler HIPPOLYTE MÈGE-MOURIÉS tatsächlich, durch Vermengen von Rinderfett, Magermilch und etwas gehäckseltem Kuheuter ein streichbares Speisefett herzustellen. Wegen seines perlartigen Glanzes nannte der Erfinder sein Werk *Margarine*, angelehnt an das griechische Wort *margaron*, das Perle bedeutet. Napoleon III. allerdings konnte das neue Lebensmittel nicht lange genießen, denn schon 1870, kurz nach Ausbruch des Deutsch-Französischen Krieges, geriet er bei Sedan in preußische Gefangenschaft. 1873 starb er im englischen Exil.

B1 Margarine

B2 CHARLES LOUIS NAPOLÉON BONAPARTE (1808–1873), Neffe des berühmten NAPOLÉON I.

Fetthärtung. Margarine gibt es auch heute noch [B1], allerdings hat sich die Rezeptur grundlegend geändert [B3]. Ausgangsstoff sind in der Regel nicht mehr tierische Fette, sondern pflanzliche Öle. Pflanzenöl aber eignet sich nicht sonderlich dafür, auf eine Scheibe Brot gestrichen zu werden. Es muss erst *gehärtet* werden. Dazu werden flüssige Pflanzenfette unter Druck bei einer Temperatur von etwa 180 °C in Gegenwart von fein verteiltem Nickel, das als Katalysator wirkt, mit Wasserstoff zur Reaktion gebracht. Unter diesen Bedingungen werden die ungesättigten Fettsäurereste hydriert, d.h., an die Doppelbindungen werden Wasserstoffatome addiert [V1]. Dadurch steigt der Schmelztemperaturbereich des Fettes.

Zutaten
15 g Kokosfett, 1 Esslöffel Olivenöl, 1 Teelöffel fettarme Milch, 1 Teelöffel Eigelb, 1 Prise Salz, 1 ungebrauchtes Becherglas, 1 Schüssel mit eisgekühltem Wasser

Zubereitung
Geben Sie in das Becherglas etwa 15 g Kokosfett und erwärmen Sie es über kleiner Flamme, bis es geschmolzen ist. Nehmen Sie das Becherglas von der Flamme und geben Sie unter Rühren einen Esslöffel Olivenöl zu. Stellen Sie das Becherglas in die Schüssel mit Eiswasser und fügen Sie unter ständigem Rühren Milch und Eigelb zu und je nach Geschmack eine Prise Salz. Rühren Sie kräftig, bis die „Masse" steif ist. Prüfen Sie Streichfähigkeit und Geschmack auf einer Brötchenhälfte.
Hinweis: Die hergestellte Margarine ist nicht steril und muss bald verzehrt werden.

B3 Rezept zur Herstellung von Margarine

Mit dieser als *Fetthärtung* bezeichneten Methode, die der deutsche Chemiker W. NORMANN 1902 entwickelte, gewinnt man heute üblicherweise die für die Margarineherstellung benötigten festen Fette. Weil aber gerade die ungesättigten Fettsäuren für die Ernährung besonders wertvoll sind, wählt man die Reaktionsbedingungen so, dass nur ein Teil der Doppelbindungen hydriert wird.

V1 In ein hohes Reagenzglas gibt man etwa 0,5 ml dest. Wasser, das man langsam mit 1,5 ml konzentrierter Schwefelsäure versetzt. Die noch heiße Säure wird mit etwa dem gleichen Volumen Pflanzenöl (z. B. Olivenöl) überschichtet. Nun gibt man vorsichtig (Schutzbrille und Gummihandschuhe) eine Spatelspitze Zinkpulver ins Reagenzglas. Nach dem Ende der Wasserstoffentwicklung kühlt man das Glas mit kaltem Wasser und beobachtet dabei den Überstand.

A1 Formulieren Sie die vollständige Hydrierung eines Fettes, das einen Ölsäure- und zwei Linolsäurereste enthält, mit Strukturformeln. Benennen Sie die Fettsäurereste, die bei dieser Fetthärtung entstehen.

276 Fette und Tenside

8.4 Impulse Butter oder Margarine?

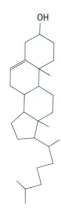

B1 Cholesterin (Cholesterol), ein cyclischer Alkohol, wurde 1775 erstmals aus Gallensteinen isoliert

Sowohl Margarine als auch Butter bestehen zu etwa 80 Prozent aus Fett. Welches der beiden Streichfette das bessere ist, an dieser Frage scheiden sich die Geister. Nachfolgend sind einige Argumente dazu aufgelistet.

Was ist Ihre Meinung zu diesen Aussagen?

1. Margarine enthält üblicherweise nur Fett pflanzlichen Ursprungs und ist damit „natürlich" cholesterinfrei. Cholesterin [B1] ist in fast allen tierischen Fetten, also auch im Milchfett und damit in Milch- und Milchprodukten vorhanden. 100 g Butter enthalten etwa 240 mg Cholesterin. Der Tagesbedarf eines Erwachsenen an Cholesterin beträgt etwa 300 mg, es ist u. a. Ausgangsstoff für die Bildung von Vitamin D.

2. Ein zu hoher Cholesterinspiegel kann zur Ablagerung von Cholesterin an den Innenseiten der Blutgefäße führen (Arterienverkalkung). Das Risiko von Herz-Kreislauf-Erkrankungen steigt.
Bedenklicher als die Aufnahme von Cholesterin aus der Nahrung scheint aber die Wirkung gesättigter langkettiger Fettsäuren zu sein, denn sie regen den Organismus an, selbst Cholesterin zu produzieren.

3. Pflanzliche Öle sind reich an Omega-3-Fettsäuren. Das sind bestimmte mehrfach ungesättigte Fettsäuren, z. B. Linolensäure. Diese hält die Arterienwände elastisch und schützt so möglicherweise vor Arteriosklerose.

4. Margarine ist deutlich preisgünstiger als Butter.

5. Durch die Fetthärtung werden gerade die Bestandteile, die pflanzliches Öl so wertvoll machen, zerstört. Ungesättigte Fettsäurereste werden zu gesättigten hydriert, die im Pflanzenfett gelösten Vitamine A und D werden unwirksam gemacht. Essenzielle Fettsäuren, Vitamine und auch Carotin (das der Margarine die gelbe Farbe verleiht) werden der Margarine zugesetzt (Margarine ist übrigens das einzige Lebensmittel, das mit Vitamin D angereichert werden darf). Wenn man die Fette nur teilweise hydriert, kann es zur Bildung von trans-konfigurierten Doppelbindungen in den Fettsäureresten kommen. Solche „trans-Fettsäuren" bewirken eine Erhöhung des Cholesterinspiegels.

6. Butter hat hohe Anteile an gesättigten Fettsäureresten, aber diese sind kurzkettig und dadurch leichter abbaubar. Allerdings können diese Fette auch von Bakterien leicht abgebaut werden, sodass Butter schneller als Margarine ranzig wird. Daher findet man Butter in Kühlregalen von Lebensmittelgeschäften, während Margarine oft ungekühlt gelagert wird.

7. Bei der Fetthärtung wird fein verteiltes Nickel als Katalysator verwendet. Spuren dieses Metalls können in das Fett gelangen. Nickel steht im Verdacht, Krebs auszulösen und Allergien hervorzurufen.

Cholesterin von griech. chole, die Galle und stereos, fest

Fette und Tenside   277

8.5 Fette als Energieträger und nachwachsende Rohstoffe

B1 Elsbett-Motor

Fett als Brennstoff. Fett kann nicht nur im tierischen und menschlichen Organismus als „Brennstoff" dienen. Noch bis zur Mitte des 19. Jahrhunderts wurde in Öllampen [B3] fast ausschließlich Fett, z. B. Waltran, verbrannt. Nach und nach wurde es dann durch das aus Erdöl gewonnene Petroleum ersetzt. Dass Fett brennbar ist, wird leider immer wieder durch Fettbrände unter Beweis gestellt. Diese entstehen z. B. dann, wenn in der Küche Fett überhitzt wird und sich entzündet [B2]. Auf keinen Fall darf versucht werden, einen Fettbrand mit Wasser zu löschen. Gießt man nämlich Wasser auf brennendes Fett, so sinkt das Wasser aufgrund seiner größeren Dichte sofort unter das Fett und kann deshalb die Flammen nicht ersticken. Das Fett in der Pfanne hat eine Temperatur von weit über 100 °C, daher verdampft das Wasser explosionsartig und schleudert brennendes Fett in einer Stichflamme in die Höhe.

Fett als Treibstoff. Wegen seiner Brennbarkeit könnte Pflanzenöl eine Alternative zu aus Erdöl hergestelltem Dieselkraftstoff sein. Darum wird in Mitteleuropa in den letzten Jahren vermehrt Raps angebaut, diese Pflanze erscheint als Öllieferant besonders vielversprechend.

Pflanzenöl als Dieselersatz. Die heutigen Dieselmotoren wurden speziell für den Betrieb mit Dieseltreibstoff konstruiert. Rapsöl hat aber einen höheren Siedetemperaturbereich, eine höhere Viskosität und eine höhere Entzündungstemperatur als Diesel [V1].

Daher kann *Naturdiesel*, also chemisch unbehandeltes Pflanzenöl, nicht einfach in Dieselfahrzeugen als Treibstoff verwendet werden. Der fränkische Ingenieur LUDWIG ELSBETT baute in den 1970er Jahren einen Motor, der problemlos mit Naturdiesel läuft [B1]. Dieser Motor steht heute im Museum. Will man ein modernes Dieselauto mit Pflanzenöl betreiben, dann muss entweder der Motor an den Treibstoff, oder der Treibstoff an den Motor angepasst werden.

Umrüstung von Dieselfahrzeugen. Bei der Umrüstung eines Seriendiesels auf Pflanzenölbetrieb werden gewöhnlich die Treibstoffleitungen, der Treibstofffilter und die Einspritzanlage modifiziert. Vor allem für den Winterbetrieb empfiehlt sich der Einbau einer Treibstoffvorheizung, damit das Rapsöl nicht „versulzt", was die Treibstoffzufuhr unterbrechen würde.
Mit dem Umbau erlischt allerdings die Motorgarantie des Fahrzeugherstellers. Oft sind es daher Dieselfahrzeuge, deren Garantiezeit bereits abgelaufen ist, die für den Pflanzenölbetrieb umgerüstet werden. Die benötigten Umbauteile sind inzwischen für fast alle Automodelle erhältlich.

Umesterung von Rapsöl. Rapsöl kann mit Methanol bei einer Temperatur von 50 bis 80 °C und der Mitwirkung alkalischer Katalysatoren zur Reaktion gebracht werden [B5]. Bei dieser *Umesterung* entsteht aus dem Pflanzenöl der Alkohol Glycerin, den man abtrennt, und ein Gemisch verschiedener Fettsäuremethylester. Dieses Gemisch wird als *Rapsölmethylester* (*RME*) bezeichnet. Unter *Biodiesel* [B4] versteht man ganz allgemein einen Treibstoff aus umgeestertem pflanzlichen (oder tierischen) Fett.

B2 Fettbrand

B3 Öllampe

278 Fette und Tenside

Biodiesel hat ganz ähnliche Eigenschaften wie mineralischer Diesel. Trotzdem sind nur wenige Automobilproduzenten bereit, ihre Dieselmodelle für den Betrieb mit diesem Kraftstoff freizugeben. Begründet wird dies z. B. damit, dass Biodiesel bestimmte Gummidichtungen angreifen könnte und eine geringere Schmierwirkung als Diesel hat. Selbst die Zumischung von Biodiesel zum Mineraldiesel wird von einigen Automobilsachverständigen als problematisch angesehen.

Industriechemikalien aus Fetten. Manche Chemiker meinen, dass Fette eigentlich zu schade dafür sind, in Motoren verbrannt zu werden. Tatsächlich werden Fette auch zur Herstellung einer ganzen Reihe von Industrieprodukten verwendet [B6].

B4 Zapfsäule für Biodiesel

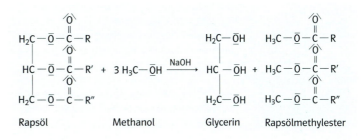

B5 Umesterung von Pflanzenöl

V1 (Abzug!) Man gibt in drei Porzellanschalen jeweils etwas Diesel, Rapsöl oder Rapsölmethylester. Mit dem Bunsenbrenner versucht man die drei Flüssigkeiten zu entzünden. Vorsicht! Brennstoffvorräte zur Seite stellen! Durch Überstülpen eines großen Becherglases können die stark rußenden Flammen gelöscht werden.

A1 Diskutieren Sie, wie zutreffend die Bezeichnung „Biodiesel" für RME ist.

A2 Recherchieren und erläutern Sie, wie Methanol industriell hergestellt wird.

A3 Kann man brennendes Benzin oder brennenden Alkohol mit Wasser löschen? Begründen Sie Ihre Antwort.

Rohstoffe Sammelbegriff für unbearbeitete Grundstoffe mineralischer, pflanzlicher oder tierischer Herkunft

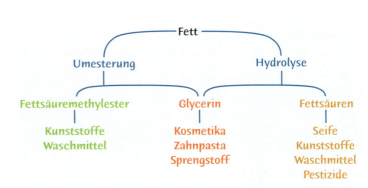

B6 Fett als Industrierohstoff (Übersicht)

Fette und Tenside

8.6 Impulse Biotreibstoff – pro und contra

B1 Raps

B2 Ölpalme

B3 Öllein

B4 Sonnenblume

Die Diskussionen um Fördergelder für die Produktion nachwachsender Rohstoffe und um Steuerbefreiungen für Biotreibstoffe werfen immer wieder die Frage nach Sinn oder Unsinn von Biosprit als Treibstoff auf.

Was ist Ihre Meinung zu den nachfolgend aufgelisteten Argumenten? Diskutieren Sie darüber in der Klasse.

1. Die Verbrennung von Rapsöl ist CO_2-neutral. Es wird nur so viel Kohlenstoffdioxid freigesetzt, wie die Pflanze vorher durch die Fotosynthese gebunden hat. Der Treibhauseffekt wird, anders als bei der Verbrennung fossiler Treibstoffe, nicht erhöht.

2. Pflanzenöl ist ein Lebensmittel. Dass es bei uns als Automobiltreibstoff verwendet wird, während andernorts Menschen hungern, ist ethisch bedenklich.
Die erhöhte Nachfrage nach Pflanzenöl hat die Preise für Speiseöl in manchen Ländern in die Höhe getrieben. Ernährungsexperten sprechen bereits von einer „Konkurrenz von Tank und Teller".

3. Naturdiesel und Biodiesel enthalten kein krebserregendes Benzol. Außerdem sind sie, anders als mineralischer Diesel, schwefelfrei. Daher enthalten die Abgase kein Schwefeldioxid. Dies wäre zum einen umweltschädlich und würde zum anderen den Oxidationskatalysator des Motors „vergiften".

4. Anbau, Düngung, Schädlingsbekämpfung, maschinelle Ernte und Verarbeitung von Raps erfordern einen hohen Energieaufwand. Um einen Liter Rapsölmethylester zu gewinnen, muss mehr als ein halber Liter Dieselkraftstoff aufgewendet werden.

5. Rapsöl und Rapsölmethylester sind biologisch abbaubar. Sie können ohne besondere Sicherheitsvorkehrungen gelagert und transportiert werden. Ihre Verwendung ist auch in Wasserschutzgebieten problemlos möglich.

6. Deutschland verbraucht pro Jahr über 50 Mio. Tonnen Diesel und chemisch verwandtes Heizöl. Im Inland stehen nicht genügend landwirtschaftlich nutzbare Flächen zur Verfügung, um eine entsprechende Menge an Pflanzenöl zu produzieren. Es müsste also Pflanzenöl importiert werden, wenn man ganz auf Biodiesel umsteigen wollte. In vielen asiatischen Ländern, z.B. in Malaysia und Indonesien, hat man Ölpalmen angepflanzt, um Palmöl zu exportieren. Dafür wurde großflächig Regenwald abgeholzt.

7. Raps benötigt für sein Wachstum viel Stickstoff, der der Pflanze durch Düngen zugeführt werden muss. Ein nicht unbeträchtlicher Teil des Stickstoffdüngers kann allerdings nicht von den Rapspflanzen aufgenommen werden, da ihn Mikroorganismen im Boden in Lachgas (N_2O) umwandeln. Das Distickstoffmonooxid entweicht in die Atmosphäre und wirkt hier als Treibhausgas. Fatalerweise ist der Treibhauseffekt von Lachgas fast 300-mal so groß wie der von Kohlenstoffdioxid.

8. Auf stillgelegten Äckern können Ölpflanzen ([B1] bis [B4]) angebaut werden. Der damit erzielte Erlös kann teilweise auf die gezahlte Stilllegungsprämie angerechnet werden. So würden Subventionszahlungen gesenkt, und die Landwirte erhielten trotzdem mehr Geld.

9. Mit der Stilllegung von Ackerflächen sollte nicht nur der Überproduktion von Lebensmitteln und dem damit verbundenen Preisverfall begegnet werden. Die Brachflächen waren auch als Rückzugsräume für wildlebende Pflanzen- und Tierarten gedacht, um zum Erhalt der Artenvielfalt beizutragen.

8.7 Exkurs Das Auto von morgen

Bioethanol und Pflanzenöl könnten die Ära der Benzin- und Dieselfahrzeuge verlängern, aber was kommt danach?

Wasserstoffautos. Wasserstoff gilt bei Fachleuten als der Energieträger der Zukunft. Bei der Verbrennung von Wasserstoff entsteht im Idealfall nur Wasser, es gibt also keine Luftverschmutzung und kein CO_2. Erdgasbetriebene Autos baut man schon lange, ihre Technik gilt als ausgereift. Was spricht also dagegen, solche Autos mit dem Gas Wasserstoff zu betanken? Tatsächlich gibt es bereits Automotoren, die mit Wasserstoff laufen, ja sogar solche, bei denen einfach zwischen Benzin- und Wasserstoffbetrieb umgeschaltet werden kann [B1, links]. Leider ist der Brennwert von Wasserstoff viel geringer als der von Erdgas. Die Gastanks für Wasserstoff müssten also sehr groß sein, wenn eine Reichweite von mehreren Hundert Kilometern angestrebt wird. Weniger Platz brauchen Tanks für flüssigen Wasserstoff, die dann allerdings gut isoliert sein müssen, um den Treibstoff unter −253 °C zu halten. Man nimmt an, dass der Aufbau eines Tankstellennetzes für flüssigen Wasserstoff [B2] allein in Deutschland viele Milliarden Euro kosten würde. Wasserstoff wird heute zum größten Teil aus Erdgas hergestellt. Besser wäre die Wasserstoffgewinnung mithilfe regenerativer Energien. Geplant ist die Elektrolyse von Wasser mit Strom aus Fotovoltaikanlagen, die am besten in sonnenreichen Ländern stehen sollen. Möglicherweise werden in wenigen Jahrzehnten die Pipelines in Saudi-Arabien nicht mehr Erdöl oder Erdgas transportieren, sondern Wasserstoff.

Elektroautos. Ein Elektromotor besitzt keine Kolben oder Ventile, die innere Reibung ist daher wesentlich niedriger als bei einem Verbrennungsmotor. Der daraus resultierende hohe Wirkungsgrad würde den Elektromotor zu einem idealen Fahrzeugantrieb machen, wäre da nicht das Problem der Bereitstellung des für den Betrieb notwendigen elektrischen Stromes. Mit der Entwicklung der Lithium-Ionen-Batterie (Kap. 7.13), die bereits in Laptops und Handys erfolgreich Dienst tut, scheint nun ein genügend leistungsfähiger Akku gefunden zu sein, um einen Antrieb für alltagstaugliche Elektroautos [B1, Mitte] zu ermöglichen. Wenn alle benzin- und dieselbetriebenen Pkws in Deutschland durch Elektroautos ersetzt würden, müssten wohl zusätzliche Kraftwerke gebaut werden, um den Mehrbedarf an Strom zu decken. Hybridfahrzeuge, also Automobile, die wahlweise von einem Elektro- oder einem Verbrennungsmotor angetrieben werden, könnten eine Zwischenlösung beim Übergang vom Benzin- zum Elektroauto sein.

Brennstoffzellenautos. Anstatt die elektrische Energie, die im Elektroauto benötigt wird, in einem wiederaufladbaren Akku mit sich zu führen, könnte sie auch gleich an Bord des Fahrzeugs produziert werden. Besonders geeignet dafür ist die Brennstoffzelle [B3] (Kap. 7.14). In Brennstoffzellen wird chemische Energie in einer „kalten Verbrennung" von Wasserstoff fast ohne Verlust in Form von thermischer Energie direkt in nutzbare elektrische Energie umgewandelt. Daher hat diese Antriebsform einen besonders hohen Wirkungsgrad. Prototypen von Brennstoffzellenautos gibt es bereits [B1, rechts].

B2 Zapfsäule für flüssigen Wasserstoff

B3 Brennstoffzelle

B1 Wasserstoffauto (links), Elektroauto (Mitte), Brennstoffzellenauto (rechts)

Fette und Tenside

8.8 Verseifung von Fetten

B1 Seife

$$\begin{array}{c}H-C-O-C-C_{15}H_{31}\\H-C-O-C-C_{17}H_{35} + 3\,Na^+OH^-\\H-C-O-C-C_{17}H_{33}\\H\end{array} \longrightarrow \begin{array}{c}H-C-O-H\\H-C-O-H\\H-C-O-H\\H\end{array} + \begin{array}{c}C_{15}H_{31}COO^-Na^+\\C_{17}H_{35}COO^-Na^+\\C_{17}H_{33}COO^-Na^+\end{array}$$

Fett   Lauge   Glycerin   Seifen (Alkalisalze der Fettsäuren)

B2 Beispiel für eine Verseifung

Emulsion ein fein verteiltes Gemisch zweier normalerweise nicht ineinander löslicher Flüssigkeiten (z.B. Wasser und Öl)

Emulgator Stoff, der die Bildung einer Emulsion begünstigt

Der Begriff **Verseifung** bezeichnete ursprünglich nur die bei der Seifenherstellung durchgeführte alkalische Hydrolyse von Fetten. Mittlerweile wird in vielen Veröffentlichungen dieses Fachwort aber für *hydrolytische Spaltungen aller Art* verwendet

Alkalische Fetthydrolyse. Fette lassen sich, wie alle Ester, hydrolysieren. Von großer wirtschaftlicher Bedeutung ist die alkalische Hydrolyse. Dabei werden Fette pflanzlicher oder tierischer Herkunft mit Alkalilauge zur Reaktion gebracht. Es entstehen Glycerin und die Alkalisalze der Fettsäuren [V1, B2]. Diese Salze bilden mit Wasser Schaum und wirken als **Emulgatoren**. Wegen ihres Emulgationsvermögens dienen sie daher als waschaktive Stoffe und werden **Seifen** genannt.
Das allgemeine Schema dieser als **Verseifung** bezeichneten Reaktion lautet:

Fett + Lauge ⟶ Glycerin + Seifen

Da Fette immer Mischungen verschiedenster Glyceride sind, erhält man bei einer Verseifung stets ein unterschiedlich zusammengesetztes Gemisch aus Alkalisalzen. Meist wird das glycerinhaltige Laugenwasser abgetrennt, u. U. werden Duft- und Farbstoffe zugesetzt. Dieses Salzgemisch kommt unter der Bezeichnung *Seife* in den Handel [B1].
Das Verkochen von Fett mit Natronlauge führt zu festen *Kernseifen* (Natronseifen). Verwendet man Kalilauge zum Seifensieden, so erhält man weiche *Schmierseifen* (Kaliseifen) [V2]. Jedes Jahr werden weltweit etwa 10 Mio. Tonnen Seife produziert.

Die alkalische Hydrolyse eines Fettes bezeichnet man als Verseifung. Die dabei entstehenden Alkalisalze der Fettsäuren nennt man Seifen.

Weitere Möglichkeiten der Fettspaltung. Die Hydrolyse von Fetten kann auch ohne Zusatz von Lauge erfolgen.
Behandelt man Fett im Druckkessel mit 170 °C heißem Wasserdampf, so erhält man am Ende der mehrstündigen Reaktion eine Lösung von Glycerin in Wasser, auf der die unlöslichen Fettsäuren schwimmen.
Bei wesentlich niedrigeren Temperaturen verläuft die Fetthydrolyse mithilfe des Enzyms Lipase, das aus Rizinussamen isoliert werden kann.
Auch die Bauchspeicheldrüse vieler Wirbeltiere produziert Lipase für die Fettverdauung im Dünndarm (Kap. 8.2).

V1 Füllen Sie ein Reagenzglas etwa zur Hälfte mit Wasser. Nun geben Sie einige Milliliter Olivenöl oder ein anderes Speiseöl zu, verschließen das Glas mit einem Stopfen und schütteln es einmal. Stopfen mit dem Daumen sichern! Beobachten Sie nun, wie sich das Öl wieder auf dem Wasser absetzt. Dann pipettieren Sie einige Tropfen Natronlauge ($c = 1\,mol/l$) in das Reagenzglas (Schutzbrille!), verschließen es, schütteln wieder und beobachten erneut.

V2 Führen Sie erst mit Kernseife und dann mit Schmierseife eine Flammenfärbung durch. Betrachten Sie die Flammen beim zweiten Versuch durch ein blaues Cobalt- oder Neophanglas.

8.9 Amphiphile Eigenschaften von Seife

Die Eigenschaften der Seifen resultieren weitestgehend aus dem Aufbau der *Seifenanionen* (vgl. auch Struktur-Eigenschafts-Konzept).

Bau der Seifenanionen. Wenn man den Aufbau von Fettsäureanionen, z. B. des Stearations [B2], betrachtet, dann erkennt man, dass diese gewissermaßen aus einem polaren „Kopf", nämlich der Carboxylatgruppe, und einem unpolaren „Schwanz", dem Alkylrest, bestehen. Diese Strukturmerkmale des Seifenanions führen auf der Stoffebene dazu, dass Seife sowohl hydrophil als auch lipophil ist. Man sagt auch: Seifen sind **amphiphil**.

Seifenanionen weisen ein polares und ein unpolares Ende auf. Daher sind Seifen amphiphil.

Wasser und Seife. Wenn man Natriumstearat in Wasser löst, erfolgt eine Hydratation der Natriumionen. Auch die polaren Carboxylatgruppen der Stearationen erhalten Hydrathüllen, während die unpolaren Alkylreste sich so anordnen, dass sie möglichst wenig Kontakt zu den polaren Wassermolekülen haben. Dies führt dazu, dass an der Wasseroberfläche eine einlagige Schicht aus Stearationen entsteht, deren polare „Köpfe" ins Wasser tauchen, während die unpolaren „Schwänze" in die Luft ragen [B3]. Die *Oberflächenspannung* des Wassers (Kap. 8.10) wird dadurch vermindert [V1, V2]. Innerhalb der Lösung lagern sich die Seifenanionen zu größeren Verbänden, den **Micellen**, zusammen, deren zum Wasser gekehrten Oberflächen von den polaren Carboxylatgruppen gebildet werden [B3].

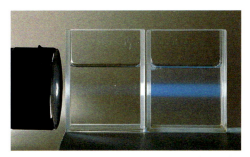

B1 Tyndall-Effekt bei einer Seifenlösung (rechts)

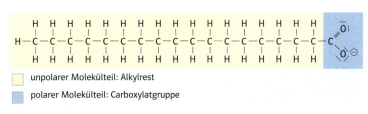

☐ unpolarer Molekülteil: Alkylrest
☐ polarer Molekülteil: Carboxylatgruppe

B2 Seifenanion (Stearation)

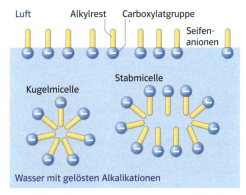

B3 Seifenlösung – Seifenanionen als Teilchen dargestellt

Das Vorliegen größerer Gebilde in der Lösung kann durch den *Tyndall-Effekt* nachgewiesen werden: Schickt man einen Lichtstrahl durch eine Seifenlösung, so wird das Licht an den Micellen gestreut [B1]. Der Tyndall-Effekt (Kap. 4.22) tritt auf, wenn in einer Lösung Teilchen oder Teilchenverbände mit einer Größe von 1 bis 1000 nm vorliegen. Solche Lösungen nennt man **kolloidale Lösungen** oder **Kolloide**.

B4 Wasserberg

B5 Büroklammern „schwimmen" auf Wasser

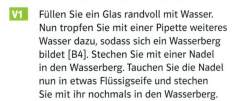

V1 Füllen Sie ein Glas randvoll mit Wasser. Nun tropfen Sie mit einer Pipette weiteres Wasser dazu, sodass sich ein Wasserberg bildet [B4]. Stechen Sie mit einer Nadel in den Wasserberg. Tauchen Sie die Nadel nun in etwas Flüssigseife und stechen Sie mit ihr nochmals in den Wasserberg.

V2 Füllen Sie ein kleines Gefäß zur Hälfte mit Wasser. Legen Sie mithilfe einer Pinzette vorsichtig eine Rasierklinge oder eine Büroklammer auf die Wasseroberfläche [B5]. Tropfen Sie nun etwas Seifenlösung hinzu.

amphiphil von griech. amphi, beides und griech. philos, der Freund

Micelle Verkleinerungsform von lat. mica, das Körnchen

Kolloid von griech. kolla, der Leim und griech. eidos, die Form, das Aussehen

Fette und Tenside 283

8.10 Seife, ein Tensid

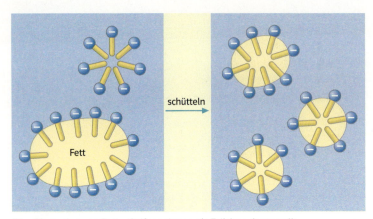

B1 Dispersion von Fett – Seifenanionen als Teilchen dargestellt

Tenside von lat. tensio, die Spannung

Detergenzien von lat. detergere, reinigen

Dispersion von lat. dispersio, die Zerstreuung. Mischung zweier (oder mehrerer) ineinander unlöslicher Stoffe, wobei der eine Stoff im anderen fein verteilt ist. Z. B. Emulsion (Flüssigkeit in Flüssigkeit), Suspension (Feststoff in Flüssigkeit). Auch Kolloide (Kap. 8.9) gehören zu den Dispersionen

Grenzflächenaktivität von Tensiden. Die Wasserstoffbrücken zwischen den Wassermolekülen sind der Grund dafür, dass Wasser an der Grenzfläche zu Luft eine Oberflächenspannung aufbaut. Auch an der Grenzfläche zu anderen Stoffen, z. B. Öl, entsteht eine Oberflächenspannung [B3, V1], man verwendet für sie aber gewöhnlich den Begriff **Grenzflächenspannung**.
Seifen und andere amphiphile Stoffe setzen diese Grenzflächenspannung herab, man sagt, sie sind **grenzflächenaktiv**. Solche Stoffe nennt man **Tenside** (oder *Detergenzien*).

Tenside sind Stoffe, die die Grenzflächenspannung herabsetzen.

B2 Wassertropfen auf hydrophobem Gewebe

B3 Grenzflächenspannung einmal anders

Dispergiervermögen. Große Bedeutung haben Tenside als waschaktive Substanzen. Mithilfe von Seife kann Fett in Wasser dispergiert werden [B1, V2]. Dabei lagern sich Seifenanionen so um ein Fetttröpfchen, dass die unpolaren Alkylreste zum Fett zeigen und die polaren Carboxylatgruppen zum Wasser. Beim Schütteln zerfallen große Fettmicellen in kleinere, wobei weitere Seifenanionen angelagert werden. Die kleinen Micellen können besser im Wasser schweben. Fett und andere hydrophobe Stoffe werden so in dem hydrophilen Lösungsmittel Wasser fein verteilt, wodurch sie sich leichter ausspülen lassen. Die Waschwirkung von Tensiden hat natürlich auch ihre Grenzen [V3].

Netzwirkung. Ein Wassertropfen nähert sich auf hydrophobem Untergrund möglichst der Kugelform an [B2], die Kontaktfläche zwischen Wasser und Untergrund ist klein. Beim Wäschewaschen ist es aber von Vorteil, wenn das Kleidungsstück ganz von Wasser benetzt wird. Durch Tenside wird die Grenzflächenspannung des Waschwassers erniedrigt und seine *Benetzungsfähigkeit* damit erhöht. Es kann besser zwischen die Textilfasern dringen [V4], Schmutz wird leichter ausgewaschen.

V1 Füllen Sie ein enghalsiges Glasgefäß, (z. B. kleinen Messkolben, kleines Reagenzglas) bis zum Rand mit Öl, das mit Sudanrot angefärbt wurde. Stellen Sie dieses Gefäß nun vorsichtig in ein Becherglas mit etwas Wasser. Im Becherglas sollte sich nur so viel Wasser befinden, dass die Öffnung des dünnhalsigen Glases gut bedeckt wird [B3]. Nun tropfen Sie etwas konzentrierte Seifenlösung direkt über der Öffnung des mit Öl gefüllten Gefäßes ins Wasser.

V2 Füllen Sie zwei Reagenzgläser zur Hälfte mit Wasser und geben sie jeweils 10 Tropfen eines Speiseöls dazu. Geben Sie in beide Gläser noch etwas konzentrierte Seifenlösung. Verkorken Sie eines der Gläser und schütteln Sie es kräftig. Stellen Sie die beiden Reagenzgläser in einen Reagenzglasständer und beobachten Sie sie.

284 Fette und Tenside

Seife, ein Tensid

B4 Interferenzfarben an Seifenblasen

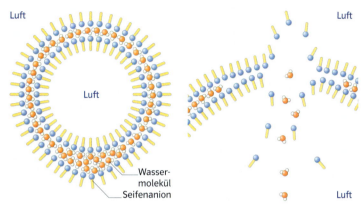

B5 Eine Seifenblase platzt – Seifenanionen und Wassermoleküle als Teilchen dargestellt (aus Gründen der Übersichtlichkeit Verzicht auf negative Ladungen)

Seifenschaum besteht aus Seifenblasen. Die Haut einer Seifenblase ist aus zwei Lagen von Seifenanionen aufgebaut, die mit ihren polaren „Köpfen" zueinander zeigen. Dazwischen ist ein dünner Wasserfilm mit hydratisierten Alkalikationen, der die beiden negativ geladenen Ionenlagen aneinander bindet [B5, links]. Das Wasser sinkt langsam nach unten, wodurch die Haut der Seifenblase oben immer dünner wird. Dabei ändert sich laufend die Interferenz der an der Blasenoberfläche reflektierten Lichtwellen, was zur Bildung irisierender Farbschlieren führt [B4]. Schließlich ist so viel des als „Kitt" wirkenden Wassers abgeflossen, dass sich die „Köpfe" der Seifenanionen gegenseitig abstoßen. Die Seifenblase platzt [B5, rechts]. Für die Waschwirkung eines Tensides ist die Schaumbildung unerheblich.

V3 **a)** Füllen Sie zwei Reagenzgläser halb mit konzentrierter Seifenlösung. Geben Sie in das eine Glas etwas Butter oder Margarine und in das andere etwas Kerzenwachs (Paraffin). Versuchen Sie durch kräftiges Schütteln die Feststoffe zu suspendieren.
b) Geben Sie in zwei Reagenzgläser jeweils drei Zentimeter hoch Waschbenzin oder Heptan. Nun versetzen Sie wieder je eines der Gläser mit einem kleinen Stückchen Butter bzw. Wachs. Versuchen Sie durch kräftiges Schütteln die Feststoffe in Lösung zu bringen.

V4 Geben Sie mit einer Pasteurpipette Wassertropfen auf eine eingefettete Glasplatte oder einen Nylonstrumpf. Wiederholen Sie den Versuch mit einer Seifenlösung.

A1 Leitet Seifenlösung den elektrischen Strom? Äußern Sie eine begründete Vermutung und überprüfen Sie diese dann experimentell.

A2 Tetrachlormethan ist eine süßlich riechende, giftige, wasserklare Flüssigkeit mit einer Dichte von $\varrho = 1{,}59\,\text{g/cm}^3$. In ein Becherglas gießt man 50 ml Tetrachlormethan und 50 ml Wasser. Nun gibt man noch etwas Seife in das Becherglas. Erläutern Sie, wie sich die Seifenanionen an der Grenzfläche zwischen den beiden Flüssigkeiten anordnen werden.

A3 Heptan hat eine kleinere Oberflächenspannung als Wasser. Erläutern Sie diesen Befund.

A4 Beschreiben Sie die Vorgänge, die auf der Teilchenebene ablaufen, wenn man einen Fettfleck mit Seifenlösung bzw. mit Fleckbenzin aus einem Kleidungsstück entfernt.

Interferenz Überlagerung von (Licht)wellen

Oberflächenspannung
Im Inneren einer Flüssigkeit ist jedes Teilchen auf allen Seiten von Nachbarteilchen der gleichen Art umgeben. Anziehungskräfte von den Nachbarteilchen wirken von allen Richtungen und heben sich daher gegenseitig auf. Bei den Teilchen an der Oberfläche fehlen nach außen Nachbarteilchen der gleichen Art. Deshalb wirkt auf diese Teilchen eine Kraft, die ins Innere der Flüssigkeit gerichtet ist. Diese Kraft wirkt einer Oberflächenvergrößerung entgegen. Flüssigkeitströpfchen nähern sich der Kugelform an, da eine Kugel der geometrische Körper ist, der bei gegebenem Volumen die kleinste Oberfläche besitzt

Seife, ein Tensid

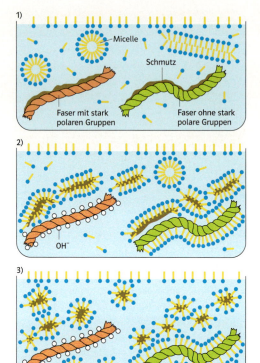

B6 Der Waschvorgang

V5 **a)** Geben Sie jeweils ca. 0,5 ml Olivenöl in zwei Reagenzgläser und setzen Sie ca. 3 ml Seifenlösung bzw. ca. 3 ml Wasser zu und schütteln Sie kräftig. Bestimmen Sie die ungefähre Zeitspanne bis zur Entmischung.
b) Bewegen Sie einen mit Holzkohlepulver eingeriebenen Wollfaden oder ein entsprechend behandeltes Stück Baumwolltuch in einer Seifenlösung bzw. nur in Wasser.
c) Schütteln Sie etwas Seifenlösung bzw. Wasser mit Kohlepulver oder Eisen(III)-oxid-Pulver kräftig und filtrieren Sie anschließend.

Waschen mit Seifen. Grundlage des Waschvorgangs sind die *Grenzflächenaktivität*, das *Emulgier-* und *Dispergiervermögen* [V5] sowie die *Netzwirkung* der Seifenanionen.

Das Ablösen von Schmutz durch Seife vollzieht sich in folgenden Schritten [B6]:

1) Seifenanionen setzen die Grenzflächenspannung des Wassers herab, sodass es leicht ins Gewebe eindringt und die Fasern gut benetzt. Es entstehen Micellen.

2) Die Seifenanionen dringen mit ihrem unpolaren Ende in die unpolaren Schmutzpartikel ein und umhüllen diese. Auch an unpolaren Fasermolekülen lagern sich die Seifenanionen an. Fasern mit polaren Gruppen binden Hydroxidionen über Wasserstoffbrücken. Deshalb wäscht man meist in schwach alkalischer Lösung. Dadurch werden die Fasermoleküle negativ aufgeladen und erleichtern das Ablösen der ebenfalls negativ geladenen Schmutzteilchen.

3) Die thermische Bewegung bei höherer Temperatur begünstigt sowohl das Ablösen als auch die Zerteilung der Schmutzpartikel, die anschließend von der Waschlauge emulgiert und suspendiert werden.

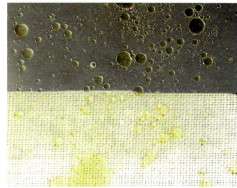

B7 Schmutzablösung und Emulsionsbildung

286 Fette und Tenside

8.11 Nachteile von Seifen

B1 Seifenlauge schädigt Wollgewebe (links vor, rechts nach dem Waschen)

B2 Ablagerung von Kalkseife (links vor, rechts nach dem Waschen in hartem Wasser)

B3 Wasserhärte und Waschwirkung

Seife dient heutzutage kaum noch als Waschmittel für Textilien. Dafür weist sie zu viele Nachteile auf.

Alkalische Reaktion. Wässrige Seifenlösungen reagieren alkalisch [V1]. Seifenanionen sind Basen, die im Rahmen einer Gleichgewichtsreaktion von Wassermolekülen Protonen aufnehmen können:

$$R-COO^-(aq) + H_2O \rightleftharpoons R-COOH(s) + OH^-(aq)$$

Wegen der so entstehenden Hydroxidionen brennt Seifenlauge in den Augen und kann die Haut, aber auch empfindliche Textilien wie Wolle oder Seide, schädigen [B1].

Wasserhärteempfindlichkeit. Leitungswasser enthält mehr oder weniger große Mengen an Calcium- und Magnesiumionen. Mit mehrwertigen Metallionen bilden Seifenanionen aber schwer lösliche *Metallseifen*, z. B. die *Kalkseife* [V2, B3].

$$2\,R-COO^-(aq) + Ca^{2+}(aq) \rightarrow \underset{\text{Kalkseife}}{(R-COO)_2Ca(s)}$$

Je mehr Erdalkalimetallionen das Waschwasser enthält, je härter es also ist, desto mehr Metallseifen können entstehen. So geht nicht nur Seife für den Waschvorgang verloren, sondern die Kalkseife lagert sich auch leicht auf den Textilien ab. Dadurch werden die Stoffe grau und brüchig, das Gewebe verfilzt [B2].

Beim Waschen mit *weichem Wasser*, z. B. Regenwasser, wird die Bildung von Kalkseife vermieden.

Säureempfindlichkeit. In saurer Lösung entstehen aus Seife schwer lösliche Fettsäuren, die ausfallen [V3]:

$$R-COO^-(aq) + H_3O^+(aq) \rightarrow R-COOH(s) + H_2O$$

Jedes protonierte Seifenanion ist für den Waschvorgang verloren.

Die genannten Nachteile haben zur Entwicklung der „synthetischen" Tenside geführt, die die Seife beim Waschprozess weitgehend abgelöst haben.

V1 Tropfen Sie zu etwas Seifenlösung Phenolphthaleinlösung.

V2 Geben Sie in vier Reagenzgläser jeweils etwa drei Zentimeter hoch Seifenlösung. Tropfen Sie etwas Calciumchloridlösung in das erste Glas, etwas Magnesiumchloridlösung in das zweite Glas und etwas Kochsalzlösung in das dritte. Das vierte Glas soll als Vergleichslösung dienen. Beobachten Sie die Niederschlagsbildung. Nun werden alle vier Gläser mit Stopfen verschlossen und zweimal geschüttelt. Vergleichen Sie die Schaumbildung.

V3 Versetzen Sie eine Seifenlösung mit etwas verdünnter Essigsäure.

Fette und Tenside

8.12 Tenside als waschaktive Substanzen

B1 Im Shampoo können anionische oder amphotere Tenside enthalten sein

B2 Das erste Alkylbenzolsulfonat, das in den Handel kam – Tetrapropylenbenzolsulfonat (TPS)

LAS Bei den LAS handelt es sich trotz der Bezeichnung „lineare Alkylbenzolsulfonate" oft um sekundäre Alkylbenzolsulfonate

Tensidklasse	Modell
anionische Tenside	
nichtionische Tenside	
kationische Tenside	
amphotere Tenside	

B3 Schematische Darstellung der Tensidklassen

Wie die Seifenmoleküle lassen sich auch andere Tensidmoleküle (Kap. 8.9) als Kopf-Schwanz-Modell darstellen. Sie bestehen aus einer *polaren* Kopfgruppe und einer *unpolaren* Schwanzgruppe. Der unpolare Teil ist bei unterschiedlichen Tensiden meist ähnlich aufgebaut. Er besteht aus einer längeren verzweigten oder unverzweigten Kohlenwasserstoffkette, manchmal unter Einschluss cyclischer Anteile. Der polare Teil bestimmt die Zuordnung zu einer der folgenden Tensidklassen [B4].

Anionische Tenside enthalten eine negativ geladene Kopfgruppe und stellen den größten Anteil der in Wasch- und Reinigungsmitteln enthaltenen Tenside. Wichtige Vertreter sind heute *LAS* (*lineares Alkylbenzolsulfonat*) [B4], welches relativ einfach und kostengünstig herzustellen ist, sowie *FAS* (*Fettalkoholsulfat*) und auch Seife. Die früher verwendeten stärker verzweigten *Alkylbenzolsulfonate* (*ABS*) [B2] spielen aufgrund ihrer geringen biologischen Abbaubarkeit heute keine Rolle mehr.

Nichtionische Tenside. Bei den nichtionischen Tensiden trägt der polare Molekülteil keine Ladung. Er enthält meist alkoholische Hydroxygruppen oder Ethergruppen, einzeln oder in Kombination miteinander. Da eine polare chemische Bindung eine wesentlich geringere Hydrophilie des Tensids bewirkt als eine ionische Gruppe, ist immer eine größere Zahl polarer Gruppen notwendig, um ein ausgewogenes Verhältnis von hydrophiler und hydrophober Wirkung zu gewährleisten. Diese Tenside haben vor allem zwischen 30 und 60 °C eine gute Waschkraft. Sie ist deutlich besser als die der Standardtenside LAS und unabhängig vom pH-Wert und der Wasserhärte. Auch neigen sie weit weniger zur Schaumbildung. Deshalb werden sie in Wasch- und Spülmaschinen eingesetzt, meist in Kombination mit anionischen Tensiden, da die Waschkraft der nichtionischen Tenside mit steigender Temperatur abnimmt.

Kationische Tenside bestehen aus Teilchen, die eine positiv geladene Gruppe enthalten. Es handelt sich dabei um eine *quartäre Ammoniumgruppe*, die man erhält, wenn man im NH_4^+-Ion die vier H-Atome durch organische Substituenten ersetzt.
Als Waschmittel haben kationische Tenside keine Bedeutung, da die Ablösung der von Tensidkationen umhüllten Schmutzpartikel von der meist negativ geladenen Faser erschwert ist. Wenn sich jedoch solche Tensidkationen an der Faser anlagern, ragt der hydrophobe Rest nach außen. Dadurch „verkleben" die Textilfasern nicht, die Wäsche bleibt weich. Solche *Weichspüler* besitzen jedoch auch Nachteile: Die mit einem kationischen Tensid behandelte Wäsche benötigt beim nächsten Waschgang mehr anionische Tenside, da diese mit den Kationtensiden der „Faserbeschichtung" schwer lösliche Salze bilden. Der Waschmittelverbrauch wird also erhöht. Auch die Saugfähigkeit von Geweben wird durch Weichspüler um etwa 20 % verringert. Ferner verstärkt sich der Verdacht, dass sie Allergien und Hautreizungen auslösen.

Amphotere Tenside bestehen aus Zwitterionen. Sie besitzen sehr gute waschtechnische Eigenschaften und lassen sich gut mit anderen Tensiden kombinieren, sind aber sehr teuer. Daher kommen sie nur in wenigen Spezialreinigungsmitteln und in Kosmetika vor.

V1 (Vorsicht! Schutzbrille!) In einem Reagenzglas wird ca. 1 g Cetylalkohol (Hexadecanol) bis zum Schmelzen erwärmt. Zur Schmelze gibt man tropfenweise konz. Schwefelsäure. Bei jeder Zugabe wird gut geschüttelt, um eine örtliche Überhitzung zu vermeiden. Sobald eine Gelbfärbung auftritt, wird gekühlt und mit verd. Natronlauge neutralisiert (Überprüfung mit Universalindikatorpapier).

V2 Versetzen Sie je eine Probe eines Feinwaschmittels bzw. eines Alkylsulfats [V1] **a)** mit Phenolphthaleinlösung, **b)** mit Kalkwasser und **c)** mit verd. Salzsäure. Schütteln Sie die Lösungen kräftig. Führen Sie entsprechende Versuche auch mit einer wässrigen Seifenlösung durch.

A1 Formulieren Sie die Reaktionsgleichung zur Herstellung von Hexadecylsulfat [V1].

288 Fette und Tenside

Tenside als waschaktive Substanzen

Tensidklasse	Beispiele	Verwendung	Vor- und Nachteile
Anionische Tenside (Aniontenside)		Toilettenseifen, Flüssigwaschmittel, Schauminhibitoren für Waschmittel	biologisch gut abbaubar, preiswerte Herstellung, aber in Wasser stark alkalisch, härteempfindlich, ungeeignet in saurem Milieu
Seifen $10 \leq n \leq 20$	$H_3C(-CH_2)_n-COO^- Na^+$		
„Lineare" Alkylbenzol-sulfonate (LAS) $n = 4; 5$ $7 \leq m \leq 9$	$H_3C(-CH_2)_n$ $H_3C(-CH_2)_m$ $CH-\langle\bigcirc\rangle-SO_3^- Na^+$	Waschmittel, Geschirr-spülmittel, Haushalts-reiniger	geringer Preis, gute Wasch-wirkung, daher wichtigstes Waschmitteltensid, aber härteempfindlich
Sekundäre Alkansulfonate (SAS) $4 \leq n \leq 7$ $5 \leq m \leq 10$	$H_3C(-CH_2)_n$ $H_3C(-CH_2)_m$ $CH-SO_3^- Na^+$	Waschmittel, Geschirr-spülmittel, Haushalts-reiniger	ähnliche Eigenschaften wie LAS
Fettalkoholsulfate (FAS, auch Fettalkoholpoly-glykolsulfate genannt) $11 \leq n \leq 15$	$H_3C(-CH_2)_n-O-SO_3^- Na^+$	Waschmittel, Fein-waschmittel, Schaum-bäder, Shampoos	gut wasserlöslich, beständig in alkal. Medium bis 95 °C, aber hydrolyse-, härte- und säureempfindlich
Fettalkoholethersulfate (FES) $11 \leq n \leq 17$ $3 \leq m \leq 15$	$H_3C(-CH_2)_n-O(-CH_2-CH_2-O)_m-SO_3^- Na^+$	Feinwaschmittel, Schaumbäder, Shampoos, Geschirr-spülmittel	bessere Löslichkeit und Hautverträglichkeit als FAS, aber starkes Schäumen bei höheren Temperaturen, teuer in der Herstellung
Sekundäre Estersulfonate (SES) $13 \leq n \leq 15$	$H_3C(-CH_2)_n-CH-COOCH_3$ $\quad\quad\quad SO_3^- Na^+$	Waschmittel (alle Temp.), Reinigungsmittel	gut biologisch abbaubar, gute Hautverträglichkeit, unemp-findlich gegen hartes Wasser
Nichtionische Tenside (Niotenside)		Wasch- und Reinigungsmittel, Emulgatoren	völlig unempfindlich gegen hartes Wasser, sehr gute Waschwirkung bei niedrigen Temperaturen, schaumarm, aber abnehmende Löslichkeit bei steigender Temperatur
Fettalkoholethoxylate (FAEO, auch Fettalkohol-polyglykolether genannt) $11 \leq n \leq 17$ $3 \leq m \leq 15$	$H_3C(-CH_2)_n-O(-CH_2-CH_2-O)_m-H$		
Alkylpolyglucoside (APG) $11 \leq n \leq 13$ $0 \leq m \leq 6$	(Strukturformel Glucoseeinheiten) $O(-CH_2)_n-CH_3$	Waschmittel, Geschirr-spülmittel, Reinigungs-mittel	hydrolysebeständig, gutes Schmutzlöse- und Schmutz-tragevermögen, preiswert in der Herstellung aus nach-wachsenden Rohstoffen
Kationische Tenside (Kationtenside) **Quartäre Dialkylammoniumester** (Esterquats)	$HO-CH_2-CH_2$ $H_3C(-CH_2)_{16}-\overset{O}{\overset{\|}{C}}-O-CH_2-CH_2-N^+-CH_3 \quad Cl^-$ $H_3C(-CH_2)_{16}-\overset{O}{\overset{\|}{C}}-O-CH_2-CH_2$	Weichspüler	biologisch abbaubar, daher als Ersatz für andere quartäre Ammoniumsalze (Quats)
Amphotere Tenside (Amphotenside) **Alkylbetaine** (Betaine) $11 \leq n \leq 17$	$H_3C(-CH_2)_n-\overset{CH_3}{\underset{CH_3}{\overset{\|}{\underset{\|}{N^+}}}}-CH_2-COO^-$	Shampoos, Bade-präparate, Spezial-reinigungsmittel, Körperpflegemittel	sehr gute Waschwirkung, wenig toxisch, gute Haut-verträglichkeit, aber sehr teuer in der Herstellung

B4 Tenside in Waschmitteln, Klassifizierung, Verwendung und Eigenschaften

Fette und Tenside **289**

8.13 Inhaltsstoffe von Waschmitteln

B1 Kalkablagerungen auf einem Heizstab

Phosphonate haben die allgemeine Formel

$$\begin{array}{c} O \\ \| \\ R-P-OH \\ | \\ OH \end{array}$$

R ist ein organischer Rest

Der Wäscheschmutz besteht auch aus Komponenten, die von Tensiden nicht entfernt werden können [B3]. Ein modernes Waschmittel ist eine Komposition aus vielerlei Inhaltsstoffen [B2], die jeweils verschiedene Aufgaben beim Waschvorgang erfüllen.

Gerüststoffe (Builder) sind nach den Tensiden die wichtigsten Waschmittelbestandteile. Sie haben mehrere Aufgaben. Erstens binden sie die im Leitungswasser vorkommenden Calcium- und Magnesiumionen und enthärten damit das Wasser. Da in Deutschland in etwa 50 % aller Haushalte hartes Wasser verwendet wird, muss das Wasser für optimale Waschergebnisse enthärtet werden. Das im harten Wasser vorliegende Hydrogencarbonat-Carbonat-Gleichgewicht wird bei erhöhter Temperatur durch das entweichende Kohlenstoffdioxid zur Seite der Carbonationen verschoben:

$$2\ HCO_3^- \rightleftharpoons H_2O + CO_2 + CO_3^{2-}$$

Die Carbonationen bilden mit Calcium- und Magnesiumionen, aber auch mit vorhandenen Eisen- und Manganionen schwer lösliche Metallcarbonate (Kesselstein), die sich auf den Heizstäben der Waschmaschine ablagern und die Wärmeübertragung hemmen [B1]. Durch Builder werden die Härte bildenden Ionen während des Waschvorgangs aufgenommen und in Lösung gehalten. Zweitens unterstützen die Builder die Schmutzablösung durch die Tenside, indem sie den pH-Wert der Waschlauge erhöhen und drittens sorgen sie dafür, dass der Schmutz sich nicht wieder auf der Faser absetzt.

Jahrzehntelang wurden als Wasserenthärter Phosphate wie z.B. *Pentanatriumtriphosphat* verwendet. Diese führten jedoch über das Abwasser zu einer Phosphatanreicherung (Eutrophierung). Dadurch kam es zu einem übermäßigen Algenwachstum in Flüssen und Seen und damit zu einem akuten Sauerstoffmangel. In den 1970er Jahren wurde der Phosphatanteil in Waschmitteln gesetzlich reglementiert, später kamen dann die sog.

	Massenanteil in %		
Inhaltsstoff	Vollwaschmittel	Colorwaschmittel	Feinwaschmittel
Anionische Tenside	5 bis 10	5 bis 30	15 bis 30
Nichtionische Tenside	4 bis 10	5 bis 15	<5
Bleichmittel	10 bis 20	—	—
Bleichaktivatoren	3 bis 8	—	—
Phosphonate	0,2 bis 1,0	0,2 bis 1,0	0,2 bis 1,0
Polycarboxylate	1,0 bis 8,0	1,0 bis 8,0	1,0 bis 8,0
Seife	0,4 bis 2,0	0,4 bis 2,0	5,0 bis 15,0
Enzyme	0,5 bis 2,0	0,5 bis 2,0	0,5 bis 2,0
Citrat	—	5 bis 6	—
Zeolith A (Sasil®)	15 bis 35	15 bis 35	15 bis 35
Optische Aufheller	0,2 bis 0,5	—	—
Parfümöle	0,2 bis 0,5	0,2 bis 0,5	0,2 bis 0,5
Silicate	3 bis 5	—	—
Soda oder Hydrogencarbonat	6 bis 15	—	—
Farbübertragungsinhibitoren	—	0,5 bis 2,0	—
Vergrauungsinhibitoren	0,5 bis 2,0	0,5 bis 2,0	0,5 bis 2,0
Stellmittel (Natriumsulfat)	Ergänzung bis 100		

B2 Zusammensetzung von pulverförmigen Waschmitteln

V1 Gewinnung von Zeolith A aus pulverförmigen Vollwaschmitteln: Rühren Sie etwa 10 g eines Vollwaschmittels in ca. 250 ml warmes dest. Wasser ein. Filtrieren Sie diese Suspension durch eine Nutsche, die über eine Saugflasche an eine Wasserstrahlpumpe angeschlossen ist. Waschen Sie den Filterrückstand so lange mit warmem Wasser, bis das Filtrat in der Saugflasche klar ist.

V2 Stellen Sie sich „hartes Wasser" durch Lösen von etwas Calciumchlorid in Wasser her. Geben Sie in drei Reagenzgläser jeweils 3 ml dest. Wasser, hartes Wasser und hartes Wasser mit etwas Zeolith® [V1]. Fügen Sie zu jeder Flüssigkeit 3 ml einer Seifenlösung zu. Verschließen Sie die Gläser und schütteln Sie diese gemeinsam.

A1 Begründen Sie, warum Bleichmittel nur in Vollwaschmitteln enthalten sind.

A2 Welche Funktion hat der Zusatz von Silicaten in einem Vollwaschmittel?

290 Fette und Tenside

Inhaltsstoffe von Waschmitteln

phosphatfreien Waschmittel auf den Markt. Heute dienen in den Industrieländern vor allem Zeolithe als Builder [V1].
Zeolithe sind Natriumaluminiumsilicate (z. B. Sasil® [B2]), ihre Kristalle sind von kanalartigen Hohlräumen durchzogen [B4]. Zeolithe sind wasserunlöslich und wirken als Ionenaustauscher (sie binden Ca^{2+}-Ionen und setzen Na^+-Ionen frei) [V2]. Um die Zeolithe wieder auswaschen zu können, müssen sie sehr fein pulverisiert sein.

Damit eine optimale Enthärtung erfolgen kann, muss dem Waschmittel eine Substanz zugesetzt werden, die die Calciumionen zum Zeolith transportiert. Als solche werden **Polycarboxylate** verwendet [B5]. Außerdem wird zum Erreichen eines alkalischen Milieus Soda (Natriumcarbonat) zugesetzt, da die pH-Wert-Erhöhung durch die Zeolithe nicht ausreicht.

Alternativ wird auch eine Kombination von **Schichtsilicaten** und **Citraten** als Builder verwendet.

Bleichmittel. Eine Reihe farbiger Verschmutzungen, z. B. Obst-, Gemüse-, Kakao- oder Rotweinflecken lassen sich durch Waschen mit Tensiden allein nicht entfernen [B3]. Sie müssen durch „Bleichen", d. h. durch oxidative Zerstörung, in farblose Stoffe überführt werden. Aber auch Mikroorganismen werden dabei abgetötet, was der Wäschehygiene zugutekommt.
Früher benutzte man dafür die „Rasenbleiche". Die Weißwäsche wurde auf dem Rasen ausgelegt, mit Wasser besprengt und der Sonne ausgesetzt.

Heute wird Vollwaschmitteln **Natriumpercarbonat** zugesetzt (genauer Natriumcarbonat-Peroxohydrat), ein Wasserstoffperoxid-Addukt mit der Zusammensetzung $Na_2CO_3 \cdot 3\,H_2O_2$. Es zerfällt in wässriger Lösung in Natriumcarbonat und Wasserstoffperoxid, das als Oxidationsmittel wirkt. Eine erkennbare Bleichwirkung setzt bei ca. 60 °C ein und nimmt mit steigender Temperatur zu.

Art	Anteil in %	Beispiele	Entfernbarkeit
Fett	5–10	Hauttalg, Speisefett, Wachse, Kosmetika	wasserunlöslich, daher schwer entfernbar
Pigmentschmutz	25–30	Straßenstaub, Ruß, Asche, Pflanzenreste	
farbstoffhaltige Flecken	<1	Obst, Gemüse, Tee, Rotwein, Gras	
eiweißhaltige Flecken	20–25	Hühnereiweiß, Kakao, Bratensoße, Kondensmilch, Blut, Hautschuppen, Bakterien	
Kohlenhydrate	ca. 20	Zucker, Stärke, Faserreste	leicht entfernbar
wasserlöslicher Schmutz	15–20 5–7	Schweißrückstände, Harnstoff	

B3 Wichtige Bestandteile von Wäscheschmutz

Spuren von Schwermetallionen setzen die Zerfallstemperatur deutlich herab, sodass durch zu starke Bleichwirkung Faserschädigungen auftreten können. Um das zu verhindern, werden einem Vollwaschmittel **Silicate** oder **Phosphonate** zugesetzt. Diese binden die Schwermetallionen und wirken als *Bleichmittelstabilisatoren*. Soll umgekehrt eine Bleichwirkung bei einer Wassertemperatur unter 60 °C eintreten (Energieersparnis!), müssen Bleichmittelaktivatoren zugesetzt werden (z. B. TAED). Natriumpercarbonat hat das ehemals verwendete ökologisch bedenkliche Natriumperborat als Bleichmittel weitgehend ersetzt.

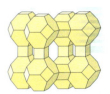

B4 Zeolith A

Sasil® Handelsname von Zeolith A (von engl., **s**odium **a**luminium **sil**icate, Natriumaluminiumsilicat)

TEAD Tetraacetylethylendiamin

„**Polycarboxylat**" Natriumsalz eines Copolymers aus Acrylsäure (Propensäure) und Maleinsäure (Butendisäure)

Carrier von engl. to carry, bringen, tragen

V3 Geben Sie kleine Stoffreste mit Tinten-, Obst- oder Grasflecken **a)** in eine Wasserstoffperoxidlösung ($w ≈ 3\%$), **b)** in eine Natriumpercarbonatlösung, **c)** in die Lösung von etwa 20 g eines Vollwaschmittels in 100 ml Wasser. Erhitzen Sie unter Rühren zum Sieden.

V4 Lösen Sie unter leichtem Erwärmen (nicht Kochen!) in drei Reagenzgläsern jeweils etwa 0,5 g Natriumpercarbonat, Voll- bzw. Feinwaschmittel in etwa 2 ml verd. Schwefelsäure ($w ≈ 10\%$). Versetzen Sie mit einer Kaliumiodid-Stärke-Lösung. Vergleichen Sie mit einer Wasserstoffperoxidlösung ($w ≈ 3\%$), die mit einer Kaliumiodid-Stärke-Lösung versetzt wurde.

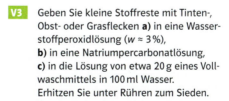

B5 Formel eines Polycarboxylats

Fette und Tenside 291

Inhaltsstoffe von Waschmitteln

Exkurs Waschmitteldosierung

Die Dosierung eines Waschmittels wird im Wesentlichen von der Wasserhärte bestimmt. Deutschland gehört zu den Gebieten mit relativ hoher durchschnittlicher Wasserhärte (Härtebereich 3).

Je nachdem, bei welcher Temperatur gewaschen wird, welche Textilien gewaschen werden und welches Wasser verwendet wird, werden Waschmittel unterschiedlicher Zusammensetzung benötigt. Um Überdosierungen zu vermeiden, sind die Dosierempfehlungen auf den Waschmittelverpackungen zu beachten. Eine Alternative ist Waschen im Baukastensystem. Dabei werden verschiedene Einzelkomponenten – entsprechend den jeweiligen Erfordernissen – miteinander gemischt und können genau dosiert werden. Der Einsatz solcher Baukastensysteme ist jedoch aufwändiger als die Verwendung eines Vollwaschmittels. Eine einfachere Möglichkeit zu umweltfreundlicherem Waschen besteht darin, dass stets nur nach der geringsten Härte und nach dem Verschmutzungsgrad dosiert wird. Durch Zugabe eines Enthärtungsmittels entsprechend dem Wasserhärtebereich kann für weicheres Wasser gesorgt werden, ohne dass alle anderen Inhaltsstoffe überdosiert werden.

B6 Verkapselte Enzyme (Enzymprills) für Waschmittel

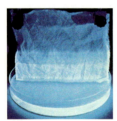

B7 Gewebe mit optischen Aufhellern im UV-Licht

Enzyme. Eiweiß- und stärkehaltige Verschmutzungen wie Blut, Milch, Kakao, Eigelb lassen sich nur schwer auswaschen. Waschmittel werden daher mit Enzymen versetzt: Eiweiß abbauende *Proteasen*, Stärke abbauende *Amylasen* und Fett abbauende *Lipasen*, die die Hydrolyse der Makromoleküle zu kleinen, wasserlöslichen Bausteinen katalysieren [B8]. Enzyme (Kap. 4.27 und 4.28) sind nur unterhalb von 60 °C wirksam [V5], da sie bei hohen Temperaturen zerstört werden („totgekocht"). Industriell werden die Enzyme aus Bakterienkulturen gewonnen und dem Waschmittel in verkapselter Form als *Enzymprills* beigemischt [B6].

Optische Aufheller (Weißtöner). Weiße Wäsche zeigt nach häufigem Waschen einen Gelbstich („Gilb"), der u.a. durch freie Fettsäuren verursacht wird, die an der Faser haften. Durch Ablagerungen auf der Faser wird das einfallende Tageslicht von der Wäsche nicht vollständig reflektiert, ein Teil des blauen Lichtes wird vom Wäschestück absorbiert. Das reflektierte Restlicht erscheint dem menschlichen Auge in der Komplementärfarbe Gelb (Kap. 9.1).

Um den fehlenden Blauanteil des Lichtes zu ersetzen, fügt man dem Waschmittel heute optische Aufheller zu, die die Fähigkeit besitzen, UV-Licht zu absorbieren und dafür blaues Licht auszusenden [V6, B7].

V5 Schneiden Sie aus einem gekochten Ei ein dünnes Scheibchen Eiweiß. Geben Sie das Eiweiß in ca. 50 °C heißes Wasser, das ein Vollwaschmittel enthält. Prüfen Sie den Reagenzglasinhalt nach einer Stunde.

V6 a) Lösen Sie verschiedene Waschmitteltypen (ein Voll- und ein Colorwaschmittel) in heißem Wasser. Betrachten Sie die Lösungen im abgedunkelten Raum unter einer UV-Lampe.
b) Betrachten Sie ebenso unbehandelte bzw. mit Vollwaschmittellösung getränkte Streifen eines Papiertaschentuchs und einer Mullbinde.

V7 Schaumregulierung durch Seife: Geben Sie in einen Kolben etwas Wasser und Schaumbademittel. Schütteln Sie die Lösung. Fügen Sie etwas Seifenlösung hinzu und schütteln Sie erneut.

V8 Nachweis von Natriumsulfat: Kochen Sie ca. 5 g eines Waschmittels (kein Kompaktwaschmittel) mit etwa 10 ml dest. Wasser auf und filtrieren Sie. Verdünnen Sie das Filtrat stark, säuern Sie mit verd. Salzsäure an und versetzen Sie mit Bariumchloridlösung.

V9 Füllen Sie drei Bechergläser zur Hälfte mit Leitungswasser und fügen Sie je 2 ml einer Farbstofflösung (Siriuslichtblau BBR $w = 0{,}25\%$) zu. Geben Sie in das erste und zweite Becherglas ca. 5 mg Vollwaschmittel, in das dritte ca. 5 mg Colorwaschmittel. Beim zweiten Becherglas fügen Sie eine Spatelspitze (ca. 50-100 mg) PVP hinzu. Rühren Sie alle Mischungen um. Geben Sie in jedes Becherglas eine Stoffprobe, welche mit einem Glasstab bewegt wird. Entnehmen Sie die Stoffproben und spülen diese sofort mit Wasser aus.

Der Gelbstich der Wäsche wird dadurch kompensiert, meist sogar überkompensiert („weißer als Weiß"). Die Wäsche bekommt ein bläulich-weißes Aussehen, welches vom Auge weißer als andere Weißnuancen empfunden wird. Optische Aufheller sind nur in Vollwaschmitteln enthalten [B2]. Früher benutzte man in einem getrennten Behandlungsgang „Wäscheblau" (Kap. 9.8, B1), weil ein blau nuanciertes

Weiß dem Auge weißer erscheint als ein gelblich nuanciertes. Bei empfindlichen Menschen können Weißtöner zu Hautirritationen führen. Der Einsatz von Weißtönern bei der Herstellung oder Reinigung von Verbandsmaterial ist verboten, da die Weißtöner die Wundheilung verzögern.

Farbübertragungsinhibitoren verhindern weitgehend, dass sich von farbigen Textilien abgelöste Farbstoffe an anderen Stellen, z. B. auf mitgewaschener weißer Wäsche, absetzen und zu Verfärbungen führen. Farbübertragungsinhibitoren sind ein wesentlicher Inhaltsstoff der Colorwaschmittel. Es handelt sich um PVP-(Polyvinylpyrrolidon)-Moleküle, die abgelöste Farbstoffmoleküle binden und so ein Aufziehen auf Fasern verhindern können [B9].

Vergrauungsinhibitoren. Durch Zusätze von Cellulosederivaten, z. B. Carboxymethylcellulose, wird das Schmutztragevermögen verbessert. Der abgelöste Schmutz wird längere Zeit schwebend in der freien **Waschflotte** gehalten und somit daran gehindert, sich wieder auf dem Gewebe abzulagern.

Schaumregulatoren. Um eine übermäßige Schaumbildung in der Waschmaschine zu verhindern, ist es notwendig, schaumgesteuerte Waschmittel herzustellen. Gute Schaumregulatoren sind *Seifen*, deren Anionen mehr als 20 Kohlenstoffatome enthalten [V7]. Es hat sich gezeigt, dass es deren Kalkseifen sind, die die Bildung von Schaum verhindern. Daher dürfen in Waschmitteln nur solche Enthärter bzw. Builder eingesetzt werden, die zumindest Spuren von Calciumionen in der Waschlösung belassen. Heute wird eine Schaumregulierung auch mithilfe von *Silikonölen* erreicht.

Weitere Waschhilfsmittel. Hierzu zählen Duft- und Farbstoffe, Korrosionsinhibitoren sowie Stellmittel. Diese Stoffe beeinflussen die Waschwirkung nicht. **Duftstoffe** haben mehrere Aufgaben zu erfüllen. Sie sollen dem Waschmittel einen angenehmen Geruch verleihen und darüber hinaus den charakteristischen Waschlaugengeruch überdecken.

B8 Entfernung von Eigelb durch enzymhaltige Waschmittellösung

Die in vielen pulverförmigen Waschmitteln zu erkennenden farbigen Kügelchen haben ebenfalls keinen Einfluss auf den Waschprozess. Die zugesetzten **Farbstoffe** haben überwiegend dekorative Bedeutung. In den stets farbig angebotenen Flüssigwaschmitteln sollen sie die Eigenfarbe der Waschrohstoffe überdecken.

Korrosionsinhibitoren wie Natriumsilicate, z. B. *Wasserglas*, schützen diejenigen Maschinenteile vor Korrosion, die mit der Waschlauge in Berührung kommen und nicht aus Edelstahl gefertigt sind. Das in kolloidaler Form in der Waschlauge vorliegende Silicat lagert sich auf Metalloberflächen in einer feinen und festen Schicht ab und schützt das Metall, z. B. Aluminium, vor dem weiteren Angriff der Hydroxidionen. Der Massenanteil an Wasserglas beträgt in den meisten Waschmitteln etwa 3 bis 5 %.

Stellmittel (von einstellen) sollen die Rieselfähigkeit und damit die Lagerstabilität von pulverförmigen Waschmitteln erhöhen. *Natriumsulfat* ist ein solches Stell- oder Füllmittel. Es kommt in Vollwaschmitteln bis zu einem Massenanteil von 20 % vor [B2, V8]. Der Einsatz ist rückläufig, in Kompakt- und Flüssigwaschmitteln sind keine Stellmittel mehr enthalten.

Es wird ständig daran gearbeitet, die Umweltverträglichkeit von Waschmitteln zu verbessern. Das Waschen kann jedoch nie voll und ganz „umweltfreundlich" sein.

> **Waschflotte** Flüssigkeit („Waschwasser"), die beim Waschvorgang vorhanden ist. Man unterscheidet *gebundene* und *freie* Waschflotte. Bei der gebundenen Waschflotte handelt es sich um die von Wäschestücken aufgenommene Flüssigkeit. Die Wäschestücke umgebende Flüssigkeit ist die freie Waschflotte

B9 Polyvinylpyrrolidon, ein Farbübertragungsinhibitor

8.14 Praktikum Geheimtinten

V1 Waschmittel und lipophiles Lösungsmittel
Geräte, Materialien, Chemikalien: 2 Reagenzgläser, 2 Gummistopfen, Spatel, Watte, Filterpapier, Wattestäbchen, 2 kleine Stücke Baumwollstoff (z. B. von einer Mullbinde), weiße Wachskerze, Feuerzeug, Heptan, Waschmittel, Leitungswasser.
Durchführung: Machen Sie mit einer brennenden Wachskerze zunächst je einen kleinen Wachsfleck auf die beiden Stoffstücke. Vorsicht! Das Heptan dabei wegstellen. Nun geben Sie die beiden Textilien jeweils in eines der Reagenzgläser und fügen zum einen etwas Wasser und Waschmittel und zum anderen etwas Heptan hinzu. Verschließen Sie die Reagenzgläser und schütteln Sie sie. Nun tauchen Sie in das Reagenzglas mit der Waschmittellösung ein Wattestäbchen und schreiben damit ein Wort auf ein Stück Filterpapier. Dieser Vorgang wird beim Reagenzglas mit dem Heptan wiederholt. Man lässt die Filterpapiere trocknen, sodass die Schrift unsichtbar wird. Dann werden beide Filterpapiere mit einem wassergetränkten Wattebausch befeuchtet. Heben Sie etwas von der Wachslösung für V4 auf!

V2 Waschmittel erzeugt Färbung (1)
Geräte, Materialien, Chemikalien: 2 Reagenzgläser, 2 Gummistopfen, Watte, Filterpapier, Wattestäbchen, Phenolphthaleinlösung, Leitungswasser, Essig, Waschmittel (mit Seife oder Soda).
Durchführung: Mit der Phenolphthaleinlösung als „Geheimtinte" und einem Wattestäbchen als Stift schreiben Sie eine kurze Mitteilung für Ihren Banknachbarn auf ein Stück Filterpapier. Wenn der Alkohol verdunstet und die Schrift unsichtbar geworden ist, reichen Sie das Filterpapier an den Adressaten weiter. Um die vom Nachbarn erhaltene Nachricht sichtbar zu machen, stellen Sie sich eine Waschpulverlösung her. Damit tränken Sie einen Wattebausch, mit dem Sie dann das Filterpapier betupfen. Die sichtbar gemachte Schrift verschwindet wieder, wenn man einen zweiten Wattebausch mit Essig tränkt und damit über das Blatt wischt.

V3 Waschmittel erzeugt Färbung (2)
Geräte, Materialien, Chemikalien: Reagenzglas, Gummistopfen, Watte, Filterpapier, Wattestäbchen, Kaliumiodid, dest. Wasser, Waschmittel mit Bleichmittel.
Durchführung: Die „unsichtbare Tinte" ist diesmal eine konzentrierte Lösung von Kaliumiodid in Wasser. Heben Sie etwas von dieser Lösung für V4 auf!
Sichtbar machen lässt sich das mit dieser Lösung Geschriebene wieder mittels einer Waschmittellösung, die Bleichmittel enthält [B1].
Sollte die Schrift nur schwach hervortreten, so können Sie versuchen, sie durch Betupfen mit einer Stärkelösung zu verstärken.

B1 Waschmittel für die Entwicklerlösung

V4 „Mehrfarbige" Geheimschrift
Geräte, Materialien, Chemikalien: Filterpapier, Wattestäbchen, Wachslösung von V1, Phenolphthaleinlösung, Kaliumiodidlösung von V3.
Durchführung: Fassen Sie die „Rezepte" der drei Geheimtinten in einer Tabelle nach dem Muster von B2 zusammen.
Schreiben Sie mit den drei unsichtbaren Tinten eine „mehrfarbige" Nachricht an einen Mitschüler, die dieser dann zu Hause entwickeln und lesen soll.

Schreibflüssigkeit	Entwicklerlösung	Tintenfarbe
Waschlösung		
		rot
	Waschmittellösung mit Bleichmittel	

B2 Übersicht „Geheimtinten"

A1 Erläutern Sie die Vorgänge, auf denen die „Geheimschriften" beruhen.

A2 Mit einer Waschmittellösung wurde eine Nachricht geschrieben, die im Schwarzlicht einer Discothek sichtbar wird. Was sagt dies über das Waschmittel aus?

Fette und Tenside

8.15 Durchblick Zusammenfassung und Übung

Fette
sind Glycerinester (Triglyceride) langkettiger Carbonsäuren (Fettsäuren). Sie stellen wichtige Energielieferanten für den Organismus dar und liefern essenzielle Fettsäuren.

Öle (fette Öle)
sind bei Zimmertemperatur flüssige Fette. Die Moleküle dieser Fette besitzen im Gegensatz zu den festen Fetten einen höheren Anteil an ungesättigten Fettsäureresten. Deren Doppelbindungen liegen in *cis*-Konfiguration vor, sodass sich die Moleküle nicht so eng aneinanderlagern können, wie Fettmoleküle mit gesättigten Resten. Die zwischenmolekularen Kräfte können sich bei den gesättigten Resten stärker auswirken.

Biodiesel
ist mit Methanol umgeestertes pflanzliches (oder tierisches) Fett (z. B. RME). Seine Eigenschaften ähneln denen von mineralischem Diesel.

Verseifung
im engeren Sinne nennt man die alkalische Hydrolyse eines Fettes. Dabei entstehen Alkalisalze der Fettsäuren, die Seifen [B1].

Seifen
sind die Natrium- oder Kaliumsalze höherer Fettsäuren. Die Seifenanionen besitzen einen langen unpolaren Alkylrest und eine polare Carboxylatgruppe, sie zählen zu den anionischen Tensiden. Eine wässrige Seifenlösung reagiert alkalisch. Seifenanionen bilden schwer lösliche Kalkseifen und mit sauren Lösungen schwer lösliche Fettsäuren. Für eine Waschwirkung müssen jedoch hydratisierte Seifenanionen in Lösung vorhanden sein.

Tenside
sind grenzflächenaktive Stoffe. Alle Tenside sind amphiphil. Tenside können hydrophobe Stoffe (z. B. Fett) in Wasser dispergieren, deshalb werden sie als Waschsubstanzen verwendet.
Je nach Ladung der polaren Gruppe unterscheidet man anionische [B2], kationische, nichtionische Tenside und amphotere Tenside.

B1 Beispiel für eine Verseifung

Der Waschvorgang
gliedert sich in drei Phasen:
a) Tensidteilchen reichern sich an der Grenzfläche Faser-Waschlösung an, die Grenzflächenspannung wird verringert, die Faser benetzt.
b) Tensidteilchen dringen in die Schmutzpartikel ein und umhüllen sie. Sie lagern sich auch auf der Faser ab und laden diese negativ auf.
c) Fette werden emulgiert, fester Schmutz dispergiert. Die entstehenden Micellen [B3] werden in der Waschflotte gehalten und abtransportiert.

Waschmittel
sind Gemische von Stoffen, deren Bestandteile optimal aufeinander abgestimmt sind, um die Tenside beim Waschvorgang zu unterstützen. Weitere Bestandteile sind: Gerüststoffe (Builder), Bleichmittel, Enzyme, optische Aufheller (Weißtöner), Schaumregulatoren, Vergrauungs- und Farbübertragungsinhibitoren.

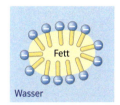

B3 Micelle in einer Öl-Wasser-Emulsion

	Seife	Alkylbenzolsulfonat
Allgemeine Formel (unpolarer Rest, polare Gruppe)	R–COO⁻	R–C₆H₄–SO₃⁻
pH-Bereich der wässrigen Lösung	alkalisch	annähernd neutral
Säureempfindlichkeit	groß	keine
Härteempfindlichkeit	groß	mittel
Biologische Abbaubarkeit	sehr gut	bei linearem ABS gut
Ausgangsstoff	Fette	Erdöl (und Erdgas)

B2 Vergleich von Seife und Alkylbenzolsulfonat

Fette und Tenside

Durchblick Zusammenfassung und Übung

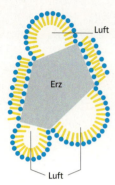

B4 Flotation, zu Aufgabe 8

A1 Wie viele verschiedene Fettmoleküle könnten aus Glycerin, Ölsäure und Palmitinsäure hergestellt werden? Stellen Sie eine dieser Fettsynthesen mit Strukturformeln dar.

A2 Erläutern Sie, **a)** welche biologischen Funktionen Fette haben, **b)** warum ein übermäßiger Genuss von Teigwaren zu einem erhöhten Fettansatz führt, obwohl Teigwaren nur einen geringen Fettanteil haben.

A3 Tungöl (chinesisches Holzöl) wird zur Herstellung von Lacken verwendet. Seine Glycerinmoleküle sind zu über 75 % mit Octadeca-(cis,trans,trans)-9,11,13-triensäure (Elaeostearinsäure) verestert. Zeichnen Sie die Strukturformel dieser ungesättigten Fettsäure.

A4 Welche der folgenden Verbindungen sind Tenside? Begründen Sie jeweils ihre Entscheidung und ordnen Sie die gefundenen Tenside einer Tensidklasse zu.
a) $CH_3(-CH_2)_{16}-COOCH_3$
b) $CH_3(-CH_2)_3-OSO_3^-Na^+$
c) $CH_3(-CH_2)_{16}-\langle\bigcirc\rangle-OH$
d) $CH_3(-CH_2)_{44}-COO^-K^+$
e) $CH_3(-CH_2)_{12}-O(-CH_2-CH_2-O)_6-H$

A5 Ein Streichholz kann als Modell für ein Seifenanion dienen. Legen Sie aus Streichhölzern das zweidimensionale Bild einer Kugelmicelle in Wasser und einer kleinen Seifenblase.

A6 In der Schwerelosigkeit nehmen sowohl ein Wassertropfen als auch ein Quecksilbertropfen die Kugelform an. Erklären Sie diese Beobachtung.

A7 Recherchieren Sie, was man unter einer Omega-3-Fettsäure (ω-3-Fettsäure) versteht. Beachten Sie dabei die Bedeutung von „α" in „α-Aminosäure". Die Moleküle der ω-3-Fettsäuren sind mehrfach ungesättigt.

A8 Zur Anreicherung des Erzes beim Ausbeuten erzarmer Lagerstätten mit uneinheitlichem Gestein wird das Verfahren der **Flotation** (von franz. flot, Flut) angewendet. Dabei wird das pulverisierte, erzhaltige Gestein mit tensidhaltigem Wasser und Luft verwirbelt. Die Erzteilchen bleiben an den Schaumblasen haften und können mit diesen abgeschöpft werden [B4]. Erklären Sie, warum das Erz trotz größerer Dichte auf dem Wasser schwimmt.

A9 Zum Löschen von Bränden wird anstelle von reinem Wasser bzw. Kohlenstoffdioxid häufig ein Schaum aus tensidhaltigem Wasser und Kohlenstoffdioxid eingesetzt. Nennen Sie Vorteile dieser Löschmethode und begründen Sie Ihre Aussagen.

A10 Dampft man hartes Leitungswasser vollständig ein, so bildet sich ein weißer Rand auf dem Glas, der mit Essigsäure entfernt werden kann. Erklären Sie diese Tatsache und formulieren Sie dazu zwei Reaktionsgleichungen.

A11 Gießt man geschmolzene Stearinsäure auf warmes Wasser und lässt diese erkalten, so entsteht eine Stearinsäureplatte, die auf der Unterseite durch Wasser benetzbar ist, auf der Oberseite aber nicht. Erklären Sie.

A12 Informieren Sie sich über das Waschen mit Waschnüssen. Geben Sie einige Vorteile und Nachteile an sowie die waschwirksame Substanz [B5].

A13 Geben Sie an, was unter essenziellen Fettsäuren verstanden wird.

B5 Waschnüsse, zu Aufgabe 12

▶ Erweiterung

9 Struktur und Eigenschaften von Farbstoffen

Farben faszinieren die Menschheit schon immer und spielen daher eine prägende Rolle im Leben aller Menschen und ihrer Kultur.

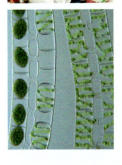

▬ Dies belegen Höhlenmalereien in Spanien und Frankreich. Diese Zeichnungen sind mit farbiger Erde gestaltet worden.

▬ Textilien, die mit Farbstoffen aus Pflanzen oder Tieren gefärbt wurden, hat man bereits vor Jahrtausenden getragen. Der blaue Farbstoff aus der Färberwaidpflanze (Indigo) oder der rote Farbstoff der Schildlaus (Cochenille) waren schon vor 4000 Jahren in China bekannt.

▬ Durch die chemische Forschung gelang es Mitte des 19. Jahrhunderts, Farbstoffe zu synthetisieren und die Färbetechnik zu verbessern.

▬ Der wichtigste Farbstoff ist das Chlorophyll der Pflanzen, denn ohne Chlorophyll gäbe es keine Fotosynthese und das Leben wäre, so wie es ist, auf der Erde unmöglich.

297

Online-Link
756820-0900

9.1 Licht und Farbe

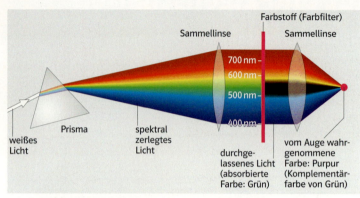

B1 Absorption und resultierende Farbe eines purpurfarbenen Farbstoffs. Das Licht im grünen Bereich des Spektrums wird absorbiert

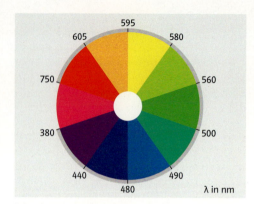

B3 Komplementärfarben im Farbkreis. Er enthält zusätzlich zu den Spektralfarben die Farbe Magenta

v (oder auch *f*) ist die Frequenz einer Welle, die Anzahl Wellen pro Zeiteinheit.
Übliche Einheit: Hertz, Hz

λ ist die Wellenlänge, die Strecke von Wellenberg zu Wellenberg.
Übliche Einheit bei sichtbarem Licht: Nanometer, nm

c ist die Lichtgeschwindigkeit. Im Vakuum gilt:
$c = 299\,792\,458$ m/s
$\approx 300\,000$ km/s

h ist die Planck-Konstante.
$h = 6{,}6261 \cdot 10^{-34}$ J·s

Licht ist ein Teil des elektromagnetischen Spektrums, zu dem z. B. auch Radiowellen, Mikrowellen, Infrarotstrahlung, Ultraviolettstrahlung, Röntgenstrahlung und Gammastrahlung gehören [B2]. Mit dieser Strahlung wird Energie übertragen.

Licht und Energie. Der Physiker MAX PLANCK zeigte im Jahr 1900, dass elektromagnetische Strahlung, also auch Licht, *gequantelt* ist. Dies bedeutet, dass Licht aus kleinen „Energieportionen" besteht; ALBERT EINSTEIN bezeichnete diese als **Photonen**. Bei der Wechselwirkung von Licht mit Farbstoffen trifft zu einem bestimmten Zeitpunkt fast immer nur *ein* Photon auf *ein* Molekül. Daher ist die Energie der einzelnen Photonen entscheidend. Die Energie eines Photons kann man aus der Frequenz oder aus der Wellenlänge der elektromagnetischen Strahlung berechnen:

$$E = h \cdot v = h \cdot \frac{c}{\lambda}$$

Die Gleichung zeigt, dass die Photonen des Lichts kleinerer Wellenlänge eine größere Energie haben.

Entstehung von Farbe. Gelangt Licht aller Wellenlängen des sichtbaren Bereichs (ca. 380–750 nm) in unser Auge, so entsteht im Gehirn der Farbeindruck Weiß. Ein weißer Stoff reflektiert folglich Licht aller Wellenlängen. Trifft Licht auf einen Farbstoff, wird es zum Teil *absorbiert* [B1]. Der Farbstoff wandelt dabei die Energie des Lichts in andere Energieformen um (Kap. 9.2). Ein Farbstoff absorbiert jedoch nur Licht bestimmter Wellenlängenbereiche, das restliche Licht wird durchgelassen oder reflektiert. Gelangt dieses Licht in unser Auge, löst es eine Farbwahrnehmung aus.

Komplementärfarben. Unser Gehirn erkennt die Farbe Gelb, wenn Licht des Wellenlängenbereichs 580–595 nm ins Auge gelangt. Der gleiche Farbeindruck entsteht aber auch, wenn Licht aller Wellenlängen außer dem blauen Bereich (440–480 nm) in unser Auge gelangt. Auch den Farbeindruck Blau kann man auf zwei Arten erzeugen: durch Licht des blauen Bereichs oder durch Licht aller Wellenlängen außer dem gelben Bereich. Blau ist die

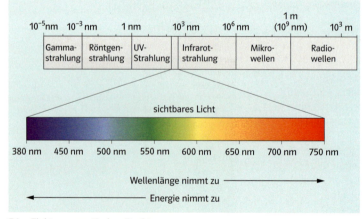

B2 Elektromagnetisches Spektrum

298 Struktur und Eigenschaften von Farbstoffen

Komplementärfarbe zu Gelb und umgekehrt. Im **Farbkreis** sind Komplementärfarben paarweise gegenüber angeordnet [B3]. Eine Besonderheit ist Magenta (Purpur), die Komplementärfarbe zu Grün. Magenta kann nicht durch einen Wellenlängenbereich erzeugt werden, sondern nur als Licht aller Wellenlängen außer dem grünen Bereich. Einen *Farbstoff*, der Licht eines kleinen Wellenlängenbereichs absorbiert, sehen wir in der Komplementärfarbe des absorbierten Bereichs (Kap. 10.3). Absorbiert ein Farbstoff im gelben Bereich, sieht er blau aus, ein purpurfarbener Farbstoff absorbiert im grünen Bereich [B1].

Additive Farbmischung. Wird eine weiße Fläche mit Licht unterschiedlicher Farben bestrahlt, *reflektiert* sie das gesamte Licht. Bei dieser *additiven Farbmischung* werden also mehrere Bereiche des Spektrums zusammengefügt. In unserem Auge regt das reflektierte Licht je nach Zusammensetzung rot-, grün- und blauempfindliche Sinneszellen an (Kap. 9.3). Rotes und grünes Licht führt z. B. im Gehirn zum Farbeindruck Gelb [B4, links]. Wird die Fläche von rotem, grünem und blauem Licht gleichzeitig bestrahlt, erscheint sie *weiß*. Alle Farben eines Computermonitors oder Fernsehbildschirms werden durch additive Farbmischung der drei Grundfarben **R**ot, **G**rün und **B**lau erzeugt. Man spricht vom **RGB-Farbraum**.

Subtraktive Farbmischung. Eine andere Erfahrung macht man beim Mischen im Malkasten. Eine Malfarbe *absorbiert* einen Bereich des Spektrums, eine zweite Malfarbe absorbiert einen weiteren Bereich. Das restliche Licht wird reflektiert und ergibt den Sinneseindruck der Mischfarbe. Blau und Gelb mischen sich z. B. zu Grün [B4, rechts]. Bei dieser *subtraktiven Farbmischung* werden also mehrere Bereiche aus dem Spektrum entfernt. Ein Gemisch der Grundfarben des **CMY-Farbraums C**yan, **M**agenta und Gelb (**y**ellow) absorbiert das gesamte Spektrum des sichtbaren Lichts, es ergibt daher *Schwarz*.

B4 zeigt den Zusammenhang der beiden Farbräume: Die Mischfarben des einen Farbraums sind die Grundfarben des anderen.

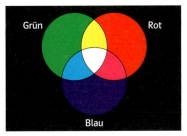 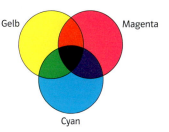

B4 Farbmischung: additiv (links), subtraktiv (rechts)

Objektive Bestimmung von Farben. Jeder hat seine eigene Vorstellung von der Farbe eines Körpers oder einer Farbstofflösung. Er weiß aber nicht, ob Andere dieselbe Farbe sehen. Mit einem Fotometer lässt sich die Farbe einer Lösung objektiv bestimmen (Kap. 10.3). Die Lösung wird von *monochromatischem Licht* durchstrahlt; die Wellenlänge wird in kleinen Schritten verstellt. Eine Fotozelle vergleicht die Intensität des Lichts, das die Lösung verlässt, mit der Intensität von Licht, das das reine Lösungsmittel durchstrahlt. Im *Absorptionsspektrum* wird der Anteil des absorbierten Lichts gegen die Wellenlänge aufgetragen und u. a. das *Absorptionsmaximum* ermittelt.

Monochromatisches Licht Licht einer einzigen Wellenlänge oder eines sehr kleinen Wellenlängenbereichs

CMY und CMYK Im Vierfarbdruck verwendet man den CMYK-Farbraum mit Schwarz (blac**K**) als vierter „Farbe". Der wichtigste Grund dafür ist, dass es in der Realität keine Farbstoffe mit optimalen Absorptionsbereichen gibt. Die Mischung der verwendeten Farbstoffe für Cyan, Magenta und Gelb ergibt nur ein dunkles Braun

V1 Beleuchten Sie eine weiße Fläche mit drei Taschenlampen, vor die Sie jeweils eine rote, eine blaue und eine grüne Filterfolie halten. Hier können auch verschiedenfarbige LED-Lampen eingesetzt werden.

V2 Stellen Sie wässrige Lösungen der Lebensmittelfarbstoffe Blau (Indigotin, E 132), Rot (Cochenillerot, E 124) und Grün (Gemisch aus Indigotin, E 132 und Chinolingelb, E 104) her.
a) Erzeugen Sie z. B. mithilfe eines Prismas oder eines Gitters ein Spektrum und halten Sie ein Gefäß mit der jeweiligen Farbstofflösung in den Strahlengang.
b) Stellen Sie Bechergläser mit den Farbstofflösungen hintereinander auf und blicken Sie durch alle hindurch.

A1 Eine Lösung absorbiert Licht im Wellenlängenbereich zwischen λ = 480 nm und λ = 490 nm. Geben Sie die Farbe der Lösung an. Nehmen Sie den Farbkreis [B3] zuhilfe.

9.2 Struktur und Farbe

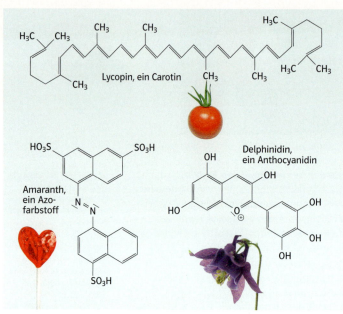

B1 Lycopin, Amaranth und Delphinidin

Konjugierte Doppelbindungen Doppel- und Einfachbindungen wechseln einander ab (Kap. 5.3)

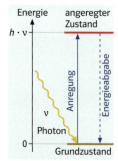

B2 Anregung eines Moleküls durch ein Photon und anschließende Energieabgabe

Untersucht man farbige organische Verbindungen, so zeigt sich ein Zusammenhang zwischen der Farbe und der Molekülstruktur.

Farbe und Molekülstruktur. In farbigen organischen Verbindungen findet man Struktureinheiten, in denen Kohlenstoffatome über *konjugierte Doppelbindungen* verbunden sind. Die Elektronen der Doppelbindungen sind über die ganze Struktureinheit delokalisiert, sie bilden ein *delokalisiertes Elektronensystem* (Kap. 5.2).

Moleküle, die ein großes delokalisiertes Elektronensystem enthalten, können Licht absorbieren. Die Energie *eines Photons* aus dem Bereich des sichtbaren Lichts reicht aus, um das delokalisierte Elektronensystem *eines Moleküls* in einen Zustand mit höherer Energie zu versetzen. Das Molekül gelangt durch *Anregung* aus dem **Grundzustand** in den **angeregten Zustand** [B2]. Das Photon wird dabei „verbraucht", d. h. in Energie des Moleküls umgewandelt. Ein Peak im Absorptionsspektrum (Kap. 10.3) zeigt an, dass das Licht der entsprechenden Frequenz ν (bzw. Wellenlänge λ) absorbiert wird. Je geringer die Energiedifferenz zwischen dem Grundzustand und dem angeregten Zustand ist, desto weniger Energie muss das Photon besitzen, d. h., desto größer ist die Wellenlänge des entsprechenden Lichts (Kap. 9.1). Nach der Anregung gibt das Molekül i. d. R. die aufgenommene Energie als Wärme an die Umgebung ab und kehrt in den Grundzustand zurück.

Absorptionssysteme. Die Energiedifferenz zwischen dem Grundzustand und dem angeregten Zustand ist abhängig von der Größe des delokalisierten Elektronensystems, des *Absorptionssystems*.

Je ausgedehnter das delokalisierte Elektronensystem ist, desto kleiner ist die Energie der absorbierten Photonen und desto größer folglich die Wellenlänge der absorbierten Strahlung.

Ein Beispiel zeigt B3: Die kürzeren Diphenyl-Polyen-Moleküle ($n = 2$ und $n = 3$) absorbieren Ultraviolettstrahlung (kleinere Wellenlängen), die längeren Moleküle absorbieren sichtbares Licht (größere Wellenlängen).

Weitere Gruppen am Absorptionssystem. Gruppen, die an das delokalisierte Elektronensystem gebunden sind, haben ebenfalls Einfluss auf die Lage des Absorptionsmaximums, der Verbindung.

M-Effekt. Stellt ein Substituent ein freies Elektronenpaar einem mesomeren System zur Verfügung, so bezeichnet man dies als **+M-Effekt**. Beispiele für Substituenten, die den +M-Effekt bewirken, sind die Hydroxylgruppe und die Aminogruppe [B4, oben]. Substituenten mit Doppelbindung oder Dreifachbindung können dem mesomeren System ein Elektronenpaar entziehen. Solche Substituenten, wie z. B. die Carbonyl- oder Cyanogruppe, verursachen den **–M-Effekt** [B4, unten]. Die genannten Substituenten verschieben die Lage der Hauptabsorption in den Bereich größerer Wellenlängen. Man nennt sie **auxochrome Gruppen** („Farbvertiefer"). Das gesamte, für die Farbe der Verbindung verantwortliche System heißt auch chromophores System oder **Chromophor** („Farbträger").

300 Struktur und Eigenschaften von Farbstoffen

Diphenyl-Polyene C=C$_n$$$	Absorptions-maximum λ_{max} in nm	Farbeindruck
n = 2	245	farblos
n = 3	360	
n = 4	385	gelbgrün
n = 5	400	
n = 6	420	

B3 Zahl der konjugierten Doppelbindungen und Absorption am Beispiel von Diphenyl-Polyenen

Ein Beispiel ist der Lebensmittelfarbstoff Patentblau V (E 131), der z. B. blauem Likör die Farbe gibt [B5, B7]. Sein Absorptionsmaximum liegt bei λ_{max} = 638 nm, also im Bereich des gelben Lichts. Das unsubstituierte Triphenylmethylkation [B7] absorbiert dagegen blaues Licht (λ_{max} = 480 nm), die Lösung in konzentrierter Schwefelsäure ist gelborange.

Einfluss des pH-Wertes. Auxochrome wie die NH$_2$- oder die OH-Gruppe können mit H$_3$O$^+$- oder OH$^-$-Ionen reagieren, indem sie Protonen aufnehmen oder abgeben. Das hat Einfluss auf das delokalisierte Elektronensystem. So lassen sich derartige Farbstoffe als Indikatoren einsetzen. Im häufig in der Schule verwendeten Indikator Bromthymolblau [B6] liegt das Hauptabsorptionssystem des Moleküls zwischen den beiden Sauerstoffatomen. Die Abgabe eines Protons aus der OH-Gruppe fördert den +M-Effekt des Sauerstoffatoms, die Farbstofflösung wird blau. Wird in saurer Lösung ein Proton addiert, wird die Lösung gelb (Kap. 9.4).

B4 Substituenten mit +M-Effekt (oben) bzw. –M-Effekt (unten)

B5 Zwei mesomere Grenzformeln von Patentblau V

B6 Bromthymolblau bei verschiedenen pH-Werten

V1 Geben Sie im Reagenzglas zu 4 ml einer verdünnten Lösung von Brilliantblau FCF oder Patentblau V eine Spatelspitze Zinkpulver und 2 ml verdünnte Schwefelsäure und schütteln Sie. Gießen Sie zum Erkennen der Farbveränderung die Lösung nach ca. 10 min in ein anderes Reagenzglas ab. Erklären Sie das Versuchsergebnis. (Der entstehende Wasserstoff wirkt hier atomar als Reduktionsmittel.)

V2 Nehmen Sie das Absorptionsspektrum einer Lösung des Indikators Bromthymolblau in saurer und alkalischer Lösung auf. Bestimmen Sie die Absorptionsmaxima. Diskutieren Sie das Ergebnis.

A1 Lycopin [B1], der Farbstoff der roten Tomate, besitzt konjugierte Doppelbindungen. Bei Zugabe von Brom zu Tomatensaft verändert sich die Farbe. Erklären Sie diese Beobachtung.

B7 Blauer Likör ist oft mit Patentblau V gefärbt

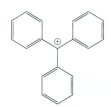

B8 Triphenylmethylkation

9.3 Exkurs Farbe entsteht im Kopf

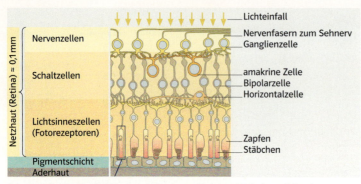

B1 Schnitt durch die Netzhaut, Pigmentschicht und Aderhaut (oben); Lokalisation der Membranscheibchen und des Rhodopsins in Stäbchen (links)

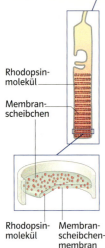

Die Lichtsinneszellen der Netzhaut des menschlichen Auges ermöglichen es, Hell und Dunkel zu unterscheiden sowie eine große Vielfalt von Farben zu erkennen.

Die Netzhaut besteht aus verschiedenen Zellschichten [B1]. Von den Lichtsinneszellen gibt es zwei Arten: Die **Stäbchen**, die bereits durch schwaches Licht gereizt werden, sind für das Hell-Dunkel-Sehen verantwortlich. Mithilfe der **Zapfen** ist das Farbensehen möglich. Sie benötigen mehr Licht als die Stäbchen, um gereizt zu werden. Man findet sie vorwiegend im **Gelben Fleck**, dem Zentrum der Netzhaut. Das Verhältnis von Stäbchen zu Zapfen ist ca. 21 : 1.

Das Sehen. Fällt Licht ins Auge, werden die Lichtsinneszellen gereizt und senden Signale an die *Schaltzellen*. Diese übertragen die Signale an die *Nervenzellen*, deren Fortsätze sich zum *Sehnerv* vereinigen. Der Sehnerv leitet die Signale zum *Gehirn*.

Alle Lichtsinneszellen enthalten Farbstoffe, die durch Licht verändert werden. In den Stäbchen ist dies **Rhodopsin**, welches aus dem *Chromophor* **11-cis-Retinal** und einem **Proteinträger (Opsin)** besteht. 11-cis-Retinal ist ein Stereoisomer des all-trans-Retinals [B2]. Trifft *Licht* in den Stäbchen auf das Rhodopsin, bewirkt es eine Umlagerung der 11-cis- in die all-trans-Konfiguration. Dadurch entsteht aktiviertes Rhodopsin, welches Moleküle eines Membranproteins in der Membranscheibchenmembran [B1, links] aktiviert. Eine Signalkaskade wird in Gang gesetzt, welche einen Nervenimpuls zur Folge hat. Danach zerfällt aktiviertes Rhodopsin in **all-trans-Retinal** und Opsin. *Im Dunkeln* wird all-trans-Retinal wieder durch ein Enzym (Isomerase) in 11-cis-Retinal umgewandelt. Dieses bildet mit Opsin wieder Rhodopsin [B2].

Das Farbensehen. In der menschlichen Netzhaut gibt es drei Zapfensorten: Eine ist für *blaues Licht*, eine zweite für *rotes Licht* und eine dritte für *grünes Licht* empfindlich. Die drei Zapfensorten enthalten unterschiedliche Farbstoffe, welche alle aus Retinal, aber verschiedenen Proteinträgern aufgebaut sind. Unterschiedlich starke Erregung der verschiedenen Zapfentypen führen zu unterschiedlichen Farbeindrücken. Werden z. B. die rot- und grünempfindlichen Zapfen gleichzeitig gereizt, so entsteht die Farbwahrnehmung Gelb. Erregung aller drei Zapfensorten führt zur Wahrnehmung Weiß. Im Gehirn findet also eine *additive Farbmischung* statt (Kap. 9.1).

A1 β-Carotin, welches z. B. in Möhren vorkommt, wird auch als Provitamin A bezeichnet. Recherchieren Sie, wie es zu dieser Bezeichnung kommt und weshalb Vitamin A für den Sehvorgang wichtig ist.

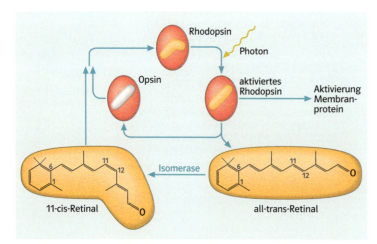

B2 Veränderung von Rhodopsin unter Einfluss von Licht und Regeneration

302 Struktur und Eigenschaften von Farbstoffen

9.4 Farbstoffklassen

Farbstoffe kann man nach strukturellen Merkmalen in Farbstoffklassen einteilen. Beispiele hierfür sind die Polyene, wie z.B. Carotin, die Triphenylmethanfarbstoffe, wie z.B. Patentblau V, die Carbonylfarbstoffe, wie z.B. Indigo, und die Azofarbstoffe.

Azofarbstoffe kommen nicht natürlich vor. Sie lassen sich leicht synthetisieren und decken ein weites Spektrum verschiedener Farben ab. Alle Moleküle dieser Farbstoffklasse enthalten als Strukturelement die Azogruppe [B3], die zwei aromatische Systeme verknüpft. Ein einfaches Beispiel ist das aus Anilin entstandene Anilingelb [B4], das als Buttergelb traurige Berühmtheit erlangte. Der gelbe Farbstoff wurde zum Färben von Butter eingesetzt, bis man seine cancerogene (Krebs erzeugende) Wirkung entdeckte.

Absorptionssysteme bei Azofarbstoffen. Für die Farbe der Azofarbstoffe ist ein delokalisiertes Elektronensystem verantwortlich, das sich über die Benzolringe und die Azogruppe erstreckt.

Die Beschreibung in der Lewis-Schreibweise trifft nicht den delokalisierten Charakter des Elektronensystems, man bedient sich daher *mesomerer Grenzformeln* [B1, B2] (s. auch Kap. 5). Mit ihrer Hilfe kann man verdeutlichen, dass sich das Absorptionssystem vom Stickstoffatom der Aminogruppe bis zur Azogruppe erstreckt. In diesem Absorptionssystem ist die Aminogruppe der elektronenschiebende Teil, die Azogruppe der elektronenziehende. Auch die übrigen Atome des Moleküls können einbezogen werden, sie wirken auf dieses System, das die Hauptabsorption verursacht, ein.

B2 Mesomere Grenzformeln von Methylorange bei verschiedenen pH-Werten

pH-Abhängigkeit von Azofarbstoffen. Aufgrund des negativen Ladungsschwerpunkts an der Azogruppe sind viele Azofarbstoffe in der Lage, dort ein Proton zu addieren, in saurer Lösung also als Base zu wirken. Man nutzt diese Eigenschaft z.B. bei Methylorange [B2] aus, das als Säure-Base-Indikator dient. Durch die Anlagerung des Protons sind die Grenzformeln ähnlicher geworden, die positive Ladung ist über das gesamte Absorptionssystem verteilt. Das hat zur Folge, dass der Abstand der Energiestufen des Grundzustands und des angeregten Zustands kleiner wird. So reicht Licht größerer Wellenlänge aus, Elektronen des Systems anzuregen.

Sulfonsäuregruppen bzw. Sulfonatgruppen ($-SO_3H$ bzw. $-SO_3^-$) im Molekül tragen zur Löslichkeit des Farbstoffs in Wasser bei. Auf die Farbe haben sie kaum Einfluss, sie sind daher nicht in chromophore Systeme einzubeziehen

V1 Eine Spatelspitze Sulfanilsäure wird mit der gleichen Portion Natriumnitrit gemischt und in ca. 2 ml Wasser gelöst. Nach Zugabe von 1 ml verdünnter Salzsäure gibt man einen Tropfen des Gemisches auf einer Tüpfelplatte zu einer Lösung von etwas Phenol in Wasser sowie von wenig Naphth-2-ol in Ethanol. Die Zugabe von Natronlauge zeigt die Indikatorwirkung der gebildeten Farbstoffe.

B3 Azogruppe

B4 Anilingelb

B1 Delokalisierung bei Azofarbstoffen

Struktur und Eigenschaften von Farbstoffen **303**

Sulfonierung Reaktion, bei der eine Sulfonsäure-gruppe (— SO₃H) in ein Molekül eingebracht wird

Saltzmann-Reagenz N-(1-Naphtyl)-ethylen-diaminhydrochlorid und Sulfanilsäure gelöst in Essigsäure

Die Synthese von Azofarbstoffen erfolgt in zwei Schritten. Im ersten Schritt, der **Diazotie-rung**, werden aus einem aromatischen Amin wie z. B. Anilin oder einem Anilinderivat und Nitritionen in saurer Lösung Diazoniumionen hergestellt [B6].

B6 Diazotierung eines aromatischen Amins

Im zweiten Schritt, der **Azokupplung**, greift die Diazogruppe ein aromatisches Molekül (Kupplungskomponente) elektrophil an. An diesem wird ein H^+-Ion substituiert [B7]. Als Kupplungskomponente sind Moleküle geeignet, an deren Benzolring eine Gruppe mit +M-Effekt gebunden ist. Durch diese wird die Ladungsdichte im Ring erhöht. Derartige Stoffe, wie z. B. Phenol und Anilin (Kap. 5.8), sind besonders reaktionsfähig.

B7 Azokupplung

Die Reaktion verläuft also nach dem Mechanis-mus der elektrophilen Substitution (Kap. 5.5).

B5 4-Hydroxyazoben-zol

B8 Solvent Yellow 124, der „Euro-Marker" für Heizöl

Die Synthese eines Azofarbstoffs erfolgt in zwei Schritten: der Diazotierung und der Azo-kupplung.

Verwendung von Azofarbstoffen. Die Möglichkeit, durch **Sulfonierung** Gruppen in Farbstoffmoleküle zu bringen, die die Stoffe wasserlöslich machen, eröffnet für die Farbstoffklasse nahezu unbegrenzte Verwen-dungsmöglichkeiten. So werden wasserlös-liche Azofarbstoffe als *Indikatoren* [B2], als *Färbemittel* für Wolle und Leder und als *Lebensmittelfarbstoffe* (Kap. 9.5) eingesetzt. Als wasserunlösliche Farbstoffe dienen sie z. B. zum Anfärben von Schuhcremes. Der lipophile Azofarbstoff *Solvent Yellow 124* [B8] wird in der Europäischen Union dem Heizöl zugesetzt, damit man dieses vom höher besteuerten Dieseltreibstoff unterscheiden kann.

V2 Stickstoffdioxid bildet in Wasser in geringem Umfang auch Nitrosylkationen (NO^+). Sein Nachweis gelingt durch Bildung eines Azofarbstoffs. Ziehen Sie dazu die Verbrennungsgase z. B. einer Kerze in einen Kolbenprober, der ca. 10 ml *Saltzmann-Reagenz* enthält. Verschließen Sie den Hahn und schütteln Sie etwa 1 min lang.

A1 Der Azofarbstoff Solvent Yellow 124 [B8] kann auch noch in sehr geringen Konzen-trationen nachgewiesen werden, da er mit Wasser zu einem intensiv roten Produkt reagiert. Informieren Sie sich im Internet über diese Reaktion und vergleichen Sie diese mit der Indikatorwirkung von Methyl-orange.

A2 Aus Anilin und Phenol soll ein Azofarbstoff hergestellt werden. Nennen Sie weitere Edukte, die für die Herstellung dieses Azo-farbstoffs notwendig sind, und formulieren Sie jeweils die Reaktionsgleichungen.

A3 Versetzt man eine gelbe Lösung von 4-Hydroxyazobenzol [B5] mit Natronlauge, wird diese rot. Formulieren Sie die Reak-tionsgleichung der Reaktion des Farbstoffs mit Hydroxidionen. Erklären Sie den Farbwechsel.

304 Struktur und Eigenschaften von Farbstoffen

Triphenylmethanfarbstoffe. Bereits im Kapitel 9.2 wurde an den Farbstoffen *Patentblau V* und *Bromthymolblau* der Einfluss von elektronenschiebenden Gruppen am Chromophor gezeigt. Die beiden Farbstoffe gehören zur Farbstoffklasse der *Triphenylmethanfarbstoffe*. Die Chromophore ihrer Mitglieder enthalten als Strukturelement *drei Phenylringe*, die über ein *zentrales Kohlenstoffatom* miteinander verbunden sind. Mindestens zwei der aromatischen Ringe haben in 4-Stellung elektronenschiebende Substituenten gebunden. In einer mesomere Grenzformel trägt das zentrale Kohlenstoffatom eine positive Ladung (Kap. 9.2, B7). Wird das Absorptionssystem, das sich zwischen den beiden Gruppen befindet, unterbrochen, indem das zentrale Kohlenstoffatom vier verschiedene Substituenten trägt, wird der Stoff farblos.

So wird im *Phenolphthaleinmolekül* die Bindung zwischen zentralem Kohlenstoffatom und dem Sauerstoffatom, welche im schwach Sauren und Neutralen stabil ist, im Alkalischen gelöst [B10]. Der Stoff wird farbig. Im stark Alkalischen wird ein Hydroxidion an das zentrale Kohlenstoffatom addiert. Phenolphthalein wird farblos.

Carbonylfarbstoffe. Das allgemeine Strukturmerkmal der Carbonylfarbstoffe ist das Vorhandensein von Carbonylgruppen. Zu dieser Farbstoffklasse gehören viele natürlich

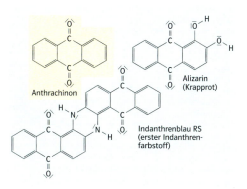

B9 Anthrachinon und davon abgeleitete Farbstoffe

vorkommende Stoffe. Auch Indigo (Kap. 9.6), der Farbstoff der Blue Jeans, ist ein Carbonylfarbstoff.

Bedeutung in der Färberei haben die Anthrachinonfarbstoffe [B9] erlangt, zu denen auch das Krapprot (Alizarin), der rote Farbstoff der Kardinalsgewänder der Renaissance, zählt. Alizarin (Kap. 9.7) wird seit 1868 synthetisch hergestellt, zuvor wurde es aus der Wurzel der Färberröte (Krapp, Rubia tinctoria) gewonnen, einer schon vor Jahrtausenden im Mittelmeerraum angebauten Pflanze. Vom Anthrachinon leiten sich die Indanthrenfarbstoffe (von **Ind**igo-**Anthr**achinon) ab, Farbstoffe mit einem großen Farbspektrum und hervorragender Wasch- und Lichtechtheit bei Baumwollfärbungen.

B11 Kristallviolett – ein Triphenylmethanfarbstoff

B12 Fluorescein

> **V3** Herstellung des Triphenylmethanfarbstoffs Fluorescein: Geben Sie in ein Reagenzglas eine Spatelspitze Phthalsäureanhydrid und gleich viel Resorcin. Fügen Sie die doppelte Menge Zinkchlorid hinzu und erhitzen Sie vorsichtig über kleiner Flamme, bis eine blutrote Schmelze entstanden ist. Lassen Sie etwas abkühlen, geben Sie etwa 3 ml verdünnte Natronlauge auf die inzwischen erstarrte Masse und schütteln Sie einige Zeit. Gießen Sie die erhaltene Lösung langsam in ein zu etwa vier Fünfteln mit Wasser gefülltes Becherglas.

B10 Phenolphthalein bei verschiedenen pH-Werten

9.5 Lebensmittelfarbstoffe

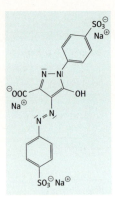

B1 Tartrazin

B3 Schokolinsen

Werden Lebensmittel industriell hergestellt, verändern sich häufig die Farben der Inhaltsstoffe im Laufe des Verarbeitungsprozesses oder der Lagerung oder gehen sogar ganz verloren. Da man auch „mit den Augen isst", machen Farbstoffe Lebensmittel meist attraktiver.

Exkurs Der ADI-Wert

Lebensmittelzusatzstoffe können, wenn sie in zu großer Menge aufgenommen werden, zu gesundheitlichen Problemen führen. Menschen nehmen immer mehr industriell bearbeitete Produkte zu sich und damit auch immer mehr und unterschiedliche Zusatzstoffe. Man hat daher einen Wertekatalog für die Lebensmittelzusatzstoffe eingeführt, der Aussagen darüber macht, wie viel eines Zusatzstoffs jemand aufnehmen kann, ohne Schaden zu erleiden.
Der ADI-Wert (**A**cceptable **D**aily **I**ntake = höchste duldbare Tagesdosis) beschreibt „diejenige Dosis eines bestimmten Stoffes in mg pro kg Körpergewicht und pro Tag, die ein Mensch lebenslang zu sich nehmen kann, ohne Schaden zu nehmen". So beträgt z. B. der ADI-Wert für Chinolingelb 10 mg/kg, für Patentblau V 15 mg/kg.
Mithilfe von Lebensmitteluntersuchungen wird die Einhaltung der Werte kontrolliert. Dazu wurde eine Höchstmenge festgelegt, die „diejenige Menge eines Stoffes in mg pro kg Lebensmittel festlegt, die in oder an Lebensmitteln nicht überschritten werden darf, sodass bei normalen Essgewohnheiten der ADI-Wert nicht erreicht bzw. überschritten wird". So darf z. B. 1 kg Pudding mit höchstens 150 mg Chinolingelb angefärbt werden.
Die Festlegung der ADI-Werte erfolgt nach Fütterungsversuchen mit Ratten. Die Dosis, die keine Auswirkungen auf die Lebensäußerungen einer „standardisierten" Ratte mehr hat, wird durch 100 geteilt und als ADI-Wert für Menschen genommen.

B2 Cochenille, ein Farbstoff, der von Weibchen der Cochenillelaus abgesondert wird, gibt oft Lippenstiften die Farbe

Farbstoffe als Lebensmittelzusatzstoffe.
Nach dem Lebensmittelgesetz können Farbstoffe als Zusatzstoffe für Lebensmittel verwendet werden, wenn sie bestimmte Bedingungen erfüllen. Sie müssen alle eine Unbedenklichkeitsprüfung bezüglich ihrer toxischen Wirkung und der Höchstmenge der täglichen Aufnahme (ADI-Wert) durchlaufen haben. Jeder Farbstoff bekommt dann eine **E-Nummer**, die ihn eindeutig charakterisiert [B4]. Man unterscheidet zwischen **natürlichen** und **synthetischen Farbstoffen**.

Natürliche Lebensmittelfarbstoffe werden vor allem für fetthaltige Lebensmittel verwendet. Sie werden überwiegend aus Pflanzen gewonnen. Anders als die synthetischen Farbstoffe sind die fettlöslichen natürlichen Farbstoffe gesundheitlich unbedenklich. So werden mit dem Farbstoff der Karotten, dem *Carotin*, z. B. Butter und Margarine angefärbt, *Capsanthin* aus Paprika kann als Färbemittel für Wurst verwendet werden.

Synthetische Lebensmittelfarbstoffe stammen aus den Farbstoffklassen der *Azofarbstoffe*, der *Triphenylmethanfarbstoffe* und der *Carbonylfarbstoffe* [B3], (Kap. 9.4). Bei ihnen waren umfangreiche Studien nötig, um die gesundheitliche Unbedenklichkeit zu gewährleisten. Viele der früher verwendeten Farbstoffe, vor allem aus der Gruppe der Azofarbstoffe, sind heute nicht mehr zugelassen, wie z. B. das *Anilingelb* (Kap. 9.4, B4). Heute wird z. B. der gelbe Azofarbstoff *Tartrazin* [B1] zum Färben von Süßigkeiten verwendet.

A1 Ein kg Schokolinsen ist mit 116 mg Chinolingelb gefärbt. Sein ADI-Wert beträgt 10 mg/kg. Berechnen Sie die Portion Schokolinsen, die ein 60 kg schwerer Mensch verzehren müsste, um den ADI-Wert zu erreichen.

A2 Ermitteln Sie eine Möglichkeit, Ostereier mit Lebensmittelfarben grün zu färben.

A3 Ermitteln Sie die für die in diesem Kapitel genannten Farbstoffe die E-Nummern [B4].

Der blaue Triphenylmethanfarbstoff *Patent-blau V* und sein Verwandter *Brilliantblau FCF* geben Süßigkeiten und Likören die blaue Farbe (siehe auch Kap. 9.2). Der Carbonylfarb-stoff *Indigotin* ist z. B. eine blaue Ostereier-farbe.

Praktikum

V1 Isolieren von Lebensmittelfarbstoffen
Geräte und Chemikalien: Bechergläser, Pinzette; weiße Wollfäden, farbige Schokolinsen, Essig-essenz bzw. Essigsäure (w = 25%), Aceton, ethanolische Ammoniaklösung (Ammoniaklsg. (w = 5%) : Ethanol = 1:4).
Durchführung:
a) Lösen Sie den farbigen Überzug von einigen gleichfarbigen Linsen mit wenig warmem Wasser ab.
b) Legen Sie einen Wollfaden, der zuvor durch Schwenken in Aceton entfettet wurde, in 10 ml Farbstofflösung, der Sie 10 Tropfen Essigessenz zugefügt haben. Erhitzen Sie bis zum Sieden. Ent-nehmen Sie den Faden nach dem Abkühlen, spülen Sie ihn und lassen Sie ihn trocknen. Für weitere Untersuchungen können Sie den Farbstoff durch Erhitzen in ethanolischer Ammoniaklösung wieder vom Wollfaden ablösen.

V2 Redoxeigenschaften eines blauen Lebens-mittelfarbstoffs
Geräte und Chemikalien: Becherglas (100 ml), Pipette; Lösung von Indigotin, Lösung von Natrium-dithionit (Reduktionsmittel).
Durchführung: Geben Sie zu ca. 10 ml der Probe-lösung tropfenweise so viel Natriumdithionit-lösung, bis diese gerade entfärbt ist. Blasen Sie anschließend Sauerstoff oder Luft durch die Lösung.
Aufgabe: Vergleichen Sie diesen Lebensmittel-farbstoff mit Indigo (Kap. 9.6). Ermitteln Sie seine Formel.

V3 Identifizieren eines Farbstoffgemisches
Geräte und Chemikalien: Filterpapier, Petrischale; Farbstifte für Ostereier.
Durchführung: Tupfen Sie mit einem Ostereierma-ler einen Farbpunkt in die Mitte eines Filterpapier-blatts. Bohren Sie mit einem zu einem Röllchen gedrehten Filterpapierstreifen ein Loch in die Mitte des Farbpunkts. Legen Sie das Filterpapier so auf eine halb mit Wasser gefüllte Petrischale, dass das Filterpapierröllchen in das Wasser taucht.

E-Nr.	Name	Farbe	Verwendungs-beispiele	Farbstoffklasse
E 100	Kurkumin	gelb	Currypulver, Desserts	natürlich (Polyen)
E 102	Tartrazin	gelb	Kekse, Pudding, Likör	Azofarbstoff
E 104	Chinolingelb	gelb	Süßwaren, Limonade	Carbonylfarbstoff
E 110	Gelborange S	orange	Süßwaren, Rote Grütze	Azofarbstoff
E 120	Cochenille	rot	Lippenstift	natürlich (Carbonylfarbstoff)
E 122	Azorubin	rot	Süßwaren, Cremespeisen	Azofarbstoff
E 124	Cochenillerot A	rot	Süßwaren, Seelachs	Azofarbstoff
E 127	Erythrosin	rot	Cocktailkirschen	Carbonylfarbstoff
E 129	Allurarot AC	rot	Süßwaren, Limonade	Azofarbstoff
E 131	Patentblau V	blau	Süßwaren, Likör	Triphenylmethan-farbstoff
E 132	Indigotin	blau	Ostereier, Süßwaren	Carbonylfarbstoff
E 133	Brilliantblau FCF	blau	Erfrischungs-getränke, Likör	Triphenylmethan-farbstoff
E 151	Brillantschwarz BN	schwarz	Süßwaren, Ka-viar	Azofarbstoff
E 160	Carotine	orange bis rot	Butter, Margarine, Käse	natürlich (Polyen)
E 161 b	Lutein, Xanthophyll	gelb	Hühnereier (über Futter), Senf, Soßen	natürlich (Polyen)
E 162	Betenrot, Betanin	rot-violett	Süßwaren, Marmelade	natürlich (ß-Cyan-farbstoff)

B4 E 100 bis E 199 sind Lebensmittelfarbstoffe

A4 Auf Verpackungen von Schokolinsen sind die E-Nummern der verwendeten Farbstoffe angegeben. Suchen Sie die entsprechenden Farbstoffe heraus und gruppieren Sie diese nach den in Kap. 9.4 besprochenen Farbstoffklassen.

Struktur und Eigenschaften von Farbstoffen **307**

9.6 Färbeverfahren

B1 Färberwaid (Isatis tinctoria)

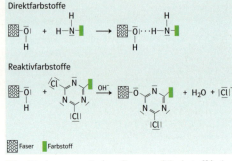

B4 Bindungen zwischen Faser und Farbstoff bei verschiedenen Färbeverfahren

B2 Indigopflanze (Indigofera tinctoria)

Im Mittelalter arbeiteten die Färber für die textilverarbeitende Handwerkerzunft. Erst später entwickelte sich eine eigene Färberzunft, wobei verschiedene Färber unterschieden wurden. Eine dieser Gruppen waren z. B. die Blaufärber, die zunächst den einheimischen Färberwaid [B1], später dann den viel teureren Indigo [B2] verarbeiteten.

Färbeverfahren. In der modernen Textilindustrie lassen sich Farbstoffe aufgrund ihres Verhaltens gegenüber der Faser verschiedenen Färbeverfahren zuordnen.

Beim **Direktfärbeverfahren** werden die in Wasser (kolloidal) löslichen Farbstoffe direkt aus der Färbeflotte auf die Faser gebracht. Sie werden dort mithilfe von Van-der-Waals-Kräften oder Wasserstoffbrücken [B4, oben] in den Zwischenräumen der Mizellen gebunden. Direktfarbstoffe sind nicht sehr waschecht.

Die **Reaktivfärbung** ist v. a. für Cellulosefasern geeignet. Das Farbstoffmolekül besteht aus einer *Farbstoff-* und einer *Reaktivkomponente*. Die Reaktivkomponente reagiert im alkalischen Milieu mit den OH-Gruppen der Cellulose unter Ausbildung von Atombindungen [B4, unten]. Dabei werden kleine Moleküle abgespalten.

Für rein synthetische Fasern, wie z. B. Polyester, wird die **Dispersionsfärbung** angewandt. Die wasserunlöslichen Farbstoffe, i. d. R. Azofarbstoffe, werden feinst zermahlen und mit Dispergiermitteln in ein Färbebad gegeben. Die hydrophoben Farbstoffpartikel diffundieren in die hydrophobe Faser hinein und bleiben dort „gefangen".

Die Synthese der Farbstoffmoleküle kann aber auch direkt auf der Faser erfolgen. Man spricht dann von **Entwicklungsfärbung**. Beispielsweise wird dieses Verfahren bei Cellulosefasern, die mit Azofarbstoffen (Kap. 9.4) gefärbt werden, angewandt. Dabei werden die Fasern zunächst mit der Kupplungskomponente getränkt. Nach dem Trocknen werden die Fasern mit der Lösung des Diazoniumsalzes behandelt. Die Azokupplung findet also direkt auf der Faser statt.

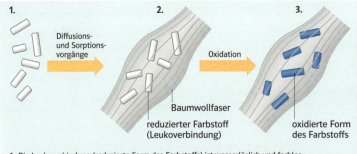

1. Die Leukoverbindung (reduzierte Form des Farbstoffs) ist wasserlöslich und farblos.
2. Die gelösten Moleküle der Leukoverbindung dringen in die Baumwollfaser ein.
3. Im Gewebe wird die Leukoverbindung zum unlöslichen Farbstoff oxidiert.

B3 Küpenfärbung mit Indigo

Küpenfärbung. Für die Küpenfärbung ist ein Färbebad nötig. In diesem Färbebad wird der zunächst *wasserunlösliche Farbstoff* mithilfe eines *Reduktionsmittels* in die *wasserlösliche Leukoverbindung* überführt. Das Gewebe, welches gefärbt werden soll, wird in die Farbstofflösung (Küpe) getaucht. Der textile Stoff wird dann zur Trocknung aufgehängt, wobei der Sauerstoff der Luft während dieser Zeit die Leukoform des Farbstoffs zur unlöslichen Form reoxidiert. Je nach Farbstoff sind auch andere Oxidationsmittel möglich. Der Farbstoff haftet so fest an der Faser. Die Farbstoffmoleküle sind an der Oberfläche der Fasermoleküle fest adsorbiert. Der bekannteste Farbstoff, der nach der Methode der Küpenfärbung auf Fasern aufgebracht wird, ist Indigo.

Indigo. Der Farbstoff, der die Grundlage für den bekanntesten Blauton bildet, wurde zunächst aus Färberwaid oder der aus Indien stammenden Indigopflanze gewonnen. Im Jahr 1800 setzte NAPOLÉON I. eine Million Francs für die Herstellung von synthetischem Indigo aus. Frankreich sollte von dem durch England beherrschten Markt mit indischem Indigo unabhängig werden. Aber erst ein Jahrhundert später gelang bei der BASF die erste großtechnische Synthese von Indigo, nachdem 1870 die Struktur durch A. v. BAEYER ermittelt worden war. Die Bedeutung der Indigosynthese stieg rasch, als 1873 von LEVI die Jeans erfunden wurde. Der für diese Hose verwendete Baumwollstoff Denim konnte sehr gut mit dem „neuen" Farbstoff eingefärbt werden.

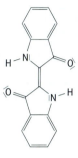

B6 Indigo – Farbstoff (links) und chemische Formel (rechts)

Indigofärbung. In der Küpe, welche alkalisch ist, wird der wasserunlösliche Indigo durch Reduktion in die wasserlösliche Form gebracht. Als Reduktionsmittel eignet sich z. B. Natriumdithionit ($Na_2S_2O_4$). Nachdem das Gewebe mit diesem Leukoindigo getränkt wurde, erfolgt die Rückoxidation zu Indigo an der Luft [B3, B5]. Allerdings ist der Farbstoff nicht abriebfest, sodass das Gewebe an den beanspruchten Stellen schnell verblasst. Daher haben die Blue Jeans ihr charakteristisches Aussehen [B7].

BASF von „Badische Anilin- & Soda-Fabrik, weltweit größter Chemiekonzern mit Hauptsitz in Ludwigshafen

A1 Erklären Sie, weshalb es nicht ein „Universalfarbmittel" für die verschiedenen Fasern, wie Baumwolle, Wolle, Polyester und Polyamid geben kann.

A2 Begründen Sie, weshalb Direktfarbstoffe nicht sehr waschecht sind.

B7 Die Farbe der Blue Jeans ist Indigo

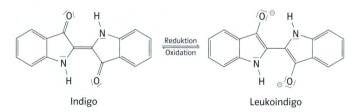

B5 Indigofärbung

9.7 Praktikum Farbstoffe und Färben

Isopren 2-Methylbuta-1,3-dien, $H_2C=CH-C=CH_2$ mit CH_3

Carotinoide sind natürlich vorkommende oder auch mikrobiologisch bzw. synthetisch herstellbare Farbstoffe, die sich vom β-Carotin ableiten [B1]. Dabei unterscheidet man reine Kohlenwasserstoffe, die **Carotine**, von sauerstoffhaltigen Derivaten des Carotins, den **Xanthophyllen**. Die Farben der Carotinoide reichen von Gelb über Orange bis Rot. Das Grundgerüst ihres Chromophors ist aus acht *Isopreneinheiten* aufgebaut. Das Polyen hat meist elf konjugierte Doppelbindungen [B1]. Carotinoide kommen u.a. als **Provitamin A** (β-Carotin) oder als Lebensmittelfarbstoffe in den Handel. Carotine dienen zum Anfärben vieler Lebensmittel, wie z.B. Margarine. Synthetisches **Astaxanthin** und **Canthaxanthin** [B1] werden dem Tierfutter zugesetzt, um z.B. bei Zuchtlachsen die typische Rotfärbung des Fleisches zu erzeugen. Füttert man Hähnchen mit Mais, so werden Haut und Fett der Hähnchen („Maishähnchen") durch das im Mais enthaltene **Zeaxanthin** [B1] gelb. Die gelbe Färbung der Maishähnchen lässt sich aber auch durch Beimischen von synthetischen Carotinoiden (z.B. Canthaxanthin) zum

Aufzuchtfutter erzeugen. Durch Extraktion und Chromatografie der gelben Farbstoffe kann man z.B. nachweisen, ob die Hähnchen wirklich mit Mais gefüttert wurden.

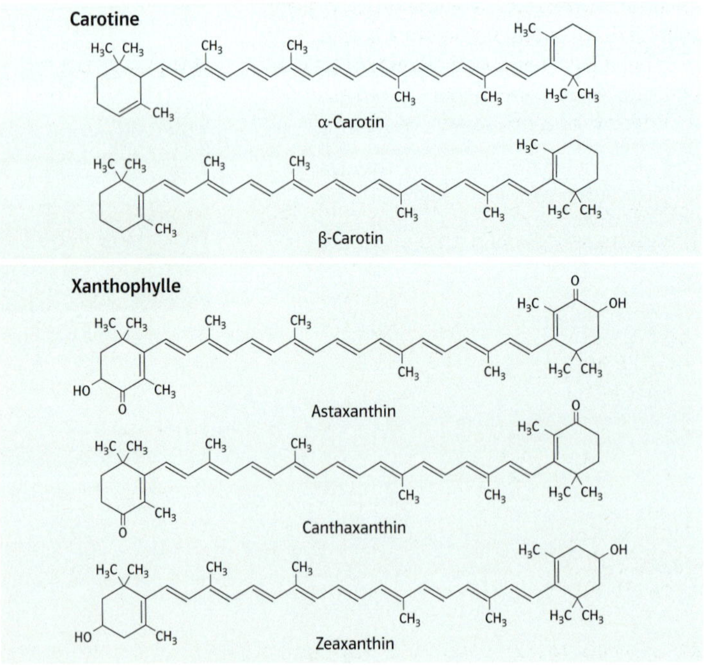

V1 Extraktion von Carotinoiden

Geräte und Chemikalien: Schere, Mixer oder Mörser mit Pistill, Spatel, Glasstab, Becherglas (100 ml), Reagenzglas mit Stopfen, carotinoidhaltige Lebensmittel (Möhren, Lachsfleisch, frischer Mais, fettarme Haut eines Maishähnchens); Seesand, Aceton, Benzin (Petrolether, Siedetemperaturbereich 60 bis 80 °C).

Durchführung:

a) Zerkleinern Sie kleine Stücke des jeweiligen Lebensmittels im Mixer oder zerreiben Sie einen Teil davon mithilfe von Seesand im Mörser zu einem Brei.

b) Verrühren Sie einen Teil des Breis im Becherglas mit etwa der doppelten Menge Aceton.

c) Dekantieren Sie etwa 5 ml der Lösung nach etwa fünf Minuten in ein Reagenzglas.

d) Geben Sie zu der Lösung maximal 1 ml Petrolether, schütteln Sie kräftig. Tropfen Sie dann so lange Wasser hinzu, bis der Farbstoff aus dem Aceton in den Petrolether überführt ist und sich oben im Reagenzglas eine klare gelbe Phase gebildet hat.

V2 Chromatografische Untersuchung der Carotinoidgemische

Geräte und Chemikalien: Dünnschichtfolie Kieselgel 60 F_{254} (ca. 5 cm x 10 cm), kleine Chromatografiekammer oder passendes Becherglas mit Aluminiumfolie zum Verschließen, feiner Pinsel, Föhn; Propan-2-ol, Benzin (Siedetemperaturbereich 100 bis 140 °C).

Durchführung:

a) Füllen Sie das Chromatografiegefäß ca. 0,5 cm hoch mit einem Gemisch aus Benzin und Propan-2-ol (Volumenverhältnis 10 : 1).

b) Tragen Sie mit dem Pinsel den Farbstoffextrakt mehrmals entlang der Startlinie (1,5 cm vom unteren Rand) auf. Trocknen Sie nach jedem Auftragen mit dem Föhn.

c) Stellen Sie die Folie in das Chromatografiegefäß, verschließen Sie dieses.

d) Bevor die Fließmittelfront den oberen Rand erreicht hat, nehmen Sie die Folie heraus.

B1 Strukturformeln einiger Carotinoide

310 Struktur und Eigenschaften von Farbstoffen

Praktikum Farbstoffe und Färben

Färben mit Naturfarbstoffen. Die Qualität einer Färbung und der erzielte Farbton werden bei Naturfarbstoffen durch *Beizen* und *Entwickeln* bestimmt. Dabei versteht man unter **Beizen** die Behandlung des Färbeguts mit einer Salzlösung, um die Farbstoffe dauerhaft an die Faser zu binden. Nach der Färbung kann die Farbe des Färbegutes durch eine weitere Behandlung mit einer anderen Salzlösung verändert werden (**Entwickeln**), wobei sich anders gefärbte Metallverbindungen bilden. Es ist allerdings auch möglich, Naturfarbstoffe ohne Vorbehandlung direkt auf die Faser aufziehen zu lassen.

V3 Färben von Wolle mit Naturfarbstoffen
Geräte und Materialien: Heizplatte, Thermometer, Glasstäbe, Waage, Bechergläser oder alter Topf, Filtriertuch.

Färbepflanzen und Färbegut: Jeweils etwa 20 g frische Kastanienblätter oder Birkenblätter, 10 g Naturwolle.

Beizlösung:
1,5 g Kaliumaluminiumsulfat in 100 ml Wasser

Entwicklerlösungen:
0,3 g Eisen(II)-sulfat in 100 ml Wasser
0,4 g Kupfer(II)-sulfat in 100 ml Wasser

Vorbereitung:
Waschen: Waschen Sie die Wolle mit Wollwasch- oder Feinwaschmittel in etwa 400 ml Wasser bei 40 °C und spülen Sie die Wolle sorgfältig mit warmem Wasser aus.

Herstellen der Färbeflotte: Bedecken Sie die klein gerupften oder zerschnittenen Blätter mit Wasser und kochen Sie diese etwa 1 h lang. (Getrocknete Blätter – man benötigt davon nur die Hälfte der Masse der frischen – werden vorher 6 h eingeweicht und dann im Einweichwasser gekocht.) Filtrieren Sie die Mischung nach dem Abkühlen durch ein Tuch, pressen Sie die Blätter gut aus (Handschuhe!).

Durchführung:
a) Beizen: Geben Sie die Beizlösung zu etwa 400 ml des auf etwa 40 °C erhitzten Wassers. Legen Sie nun die feuchte, gewaschene Wolle in die Beizlösung und erhitzen Sie langsam bis zum Sieden. Halten Sie die Temperatur 30 bis 45 min lang konstant. Nehmen Sie das Färbegut nach dem Abkühlen aus der Beizlösung und drücken Sie das Wasser aus (Handschuhe!).

b) Färben: Geben Sie die feuchte, gebeizte oder ungebeizte Wolle in etwa 400 ml der auf 40 °C erwärmten Färbeflotte. Bringen Sie die Färbeflotte langsam zum Sieden, färben Sie etwa 1 h lang. Sie können die Wolle sofort herausnehmen (z. B. für die Entwicklungsfärbung) oder sie im Färbebad erkalten lassen. Spülen Sie die Wolle anschließend in lauwarmem Wasser aus. Die gefärbte Wolle kann nun gewaschen und getrocknet werden.

c) Entwickeln: Gießen Sie die Entwicklerlösung in die noch heiße Färbeflotte. Lassen Sie diese auf 40 °C abkühlen. Legen Sie danach die vorgefärbte Wolle (gebeizt oder ungebeizt) ein und erhitzen Sie die Färbeflotte langsam zum Sieden. Halten Sie sie etwa 20 min lang bei dieser Temperatur. Nehmen Sie die gefärbte Wolle heraus, spülen Sie diese gründlich mit warmem Wasser.

Man kann durch die verschiedenen Kombinationsmöglichkeiten der Arbeitsschritte [B2] 12 verschiedene Farben erzielen.

B3 Kastanienblätter

B4 Birkenblätter

Kaliumaluminiumsulfat
Alaun, $KAl(SO_4)_2 \cdot 12\,H_2O$

Kupfer(II)-sulfat
Kupfervitriol,
$Cu(SO_4)_2 \cdot 5\,H_2O$

Eisen(II)-sulfat
$FeSO_4 \cdot 7\,H_2O$

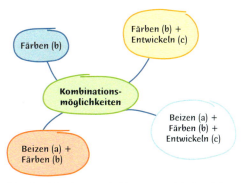

B2 Kombinationsmöglichkeiten von Arbeitsschritten beim Färben

Struktur und Eigenschaften von Farbstoffen

Praktikum Farbstoffe und Färben

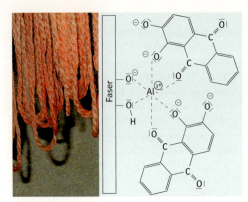

B5 Türkischrot, eine Aluminium-Alizarin-Verbindung

Alizarin (Kap. 9.4, B9), der Hauptbestandteil der beim Trocknen rot werdenden Krapp- oder Färberwurzel, bildet mit Metallionen, die hier als Vermittlersubstanz zwischen Faser und Farbstoffmolekül wirken, licht- und waschechte Färbungen. Die auf der Faser gebildeten Verbindungen („Krapplacke") sind Pigmente, die auf dem zu färbenden Gewebe besonders gut haften, da sich auch reaktionsfähige Molekülgruppen der Faser an der Bindung zum Metallion beteiligen können [B5]. So entstehen mit Aluminiumionen leuchtend rote Farbtöne.

V4 Bildung von Aluminium-Alizarin-Verbindungen (Krapplacke)

Geräte und Chemikalien: 2 Reagenzgläser, Messzylinder (10 ml), Pipette; Alizarin, Aluminiumsulfatlösung (*w* = 10 %), Natronlauge (c = 1 mol/l).

Durchführung:
Geben Sie zu einer Spatelspitze Alizarin im Reagenzglas 10 ml Wasser. Schütteln Sie, fügen Sie nun 1 ml Natronlauge hinzu. Schütteln Sie wieder, teilen Sie die Lösung in zwei Reagenzgläser auf. Geben Sie in eines der Reagenzgläser 3 ml Aluminiumsulfatlösung.

Aufgabe: Erklären Sie Ihre Beobachtungen.

V5 Beizenfärbung von Baumwolle mit Alizarin

Geräte und Chemikalien:
3 Bechergläser (250 ml), Glasstäbe, Pinzette Heizplatte, 2 Stück gewaschenes Baumwollgewebe (Baumwollnessel) je ca. 10 cm x 10 cm, Alizarin, Aluminiumsulfat, Natriumacetat.

Durchführung:
a) Beizen: Lösen Sie 1,5 g Aluminiumsulfat in 150 ml Wasser. Erhitzen Sie die Lösung zum Sieden. Legen Sie eines der Baumwollstücke hinein und halten Sie die Siedetemperatur etwa 5 min. Entnehmen Sie die Baumwollprobe mit der Pinzette und lassen sie über einem Glasstab, den Sie auf den Rand des Becherglases legen, abtropfen.

b) Färben: Stellen Sie in zwei Bechergläsern jeweils eine Suspension von 0,2 g Alizarin und 1 g Natriumacetat in 150 ml Wasser her. Erhitzen Sie diese bis zu Sieden. Legen Sie in das eine Becherglas eine unbehandelte Probe und in das andere die gebeizte Probe des Baumwollgewebes. Halten Sie die Temperatur etwa 5 min und nehmen dann den Brenner weg. Entnehmen Sie das Gewebe nach weiteren 10 min jeweils mit der Pinzette und spülen Sie es gründlich in heißem Wasser aus. Lassen Sie die gefärbten Baumwollstücke trocknen. Vergleichen Sie die Färbungen.

B6 Färberkrapp (Rubia tinctoria). Wurzelstücke (links), Pflanze mit Früchten (rechts)

Praktikum Farbstoffe und Färben

Das Färben mit **Indigo** ist eine der am weitesten verbreiteten Färbemethoden.

V6 Indigo – Synthese und Färben
Geräte und Chemikalien: Waage, Becherglas (50 ml), 2 Tropfpipetten, Thermometer, Saugflasche mit Büchnertrichter, Rundfilter, Wasserstrahlpumpe, Kristallisierschale, Pinzette, Baumwollgewebe (10 cm x 10 cm); 2-Nitrobenzaldehyd, Aceton, Natronlauge (c = 1 mol/l), Ethanol, Natriumdithionitlösung (w = 10 %).
Durchführung:
Lösen Sie 0,5 g 2-Nitrobenzaldehyd im Becherglas in ca. 4 ml Aceton. Tropfen Sie zu dieser Lösung langsam unter Schwenken des Becherglases etwa 2 ml Natronlauge. Kühlen Sie das Becherglas in kaltem Wasser in der Kristallisierschale auf Zimmertemperatur ab. Wiederholen Sie den Vorgang mit etwa 2 ml Natronlauge. Filtrieren Sie den ausgefallenen Farbstoff ab, waschen ihn zunächst einmal mit wenig Wasser, dann dreimal mit jeweils 3 bis 4 ml Ethanol.
Das trockene Farbstoffpulver können Sie mit 10 ml Natriumdithionitlösung und 10 ml Natronlauge versetzen, evtl. vom Ungelösten abgießen und auf 50 ml auffüllen. In diese Lösung geben Sie ein Stück Baumwollgewebe und erhitzen bis zum Sieden. Nach dem Abkühlen nehmen Sie das Gewebe mit der Pinzette heraus und waschen es. Trocknen vervollständigt die Färbung.

V7 Färben mit Indigo
Geräte und Chemikalien: Mörser mit Pistill, Heizplatte, Becherglas (250 ml), Thermometer, Messzylinder (10 ml), Glasstab, Tiegelzange, Baumwollgewebe oder Wolle; Indigo, Natriumdithionit, Ethanol, Natronlauge (w = 10 %).
Durchführung:
a) Herstellung der Küpe: Verreiben Sie im Mörser etwa 0,2 g Indigo mit 2 ml Ethanol und 10 ml Natronlauge. Geben Sie diese Suspension zu 100 ml Wasser von etwa 70 °C und fügen Sie ca. 1 g Natriumdithionit hinzu. Rühren Sie vorsichtig um, bis Sie eine klare (gelbe) Lösung erhalten haben.
b) Färben: Legen Sie die gewaschene Woll- oder Baumwollprobe in die Lösung.

B7 Mit Indigo gefärbte Wolle

Nehmen Sie sie frühestens nach 10 min mit der Tiegelzange heraus, waschen sie unter fließendem Wasser und lassen sie an der Luft trocknen.
c) Prüfen Sie die gefärbte Probe auf Abriebfestigkeit durch Reiben auf weißem Papier.

V8 Direktfärbung mit anionischen und kationischen Farbstoffen
Geräte und Chemikalien: 2 Glasstäbe, 2 Bechergläser (250 ml), Pinzette, Brenner mit Drahtnetz, 2 Stück gewaschenes Baumwollgewebe (Baumwollnessel) je ca. 10 cm x 10 cm; Orange II, Schwefelsäure (w = 1 %), Natriumsulfat, Kristallviolett, Natriumacetat, Essigsäure (w = 25 %).
Durchführung:
a) Anionischer Farbstoff: Lösen Sie im Becherglas 5 g Natriumacetat in 100 ml Schwefelsäure. Geben Sie dazu eine Lösung von 0,2 g Orange II in 10 ml Wasser. Legen Sie die Gewebeprobe in diese Färbeflotte und erhitzen diese zum Sieden. Lassen Sie langsam abkühlen. Entnehmen Sie die Probe nach etwa 10 min mit der Pinzette, waschen und trocknen Sie das gefärbte Gewebe.
b) Kationischer Farbstoff: (Sorgfältig arbeiten!) Lösen Sie 0,01 g Kristallviolett in 125 ml Wasser. Fügen Sie 10 ml Essigsäure und 2 g Natriumacetat hinzu. Legen Sie die Baumwollprobe in die Färbeflotte, erhitzen diese bis zum Sieden und lassen sie langsam abkühlen. Entnehmen Sie die Probe nach etwa 10 min mit der Pinzette, waschen und trocknen Sie das gefärbte Gewebe.

9.8 Durchblick Zusammenfassung und Übung

Licht
ist ein Teil des elektromagnetischen Spektrums. Es überträgt Energie in Portionen, deren Größe von der Wellenlänge abhängt:

$$E = h \cdot \nu = h \cdot \frac{c}{\lambda}$$

Farbe und Komplementärfarbe
Farbe entsteht, wenn ein Teil des sichtbaren Lichts von Stoffen absorbiert wird. Wenn der Rest des Lichts ins Auge gelangt, erzeugt er im Gehirn einen Farbeindruck.
Farbenpaare, die sich zu weißem Licht ergänzen, heißen *Komplementärfarben*.

Additive Farbmischung
Eine neue Farbe entsteht, wenn farbiges Licht aus verschiedenen Lichtquellen gemischt wird. **R**otes, **b**laues und **g**rünes Licht ergibt **weißes Licht**.

Subtraktive Farbmischung
Eine neue Farbe entsteht, wenn aus dem weißen Licht Anteile absorbiert werden. Werden **C**yan (Blaugrün), **M**agenta (Purpur) und **Y**ellow (Gelb) absorbiert, erhält man Schwarz.

Absorptionssysteme, Chromophore und Auxochrome
Moleküle mit *delokalisiertem Elektronensystem* (konjugierten Doppelbindungen) sind in der Lage, Licht zu absorbieren. Je ausgedehnter das delokalisierte Elektronensystem ist, desto größer ist die Wellenlänge des absorbierten Lichts. *Chromophore* sind Strukturteile eines Farbstoffmoleküls, die für das Zustandekommen der Farbe verantwortlich sind. Es handelt sich dabei immer um Gruppen mit Mehrfachbindungen. Im *Absorptionssystem* können weitere Gruppen, die mesomere Effekte auf den Chromophor ausüben, eine Verschiebung der Hauptabsorption zu größeren Wellenlängen bewirken. Sie heißen *Auxochrome*.

Azofarbstoffe
erhält man durch **Diazotierung** (Erzeugen eines Diazoniumions) und **Azokupplung** (Elektrophile Substitution am Aromaten durch das Diazoniumion).

Gruppe	Strukturelement
Polyene	ausschließlich doppelt gebundene C-Atome
Triphenylmethanfarbstoffe	zentrales C-Atom mit drei Phenylringen
Azofarbstoffe	Azogruppe, N=N, die zwei aromatische Systeme verbindet
Carbonylfarbstoffe	Moleküle mit C=O-Gruppen

B2 Vier wichtige Farbstoffklassen

Färbeverfahren
Man unterscheidet Direktfärbung, Reaktivfärbung, Dispersionsfärbung, Entwicklungsfärbung und Küpenfärbung.

Säure-Base-Indikatoren
Farbstoffe können als *Säure-Base-Indikatoren* verwendet werden, wenn sich durch Protonierung oder Deprotonierung eines Teils des Absorptionssystems die Lage der Hauptabsorption verändert. Der Farbstoff hat also im Sauren und im Alkalischen jeweils eine andere Farbe.

A1 Bei der Synthese von Azofarbstoffen setzt man Aromaten ein, die Gruppen mit +M-Effekt am Phenylring gebunden haben. Wird Phenol als Kupplungskomponente eingesetzt, begünstigt ein alkalisches Milieu die Reaktion. Erläutern Sie diese Sachverhalte.

A2 Optische Aufheller sind Farbstoffe, die UV-Licht absorbieren und die absorbierte Energie als blauviolettes Licht wieder abgeben, sie fluoreszieren (Kap. 8.13). Man verwendet sie, um z. B. Baumwolltextilien oder Papier, die eine gelbliche Grundfarbe haben, weißer erscheinen zu lassen. Waschmitteln zugesetzt, ziehen sie beim Waschen auf die Faser direkt auf. Früher wurde Wäsche „gebläut", d. h. nach dem Waschen mit einem blauen Farbstoff, dem Wäscheblau, behandelt. Allerdings wurde die Wäsche nur grauweiß. Erklären Sie, warum beim Einsatz optischer Aufheller kein Grauton entsteht.

B1 Wäscheblau, zu Aufgabe 2

▶ Erweiterung

10 Instrumentelle Analytik

Täglich werden weltweit ca. 12 000 neue Verbindungen hergestellt und registriert. Wie kann man sicher sein, dass es sich wirklich um neue Verbindungen handelt? Es ist notwendig, diese eindeutig zu charakterisieren. Diese Aufgabe wäre ohne eine Vielzahl von leistungsfähigen analytischen Methoden nicht zu bewältigen.

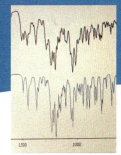

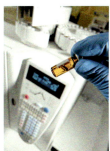

■ Noch vor 100 Jahren war die Analyse einer neuen Verbindung mühselig: Über eine Elementaranalyse musste die Zusammensetzung des Stoffes ermittelt, anschließend die Molekülmasse bestimmt werden.

■ Heute bieten hoch spezialisierte Fachleute der instrumentellen Analytik mit Hightech-Geräten für jedes Charakterisierungsproblem eine maßgeschneiderte Lösung an.

■ In vielen Labors, in denen präparativ gearbeitet wird, finden sich heute „handliche", einfach zu bedienende Massenspektrometer. Auch ein eigenes Röntgendiffraktometer gehört oft zur Standardausstattung.

■ Für eine Medikamentenzulassung sind Reinheitsgarantien absolut notwendig. Für Lebensmittelkontrollen benötigt man eine immer ausgefeiltere Spurenanalytik. Bei Dopingkontrollen muss man immer wieder neue Stoffe nachweisen können.

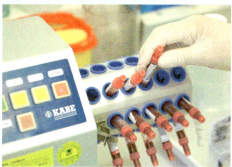

10.1 Gaschromatografie

Chromatografie von griech. chroma, Farbe und graphein, schreiben. Die Namensgebung rührt von der ursprünglichen Verwendung dieses Verfahrens zur Trennung von Blattfarbstoffen

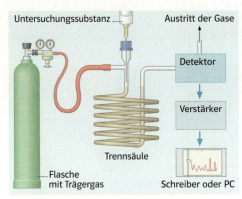

B2 Apparatur zur Gaschromatografie (schematisch). Auftrennung von Feuerzeuggas

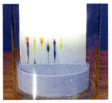

B1 Papierchromatografie

Chromatografische Methoden. Bei jeder der zahlreichen chromatografischen Methoden erfolgt die Trennung mithilfe zweier nicht mischbarer Phasen, wobei eine Phase unbeweglich ist (*stationäre Phase*) und die andere Phase an ihr vorbeiströmt (*mobile Phase*).
Trägt man beispielsweise auf ein Filterpapier Punkte mit unterschiedlichen Filzschreibern auf und hängt das Papier in Wasser, so erkennt man deutlich die Auftrennung des Gemisches in die einzelnen Farbstoffe [B1]. Bei dieser *Papierchromatografie* ist von den Cellulosefasern des Papiers adsorbiertes Wasser die stationäre Phase und Wasser die mobile Phase (*Fließmittel*).

Physikalische Grundlagen. Die Ursache für alle chromatografischen Trennungen sind die unterschiedlichen Wechselwirkungen der einzelnen Komponenten eines Gemisches mit den beiden Phasen. Die Bindung an die feste stationäre Phase erfolgt durch *Adsorption*. Oft haftet jedoch auf der festen Phase ein Flüssigkeitsfilm, in dem sich Substanzen lösen können. Dann ist die *Verteilung* einer Komponente zwischen den beiden Phasen entscheidend.

Die Teilchen verbleiben nicht an bzw. in der stationären Phase, sie gehen in die mobile Phase über, werden durch diese weitertransportiert und an einer anderen Stelle wieder von der stationären Phase festgehalten. Der Übergang von einer Phase in die andere Phase ist also umkehrbar und wiederholt sich immer wieder. Teilchen der einzelnen Komponenten werden aufgrund ihrer unterschiedlichen Struktur verschieden stark von der stationären Phase gebunden und haben daher unterschiedliche Wanderungsgeschwindigkeiten, was eine Trennung der Komponenten ermöglicht.

Gaschromatografie. Substanzproben, die mithilfe instrumentell-analytischer Verfahren identifiziert werden sollen, sind in der Regel unterschiedlich komplexe *Stoffgemische*. So besteht beispielsweise Feuerzeuggas aus einem verflüssigten Gemisch einiger gasförmiger Alkane, während ein Duftstoff meist zahlreiche komplexere Substanzen enthält. Ein Verfahren, mit dem sich derartige Gemische schnell und schonend trennen lassen, ist die *Gaschromatografie*. Die besondere Bedeutung der Gaschromatografie liegt in der sehr großen *Trennleistung*. Die erforderlichen Probenmengen sind zum einen relativ klein, zum anderen können auch Gemische getrennt werden, die aus Komponenten mit sehr ähnlichen Eigenschaften bestehen. Das Gaschromatogramm eines Feuerzeuggases mit den einzelnen zugeordneten Peaks zeigt B3. Wie ist es nun möglich, die einzelnen Komponenten des Gasgemisches zu trennen und zu identifizieren?

Vorgehensweise bei der Gaschromatografie. Ein Gaschromatograf besteht aus einem dünnen Rohr (z. B. aus Glas von 10 bis 200 m lang), das aus Gründen der Platzersparnis meist gewendelt ist [B2]. In diesem Rohr befindet sich in der Regel ein feinkörniges Pulver, dessen Oberfläche meist mit einem dünnen Film einer schwer flüchtigen Flüssigkeit bedeckt ist (*stationäre Phase*). Da in diesem Rohr die Trennung der Bestandteile des zuvor injizierten Stoffgemisches erfolgt, wird es als **Trennsäule** [B5] bezeichnet. Bei dieser Art der Chromatografie wird als mobile Phase meist Helium oder Stickstoff eingesetzt, die mit den zu trennenden Stoffen nicht reagieren.
Dieses **Trägergas** (*mobile Phase*) transportiert oder „trägt" das gasförmige Stoffgemisch. Die einzelnen, in der Säule getrennten Komponenten können mithilfe eines **Wärmeleitfähig-**

316 Instrumentelle Analytik

Gaschromatografie

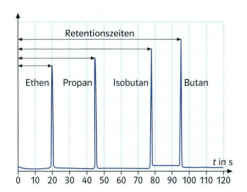

B3 Gaschromatogramm eines Feuerzeuggases

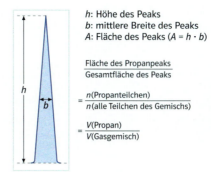

h: Höhe des Peaks
b: mittlere Breite des Peaks
A: Fläche des Peaks ($A = h \cdot b$)

$$\frac{\text{Fläche des Propanpeaks}}{\text{Gesamtfläche des Peaks}}$$

$$= \frac{n(\text{Propanteilchen})}{n(\text{alle Teilchen des Gemischs})}$$

$$= \frac{V(\text{Propan})}{V(\text{Gasgemisch})}$$

B4 Berechnung des Volumenanteils einer Komponente aus den Peakflächen in einem Gaschromatogramm (Ausschnitt aus B2, Peak 2)

Retention von lat. retentio, das Zurückhalten

Inertgas Gas, das unter normalen Bedingungen nicht oder nur in sehr geringem Maße mit anderen Stoffen reagiert

keitsdetektors nachgewiesen werden. Dieser spricht auf die unterschiedliche Wärmeleitfähigkeit des reinen Trägergases und des mit den Stoffen vermischten Gases an. Die Änderung dieser Größe zeigt den Austritt einer Komponente aus der Säule an. Die Änderung der Wärmeleitfähigkeit wird gemessen und als Peak aufgezeichnet [B3]. Die erhaltene **Retentionszeit** (t_R), d.h. die Zeit von der Injektion bis zur Detektion, ist eine charakteristische Größe der Substanz und kann zu ihrer Identifizierung herangezogen werden.

Gaschromatogramme liefern auch Informationen über die **quantitative** Zusammensetzung eines Substanzgemisches, da die Fläche unter einem Peak proportional zur Stoffmenge der zugehörigen Komponente ist [B4].
Diese Tatsache ist auch bei der Identifizierung einer Komponente wichtig, so kann zu dem zu trennenden Stoffgemisch noch ein Reinstoff gegeben werden, von dem man vermutet, dass er Bestandteil des Gemisches ist. Im Chromatogramm erscheint dann die Peakfläche vergrößert.
Die Trennsäule eines Gaschromatografen kann auch beheizt werden, sodass sich auch flüssige und feste Stoffgemische trennen und identifizieren lassen, sofern ihre Komponenten unzersetzt verdampfbar sind.
Zur Identifizierung und Strukturermittlung der verschiedenen Komponenten werden meist andere Spektrometer (z.B. Massenspektrometer, Kap. 10.2) nachgeschaltet.

A1 In die Trennsäule eines Gaschromatografen werden 4 ml Feuerzeuggas gedrückt. Die Gesamtfläche der Peaks beträgt 2 cm², die Fläche des „Propan-Peaks" 0,8 cm². Berechnen Sie den Volumenanteil des Propans in diesem Feuerzeuggas.

A2 Nennen Sie zwei experimentelle Bedingungen, welche die Aufnahme eines Gaschromatogramms beeinflussen.

V1 a) Man drückt eine kleine Gasportion aus einer Feuerzeuggaspatrone in die Trennsäule eines Gaschromatografen und erstellt ein Chromatogramm.
b) Man wiederholt den Versuch (a) und gibt zu dem Feuerzeuggas Butan.

V2 Ein Apfel wird in zwei Hälften geschnitten und zum Reifen in ein Glasgefäß gegeben, welches über einen PVC-Schlauch mit Hahn und Kolbenprober verbunden und dicht verschlossen ist. Wenn sich nach einiger Zeit der Kolbenprober mit Gas gefüllt hat, entnimmt man mit einer Spritze eine Probe und untersucht diese im Gaschromatografen. Man wiederholt die Entnahme und Untersuchung zu verschiedenen Zeitpunkten.
a) Recherchieren Sie, welche Gase beim Reifen von Früchten entstehen.
b) Versuchen Sie mithilfe von Vergleichsgasen verschiedene Reifegase zu identifizieren.

B5 Trennsäule

Instrumentelle Analytik   317

10.2 Massenspektrometrie

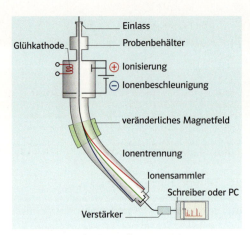

B1 Schematische Darstellung eines Massenspektrometers

Die Massenspektrometrie (MS) ist ein aufwändiges, aber effizientes Analyseverfahren zur genauen Bestimmung von **Molekül-** und **Atommassen**. Durch die Möglichkeit der Identifizierung von Molekülbruchstücken (Fragmenten) dient sie – besonders in Kombination mit anderen Verfahren – als effiziente Methode zur **Strukturaufklärung** und **Identifizierung** von Verbindungen. Dabei verwendet man umfangreiche Bibliotheken von Massenspektren als Hilfsmittel.

Das Prinzip der massenspektrometrischen Untersuchung. Eine Stoffprobe wird im Hochvakuum (ca. 10^{-4} Pa) verdampft und durch eine Düse in eine **Ionisationskammer** geführt [B1]. Dort stoßen die Moleküle oder Atome mit Elektronen zusammen, die aus einem aufgeheizten Draht (Glühkathode) austreten. Dieser Prozess führt zum „Herausschlagen" von Elektronen (Stoßionisation):

Beispiel: $CH_4 + e^- \longrightarrow CH_4^+ + 2\,e^-$

Da die Energien der schnell fliegenden Elektronen größer sind als die Ionisationsenergien der Atome in den Molekülen und auch größer als viele Bindungsenergien, werden in den Teilchen meist auch Bindungen gespalten, wobei Molekülbruchstücke entstehen. Diesen Vorgang nennt man **Fragmentierung**.

Wie können die Massen der Fragmente detektiert werden? Alle entstandenen, positiv geladenen Ionen werden nun in einem *elektrischen Feld* beschleunigt und in einem *Magnetfeld* abgelenkt. Dabei hängt die Stärke der Ablenkung von der *Masse* (m) eines Teilchens, seiner *Ladung* (q) und der *Stärke des Magnetfeldes* ab. Je kleiner die Masse des Teilchens und je größer dessen Ladung, desto größer ist die Ablenkung. Da meist nur einfach geladene Ionen gebildet werden, ist die Ablenkung eines Teilchens in einem Magnetfeld nur von seiner Masse abhängig. Durch Veränderung der Magnetfeldstärke kann man Teilchen unterschiedlicher Masse auf die gleiche Kreisbahn bringen und nacheinander durch den Austrittsspalt auf einen **Ionensammler** auftreffen lassen. Dadurch werden elektrische Signale (Peaks) erzeugt, deren Intensität proportional zum Ionenstrom ist.

Massenspektren werden zur übersichtlichen Darstellung als *Strichspektren* [B2] wiedergegeben. Auf der Abszisse findet man die Massen und auf der Ordinate wird die zugehörige relative Häufigkeit einer Teilchenart aufgetragen, wobei der Peak mit der höchsten Intensität willkürlich gleich 100 % gesetzt wird.

Die detektierten Fragmente sind typisch für die jeweiligen Moleküle bzw. Molekülteile. Mithilfe von Computern können die aufgenommenen Spektren mit bekannten, in Datenbanken (Bibliotheken) gespeicherten Spektren verglichen und somit letztendlich die Moleküle identifiziert werden.

A1 Die massenspektrometrische Untersuchung einer Chlorprobe zeigt bei 35 u ein Signal mit der Intensität 100 % und bei 37 u ein Signal mit der Intensität 32 %. Berechnen Sie das Anzahlverhältnis $N(^{35}Cl) : N(^{37}Cl)$.

A2 Berechnen Sie die Molekülmasse von Amphetamin und geben Sie Molekülfragmente für einzelne Peaks des Massenspektrums in B4 an.

318 Instrumentelle Analytik

Fragmentierung und Signalzuordnung. Im Massenspektrum des Ethanols findet man den Peak der höchsten Masse bei 46 u, was dem der Masse des Molekülions ($C_2H_5OH^+$) entspricht. Das Auftreten des intensivsten Peaks bei 31 u ist charakteristisch für primäre Hydroxylgruppen. Er entspricht der Masse des CH_2OH^+-Ions, welches durch einen C—C-Bindungsbruch entstanden ist. Der Peak bei 15 u ist typisch für das CH_3^+-Ion. Fragmente können sich auch zu neuen Molekülionen vereinigen (z. B. kann sich aus einem H^+-Ion und der OH^--Gruppe eines Ethanolmoleküls ein H_2O^+-Ion (18 u) bilden). Signale, die um 1 u unter- oder oberhalb eines Fragmentmoleküls mit hoher Intensität liegen, sind meist Molekülionen, die ein H-Atom weniger oder mehr als dieses aufweisen. Bei geringerer Intensität kann es sich auch um Isotopengemische handeln.

Die GC/MS-Methode. Meistens hat man es in der analytischen Chemie, beispielsweise in der Umwelt- oder Dopinganalytik, nicht mit Reinstoffen, sondern mit komplexen Stoffgemischen zu tun. Daher müssen die einzelnen Verbindungen, z. B. die einer Dopingprobe, zunächst voneinander getrennt werden. Dies kann beispielsweise mithilfe chromatografischer Verfahren erfolgen. Anschließend können die einzelnen Komponenten im Massenspektrometer untersucht werden. Mit Unterstützung von Computern kann so in sehr kurzer Zeit eine vermutete Substanz in einer Probe identifiziert und über die Peakhöhen auch quantifiziert werden. Die Kopplung von Gaschromatografie (GC, Kap. 10.1) mit anschließender Massenspektrometrie (MS) nennt man **GC/MS-Methode**. Sie ist heute ein wichtiges Verfahren in vielen Bereichen der analytischen Chemie, das häufig zum Einsatz kommt. B3 zeigt ein GC/MS-Chromatogramm eines Standardgemisches verschiedener Stimulanzien. Peak 2 kann mithilfe des Massenspektrums in B4 dem Stimulans *Amphetamin* zugeordnet werden.

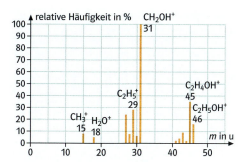

B2 Massenspektrum von Ethanol

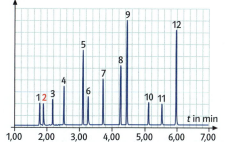

B3 Gaschromatogramm eines Stimulanziengemisches

1 Heptaminol
2 Amphetamin
3 Metamphetamin
4 Dimetamphetamin
5 Nikotin (nicht verboten)
6 Ephedrin
7 Phenmetrazin
8 Nikethamid
9 Pentetrazol
10 Fencamfamin
11 Interner Standard
12 Coffein (nicht verboten)

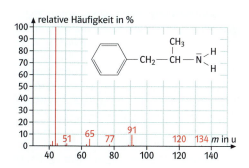

B4 Massenspektrum des Amphetamins (Peak 2 in B3)

Amphetamin (alpha-Methylphenethylamin, auch „Speed"): synthetische stimulierende Droge. (Amphetamin ist die Stammverbindung der gleichnamigen Strukturklasse). Handel und Besitz sind in Deutschland strafbar

A3 Nennen Sie Beispiele für unterschiedliche Molekülfragmente mit gleicher Masse.

Instrumentelle Analytik

10.3 Kolorimetrie und Fotometrie

B1 Aufbau eines Teststäbchens (links), Farbkarte zu einem Nitrat-Teststäbchen (rechts)

Mit Teststäbchen lässt sich eine Grobeinschätzung der Konzentration einer Lösung vornehmen. Im Folgenden werden verschiedene Verfahren dargestellt, die dazu dienen, sehr kleine Konzentrationen zu bestimmen.

Kolorimetrie. Eine wässrige Kupfer(II)-sulfat-Lösung ist blau. Ihre Farbintensität hängt von der Kupfer(II)-sulfat-Konzentration ab. Diese kann durch einen Farbintensitätsvergleich mit Kupfer(II)-sulfat-Lösungen bekannter Konzentrationen bestimmt werden. *Farblose Lösungen* müssen bei der Kolorimetrie durch geeignete Reaktionen mit *Nachweislösungen* in farbige Lösungen überführt werden. In den im Handel erhältlichen Testsets befinden sich in der Regel diese Nachweislösungen und Messgefäße. Zum Farbvergleich dienen Farbkarten [B2], die das Herstellen der Vergleichslösungen ersparen und haltbarer sind. Bei diesem Verfahren hängt jedoch die Bestimmung immer vom Farbempfinden der Untersuchenden ab. Die Kolorimetrie findet z. B. bei der *Wasseranalyse* Anwendung. Eine objektive Bestimmung ermöglicht die **Fotometrie**. Dabei wird die **Intensität** des Lichts einer bestimmten Farbe durch eine Messung bestimmt. Vor der Vorstellung dieses Verfahrens ist es sinnvoll, sich mit dem Zustandekommen der Farbe eines Stoffes zu beschäftigen.

Farbe und Licht. Beobachtet man einen Regenbogen, so stellt man fest, dass das Sonnenlicht von Rot bis Violett spektral zerlegt wurde. Es gibt auch infrarotes und ultraviolettes Licht. Dieses können wir mit den Augen allerdings nicht wahrnehmen, da wir keine Sinneszellen dafür besitzen. Das menschliche Auge registriert nur einen sehr kleinen Teil der gesamten elektromagnetischen Strahlung. Es ist der Bereich der Wellenlängen von $\lambda = 380\,nm$ bis $\lambda = 750\,nm$ [B3].

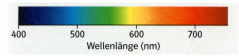

B3 Spektralfarben und Wellenlängen des sichtbaren Spektrums

Gelangt dieses sichtbare Licht mit hinreichender Intensität ins Auge, so werden dem Gehirn Signale übermittelt, die zu Farbeindrücken führen. Im Wesentlichen wird zwischen den Farben *Rot, Orange, Gelb, Grün, Blau* und *Violett* unterschieden. Alle Farben zusammen ergeben bei richtigem Mischungsverhältnis den Eindruck Weiß (additive Farbmischung). Wird aber sichtbares Licht einer bestimmten Wellenlänge oder eines Wellenlängenbereichs von einem Stoff absorbiert, so ergibt der Rest des weißen Lichts eine neue Mischfarbe, die **Komplementärfarbe** [B4], der Stoff ist farbig. Kupfer(II)-Ionen, die von Wasser- oder Ammoniakmolekülen umhüllt sind, absorbieren z. B. gelboranges Licht [B5], eine Kupfer(II)-sulfat-Lösung erscheint deshalb blau.

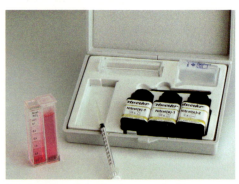

B2 Kolorimetrische Bestimmung der Nitratkonzentration

B4 Farben und Komplementärfarben (Kap. 9.1)

320 Instrumentelle Analytik

Kolorimetrie und Fotometrie

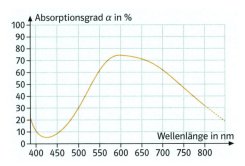

B5 Das Absorptionsspektrum einer ammoniakalischen Kupfer(II)-sulfat-Lösung $c(Cu^{2+}) = 0{,}01\,mol/l$

Fotometrie. In der *Fotometrie* werden mithilfe des sichtbaren Lichts die Konzentrationen von farbigen Lösungen bestimmt. Zunächst wird der Wellenlängenbereich des Lichts bestimmt, das von den Molekülen oder Ionen einer Lösung absorbiert wird.

Licht nur einer Wellenlänge oder eines sehr engen Wellenlängenbereichs bezeichnet man als **monochromatisches Licht**. Bestrahlt man die Lösung mit monochromatischem Licht, so hängt das Ausmaß der Absorption im Wesentlichen von drei Faktoren ab: der *Art der in der Lösung vorliegenden Teilchen*, ihrer *Konzentration* und der *Schichtdicke*.

Transmissionsgrad und Absorptionsgrad.
Nach Max Planck und Albert Einstein kann die *elektromagnetische Strahlung* als ein *Strom von Energieportionen* (*Photonen*) beschrieben werden. Somit kann man sich einen Strahl *monochromatischen Lichts* als einen *Strom von Photonen gleicher Energie* vorstellen. Tritt ein Lichtstrahl in die Lösung ein, so können die Photonen absorbiert werden, wenn sie auf die Teilchen der Lösung treffen. Es ist offensichtlich, dass der in eine Lösung eintretende Photonenstrom umso mehr geschwächt wird, je *höher die Konzentration* der absorbierenden Teilchen *und je größer der Weg* (Schichtdicke) ist, den der Photonenstrom durch die Lösung zurücklegt.

Ein Photonenstrom kann z. B. mit einer *Fotozelle* gemessen werden. Um das Ausmaß der Absorption zu erfassen, betrachtet man den **Transmissionsgrad** (Durchlässigkeitsgrad) τ oder den **Absorptionsgrad** α.
Der *Transmissionsgrad* ist der Anteil der Strahlung, der nicht absorbiert, also von der Probe durchgelassen wird [B6].

$$\tau = \frac{I_{tr}}{I_0}$$

τ: Transmissionsgrad
I_{tr}: Intensität des durchgelassenen Lichts
I_0: Intensität des eingestrahlten Lichts

B6 I_0 und I_{tr}

Der Zahlenwert des Transmissionsgrades τ liegt zwischen 0 und 1 und wird häufig auch in Prozent angegeben. $\tau = 0{,}4$ oder $40\,\%$ bedeutet, dass $40\,\%$ des eingestrahlten Lichts von der Probe durchgelassen werden.

V1 Aufnahme einer Absorptionskurve: Pipettieren Sie 10 ml Kupfer(II)-sulfat-Lösung ($c = 0{,}1\,mol/l$) in einen 100-ml-Messkolben, fügen Sie 15 ml einer Ammoniaklösung mit $w = 5\,\%$ zu und füllen mit dest. Wasser auf 100 ml auf. **a)** Bestimmen Sie mit einem Fotometer [B9] den Transmissionsgrad und die Extinktion dieser ammoniakalischen Kupfer(II)-sulfat-Lösung bei verschiedenen Wellenlängen. **b)** Ermitteln Sie aus dem Transmissionsgrad auch den Absorptionsgrad und tragen Sie die Messwerte in eine Tabelle ein. **d)** Werten Sie die Tabelle grafisch aus, indem Sie den Transmissionsgrad, den Absorptionsgrad bzw. die Extinktion in Abhängigkeit von der Wellenlänge darstellen.

A1 Geben Sie die Farbe einer Lösung an, die rotes Licht absorbiert.

monochromatisch von griech. monos, eins und griech. chroma, Farbe

Transmission von lat. transmittere, hindurchschicken

τ griechischer Buchstabe Tau

Instrumentelle Analytik 321

Kolorimetrie und Fotometrie

Der *Absorptionsgrad* α ist der Quotient aus der Intensität des absorbierten Lichts und der Intensität des eingestrahlten Lichts.

$$\alpha = \frac{I_{abs}}{I_0}$$

α : Absorptionsgrad
I_{abs}: Intensität des absorbierten Lichts

Entsprechend der Überlegungen zum Transmissionsgrad kann für den Absorptionsgrad festgestellt werden, dass er angibt, welcher Anteil der eingestrahlten Photonen absorbiert wird.
Auch der Zahlenwert von α liegt zwischen 0 und 1. Wie der Transmissionsgrad wird auch der Absorptionsgrad häufig in Prozent angegeben.

Aus dem Transmissionsgrad kann der Absorptionsgrad berechnet werden und umgekehrt: α = 1 − τ. Denn der Anteil α an absorbierten Photonen und der Anteil τ an durchgelassenen Photonen müssen zusammen 100 % ergeben, also: α + τ = 1.

Bei der Konzentrationsbestimmung wird mit dem Fotometer [B9] zweimal gemessen:
1. Bei der *Referenzmessung* (Vergleichsmessung) wird das Licht nur durch das Lösungsmittel oder eine Vergleichsprobe geschickt und der Messwert auf 1 eingestellt.

2. Die „wirkliche Messung" erfolgt bei den gleichen Bedingungen (Lichtquelle, Probenbehälter, Lösungsmittel, Strahlungsempfänger) wie die Referenzmessung, jedoch mit der zu untersuchenden Lösung.

V2 Abhängigkeit der Extinktion von der Konzentration: Stellen Sie ammoniakalische Kupfer(II)-sulfat-Lösungen der Konzentrationen $c(Cu^{2+})$ = 0,02 mol/l; 0,01 mol/l; 0,005 mol/l; 0,0025 mol/l; 0,0012 mol/l her. Messen Sie die Extinktionen bei einer Wellenlänge des folgenden Bereichs: 560 nm ≤ λ ≤ 620 nm.
a) Tragen Sie die Extinktionen in Abhängigkeit von den Konzentrationen in ein Koordinatensystem ein.
b) Bestimmen Sie grafisch den Extinktionskoeffizienten ε.
c) Berechnen Sie die Extinktion einer Kupfer(II)-sulfat-Lösung der Konzentration $c(Cu^{2+})$ = 0,004 mol/l.

A2 Die Extinktion einer Kaliumpermanganatlösung der Konzentration $c(KMnO_4)$ = $2 \cdot 10^{-3}$ mol/l beträgt E = 0,64, die einer Kaliumpermanganatlösung unbekannter Konzentration E = 0,44. Die Messungen erfolgten unter gleichen Bedingungen. Berechnen Sie die unbekannte Konzentration.

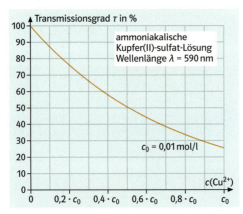

B7 Der Transmissionsgrad nimmt exponentiell mit der Konzentration ab

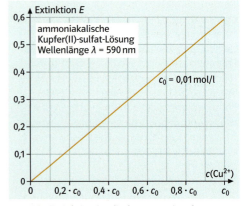

B8 Die Extinktion ist direkt proportional zur Konzentration

Kolorimetrie und Fotometrie

Extinktion. B7 zeigt, dass der Transmissionsgrad exponentiell mit der Konzentration abnimmt. In der Praxis ist es sinnvoll, eine Messgröße zu haben, die *linear* mit der Konzentration zusammenhängt. Man wählt deshalb anstelle des Transmissionsgrades den mit −1 multiplizierten dekadischen Logarithmus von τ, die **Extinktion** E [B8]:

$$E = -\lg \tau = -\lg \frac{I_{tr}}{I_0} = \lg \frac{I_0}{I_{tr}}$$

Die Extinktion ist eine dimensionslose Größe.

Auch für die Abhängigkeit des Transmissionsgrades τ von der Schichtdicke d (bei gleicher Konzentration c) ergibt sich ein exponentieller Zusammenhang. Somit folgt, dass die Extinktion E der Konzentration c und der Schichtdicke d direkt proportional ist:

$E \sim c$ und $E \sim d$.

Zusammengefasst ergibt sich damit, dass die Extinktion E direkt proportional zum Produkt aus c und d ist.

$E \sim c \cdot d$ oder $E = \varepsilon \cdot c \cdot d$

E: Extinktion
ε: molarer dekadischer Extinktionskoeffizient
d: Schichtdicke
c: Konzentration

Der *Proportionalitätsfaktor* heißt **Extinktionskoeffizient** ε. Er hängt von der Wellenlänge des verwendeten Lichtes und vom absorbierenden Stoff ab. Dieses Gesetz wird nach dem Physiker Johann Heinrich Lambert und dem Mathematiker August Beer, die die aufgezeigten Zusammenhänge zwischen der Konzentration, der Schichtdicke und der Absorption bzw. Extinktion erkannten, als **Lambert-Beer-Gesetz** bezeichnet.

Bei konstanter Schichtdicke ist die Extinktion der Konzentration einer Lösung direkt proportional: $E \sim c$.

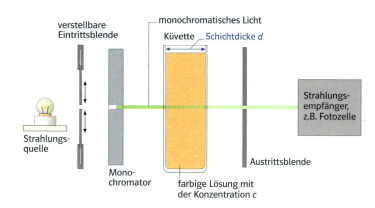

B9 Schematischer Aufbau eines Fotometers

In der Praxis bedeutet „konstante Schichtdicke", dass man in einer Messreihe immer die gleiche Küvette [B9, B10] verwendet. Lichtverluste durch Reflexion an den Gefäßwänden oder durch das Lösungsmittel spielen keine Rolle, weil das Licht auch durch die Küvette mit dem reinen Lösungsmittel geschickt wird (Referenzmessung).

Aus der Extinktion kann die Konzentration des untersuchten Stoffes der Probelösung durch den Vergleich mit selbst gemessenen Werten von Lösungen bekannter Konzentration ermittelt werden. Für viele Routinemessungen gibt es Vergleichskurven, die z. B. von dem Hersteller eines Fotometers geliefert werden.

Die Proportionalität zwischen der Extinktion E und der Konzentration c gilt streng nur in *verdünnten Lösungen* ($c < 10^{-2}$ mol/l).

Die Fotometrie spielt auch in der Medizin eine Rolle. Beispielsweise kann der Bilirubingehalt des Blutes eines Neugeborenen fotometrisch untersucht werden. Erhöhte Bilirubinwerte sprechen dafür, dass eine Gelbsucht vorliegt.

A3 Berechnen Sie den Anteil des Lichts, den eine mit dem Fotometer untersuchte Probe durchlässt bzw. absorbiert, wenn als Extinktionen $E = 1{,}0$ und $E = 2{,}0$ gemessen werden.

ε Epsilon

Extinktion von lat. ex(s)tingere, auslöschen. Gilt als Maß für die Absorption

Küvette Probenbehälter, der bei der Fotometrie verwendet wird

Bilirubin Abbauprodukt des Hämoglobins

B10 Verschiedene Küvetten

10.4 Infrarotspektroskopie

$\tilde{v} = \frac{1}{\lambda} = \frac{v}{c}$

$\tilde{v}$: Wellenzahl,
λ: Wellenlänge,
v: Frequenz,
c: Lichtgeschwindigkeit
h: Planck-Konstante
$E = h \cdot v$
$\Rightarrow \tilde{v} = \frac{1}{h \cdot c} \cdot E$
d.h. $\tilde{v} \sim E$

B1 Zusammenhang zwischen Wellenzahl, Wellenlänge, Frequenz und Energie

starke Feder
kleine Massen

Schwingung
hoher Frequenz

schwache Feder
große Massen

Schwingung
niedriger Frequenz

B3 Die Frequenz der Schwingung hängt von der Masse und der Federstärke ab

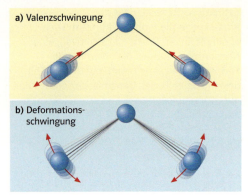

a) Valenzschwingung

b) Deformationsschwingung

B4 Schwingungsformen eines Moleküls aus drei Atomen

Eine häufig eingesetzte Methode zur Strukturbestimmung von Molekülen und Identifizierung von Verbindungen ist die **Infrarotspektroskopie**. Sie untersucht die Absorption von infraroter Strahlung (IR-Strahlung) durch gasförmige, flüssige und feste Stoffe.

Typische IR-Spektren zeigt B2. Man erkennt deutlich, dass die Spektren zweier in ihrem Aufbau nur geringfügig unterschiedlicher Moleküle einige Differenzen aufweisen.

Dies deutet den großen praktischen Nutzen der IR-Spektroskopie an. Wie kann diese Tatsache erklärt werden, d.h., wie kommen diese charakteristischen Spektren zustande?

Grundlagen der Infrarotspektroskopie.
Bei der Absorption von IR-Strahlung werden in Molekülen *Schwingungen* angeregt. Die einfachsten Molekülschwingungen können mit zwei schwingenden Kugeln, die durch eine Feder verbunden sind, verglichen werden. Diese schwingen mit einer ganz charakteristischen Frequenz, der sogenannten *Eigenfrequenz*, welche nur von der **Masse der Atome** (Kugeln) und der **Bindungsstärke** (Federhärte) abhängt. Je kürzer und stärker die Bindung ist und je kleiner die Atommassen sind, umso größer ist die Schwingungsfrequenz [B3]. Dies bedeutet wiederum, dass die Frequenz und damit die Energie des Lichtes, welches die Moleküle zu Schwingungen anregt, größer ist [B1].

Propanal

① (C–H)-Valenzschwingungen der CH$_3$- und CH$_2$-Gruppe
② (C=O)-Valenzschwingung
③ (C–H)-Deformationsschwingungen

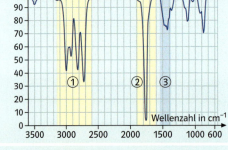

Propanon

① (C–H)-Valenzschwingungen der CH$_3$-Gruppen
② (C=O)-Valenzschwingung
③ (C–H)-Deformationsschwingungen

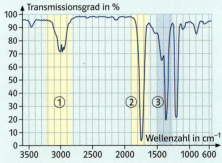

B2 IR-Spektren der Isomere Propanal (oben) und Propanon (unten) im gasförmigen Zustand

A1 Beschreiben Sie die Lage der Absorptionsbanden der Kohlenstoffatom-Kohlenstoffatom-Bindungen (Einfach-, Doppel- und Dreifachbindungen) im IR-Spektrum und geben Sie eine Erklärung für die unterschiedliche Lage.

324 Instrumentelle Analytik

Infrarotspektroskopie

In mehratomigen Molekülen können neben **Valenzschwingungen** (**Streckschwingungen**) [B4a], bei denen die **Bindungslängen** periodisch verkürzt und verlängert werden, auch **Deformationsschwingungen** auftreten, bei denen die **Bindungswinkel** verändert werden [B4b].

Auswertung eines IR-Spektrums. Die Eigenfrequenzen für die Schwingungen bestimmter Atomgruppen hängen kaum vom Rest des Moleküls ab. Aufgrund der unterschiedlichen Massen und Bindungslängen der beteiligten Atome bzw. Atomgruppen liegen in einem IR-Spektrum daher die Absorptionsbanden für bestimmte funktionelle Gruppen in einem für diese charakteristischen Frequenz- bzw. Wellenzahlbereich [B7]. Vergleicht man die Spektren in B2 im Bereich unterhalb von 1500 cm^{-1} dem sogenannten **Fingerprintbereich**, so erkennt man auch hier deutliche Unterschiede.

Aufnahme eines IR-Spektrums. Ein IR-Spektrum wird mit einem Doppelstrahlspektrometer aufgenommen [B6]. Die Strahlungsquelle, meist ein elektrisch aufgeheizter

1. Atomgruppen, z. B. C—C-, C—H-, O—H-Gruppen, absorbieren IR-Strahlung in einem bestimmten Frequenz- bzw. Wellenzahlbereich weitgehend unabhängig von benachbarten Atomen im Molekül.
2. Atomgruppen ähnlicher Massen absorbieren auch IR-Strahlung etwa gleicher Frequenzen und damit des gleichen Wellenzahlbereichs. Bei deutlich größerer Masse eines Bindungspartners einer Atomgruppe verschiebt sich die Absorption zu IR-Strahlung niedrigerer Frequenzen bzw. Wellenzahlen [B7].
3. Die Wellenzahl der Strahlung zur Anregung einer Schwingung steigt mit der Bindungsstärke. So absorbieren C≡C-Dreifachbindungen IR-Strahlung höherer Wellenzahlen als C=C-Doppelbindungen und C—C-Einfachbindungen [B7].
4. Deformationsschwingungen werden bei niedrigeren Wellenzahlen angeregt als Valenzschwingungen.

B5 Regeln der Zuordnung von Absorptionsbanden zu Atomgruppen

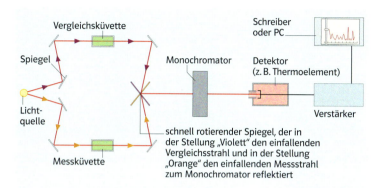

B6 Schematische Darstellung des Aufbaus eines Doppelstrahlspektrometers

Zirconiumoxid- oder Siliciumcarbidstab, gibt infrarote Strahlung ab. Diese wird mithilfe von Spiegeln in zwei Strahlen geteilt, von denen der eine, der Messstrahl, durch die zu untersuchende Substanz geht, während der andere, der Vergleichsstrahl, unbeeinflusst bleibt. Die beiden Strahlen werden wieder zusammengeführt und gelangen abwechselnd auf einen Monochromator (Prisma), der die Strahlung nach Wellenzahlen zerlegt. Bei Wellenzahlen, bei denen die IR-Strahlung zur Anregung von Schwingungen führt, wird die *Transmission* (Durchlässigkeit, Kap. 10.3) vermindert. Ein Detektor vergleicht für jede Wellenzahl die Intensität des Messstrahls I_{Tr} durch die Probe mit der Intensität des Vergleichsstrahls I_0. In IR-Spektren wird die Transmission τ gegen die Wellenlänge oder gegen deren Kehrwert, die *Wellenzahl* $\tilde{\nu}$ aufgetragen [B6]. Die Spektren erstrecken sich meist über einen Wellenzahlbereich von 400 cm^{-1} bis 4000 cm^{-1}.

Fingerprintbereich Unterhalb von 1500 cm^{-1} (rechts im Spektrum) werden nicht mehr einzelne Atome zu Schwingungen angeregt, sondern ganze Molekülteile. Eine genaue Zuordnung der Banden ist meist nicht mehr möglich. Der Bereich ist jedoch für die *Identifizierung* und *Reinheitsprüfung* von Verbindungen sehr wichtig

Spektrenbibliotheken sind umfangreiche Datenbanken mit Spektren verschiedenster Moleküle. Sie erleichtern die Identifizierung von Verbindungen

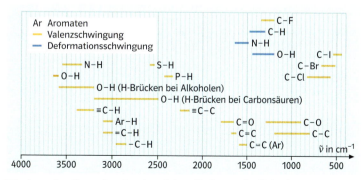

B7 Lage der Absoprtionsbanden einiger Bindungen im IR-Spektrum

Instrumentelle Analytik **325**

10.5 NMR-Spektroskopie

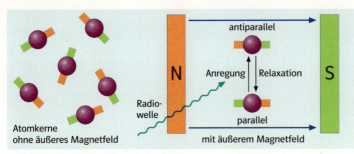

B1 Anregung und Relaxation von Atomkernen im NMR-Spektrometer

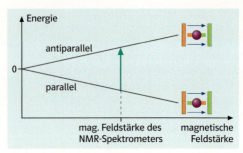

B4 Magnetische Feldstärke und Energiedifferenz

NMR-Spektroskopie von engl. **n**uclear **m**agnetic **r**esonance **s**pectroscopy, kernmagnetische Resonanzspektroskopie

Geeignete Atomkerne für die NMR-Spektroskopie müssen eine ungerade Nukleonenanzahl (Summe Protonen *und* Neutronen) haben. Beispiele: ^{12}C gibt keine NMR-Signale, ^{13}C und ^{1}H geben Signale

Chemische Verschiebung

$\delta = \dfrac{\nu_{Probe} - \nu_{Standard}}{\nu_{Standard}} \cdot 10^6 \, ppm$

Die **Skala** der chemischen Verschiebungen geht i. d. R. von rechts nach links. Die **Standardsubstanz** Tetramethylsilan (TMS, Si(CH$_3$)$_4$) absorbiert bei einer besonders niedrigen Frequenz ν. Daher sind die chemischen Verschiebungen δ der organischen Verbindungen i. d. R. positiv

Die NMR-Spektroskopie ist eines der wichtigsten Verfahren zur Strukturaufklärung. Fast jede neu hergestellte Verbindung wird NMR-spektroskopisch untersucht.

Prinzip der NMR-Spektroskopie. Bestimmte Atomkerne verhalten sich ähnlich wie kleine Stabmagnete. Sie können sich **parallel** oder **antiparallel** zu einem äußeren Magnetfeld ausrichten. Dabei ist die parallele Ausrichtung energieärmer als die antiparallele [B1]. Je größer die Feldstärke des Magnetfelds, desto größer ist die Energiedifferenz zwischen paralleler und antiparalleler Ausrichtung der Atomkerne [B4]. Bei gängigen Magneten entspricht die Energiedifferenz der Energie von Radiowellen.

Mit einem **NMR-Spektrometer** bestimmt man die Energiedifferenz zwischen den beiden Ausrichtungen. Dazu strahlt man Radiowellen verschiedener Frequenzen ein und untersucht, welche Frequenzen von den Atomkernen des untersuchten Stoffs absorbiert (aufgenommen) werden. Bei Resonanz, d. h. bei der passenden Radiowellenfrequenz, gibt die Ausgabeeinheit ein Signal (Peak) aus [B8].

In einem starken Magnetfeld richten sich bestimmte Atomkerne aus. Bei Energiezufuhr durch Radiowellen gehen die Atomkerne von der parallelen zur antiparallelen Ausrichtung über.

Für die NMR-Spektroskopie organischer Moleküle sind die Isotope ^{1}H und ^{13}C am wichtigsten. Im Folgenden wird die häufiger angewandte ^{1}H-NMR-Spektroskopie beschrieben.

^{1}H-NMR-Spektroskopie. Die Resonanzfrequenz ν von Protonen (^{1}H-Atomkernen) ist nicht nur abhängig von der *magnetischen Feldstärke*, sondern auch von ihrer *elektronischen Umgebung*, vor allem von den Elektronen im selben Molekül. **Chemisch äquivalente Protonen**, d. h. ^{1}H-Atomkerne mit gleicher elektronischer Umgebung, haben die gleiche Resonanzfrequenz [B2, B3].

```
 a       a
CH₃-O-CH₃        (1 Signal)

 a     b
CH₃-CH₂-Cl       (2 Signale)

 a    b    a
CH₃-CHBr-CH₃    (2 Signale)
```

B2 Chemisch äquivalente Protonen in drei Molekülen

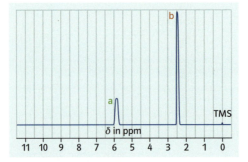

B3 ^{1}H-NMR-Spektrum von 1,1-Dibromethan (niedrige Auflösung)

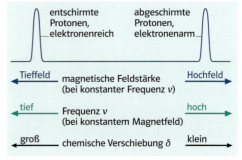

B5 Position der Signale in einem NMR-Spektrum

326 Instrumentelle Analytik

NMR-Spektroskopie

Verbindung	Elektronegativität	δ in ppm
CH₃-I	2,5	2,16
CH₃-Br	2,8	2,70
CH₃-Cl	3,0	3,05
CH₃-F	4,0	4,25

B6 Chemische Verschiebungen δ der Methyl-Protonen in Abhängigkeit vom Substituenten

Im NMR-Spektrum gibt man nicht die Resonanzfrequenz an, sondern die **chemische Verschiebung δ**. Diese wird relativ zum Signal einer **Standardsubstanz** (meist Tetramethylsilan) in der Einheit **ppm** angegeben. Die chemische Verschiebung der Standardsubstanz ist definitionsgemäß 0 ppm. Durch Angabe der chemischen Verschiebung statt der Frequenz sind Spektren unterschiedlicher Geräte miteinander vergleichbar. In organischen Verbindungen liegt die chemische Verschiebung i. d. R. zwischen 0 und 12 ppm.

Betrag der chemischen Verschiebung. Die Elektronenhülle eines Atoms bewirkt eine **Abschirmung** des angelegten Magnetfeldes, d. h., dieses kann nicht mehr so stark auf den Atomkern wirken. Wird die Elektronenhülle eines Protons durch elektronegative Atome abgezogen, wird die Abschirmung schwächer. Das am Proton wirksame Magnetfeld ist also etwas stärker, das Proton ist **entschirmt**. Um Resonanz zu erreichen, müssen die eingestrahlten Radiowellen folglich eine höhere Frequenz haben als bei einem abgeschirmten Proton. Das Signal eines entschirmten Protons hat damit eine größere chemische Verschiebung [B5, B6]. Je näher sich ein Proton an einem elektronegativen Substituenten befindet, desto größer ist folglich seine chemische Verschiebung [B9].

Die **Aufspaltung der Signale** liefert weitere Informationen über die Struktur der untersuchten Verbindung. Die Resonanzfrequenz eines Protons wird in kleinerem Umfang auch vom Magnetfeld der benachbarten Protonen beeinflusst. Durch diese **Spin-Spin-Kopplung** wird das Signal aufgespalten. Die Aufspaltung hängt von der Anzahl der benachbarten Protonen ab, die zum betrachteten Proton *nicht* äquivalent sind: n benachbarte Protonen führen zu $n+1$ Signalen. Im 1,1-Dibromethan-Spektrum [B7] wird das Signal der CH₃-Gruppe durch das Proton der benachbarten CH-Gruppe zu einem **Dublett** aufgespalten. Das Signal der CH-Gruppe wird durch die drei Protonen der CH₃-Gruppe zu einem **Quartett** aufgespalten.

Die **Magnetresonanztomografie (MRT)** ist eine medizinische Diagnosemethode. Sie beruht auf dem gleichen Prinzip wie die NMR-Spektroskopie. Man strahlt im Magnetfeld kurze Impulse von Radiowellen in den menschlichen Körper ein und untersucht dann die Radiowellen, die von den Protonen des Wassers des Körpergewebes bei der Relaxation abgestrahlt werden. Die Geschwindigkeit der Relaxation und die Intensität des Signals hängen von der Gewebeart ab. Mithilfe eines Computers werden die Signale zu Schichtbildern oder dreidimensionalen Bildern aufbereitet [B10].

Verbindung	δ in ppm
CH₃-Cl	3,05
CH₃-CH₂-Cl	1,42
CH₃(-CH₂)₃-Cl	1,04
CH₃(-CH₂)₆-Cl	0,90

B9 Chemische Verschiebungen δ der Methyl-Protonen je nach Abstand zu einer Chlorogruppe

Signalaufspaltung
Singulett: keine Aufsp.
Dublett: zweifach
Triplett: dreifach
Quartett: vierfach

Kernspintomografie
Die Magnetresonanztomografie wird auch als Kernspintomografie bezeichnet

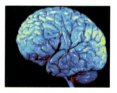

B10 Dreidimensionale Abbildung eines menschlichen Gehirns durch MRT

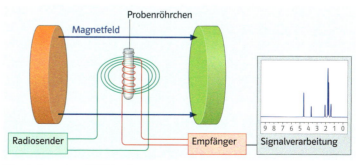

B7 ¹H-NMR-Spektrum von 1,1-Dibromethan (hohe Auflösung)

B8 Aufbau eines NMR-Spektrometers

Instrumentelle Analytik

10.6 Röntgenstrukturanalyse

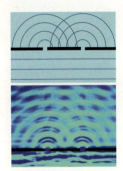

B1 Beugung von Wasserwellen an einem Doppelspalt

Beugung allgemein: Ablenkung von Wellen an einem Hindernis

Picometer $1\,pm = 10^{-12}\,m$
Nanometer $1\,nm = 10^{-9}\,m$

Besitzt der Chemiker ein besonderes Interesse am räumlichen Aufbau einer Verbindung, so ist die **Röntgenstrukturanalyse** die Methode der Wahl.

Das Prinzip der Röntgenstrukturanalyse. Ein winzig kleiner Kristall der zu untersuchenden Substanz wird mit Röntgenstrahlen beschossen. Was beim Bestrahlen der Kristalle mit Röntgenstrahlen geschieht, lässt sich am einfachsten anhand einer Analogie verstehen: Trifft eine Wasserwelle auf eine regelmäßige Reihe von Spalten, bildet sich hinter den Spalten eine neue Reihe von Wellen, die sich an einigen Stellen verstärken, an anderen aber auslöschen (Interferenz) [B1]. Warum verwendet man Röntgenstrahlen?

Die Wellenlänge der Röntgenstrahlung liegt in der Größenordnung der Atomabstände im Kristall (1 pm bis 10 nm). Nur bei dieser Gegebenheit tritt Beugung auf. Ähnliches läuft bei der Röntgenstrukturanalyse ab. Die Röntgenstrahlen werden durch die regelmäßige Anordnung der Elektronen der Atome im Kristallgitter **gebeugt** und man erhält auch hier ein Beugungsmuster. In diesem steckt eine Vielzahl von Informationen: Man erkennt etwa eine gewisse Symmetrie der Beugungsmaxima, welche die Symmetrie der Kristalle widerspiegelt. Die wichtigste Information steckt jedoch in der **Intensität der Beugungsmaxima**: Über komplizierte mathematische Verfahren kann man nämlich von den Intensitäten auf die zugrunde liegende **Elektronendichteverteilung** im Kristall zurückrechnen. Dabei erhält man Elektronendichtemaxima, die sich als **Atompositionen** interpretieren lassen. Moderne Computerprogramme ermöglichen es, die Informationen aus diesen dreidimensionalen Atomkoordinaten anschaulich zu visualisieren. Beispielsweise können mithilfe der gewonnenen Daten Molekülmodelle erstellt werden [B2]. Zudem hat man über diese Programme Zugriff auf die **Bindungslängen** und die **Bindungswinkel** zwischen Atomen.

Diffraktometer. Mit einem Diffraktometer werden die Beugungsdaten für die Röntgenstrukturanalyse aufgenommen. Ein modernes Gerät zur Untersuchung von Kristallen mit Röntgenstrahlung ist in B3 zu sehen: links die **Röntgenröhre** (**a**), in der Mitte der in alle Raumrichtungen drehbare **Kristall** (**b**), rechts die **Detektoreinheit** (**c**); von oben ragt eine **Tieftemperaturdüse** herein (**d**), die den Kristall zur Minimierung von thermischer Bewegung der Atome mit einem Strahl verdampfenden Stickstoffs umgibt.

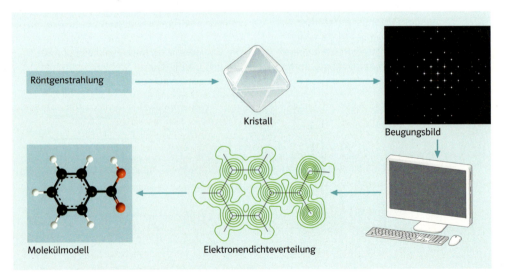

B2 Schema des Ablaufs einer Röntgenstrukturanalyse

Röntgenstrukturanalyse

Für welche Stoffe ist die Methode geeignet?
Die Röntgenstrukturanalyse ist auf *kristalline Feststoffe* als Untersuchungssubstanz angewiesen. Man spricht daher auch von Kristallstrukturanalyse. Allerdings gelingt es durch geeignete Wahl der Untersuchungsbedingungen (z. B. Tieftemperaturmessungen) beinahe jeden Reinstoff in Form von ganz regelmäßigen Kristallen (Einkristallen) zu gewinnen und mithilfe eines Diffraktometers zu vermessen. Selbst große Biomoleküle wie Proteine lassen sich kristallisieren.

Erkenntnisgewinn. Durch Bestimmung der räumlichen Struktur lassen sich Isomere zuordnen und insbesondere auch Stereoisomere unterscheiden. Gleichzeitig können aus Bindungslängen und Bindungswinkeln wertvolle Informationen über die Bindungszustände im Molekül erhalten werden, etwa über Mesomerieeffekte [B5].

Bei großen Verbindungen mit mehreren tausend Atomen wie Proteinen reicht häufig die Auflösung der Messung nicht aus, um die Elektronendichte auf atomarer Ebene [B4] abzubilden. Erkennbar sind bei guten Messdaten aber die Aminosäureketten sowie die Sekundär- und Tertiärstrukturelemente. Die dreidimensionale Struktur der Proteine lässt sich übersichtlich in Bänderdarstellungen wiedergeben, wie sie etwa in Kapitel 4.23 zu sehen sind. Dank der Kenntnisse über die räumliche Struktur von Proteinen hat man wertvolle Informationen über biochemische Vorgänge gewinnen können.

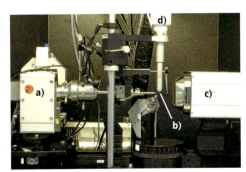

B3 Modernes Diffraktometer

In der modernen *Pharmaforschung* ist die Nutzung von Röntgenstrukturanalyseergebnissen nicht mehr wegzudenken. Erst die Kenntnis der dreidimensionalen Struktur von Substrat-Bindungsstellen an Enzymen (Kap. 4.27 und 4.28) ermöglicht die Entwicklung von passgenauen Wirkstoffen.

A1 Deuten Sie die Bindungslänge der C—C-Bindung im Benzol im Vergleich zu Cyclohexan und Cyclohexen [B5].

A2 Erklären Sie die Bindungslänge der C—O-Bindung in Ethansäure im Vergleich zu der von Ethanol und Ethanal [B5].

A3 Informieren Sie sich über die Schritte bei der Entwicklung eines modernen Arzneimittels und geben Sie an, welche Rolle die Strukturaufklärung dabei spielt.

V1 Modellversuch zur Beugung von elektromagnetischen Strahlen: Wie Röntgenstrahlen an einem Kristallgitter, so können auch die langwelligeren Lichtstrahlen an einem Gitter gebeugt werden. Man sieht dann ein sog. Beugungsmuster, das die Anordnung der Gitterpunkte widerspiegelt. Als Gitter kann eine Gardine, ein Taschentuch oder ein auf Folie kopiertes Gitter, z. B. aus dem Internet dienen, als punktförmige Lichtquelle eine Kerzenflamme oder eine kleine Glühlampe. Es kommt hier auf das Größenverhältnis an: Je größer die Lichtquelle bzw. je gröber das Gitter, desto größer muss der Beobachtungsabstand sein. Bei Benutzung des Laserpointers: Vorsicht! Nicht in die Lichtquelle oder auf den reflektierten Strahl (z. B. durch die CD) sehen; den Laser nicht auf andere Personen richten! **a)** Beobachten Sie eine punktförmige Lichtquelle aus einem Abstand von 6 bis 10 Metern durch ein Gitter. Drehen Sie das Gitter. Beschreiben Sie die Beugungsmuster. **b)** Leuchten Sie mit einem Laserpointer durch ein Gitter, indem Sie die Lichtquelle direkt hinter das Gitter halten. Beobachten Sie das Beugungsmuster auf einer Leinwand. **c)** Strahlen Sie mit einem Laserpointer auf eine CD. Beobachten Sie das reflektierte Beugungsmuster auf einer Leinwand. Info: Auf der CD befinden sich sog. Pits (Kap. 6.7).

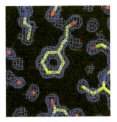

B4 Die Seitenkette der Aminosäure Phenylalanin in einer Proteinstruktur (die Gitternetzlinien beschreiben Flächen konstanter Elektronendichte)

Bindungstyp	Bindungslänge in pm
C—C im Cyclohexan	153
C=C in Cyclohexen	134
C⚌C in Benzol	139
C—O in Ethanol	142
C=O in Ethanal	115
C=O in Ethansäure	121

B5 Bindungslängen verschiedener Bindungstypen

Instrumentelle Analytik

10.7 Durchblick Zusammenfassung und Übung

Die instrumentelle Analytik umfasst Methoden der *Stofftrennung* und *Identifizierung bekannter Moleküle*, der *Konzentrationsbestimmung*, sowie der *Strukturaufklärung unbekannter* *Moleküle*. Insbesondere durch die Kombination verschiedener Methoden wird die instrumentelle Analytik sehr effizient und leistungsstark (vgl. A1 und A2).

Methode	Kurzbeschreibung	Funktion in der Analytik
Gaschromatografie (GC)	Analysenmethode zur Untersuchung der Zusammensetzung von komplizierten Gasgemischen oder verdampfbaren Stoffgemischen. Die Methode beruht auf der unterschiedlichen Verteilung der einzelnen Stoffe zwischen stationärer (Trennsäule) und mobiler Phase (Gasstrom). Im Anschluss an die Auftrennung in die verschiedenen Komponenten erfolgt meist eine Identifizierung vermuteter bzw. bekannter Stoffe.	Stofftrennung, Identifizierung, Reinheitsprüfung
Kolorimetrie	Die Kolorimetrie erlaubt die Konzentrationsbestimmung von Lösungen lichtabsorbierender Stoffe. Dies geschieht durch einen visuellen Farbvergleich der Probelösung mit einer Lösung der gleichen Stoffe bekannter Konzentration.	Konzentrationsbestimmung
Fotometrie	Genauere Methode, bei der die Intensität des Lichtes, das in eine Lösung eines Stoffes eingestrahlt wird mit der Intensität des Lichtes, das von der Lösung ungehindert durchgelassen wird, verglichen wird. Dies geschieht meist mithilfe einer Fotozelle.	Konzentrationsbestimmung
Massenspektrometrie (MS)	Analysenverfahren, das eine sehr genaue Bestimmung der Massen von Atomen und Molekülen ermöglicht. Der zu untersuchende Stoff wird dazu verdampft und seine Moleküle werden ionisiert und fragmentiert (in Bruchstücke zerlegt) und anschließend mithilfe eines veränderlichen Magnetfeldes nach Massen getrennt. Der Vergleich des so erhaltenen Massenspektrums z.B. mit solchen in Spektrenbibliotheken ermöglicht eine effiziente Strukturaufklärung, auch von komplizierten Verbindungen.	Identifizierung, Strukturaufklärung unbekannter Substanzen
GC/MS-Methode	Bei der GC/MS-Methode geht der eigentlichen massenspektrometrischen Untersuchung die Trennung eines Stoffgemisches mittels Gaschromatografie voraus.	Stofftrennung und Strukturaufklärung unbekannter Substanzen
Infrarotspektroskopie (IR)	Analysenverfahren, das auf der Anregung von Molekülschwingungen mit IR-Licht beruht. Die Absorptionsbanden lassen sich meist einzelnen Atomgruppen zuordnen. Daher wird diese Methode oft in Kombination mit anderen Methoden wie (MS oder NMR) zur Strukturaufklärung unbekannter Stoffe genutzt. Häufig werden auch Identifizierungen mithilfe von Referenzspektren (z.B. zur Reaktionskontrolle) durchgeführt.	Identifizierung, Strukturaufklärung unbekannter Substanzen
Röntgenstrukturanalyse	Ein Verfahren zur Bestimmung des räumlichen Aufbaus einer Verbindung durch Beugung von Röntgenstrahlung am Kristallgitter dieser Verbindung. Aus dem Beugungsmuster lassen sich mithilfe komplizierter mathematischer Methoden die Elektronendichteverteilungen berechnen und daraus die Atompositionen bestimmen.	Strukturaufklärung unbekannter Substanzen, insbesondere für den räumlichen Aufbau (auch für sehr große Moleküle wie z.B. Proteinstrukturen)
NMR-Spektroskopie	Ein spektroskopisches Verfahren zur Strukturaufklärung insbesondere von organischen Molekülen. Es beruht auf der Absorption von Radiowellen zwischen Energieniveaus, die bestimmte Atomkerne in äußeren Magnetfeldern einnehmen. Die NMR-Methode liefert Informationen über die chemische (elektronische) Umgebung einzelner Atome, wodurch eine Typisierung z.B. aller Wasserstoffatome vorgenommen werden kann.	Identifizierung, Strukturaufklärung unbekannter Substanzen

B1 Verschiedene instrumentelle Analysenmethoden der Chemie im Überblick

330 Instrumentelle Analytik

Durchblick Zusammenfassung und Übung

A1 Der **¹³C-NMR-Spektroskopie** liegen im Wesentlichen die gleichen Prinzipien zugrunde wie der ¹H-NMR-Spektroskopie. Der Frequenzbereich der Radiowellen wird hier so gewählt, dass er zur Resonanz der Atomkerne des Kohlenstoffisotops ¹³C passt.
Natürlicher Kohlenstoff enthält Stoffmengenanteile von 1,1 % ¹³C und 98,9 % ¹²C. Die ¹²C-Atomkerne richten sich im Magnetfeld nicht aus. Wegen des kleinen ¹³C-Anteils ist die Wahrscheinlichkeit gering, dass sich zwei benachbarte ¹³C-Atomkerne im selben Molekül befinden. Die Signale werden daher durch benachbarte C-Atomkerne nicht aufgespalten. Wie bei der ¹H-NMR-Spektroskopie führen elektronenziehende Substituenten zu einer Entschirmung und damit zu einer großen chemischen Verschiebung.
B2 zeigt die ¹³C-NMR-Spektren dreier isomerer Verbindungen: Butan-2-ol, 2-Methylpropan-1-ol und Diethylether ($CH_3CH_2OCH_2CH_3$).
a) Ordnen Sie die Spektren den Verbindungen zu. Begründen Sie Ihre Zuordnung mit der Anzahl der Peaks.
b) Ordnen Sie in allen drei Spektren den Peak mit der größten chemischen Verschiebung dem entsprechenden ¹³C-Atomkern der jeweiligen Verbindung zu.

A2 Jedes NMR-Signal, das einem bestimmten Wasserstoffatomtyp zugeordnet werden kann, lässt auch Aussagen über die Anzahl dieser äquivalenten Wasserstoffatome zu, da die Peakfläche eines NMR-Signals proportional zur Zahl dieser Atome ist (quantitative Auswertung von ¹H-NMR-Spektren). Die Fläche wird vom Spektrometer meist automatisch durch Integration berechnet und z. B. als Signalkurve in das Spektrum eingezeichnet. Die roten Zahlen über den verschiedenen Peaks in den NMR-Spektren von B4 geben das Wasserstoffatomanzahlverhältnis wieder.

Zeichnen Sie die Strukturformeln für alle nicht cyclischen Isomere der Summenformel $C_4H_{10}O$. B4 zeigt die ¹H-NMR-, Massen- und IR-Spektren für drei der sieben möglichen Isomere (A, B, C). Ordnen Sie die Spektren den drei Verbindungen zu und begründen Sie ausführlich Ihre Zuordnung. Verwenden Sie dazu die B3 (für die ¹H-NMR-Spektren) sowie B7 aus Kap. 10.4 (für die IR-Spektren).

¹H-Breitbandentkopplung
Durch Spin-Spin-Kopplung der ¹³C-Atomkerne mit ¹H-Atomkernen werden die ¹³C-Signale aufgespalten. Dies kann zur Überlappung von Signalen mit ähnlicher chemischer Verschiebung führen.
Bei der ¹H-Breitbandentkopplung verhindert man die Spin-Spin-Kopplung, indem man zusätzlich Radiowellen mit hoher Intensität im Bereich der ¹H-Atomkerne einstrahlt. Dadurch sind die ¹³C-NMR-Spektren einfach zu interpetieren

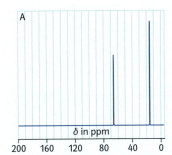
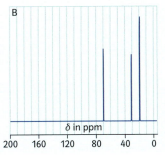
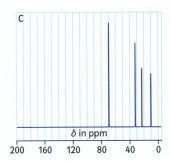

B2 ¹³C-NMR-Spektren von Butan-2-ol, 2-Methylpropan-1-ol und Diethylether (alle mit ¹H-Breitbandentkopplung)

Instrumentelle Analytik

Durchblick Zusammenfassung und Übung

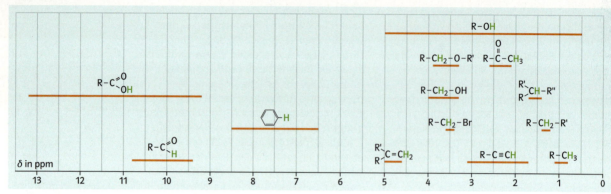

B3 Typische Bereiche chemischer Verschiebungen δ in ¹H-NMR-Spektren

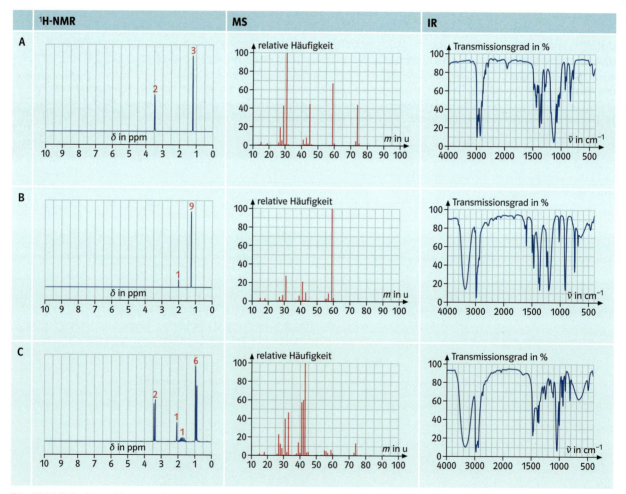

B4 ¹H-NMR-Spektren, Massenspektren und IR-Spektren; zu Aufgabe 2

Basiskonzepte

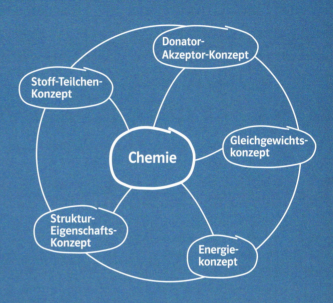

Basiskonzepte sind allgemeine Prinzipien, nach denen sich die Inhalte der Chemie strukturieren lassen. Sie sind also eine übergreifende Systematisierungshilfe. Wir betrachten fünf Basiskonzepte:

▬▬ Um den Sinn von Basiskonzepten aufzuzeigen, kann man sich des folgenden Beispiels bedienen: In einem CD-Geschäft sind die CDs nach den Namen der Interpreten angeordnet. Der Inhaber könnte nun die CDs nach Musikstilen, etwa Klassik, Jazz, Pop, Rock umsortieren. Eine andere Möglichkeit wäre es, Verzeichnisse anzulegen oder ein Computerprogramm zu besorgen, welches die CDs je nach Bedürfnis in den verschiedenen Kategorien sortiert und den Standort der CD anzeigt.

▬▬ Die im Geschäft vorhandenen CDs entsprechen den Fachinhalten der Chemie. Schaut man sich die unterschiedlichen Sachverhalte, wie sie z. B. in diesem Lehrbuch dargestellt werden, zusammenfassend an, so stellt man fest, dass bestimmte Prinzipien immer wieder auftreten, sich sozusagen ein „roter Faden" ergibt: Durch diese Basiskonzepte werden die Fachinhalte neu strukturiert, so wie die CDs unter verschiedenen Gesichtspunkten sortiert werden können.

▬▬ Auf den folgenden Seiten finden Sie zu den fünf Basiskonzepten Beispiele für Beobachtungen und Fragestellungen. Diese sollen Ihnen vor allem als Anregung dienen, weitere Beispiele zu suchen, die sich dem jeweiligen Basiskonzept zuordnen lassen. Schauen Sie dazu auch im Hauptteil des Lehrbuches nach.

Stoff-Teilchen-Konzept

Die kleinsten Teilchen
Was ist mit dem Begriff „kleinste Teilchen" in der Chemie gemeint? Es sind die kleinsten gleichen Teilchen, aus denen ein Stoff aufgebaut ist

Chemiker und andere Naturwissenschaftler bewegen sich bei ihrer Arbeit gewissermaßen in zwei Welten, in denen sie jeweils ein eigenes Vokabular benutzen.

Bei der Beschreibung der mit den Sinnen erfassbaren und mit Geräten messbaren Stoff- und Energieänderungen ist man auf der Stoffebene. Hier geht es um Beobachtungen, um Phänomene, weshalb man manchmal auch die Begriffe Beobachtungs- oder Phänomenebene gebraucht. Typische Begriffe dieser Ebene sind z. B. Farbe und elementarer Stoff.

Die Erklärung für die Beobachtungen liefert die mit dem bloßen Auge unsichtbare Welt der Atome, Ionen und Moleküle, die Teilchenebene. Bei der Deutung von Phänomenen aller Art hilft das Teilchenmodell, also das Wissen, dass alle Stoffe aus kleinsten Teilchen aufgebaut sind. Man spricht daher auch von der Deutungs- oder der Modellebene. Typische Begriffe der Teilchenebene sind z. B. Molekül, Doppelbindung, Wasserstoffbrücken, Strukturformel, freies Elektronenpaar und Element.

Obwohl wir über die Teilchenebene hauptsächlich in Modellen sprechen, existieren Atome, Moleküle usw. ebenso real wie die Gegenstände unserer Alltagswelt.

A1 Nennen Sie Begriffe, die nur oder vorwiegend auf der Stoffebene angewandt werden, und solche, die nur oder vorwiegend auf der Teilchenebene verwendet werden können.

A2 Nennen Sie Ihnen bekannte Stoffe, die aus Makromolekülen aufgebaut sind. Erklären Sie, was man unter einem Makromolekül versteht.

A3 Die qualitative Analyse einer organischen Verbindung hat ergeben, dass deren Moleküle aus Kohlenstoff-, Wasserstoff- und Sauerstoffatomen aufgebaut sind. Die Masse eines Moleküls beträgt: $m_t(C_xH_yO_z) = 46\,u$. Stellen Sie drei Strukturformeln auf, die die experimentellen Ergebnisse erfüllen. Erklären Sie, ob auch eine Isomerie vorliegt.

A4 Ein bekanntes Begriffspaar für das Stoff-Teilchen-Konzept lautet: Stoffklasse – funktionelle Gruppe. Untermauern Sie diese Zuordnung durch geeignete Beispiele.

A5 Bennen Sie die Arten der Isomerie, die in B3 vorliegen.

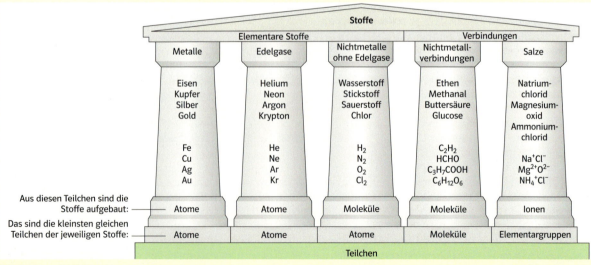

B1 Stoff- und Teilchenebene

334 Basiskonzepte

Das Stoff-Teilchen-Konzept und das Struktur-Eigenschafts-Konzept sind nicht überschneidungsfrei, sie sind meist eng miteinander verzahnt. Die folgenden Beispiele zeigen eine Auswahl von Teilchenstrukturen, die Auswirkungen auf die Stoffeigenschaften haben.

Besonders deutlich werden Beziehungen zwischen der Stoff- und der Teilchenebene z. B. bei Stoffen, die aus Molekülen mit funktionellen Gruppen bestehen.

Essigsäure ist eine schwache Säure. Die Säurestärke wird mit dem K_S- oder pK_S-Wert erfasst. Die Säurestärke wird an einer sehr große Anzahl von Molekülen, also dem Stoff Essigsäure ermittelt. Dagegen ist der Säure-Begriff im Sinne von Brønsted eher der Teilchenebene zuzuordnen. Auch wenn man die Frage klären möchte, warum z. B. Essigsäure mit Wasser eine saure Lösung bildet, Ethanol aber nicht, geht man u. a. dem Einfluss der funktionellen Gruppen auf den Molekülaufbau nach.

Die Eigenschaften der Aromaten, z. B. die Hydrierungsenergie des Benzols, die elektrophile Substitution oder die Reaktion von Phenol mit Wasser, werden häufig mit der Mesomeriestabilität ihrer Moleküle erklärt.

Aus der Betrachtung des Aufbaus des Ethanolmoleküls lassen sich Schlüsse zu möglichen Reaktionen ziehen. So führt die Abspaltung eines Wassermoleküls zu einem Ethenmolekül, es findet ein Eliminierung statt. Wird die Hydroxylgruppe z. B. durch ein Chloridion ersetzt, liegt eine Substitution vor. Reagieren Ethanolmoleküle mit Essigsäuremolekülen, erfolgt eine Kondensation.

Ein weiteres beeindruckendes Beispiel für die Wechselbeziehung von Teilchenaufbau und Stoffeigenschaften stellt die Isomerie dar. Nicht die Atomarten allein, sondern die Verknüpfung der Atome in den Molekülen ist entscheidend für die Eigenschaften der Moleküle und der Stoffe. So entspricht der Chiralität der Moleküle die optische Aktivität auf der Stoffebene.

Durch die Summenformel alleine kann nicht festgestellt werden, welchem Stoff die Teilchen zuzuordnen sind, geschweige denn eine Aussage über die Stoffeigenschaften gemacht werden. Zu einer Summenformel findet man meist mehrere Konstitutionsisomere. Die unterschiedliche Verknüpfung von Atomen führt also zu einer unterschiedlichen Teilchenstruktur mit unterschiedlichen Wechselbeziehungen zwischen den Teilchen und damit zu unterschiedlichen Stoffeigenschaften. Konstitutionsisomere mit der Summenformel $C_4H_{10}O$ sind in B3 dargestellt.

A6

Erläutern Sie, warum das Ethanolation eine stärkere Base ist als das Acetation.

A7 Erklären Sie, warum Cyclohexen mit Brom bevorzugt eine Additionsreaktion und Benzol mit Brom bevorzugt eine Substitutionsreaktion eingeht.

Butan-1-ol
Siedetemperatur 117 °C

Butan-2-ol
Siedetemperatur 99 °C

Diethylether
Siedetemperatur 35 °C

B3 Isomere

L-Milchsäure   D-Milchsäure

B2 Spiegelbildisomerie

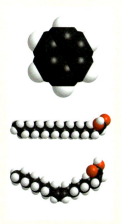

B4 Modelle können den Aufbau von Molekülen verdeutlichen

Struktur-Eigenschafts-Konzept

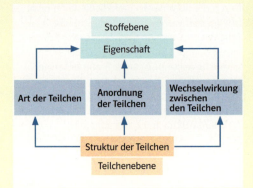

B1 Zwitterion Glycin

B3 Zusammenhang von Struktur und Eigenschaften

Beim Struktur-Eigenschafts-Konzept werden Bezüge zwischen der Teilchen- und der Stoffebene zur Erklärung ihrer physikalischen und chemischen Eigenschaften hergestellt. Die Fragen, welche die Teilchenebene betreffen sind: Wie sind die Teilchen aufgebaut? Um welche Teilchen handelt es sich und in welcher Beziehung stehen diese zueinander? Unter „Beziehung" versteht man in diesem Fall die räumliche Anordnung der Teilchen (v. a. bei Feststoffen) und die Kräfte zwischen den Teilchen. Zwischen Molekülen können sich Van-der-Waals-Kräfte, Dipol-Dipol-Kräfte oder Wasserstoffbrücken ausbilden. Ionen werden durch elektrostatische Kräfte zusammengehalten (Ionenbindung).

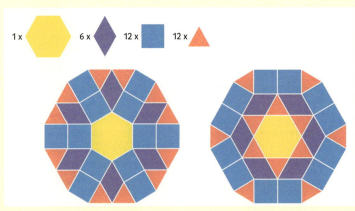

B2 Zu Aufgabe 5

Eine die Stoffebene betreffende Frage ist: Welche Stoffeigenschaften (z. B. Schmelz- und Siedetemperatur, elektrische Leitfähigkeit, Löslichkeit, Viskosität) ergeben sich aus der Art der Teilchen und deren räumlichem Aufbau?

Glucose und Fructose sind sehr gut in Wasser löslich. Ursache sind die zahlreichen Wasserstoffbrücken, die sich zwischen den Molekülen dieser Polyhydroxyverbindungen und den Wassermolekülen ausbilden können.
Stärke und Cellulose zählen zu den wichtigsten Biopolymeren. Auch wenn beide Makromoleküle aus Glucoseeinheiten aufgebaut sind, unterscheiden sie sich sehr stark in ihren Eigenschaften. Während Stärke als Reservepolysaccharid genutzt wird, ist

A1 Zeichnen Sie zwei mögliche Strukturformeln zur Summenformel $C_3H_6O_2$.
a) Um welche Moleküle handelt es sich?
b) Recherchieren Sie die Stoffeigenschaften der beiden Verbindungen, stellen Sie die Ergebnisse in einer Tabelle vergleichend gegenüber und erläutern Sie diese.

A2 Erläutern Sie an einigen Beispielen (z. B. Glucose, Glycin, Benzol) den Zusammenhang zwischen den Stoffeigenschaften Siedetemperatur, Löslichkeit in Wasser oder Heptan und den zwischenmolekularen Kräften.

A3 Paraffinöl (ein Alkangemisch) und Propantriol sind ölige, viskose Flüssigkeiten. Schlagen Sie ein einfaches Experiment zu ihrer Unterscheidung vor.

A4 Die beiden Biomoleküle Amylose und Amylopektin sind aus α-D-Glucoseeinheiten aufgebaut. Stellen Sie dar, worin sich die beiden Moleküle unterscheiden, und welche Auswirkung dieser Unterschied auf die Stoffeigenschaften hat.

A5 Nehmen Sie zu folgendem Satz hinsichtlich des Struktur-Eigenschafts-Konzepts Stellung: „Das Ganze ist mehr als die Summe seiner Teile" [B5].

336 Basiskonzepte

Struktur-Eigenschafts-Konzept

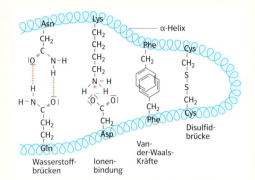

B4 Tertiärstruktur einer α-Helix. Verschiedene Bindungsarten können daran beteiligt sein

Cellulose der Gerüststoff fast aller Pflanzen. Dies liegt an der unterschiedlichen Verknüpfung der einzelnen Monomere und der sich daraus ergebenden unterschiedlichen Struktur, die die verschiedenen Eigenschaften der beiden Stoffe verursacht.

α-Aminoethansäure (Glycin) ist ein Feststoff, der sich beim Erhitzen, ohne zu schmelzen, bei ca. 230 °C zersetzt, während die α-Hydroxyethansäure eine Schmelztemperatur von nur 78 °C besitzt. Dies weist auf sehr starke Kräfte zwischen den Glycinteilchen hin. Es handelt sich um Anziehungskräfte zwischen Ionen, die Glycinteilchen liegen aufgrund der vorhandenen funktionellen Gruppen in einer Zwitterionen-Struktur vor [B1]. Zwischen den α-Hydroxyethansäuremolekülen hingegen sind Wasserstoffbrücken die bedeutendsten zwischenmolekularen Kräfte. Die Anziehungskräfte zwischen den Zwitterionen im Gitter sind so stark, dass eine Zufuhr von Energie teilweise zur Spaltung von Atombindungen innerhalb der Zwitterionen führt. Lösungen der Zwitterionen besitzen nur eine geringe elektrische Leitfähigkeit, da sich diese im elektrischen Feld nur ausrichten, aber nicht wandern.

Die Eigenschaften von Proteinen und ihre biologische Funktion ist v.a. durch ihre Primärstruktur, Sekundärstruktur [B6], Tertiärstruktur [B4] und gelegentlich auch Quartärstruktur bedingt.

Nicht nur die physikalischen Eigenschaften hängen von der Teilchenstruktur ab, sondern auch die chemischen Eigenschaften. Bei den Reaktionen der Enzymmoleküle nach dem Schlüssel-Schloss-Prinzip wird klar, dass die Molekülstruktur auch einen Einfluss auf den Ablauf der chemischen Reaktion hat. Im Verlauf von Denaturierungsvorgängen werden Sekundär- und Tertiärstruktur zerstört. Damit verliert ein Protein seine biologische Funktion. Kunststoffe können sowohl nach ihrer Herstellung als auch nach ihrer Verwendung unterteilt werden. Moleküle mit Doppelbindungen reagieren in Polymerisationsreaktionen, darüber hinaus gibt es bei bifunktionellen Molekülen Polykondensations- und Polyadditionsreaktionen. Die Einteilung in Thermoplaste, Elastomere und Duroplaste erfolgt aufgrund der Struktur ihrer Moleküle [B5]. Die Struktur ist verantwortlich für die Eigenschaften und damit für die Verwendungszwecke der jeweiligen Kunststoffe.

Verbindungen mit chiralen Molekülen sind optisch aktiv. Enantiomere verhalten sich wie Bild und Spiegelbild. Sie können sich in Geruch, Geschmack, physiologischen Eigenschaften und in ihrer Reaktion mit Enzymen unterscheiden.

Diese Beispiele zeigen auch die enge Verzahnung dieses Konzepts mit dem Stoff-Teilchen-Konzept.

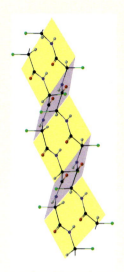

B6 β-Faltblatt – eine Sekundärstruktur

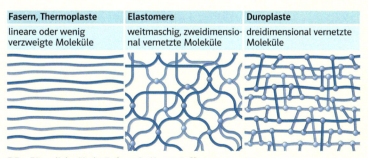

B5 Räumliche Verknüpfung in Kunststoffen

Basiskonzepte **337**

Donator-Akzeptor-Konzept

Donator von lat. donare, geben, zur Verfügung stellen

Akzeptor von lat. acceptare, annehmen

Amphoter, Ampholyt von griech. amphoteros, beide und griech. lysis, Zerlegung

Es gibt eine große Vielfalt von chemischen Reaktionen. Betrachtet man sie auf der Teilchenebene, so erkennt man, dass sich ein großer Teil davon zwei verschiedenen Reaktionstypen zuordnen lässt: den **Säure-Base-Reaktionen** und den **Redoxreaktionen**. Diese beiden Reaktionstypen wiederum können durch ein Basiskonzept beschrieben werden: das **Donator-Akzeptor-Konzept**.

Ein kleines Teilchen wird von einem Reaktionspartner (Donator) auf den anderen Reaktionspartner (Akzeptor) übertragen.

Bei den Säure-Base-Reaktionen kommt es zu einer *Protonenübertragung*. Die Brønstedsäure ist der Protonendonator, die Brønstedbase der Protonenakzeptor [B1]. Der pK_s-Wert ist ein Maß für die Säurestärke. Die Stellung des korrespondierenden Säure-Base-Paares HA/A^- in der pK_s-Reihe entspricht der Protonendonator- bzw. -akzeptortendenz von HA bzw. A^- und ermöglicht das Vorhersagen der Säure-Base-Reaktionen.

Je kleiner der pK_s-Wert ist, desto stärker ist die Säure. Je stärker eine Säure ist, desto schwächer ist ihre korrespondierende Base.

Redoxreaktionen sind dadurch gekennzeichnet, dass eine *Elektronenübertragung* stattfindet. Der Elektronendonator wird dabei oxidiert und ist Reduktionsmittel (Red). Der *Elektronenakzeptor* wird reduziert und ist Oxidationsmittel (Ox) [B1].

Die Stellung des korrespondierenden Redoxpaares Red/Ox in der elektrochemischen Spannungsreihe (E^0-Reihe) entspricht der Elektronendonator- bzw. -akzeptortendenz von Red bzw. Ox und ermöglicht das Vorhersagen der Redoxreaktionen.

Je negativer das Standardpotential E^0 ist, umso stärker ist das Reduktionsmittel, d.h., umso größer ist der Elektronendruck.

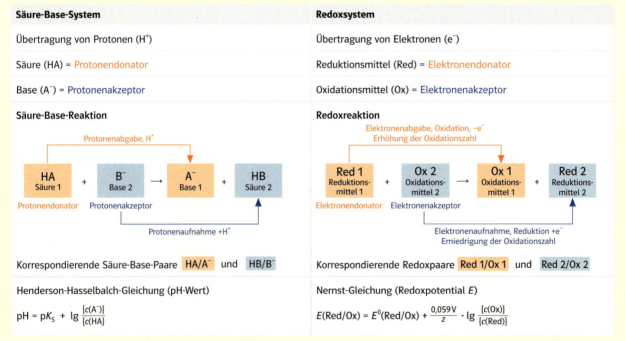

B1 Säure-Base-Reaktionen und Redoxreaktionen im Donator-Akzeptor-Konzept

Basiskonzepte

Donator-Akzeptor-Konzept

Teilchen, die *je nach dem Reaktionspartner* sowohl als Donator wie auch als Akzeptor wirken können, bezeichnet man als **amphotere Teilchen** oder **Ampholyte**.

Man kann das Donator-Akzeptor-Konzept auch auf solche Reaktionen und Sachverhalte ausweiten, bei denen die Donator-Akzeptor-Vorgänge nicht so offensichtlich sind wie bei den Säure-Base-Reaktionen und den Redoxreaktionen.

So können auch die Additionsreaktionen unter dem Blickwinkel des Donator-Akzeptor-Konzepts gesehen werden. Ein Beispiel ist die Halbacetalbildung zwischen Aldehyd- und Alkoholmolekülen [B3]. Das Alkoholmolekül mit dem Sauerstoffatom stellt ein Elektronenpaar zur Bindungsbildung zur Verfügung (*Elektronenpaardonator*). Das Aldehydmolekül ist das annehmende Atom (*Elektronenpaarakzeptor*).

Ketonmoleküle können in Lösung durch Wanderung eines Protons und Veränderung der Stellung der Doppelbindung in Enolmoleküle übergehen. Auch die Keto-Enol-Tautomerie lässt sich mit dem Donator-Akzeptor-Konzept beschreiben [B4].

Im Molekül eines organischen Farbstoffes sind die Elektronen eines konjugierten Doppelbindungssystems für die Absorption des Lichtes verantwortlich und verleihen damit dem Stoff Farbe. Das Elektronensystem kann durch Molekülgruppen, die als Elektronenpaardonatoren bzw. Elektronenpaarakzeptoren wirken, erweitert werden [B4]. Dadurch wird die Lichtabsorption und somit die Farbe des Stoffes verändert [B5].

B2 Strukturprinzip organischer Farbstoffe

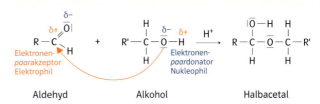

B3 Halbacetalbildung – eine Donator-Akzeptor-Reaktion

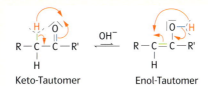

B4 Keto-Enol-Tautomerie

Tautomerie von griech. tauto, das Gleiche und griech. meros, der Anteil

A1 a) Methansäuremoleküle reagieren mit Hydroxidionen zu Methanoationen (Formiationen) und Wassermolekülen. b) Methansäuremoleküle reagieren mit Permanganationen in saurer Lösung zu Kohlenstoffdioxidmolekülen und Mangan(II)-Ionen. Formulieren Sie die Reaktionsgleichungen. Ordnen Sie die Begriffe Protonendonator, Protonenakzeptor, Protonenabgabe, Protonenaufnahme, Elektronendonator, Elektronenakzeptor, Elektronenabgabe, Elektronenaufnahme den entsprechenden Teilchen bzw. Vorgängen zu.

A2 Beschreiben Sie den Ringschluss in den Zuckermolekülen mit dem Donator-Akzeptor-Konzept.

A3 Aus D-Fructose kann in alkalischen Lösungen über die Endiolform D-Glucose gebildet werden. Deuten Sie diesen Vorgang im Donator-Akzeptor-Konzept.

A4 Die elektrophile Substitution kann auch als Beispiel für das Donator-Akzeptor-Konzept gesehen werden. Belegen Sie dies anhand geeigneter Reaktionsgleichungen für die Bromierung von Benzol.

A5 Bortrifluoridmoleküle (BF$_3$) reagieren mit Ammoniakmolekülen zu einer Additionsverbindung. Formulieren Sie die Reaktionsgleichung. Kann auch hier das Donator-Akzeptor-Konzept angewandt werden?

B5 Farben von Benzol und Benzolderivaten

Energiekonzept

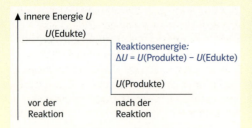

B2 Die Reaktionsenergie ist die Änderung der inneren Energie durch die Reaktion

B3 In jedem Blatt wird mithilfe von Chlorophyll Glucose aufgebaut

System Unter „System" versteht man einen abgegrenzten Materiebereich, für den eine Energiebilanz aufgestellt werden kann. Ein System kann z. B. der Inhalt eines Reagenzglases sein

Eine klassische Definition des Begriffs Energie lautet: Energie ist die Fähigkeit eines Systems, Arbeit zu verrichten. Dabei geht die Energie – gemäß dem Energieerhaltungssatz – nicht verloren, sondern wird in eine andere Energieform umgewandelt.

Bei chemischen Reaktionen kommt es immer zu Energieumwandlungen. Verläuft eine Reaktion exotherm, ist die innere Energie U der Produkte U(Produkte) geringer als die der Edukte U(Edukte) [B2], bei einer endothermen Reaktion sind die Verhältnisse genau umgekehrt. Um eine chemische Reaktion zu starten, muss Aktivierungsenergie aufgewendet werden. Stoffe, die den Betrag der Aktivierungsenergie herabsetzen, nennt man Katalysatoren [B1]. Im Stoffwechsel aller Lebewesen laufen nahezu alle Vorgänge katalysiert ab. Die entsprechenden Biokatalysatoren sind die Enzyme.

In Lebewesen finden auch Reaktionen statt, bei denen die innere Energie der Produkte größer ist als die der Edukte. Das Paradebeispiel dafür ist die Fotosynthese mithilfe von Chlorophyll [B3]. Hier wird Lichtenergie in chemische Energie umgewandelt. Aus Kohlenstoffdioxid und Wasser wird energiereiche Glucose aufgebaut:

$$6\ CO_2\ +\ 6\ H_2O\ \longrightarrow\ C_6H_{12}O_6\ +\ 6\ O_2$$

A1 Erläutern Sie anhand eines Energiediagramms, warum aromatische Verbindungen nach dem Mechanismus der elektrophilen Substitution reagieren und nicht in einer elektrophilen Addition.

A2 Erläutern Sie die Aussage, dass Energie in Stoffen gespeichert ist.

A3 In der Klimadiskussion wird oft von erneuerbaren und nicht erneuerbaren Energien gesprochen. Nehmen Sie dazu Stellung.

A4 Die Energieänderung bei einer chemischen Reaktion (AB + C ⟶ A + BC) kann über den Abstand der Atome zueinander betrachtet werden. Stellen Sie dies in einem Energiediagramm dar und erläutern Sie die Bedeutung der Aktivierungsenergie.

A5 Recherchieren Sie die Brennwerte der drei Nährstoffklassen Kohlenhydrate, Proteine und Fette. Geben Sie an, in welchem Verhältnis die Brennwerte in etwa zueinander stehen.

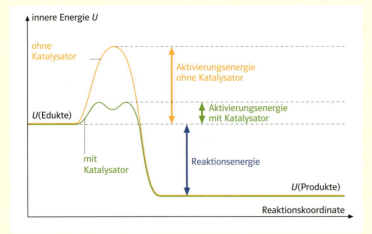

B1 Energiediagramm

Basiskonzepte

Reaktionen laufen meist in offenen Systemen ab. Da der Druck bei diesen Reaktionen konstant bleibt, wird dabei häufig auch noch *Volumenarbeit* verrichtet. Zur Angabe von Energieänderungen verwendet man in diesem Fall die *Enthalpie H.* Die Änderung der Enthalpie unterscheidet sich von der Änderung der inneren Energie ΔU durch das Produkt aus dem Druck p und der Volumenänderung ΔV.

$$\Delta H = \Delta U + p \cdot \Delta V$$

Energieänderungen bei Aggregatzustandsänderungen kennzeichnet man durch *Schmelz-* und *Verdampfungsenthalpien.* Brennwerte und Heizwerte z. B. von fossilen Energieträgern sind *Verbrennungsenthalpien.* Allgemein lassen sich Reaktionsenthalpien der Bildung von Stoffen zuordnen (*Bildungsenthalpie*) oder es lässt sich die Bindungsfestigkeit von Atomen in Molekülen beschreiben (*Bindungsenthalpie*). Bezieht man die Umsätze auf die Stoffmenge, erhält man die entsprechenden *molaren Enthalpien.*

Zwei Sätze sind für Energiebetrachtungen wesentlich, der Satz von Hess:
Enthalpieänderungen zwischen zwei Zuständen sind unabhängig vom Reaktionsweg, und der sogenannte Erste Hauptsatz der Thermodynamik (Energetik):
Die Summe aller Energieformen in einem isolierten System ist konstant. Energie kann nicht erzeugt und nicht vernichtet werden.
So ist die Summe aller Energieänderungen von Reaktionsfolgen, die in einem Kreisprozess geführt werden – am Ende liegt der Ausgangszustand wieder vor – gleich Null.

Alle spontan ablaufenden Vorgänge sind mit einer Zunahme der Unordnung der Teilchen verbunden. Das entspricht einer Zunahme von wahrscheinlichen Zuständen. Der Übergang in einen Zustand anderer Wahrscheinlichkeit wird durch die *Entropieänderung ΔS* beschrieben. Die Entropie kann man also als Maß für die Unordnung bezeichnen.

Wird die Enthalpie durch die Entropie bei gegebener Temperatur erweitert, erhält man die *freie Enthalpie G.*

$$G = H - T \cdot S \text{ bzw. } \Delta G = \Delta H - T \cdot \Delta S$$

Mit der freien Enthalpie lässt sich die *Gleichgewichtslage* einer Reaktion vorhersagen: Ist die Änderung der freien Enthalpie $\Delta G < 0$, ist die Reaktion *exergonisch.* Das chemische Gleichgewicht liegt auf der *rechten Seite* der Reaktionsgleichung. Ist $\Delta G > 0$, ist ist die Reaktion *endergonisch*, das Gleichgewicht liegt dann *links.* Ist $\Delta G \approx 0$, liegt das Gleichgewicht im *Mittelbereich*, d. h., alle Reaktionsteilnehmer liegen in ähnlichen Konzentrationen nebeneinander vor.

A6 Verfolgt man die Temperatur bei einer Neutralisationsreaktion, kann man ein Maximum erkennen, wenn gleiche Stoffmengen an Oxoniumionen und Hydroxidionen zusammengegeben wurden. Die Neutralisationsreaktion ist also mit einer Wärmeabgabe verbunden. Berechnen Sie die Reaktionsenthalpie $\Delta_r H$, für die Reaktion von 1 mol Natronlauge mit 1 mol Salzsäure. Es werden 100 ml Natronlauge zu 100 ml Salzsäure (jeweils $c = 1$ mol/l) gegeben. Die maximale Temperaturänderung ΔT beträgt 6,5 K, die spezifische Wärmekapazität des Wassers ist $c_W = 4{,}19$ J/(g · K).

A7 Der **effektive Wirkungsgrad** η_{eff} einer Brennstoffzelle ist das Produkt aus dem **idealen Wirkungsgrad** η_{id}, dem **Spannungswirkungsgrad** η_E und dem **Umsatzwirkungsgrad** η_U. Der ideale Wirkungsgrad η_{id} von Brennstoffzellen wird durch den Quotienten aus der molaren freien Standard-Bildungsenthalpie $\Delta_f G^0_m$ und der molaren Standard-Bildungsenthalpie $\Delta_f H^0_m$ der Reaktion von Wasserstoff und Sauerstoff zu Wasser $H_2O(l)$ bestimmt.
a) Berechnen Sie den idealen Wirkungsgrad η_{id} mit den Tabellenwerten aus Kap. 1.
b) Berechnen Sie den effektiven Wirkungsgrad η_{eff} einer Brennstoffzelle, deren Klemmenspannung mit 1,0 V abgelesen wurde. Setzen Sie bei Ihrer Berechnung $\eta_U = 1$ (100 %ige Ausnutzung des Brennstoffs), $\Delta E^0(H_2/O_2) = 1{,}23$ V ein.

Erster Hauptsatz der Thermodynamik
ist auch als Energieerhaltungssatz bekannt.
Der Satz von Hess ist ein Spezialfall davon

Effekiver Wirkungsgrad η_{eff}
$\eta_{eff} = \eta_{id} \cdot \eta_E \cdot \eta_U$

Idealer Wirkungsgrad η_{id}
$\eta_{id} = \Delta_f G^0_m / \Delta_f H^0_m$

Spannungswirkungsgrad η_E
$\eta_E = U_{KL}/\Delta E^0$
U_{KL} Klemmspannung
ΔE^0 Potentialdifferenz der Zelle

Umsatzwirkungsgrad η_U
der Anteil des tatsächlich ausgenutzten Brennstoffs, falls ein Teil verloren geht. η_U wird experimentell bestimmt

Basiskonzepte **341**

Gleichgewichtskonzept

B1 Balkenwaage

Die Bildung von Ammoniak, die Reaktion von Essigsäure mit Wasser, die Umwandlung von α-D-Glucose in β-D-Glucose und die Bildung einer Doppelschicht aus Ionen und Elektronen an einem Kupferblech in einer Kupfer(II)-sulfat-Lösung haben auf den ersten Blick nichts Gemeinsames, schaut man aber genauer hin, so handelt es sich bei den genannten Reaktionen um Gleichgewichtsreaktionen.

Beim Begriff „Gleichgewicht" denken viele sofort an die Balkenwaage [B1]. Legt man in beide Waagschalen Stoffportionen der gleichen Masse, so ist die Waage im Gleichgewicht. Auf beiden Seiten wirken zwar Kräfte, diese heben sich aber gegenseitig auf.

Allgemein gesagt ist ein System dann im Gleichgewicht, wenn Einflüsse, die einzeln betrachtet eine Veränderung bewirken würden, sich in ihrer Wirkung aufheben.

ca. 38 %   im Gleichgewicht enthalten zu unter 0,5 %   ca. 62 %

B2 α-D-Glucose und β-D-Glucose liegen in wässriger Lösung im Gleichgewicht nebeneinander vor

Edukte und Produkte bei Gleichgewichtsreaktionen

Bei Gleichgewichtsreaktionen kann man eigentlich nicht von Edukten (Ausgangsstoffen) und Produkten (Endstoffen) sprechen, da Produkte gleichermaßen Edukte sind und umgekehrt. Häufig werden aber die links vom Gleichgewichtspfeil stehenden Stoffe als Edukte und die rechts vom Pfeil stehenden als Produkte bezeichnet

Gleichgewichtsreaktionen zeichnen sich dadurch aus, dass
- sowohl Ausgangsstoffe als auch Reaktionsprodukte nebeneinander vorliegen,
- im Gleichgewichtszustand gleich viele Teilchen einer Art gebildet werden wie zerfallen,
- die Stoffmengen bzw. Stoffmengenkonzentrationen sich nicht ändern, wenn keine Veränderung von außen vorgenommen wird.

Bei einem chemischen Gleichgewicht liegt ein *dynamisches Gleichgewicht* vor. Für jedes chemische Gleichgewicht ist das Produkt der Konzentrationen der rechts in der Reaktionsgleichung stehenden Teilchen dividiert durch das Produkt aus den Konzentrationen der links stehenden Teilchen bei einer Temperatur konstant.

Dieses wird mit dem Massenwirkungsgesetz beschrieben. Für eine allgemeine Reaktion: a A + b B ⇌ c C + d D in einem homogenen System gilt:

$$\frac{c^c(C) \cdot c^d(D)}{c^a(A) \cdot c^b(B)} = K_c$$

Bei der Formulierung des Quotienten müssen die Konzentrationen der Teilchen mit den zugehörigen Koeffizienten der Reaktionsgleichung potenziert werden.

Die Zusammensetzung eines Gleichgewichts kann durch äußere Einflüsse, verändert werden.

A1 Wenn man 0,33 mol Essigsäure, 0,33 mol Ethanol, 0,67 mol Essigsäureethylester und 0,67 mol Wasser mischt, so bleibt dieses Stoffmengenverhältnis bei Zimmertemperatur für alle Zeiten gleich. Nimmt man statt normalem Wasser (H_2O), so genanntes schweres Wasser (D_2O), dann bleibt das Stoffmengenverhältnis erhalten, aber nach kurzer Zeit findet man isotopenmarkierte Essigsäure (CH_3COOD) und isotopenmarkiertes Ethanol (CH_3CH_2OD). Erklären Sie, warum dieses ein Beweis dafür ist, dass ein chemisches Gleichgewicht ein dynamisches Gleichgewicht ist.

B3 Stalaktiten und Stalagmiten in einer Tropfsteinhöhle

342 Basiskonzepte

Gleichgewichtskonzept

Wird auf ein sich im Gleichgewicht befindliches chemisches System Zwang durch eine Änderung der Temperatur, des Druckes oder der Konzentration ausgeübt, so verschiebt sich das Gleichgewicht in die Richtung, in der die Folgen des Zwanges verringert werden.

Mit diesem „Prinzip von LE CHATELIER und BRAUN" bzw. dem „Prinzip vom kleinsten Zwang" lässt sich die Richtung der Gleichgewichtsverschiebungen bei einer Beeinflussung des Gleichgewichts angeben. Mit dem Massenwirkungsgesetz lassen sich Gleichgewichte und Gleichgewichtsverschiebungen quantitativ fassen.

Das Gleichgewicht einer chemischen Reaktion kann z. B. auf der rechten Seite des Gleichgewichtspfeils liegen, trotzdem stellt das Gleichgewicht sich bei Zimmertemperatur nicht ein. D. h., die links vom Gleichgewichtspfeil stehenden Stoffe reagieren nicht miteinander. Erst muss die Temperatur erhöht werden, damit genügend erfolgreiche Zusammenstöße zwischen den Teilchen der Reaktionspartner stattfinden. Mit der Temperatur ändern sich außerdem die Gleichgewichtszusammensetzung und damit auch die Gleichgewichtskonstante.

„Man stelle sich einen Holzapfelbaum vor, der auf der Grenzlinie zwischen zwei Gärten steht; in dem einen wohnt ein verschrobener alter Mann und in dem anderen ein Vater, der seinem Sohn aufgetragen hat, hinauszugehen und den Garten von Holzäpfeln zu reinigen. Der Junge merkt schnell, dass man die Holzäpfel am einfachsten dadurch los wird, dass man sie in den Nachbargarten wirft. Er tut es und erregt den Zorn des alten Mannes. Jetzt beginnen der Junge und der alte Mann Holzäpfel hin und her über den Zaun zu werfen, so schnell sie können. Wer wird gewinnen?"

A2 Erklären Sie, welchen Einfluss ein Katalysator auf die Gleichgewichtseinstellung und die Gleichgewichtszusammensetzung hat.

A3 Erläutern Sie die Bildung von Stalaktiten und Stalagmiten [B3].

A4 Was bedeutet es für die Gleichgewichtslage, wenn die Gleichgewichtskonstante viel größer als 1 ist ($K_c \gg 1$)?

A5 Erklären Sie den Unterschied zwischen den beiden folgenden Zeichen: a) ⇌, b) ↔.

A6 In dem Buch „Chemie – eine lebendige und anschauliche Einführung" von RICHARD E. DICKERSON und IRVIN GEIS wird die Einstellung des chemischen Gleichgewichts mit dem „Holzapfelkrieg" zwischen einem alten Mann und einem Jungen verglichen. Beschreiben Sie den Fortgang des „Holzapfelkrieges". Wenn Sie zeichnerisch begabt sind, zeichnen Sie auch einige Szenen aus dem „Holzapfelkrieg". Übertragen Sie den „Holzapfelkrieg" auf die Einstellung des chemischen Gleichgewichts.
Hinweis: Holzäpfel sind wilde, ungenießbare Äpfel.

Wasserstoff ^1_1H
Deuterium ^2_1H, D
Tritium ^3_1H, T

B5 Wasserstoffisotope und deren Benennung

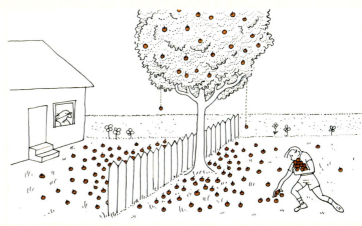

B4 Phase 1 des „Holzapfelkrieges". Aus: Richard E. Dickerson, Irvin Geis: Chemie – eine lebendige und anschauliche Einführung. S. 321. 1991. © Wiley-VCH GmbH & Co. KGaA. Reproduced with permission.

Das Chemie-Abitur

EPA Die Einheitlichen Prüfungsanforderungen in der Abiturprüfung Chemie stehen im Internet, z.B. auf der Homepage der Kultusministerkonferenz (KMK)

Anforderungen. Die Prüfungsaufgaben für das Chemieabitur orientieren sich an den Einheitlichen Prüfungsanforderungen in der Abiturprüfung Chemie (EPA). Demnach müssen in den Abituraufgaben folgende *Anforderungsbereiche* adäquat enthalten sein:

1 Reproduktion
2 Reorganisation und Transfer
3 Problemlösendes Denken

Aufgabenstellung. Um den Erwartungshorizont der Aufgaben möglichst klar zu formulieren, wurden sogenannte **Operatoren** entwickelt. B1 zeigt eine Auswahl dieser Operatoren. Die vollständige Liste ist Teil der EPA und im Internet zu finden.

Zeiteinteilung. Die Abiturprüfung besteht aus vier Aufgaben zu je 20 Verrechnungspunkten (VP). Davon müssen drei Aufgaben bearbeitet werden, sodass damit maximal 60 Punkte erreicht werden können.

Für die Prüfung sind insgesamt 270 Minuten vorgesehen. Da man von 30 Minuten Auswahlzeit ausgeht, stehen pro Aufgabe im Mittel 80 Minuten zur Bearbeitung zur Verfügung.

Auf den folgenden Seiten werden zwei Abituraufgaben vorgestellt, die sich mit der Thematik der Gleichgewichtsreaktionen und der Protolysereaktionen beschäftigt, aber auch andere Aspekte der Chemie berücksichtigt.

Operatoren	Definitionen und Beispiele
Begründen	Einen angegebenen Sachverhalt auf Gesetzmäßigkeiten bzw. kausale Zusammenhänge zurückführen *Begründen Sie die Reaktionsfähigkeit von Benzol.*
Berechnen/Bestimmen	Mittels Größengleichungen eine Größe bestimmen *Berechnen Sie den pH-Wert.*
Beschreiben	Strukturen, Sachverhalte oder Zusammenhänge unter Verwendung der Fachsprache in eigenen Worten wiedergeben *Beschreiben Sie den Versuchsablauf.*
Beurteilen	Zu einem Sachverhalt ein selbstständiges Urteil unter Verwendung von Fachmethoden und Fachwissen formulieren und begründen *Beurteilen Sie das Lösungsverhalten.*
Bewerten/ Stellung nehmen	Eine eigene Position nach ausgewiesenen Kriterien vertreten *Nehmen Sie Stellung zu folgender Aussage: ...*
Erklären	Ein Phänomen oder einen Sachverhalt auf Regeln und Gesetzmäßigkeiten zurückführen sowie ihn nachvollziehbar und verständlich machen *Erklären Sie, worin sich die beiden Reaktionen unterscheiden.*
Erläutern	Einen Sachverhalt veranschaulichend darstellen und durch zusätzliche Informationen verständlich machen *Erläutern Sie, welche Rolle der Katalysator hierbei spielt.*
Interpretieren, Deuten	Phänomene, Strukturen, Sachverhalte oder Versuchsergebnisse auf Erklärungsmöglichkeiten hin untersuchen und diese gegeneinander abwägen *Interpretieren Sie die Beobachtungen des Versuchs.*
Skizzieren	Sachverhalte, Strukturen oder Ergebnisse auf das Wesentliche reduzieren und diese grafisch (z.B. mithilfe von Übersichten, Schemata, Diagrammen, Abbildungen und Tabellen) oder als Fließtext übersichtlich darstellen *Skizzieren Sie die Ammoniaksynthese.*

B1 Auswahl aus den Operatoren der Einheitlichen Prüfungsanforderungen

Abituraufgabe 1

Kohlenstoffdioxid löst sich in Wasser größtenteils physikalisch. Ein sehr kleiner Teil des Kohlenstoffdioxids reagiert mit dem Wasser zu Kohlensäure (H_2CO_3).

Temperatur	Löslichkeit von Kohlenstoffdioxid in 1 l Wasser bei 1013 hPa
10 °C	1,2 l
20 °C	0,9 l
30 °C	0,3 l

Druck	Löslichkeit von Kohlenstoffdioxid in 1 l Wasser bei 20 °C
1 013 hPa	0,9 l
25 000 hPa	16,3 l

1. In vielen Haushalten findet man heute Geräte zur Herstellung von Tafelwasser aus Leitungswasser [B1]. Dazu wird eine Hartkunststoff-Flasche bis zur Markierung mit Leitungswasser gefüllt und druckdicht mit dem Gerät verbunden. Durch Betätigung eines Dosierknopfes wird Kohlenstoffdioxid aus einer Druckpatrone in das Leitungswasser eingeleitet.
In der Gebrauchsanweisung eines Herstellers finden sich u. a. folgende Hinweise:

*Wir empfehlen, die mit Leitungswasser gefüllten Wasserflaschen im Kühlschrank **vorzukühlen**, bevor sie ins Gerät eingesetzt werden.*
*Sie können den Geschmack Ihres Tafelwassers selbst steuern: Zweimaliges Drücken des Dosierknopfs liefert stilles Wasser, dreimaliges Drücken medium und mit viermaligem Drücken erhalten Sie **sauren Sprudel**.*
*Um den Geschmack Ihres Tafelwassers zu erhalten, sollten Sie die Flaschen stets **gut verschließen**.*

a) Erläutern Sie die Hinweise des Herstellers. Formulieren Sie gegebenenfalls Reaktionsgleichungen.
b) Das in Wasser gelöste Kohlenstoffdioxid soll nachgewiesen werden. Beschreiben Sie eine mögliche experimentelle Vorgehensweise und formulieren Sie eine entsprechende Reaktionsgleichung.
8 VP

2. In einem Laborversuch füllt man eine weiche Kunststoffflasche mit Kohlenstoffdioxid. Anschließend wird die Flasche bis zur Hälfte mit Wasser gefüllt, dann gut verschlossen und geschüttelt.
Erläutern Sie die zu erwartende Beobachtung.
3 VP

3. Ein Grund für die Wasserhärte ist gelöstes Calciumhydrogencarbonat ($Ca(HCO_3)_2$). Bei der Verwendung von hartem Wasser im Haushalt bilden sich daraus Kalkablagerungen (Kalk: Calciumcarbonat, $CaCO_3$), insbesondere am Boden von Kochtöpfen und an den Heizstäben von Waschmaschinen.
a) Formulieren Sie eine Reaktionsgleichung für die Kalkbildung.
b) Erklären Sie anhand einer Reaktionsgleichung, warum bei der Entfernung dieser Kalkablagerungen mit Essigreiniger eine Gasentwicklung zu beobachten ist.
4 VP

4. Der Kalkgehalt von Eierschalen soll bestimmt werden.
Eine Stoffportion pulverisierter Eierschalen mit der Masse $m = 1$ g wird mit $V_1 = 200$ ml Salzsäure der Konzentration $c_1 = 0{,}1$ mol/l übergossen. Nach Beendigung der Gasentwicklung wird die Stoffmenge der noch vorhandenen Salzsäure durch Titration mit Natronlauge bestimmt. Bis zum Erreichen des Äquivalenzpunktes werden $V_2 = 16$ ml Natronlauge der Konzentration $c_2 = 0{,}1$ mol/l verbraucht.
Berechnen Sie den Massenanteil w(Calciumcarbonat) in den Eierschalen.
5 VP

B1 Gerät zur Herstellung von Tafelwasser

Lösungshinweise

In den Teilaufgaben 1 bis 3 geht es um die Beeinflussung chemischer Gleichgewichte. Zur Erläuterung ist das Prinzip von LE CHATELIER und BRAUN (Prinzip vom kleinsten Zwang) geeignet. Teilaufgabe 4 fordert eine stöchiometrische Berechnung auf der Basis experimenteller Daten einer Rücktitration.

Zu 1a): Die Aufgabe bezieht sich auf zwei voneinander abhängige chemische Gleichgewichte und deren Beeinflussung: das Lösungsgleichgewicht von Kohlenstoffdioxid in Wasser und das Gleichgewicht der Protolysereaktion von hydratisierten Kohlenstoffdioxidmolekülen mit Wassermolekülen. Die Einflüsse auf die Lage der Gleichgewichte sind der „Gebrauchsanweisung eines Herstellers" zu entnehmen: Das Vorkühlen weist auf tiefe Temperaturen hin; mehrmaliges Drücken des Dosierknopfes auf einen erhöhten Druck, der sich auch in einem stärker sauren Geschmack der Lösung (mehr Oxoniumionen in der Lösung) bemerkbar macht. Das Verschließen der Flaschen gibt einen Hinweis auf die Bedeutung eines geschlossenen Systems. Die möglichen Reaktionsgleichungen erlauben die Anwendung des Prinzips von LE CHATELIER und BRAUN zur Erläuterung der Auswirkung der Angaben in der Gebrauchsanleitung.
b) Im zweiten Teil der Aufgabe soll ein mögliches experimentelles Vorgehen zum Nachweis von Kohlenstoffdioxid beschrieben und eine Reaktionsgleichung formuliert werden.

Zu 2: Erforderlich ist die Beschreibung der Beobachtungen, die erwartet werden, sowie anschließend die Erläuterung der ablaufenden Vorgänge.

Zu 3a): Gesucht wird die Reaktionsgleichung für die Bildung von Calciumcarbonat aus Calciumhydrogencarbonat (Teilreaktion des Hydrogencarbonat-Carbonat-Gleichgewichts, die beim Erhitzen abläuft). Hinweis aus der Aufgabe: „Boden von Kochtöpfen", „Heizstäbe".
b) Hier ist die Reaktionsgleichung der Reaktion von Calciumcarbonat mit Essigsäure

gefordert. Dabei protonieren die Moleküle der stärkeren Säure (Essigsäure) bzw. die Oxoniumionen die Anionen der schwächeren Säure (Kohlensäure), die gebildete Kohlensäure zerfällt in Kohlenstoffdioxid (Gasentwicklung) und Wasser.

Zu 4: Bei dem beschriebenen Experiment handelt es sich um ein in der Chemie typisches Vorgehen, wenn man den Gehalt einer Komponente (Calciumcarbonat) in einem Gemisch (Eierschalen) nicht kennt. Hierzu bringt man die gesuchte Komponente mit einem Reaktionspartner (hier: Salzsäure) im Überschuss zur Reaktion, um ganz sicher zu sein, dass auch wirklich alles Calciumcarbonat reagiert hat. Die Stoffmenge der Salzsäure, die bei der Reaktion mit Calciumcarbonat nicht verbraucht wurde, wird anschließend durch eine Titration mit Natronlauge bestimmt (Neutralisationstitration). Dieses Verfahren bezeichnet man auch als Rücktitration.
Die Berechnung erfolgt mithilfe von molaren Größen. Aus Volumen und Konzentration erhält man die entsprechenden Stoffmengen in Mol. Aus der eingesetzten Stoffmenge der Oxoniumionen und der anschließend vorliegenden Stoffmenge, die durch die Titration mit Natronlauge bestimmt wird, kann die Stoffmenge der durch die Reaktion mit Calciumcarbonat verbrauchten Oxoniumionen berechnet werden. Bei der Neutralisationstitration entsprechen sich aufgrund der ablaufenden Neutralisationsreaktion
$$H_3O^+ + OH^- \longrightarrow 2\,H_2O$$
die Stoffmengen der Oxoniumionen und der Hydroxidionen.
Die Reaktionsgleichung für die Reaktion zwischen Kalk und Salzsäure (bzw. Oxoniumionen) liefert die Stoffmengenrelation (Stoffmengenverhältnis) zur Berechnung der Stoffmenge des Kalks in der Probe. Zur Berechnung des Kalkanteils muss zunächst über die Stoffmenge und die molare Masse des Calciumcarbonats die Masse dieser Stoffportion berechnet werden. Aus der Masse der Eierschalenportion und der berechneten Masse des enthaltenen Kalks ergibt sich abschließend der Anteil des Kalks in den Eierschalen.

Lösungen

1. a) Reaktionsgleichungen für die vorliegenden Gleichgewichte:

(I) Lösungsgleichgewicht:
$$CO_2(g) \rightleftharpoons CO_2(aq)$$
(II) Reaktion von Kohlenstoffdioxid mit Wasser (evtl.):
$$CO_2 + H_2O \rightleftharpoons H_2CO_3$$
(III) Protolysegleichgewicht Kohlensäure/Wasser:
$$H_2CO_3 + H_2O \rightleftharpoons H_3O^+ + HCO_3^-$$
oder
$$CO_2 + 2\,H_2O \rightleftharpoons H_3O^+ + HCO_3^-$$

Erläuterung der Herstellerangaben in der Gebrauchsanweisung

Vorkühlen
Die Löslichkeit von Kohlenstoffdioxid ist temperaturabhängig (siehe 1. Tabelle in der Aufgabe). Bei tieferen Temperaturen löst sich mehr Kohlenstoffdioxid, d. h., das Lösungsgleichgewicht (I) liegt weiter auf der rechten Seite als bei Zimmertemperatur.

Stärker saure Lösung durch Erhöhung des Drucks
Ein stärker saurer Geschmack wird durch eine höhere Konzentration von Oxoniumionen in Lösung hervorgerufen. Diese bilden sich vermehrt, weil sich durch die Erhöhung des Drucks mehr Kohlenstoffdioxid löst (das Lösungsgleichgewicht (I) weiter rechts liegt) und sich damit auch die Lage des Gleichgewichts der Protolysereaktion (III) durch Erhöhung der Konzentration des Ausgangsstoffes Kohlenstoffdioxid nach rechts verschiebt.

Prinzip vom kleinsten Zwang
Durch die Druckerhöhung wird die Konzentration einer Ausgangsverbindung im Protolysegleichgewicht (III) erhöht (siehe 2. Tabelle in der Aufgabe). Dadurch verschiebt sich das Gleichgewicht derart, dass Kohlenstoffdioxidmoleküle verstärkt zu Oxoniumionen und Hydrogencarbonationen reagieren. Die Gleichgewichtsverschiebung bewirkt also, dass

die Folgen des Zwangs (hier: Konzentrationserhöhung) verringert werden.

Offene/verschlossene Flasche
Aus einer offenen Flasche kann Kohlenstoffdioxid entweichen, es liegt also ein offenes System vor. Das Lösungsgleichgewicht (I) verschiebt sich nach links, wobei entweichendes Kohlenstoffdioxid nachgebildet wird (Prinzip vom kleinsten Zwang), damit verschiebt sich auch die Lage des Protolysegleichgewichts (III) nach links. Dies hat zur Folge, dass nach einiger Zeit die vorliegende Flüssigkeit nicht mehr sauer schmeckt, da nur noch wenige Oxoniumionen in der Lösung vorhanden sind.

b) Beschreibung des Experiments:
Man gibt eine Probe des kohlenstoffdioxidhaltigen Wassers zu Kalkwasser. Dabei tritt ein weißer Niederschlag von Kalk auf. Eine etwas aufwändigere Alternative ist die, die kohlenstoffdioxidhaltige Lösung zu erhitzen und das entweichende Gas durch Kalkwasser zu leiten. Reaktionsgleichung:

$$CO_2 + Ca^{2+}(aq) + 2\,OH^-(aq) \longrightarrow CaCO_3(s) + H_2O$$

2. Beim Schütteln löst sich ein Teil des Kohlenstoffdioxids im Wasser, dadurch entsteht ein Unterdruck in der Flasche. Der Atmosphärendruck drückt die Flasche zusammen.

3. a) Reaktionsgleichung für die Kalkbildung:

$$Ca^{2+}(aq) + 2\,HCO_3^-(aq) \rightleftharpoons CaCO_3(s) + CO_2(g) + H_2O$$

Beim Erhitzen entweicht Kohlenstoffdioxid, dadurch wird das Hydrogencarbonat-Carbonat-Gleichgewicht nach rechts verschoben. Calciumcarbonat fällt aus und lagert sich ab.

b) Reaktionsgleichung für die Reaktion von Kalk mit Essigsäure:

$$CaCO_3(s) + 2\,CH_3COOH \longrightarrow Ca^{2+}(aq) + 2\,CH_3COO^-(aq) + CO_2(g) + H_2O$$

oder

$$CaCO_3(s) + 2\,H_3O^+(aq) \longrightarrow Ca^{2+}(aq) + CO_2(g) + 3\,H_2O$$

Lösungen

Da das Kohlenstoffdioxid entweicht, ist eine Gasentwicklung zu beobachten.

4. a) Berechnung der Stoffmenge der eingesetzten Salzsäureportion:

$V_1(\text{Salzsäure}) = 200\,\text{ml} = 0{,}200\,\text{l}$

$$c = \frac{n}{V} \quad \Leftrightarrow \quad n = c \cdot V$$

$c_1(\text{HCl}) = 0{,}1\,\text{mol/l}$
$n_1(\text{HCl}) = 0{,}200\,\text{l} \cdot 0{,}1\,\text{mol/l} = 0{,}0200\,\text{mol}$

Da bei der Bildung der sauren Lösung aus Chlorwasserstoff und Wasser nach der Reaktionsgleichung

$$\text{HCl(g)} + \text{H}_2\text{O} \longrightarrow \text{H}_3\text{O}^+(\text{aq}) + \text{Cl}^-(\text{aq})$$

aus *einem* Chlorwasserstoffmolekül *ein* Oxoniumion entsteht und die Reaktion vollständig nach rechts abläuft, entspricht die Stoffmenge der Salzsäureportion der Stoffmenge der darin enthaltenen Oxoniumionen.

$n_1(\text{HCl}) = n_1(\text{H}_3\text{O}^+) = 0{,}0200\,\text{mol}$

b) Berechnung der Stoffmenge der Hydroxidionen, die zur Neutralisation der Oxoniumionen erforderlich sind:

$V_2(\text{Natronlauge}) = 16\,\text{ml} = 0{,}016\,\text{l}$
$c_2(\text{NaOH}) = 0{,}1\,\text{mol/l}$
$n_2(\text{NaOH}) = 0{,}016\,\text{l} \cdot 0{,}1\,\text{mol/l} = 0{,}0016\,\text{mol}$

Da beim Lösen von Natriumhydroxid aus *einer* Elementargruppe NaOH *ein* Hydroxidion freigesetzt wird, ist

$n_2(\text{NaOH}) = n_2(\text{OH}^-) = 0{,}0016\,\text{mol}$

Bei der Neutralisation reagiert nach der Gleichung

$$\text{H}_3\text{O}^+ + \text{OH}^- \longrightarrow 2\,\text{H}_2\text{O}$$

ein Oxoniumion mit *einem* Hydroxidion. Daraus folgt, dass ebenso viele Hydroxidionen reagiert haben, wie nach der Reaktion der Salzsäure mit Kalk noch Oxoniumionen vorhanden waren: $n_2(\text{OH}^-) = n_2(\text{H}_3\text{O}^+) = 0{,}0016\,\text{mol}$

c) Berechnung der Stoffmenge der Oxoniumionen, die mit dem Kalk reagiert hat: Diese ergibt sich aus der Differenz der Stoffmenge der eingesetzten Oxoniumionen und der Stoffmenge der Oxoniumionen, die nach der Reaktion noch vorhanden sind:

$n(\text{H}_3\text{O}^+) = n_1(\text{H}_3\text{O}^+) - n_2(\text{H}_3\text{O}^+)$
$\qquad = 0{,}0200\,\text{mol} - 0{,}0016\,\text{mol} = 0{,}0184\,\text{mol}$

d) Reaktionsgleichung für die Reaktion zwischen Kalk und Oxoniumionen:

$$\text{CaCO}_3(\text{s}) + 2\,\text{H}_3\text{O}^+(\text{aq}) \longrightarrow \text{Ca}^{2+}(\text{aq}) + \text{CO}_2(\text{g}) + 3\,\text{H}_2\text{O}$$

Daraus ergibt sich folgendes Stoffmengenverhältnis:

$$\frac{n(\text{CaCO}_3)}{n(\text{H}_3\text{O}^+)} = \frac{1}{2}$$

$$\Leftrightarrow \quad n(\text{CaCO}_3) = \frac{1}{2} \cdot n(\text{H}_3\text{O}^+)$$

$$= \frac{1}{2} \cdot 0{,}0184\,\text{mol} = 0{,}0092\,\text{mol}$$

e) Berechnung der Masse der Stoffportion Calciumcarbonat in den Eierschalen:

$n(\text{CaCO}_3) = 0{,}0092\,\text{mol}$
$M(\text{CaCO}_3) = 100{,}1\,\text{g/mol}$

$$n = \frac{m}{M} \quad \Leftrightarrow \quad m = n \cdot M$$

$m(\text{Kalk}) = 0{,}0092\,\text{mol} \cdot 100{,}1\,\text{g/mol}$
$\qquad \approx 0{,}92\,\text{g}$

Der Massenanteil berechnet sich allgemein wie folgt:

$$w(\text{Komponente 1}) = \frac{m(\text{Komponente 1})}{m(\text{Stoffgemisch})}$$

also: mit $m(\text{Komponente 1}) = m(\text{Kalk}) \approx 0{,}92\,\text{g}$ und
$m(\text{Stoffgemisch}) = m(\text{Eierschalen}) = 1{,}00\,\text{g}$
zu
$w(\text{Kalk}) \approx \frac{0{,}92\,\text{g}}{1{,}00\,\text{g}} \approx 0{,}92 \qquad \text{oder } 92\%$

$w(\text{Kalk}) \approx 92\%$

Abituraufgabe 2A

Guarkernmehl wird in der Papier-, Pharma- und Kosmetikindustrie eingesetzt und ist häufig ein Bestandteil von Haargel. Außerdem wird es in der Lebensmitteltechnologie als natürliches Verdickungsmittel verwendet, so z. B. in Eiskrem. Man gewinnt Guarkernmehl durch einen Mahlvorgang aus den Samen der Guarbohne. Diese Nutzpflanze erreicht eine Wuchshöhe von bis zu 2 m und bildet etwa 10 cm lange Hülsenfrüchte mit ovalen, etwa 5 mm großen Samen. Die Hauptanbaugebiete liegen in Texas, Indien und Pakistan.
Das Guarkernmehl enthält überwiegend das Polysaccharid Guaran. Es besteht aus einem Gerüst aus β-D-Mannose-Bausteinen, die 1,4-glycosidisch miteinander verknüpft sind. Im Mittel ist an jedem zweiten Baustein als Seitenkette über eine 1,6-glycosidische Bindung ein α-D-Galactosemolekül in Form eines Sechsringes gebunden.

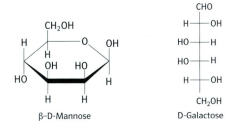

a) Vergleichen Sie die Struktur des D-Galactosemoleküls mit der des D-Mannosemoleküls in ihrer offenkettigen Form.

b) Zeichnen Sie einen Ausschnitt aus der Strukturformel des Guaranmoleküls.

c) Beschreiben Sie einen Versuch, mit dem entschieden werden kann, ob es sich beim Guaran um ein Kohlenhydrat mit reduzierenden Eigenschaften handelt. Begründen Sie das zu erwartende Ergebnis. 8 VP

Abituraufgabe 2B

Mit guaranhaltigem Haargel muss das Haar täglich gestylt werden, eine Dauerwelle dagegen hält mehrere Wochen. Haare bestehen zum größten Teil aus dem Skleroprotein α-Keratin, dessen Moleküle hauptsächlich in Form einer α-Helix vorliegen.

Monomere Bestandteile des Keratins sind u. a. Serin (L-2-Amino-3-hydroxypropansäure), Leucin (L-2-Amino-4-methylpentansäure) und Cystein.
Cystein unterscheidet sich vom Serin durch eine Thiolgruppe (-SH) anstelle der Hydroxylgruppe.
Die Thiolgruppe eines Cysteinbausteins kann mit einer weiteren Thiolgruppe zu einer Disulfidbrücke reagieren. Diese Disulfidbrücken sind hauptsächlich für die Form eines Haares verantwortlich.

Bei einer Dauerwelle werden die Disulfidbrücken zunächst durch Reduktion zu Thiolen geöffnet. Nach dem anschließenden Formen der Haare werden durch Oxidation neue Disulfidbrücken gebildet.
An einer Stelle eines Keratinmoleküls sind die Aminosäuren in folgender Reihenfolge angeordnet: — Serin — Cystein — Leucin —

a) Zeichnen Sie diesen Ausschnitt aus der Strukturformel des Keratinmoleküls.

b) Benennen Sie die Bindung zwischen den Aminosäuren.

c) Beschreiben Sie einen Versuch, mit dem nachgewiesen werden kann, dass Keratin Stickstoff(atome) enthält.
Begründen Sie die Beobachtungen und formulieren Sie dazu auch eine passende Reaktionsgleichung.

d) Formulieren Sie am Beispiel der Reaktion zweier Cysteinmoleküle mit Wasserstoffperoxid (H_2O_2) eine Reaktionsgleichung für die Bildung einer Disulfidbrücke und zeigen Sie, dass es sich um eine Redoxreaktion handelt.

e) Erläutern Sie am Beispiel des α-Keratins die Begriffe Primär-, Sekundär- und Tertiärstruktur. 12 VP

B1 Guarbohne (Pflanze)

B2 Guarbohnen (Frucht)

Element	EN
Wasserstoff	2,1
Kohlenstoff	2,5
Sauerstoff	3,5
Schwefel	2,5

B3 Elektronegativitätswerte nach PAULING

Das Chemie-Abitur

Lösungshinweise zu Abituraufgabe 2A

Voraussetzung zur Lösung sind Kenntnisse über den Übergang der Monosaccharide von der offenkettigen in die Ringform und umgekehrt. Eine weitere Voraussetzung sind Kenntnisse über die Bildung von Polysaccharidmolekülen über 1,4- bzw. 1,6-glycosidische Verknüpfungen, wobei bei der Verknüpfung der Mannosemoleküle über β-1,4-glycosidische Bindungen zusätzlich auf die richtige Orientierung der Moleküle geachtet werden muss.

Lösungshinweise zu Abituraufgabe 2B

Grundlage der Lösung des ersten Aufgabenteils ist das Beherrschen der entsprechenden Nomenklaturregeln für Aminosäuren.
Zur Entwicklung der Zeichnung des Keratinmolekülausschnitts ist es vorteilhaft, zunächst die Halbstrukturformeln der Aminosäuremoleküle zu formulieren und sie dann anschließend über die Amino- und Carboxylgruppen miteinander zu verknüpfen (Peptidbindung). Vereinbarungsgemäß stehen die Aminogruppen jeweils links (ergibt das N-terminale Ende des Proteinmoleküls) und die Carboxylgruppen jeweils rechts (ergibt das C-terminale Ende des Moleküls).

Zur Entscheidung, ob es sich bei der Reaktion zweier Cysteinmoleküle mit Wasserstoffperoxid zur Bildung einer Disulfidbrücke um eine Redoxreaktion handelt, müssen die Oxidationszahlen der wesentlichen Atome betrachtet werden (Hilfe zur Berechnung: Tabelle mit den Elektronegativitätswerten [B3]). Verändern sich die Oxidationszahlen verschiedener Atome, liegt eine Redoxreaktion vor.

Zur Lösung des letzten Aufgabenteils sind Kenntnisse über den strukturellen Aufbau einer Protein-Helix (Angabe im Aufgabentext) und deren Knäuelung sowie der Bindungsarten erforderlich, die diese Strukturen hervorrufen und stabilisieren.

Lösungen zur Abituraufgabe 2A

a)

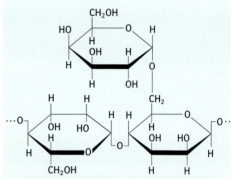

Gemeinsamkeiten: Beides sind Aldohexosen, besitzen vier C*; gleiche Konfiguration am dritten und fünften Kohlenstoffatom.
Unterschiede: Stellung der Hydroxylgruppen am zweiten und vierten Kohlenstoffatom.

b)

c) Der Nachweis, z. B. mit der Fehling- oder Tollens-(Silberspiegel)-Probe, verläuft negativ, da an den anomeren Kohlenstoffatomen keine freien Hydroxylgruppen vorhanden sind. Es liegt ein nicht reduzierendes Polysaccharid vor.

Lösungen zur Abituraufgabe 2B

a) Aminosäuren:

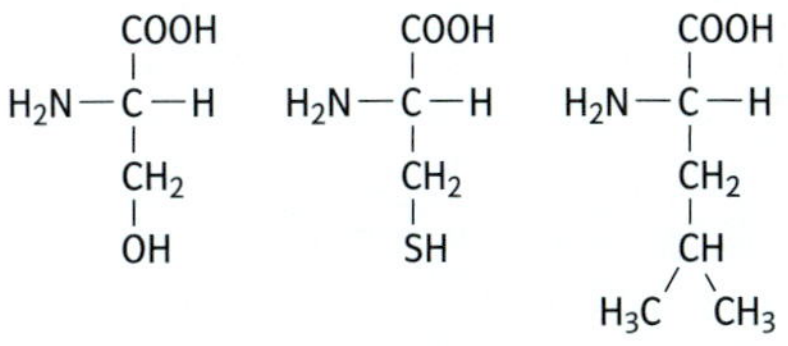

$$
\begin{array}{ccc}
\text{COOH} & \text{COOH} & \text{COOH} \\
| & | & | \\
\text{H}_2\text{N}-\text{C}-\text{H} & \text{H}_2\text{N}-\text{C}-\text{H} & \text{H}_2\text{N}-\text{C}-\text{H} \\
| & | & | \\
\text{CH}_2 & \text{CH}_2 & \text{CH}_2 \\
| & | & | \\
\text{OH} & \text{SH} & \text{CH} \\
& & \diagup \quad \diagdown \\
& & \text{H}_3\text{C} \quad \text{CH}_3 \\
\text{Serin} & \text{Cystein} & \text{Leucin}
\end{array}
$$

Formelausschnitt:

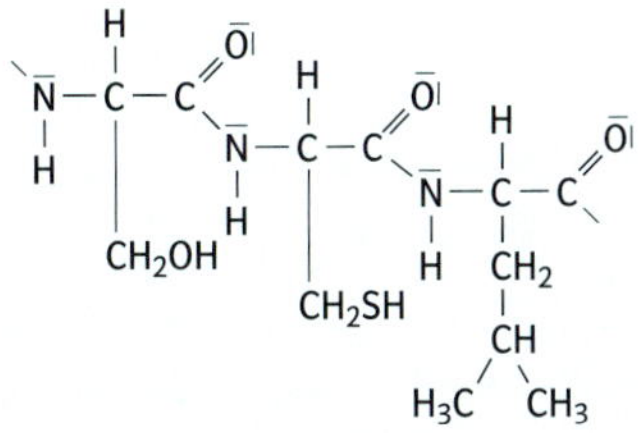

Ser – Cys – Leu

b) Die Bindung heißt Peptidbindung:

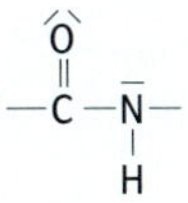

$$
\begin{array}{c}
\text{O} \\
\parallel \\
-\text{C}-\text{N}- \\
| \\
\text{H}
\end{array}
$$

c) Man gibt zu der zu untersuchenden Stoffprobe in einem Becherglas Natronlauge und erhitzt einige Minuten. Dann bedeckt man das Becherglas mit einem Uhrglas, an dem ein Stückchen angefeuchtetes Universalindikatorpapier klebt.
Die Keratinprobe zersetzt sich, es kommt zu einer Gasentwicklung. Das Universalindikatorpapier wird blau, es ist demnach Ammoniak (Stickstoffverbindung!) entstanden.

Reaktionsgleichung für die Nachweisreaktion: $NH_3 + H_2O \rightleftharpoons NH_4^+ + OH^-$

d)

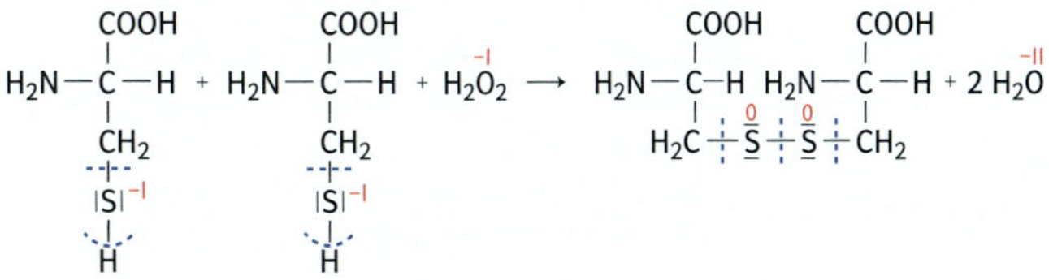

Redoxreaktion:
Erhöhung der Oxidationszahl der Schwefelatome (Oxidation) und Verringerung der Oxidationszahl der Sauerstoffatome (aus dem Wasserstoffperoxidmolekül) (Reduktion).

e) Primärstruktur:
Art der Aminosäuren, deren Anzahl und deren Sequenz (Abfolge).

Sekundärstruktur:
α-Helix: Sterische Fixierung der Keratinmoleküle durch intramolekulare Ausbildung von Wasserstoffbrücken (also innerhalb eines Makromoleküls) zwischen den Peptidbindungen (zwischen einer Carbonyl- und einer NH-Gruppe verschiedener Peptidbindungen).

Tertiärstruktur:
Sterische Fixierung durch Ausbildung von Disulfidbrücken, Wasserstoffbrücken, Ionenbindungen und Van-der-Waals-Kräften zwischen den Seitenketten der einzelnen Aminosäuremoleküle, sodass die räumliche Anordnung einer bestimmten Knäuelung der α-Helix fixiert ist.

Der Umgang mit Chemikalien

GHS
Globally Harmonized System

H-Sätze
H von Hazard Statements

P-Sätze
P von Precautionary Statements

Die Etiketten von Chemikaliengefäßen, die Gefahrstoffe enthalten, werden ab dem 1.12.2010 für Reinstoffe und ab dem 1.06.2015 für Gemische nach einem neuen, weltweit gültigen System erstellt, dem GHS. Einige Zeichen bleiben dabei erhalten, andere Zeichen kommen jedoch neu dazu [B1, B2].

Kennzeichnung nach GHS. Damit schon auf den ersten Blick die wichtigsten Informationen über die Gefährlichkeit und den Umgang mit dem jeweiligen Gefahrstoff erkennbar sind, verfügt ein Chemikalienetikett nach GHS [B5] über zahlreiche Hinweise. Hierzu gehören: die Gefahrenpiktogramme, die Gefahrenhinweise (H-Sätze), die Sicherheitshinweise (P-Sätze) und die Signalwörter.

Gefahrenpiktogramme. Die neun Gefahrenpiktogramme (GHS01 bis GHS09) ermöglichen eine schnelle Information über die Hauptgefahr eines Stoffes.

Gefahrenklasse. Je nach seiner Gefährlichkeit gehört ein Gefahrstoff zu mindestens einer Gefahrenklasse. Ein Gefahrenpiktogramm umfasst häufig mehrere Gefahrenklassen [B2]. So kann z. B. das Gefahrenpiktogramm GHS05 (Ätzwirkung) bedeuten, dass der Stoff zu der Gefahrenklasse „Metallkorrosiv", „Hautreizend",

„Hautätzend", „Schwere Augenschädigung" oder „Augenreizung" gehört.

Gefahrenkategorie. Eine Gefahrenklasse wird zur genaueren Kennzeichnung weiter in Gefahrenkategorien untergliedert.

Symbol	Bezeichnung	Gefahrenklasse
	GHS01 (Explodierende Bombe)	– Explosive Stoffe, – Selbstentzündliche Stoffe u. a.
	GHS02 (Flamme)	– Entzündbare Flüssigkeiten, – Entzündbare Gase u. a.
	GHS03 (Famme über einem Kreis)	– Entzündend wirkende Flüssigkeiten und Feststoffe, – Entzündend wirkende Gase
	GHS04 (Gasflasche)	– Unter Druck stehende Gase
	GHS05 (Ätzwirkung)	– Metallkorrosiv, – Hautätzend, – Hautreizend u. a.
	GHS06 (Totenkopf mit gekreuzten Knochen)	– Akute Toxizität
	GHS07 (Ausrufezeichen)	– Hautreizend, – Augenreizend, – Sensibilisierung der Haut u. a.
	GHS08 (Gesundheitsgefahr)	– Krebserzeugend, – Erbgutverändernd u. a.
	GHS09 (Umwelt)	– Gewässergefährdend

Symbol	Kennbuchstabe, Gefahrenbezeichnung	Symbol	Kennbuchstabe, Gefahrenbezeichnung
	T+ Sehr giftig		E Explosionsgefährlich
	T Giftig		O Brandfördernd
	Xn Gesundheitsschädlich		F+ Hochentzündlich
	Xi Reizend		F Leichtentzündlich
	C Ätzend		N Umweltgefährlich

B1 Bisherige Gefahrensymbole und ihre Bedeutung

B2 Gefahrenpiktogramme und ihre Bedeutung (vereinfacht) nach GHS

352 Anhang

Der Umgang mit Chemikalien

So ist z. B. die Gefahrenklasse „Entzündbare Flüssigkeiten" in die Gefahrenkategorie 1 („Flüssigkeit und Dampf extrem entzündbar"), in die Gefahrenkategorie 2 („Flüssigkeit und Dampf leicht entzündbar") und in die Gefahrenkategorie 3 („Flüssigkeit und Dampf entzündbar") unterteilt.

Signalwörter. Signalwörter sind neue Kennzeichnungselemente. Sie geben Auskunft über den relativen Gefährdungsgrad eines Stoffes oder eines Stoffgemisches. Es gibt zwei verschiedene Signalwörter:

| Gefahr | für schwerwiegende Gefahrenkategorien |
| Achtung | für weniger schwerwiegende Gefahrenkategorien |

Für den Fall, dass ein Stoff zu unterschiedlichen Gefahrenklassen gehört, die beide Signalwörter nach sich ziehen, wird nur das Signalwort „Gefahr" verwendet.

Gefahrenhinweise (H-Sätze). Eine genaue Kennzeichnung der Gefährdung wird durch die Angabe eines H-Satzes erreicht. H-Sätze sind Gefahrenhinweise und mit den bisherigen R-Sätzen vergleichbar. H-Sätze sind so aufgebaut, dass die erste Ziffer angibt, ob von dem Gefahrstoff hauptsächlich physikalische Gefahren, Gesundheitsgefahren oder Umweltgefahren ausgehen [B3].
Die beiden folgenden Ziffern bilden dann einen standardisierten Textbaustein, der die von dem Stoff ausgehenden Gefahren näher beschreibt.

Sicherheitshinweise (P-Sätze). P-Sätze sind Sicherheitshinweise und mit den bisherigen S-Sätzen vergleichbar. P-Sätze sind wie die H-Sätze so aufgebaut, dass die erste Ziffer angibt, auf welchen Bereich sich der Sicherheitshinweis bezieht, z. B. auf eine Vorsorgemaßnahme oder auf die Entsorgung [B4]. Die beiden folgenden Ziffern bilden dann einen standardisierten Textbaustein, der die Sicherheitshinweise näher beschreibt.

H 224	Flüssigkeit und Dampf extrem entzündbar
H 290	Kann gegenüber Metallen korrosiv sein
H 300	Lebensgefahr beim Verschlucken
H 314	Verursacht schwere Verätzungen der Haut und schwere Augenschäden
H 412	Sehr giftig für Wasserorganismen

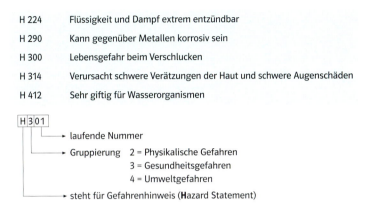

B3 Aufbau eines H-Satzes

P 101	Ist ärztlicher Rat erforderlich, Verpackung oder Etikett bereithalten
P 102	Darf nicht in die Hände von Kindern gelangen
P 201	Vor Gebrauch besondere Anweisungen einholen
P 315	Bei Unwohlsein ärztlichen Rat/ärztliche Hilfe hinzuziehen
P 402	An einem trockenen Ort aufbewahren

B4 Aufbau eines P-Satzes

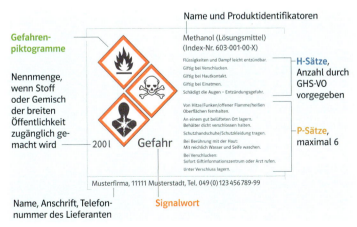

B5 Neues Gefahrstoff-Etikett nach GHS

Anhang 353

Potenzen und Logarithmen

b^n —— Exponent (Hochzahl)

Basis (Grundzahl)

B1 Potenzschreibweise allgemein

Potenzen. Sehr häufig tritt die Multiplikation gleicher Größen oder Zahlen auf, z. B.: $3 \cdot 3 \cdot 3 \cdot 3$. Für dieses Produkt von gleichen Faktoren kann man auch 3^4 schreiben. Dies ist also eine abkürzende Schreibweise für die mehrfache Multiplikation von 3 mit sich selbst, wobei 3 viermal auftritt. Eine besondere Bedeutung haben die Zehnerpotenzen. Man benutzt sie z. B., um sehr große oder betragsmäßig sehr kleine Zahlen kompakt zu schreiben.

Im Display des Taschenrechners erscheint statt der Basis 10 häufig ein E, z. B. 5 E 17 für $5 \cdot 10^{17}$.

Coulomb, C Einheit der elektrischen Ladung

Zahl	Zehner-potenz	man merkt sich	lg
100 000 000	10^8	eine Eins mit 8 Nullen	8
10	10^1	eine Eins mit 1 Null	1
1	10^0	eine Eins (mit 0 Nullen)	0
0,1	10^{-1}	eine Eins an der 1. Nachkommastelle	−1
0,00000001	10^{-8}	eine Eins an der 8. Nachkommastelle	−8

B3 Darstellung von Zehnerpotenzen und ihre dekadischen Logarithmen

$\sqrt{a} = a^{1/2}$
$\sqrt[3]{a} = a^{1/3}$

Allgemein:
$\sqrt[z]{a} = a^{1/z}$

B2 Umformung einer Wurzel in eine Potenz

Problem	Rechenregel	Beispiel
Zehner-potenzen multiplizieren	$10^a \cdot 10^b = 10^{a+b}$ Die Exponenten werden addiert.	$10^3 \cdot 10^6 = 10^9$
(Durch) Zehner-potenzen dividieren	$\dfrac{10^a}{10^b} = 10^{a-b}$ $\dfrac{1}{10^a} = 10^{-a}$ Die Exponenten werden subtrahiert.	$\dfrac{10^3}{10^6} = 10^{-3}$ $\dfrac{1}{10^3} = 10^{-3}$
Potenz einer Potenz	$(10^a)^b = 10^{a \cdot b}$ Die Exponenten werden multipliziert.	$(10^3)^6 = 10^{18}$

B4 Rechenregeln für Zehnerpotenzen

Einheiten und Vorsätze. Statt der Zehnerpotenzen gibt man bei Einheiten einen Vorsatz an (s. Seite 360, Tabelle Vielfache und Teile von Einheiten). Die Vorsatzzeichen werden zusammen mit dem Einheitenzeichen verwendet.

Beispiele:
$1000\,\text{m} = 10^3\,\text{m} = 1\,\text{km}$
$0,000001\,\text{m} = 10^{-6}\,\text{m} = 1\,\mu\text{m}$

Große Zahlen und Zahlen nahe bei null
werden oft in der Form $3,5 \cdot 10^8$ oder $5,7 \cdot 10^{-3}$ angegeben. Man nennt dies die wissenschaftliche Schreibweise. Vor dem Komma steht nur eine Ziffer, die von null verschieden ist.

Beispiele:
Ladung eines Protons: $+1,60218 \cdot 10^{-19}\,\text{C}$
Ladung eines Elektrons: $-1,60218 \cdot 10^{-19}\,\text{C}$

Exponentialfunktionen. Eine Funktion f mit der Gleichung $f(x) = c \cdot a^x$, $a > 0$, $a \neq 1$, heißt Exponentialfunktion. Exponentialfunktionen spielen vor allem bei Wachstums- oder Zerfallsprozessen (Bakterienpopulation, Halbwertszeit, …) eine Rolle. Die betrachtete Größe wächst oder schrumpft in gleichen Zeitintervallen um den gleichen Faktor.

A1 Schreiben Sie mithilfe einer Zehnerpotenz:
a) 10 000 000
b) 602 200 000 000 000 000 000 000
c) 0,01.

A2 Schreiben Sie ohne Zehnerpotenz:
a) $5 \cdot 10^5$
b) $3,35 \cdot 10^{-3}$
c) $\sqrt{10^{-4}}$

A3 Berechnen Sie ohne Taschenrechner:
a) $1013 \cdot 10^{-24}$,
b) $8 \cdot 10^9 : (2 \cdot 10^6)$,
c) $2,5 \cdot 10^4 + 5,6 \cdot 10^3$.

A4 Ein Atomkern hat einen Durchmesser von ca. 10^{-3} pm. Der Durchmesser eines Atoms ist ca. 10^5-mal so groß wie der Durchmesser des Kerns. Drücken Sie den Durchmesser des Atoms in nm (µm, mm) aus.

354 Anhang

Potenzen und Logarithmen

Logarithmus. Mithilfe des Logarithmus kann die Exponentialgleichung

$$b^n = a$$

gelöst werden:

$$n = \log_b a$$

Man nennt n den Logarithmus von a zur Basis b (a heißt auch Numerus).
Das Formelzeichen für den Logarithmus ist log. Die Basis wird als Index angehängt.

Beispiele:
$2^n = 64$; $n = \log_2 64 = 6$
6 ist der Logarithmus von 64 zur Basis 2.
$10^n = 10\,000$; $n = \log_{10} 10\,000 = 4$
4 ist der Logarithmus von 10 000 zur Basis 10.

Viele Taschenrechner haben eine log-Taste oder eine lg-Taste. Hiermit kann man Logarithmen zur Basis 10 (Zehnerlogarithmen, dekadische Logarithmen) bestimmen.
Beispiel: lg 3 = 0,477.

Logarithmen eignen sich gut zur Darstellung sehr großer Zahlen oder Zahlen nahe null. Vor allem der dekadische Logarithmus ist von Bedeutung.

Umrechnung eines beliebigen Logarithmus in den dekadischen Logarithmus oder den natürlichen Logarithmus (diese Umrechnung ist z. B. zur Eingabe in den Taschenrechner wichtig):

$$\log_z a = \frac{\lg a}{\lg z} = \frac{\ln a}{\ln z}$$

Umrechnung des dekadischen in den natürlichen Logarithmus und umgekehrt:

$$\lg a = \log_{10} a = \frac{\ln a}{\ln 10} \iff \ln a = \ln (10) \cdot \lg (a)$$
$$\approx 2,3 \cdot \lg a$$

B5 Umrechnung von Logarithmen

Logarithmen spielen in der Chemie z. B. bei der Reaktionskinetik (Konzentrations-Zeit-Gleichung), in der Elektrochemie (Nernst-Gleichung) und bei der pH-Wert-Berechnung eine Rolle.

In den Wissenschaften und der Technik ist neben dem dekadischen Logarithmus der Logarithmus zur Basis e (ln) sehr weit verbreitet.

Dekadischer Logarithmus
$\log_{10} x = \lg x$

Natürlicher Logarithmus
$\log_e x = \ln x$
ln steht für logarithmus naturalis, der Logarithmus zur Basis e, der Euler'schen Zahl (2,7182818284590…)

A5 Bestimmen Sie:
a) $\lg (4 \cdot 5)$
b) $\lg (1,5 : 7,2)$
c) $\lg 10^5$
d) $\lg 10^{-5}$
e) $\lg \sqrt{0,25}$
f) $\lg \sqrt[3]{100}$

A6 Bestimmen Sie jeweils x.
a) $\lg x = 3$
b) $\lg x = -3$
c) $\lg x = 1$

$$a = b^n$$

$$b = a^{1/n} \iff n = \log_b a$$

Für die Chemie (Elektrochemie, Säure-Base-Reaktionen) am wichtigsten:

$$\lg a = n \iff a = 10^n$$

B6 Umformen der Gleichungen

Problem	Rechenregel	Beispiel
Der Logarithmus eines Produkts soll bestimmt werden.	$\lg (a \cdot b) = \lg a + \lg b$	$\lg (1000 \cdot 100) = \lg 1000 + \lg 100$ $= 3 + 2 = 5$
Der Logarithmus eines Quotienten soll bestimmt werden.	$\lg \left(\frac{a}{b}\right) = \lg a - \lg b$	$\lg \left(\frac{100\,000}{100}\right)$ $= \lg 100\,000 - \lg 100 = 5 - 2 = 3$
	$\lg \left(\frac{1}{a}\right) = \lg 1 - \lg a$ $= 0 - \lg a$ $= - \lg a$	$\lg \left(\frac{1}{100}\right) = - \lg 100 = -2$
Der Logarithmus einer Potenz soll bestimmt werden.	$\lg a^z = z \lg a$	$\lg 10^5 = 5 \cdot \lg 10 = 5$

B7 Rechenregeln für Logarithmen

Anhang 355

Formeln, Reaktionsgleichungen, funktionelle Gruppen

Verbindung	Summen-formel	Strukturformel	Halbstruk-turformel	Skelettformel
Ethanol	C₂H₆O	H-C-C-O-H (mit H)	CH₃—CH₂—OH	∕∖OH
Dimethylether	C₂H₆O	H-C-O-C-H (mit H)	CH₃—O—CH₃	∕O∖
Ethansäure	C₂H₄O₂	H-C-C=O, O-H	CH₃—C(=O)—O—H	∕C(=O)OH

B1 Unterschiedliche Darstellungsmöglichkeiten von organischen Molekülen

Verhält-nisformel	Summen-formel(n)
C₁H₂O₁ (Monosaccharide)	C₅H₁₀O₅ (Pentosen) C₆H₁₂O₆ (Hexosen)
Na₁Cl₁	NaCl (Elementargruppe)

B2 Verhältnis- und Summenformel

NH₃	H—N—H (mit H)
H₂O	H—O—H

B3 Formeln anorganischer Verbindungen

Heteroatome
Atome, die keine Kohlenstoff- oder Wasserstoffatome sind und in organischen Verbindungen vorkommen. Beispiele: Schwefel-, Stickstoff-, Halogenatome

Formeln. Die **Summenformel** gibt die Art und die Anzahl der miteinander verbundenen Atome oder der Ionen in der Elementargruppe wieder. Die **Strukturformel** [B1] gibt Auskunft über Verknüpfungen (Bindungen) der Atome. Bindungswinkel und freie Elektronenpaare können ggf. auch berücksichtigt werden. Die Darstellung freier Elektronenpaare sollte dem Zweck angepasst sein. Allerdings dürfen sie nur an Atomen angebracht werden, bei denen auch die bindenden Elektronenpaare dargestellt sind. In **Halbstrukturformeln** werden nach Bedarf Formelteile wie in Summenformeln zusammengefasst. Die Art der Zusammenfassung muss dabei erkennbar bleiben.

Die Skelettformel (Gerüstformel) ist eine übersichtliche Strukturformel. Für jedes Kohlenstoffatom wird eine Ecke gezeichnet. Die Kohlenstoff- und Wasserstoffatome der Kohlenwasserstoffatomkette werden nicht eingezeichnet. Die Anzahl der Wasserstoffatome lässt sich berechnen, indem von den vier möglichen Bindungen die dargestellten Bindungen des jeweiligen Kohlenstoffatoms subtrahiert werden. Die Wasserstoffatome der funktionellen Gruppen werden ebenso wie die *Heteroatome* dargestellt [B4].

Salze bestehen aus einem Ionenverband, es liegen also keine fest miteinander verbundenen Atome (Moleküle) vor. Die Summenformel gibt hier die Zusammensetzung einer gedachten Einheit, einer **Elementargruppe**, wieder. Eine **Verhältnisformel** gibt an, in welchem Anzahl*verhältnis* die Atomarten oder Ionenarten vorliegen. C₁H₂O₁ ist die Verhältnisformel (mit den kleinsten Indices) der Monosaccharide. B2 zeigt dazu passende Summenformeln. Einer Verhältnisformel kann per se keine Masse zugeordnet werden, wohl aber einer Summenformel bzw. Elementargruppe. Bei Molekülverbindungen lässt sich die Summenformel durch Molekülmassenbestimmung ermitteln. In einer Reaktionsgleichung kommt es es auf die Anzahl der Teilchen und nicht nur auf das Zahlenverhältnis an. Daher steht in einer Reaktionsgleichung keine Verhältnisformel.

Reaktionsgleichungen. Chemische Reaktionen lassen sich durch unterschiedliche Typen von Reaktionsgleichungen darstellen. Die Darstellung richtet sich dabei nach dem Inhalt oder der Absicht, die verfolgt wird. Beispiel:

$$Na^+ + OH^- + H_3O^+ + Cl^- \longrightarrow Na^+ + Cl^- + 2\,H_2O$$

Durch diese Reaktionsgleichung wird verdeutlicht, dass in der Natronlauge und in der Salzsäure Ionen vorliegen, nur die H_3O^+- und die OH^--Ionen miteinander reagieren und die Na^+- und Cl^--Ionen nicht an der Reaktion beteiligt sind. Möchte man eine Rechnung zur Neutralisation durchführen, so ist es sinnvoll, nur die Summenformeln der Moleküle und Elementargruppen zu formulieren, da es nur auf das Anzahl- oder Stoffmengenverhältnis für die Berechnungen ankommt.

$$NaOH + HCl \longrightarrow NaCl + H_2O$$

Betrachtet man eine Reaktionsgleichung als *Stoffgleichung*, ist folgende Darstellung sinnvoll. Beispiel: Festes Magnesium reagiert mit Salzsäure zu in Wasser gelöst vorliegendem Magnesiumchlorid und Wasserstoff:

$$Mg(s) + 2\,HCl(aq) \longrightarrow MgCl_2(aq) + H_2(g)$$

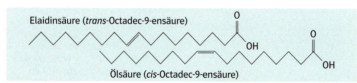

B4 Skelettformel der Elaidinsäure (oben) und Ölsäure (unten)

Elaidinsäure (*trans*-Octadec-9-ensäure)
Ölsäure (*cis*-Octadec-9-ensäure)

356 Anhang

Formeln, Reaktionsgleichungen, funktionelle Gruppen

Nomenklatur organischer Verbindungen.
Die Eigenschaften und das Reaktionsverhalten organischer Verbindungen werden durch die funktionellen Gruppen entscheidend beeinflusst; deshalb werden auch Verbindungen mit gleichen funktionellen Gruppen zu Stoffklassen zusammengefasst. Die funktionelle Gruppe ist entweder als Vorsilbe oder als Endung im Namen der Verbindung enthalten [B5].

Stoffklasse	Halbstruktur-formel mit funktioneller Gruppe	Name der funktionellen Gruppe	Vorsilbe	Endung des Verbindungs-namens	Beispiele
Alkohole	R'—$\overline{O}$—H	Hydroxylgruppe	Hydroxy-	-ol	Methanol, Phenol
Aldehyde	R—C$\overset{\overline{O}|}{\diagdown}$H	Aldehydgruppe (enthält Carbonyl-gruppe)	Formyl-	-aldehyd oder -al	Acetaldehyd bzw. Ethanal
Ketone	R'—C$\overset{\overset{\overline{O}}{\|}}{}$—R"	Ketogruppe (enthält Carbonyl-gruppe)	Oxo-	-on	Propanon
Carbonsäuren	R—C$\overset{\overline{O}|}{\diagdown}$$\overline{O}$—H	Carboxylgruppe	Carboxy-	-carbonsäure -säure	Ethansäure
Ether	R'—$\overline{O}$—R"	Ethergruppe		R' -yl- R" -ylether	Ethylmethylether
Carbonsäure-halogenide	R—C$\overset{\overline{O}|}{\diagdown}$$\overline{X}|$	Halogencarbonyl-gruppe	Halogen-carbonyl-	-oylhalogenid -säurehalogenid	Benzoylchlorid, Ethansäurechlorid
Nitrile	R'—C≡N|	Cyanogruppe	Cyano-	-nitril	Acetonitril
Sulfonsäuren	R'—$\overset{\overset{\overline{O}}{\|}}{\underset{\underset{\overline{O}}{\|}}{S}}$—$\overline{O}$—H	Sulfonylgruppe	Sulfo-	-sulfonsäure	Benzolsulfonsäure
Amine	R'—$\overset{}{\underset{R"}{\overline{N}}}$—R	Aminogruppe	Amino-	-amin	Dimethylamin
Nitroverbin-dungen	R'—$\overset{\oplus}{N}\overset{\diagup\overline{O}|}{\diagdown\underset{\overline{O}}{}}^{\ominus}$	Nitrogruppe	Nitro-		Nitrobenzol
Cyanate	R'—$\overline{O}$—C≡N|	Cyanatogruppe	Cyanato-	-cyanat	Methylcyanat
Isocyanate	R'—$\overline{N}$=C=$\overline{O}$.	Isocyanatogruppe	Isocyanato-	-isocyanat	Diphenylmethan-diisocyanat
Azoverbin-dungen	R'—$\overline{N}$=$\overline{N}$—R"	Azogruppe	Azo-		Azobenzol

R: organischer Rest oder H
R', R": organischer Rest (z.B. Methyl-, Ethyl-, Propyl-, Phenyl-), nicht H

B5 Übersicht zu Stoffklassen

Verbin-dung	Abspaltung eines H-Atoms führt zu
Alkan	Alkylrest (Alkylgruppe) C_nH_{2n+1}—
Benzol	Phenylrest (Phenyl-gruppe) C_6H_5—
Toluol (Phe-nylme-than)	Benzylrest (Benzyl-gruppe) C_6H_5-CH_2—
Ethen	Vinylrest (Vinyl-gruppe) CH_2=CH—

B6 Namen für bestimmte Verbindungsteile

Stoff-klasse	funktionelle Gruppe
Poly-amid	Amidgruppe $\overset{\diagup\overline{O}}{C}$—$\overset{}{\underset{H}{\overline{N}}}$—
Poly-peptid (Prote-in)	Peptidgruppe $\overset{\diagup\overline{O}}{C}$—$\overset{}{\underset{H}{\overline{N}}}$—

B7 Stoffklassen, die funktionelle Gruppen aufweisen, deren Namen nicht im Verbindungs-namen auftauchen, wohl aber im Namen der Stoffklasse

Anhang **357**

Isomeriearten – eine Übersicht

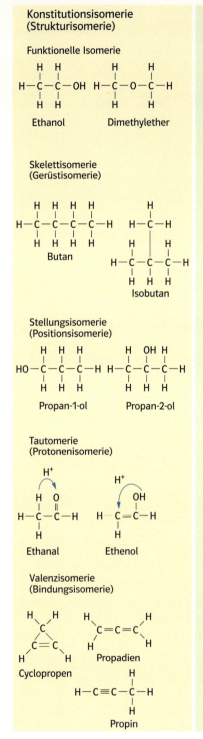

Unter Isomerie versteht man ganz allgemein die Erscheinung, dass Moleküle bei gleicher Summenformel unterschiedliche Strukturformeln besitzen. Isomere sind daher verschiedene Substanzen mit unterschiedlichen chemischen und physikalischen Eigenschaften (Ausnahme: Konformationsisomere).

Konstitutionsisomerie. Moleküle, die bei gleicher Summenformel *unterschiedliche Atomverknüpfungen* haben, werden *Konstitutionsisomere* genannt.

- *Funktionelle Isomere* besitzen unterschiedliche funktionelle Gruppen.
- *Skelettisomere* haben ein unterschiedlich verknüpftes Grundgerüst bei gleichen funktionellen Gruppen.
- Bei *Stellungsisomeren* liegen die gleichen funktionellen Gruppen an unterschiedlichen Positionen.
- *Tautomerie* liegt vor, wenn sich zwei Konstitutionsisomere reversibel ineinander umwandeln können, indem Molekülteile, bevorzugt Protonen, ihren Platz wechseln.
- *Valenzisomere* unterscheiden sich in der Anzahl und/oder Position von Einfach- und Mehrfachbindungen.

Stereoisomerie. Moleküle, die bei gleicher Summenformel und gleicher Verknüpfung der Atome (Konstitution) dennoch *Unterschiede in der räumlichen Anordnung* der Atome (Konfiguration) zeigen, werden *Stereoisomere* genannt.

- *Geometrische Isomere* (*cis-trans*-Isomere) zeigen eine unterschiedliche Lage von Atomen oder Atomgruppen an Doppelbindungen und Ringen.
- *Spiegelbildisomere* treten immer bei Molekülen mit mindestens einem Chiralitätszentrum auf. Die Isomere verhalten sich dann wie Bild und Spiegelbild zueinander.
- *Konformationsisomere* liegen vor, wenn durch Drehung um eine oder mehrere Einfachbindung(en) – ohne dabei Bindungen zu lösen – Atome oder Atomgruppen unterschiedliche räumliche Positionen einnehmen können.

Tabellen

Elektrochemische Spannungsreihe

Red	$\rightleftharpoons$	Ox + z · e⁻	Standardpotential E^0 (in Volt)
$2\,F^-$	$\rightleftharpoons$	$F_2 + 2\,e^-$	+2,87
$2\,SO_4^{2-}$	$\rightleftharpoons$	$S_2O_8^{2-} + 2\,e^-$	+2,00
$4\,H_2O$	$\rightleftharpoons$	$H_2O_2 + 2\,H_3O^+ + 2\,e^-$	+1,78
$PbSO_4 + 5\,H_2O$	$\rightleftharpoons$	$PbO_2 + HSO_4^- + 3\,H_3O^+ + 2\,e^-$	+1,69
$MnO_2 + 6\,H_2O$	$\rightleftharpoons$	$MnO_4^- + 4\,H_3O^+ + 3\,e^-$	+1,68
$Mn^{2+} + 12\,H_2O$	$\rightleftharpoons$	$MnO_4^- + 8\,H_3O^+ + 5\,e^-$	+1,49
$Pb^{2+} + 6\,H_2O$	$\rightleftharpoons$	$PbO_2 + 4\,H_3O^+ + 2\,e^-$	+1,46
Au	$\rightleftharpoons$	$Au^{3+} + 3\,e^-$	+1,42
$2\,Cl^-$	$\rightleftharpoons$	$Cl_2 + 2\,e^-$	+1,36
$2\,Cr^{3+} + 21\,H_2O$	$\rightleftharpoons$	$Cr_2O_7^{2-} + 14\,H_3O^+ + 6\,e^-$	+1,33
$6\,H_2O$	$\rightleftharpoons$	$O_2 + 4\,H_3O^+ + 4\,e^-$	+1,23
$Mn^{2+} + 6\,H_2O$	$\rightleftharpoons$	$MnO_2 + 4\,H_3O^+ + 2\,e^-$	+1,21
Pt	$\rightleftharpoons$	$Pt^{2+} + 2\,e^-$	+1,20
$I_2 + 18\,H_2O$	$\rightleftharpoons$	$2\,IO_3^- + 12\,H_3O^+ + 10\,e^-$	+1,20
$2\,Br^-$	$\rightleftharpoons$	$Br_2 + 2\,e^-$	+1,07
$NO + 6\,H_2O$	$\rightleftharpoons$	$NO_3^- + 4\,H_3O^+ + 3\,e^-$	+0,96
Hg	$\rightleftharpoons$	$Hg^{2+} + 2\,e^-$	+0,85
Ag	$\rightleftharpoons$	$Ag^+ + e^-$	+0,80
$2\,Hg$	$\rightleftharpoons$	$Hg_2^{2+} + 2\,e^-$	+0,80
Fe^{2+}	$\rightleftharpoons$	$Fe^{3+} + e^-$	+0,77
$H_2O_2 + 2\,H_2O$	$\rightleftharpoons$	$O_2 + 2\,H_3O^+ + 2\,e^-$	+0,68
$MnO_2 + 4\,OH^-$	$\rightleftharpoons$	$MnO_4^- + 2\,H_2O + 3\,e^-$	+0,59
$2\,I^-$	$\rightleftharpoons$	$I_2 + 2\,e^-$	+0,54
Cu	$\rightleftharpoons$	$Cu^+ + e^-$	+0,52
$4\,OH^-$	$\rightleftharpoons$	$O_2 + 2\,H_2O + 4\,e^-$	+0,40
$2\,Ag + 2\,OH^-$	$\rightleftharpoons$	$Ag_2O + H_2O + 2\,e^-$	+0,34
Cu	$\rightleftharpoons$	$Cu^{2+} + 2\,e^-$	+0,34
$2\,Hg + 2\,Cl^-$	$\rightleftharpoons$	$Hg_2Cl_2 + 2\,e^-$	+0,27
$Ag + Cl^-$	$\rightleftharpoons$	$AgCl + e^-$	+0,22
$H_2SO_3 + 5\,H_2O$	$\rightleftharpoons$	$SO_4^{2-} + 4\,H_3O^+ + 2\,e^-$	+0,20
Cu^+	$\rightleftharpoons$	$Cu^{2+} + e^-$	+0,16
$H_2S + 2\,H_2O$	$\rightleftharpoons$	$S + 2\,H_3O^+ + 2\,e^-$	+0,14
$Ag + Br^-$	$\rightleftharpoons$	$AgBr + e^-$	+0,07
$H_2 + 2\,H_2O$	$\rightleftharpoons$	$2\,H_3O^+ + 2\,e^-$	0
Fe	$\rightleftharpoons$	$Fe^{3+} + 3\,e^-$	−0,04
Pb	$\rightleftharpoons$	$Pb^{2+} + 2\,e^-$	−0,13
Sn	$\rightleftharpoons$	$Sn^{2+} + 2\,e^-$	−0,14
$H_2O_2 + 2\,OH^-$	$\rightleftharpoons$	$O_2 + 2\,H_2O + 2\,e^-$	−0,15
$Ag + I^-$	$\rightleftharpoons$	$AgI + e^-$	−0,15
Ni	$\rightleftharpoons$	$Ni^{2+} + 2\,e^-$	−0,23
$Pb + SO_4^{2-}$	$\rightleftharpoons$	$PbSO_4 + 2\,e^-$	−0,36
Cd	$\rightleftharpoons$	$Cd^{2+} + 2\,e^-$	−0,40
Fe	$\rightleftharpoons$	$Fe^{2+} + 2\,e^-$	−0,41
Zn	$\rightleftharpoons$	$Zn^{2+} + 2\,e^-$	−0,76
$H_2 + 2\,OH^-$	$\rightleftharpoons$	$2\,H_2O + 2\,e^-$	−0,83
$SO_3^{2-} + 2\,OH^-$	$\rightleftharpoons$	$SO_4^{2-} + H_2O + 2\,e^-$	−0,92
$N_2H_4 + 4\,OH^-$	$\rightleftharpoons$	$N_2 + 4\,H_2O + 4\,e^-$	−1,16
Al	$\rightleftharpoons$	$Al^{3+} + 3\,e^-$	−1,66
Mg	$\rightleftharpoons$	$Mg^{2+} + 2\,e^-$	−2,38
Na	$\rightleftharpoons$	$Na^+ + e^-$	−2,71
Ca	$\rightleftharpoons$	$Ca^{2+} + 2\,e^-$	−2,76
Ba	$\rightleftharpoons$	$Ba^{2+} + 2\,e^-$	−2,90
K	$\rightleftharpoons$	$K^+ + e^-$	−2,92
Li	$\rightleftharpoons$	$Li^+ + e^-$	−3,02

Zunahme der Stärke des Reduktionsmittels

Zunahme der Stärke des Oxidationsmittels

Griechisches Alphabet

A	α	Alpha
B	β	Beta
Γ	γ	Gamma
Δ	δ	Delta
E	ε	Epsilon
Z	ζ	Zeta
H	η	Eta
Θ	ϑ (θ)	Theta
I	ι	Jota
K	κ	Kappa
Λ	λ	Lambda
M	μ	My
N	ν	Ny
Ξ	ξ	Xi
O	o	Omikron
Π	π	Pi
P	ϱ	Rho
Σ	σ (ς)	Sigma
T	τ	Tau
Y	υ	Ypsilon
Φ	φ	Phi
X	χ	Chi
Ψ	ψ	Psi
Ω	ω	Omega

Wichtige elektrische Größen und Einheiten

Größe	Definition	Einheit
Stromstärke I	I (Basisgröße)	1 A (Ampere) (Basiseinheit)
Ladung Q: Stromstärke · Zeit	$Q = I \cdot t$	1 C (Coulomb) $1\,C = 1\,A \cdot s$
Spannung U: $\dfrac{\text{Arbeit}}{\text{Ladung}}$	$U = \dfrac{W}{Q}$	1 V (Volt) $1\,V = 1\,J/C = 1\,W/A$
Widerstand R: $\dfrac{\text{Spannung}}{\text{Stromstärke}}$	$R = \dfrac{U}{I}$	1 Ω (Ohm) $1\,\Omega = 1\,V/A$
Leitwert G: $\dfrac{\text{Stromstärke}}{\text{Spannung}}$	$G = \dfrac{I}{U}$ $= \dfrac{1}{R}$	1 S (Siemens) $1\,S = 1\,\Omega^{-1}$ $= 1\,A/V$
Arbeit W: Spannung · Ladung	$W = U \cdot Q$ $= U \cdot I \cdot t$ $= P \cdot t$	1 J (Joule) $1\,J = 1\,V \cdot C$ $= 1\,W \cdot s$ $1\,kWh = 3{,}6 \cdot 10^6\,J$
Leistung P: $\dfrac{\text{Arbeit}}{\text{Zeit}}$	$P = \dfrac{W}{t} =$ $U \cdot I$	1 W (Watt) $1\,W = 1\,V \cdot A$ $= 1\,J/s$ $1\,kW = 1000\,W$

Anhang

Tabellen

Vielfache und Teile von Einheiten

Vorsatz		Faktor	Vorsatz		Faktor
y	Yocto	10^{-24}	da	Deka	10
z	Zepto	10^{-21}	h	Hekto	10^2
a	Atto	10^{-18}	k	Kilo	10^3
f	Femto	10^{-15}	M	Mega	10^6
p	Piko	10^{-12}	G	Giga	10^9
n	Nano	10^{-9}	T	Tera	10^{12}
µ	Mikro	10^{-6}	P	Peta	10^{15}
m	Milli	10^{-3}	E	Exa	10^{18}
c	Zenti	10^{-2}	Z	Zetta	10^{21}
d	Dezi	10^{-1}	Y	Yotta	10^{24}

Griechische Zahlwörter
(nach chemischer Nomenklatur)

½	hemi	11	undeca
1	mono	12	dodeca
2	di	13	trideca
3	tri	14	tetradeca
4	tetra	15	pentadeca
5	penta	16	hexadeca
6	hexa	17	heptadeca
7	hepta	18	octadeca
8	octa	19	enneadeca
9	nona	20	icosa (eicosa)
10	deca		

Naturkonstanten

Universelle Gaskonstante	$R = 8{,}314510 \, J \cdot K^{-1} \cdot mol^{-1}$
Faraday-Konstante	$F = 96485{,}309 \, C \cdot mol^{-1}$
Planck-Konstante	$h = 6{,}6260755 \cdot 10^{-34} \, J \cdot s$

Größen und Einheiten

Name	Zeichen	Größe, Beziehung	Erläuterungen	Einheitenname	Einheitenzeichen
Masse	m			[Kilo]gramm Atomare Masseneinheit	[k]g $1u = 1{,}661 \cdot 10^{-24}\,g$
Volumen	V		Produkt aus drei Längen	Kubik[zenti]meter Liter Milliliter	[c]m³ $1l = 1\,dm^3$ $1ml = 1cm^3$
Anzahl	N			Eins	1
Stoffmenge	n	$n = \dfrac{N}{N_A}$	$N_A = 6{,}022 \cdot 10^{23}/mol$ (Avogadro-Konstante)	Mol	mol
Dichte	ϱ	$\varrho = \dfrac{m}{V}$	m: Masse der Stoffportion V: Volumen der Stoffportion		g/cm³ $1g/l = 0{,}001\,g/cm^3$
molare Masse	M	$M = \dfrac{m}{n}$	m: Masse der Reinstoffportion n: Stoffmenge der Reinstoffportion		g/mol
molares Volumen	V_m	$V_m = \dfrac{V}{n}$	V: Volumen der Reinstoffportion n: Stoffmenge der Reinstoffportion		l/mol
Stoffmengen-konzentration	c	$c = \dfrac{n}{V}$	n: Stoffmenge einer Teilchenart V: Volumen der Mischung		mol/l
Massenanteil	w	$w_1 = \dfrac{m_1}{m_S}$	m_1: Masse des Bestandteils 1 m_S: Summe aller Massen (Gesamtmasse)	Prozent	1 $1\% = \dfrac{1}{100}$
Volumenanteil	φ	$\varphi_1 = \dfrac{V_1}{V_S}$	V_1: Volumen des Bestandteils 1 V_S: Summe aller Volumina vor dem Mischen	Prozent	1 $1\% = \dfrac{1}{100}$
Kraft	F	$F = m \cdot a$	a: Beschleunigung	Newton	$1N = \dfrac{1kg \cdot m}{s^2}$
Druck	p	$p = \dfrac{F}{A}$	A: Flächeninhalt	Pascal Bar Millibar	$1Pa = 1\dfrac{N}{m^2}$ $1bar = 10^5\,Pa$ $1mbar = 1hPa$
Energie	E	$W = F \cdot s$	Energie ist die Fähigkeit zur Arbeit W s: Weglänge	Joule Kilojoule	$1J = 1N \cdot m$ kJ
Celsiustemperatur	t, ϑ			Grad Celsius	°C
thermodynamische Temperatur	T	$\dfrac{T}{K} = \dfrac{t}{°C} + 273{,}15$		Kelvin	K
elektrische Ladung	Q			Coloumb	C
elektrische Stromstärke	I	$I = \dfrac{Q}{t}$	Q: Ladung t: Zeit	Ampere	$1A = 1\dfrac{C}{s}$

Tabellen

Name der chemischen Elemente	Zeichen	Ordnungszahl	Atommasse in u [4]	Dichte [1] in g/cm³ (Gase: g/l)	Schmelztemperatur in °C	Siedetemperatur in °C
Actinium	Ac	89	227,0277	10,1	1050	3200
Aluminium	Al	13	26,9815386	2,70	660	2467
Antimon	Sb	51	121,760	6,68	630	1750
Argon	Ar	18	39,948	1,66	−189	−186
Arsen	As	33	74,92160	5,72	613 s	—
Astat	At	85	219,9871	—	302	337
Barium	Ba	56	137,327	3,51	725	1640
Beryllium	Be	4	9,012182	1,85	1278	2970
Bismut	Bi	83	208,98040	9,8	271	1560
Blei	Pb	82	207,2	11,4	327	1740
Bor	B	5	10,811	2,34	2300	2550
Brom	Br	35	79,904	3,12	−7	59
Cadmium	Cd	48	112,411	8,65	321	765
Caesium	Cs	55	132,9054519	1,88	28	669
Calcium	Ca	20	40,078	1,54	839	1484
Cer	Ce	58	140,116	6,65	799	3426
Chlor	Cl	17	35,453	2,99	−101	−35
Chrom	Cr	24	51,9961	7,20	1857	2672
Cobalt	Co	27	58,933200	8,9	1495	2870
Eisen	Fe	26	55,845	7,87	1535	2750
Fluor	F	9	18,9984032	1,58	−219	−188
Francium	Fr	87	223,0197	—	27	677
Gallium	Ga	31	69,723	5,90	30	2403
Germanium	Ge	32	72,64	5,32	937	2830
Gold	Au	79	196,966569	19,32	1064	3080
Hafnium	Hf	72	178,49	13,3	2227	4602
Helium	He	2	4,002602	0,17	−272 p	−269
Indium	In	49	114,818	7,30	156	2080
Iod	I	53	126,90447	4,93	113	184
Iridium	Ir	77	192,217	22,41	2410	4130
Kalium	K	19	39,0983	0,86	63	760
Kohlenstoff	C	6	12,0107	2,25 [2]	3650 s [2]	—
Krypton	Kr	36	83,798	3,48	−157	−152
Kupfer	Cu	29	63,546	8,92	1083	2567
Lanthan	La	57	138,90547	6,17	921	3457
Lithium	Li	3	6,941	0,53	180	1342
Magnesium	Mg	12	24,3050	1,74	649	1107
Mangan	Mn	25	54,938045	7,20	1244	1962
Molybdän	Mo	42	95,96	10,2	2610	5560
Natrium	Na	11	22,98976928	0,97	98	883

Name der chemischen Elemente	Zeichen	Ordnungszahl	Atommasse in u [4]	Dichte [1] in g/cm³ (Gase: g/l)	Schmelztemperatur in °C	Siedetemperatur in °C
Neon	Ne	10	20,1797	0,84	−249	−246
Nickel	Ni	28	58,6934	8,90	1455	2730
Niob	Nb	41	92,90638	8,57	2468	4742
Osmium	Os	76	190,23	22,5	2700	5300
Palladium	Pd	46	106,42	12,0	1554	2970
Phosphor	P	15	30,973762	1,82 [3]	44 [3]	280
Platin	Pt	78	195,084	21,4	1772	3827
Polonium	Po	84	208,9824	9,4	254	962
Praseodym	Pr	59	140,90765	6,77	931	3512
Protactinium	Pa	91	231,03588	15,4	1840	4030
Quecksilber	Hg	80	200,59	13,55	−39	356
Radium	Ra	88	226,0254	5,0	700	1140
Radon	Rn	86	222,0176	9,23	−71	−62
Rhenium	Re	75	186,207	20,5	3180	5627
Rhodium	Rh	45	102,90550	12,4	1966	3727
Rubidium	Rb	37	85,4678	1,53	39	686
Ruthenium	Ru	44	101,07	12,3	2310	3900
Sauerstoff	O	8	15,9994	1,33	−219	−183
Scandium	Sc	21	44,955912	3,0	1541	2831
Schwefel	S	16	32,065	2,07 (rh)	119 (mo)	444
Selen	Se	34	78,96	4,81	217	685
Silber	Ag	47	107,8682	10,5	962	2212
Silicium	Si	14	28,0855	2,32	1410	2355
Stickstoff	N	7	14,0067	1,17	−210	−196
Strontium	Sr	38	87,62	2,60	769	1384
Tantal	Ta	73	180,94788	16,6	2996	5425
Technetium	Tc	43	97,9072	11,5	2172	4877
Tellur	Te	52	127,60	6,0	449	990
Thallium	Tl	81	204,3833	11,8	303	1457
Thorium	Th	90	232,0381	11,7	1750	4790
Titan	Ti	22	47,867	4,51	1660	3287
Uran	U	92	238,0289	19,0	1132	3818
Vanadium	V	23	50,9415	5,96	1890	3380
Wasserstoff	H	1	1,00794	0,083	−259	−253
Wolfram	W	74	183,84	19,3	3410	5660
Xenon	Xe	54	131,293	5,49	−112	−107
Yttrium	Y	39	88,90585	4,47	1522	3338
Zink	Zn	30	65,409	7,14	419	907
Zinn	Sn	50	118,710	7,30	232	2270
Zirconium	Zr	40	91,224	6,49	1852	4377

Die Elemente mit den Ordnungszahlen 60 bis 71 und ab 93 sind nicht aufgeführt.
Eine Zusammenstellung aller Elemente befindet sich im Periodensystem am Ende des Buches.

s = sublimiert
p = unter Druck
— = Werte nicht bekannt

1) Dichteangaben für 20 °C und 1013 hPa
2) Angaben gelten für Graphit; Diamant: Schmelztemperatur 3550 °C, Dichte 3,51 g/cm³
3) Angaben gelten für weißen Phosphor; roter Phosphor: Schmelztemperatur 590 °C (p), Dichte 2,34 g/cm³
4) Atommasseneinheit u: 1 u = 0,000 000 000 000 000 000 000 001 660 54 g

Anhang   361

Stichwortverzeichnis

A

Abbruchreaktion 186
Abituraufgabe 344, 349
Abscheidungspotential 250, 269
ABS-Copolymer 203
absoluter Nullpunkt 35
Absorptionsgrad 321
Absorptionsspektrum 299
Absorptionssystem 300, 303, 314
Acetation 87
Acetylsalicylsäure (ASS) 192, 193
achiral 114, 115
Acidose 101
Actin 158, 166
Addition
– elektrophile 185, 187
Additionsreaktion 10, 339
Adenin 168
Adhäsion 213
ADI-Wert 306
Adsorption 316
Aggregatzustand 23, 78
AGW 178
Akku 225
Akkumulator 254, 256, 257, 269
aktives Zentrum 160
Aktivierungsenergie 39, 51–57, 239, 340
Akzeptor 238
Akzeptor-Halbelement 245
Alanin (Ala) 148
Albumin 158
Aldehyddehydrogenase 71
Aldehyde 12, 357
Aldehydgruppe 125, 357
Aldopyranose 172
Aldosen 125
alicyclisch 190
aliphatisch 190
Alizarin 305, 312
Alkalichloridelektrolyse 251
Alkali-Mangan-Batterie 255, 258, 260
alkalisch 89
Alkalose 101
Alkane
– Nomenklatur 11
Alkohol 71
– absoluter 79
Alkoholdehydrogenase 71
Alkohole 12, 357
Alkybenzolsulfonat 295
Alkylbetaine 289
Alkylpolyglucoside (APG) 289
Alkylrest 357
Alleskleber 220
allosterisch 162
all-*trans*-Retinal 302
Allurarot AC (E 129) 307
Amalgamverfahren 251
Amaranth 300
Ameisensäure 56, 87

Amidbindung 205
Amidgruppe 357
Amin 191, 357
– primäres 191
– sekundäres 191
– tertiäres 191
2-Amino-3-phenylpropan-säure 189
Aminobenzol 188
Aminocarboxylat 150
Aminogruppe 149, 150, 154, 350, 357
Aminosäuren 148, 159, 173 189, 350
– Aufbau 149
– essenzielle 148
– Struktur 148, 149
– Trennung 151
Aminosäuresequenz 154, 173
Ammoniak 73, 75
Ammoniakgleichgewicht 80
Ammoniaksynthese 55, 73–76
Ammoniakwasser 9
Ammoniumcarbonsäure 150
Ammoniumcarboxylat 150
Ammoniumchlorid 60
Ammoniumion 9
amorph 198
amphiphil 283
Ampholyt 87, 96, 110, 149, 150, 339
Amphotensid 289
amphoter 87, 339
Amygdalin 189
Amylase 158, 164, 292
Amylopektin 138, 172
Amylose 138, 172
Analysator 118, 119
Analytik 315
angeregter Zustand 300
Anilin 190, 191
Anilingelb 303
Anion 6, 9
Aniontensid 289
Anode 8, 233, 248, 269
Anomer 127, 128, 172
anomeres Kohlenstoffatom 127, 132
Anophelesmücke 188
Anregung 300
Anthracen 183
Anthrachinonfarbstoff 305
Anticodon 169
Antikörper 158
APG 289
Äquivalentleitfähigkeit 246
Äquivalenzpunkt 102, 104, 111, 230, 247
Arbeit 21, 22
– elektrische 22, 39
– mechanische 18
Arbeitsplatzgrenzwerte 178
Arginin (Arg) 148

Aromastoff 165
Aromaten 177, 181
– heterocyclische 183
– polycyclische 183
aromatische Dicarbon-säuren 189
aromatische Kohlenwasser-stoffe 177, 195
aromatische Moleküle
– Kennzeichen 183
– Aromatizität 182
ARRHENIUS, SVANTE 84
Asparagin (Asn) 148
Asparaginsäure (Asp) 148
Aspartam 146
Astaxanthin 310
Asymmetriezentrum 172
asymmetrisch substitu-iertes Kohlenstoffatom 115, 117, 122, 148, 172
Atmosphärendruck 78
atmungsaktive Membranen 212
Atombindung 6
– polare 7
Atomrümpfe 6
Autokatalyse 56
Autoprotolyse des Wassers 88, 252
Auxochrom 314
auxochrome Gruppe 300
Avogadro-Konstante 252
Azofarbstoff 303, 304, 307, 314
Azogruppe 303, 357
Azokupplung 304
Azorubin (E 122) 307
Azoverbindungen 357

B

Babyzelle 255
Backprozess 164
Base 9, 83, 108, 338
– korrespondierende 92, 99
– schwache 94, 111
– sehr starke 94, 111
Basenexponent 91
Basenkation 9
Basenkonstante 91, 110
Basenpaarung 170
Basenstärke 91, 92
Basiskonzepte 333
Batterie 225, 254, 255, 261
Batteriesäure 256
Bauchspeicheldrüse 282
Baumwolle 166
Baustoff 274
BEER, AUGUST 323
Beizenfärbung 312
Beizlösung 311
Benzaldehyd 189, 195
Benzoesäure 178, 189, 195
Benzol 177, 178, 185
– Benennung 178
– Bromierung 185
– Eigenschaften 178
– Gewinnung 178
– Halogenierung 185

– Molekülbau 179
– Reaktivität 179
Benzol-1,2-dicarbonsäure 189
Benzolderivate 188, 189
– Nomenklatur 188
Benzolmolekül 180
– Elektronen-dichtediagramm 180
– Mesomerie 181
– Skelettformel 185
– Struktur 180
Benzpyren 194
Benzylalkohol 189, 190
Benzylrest 357
Beobachtungsebene 334
Betanin 307
Betenrot (E 162) 307
Bezugshalbelement 234, 242
Bilanzbewertung 143
Bilanzierungsziel 142
Bildungsenthalpie 26, 27, 28, 40, 341
– molare 25, 40
Bildungswärme 18
Bilirubin 283
Bindungsenthalpie 29, 341
Bindungslänge 328
Bindungswinkel 325, 328
Biodiesel 278, 279, 295
Biokatalysatoren 57, 173
Biomolekül 177, 183
Biotreibstoff 280
Bisphenol A 204
Biuretreaktion 153
Bleiakkumulator 256, 258
Bleichmittel 291
Blockpolymer 203
Blutzuckerspiegel 126
Bodenkörper 77
BODENSTEIN, MAX 62
Boltzmann-Konstante 35
BOLTZMANN, LUDWIG 34, 53
Bombenkalorimeter 24
BOSCH, CARL 74, 76
BOYLE, ROBERT 84
Bratprozess 165
Braunstein 244, 254
Brennstoff 24, 262
Brennstoffzelle 225, 259, 261, 262
Brennstoffzellenauto 281
Brennstoffzellentechnik 262
Brennwert 24, 341
Brennwerttechnik 24
Brenztraubensäure 161
Brillantschwarz BN (E 151) 307
Brillantblau FCF (E 133) 307
BROGLIE, LOUIS DE 184
Bromidion 87
Bromkresolgrün 104
Bromthymolblau 9, 104, 301, 305
Bromwasser 187

Bromwasserstoff 87
Brønstedbasen 9, 85, 110, BRØNSTED, JOHANNES NICOLAUS 85
Brønstedsäuren 9, 85, 110, BSE 155
Builder 290
Buta-1,3-dien 182
Butan-1-ol 13
Butansäure 273
Butter 276, 277
Buttersäure 273

C

Calciumcarbonat 71, 346
Calciumcarbonat-Calcium-hydrogencarbonat-System 101
Calciumhydrogencarbonat 346
Calciumion 9
Canthaxanthin 310
Carbeniumion 185
Carbokation 185
Carbonation 9, 87
Carbonfasern 218
Carbonsäuren 12, 13, 190, 357
Carbonsäurehalogenide 357
Carbonylfarbstoff 305, 307
Carbonylgruppe 12, 357
Carboxylgruppe 12, 149, 150, 154, 350, 357
Carboxylierung 161
β-Carotin 310
Carotin 310
Carotine (E 160) 307
Carotinoid 310
Cellobiose 133, 172
Cellulose 138–145, 166, 172, 336
Celsiustemperatur 360
Chemie-Abitur 344–351
Chemikalie 352, 353
chemische Elemente 361
chemisches Gleichgewicht 38, 43, 58, 59, 80, 346
– Beeinflussung 66–70
chemische Verschiebung 327
Chinin 178
Chinolingelb (E 104) 307
chiral 114, 115, 337
Chiralität 114, 115, 119, 172
Chiralitätszentrum 115, 172
Chlorbenzol 188
Chloridion 9, 87
Chlorophyll 183, 297, 340
Chlorwasserstoff 85, 87, 91
Cholesterin 277
Cholesterinspiegel 277
Chromatografie 310, 316
Chromophor 300, 314
11-*cis*-Retinal 302
Citrat 291
Citronensäure 220
CLAUSIUS, RUDOLF 34

Stichwortverzeichnis

CMY-Farbraum 299
CMYK 299
Cochenille (E 120) 307
Cochenillerot A (E 124) 307
codogener Strang 169
Codon 169
Coffein 194
Cola-Getränk 108
Compact-Disc 211
Computersimulation 72
Contergan 117
Copolymer 203, 209, 222
– alternierendes 203
– statistisches 203
Copolymerisation 203
CRICK, FRANCIS 168
Cyanat 357
Cyanatogruppe 357
Cyanogruppe 357
Cyclamat 146
Cystein (Cys) 148, 349
Cytosin 168

D
2-Desoxyribose 168
D-α-Aminosäure 148
D-Aldosen 131
D-(+)-Allose 131
D-(+)-Altrose 131
Dampfdruck 78
Daniell-Element 233, 235, 245
D-(–)-Arabinose 131
Dauerwelle 156, 349
De-Broglie-Gleichung 184
Decarboxylierung 161
Deformationsschwingung 325
Dehydrierung 10
delokalisierte Elektronen 182, 300
Delokalisierung 184, 190, 195
Delphinidin 300
Denaturierung 157, 162, 173
Derivat 188
D-(–)-Erythrose 131
Desoxyribonucleinsäure 168, 173
Destillation 78
– fraktionierende 79
Detergenzien 284
DEWAR, JAMES 179
Dextrine 138, 164
β-D-Fructose 172
D-(+)-Galactose 131
D-Gluconolacton 144
α-D-(+)-Glucose 127
α-D-Glucose 128, 144, 172
D-(+)-Glucose 126, 131
β-D-(+)-Glucose 127
β-D-Glucose 128, 172
D-(+)-Glyzerinaldehyd 131
D-(–)-Gulose 131
Diabetes 275
Diaphragma 233, 240
Diaphragmaverfahren 251
Diastereomer 116, 172

Diazotierung 304
Dibrombenzolisomere 179
Dichte 14, 360
D-Idose 131
Diffraktometer 329
Diffusionsstrom 249
Digitalkamera 225
Dihydrogenphosphation 87
Diisocyanat 206
Di-n-octylphthalat 220
Dioxine 215
Dipeptid 152
Dipol 7
Dipol-Dipol-Kräfte 7, 336
Dipolmolekül 7
Direktfärbeverfahren 308
Direktfärbung 313
Disaccharid 125, 132, 133, 134, 137, 172
– reduzierendes 172
Dispergiervermögen 284
Dispersion 284
Dispersionsfärbung 308
Disulfidbrücke 156, 164, 349
D-(–)-Lyxose 131
D-(+)-Mannose 131
D-(–)-Milchsäure 123
DNA 168, 169, 171, 173
DNA-Sequenzanalyse 171
DNS 168
Dodecan-1-ol 13
Dodecansäure 273
Dominosteine 51
Donator 338
Donator-Akzeptor-Konzept 338, 339
Donator-Akzeptor-Reaktion 8
Donator-Halbelement 245
Doppelbindungen
– konjugierte 182, 300, 303
Doppelhelix 168, 173
Drehwinkel α 119
D-(–)-Ribose 131
Druck 360
D-(+)-Talose 131
dtex 212
D-(–)-Threose 131
Dublett 357
Duftstoff 293
D- und L-Deskriptor 122
Duroplaste 198, 199, 209, 221, 337
D-(–)-Weinsäure 121
D-(+)-Xylose 131

E
E-Nummern 307
Einfachzucker 172
Ein-Gen-ein-Polypeptid-Hypothese 169
Einheiten 360
– elektrische 359
– Vielfache und Teile 360
EDA 344
Einstabmesskette 242
EINSTEIN, ALBERT 321

Einwegbatterie 269
Eisen-Sauerstoff-Element 266
Eislaufen 78
Elastan 207
Elastomere 198, 199, 209, 221, 337
elektrische Größen 359
elektrische Ladung 252, 360
elektrische Leitfähigkeit 337
elektrisches Feld 318
elektrische Stromstärke 360
Elektroauto 281
Elektrochemie 225
elektrochemische Doppelschicht 235
Elektrode 233
Elektrolyse 8, 248, 249, 250, 252, 262, 269
Elektrolysezelle 248
Elektrolyt 269
Elektrolytbrücke 240
Elektrolytlösung 233
elektromagnetisches Spektrum 298
elektromagnetische Strahlung 320, 321
Elektronegativität 7
Elektronenabgabe 226
Elektronenakzeptor 226, 338
Elektronenaufnahme 226
Elektronendichteverteilung 328
Elektronendonator 226, 269, 338
Elektronenpaarabstoßungs-modell 6
Elektronenübergang 8, 226, 269
Elektronenübertragung 338
Elektronenwolke 6
Elektrophorese 151, 173
elektrostatische Kräfte 336
Element 334
elementarer Stoff 334
Elementargruppe 14, 356
Elementarladung 252
Eloxalschicht 239
Eloxalverfahren 239
ELSBETT, LUDWIG 278
Elsbett-Motor 278
Emulgator 282
Emulsion 282
Enantiomer 116, 118, 121, 123
endergonisch 38, 40, 341,
Endiol 130
endotherm 32, 33, 340
Energetik 17
Energie 298, 324, 340, 360
– innere 21, 22, 40, 340
– kinetische 19, 52
– potentielle 51

Energiediagramm 52, 340
Energieerhaltungssatz 18, 26, 40, 340
Energiekonzept 340, 341
Energieportion 321
Energieumsatz 17, 18
Enol 130
Enthalpie 22, 23, 25, 40, 341
– freie 37, 40
Enthalpiedifferenz 27
Entropie 34, 36, 40
Entropieänderung 34, 341
Entwicklerlösung 308
Entwicklungsfärbung 308
Enzym 80, 138, 157, 158, 166, 169, 173, 262, 292, 337, 340
– Bau und Wirkungsweise 160, 161
– Bedeutung 57
Enzymaktivität 162, 173
Enzymaktivität und
– pH-Wert 163
– Substratkonzentration 163
– Temperatur 162
Enzymprills 292
Enzym-Substrat-Komplex 160, 173
EPA-Modell 6, 344
Epoxidharz 207, 220
Erdöl 197
erneuerbare Energie-quellen 11
Erythrosin (E 127) 307
erzwungene Reaktion 38
Essig 108
Essigsäure 87, 91
Essigsäure-Acetat-Puffer 100, 103
Essigsäuredimer 13
Essigsäureethylester 58
Ester 12, 13
– Bildung 60
– Spaltung 60
Estergruppe 12
Esterquats 289
Ethanal 71
Ethandiol 13
Ethanol 13, 71
Ether 357
Ethergruppe 357
exergonisch 38, 40, 341
exotherm 32, 33, 340
Explosion 53
Exponent 63
Exponentialfunktion 354
Extinktion 323
Extinktionskoeffizient 323
Extraktion 310
Extruder 208
Extrudieren 208

F
β-Faltblatt 154, 173
Faraday-Gesetze 252
Faraday-Konstante 252

FARADAY, MICHAEL 178
Farbe 298–302, 314, 320
Färbeflotte 311
Färben 310, 311, 312, 313
Farbensehen 302
Färberkrapp 312
Färberwaid 308
Färbeverfahren 308, 309, 314
Farbkreis 299
Farbmischung
– additive 299, 302, 314, 320
– subtraktive 299, 314
Farbstoff 293, 297, 310–313, 339
Farbstoffklasse 303, 304, 305
Farbübertragungsinhibitor 293
Faser 166, 167
Fehling'sche Probe 12, 126, 130, 144, 172, 350
Feldstärke 326
Ferment 57
Fettalkoholethersufate (FES) 289
Fettalkoholethoxylate (FAEO) 289
Fettalkoholsulfate (FAS) 289
Fettbrand 278
Fette 164, 271, 295, 315
– als Energieträger 278
– als nachwachsende Rohstoffe 278
– Aufbau 272
– Bedeutung als Nahrungsmittel 274
– Eigenschaften 272
– Löslichkeit 273
– Schmelztemperatur-bereich 272
– Verseifung 282
Fetthärtung 276
Fetthydrolyse 282
Fettmolekül 272
Fettsäuren 272, 273
– essenzielle 272
– gesättigte 273
– ungesättigte 272, 273
Fettverdauung 275
Fettverzehr 275
Feuerzeuggas 316
Fingerprintbereich 325
FISCHER, HERMANN EMIL 122, 123, 126
Fischer-Projektion 136
Fischer-Projektionsformeln 122, 123, 124, 127
Flachbatterie 255
Flachs 208
Fließgleichgewicht 71
Fließmittel 316
Fluorescein 305
Folienblasen 208
Formiation 87
Fotometer 56, 323

Stichwortverzeichnis

Fotometrie 320–323, 330
Fotosynthese 340
Fotovoltaik 261
Fotozelle 321
Fragment 318
Fragmentierung 319
FRANKLIN, ROSALIND 168
freie Enthalpie 37, 40
freie Reaktionsenthalpie 37, 38
freiwillige Reaktion 38
Frequenz 298, 300, 324
Fructose 129, 160
funktionelle Gruppe 325, 335, 356, 357
Furan 129, 183

G

Galactose 349
Gallseife 275
galvanisches Element 22, 233–238, 245, 248, 254, 269
Galvanisieren 265
Gaschromatografie 316, 317, 330
Gaschromatogramm 317
GC/MS-Methode 319, 330
Gefahrenhinweise (H-Sätze) 353
Gefahrenkategorie 352
Gefahrenklasse 352
Gefahrenpiktogramm 352
Gefahrensymbol 352
Geheimtinte 294
Gehirn 302, 320
Gelborange S (E 110) 307
Gelelektrophorese 151
Gemisch
– azeotropes 79
Gen 168, 169, 170
Genetischer Code 170
Gentechnik 171
Gerüststoff 290
Gesamtentropie 34, 35, 38
Geschmacksverstärker 159
Geschwindigkeit
– momentane 45
Geschwindigkeitsgesetz 48, 49
Geschwindigkeitskonstante 48, 52
Geschwindigkeitsverteilung 53
Gewässergüte 230
Gewässerprobe 231
GHS 352
Gibbs-Helmholtz-Gleichung 40
GIBBS, JOSIAH W. 37
Giftgas 76
Glaselektrode 242
Glastemperatur 199
Gleichgewicht 72, 78, 100
– chemisches 38
– dynamisches 59, 342
– heterogenes 77
– homogenes 63

Gleichgewichtseinstellung 58, 62
Gleichgewichtskonstante 38, 62, 63, 64, 68, 91, 343
Gleichgewichtskonzentration 65
Gleichgewichtskonzept 342, 343
Gleichgewichtspfeil 58
Gleichgewichtsreaktion 13, 38, 241, 342
Gleichgewichtsverschiebung 67
Gliadine 164
Globally Harmonized System (GHS) 352
Gluconeogenese 161
Glucose 12, 126, 127, 145, 164, 336, 342
Glucotest 144
Glutamat 159
Glutamin (Gln) 148
Glutaminsäure (Glu) 148
Glutathion 164
Gluten 164
Glutenine 164
Glycerin 272
Glycin (Gly) 148, 337
Glycosid 132
glycosidische Bindung 132, 172
α-1,4-glycosidische Bindung 172
α, β-1,2-glycosidische Bindung 172
1,2-glycosidische Bindung 134
1,4-glycosidische Bindung 132
1,6-glycosidische Bindung 138
β-1,4-glycosidische Bindung 172
GOD-Test 144
Grenzflächenaktivität 284
Grenzflächenspannung 284
Grenzformeln 182
griechisches Alphabet 359
griechische Zahlwörter 360
Größen 14, 360
– elektrische 359
Größengleichung 14
Grundzustand 300
Gruppenspezifität 161
Guanin 168
Guaran 349
Guarkernmehl 349

H

Haber-Bosch-Verfahren 74
HABER, FRITZ 74, 76
Halbacetal 127
Halbacetalbildung 339
– intramolekulare 127, 136
Halbäquivalenzpunkt 105
Halbelement 233, 237, 241, 245, 269

Halbstrukturformel 356
Halbtitration 105, 111
Halbwertszeit 47
Halbzelle 233
Halogencarbonylgruppe 357
Hämoglobin 152, 156, 158, 183
Harnstoff 162
Hauptsatz der Thermodynamik
– Erster 40, 341
– Zweiter 38, 40
– Dritter 35
Hausenergietechnik 262
Haushaltszucker
– Verwendung 135
Haworth-Projektion 127, 136
HAWORTH, WALTER NORMAN 127
Heizkraftwerk 262
Heizwert 24
α-Helix 154, 164, 173
HELMHOLTZ, HERMANN VON 26
Hemmung
– allosterische 163
– irreversible 163
– kompetitive 163
– nicht kompetitive 163
– reversible 163
Henderson-Hasselbalch-Gleichung 111, 338
Herzschrittmacher 254
HESS, GERMAIN HENRI 26
Heteroaromat 195
Heteroatom 356
heterolytisch 185
Hexadecan-1-ol 13
Hexadecansäure 273
Hexan-1-ol 13
Hexose 125, 131
Hinreaktion 62
HIPPOKRATES 192
Histidin (His) 148
Hochdruckpolyethen 201
HOFFMANN, FELIX 193
Hohlkörperblasen 208
homologe Reihe
– Alkanole 13
– Alkane 10
homolytisch 186
Homöostase 101
Honig 134
Hormon 158
Hormonrezeptor 158
HÜCKEL, ERICH 183
Hückel-Regel 183, 194
Hydrierung 10
Hydrierungsenergie 181
Hydrogencarbonat 71
Hydrogencarbonat-Carbonat-Gleichgewicht 290, 346
Hydrogencarbonation 9, 87, 101
Hydrogenphosphation 87
Hydrogensulfation 9, 87

Hydrogensulfidion 9, 87
Hydrogensulfition 9, 87
Hydrolyse 58, 282
hydrophil 273
hydrophob 273
Hydroxidion 9, 88, 98
4-Hydroxyazobenzol 304
Hydroxybenzol 188
Hydroxylgruppe 12, 150, 357
– halbacetalische 137, 172

I

IEP 151, 173
IKEDA, KIKUNAE 159
IMMERWAHR, CLARA 76
Indanthrenfarbstoff 305
Indigo 305, 309, 313
Indigofärbung 309
Indigotin (E 132) 307
Indikator 9, 102, 104, 111
Indikatorelektrode 242
Indikatorsäure 104
Inertelektrode 237
Inertgas 317
Informationsübertragung 169
Infrarotspektroskopie 324, 330
Infrarotstrahlung 298
innere Energie 21, 22, 40
Insulin 158
Interferenz 285
intermolekular 116
Internet 72
intramolekular 116, 127
Inversion 134
Invertzucker 134
Iod-Kaliumiodid-Lösung (Lugol'sche Lösung) 138, 300
Iodometrie 230
Iodwasserstoff 62
Ionenäquivalentleitfähigkeit 246
Ionenbindung 6, 156, 336
Ionen-Dipol-Kräfte 7
Ionengitter 6
Ionengleichung 244
Ionenkanal 158
Ionenprodukt 89
Ionenprodukt des Wassers 88, 92, 110
Ionensammler 318
Ionisationskammer 318
IR-Spektrum 324, 325
IR-Strahlung 324
Isocyanate 357
Isocyanatogruppe 357
isoelektrischer Punkt 150, 173
Isoleucin (Ile) 148
Isomerie 10
– cis-trans- 10
– funktionelle 358
– geometrische 358
Isopren 310
isotaktisch 223

J

Jeans 309

K

Kalandrieren 209
Kalilauge 9
Kaliumion 9
Kalk 346
Kalkablagerung 290
Kalkwasser 9
Kalorimeter 19, 24, 30, 31
Kältemittel 75
Kapazität 256
Karbolsäure 190
Katalysator 57, 68, 73, 80, 262, 340
Katalyse 54
– heterogene 55
– homogene 56
Kathode 8, 233, 248, 269
Kation 6, 9
Kationtensid 289
K_B-Wert 91, 92, 110
Keil-Strich-Schreibweise 115
KEKULÉ, AUGUST FRIEDRICH 179
Kelvin-Temperaturskala 34
Keratin 158, 167, 349
Kernseife 282
Kernspintomografie 327
Keto-Endiol-Tautomerie 130, 145
Keto-Enol-Tautomerie 130, 339
Ketofuranose 172
Ketogruppe 125, 357
Ketone 12, 357
Ketopyranose 172
Ketose 125
kinetische Energie 184
Klebstoff 213
kleinste Teilchen 334
Knallgaszelle 259
Knopfzelle 254
Koeffizient 63
Kohäsion 213
Kohlenhydrate 113, 125, 144, 164, 172
Kohlensäure 9, 87, 345
Kohlensäure-Hydrogencarbonat-Puffer 101
Kohlenstoffdioxid 69, 164, 346
Kohlenstoffkreislauf 11
Kohlenstoffmonooxid 182
Kohlenwasserstoffe 10
– Bindungsverhältnisse 10
– gesättigte 10
– physikalische Eigenschaften 11
– polycyclische aromatische 194, 195
– räumlicher Bau 10
– Reaktionsverhalten 10
– ungesättigte 10
KOLBE, HERMANN 192
Kollagen 158

364 Anhang

Stichwortverzeichnis

Kollisionsmodell 49, 80
Kolloid 283
Kolorimetrie 320–323, 330
Komplementärfarbe 298, 314, 320
Kondensationsreaktion 152, 172
konduktometrische Titration 247
Konformationsisomerie (Rotationsisomerie) 358
Konstitutionsisomerie (Strukturisomerie) 358
Konstitutionsisomer (Strukturisomer) 130
Kontaktelement 263, 269
Konvertierung 74
Konzentration 47
Konzentrationsänderung 66
Konzentrationsausgleich 32
Konzentrationselement 240, 242, 243
Konzentrations-Zeit-Diagramm 45
Korrosion 263–269
Korrosionsinhibitor 293
Korrosionsschutz 263–269
– aktiver 269
– kathodischer 265, 268
– passiver 265, 269
Kräfte
– elektrostatische 6
– zwischenmolekulare 7
Krapplack 312
Krapprot 305
Kreisprozess 26
Kristallgitter 328
Kristallviolett 305
K_S-Wert 91, 92, 93, 110, 335
Kugelspiel 61
Kunststoff 337
Kunststoffabfall 214
– energetische Verwertung 215
– stoffliche Verwertung 214
– Verbrennung 215
– Vermeidung 214
– Verwertung 222
Kunststoffe 11, 197
– biologisch abbaubare 219
– Eigenschaften und Struktur 198
– Herstellung 220
– Verarbeitung 208, 222
– Verwendung 210
Küpenfärbung 309
Kurkumin (E 100) 307
Küvette 323
K_W-Wert 88, 110

L

L-α-Aminosäure 148
Lackmus 104
Lactid 219
Lactose 137
LADENBURG 179
Lambert-Beer-Gesetz 323
LAMBERT, JOHANN HEINRICH 323
Lands 211
Laurinsäure 273
LAVOISIER, ANTOINE LAURENT 84
Lebensmittelfarbstoff 306
– natürlicher 306
– synthetischer 306
Leclanché-Element 254, 260
LECLANCHÉ, GEORGES 254
Leerlaufspannung 234
Lein 139
Leitfähigkeit 247
– elektrische 6
Leitfähigkeitstitration 246, 247
Leuchtgas 178
Leucin 349
Leucin (Leu) 148
Leukoindigo 309
Levi 309
Licht 298, 314, 320
– linear polarisiertes 118, 172
– monochromatisches 172, 299, 321
Lichtgeschwindigkeit 298
LIEBIG, JUSTUS VON 84, 178
LINDE, CARL VON 75
Linolsäure 273
Lipase 161, 275, 282, 292
Lithium-Ionen-Akkumulator 258
Lithium-Mangan-Batterie 255, 258
L-(+)-Milchsäure 123
Logarithmus 89, 241, 354, 355
Lokalanode 263, 264
Lokalelement 263, 264, 267
Lokalkathode 263, 264
Löslichkeit 77
Löslichkeitsprodukt 243
Lösung
– alkalische 9
– gesättigte 77
– kolloidale 283
– saure 9
Lösungsenthalpie 31
Lösungsgleichgewicht 77
Lösungstension 235
LOWRY, THOMAS 85
Lunge 50
Lungenbläschen 50
Lutein (E 161 b) 307
L-(+)-Weinsäure 120, 121
Lycopin 300
Lysin (Lys) 148

M

(+)-Milchsäure 119, 120
(−)-Milchsäure 119, 120
Magnetfeld 318, 326
Magnetresonanztomografie (MRT) 327
MAILLARD, LOUIS 165
Maillard-Reaktion 164, 165
Makromolekül 133, 168, 198, 336
Makrozustand 36
Maltase 160
Maltose 132, 160, 164, 172
Mannose 349
Margarine 276, 277
Masse 14, 360
Massenanteil 15, 360
Massenkonzentration 15, 88, 108, 120
Massenspektrometer 318
Massenspektrometrie 318, 319, 330
Massenspektrum 318
Massenwirkungsgesetz 38, 62, 63, 64, 71, 80, 91, 241, 342
Maßlösung 102, 111
Maxwell-Boltzmann-Verteilung 53
MAXWELL, JAMES CLERK 53
−M-Effekt 300
+M-Effekt 300
M-Effekt 300
Melasse 135
Membranverfahren 251
mesomere Grenzformel 181, 190, 303
Mesomerie 152, 182
Mesomerieeffekt 329
Mesomerieenergie 181
Meso-Verbindung 116
meta-Dibrombenzol (m-Dibrombenzol) 179
Metall
– edles 238
– Eigenschaften 6
– unedles 238
Metallatom 8
Metallbindung 6
Metallhydridspeicher 262
Metallhydroxid 86
Metallion 8
metallorganische Verbindung 201
metastabil 54
Methanol 13
Methionin (Met) 148
Methylorange 104, 303
Methylrot 104
Micelle 283, 295
Microzelle 255
Mignonzelle 255
Mikrofaser 212
Mikrowellen 298
Mikrozustand 36
Milchsäure 119, 122
Mindestenergie 52
Mindestgeschwindigkeit 52, 53
Minuspol 233, 269
MITSCHERLICH, EILHARD 178

molare Bildungsenthalpie 25, 40
molare freie Standard-bildungsenthalpie 39
molare Größe 346
molare Masse 14, 360
molare Schmelzenthalpie 25
molare Standardbildungs-enthalpie 27, 28
molare Standardbindungs-enthalpie 29
molares Volumen 14, 360
Molekülmodell 136
Monomer 198, 200, 221
Monosaccharid 125, 126, 127, 128, 129, 130, 137, 172, 350
Monozelle 255
m-RNA 169
MRT 327
Mutarotation 128, 172
Mutation 170
MWG 63, 72, 80
Myosin 158, 166
Myristinsäure 273

N

nachwachsende Rohstoffe 140, 141
Nachweislösung 320
Nanometer 328
Naphthalin 183
NAPOLÉON BONAPARTE, CHARLES LOUIS 276
Natriumacetatlösung 103
Natriumion 9
Natriumpercarbonat 291
Natronlauge 9, 102
Naturdiesel 278
Naturfarbstoff 311
Naturkonstanten 360
Nennspannung 254
Nernst-Gleichung 240, 241, 242, 245, 269, 338
NERNST, WALTHER 241
Netzhaut 302
Netzwirkung 284
Neurotransmitter 159
Neutralisation 9, 99
Neutralisationsenthalpie 30
Neutralisationsgleichung 107
Neutralisationstitration 346
Neutralisationswärme 18
Neutralpunkt 103
Nickel-Cadmium-Akku-mulator 257, 258
Nickel-Metallhydrid-Akku-mulator 257, 258
Niederdruckpolyethen 201
Nikotin 194
Ninhydrin 151
Niotensid 289
Nitration 9, 87
Nitrile 357

Nitrogruppe 357
Nitroverbindungen 357
NMR-Spektrometer 327
NMR-Spektroskopie 326, 327, 330
Nomenklatur organischer Verbindungen 357
Normbedingungen 15
Nucleinsäure 168, 169, 170, 173
Nucleosid 169
Nucleotid 168, 169, 170
Nylon 205

O

Oberfläche 50
Oberflächenspannung 283, 285
Octadecansäure 273
Ohm'sches Gesetz 246, 249
Ökobilanz 142, 143
Öl 295
Oligosaccharid 125, 172
Öllampe 278
Ölsäure 273
Omega-3-Fettsäure 277
Operator 344
optische Aktivität 118, 119, 120, 121, 172
optischer Aufheller 292
Ordnung 33
Ordnungszustand 33
organische Chemie 10
ortho-Dibrombenzol (o-Dibrombenzol) 179
Oszillationstheorie 179
Oxalacetat 161
Oxalessigsäure 161
Oxalsäure 56, 230
Oxidation 8, 226, 244, 269
Oxidationsmittel 8, 227, 238, 338
– korrespondierendes 238
Oxidationszahl 228, 338
Oxoniumion 9, 85, 88, 98, 101
Oxytocin 158

P

Palmitinsäure 273
PAN 201
Papierchromatografie 316
Papierelektrophorese 151
Papierherstellung 141
para-Dibrombenzol (p-Dibrombenzol) 179
Passivierung 239, 265
PASTEUR, LOUIS 121
Patentblau V (E 131) 305, 307
PCR 171
PE 201
Peak 319
PEMFC 259, 262
Pentan-1-ol 13
Pentose 125, 131, 168
Pepsin 163

Stichwortverzeichnis

Peptidbindung 152, 173, 205, 350
Peptide 152
Peptidgruppe 152, 357
Perchloration 87
Perchlorsäure 87, 92
Perlon 205
Permanganometrie 230
Peroxid 200
PET 204
Pfropfpolymer 203
Phänomenebene 334
Phase 50, 77
– mobile 316
– stationäre 316
Phasengrenze 233
Phasengrenzfläche 50
Phenol 188, 190, 195
Phenolation 190
Phenolphthalein 9, 104, 305
Phenylalanin (Phe) 148, 159, 189
Phenylmethan 189
Phenylrest 190, 357
pH-Meter 242
pH-Optimum 163
Phosphation 87
Phosphonat 290, 291
Phosphorsäure 87, 140, 168
Phosportrichloridoxid 140
Photon 298, 321
Phthalsäure 189
pH-Wert 89–98, 100, 101, 110, 157, 242
pH-Wert-Messung 242
pH-Wert-Skala 90
Picometer 328
Pigment 165, 312
Pikration 190
Pikrinsäure 190
Pits 211
pK_B-Wert 91, 92, 96, 105, 110
pK_S-Wert 91, 92, 96, 100, 103, 105, 110, 335, 338
pK_W-Wert 110
PLA 219
Planck-Konstante 298
PLANCK, MAX 298, 321
Platinelektrode 236, 249
Pluspol 233, 269
PMMA 201
pOH-Wert 89, 110, 111
Polytetrafluorethen (PTFE) 202
Polarimeter 118, 119, 172
Polarisationsfilter 118
Polarisationsspannung 249
Polarisator 118, 119
Polyacrylnitril (PAN) 201, 202
Polyaddition 200, 206, 221
Polyaddukt 206
Polyamid 205, 212, 222 357
Polycarbonat 204, 211, 222
Polycarboxylat 291
Polyester 204, 212, 222

Polyesterharz 205
Polyethen (PE) 201
Polyethylenterephthalat (PET) 204
Polyhydroxybuttersäure 219
Polykondensation 200, 204, 219, 221
Polylactid 219
Polymer 198, 200, 221
Polymerase-Kettenreaktion 171
Polymerisation 200, 219, 221
– radikalische 200
Polymerisationsgrad 201
Polymermembran 259
Polymermembran-Brennstoffzelle 259
Polymethylmethacrylat (PMMA) 201, 202
Polymilchsäure 219
Polypeptid 152, 357
Polypropen (PP) 201,212
Polysaccharid 125, 138, 139, 172, 350
Polystyrol (PS) 201, 202
Polytetrafluorethen (PTFE) 201, 212
Polyurethan (PU) 188, 206
Polyvinylchlorid (PVC) 201, 202
Polyvinylpyrrolidon 293
Potential 234, 236
Potentialdifferenz 234, 245, 269
Potenz 354, 355
PP 201
Pressen 208
Primärelement 254, 269
Primärreformer 74
Primärstruktur 154, 173, 337, 349
Prinzip vom kleinsten Zwang 70, 343, 346
Prinzip von LE CHATELIER und BRAUN 70, 73, 77, 80, 343, 346
Prionenerkrankung 155
Probelösung 102, 111
Prolin (Pro) 148
Propan-1-ol 13
Propantriol 13
Proportionalitätskonstante 40, 252
Prostaglandine 274
Protease 158, 292
Proteid 173
Proteine 57, 162, 164, 168, 170, 173, 329
– Bedeutung 158
– Eigenschaften 153
– Funktion 158, 166
– Nachweis 153
– Struktur 154, 155, 156
– Vorkommen 153
Protolyse 86, 111
– von Salzen 96

Protolysegleichgewicht 91
Protonenabgabe 9
Protonenakzeptor 9, 85, 99, 149, 338
Protonenaufnahme 9
Protonendonator 9, 85, 149, 338
Protonenübergänge 9
Protonenübertragung 338
Provitamin A 310
PS 201
PU 206
Puffer 101
Pufferlösung 98, 242
Puffersystem 98, 99, 100, 111
Purin 194
Purinbase 168
PU-Schaumstoff 206
PVC 201, 220
Pyran 127, 129, 183
Pyridin 183
Pyrimidin 194
Pyrimidinbase 168
Pyrolyse 215
Pyrolyseanlage 215
Pyrrol 183
Pyruvat 161

Q
Quantenobjekt 184
quartäre Dialkylam-moniumester 289
Quartärstruktur 156, 173, 337
Quartett 327

R
Racemat 117, 121, 172
Radikal 186, 200
radioaktive Strahlung 157
Radiowellen 298, 326
Rapsöl 278
Rapsölmethylester 278
Reaktion
– 1. Ordnung 48
– 2. Ordnung 48
– endergonische 38, 40
– endotherme 18
– erzwungene 38
– exergonische 38, 40
– exotherme 18
– umkehrbare 58
– unvollständig ablaufende 38
Reaktionsenergie 21, 40, 340
Reaktionsenthalpie 26, 27, 28, 29, 30, 40
– freie 37, 38
Reaktionsentropie 35, 40
Reaktionsgeschwindigkeit 43–55
– mittlere 44, 80
– momentane 45, 80
Reaktionsgleichungen
– verschiedene Typen 356
Reaktionskette 186

Reaktionskoordinate 51
Reaktionsmechanismus 186
Reaktionswärme 18, 19, 20, 21, 22
Reaktivfärbung 308
Reaktor 75
Realisierungsanzahl 36
Redoxgleichung 228, 229, 244
Redoxpaar 227, 269
Redoxpotential 234, 241, 242
Redoxreaktion 8, 30, 225, 226, 238, 269, 338
Redoxreihe 232
Redoxtitration 230
Reduktion 8, 226, 244, 269
Reduktionsmittel 8, 157, 227, 238, 269, 338
Referenzmessung 322, 323
Reformer 262
regenerative Energie-quellen 11
Replikation 170
Resonanzfrequenz 326
Retentionszeit 317
RGB-Farbraum 299
RGT-Regel 53, 80
Rhodopsin 302
Ribonucleinsäure 169
Ribose 169
Rizinussamen 282
RME 278
RNA 169
Rohrreiniger 109
Rohrzucker 134
Röntgenstrukturanalyse 328, 329, 330
Rosten 264, 266
Rübenzucker 135
Rückreaktion 62
Rücktitration 346

S
Saccharin 146
Saccharose 134, 160, 172
Sachbilanz 142, 143
Salicylsäure 192
Salpetersäure 9, 87
Saltzmann-Reagenz 304
Salzsäure 9, 91, 102, 346
Salzsäurespringbrunnen 9
SAS 289
Sättigungsdampfdruck 78
Sättigungsdampfdruck-kurve 78
Satz von HESS 26, 28, 40, 341
sauer 89
Sauerstoffbestimmung 230, 231
Sauerstoffkorrosion 264
Säure 83, 108, 338
– dreiprotonige 87
– einprotonige 87
– korrespondierende 92, 99
– mehrprotonige 87, 103

– schwache 93, 94, 100, 102, 111
– sehr starke 92, 94, 111
– starke 103
– zweiprotonige 87
Säure-Base-Gleichgewicht 83, 87, 104
Säure-Base-Indikator 104, 303, 314
Säure-Base-Paar 86, 92
– korrespondierendes 86, 110
Säure-Base-Reaktion 9, 86, 338
Säure-Base-Titration 102, 103, 111
Säureexponent 91
Säurekonstante 91, 110
Säurekorrosion 264
Säuren 9
Säurerestanion 9
Säurestärke 91, 92
Schaumregulator 293
Schaumstoffe 209
SCHEELE, CARL WILHELM 272
Schichtdicke 321
Schichtsilicat 291
Schlüssel-Schloss-Prinzip 160, 173, 337
Schmelzenthalpie 23, 25
Schmelzspinnverfahren 212
Schmelztauchen 265
Schmelztemperaturbereich 272
Schmierseife 282
SCHÖNBEIN, CHRISTIAN FRIEDRICH 259
Schutzproteine 158
Schwefelsäure 9, 87
Schwefelwasserstoff 87
Schwefelwasserstoffsäure 9
Schweflige Säure 9, 87
Schwermetallion 157, 163, 291
Seife 271, 283–287, 295
Seifenanion 283
Seifenblase 285
Seifenschaum 285
Sekundäre Alkansulfonate (SAS) 289
Sekundäre Estersulfonate (SES) 289
Sekundärelement 254, 256, 269
Sekundärreformer 74
Sekundärstruktur 154, 173, 337, 349
Selektion 170
Seliwanow-Probe 129
Separator 256
Serin (Ser) 148, 349
Sesseldarstellung 128
Shampoo 288
Sicherheitshinweise (P-Sätze) 353

366 Anhang

Stichwortverzeichnis

Siedediagramm 79
Signalwort 353
Silane 200, 216
Silberoxid-Zink-Batterie 258
Silberoxid-Zink-Knopfzelle 255
Silberspiegelprobe (Tollensprobe) 126, 130, 144, 172, 350
Silicat 291
Silikone 216, 217
Silikonharze 217
Silikonkautschuke 217
Silikonöle 217
Siloxane 216, 217
Skelettformel 179, 356
Skelettisomerie (Gerüstisomerie) 358
Solvent Yellow 124 304
Sorbit 146
Spannung 236
Spannungsquelle 260
Spannungsreihe
– elektrochemische 236–239, 269, 338, 359
Spektralfarben 298
Spektrenbibliothek 325
spezifische Drehung 120
spezifische Verbrennungs-enthalpie 25
Spiegelbildisomerie (Konfigurationsisomerie) 114, 115, 358
Spiegelbildisomer 116, 172
Spin-Spin-Kopplung 327
spontaner Vorgang 32–34
Spritzgießen 208
Stäbchen 302
Stalagmit 71
Stalaktit 71
Standardbedingungen 39, 236, 237, 238
Standardbildungsenthalpie 27, 28, 40
– freie 39
Standardbindungsenthal-pie 29
Standardenthalpie 27
Standardpotential 236, 237, 238, 269, 338, 359
Standardreaktionsenthal-pie 39
Standardwasserstoff-elektrode 236, 237, 269
Stärke 138–141, 164, 336
– modifizierte 140
Stärkenachweis 138
Startreaktion 186
stationäre Phase 316
STAUDINGER, HERMANN 198
Stearinsäure 273
Stechheberversuch 61
Stellmittel 293
Stellungsisomerie (Positionsisomerie) 358
Stereoisomer 114, 115

Stereoisomerie (Raumisomerie) 358
Stickstoffdünger 76
Stoffebene 273, 334
Stoffgemisch 316
Stoffgleichung 244
Stoffklasse 357
Stoffmenge 14, 102, 360
Stoffmengenänderung 28, 35
Stoffmengenanteil 78
Stoffmengenkonzentration 15, 68, 89, 360
Stoffmengenverhältnis 346
Stoffportion 14
Stoff-Teilchen-Konzept 334, 335
Stoffumwandlung 18
Stromdichte 250
Stromerzeugung
– elektrochemische 254–258
Stromstärke-Spannungs-Kurve 249
Struktur-Eigenschafts-Konzept 149, 336, 337
Strukturformel 356
Strukturproteine 158
Styrol 189, 195
Styrol-Butadien-Copolymer 203
Substitution 10, 185, 195
– am Ring 186
– an der Seitenkette 186
– elektrophile 185, 186, 304
– radikalische 186
Substrat 57
Substrathemmung 163
Substratsättigung 163
substratspezifisch 173
Substratspezifität 160
Sulfation 9, 87
Sulfidion 9, 87
Sulfition 9, 87
Sulfonatgruppe 303
Sulfonierung 304
Sulfonsäuren 357
Sulfonylgruppe 357
Summenformel 356
Superabsorber 213
Süßstoff 146
syndiotaktisch 223
Synthesefasern 212
Synthesegemisch 74
System 18, 33, 40, 340
– geschlossenes 18, 40
– homogenes 63
– isoliertes 18, 26, 40
– metastabiles 39
– offenes 18, 40, 71
Systemanalyse 142

T

TAED 291
Tafelwasser 345
Tartrazin (E 102) 306, 307
Tautomerie (Protonen-isomerie) 130, 358

Teilchenanzahl 14
Teilchenebene 51, 273, 334
Teilchengeschwindigkeit 19, 52
Teilchenmasse 14
Teilchenmodell 334
Teilgleichung 229, 244
Teilladung 7
Temperatur 52, 53
Tenside 271, 284, 285, 286, 289, 295
– amphotere 288, 289
– anionische 288, 289
– kationische 288, 289
– nichtionische 288, 289
Terephthalsäure 189
Tertiärstruktur 156, 163, 337, 349
Tetraacetylethylendiamin (TEAD) 291
Tetradecansäure 273
Tetraeder 114
Tetrose 125, 131
Thalidomid 117
Thaumatin 146
Thermodynamik 26
thermodynamische Temperatur 360
Thermoplaste 198, 199, 204, 208, 212, 221, 337
Threonin (Thr) 148
Thymin 168
Thymolblau 104
Thymolphthalein 104
Titration 104, 106, 107
Titrationskurve 102, 106
Toluol 189, 195
Trägergas 316
trans-Fettsäuren 277
Transkription 169
Translation 169
Transmission 325
Transmissionsgrad 321
Traubensäure 121
Trennsäule 316
Triacyl 272
Triacylglycerine 272
Triglyceride 272
Triiodidion 138
Triose 131
Triosen 125
Tripeptid 152
Triphenylmethanfarbstoff 305, 307
Triphenylmethylkation 301
Triplett 170, 327
t-RNA 169
Tropfsteinhöhle 71
Trypsin 163
Tryptophan (Try) 148
Tyndall-Effekt 153, 283

U

Übergangszustand 51
Überpotential 250

Überspannung 250
Ultraviolettstrahlung 298
Umgebung 18, 33, 40
Umschlagsbereich 104
Universalindikator 9
Unordnung 36
unpolar 273
Uracil 169
Urease 162

V

Valenzelektronen 6
Valenzisomerie (Bindungsisomerie) 358
Valenzschwingung 325
Valin (Val) 148
Van-der-Waals-Kräfte 7, 156, 336
Vanillin 178
Variabilität 170
Verbrennungsenthalpie 24, 341
– spezifische 25
Verbrennungskalorimeter 24
Verbrennungswärme 18, 31
Verbundwerkstoffe 210
Verdampfungsenthalpie 23, 78, 341
Veresterung 13
Vergrauungsinhibitor 293
Verhältnisformel 356
Verseifung 295
Verzinken 265
Video 72
Vielfachzucker 172
Vinylrest 357
Vitamin C 164
Vitamin D 277
Vollacetal 132, 172
VOLTA, ALESSANDRO 235
Volta-Element 235, 260
Volumen 14, 360
– molares 252
Volumenanteil 68, 317, 360
Volumenarbeit 21, 22, 341
Vulkanisieren 209

W

Wahrscheinlichkeit 35, 36
Wanderungsgeschwindig-keit 316
Wärme 34, 40
Wärmekapazität 19, 20, 30, 40
Wärmeleitfähigkeit 6
Wärmeleitfähigkeits-detektor 316
Wärmemenge 40
Wärmeübergang 19
Wäscheschmutz 291
Waschmittel 162, 271, 289, 290, 295
Waschmitteldosierung 292
Waschvorgang 286, 295
Wasseranalyse 320
Wasserhärte 290
Wasserstoffauto 281

Wasserstoffbrücken 7, 156, 166, 168, 170, 336
Wasserstoffelektrode 242
Wasserstoffisotop 343
Wasserstoffperoxid 46, 144
Wasserstoff-Sauerstoff-Brennstoffzelle 259, 261, 262
wässrige Lösung 94, 111
WATSON, JAMES 168
WC-Reiniger 97
Weichmacher 189, 210
Weichspüler 288
Weidenrinde 192
Weinsäure 109, 121
Weißtöner 292
Weißwein 109
Wellenlänge 298, 300, 324
Wellenzahl 324
Wellenzahlbereich 325
Wendepunkt 102
Wenigzucker 172
Winkler-Methode 230
Wirbelschichtfeuerung 50
Wirkungsbilanz 142
Wirkungsgrad 262, 341
wirkungsspezifisch 173
Wirkungsspezifität 161
Wolle 167

X

Xanthophyll 307, 310
Xanthoproteinreaktion 153
Xylit 146

Z

Zahlenwert 65
Zapfen 302
Zeaxanthin 310
Zehnerpotenz 354
Zeolith 291
Zeolith A 291
Zersetzung 46, 56, 60
Zersetzungsspannung 249, 250, 269
Zerteilungsgrad 50, 80
Zink-Kohle-Batterie 254, 258, 260
Zink-Luft-Batterie 258
Zink-Luft-Knopfzelle 255
Zuckeraustauschstoff 146
Zuckerersatzstoff 146
Zuckerrohr 135
Zuckerrübe 135
Zweifachzucker 172
zwischenmolekulare Kräfte 156, 198
Zwitterion 149, 150, 288, 337

Bildquellenverzeichnis

Umschlag: U1.1 FOCUS (Lambert/SPL), Hamburg; **U1.2** Corbis RF (Mark Karrass), Düsseldorf; **U1.3** Getty Images (Martin Barraud), München;

9.6; 12.2 Klett-Archiv, Stuttgart; **14.1** Mauritius Images (Rawi), Mittenwald; **16.1** Klett-Archiv, Stuttgart; **17.1** Klangspiel, Peter Märki, Hombrechtikon; **17.2** Getty Images (L. LEFKOWITZ), München; **17.3** Getty Images (Steve Murez), München; **17.4** Getty Images (altrendo images), München; **17.5** Ullstein Bild GmbH (Reuters), Berlin; **31.2** Klett-Archiv (Zuckerfabrik Digital), Stuttgart; **32.1** Alamy Images (Sequence Progression Change/Mark Sykes), Abingdon, Oxon; **32.2** Thomas Seilnacht, Bern; **37.1 links** FOCUS (Science Source/Photo Researchers), Hamburg; **37.1 rechts** vario images GmbH & Co.KG (SSPL/Science Museum), Bonn; **43.1** Daimler AG Medienarchiv, Stuttgart; **43.2** Corbis (Darrell Gulin), Düsseldorf; **43.3** all images direct (Umstätter), Deisenhofen; **43.4** Thomas Seilnacht, Bern; **43.5** shutterstock (Brenda Carson), New York, NY; **51.2** Corbis (Matthias Kulka/zefa), Düsseldorf; **53.3** Phywe Systeme GmbH & Co. KG, Göttingen; **55.3** diGraph Medien-Service, Lahr; **57.2** Alamy Images (Gary Crabbe), Abingdon, Oxon; **66.1; 67.3** Thomas Seilnacht, Bern; **72.1** Robert Burk, Ph.D., Ottawa, ON; **72.2** The McGraw-Hill Companies, Inc., http://www.mhhe.com/physsci/chemistry/essentialchemistry/flash/lechv17.swf; **74.4; 74.5** Deutsches Museum, München; **75.6** SKW Stickstoffwerke Piesteritz GmbH, Lutherstadt Wittenberg; **75.7** Picture-Alliance, Frankfurt; **76.1** Wikimedia Foundation Inc. (Deutsche Post AG), St. Petersburg FL; **76.2 links** BASF AG Agrarzentrum, Limburgerhof; **76.2 rechts** Interfoto (Friedrich), München; **76.3** Thomas Seilnacht, Bern; **77.1** Klett-Archiv (Thomas Seilnacht), Stuttgart; **78.2** Fotolia LLC (Martina Berg), New York; **83.1** Getty Images (Anthony-Masterson), München; **83.2** Alamy Images (BSIP/PHOTOTAKE), Abingdon, Oxon; **83.3** Klett-Archiv (Zuckerfabrik Digital), Stuttgart; **83.4** Getty Images, München; **83.5** Mauritius Images (GAP), Mittenwald; **83.6** Mauritius Images, Mittenwald; **84.1** Picture-Alliance (maxppp), Frankfurt; **84.2** PIXTAL, New York NY; **84.3; 84.4** Deutsches Museum, München; **85.1** Det Kongelige Bibliothek, Kopenhagen; **85.2** Klett-Archiv, Stuttgart; **87.9** Klett-Archiv (Zuckerfabrik Digital), Stuttgart; **88.2** BDS Bundesverband Deutscher Schwimmmeister e.V., Wesseling; **89.4** LD Didactic, Hürth; **91.1** Klett-Archiv (Zuckerfabrik Digital), Stuttgart; **97.6** Klett-Archiv (Bettina Sommer), Stuttgart; **104.2** Klett-Archiv (Ralph Grimmel), Stuttgart; **108.2** Fotolia LLC (Cpro), New York; **108.3** StockFood GmbH (FoodPhotogr. Eising), München; **113.1** StockFood GmbH, München; **113.2** StockFood GmbH (Blickpunkte), München; **113.3** FOCUS (Thomas Deerinck, NCMIR/SPL), Hamburg; **113.4** Mauritius Images (Viktor Trublenkov), Mittenwald; **113.5** Getty Images (Romilly Lockyer), München; **113.6** Klett-Archiv (Bettina Sommer), Stuttgart; **114.3a)** Klett-Archiv (Werkstatt Fotografie), Stuttgart; **114.3b)** Prof. Dr. Henri Brunner, Regensburg; **114.3c)** Getty Images (Nino Mascardi), München; **114.3d); 114.3e)** Getty Images RF (Photodisc/Emmanuel Faure), München; **117.1** LMG (Gottfried Stoppel), Waiblingen; **118.2** LD Didactic, Hürth; **119.6** Klett-Archiv (Werkstatt Fotografie), Stuttgart; **120.7** Corbis (Ron Watts), Düsseldorf; **121.8; 123.6** AKG, Berlin; **126.2** Klett-Archiv, Stuttgart; **128.6** Getty Images (Topical Press Agency/Hulton), München; **129.8** StockFood GmbH (Marc O. Finley), München; **134.5** StockFood RF (Foodcollection), München; **135.3** iStockphoto (hywit dimyadi), Calgary, Alberta; **135.4** Okapia (Hans Reinhard), Frankfurt; **136.3** Klett-Archiv (Bettina Sommer), Stuttgart; **139.4 links** WILDLIFE Bildagentur GmbH (Harms), Hamburg; **139.4 rechts** Biosphoto (Lorgnier Antoine), Berlin; **139.5** Aus: Kleinig/Sitte: Zellbiologie, 3. Auflage 1992 © Gustav Fischer Verlag; **143.3 oben** all images direct (White Star/Monica Gumm), Deisenhofen; **143.3 unten** medicalpicture, Köln; **144.1** Klett-Archiv, Stuttgart; **147.oben** Mauritius Images (Ypps), Mittenwald; **147.unten** TOPICMedia, Ottobrunn; **149.4** Klett-Archiv (Edgar Brückl), Stuttgart; **153.1a)** JupiterImages photos. com, Tucson, AZ; **153.1b)** creativ collection Verlag GmbH, Freiburg; **153.1c)** Stockbyte, Tralee, County Kerry; **153.1d)** iStockphoto (eli_asenova), Calgary, Alberta; **153.1e)** PantherMedia GmbH (Thomas Oser), München; **153.1f)** Fotolia LLC (Zoja), New York; **153.3; 153.4** Klett-Archiv, Stuttgart; **156.E1** Mauritius RF (BananaStock), Mittenwald; **157.1** Mauritius Images (Rosenfeld), Mittenwald; **157.2** Avenue Images GmbH RF (PhotoDisc), Hamburg; **159.1** Getty Images RF (PhotoDisc), München; **159.2** Mauritius Images (Ulrich Niehoff/imagebroker), Mittenwald; **159. A1** Mauritius Images (Photo Researchers), Mittenwald; **164.1** StockFood GmbH (Gerhard Bumann), München; **165.6** Wikimedia Foundation Inc. (The Louis Camille Maillard organisation), St. Petersburg FL; **165.7** StockFood GmbH (Kai Stiepel), München; **166.1a)** iStockphoto (Wendy Olsen), Calgary, Alberta; **166.1b)** f1 online digitale Bildagentur, Frankfurt; **166.1c)** vario images GmbH & Co.KG (imagebroker), Bonn; **166.1d)** Fotex GmbH (Justus de Cuveland), Hamburg; **166.1e)** vario images GmbH & Co.KG (First Light), Bonn; **166.2** FOCUS (Andrew Syred/SPL), Hamburg; **167.4 rechts** FOCUS (Meckes/Ottawa/eye of science), Hamburg; **167.5 oben** Fotolia LLC (Eric Gevaert), New York; **167.5 unten** Okapia (Kenneth Bengtsson/Naturbild AB), Frankfurt; **173.6** Corbis (Digital Art), Düsseldorf; **174.2** Getty Images RF (PhotoAlto/Zhen Shui/ Michele Constantini), München; **177.1** Deutsche Post DHL, Bonn; **177.2** A1PIX (Bernd Ducke), Taufkirchen; **177.3** Mauritius Images (Phototake), Mittenwald; **177.4** FOCUS (Lauren Shear), Hamburg; **177.5** Ullstein Bild GmbH (ecopix), Berlin; **177.6** Flora Press, Hamburg; **178.1** Klett-Archiv (Ralph Grimmel), Stuttgart; **178.2** Klett-Archiv, Stuttgart; **179.6** Deutsches Museum, München; **184.1** Prof. Dr. C. Jönsson, Tübingen; **184.2** Klett-Archiv (Wilhelm Bredthauer), Stuttgart; **187.4** Klett-Archiv (Bettina Sommer), Stuttgart; **188.3** FOCUS (Pascal Goetgheluck), Hamburg; **188.4** Süddeutsche Zeitung Photo (SSPL/Science Museum), München; **189.7** MEV Verlag GmbH, Augsburg; **192.2** Mauritius Images (CuboImages), Mittenwald; **193.4** Bayer AG, Leverkusen; **193.5** Dieter Gebhardt, Asperg; **194.1** Tierbildarchiv Angermayer (Lange), Holzkirchen; **194.4** FOCUS (Mark Sykes/SPL), Hamburg; **197.1** Getty Images RF (Picturenet), München; **197.2** blickwinkel (McPHOTOs), Witten; **197.3** Getty Images RF (Paul Tearle), München; **197.4** FOCUS (Brook/SPL), Hamburg; **197.5; 197.6** Getty Images, München; **197.7** Getty Images RF (Anthony-Masterson), München; **198.1** Thomas Seilnacht, Bern; **198.2** PlasticsEurope Deutschland e.V., Frankfurt; **198.3** Deutsches Museum, München; **198.4** Klett-Archiv (Ralph Grimmel), Stuttgart; **199.7** Klett-Archiv, Stuttgart; **202.5 oben** shutterstock (Dobs), New York, NY; **202.5 unten** Jan Homann; **202.6** iStockphoto (Vadym Tynenko), Calgary, Alberta; **202.8** Klett-Archiv (Wolfgang Zeiller), Stuttgart; **203.1** LEGO GmbH, München; **204.2** Veronika Richterová, Bustehrad; **205.5** www.wissenschaft-shop.de; **205.6** Mauritius Images (Photo Researchers), Mittenwald; **206.2** Klett-Archiv (Bettina Sommer), Stuttgart; **206.4** Klett-Archiv (Harald Kaiser), Stuttgart; **207.5** TU Dresden, Fachrichtung Chemie, Dresden; **207.E1; 207.E2** Petec, Schlüsselfeld; **208.1** Fotolia LLC (sarikhani), New York; **208.2** Bayer MaterialScience AG, Leverkusen; **208.3** Klett-Archiv (Wolfgang Zeiller), Stuttgart; **208.4** MEV Verlag GmbH, Augsburg; **208.5** Windmöller & Hölscher, Lengerich/Westf.; **208.6** BASF, Ludwigshafen; **209.8** Picture-Alliance (Michael Rosenfeld), Frankfurt; **209.9** Windmöller & Hölscher, Lengerich/Westf.; **210.2** Klett-Archiv (Bettina Sommer), Stuttgart; **211.6** Renault Deutschland AG, Brühl; **211.7** FOCUS (Andrew Syred/Science Photo Library),

Bildquellenverzeichnis

Hamburg; **212.8** Oerlikon Barmag GmbH & Co. KG, Remscheid; **213.12** Evonik Stockhausen GmbH, Krefeld; **216.3** Wacker Chemie GmbH, München; **217.4** Ullstein Bild GmbH (Imagebroker.net), Berlin; **217.5** shutterstock (terekhov igor), New York, NY; **217.6** Jahreszeiten Verlag GmbH (Michael Holz), Hamburg; **218.2a)** Agentur Jump (Kristiane Vey), Hamburg; **218.2b)** Avenue Images GmbH RF (ImageSource), Hamburg; **218.2c)** Getty Images (Photo and Co), München; **218.2d)** imago (Claus Bergmann), Berlin; **218.3** Wikimedia Foundation Inc. (Anton), St. Petersburg FL; **218.4** Rolf Froböse, Klaus Jopp: Fußball, Fashion, Flachbildschirme – Die neueste Kunststoffgeneration. Seite 108. 2006. Copyright Wiley-VCH Verlag GmbH & Co. KGaA. Reproduced with permission.; **219.1** Fachagentur Nachwachsende Rohstoffe, Gülzow; **219.2** raumPROBE, Stuttgart; **219.3** Getty Images (Dorling Kindersley), München; **220.1** Petec, Schlüsselfeld; **220.4** Klett-Archiv (Dr. Michael Wagner), Stuttgart; **224.7** MEV Verlag GmbH, Augsburg; **225.1; 225.2** Klett-Archiv, Stuttgart; **225.3** Klett-Archiv (Fabian H. Silberzahn), Stuttgart; **225.4** Fotosearch Stock Photography (Brand X Pictures), Waukesha, WI; **225.5** Picture-Alliance (dpa/Maurizio Gambarini), Frankfurt; **225.6** Picture Press (Charles Mahaux/Tips), Hamburg; **226.1; 227.4; 227.5; 227.6** Klett-Archiv, Stuttgart; **229.6; 231.2** Klett-Archiv (Zuckerfabrik Digital), Stuttgart; **232.1; 233.1** Klett-Archiv, Stuttgart; **233.3** Klett-Archiv (Zuckerfabrik Digital), Stuttgart; **235.6** AKG, Berlin; **236.2** Phywe Systeme GmbH & Co. KG, Göttingen; **239.6** Klett-Archiv (normal design GbR), Stuttgart; **241.4** Deutsches Museum, München; **244.1** Klett-Archiv (Edgar Brückl), Stuttgart; **248.2** Klett-Archiv, Stuttgart; **252.1** Bridgeman Art Library Ltd., Berlin; **252.2** Klett-Archiv (Steffen Rieger), Stuttgart; **254.1** FOCUS (Tim Vernon, LTH NHS Trust/SPL), Hamburg; **254.2** Klett-Archiv (normal design GbR), Stuttgart; **255.7** Klett-Archiv (Bettina Sommer), Stuttgart; **256.8 rechts** Klett-Archiv, Stuttgart; **257.11; 258.14** Klett-Archiv (Bettina Sommer), Stuttgart; **259.19** Conrad Electronic SE www.conrad.de, Hirschau; **260.2** Klett-Archiv (Zuckerfabrik Digital), Stuttgart; **261.3** heliocentris Energiesysteme GmbH, Berlin; **262.1** Andreas Marek; **262.2** Daimler AG Medienarchiv, Stuttgart; **262.3** SFC Smart Fuel Cell AG, 2010, www.sfc.com; **263.1 links** creativ collection Verlag GmbH, Freiburg; **263.1 rechts** Helga Lade (D.Rose), Frankfurt; **263.2** Klett-Archiv (Zuckerfabrik Digital), Stuttgart; **265.5** Umicore Galvanotechnik GmbH, Schwäbisch Gmünd; **265.7** Daimler AG Medienarchiv, Stuttgart; **265.8** vario images GmbH & Co.KG (Charrondiere), Bonn; **267.3; 268.4** Klett-Archiv (Zuckerfabrik Digital), Stuttgart; **271.1** Getty Images RF (Foodcollection), München; **271.2** Getty Images, München; **271.3** Keystone (Volkmar Schulz), Hamburg; **271.4** A1PIX, Taufkirchen; **272.2** AKG, Berlin; **272.5** Klett-Archiv, Stuttgart; **274.2** BPK (Kraf Herbert), Berlin; **275.4** Klett-Archiv (Tobias Albrecht), Stuttgart; **276.2** Ullstein Bild GmbH (Imagno), Berlin; **276.3** Klett-Archiv (Zuckerfabrik Digital), Stuttgart; **278.1** ELSBETT AG, Thalmässing; **278.2** Klett-Archiv, Stuttgart; **278.3** Corbis (Roger Wood), Düsseldorf; **279.4** Helga Lade (Benier), Frankfurt; **280.1** Reinhard-Tierfoto, Heiligkreuzsteinach; **280.2** Alamy Images, Abingdon, Oxon; **280.3** FOCUS (Kenneth M. Highfill), Hamburg; **280.4** MEV Verlag GmbH, Augsburg; **281.1 links** Photothek.net Gbr (Thomas Koehler), Radevormwald; **281.1 Mitte** Daimler AG Medienarchiv, Stuttgart; **281.1 rechts** Caro Fotoagentur (Riedmiller), Berlin; **281.2** Photothek.net Gbr (Thomas Koehler), Radevormwald; **281.3** all images direct (Friedrich Saurer), Deisenhofen; **282.1** Mauritius Images (Busse Yankushev), Mittenwald; **283.1** Klett-Archiv, Stuttgart; **283.4; 283.5** Klett-Archiv (Bettina Sommer), Stuttgart; **284.2** HENKEL AG & Co.KGAA, Düsseldorf; **284.3** Klett-Archiv, Stuttgart; **285.4** shutterstock (HP_photo), New York, NY; **286.7** Thomas Seilnacht, Bern; **287.1** HENKEL AG & Co.KGAA, Düsseldorf; **287.2; 287.3** Klett-Archiv, Stuttgart; **288.1** Getty Images, München; **290.1** Mauritius Images, Mittenwald; **292.6** Klett-Archiv, Stuttgart; **292.7** Gottfried Quinzler, Sindelfingen; **293.8** Thomas Seilnacht, Bern; **296.5** Imago, Berlin; **297.1** NASA, Washington, D.C.; **297.2** Getty Images RF (Stockbyte), München; **297.3** Getty Images (Wim van Egmond), München; **297.4** Andia.fr (Aldo Liverani), Pacé; **297.5** Avenue Images GmbH RF (Stockbyte), Hamburg; **297.6** Caro Fotoagentur (Eckelt), Berlin; **300.1a)** iStockphoto (LoopAll), Calgary, Alberta; **300.1b)** Fotolia LLC (David Alary), New York; **300.1c)** MEV Verlag GmbH, Augsburg; **306.2** Getty Images RF (Photodisc), München; **306.3** StockFood RF (Westend61), München; **301.7** Fotolia LLC (evgenyb), New York; **308.1** Arco Images GmbH (O. Diez), Lünen; **308.2** Okapia (Eberhard Morell), Frankfurt; **308.3** Frederic Meyer, Zürich; **309.6** Thomas Seilnacht, Bern; **309.7** shutterstock (Tomo Jesenicnik), New York, NY; **311.3** Klett-Archiv (Katja Buß), Stuttgart; **311.4** Fotolia LLC (Pali A), New York; **312.5** Thomas Seilnacht, Bern; **312.6 links** blickwinkel (R. König), Witten; **312.6 rechts** blickwinkel, Witten; **313.7** Fotolia LLC (Whispers), New York; **314.1** Klett-Archiv (Bettina Sommer), Stuttgart; **315.1; 315.2; 315.3** FOCUS (TEK/SPL), Hamburg; **315.4** FOCUS (Brookes/SPL), Hamburg; **315.5** Klett-Archiv (Eberhard Theophel), Stuttgart; **315.6** Ullstein Bild GmbH (Lutz Pape/Imagebroker.net), Berlin; **316.1** FOCUS (Lambert/SPL), Hamburg; **317.5** Naturwissenschaftliches Technikum Dr. Künkele, Landau; **319.3; 319.4** aus Schänzer, W.: Doping und Dopinganalytik. Chemie in unserer Zeit. 31, Nr.5 (1997) 218-228; **320.2** Klett-Archiv (Zuckerfabrik Digital), Stuttgart; **323.10** Wikimedia Foundation Inc. (Retama, http://creativecommons.org/licenses/by-sa/3.0/deed.de), St. Petersburg FL; **327.10** FOCUS (GJLP/SPL), Hamburg; **328.1** FOCUS (Erich Schrempp/Photo Researchers), Hamburg; **329.3; 329.4** Klett-Archiv (Erhard Irmer), Stuttgart; **333.1** Getty Images RF (McVay), München; **340.3** creativ collection Verlag GmbH, Freiburg; **342.1** Blume-Bild (Kirsch), Celle; **342.3** vario images GmbH & Co.KG (sodapix), Bonn; **343.4** Illustration: Irving Geis, aus Dickerson/Geis: Chemistry, matter, and the universe. The Benjamin/Cummings Publishing Company, Inc., Menlo Park, CA; **345.1** Klett-Archiv (Bettina Sommer), Stuttgart; **349.1** Bilderberg (Dinodia), Hamburg; **349.2** f1 online digitale Bildagentur (Yogesh S. More/AGE), Frankfurt

Sollte es in einem Einzelfall nicht gelungen sein, den korrekten Rechteinhaber ausfindig zu machen, so werden berechtigte Ansprüche selbstverständlich im Rahmen der üblichen Regelungen abgegolten.

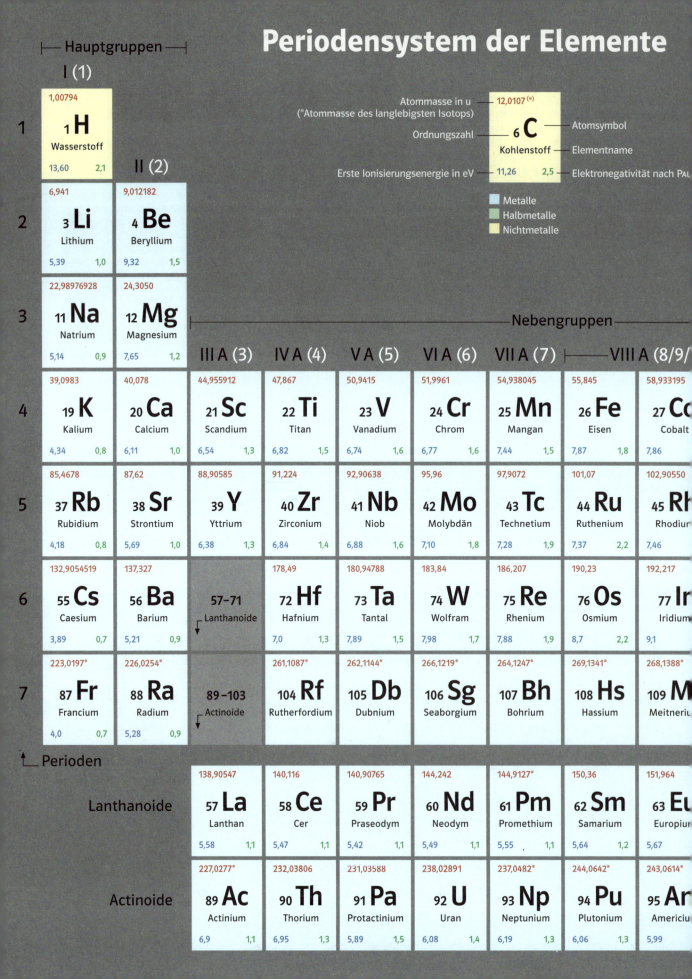